Kohlhammer

Identität und politische Kultur

Herausgegeben von
Andreas Dornheim und
Sylvia Greiffenhagen

Verlag W. Kohlhammer

Alle Recht vorbehalten
© 2003 W. Kohlhammer GmbH Stuttgart
Umschlag: Data Images GmbH
Gesamtherstellung: Druckerei W. Kohlhammer GmbH + Co. Stuttgart
Printed in Germany

ISBN 3-17-017602-1

Hans-Georg Wehling
zum
Fünfundsechzigsten

Inhalt

Einführung

von Andreas Dornheim und Sylvia Greiffenhagen 11

Identität

Martin Greiffenhagen
Wir und Ich
Kollektive Biographie und individuelle Identität 30

Christel Köhle-Hezinger
Heimatinszenierungen
Beobachtungen zur ländlichen Geschichtskultur in der Gegenwart 39

Hermann Bausinger
Zwischen Passion und Spiel
Identifikation durch Symbole 47

Klaus Koziol
Globalisierung oder die Renaissance der Region 54

Siegfried Schiele
Politische Bildung und Werteerziehung 64

Guntram Blaser
Identität und Kulturförderung 74

Hubert Krins
Denkmalpflege und Öffentlichkeit 89

Jörg Leist
Lokale Identität
Hilft das Stadtbild? 92

Werner Konold
Identität, Wandel und Wahrnehmung der Kulturlandschaft
Das Beispiel westliches Bodenseegebiet 98

Politische Kultur

Karl Rohe
Politische Kultur und ihre Analyse 110

Berthold Löffler
Politische Kultur als Teil der gesellschaftlich konstruierten Wirklichkeit
Eine theoretische Skizze 127

Volker Dreier
Einige methodische Überlegungen zum Forschungskonzept
„Politische Kultur" in heuristischer Absicht 139

Anselm Doering-Manteuffel
Politische Kultur im Wandel
Die Bedeutung der sechziger Jahre in der
Geschichte der Bundesrepublik 146

Ulrich M. Bausch
Zwischen demokratischem Neubeginn und obrigkeitsstaatlicher Fixierung.
Zur Genese kulturpolitischer Identität unter dem Einfluss US-amerika-
nischer Besatzungsoffiziere nach 1945 in Württemberg-Baden 159

Andreas Dornheim
Demokratische Gesellschaft oder Gemeinschaft ohne „Vermassung"
Zur Konzeption von Jugendpolitik und Jugendarbeit nach 1945 am Beispiel
München 175

Michael Eilfort
Politische Partizipation und politische Kultur in Deutschland und seinen
Regionen: Wandel wie Kontinuität 195

Horst Glück
Neue Tendenzen und alte Traditionen: Das Wahlverhalten in Baden-
Württemberg bei der Landtagswahl 2001 203

Peter März
Bayern im Gesamtstaat
Unsystematische Überlegungen zu einer alten Beziehung 213

Andreas Kost
„Wir in NRW"
Aktivitäten und Identitäten 230

Hans-W. Paul Schloz
Baden-Württemberg als europäische Region.
Sind die Interessenverbände Indikatoren für den weiteren Prozess? 239

Michael Zerr
Gerüchte und Tratsch als Element lokaler politischer Kultur 266

Claus Eppe
Interkulturelle Konzeptionsmöglichkeit am Beispiel der Landespolitik
Nordrhein-Westfalens
Die interkulturelle Jugendmedienarbeit 274

Politisches und kommunales Handeln

Edgar Grande
Stabilität, Flexibilität, Strukturbruch oder Krise? Zustand und
Enwicklungsperspektiven des deutschen Parteiensystems 288

Max Gögler
Kernfunktionen der Regierungspräsidien aus der Sicht der Praxis 305

Margot Körber-Weik
Hochschulreform in Baden-Württemberg
Steuerung zwischen Struktur und Kultur 316

Gebhard Fürst
Ehrenamt und bürgerliches Engagement 329

Richard Reschl und Walter Rogg
Innovative kommunale Wirtschaftspolitik 337

Stefan Holl
Stadtmarketing und Lokale Agenda als neue Formen der Bürgerbeteiligung
bei der Stadtentwicklung?
Konzepte, Fallbeispiele und Erfolgsfaktoren im Überblick 348

Sylvia Greiffenhagen
Lebensqualität im Stadtteil
Zur Bedeutung des subjektiven Faktors
im Bund-Länder-Programm ‚Soziale Stadt' 361

Anja Scholz
Oberbürgermeisterinnen im Kommen?! 369

Julian Aicher
„Eine Hand voll Männeken"
Wie sich eine kleine Gruppe von süddeutschen
Mittelständlern für das Stromeinspargesetz stark machte –
und damit Milliarden-Investitionen auslöste 376

Die Autorinnen und Autoren 391

Andreas Dornheim / Sylvia Greiffenhagen

Einführung: Identität und politische Kultur

Nur Weniges ist schwieriger, als die ‚Zeit‘ und den ‚Zustand‘ der Gesellschaft, in der man gegenwärtig lebt, zu verorten und in einen längeren historischen Zeitraum einzuordnen. Und doch ist gerade dies eine der Hauptaufgaben der Sozial- und Kulturwissenschaften: die Verortung, die kritische Reflexion und das Benennen der zentralen Probleme mit dem Ziel, einen wissenschaftlichen oder öffentlichen Diskurs herzustellen, um einen Schritt in eine ‚menschlichere‘ Gesellschaft und Zukunft zu tun. Auch die Geschichtswissenschaft ist in diese Zielsetzung einbezogen, denn es ist zweifellos eine Aufgabe, „aus der Geschichte zu lernen“,[1] auch wenn sich historische Problemstellungen in aller Regel nicht wiederholen, sondern immer neu und in einem anderen Kontext zu Tage treten, so dass eine plumpe Übertragung von aus der Geschichte gewonnenen Lösungsansätzen sicherlich naiv und unangemessen wäre.

Dieses Ziel, Probleme zu benennen, am öffentlichen Diskurs teilzunehmen und nach Möglichkeit einen kleinen Beitrag zur Verbesserung zu liefern, ist auch das Hauptanliegen der Herausgeberin und des Herausgebers sowie der Autoren und Autorinnen des vorliegenden Bandes. Sie haben den 65. Geburtstag Hans-Georg Wehlings zum Anlass genommen, über „Identität und politische Kultur“, sowie über „politisches und kommunales Handeln“ nachzudenken. Gemeinsam ist ihnen, dass sie Freunde oder Schüler und Schülerinnen Hans-Georg Wehlings sind.

Bevor wir auf die Begriffe und Konzepte zu sprechen kommen, um die es gehen soll, seien, um den am Anfang gesponnenen Faden wieder aufzunehmen, einige spezifische Probleme der Gegenwart benannt. Dies soll nicht in Form einer umfassenden theoretischen Einordnung, sondern rein summarisch und deskriptiv geschehen. Seit den Jahren 1989/90 hat sich nicht nur das politische System der BRD verändert, auch die Gesellschaft ist eine andere geworden.

Deutschland erlebt gegenwärtig – stärker als viele der europäischen Nachbarn – einen dramatischen Wandel seiner demographischen Struktur: Immer mehr Alte, vor allem auch Hochbetagte, stehen immer weniger Kindern und Jugendlichen gegenüber: Diese Entwicklung zeigt Folgen für die sozialen Sicherungssysteme,

---

1 Es gibt eine Reihe von Büchern, die den Anspruch „Aus der Geschichte lernen“ zu wollen, im Titel führen. Wir beschränken uns auf Hans-Ulrich Wehler, Aus der Geschichte lernen?, München 1988. Diese Aufsatzsammlung hält freilich nicht ganz das, was der programmatische Titel verspricht.

die in ihrer jetzigen, bisher bewährten Form den neuen Herausforderungen nicht standhalten werden. Konsequenzen, die niemand in ihrer Tragweite einschätzen kann, ergeben sich auch für den Diskurs zwischen jungen und älteren Generationen und den politischen Entscheidungsprozess: Die Älteren werden das politische Schicksal der Jungen bestimmen, allein schon auf Grund ihrer größeren Zahl, vor allem aber deshalb, weil jüngere Menschen, wie die politische Sozialisationsforschung zeigt, in der Regel an politischer Partizipation weit weniger stark interessiert sind als ältere.

Immer mehr Menschen in Deutschland werden nicht deutscher Abstammung sein. Die Gesellschaft wird ungeheure Integrationsleistungen aufbringen müssen, um einen Zerfall in Kulturen und Identitäten ohne gemeinsame Wertebasis zu verhindern. Konflikt- und Kompromissmanagement mit den dafür vorauszusetzenden Kompetenzen auf Seiten der Bürger, in Form von demokratischen Tugenden wie Toleranz und Ambiguitätstoleranz, aber auch den entsprechenden Steuerungsinstrumenten bei den politischen Gremien müssen rechtzeitig aufgebaut werden.

Ein weiteres Problem, das mit dem steigenden Anteil von Menschen mit nichtdeutscher Herkunft in der öffentlichen Diskussion bislang nur selten thematisiert wird, kommt hinzu: Deutsche Kulturtraditionen werden über kurz oder lang abbrechen: absehbar ist das Ende der deutschen Märchenkultur, deutscher Abzählverse und Kinderlieder, deutscher Feste, deutscher Tugenden. Damit soll keineswegs gesagt sein, dass die neu hinzutretenden Traditionen anderer Völker nicht eine große Bereicherung darstellten – aber die Frage nach einer gemeinsamen Basis, nach einem Minimum an kollektiven Inhalten und Formen stellt sich gleichwohl.

Andererseits ist diese Entwicklung nicht einheitlich, und es sind viele Brüche, teilweise sogar doppelter Art erkennbar. So ist in deutschen Schulen heute eine Wiederbelebung dessen feststellbar, was lange Zeit als verpönt galt: Die sogenannten deutschen Sekundärtugenden feiern eine ungeahnte Renaissance. Aufgeschreckt durch eigene biographische Brüche und die Ergebnisse der Pisa-Studie fordern viele Eltern wieder Disziplin, Fleiß und Pünktlichkeit. Gleichzeitig aber – und hier wird der doppelte Bruch sichtbar – ziehen sich viele Eltern, die selbst Mehrfachbelastungen ausgesetzt sind (Familie/wechselnde Lebensabschnittspartner, berufliche Karrieren für Männer und Frauen), immer stärker aus der Erziehung zurück und treten diese Aufgabe an Institutionen wie die Schule ab, die ohne hinreichende Unterstützung freilich überfordert sind. Auch Bildung schützt vor diesen Schwierigkeiten nicht, weil gerade Akademikerpartnerschaften mit ihren enormen Karrierezwängen wenig Zeit für Kinder lassen.

Die Individualisierung der Gesellschaft schreitet fort. Gesellschaftliche Vorgaben verlieren ihre Verbindlichkeit für die individuelle Lebensgestaltung. Institutionen und Ideologien (die ‚Großen Geschichten‘) nötigen dem Individuum keine Unterwerfung mehr ab, liefern aber auch keine Orientierung. Man kann dies als neue demokratische Freiheit interpretieren. Aber die Schattenseiten lassen sich nicht übersehen: Jeder bastelt seine eigene Biographie und sein eigenes Wertesystem. ‚Identität‘ wird prekär, und viele halten unter modernen Bedingungen eine persönliche Identität nicht mehr für möglich (manche allerdings auch nicht mehr für nötig). Mögliche Folgen sind Sinnkrisen, auf der Ebene des Individuums ebenso wie auf der Ebene der Gesellschaft als ganzer. Richard Sennett erkennt im modernen Menschen „ein nachgiebiges Ich, eine Collage von Fragmenten, die sich ständig wandelt, sich immer neuen Erfahrungen öffnet – das sind die psychologischen Bedingungen, die der kurzfristigen, ungesicherten Arbeitserfahrung, flexiblen Institutionen, ständigen Risiken entsprechen". In der Folge entsteht eine „Stärkung des Ortes, die Sehnsucht der Menschen nach Verwurzelung in einer Gemeinde. All die emotionalen Bedingungen modernen Arbeitens beleben und verstärken diese Sehnsucht; die Ungewissheiten der Flexibilität, das Fehlen von Vertrauen und Verpflichtung; die Oberflächlichkeit des Teamworks; und vor allem die allgegenwärtige Drohung, ins Nichts zu fallen, nichts ‚aus sich machen zu können', das Scheitern daran, durch Arbeit eine Identität zu erlangen. All diese Bedingungen treiben die Menschen dazu, woanders nach Bindung und Tiefe zu suchen".[2] Heiner Keupp fasst zusammen: „Subjekte können, aber müssen auch mehr Entscheidungen selbst treffen und verantworten. Dadurch wachsen die Chancen für selbstbestimmte Lebensformen, aber es wächst auch das Risiko des Mißlingens."[3]

Entgegen der Meinung, ein Individuum gestalte sein Schicksal heute weitgehend selbst und verantworte sein Leben, seine Karriere, sein Glück ganz allein, zeigt die Sozialstrukturforschung, dass das Thema Soziale Ungleichheit und in der Folge soziale Benachteiligung großer gesellschaftlicher Gruppen noch längst nicht erledigt ist.[4] Im Gegenteil: die gesellschaftliche Spaltung nimmt weiter zu. Neben horizontalen ‚neuen' Ungleichheiten bestehen traditionale vertikale (Schicht-) Strukturen fort. Bildungschancen und damit verbundene Berufs- und Statuschancen, Chancen auf eine gute Wohnung in einem ansprechenden Umfeld, Chancen auf gesellschaftliche Teilhabe, aber auch gesellschaftliche Risiken (Armut, Krankheit, Arbeitslosigkeit, Kriminalisierung) stehen in direktem Zusammenhang mit der Schicht-Zugehörigkeit eines Individuums. Die Schichten schließen sich gegenwärtig, beobachtbar unter anderem am Heiratsverhalten, stärker gegeneinander ab als zuvor. Die Ideologie der ‚gesellschaftlichen Individualisierung' (die ihrerseits selbst ein eindeutiges Merkmal der höheren Bildungsschichten darstellt) sorgt dafür, dass Menschen strukturelle Benachteiligung heute als persönliches Scheitern wahrnehmen, mit möglichen Folgen nicht nur für ihr persönliches Glück, sondern langfristig u.U. auch für die Legitimität des gesamten Systems.

In der Folge des Individualisierungsprozesses lösen sich hergebrachte Organisationen und Institutionen auf. Gewerkschaften, Parteien, selbst den Kirchen laufen die Mitglieder weg. Wenn Bürger sich überhaupt noch in Institutionen einbinden wollen, dann nur auf Zeit und unter der Bedingung größtmöglicher Flexibilität und persönlicher Freiheit: in Bürgerinitiativen somit eher als in Parteien, in frei-

---

2 Richard Sennett, Der flexible Mensch. Die Kultur des neuen Kapitalismus, Berlin 1998, S. 182 und 189; zitiert nach dem ins Thema hervorragend einführenden Artikel von Heiner Keupp, Individualisierung, in: Martin Greiffenhagen/Sylvia Greiffenhagen (Hg.), Handwörterbuch zur politischen Kultur der Bundesrepublik Deutschland, Wiesbaden 2002, S. 204 ff.

3 Keupp (wie Anm. 2), S. 209.

4 Vgl. Rainer Geißler, Die Sozialstruktur Deutschlands. Die gesellschaftliche Entwicklung vor und nach der Vereinigung, 3., grundlegend überarbeitete Auflage Wiesbaden 2002.

religiösen Gruppen und Sekten eher als in Kirchen, in Form von ‚bürgerschaftlichem Engagement‘ eher als im traditionellen Ehrenamt. Das gilt auch und erst recht für die Jugend: Die 14. Shell Jugendstudie spricht von einer „pragmatische[n] Generation". Die Mentalität hat sich „insgesamt von einer eher gesellschaftskritischen Gruppe in Richtung der gesellschaftlichen Mitte verschoben". Das Interesse an Politik ist „weiter rückläufig", wobei dabei vor allem an die „große Politik" und an Parteipolitik zu denken ist. „Ideologie ist ‚out‘", gesellschaftliches Engagement im „näheren und weiteren Lebensumfeld" aber durchaus „in".[5] Die großen gesellschaftlichen und politischen Organisationen sind zu Reformen gezwungen, die bisher erfahrene Veränderungsprozesse in Tempo und Umfang weit übertreffen.

Eine der wichtigsten Orientierung und Halt vermittelnden Institutionen war stets die Familie. Auch sie unterliegt gegenwärtig einem dramatischen Wandel. Familienforscher können zwar zeigen, dass auch heute noch enge und emotionale Bindungen zwischen Kindern, Eltern und Großeltern bestehen.[6] Nie zuvor haben so viele Generationen gleichzeitig gelebt wie heute, und Jung und Alt stehen in gegenseitiger Sorge für einander ein bis ins Alter. Die Familie besitzt offenbar höhere Widerstandskräfte gegen die Tendenz zur Auflösung hergebrachter gesellschaftlicher Institutionen als andere. Gleichwohl befindet sich auch die Familie in einem rasanten Wandlungsprozess: Die traditionale Vater-Mutter-Kind-Familie weicht einer pluralen Familienstruktur, die gleichzeitig viele verschiedene Modelle zulässt: Ein-Eltern-Familien, Stief-Familien, Klein- und Großfamilien. Ein Kind kann mehrere Eltern- und Großeltern-Paare besitzen; Großeltern bekommen ‚angeheiratete‘ Enkel hinzu oder ‚verlieren‘ durch Scheidung der Kinder die leiblichen Enkel. Ältere Menschen ziehen in Wohngemeinschaften mit Jungen, die nicht ihre Kinder sind, aber – im Unterschied zu den eigenen Kindern – am selben Ort wohnen wie sie. Zur echten Verwandtschaft kommen zunehmend ‚Wahl-Verwandtschaften‘ hinzu.

Auf welches Feld man auch blickt: Das Stichwort der ‚Wahl‘ liefert einen wichtigen Schlüssel zum Verständnis des gegenwärtigen gesellschaftlichen Wandels: Freiheit der Wahl, Zwang zur Wahl, Wahl ohne Auswahlmöglichkeit, scheinbare/eingebildete/eingeredete Wahlmöglichkeit ohne Chance in der Realität. Der souveräne, selbst-starke Bürger mag diese Wahl als beglückend empfinden. Andere, Schwächere scheitern an ihrer Unfähigkeit, die jeweils richtige Auswahl zu treffen, oder sie haben erst gar keine Wahlmöglichkeit. Die Verantwortung, so oder so, trägt jeder selbst.

Dieser Wandel ‚im Kleinen‘ korrespondiert mit dramatischen Veränderungen ‚im Großen‘: Der Mensch ist heute in der Lage, künstliches Leben zu schaffen, er kann aber auch – und dies ist kein Gegensatz – die Welt zerstören. Jeder Umweltgipfel wird im Vorfeld als letzte Chance bezeichnet, und hinterher beschleicht einen

---

5 Deutsche Shell (Hg.), Jugend 2002. Zwischen pragmatischem Idealismus und robustem Materialismus (= 14. Shell Jugendstudie), S. 18, 21 f., 26.
6 Hans Bertram, Familien leben. Neue Wege zur flexiblen Gestaltung von Lebenszeit, Arbeitszeit und Familienzeit, Gütersloh 1997; ins Thema einführend ders., Familie, in: Martin Greiffenhagen/Sylvia Greiffenhagen (Hg.), Handwörterbuch zur politischen Kultur der Bundesrepublik Deutschland, Wiesbaden 2002, S. 128 ff.

das unangenehme Gefühl, dass es im Großen und Ganzen so weitergeht wie zuvor. Das mag auch damit zusammenhängen, dass die immensen Probleme der armen Länder nicht gelöst werden, ja, man kann den Eindruck gewinnen, dass die reichen Länder und die großen Wirtschaftsunternehmen an einer Lösung gar nicht interessiert sind. Was immer man unter Globalisierung im einzelnen verstehen mag, zweifellos verbirgt sich dahinter auch ein neuer Wirtschaftsliberalismus, der Arbeitsplätze vernichtet, neue und billigere schafft, Märkte verschiebt. Im Unterschied zu früher sind viele von uns indirekt an dieser Entwicklung beteiligt. Nicht nur gesellschaftlicher Wohlstand oder gar die Überzeugungskraft der großen Unternehmen, sondern auch die Aktie als Form der Geldanlage löst den Widerspruch zwischen Kapital und Arbeit auf. Wir mögen bei der Zeitungslektüre am Morgen als Bürgerinnen und Bürger die Politik der großen Konzerne kritisieren und werden uns am Abend als Aktionäre über die Gewinnmaximierung der von uns favorisierten Aktiengesellschaften freuen.

Das alles wirkt verwirrend, zumal dann, wenn wir uns in den alten Denkschemata wie groß/klein, arm/reich und (politisch) links/rechts bewegen. Jeder Mensch braucht aber Orientierungshilfen, und nicht zufällig haben zwei Begriffe bzw. Konzepte im letzten Jahrzehnt an Bedeutung gewonnen. Der erste Begriff ist der der *Identität*. Man hat den Eindruck, dass sowohl die Menschen selbst als auch die politischen und gesellschaftlichen Institutionen verstärkt danach fragen, was den Kern unseres menschlichen Daseins ausmacht, was unsere „Identität" ist. Der zweite Begriff ist der der *Region*. Die Dominanz des Globalen mag dazu geführt haben, dass wir uns stärker als zuvor auf den Bereich des Regionalen und auch Lokalen besinnen. In einer Zeit, in der die Welt näher zusammenrückt, scheint man verstärkt nach den Unterschieden im engeren Lebensumfeld zu fragen. Genau hier setzt die regionale und lokale politische Kulturforschung an. Die Frage, die sich stellt, ist, ob die Konzepte „Identität" und „politische Kultur" einen Beitrag zur Lösung der beschriebenen Probleme leisten können.

1. Kritik und Grenzen des Identitätsbegriffs

Beginnen wir mit dem Identitätsbegriff. Identität meint streng sprachlogisch gesehen eine völlige Übereinstimmung von Personen, Gegenständen oder Sachverhalten in allen Merkmalen. Dagegen meint Gleichheit das Verhältnis unter bestimmten, aber nicht allen Aspekten. Unterschiedliche Personen, Gegenstände und Sachverhalte sind unter bestimmten, nicht aber unter allen Aspekten gleich. Aus der Erkenntnis, dass alles Wirkliche individuell, das heißt von einander unterschieden ist und ein Gegenstand nur mit sich selbst identisch sein kann, vertrat Friedrich Wilhelm Schelling (1775–1854) seine Identitätsphilosophie, wonach die Unterschiede zwischen Materie und Geist, Körperlichem und Seelischem, Subjekt und Objekt, Denken und Sein, im Absoluten oder in der absoluten Vernunft überwunden und damit identisch sind.

Bereits diese kurzen einführenden Worte machen deutlich, dass unter einem streng logischen Sinn nicht einmal die meisten Dinge mit sich selbst identisch bleiben, da sie sich verändern. Ebenso wenig sind Menschen über einen längeren

Zeitraum mit sich selbst identisch, da auch sie ihre Persönlichkeitsstruktur in aller Regel verändern. Trotzdem unterscheidet die Wissenschaft zumindest zwei Dimensionen von Identität, und zwar die individuelle und die kollektive Identität.

Die individuelle (persönliche) oder Ich-Identität war ursprünglich ein Begriff der Psychoanalyse und wurde dort vor allem von dem Freud-Schüler Erik H. Erikson (1902–1994) eingeführt und benutzt, der zeigen wollte, welch zentrale Bedeutung die Herausbildung einer Ich-Identität für die Persönlichkeitsentwicklung hat. Dabei setzt Ich-Identität „Konsistenz im Urteilen und Planen, in den Überzeugungen, expliziten Absichten und dem wirklichen Tun, wenigstens ein Streben nach Vermeidung von Selbstwidersprüchen" voraus.[7] Ist diese Konsistenz gegeben, spricht man auch von einer „authentischen" Persönlichkeit, wobei authentisch im Sinne von ‚Urheber' des eigenen Handelns verstanden wird. Das Gegenteil ist eine Persönlichkeit, die von Widersprüchen geprägt und im Extremfall dem Dr.-Jekyll-and-Mr.-Hyde-Syndrom verfallen ist. Es kann auch zu zeitweisen Schwierigkeiten kommen, seiner ‚Identität' zu folgen, und in diesem Fall benutzt man den zum Allgemeingut gewordenen Ausdruck von der Identitätskrise.

Erikson teilte das menschliche Leben in acht Stadien der psychosozialen Entwicklung ein, wobei die erste Phase (die „oral-sensorische") mit der Geburt beginnt und etwa zwei Jahre dauert. Von hoher Bedeutung ist die Phase 5 (Pubertät und Adoleszenz), in der es in der Regel zur Herausbildung einer Identität, aber auch zu „Rollenkonfusion" (bis hin zum Suizid) kommt. Die Phase 8 („Reife") meint den Menschen jenseits des Erwerbsalters, der sein Leben ‚überprüft' und entweder zu Einheit und Erfüllung oder zu Ekel und Unzufriedenheit gelangt. Dieses hier etwas mechanisch dargestellte Modell wurde von der Forschung mehrfach überarbeitet und spielt noch heute in der Entwicklungspsychologie eine Rolle. So geht die moderne Entwicklungspsychologie davon aus, dass sich der Anteil der Menschen mit „diffuser Identität" von 20 auf 40 Prozent erhöht hat. Dabei werden vier Formen diffuser Identität unterschieden: der tradionale Typ (Übernahme des elterlichen Identitätserbes), der Surfer (rasche und geschickte Anpassung, erfolgreich in der Selbstdarstellung, aber emotional oberflächlich), der Isolierte (konfliktbelastete Herkunftsfamilie, diskontinuierliches Berufsleben, Rat- und Hilflosigkeit) und die Patchworkidentität (unverbundene, teilweise sich widersprechende Werthaltungen und Gewohnheiten, die aber im Arbeitsleben moderner Gesellschaften durchaus als funktional gelten).[8] Zusammenfassend kann man festhalten, dass Eriksons „globale Theorie" von ihm selbst empirisch wenig abgesichert wurde, dass ihr aber nichtsdestotrotz ein „substantiell[er] Wahrheitsgehalt" zugesprochen wird.[9]

---

7 Pirmin Stekeler-Weithofer, Art. Identifizierung/Unterscheidung, in: Enzyklopädie Philosophie, hg. von Hans Jörg Sandkühler, Hamburg 1999, Bd. 1, S. 601–603, hier S. 603. Für unseren Zusammenhang unergiebig: Geo Siegwart, Art. Identität/Gleichheit, in: Ebd., S. 603–607.

8 Rolf Oerter, Leo Montada (Hg.), Entwicklungspsychologie, Weinheim-Basel-Berlin 2002 (5. Aufl.), S. 290–304, hier insbesondere S. 298 f. Zu den acht Stadien der psychoszioalen Entwicklung nach Erikson vgl. Lyle E. Bourne, Einführung in die Psychologie, Eschborn 1992, S. 344.

9 Nathaniel L. Gage/David C. Berliner, Pädagogische Psychologie, Weinheim 1996 (5. Aufl.), S. 136, 141.

Von dieser individuellen wird die *kollektive Identität* unterschieden, die – was freilich umstritten ist – „ein Reservoir an Gemeinschaftlichkeit und Zusammengehörigkeitsgefühl" bereitstellen soll, „auf das auch moderne Gesellschaften zur Sicherung eines zu ihrer Existenz notwendigen Mindestmaßes an Integration angewiesen sind". Innerhalb solcher kollektiver Identitäten kann man nationale, binationale und postnationale Identitäten, regionale Teilidentitäten, in Deutschland West-Ost-Differenzen sowie Ansätze einer europäischen Identität ausmachen.[10]

Die vielleicht wichtigste Auseinandersetzung mit dem Begriff „kollektive Identität" sowie die umfassendste und schärfste Kritik der letzten Jahre hat Lutz Niethammer vorgenommen, der in der ihm eigenen Prononciertheit von einem „Plastikwort" sprach. Philip Gleason zitierend führte er aus, das Wort bedeute „mittlerweile so vieles, das es selbst nichts mehr bedeutet". Gleichwohl konstatierte Niethammer einen erstaunlichen Boom: Kollektive Identität habe sich in den 80er und vor allem in den 90er Jahren zu einem „Schlüsselwort der politischen und kulturellen Semantik entwickelt". Für die 90er Jahre seien in Deutschland über 1.700, für die 80er Jahre über 1.000, für die 70er Jahre knapp 200, für die 60er Jahre 90 und für die 50er Jahre 50 Buchtitel nachweisbar. Davor habe es nur einen Titel gegeben, der 1946 erschien. Einen deutschen Sonderweg wollte Niethammer beim „Griff nach der kollektiven Identität" freilich nicht feststellen. Auch andere Nationen und Kulturen seien von diesem Boom erfasst worden. In gewisser Weise erstaunlich dabei ist, dass kollektive Identität zwar ein „Leitbegriff besonders des europäischen Rechtsextremismus" geworden ist, dass Identität und sogar nationale Identität aber auch zu einem „Code-Wort der linken und alternativen Szene und der Friedensbewegung" wurde.[11] Damit liegt der Begriff quer zu den politischen Lagern.

Als Historiker interessiert Niethammer, wann der Begriff entstand und wer ihn in welchem Kontext verwendete. Zentrale Bedeutung hatte die „Mutterkatastrophe des 20. Jahrhunderts", der Erste Weltkrieg, der bewirkte, dass emphatische Formeln als „Traditionsersatz" herhalten mussten. Für Niethammer ist das Streben nach Identität insgesamt ein „funktionales Äquivalent der Macht". Wer keine Macht hat oder diese verliert, ist besonders empfänglich für Konstruktionen angeblicher kollektiver Identität. Niethammer versucht, diese These an den Werken herausragender Intellektueller der Zwischenkriegszeit nachzuweisen, wobei diese unterschiedlichen Professionen nachgingen und auch politisch von unterschiedlicher Couleur waren: an Carl Schmitt (1888–1985), Georg Lukács (1888–1971), Carl Gustav Jung (1875–1961), Sigmund Freud (1856–1939), Maurice Halbwachs (1877–1945) und Aldous Huxley (1894–1963). Auch Erik H. Erikson (1902–1994) wird exkursartig in diese Untersuchung einbezogen. Nach Meinung Niethammers diente Identität den genannten Autoren zur Definition und Konstruktion ver-

---

10 Wolfgang Bergem, Art. Identität, in: Martin Greiffenhagen/Sylvia Greiffenhagen (Hg.), Handwörterbuch zur politischen Kultur der Bundesrepublik Deutschland, Wiesbaden 2002 (2. Aufl.), S. 192–200, Zitat S. 193.

11 Lutz Niethammer, Kollektive Identität. Heimliche Quellen einer unheimlichem Konjunktur, Reinbek 2002, S. 9, 12, 20 f.

schiedener Begriffe und Konzepte, die, schlagwortartig verdichtet, wie folgt wiedergegeben werden können: völkische Demokratie (Schmitt), revolutionäres Bewusstsein (Lukács), barbarische Regression (Jung), jüdische Ethnizität (Freud), beliebige Traditionalität (Halbwachs) und programmierte Ungleichheit (Huxley). Es würde zu weit führen, die Ergebnisse an dieser Stelle im Einzelnen zu diskutieren. Wichtig für unseren Zusammenhang ist, dass Niethammer von einer „heimlichen Erfindung" des Begriffs kollektive Identität nach dem Ersten Weltkrieg ausgeht und von einer „unheimlichen Konjunktur" nach dem Zweiten Weltkrieg.[12]

An dieser Stelle kann man darauf hinweisen, dass Begriffe und Konzepte wie das der kollektiven Identität ihre Wirkkraft nicht allein dadurch entfalten, dass sie von Intellektuellen ‚erfunden', entwickelt und aufgegriffen werden. In der Regel treten krisenhafte Erscheinungen, die in die Lebenswelt von Menschen eingreifen und ihre Erfahrungen prägen, hinzu. Erst dann erhalten solche Konzepte ihre eigentliche Dynamik. Verdeutlicht wird diese These an einem Beispiel, das zugleich als empirischer Beleg gelten kann: Noch während des Ersten Weltkrieges wurde insbesondere von protestantischen Pfarrern geklagt, viele Bauern hätten überhaupt kein Nationalgefühl. So wurde auf der „Kriegstagung des Evangelisch-Sozialen Kongresses" im April 1917 festgestellt, die Bauern hätten durch den Weltkrieg „zum ersten Mal die ganze Wucht des modernen Vaterlandsgedankens" erlebt. Das Vaterland sei für die Bauern bis dahin nicht die Nation, sondern „die liebe Heimat gewesen, Dorfstraße und Elternhaus, Scheuer und Stall, Feldflur und Wiese, um den eigenen Acker geschmiegt, und durch das Ganze das Bächlein mit Erlenbüschen zur Linken und Rechten, und über dem Ganzen der Hahn des heimatlichen Kirchturms". Die Nationalhymne, das „eigentliche Vaterlandslied" der Bauern war nicht „Deutschland, Deutschland über alles", sondern „Im schönsten Wiesengrunde ist meiner Heimat Haus". Deutschland sei für den Bauern „nur die erweiterte Heimat" gewesen. „Der moderne Vaterlandsgedanke ist der bäuerlichen Masse ein Begriff ohne bestimmten Inhalt, ohne alle Anschauung, Name Schall und Rauch."[13] Fünfzehn Jahre später, nach den Erfahrungen des Weltkrieges und der permanenten Agrarkrise der Weimarer Republik, waren die Bauern die soziale Gruppe, die mit am stärksten nationalistisch wählten, die Deutschnationalen oder gleich die Nationalsozialisten.

Diese negative Dynamik und die Möglichkeit der konflikthaften Ausgrenzung, die dem Begriff kollektive Identität anhaftet, lässt es Niethammer ratsam erscheinen, auf den Begriff völlig zu verzichten: „Der Strukturlosigkeit des Begriffs war nur ein einziger fester Kern mitgegeben: die Abgrenzung vom Nicht-Identischen, in welcher Bestimmung auch immer, und insofern ist er im Kern auf Konflikt hin angelegt. [...] Insofern ist kollektiver Identität die Tendenz zum Fundamentalismus und zur Gewalt inhärent." Niethammer schlägt vor, den Begriff kollektive Identität

12 Niethammer, Kollektive Identität, S. 27, 415, 417, 419.
13 Die Verhandlungen des sechsundzwanzigsten Evangelisch-Sozialen Kongresses abgehalten in Berlin vom 11. bis 12. April 1917, Göttingen 1917, S. 60–62 (Beitrag von Pfarrer Koch, Hessen). Zum Gesamtzusammenhang siehe Andreas Dornheim, Der lange Weg in die Moderne. Agrarische Politik und ländliche Gesellschaft in Deutschland. Unveröffentlichte Habilitationsschrift, Universität Erfurt 2000, S. 253–255.

„aus unserem politischen Wortschatz einfach zu streichen" und stattdessen „davon zu sprechen, was uns alles geprägt hat".[14]

Trotz dieses scheinbar so klaren Votums kann sich auch Niethammer, dies macht sein Buch an mehreren Stellen deutlich, unter bestimmten Umständen den Versuchen, der eigenen Identität nachzugehen, nicht völlig verschließen. So stellt er erstens fest, dass aus „keinem anderen Zusammenhang" so viel über kollektive Identität geschrieben wurde, „wie aus der ja an sich relativ kleinen jüdischen Gemeinschaft". Zweitens geht er als entschiedener Anhänger der Biographieforschung mit sehr viel Lust und Können dem Werdegang Erik H. Eriksons nach und stellt fest, dass der Erfinder der Ich-Identität seine eigenen biographischen Spuren geradezu verwischt hat. Niethammer macht hierfür mehrere Identitätsbrüche verantwortlich und geht dabei auch auf die Namenswahl Eriksons in den USA ein. Der „Identitätspapst", der 1902 in Deutschland als unehelicher Sohn einer jüdischen Mutter geboren wurde, hieß ursprünglich Erich Homburger und nahm 1939 in den USA den Namen Erik H[omburger] Erikson an. „Der blonde und blauäugige Sohn einer Jüdin als nordisches Königskind!"[15]

Hans-Georg Wehling hält anders als Niethammer Identität neben Gruppe und Grenze für eine der drei zentralen Kategorien der regionalen und lokalen politischen Kulturforschung. Politische Kultur ist für ihn ein „Gruppenphänomen". Dies bedeutet, dass sie nur in Gruppen auftaucht und dass sich verschiedene Gruppen möglicherweise (nicht zwangsläufig) durch bestimmte regionale oder lokale politische Kulturen unterscheiden lassen. Grenzen stellen den „Bezugspunkt für Zugehörigkeitsbewußtsein" dar, wobei es wichtig ist, auf zwei Bedingungen hinzuweisen: Erstens sind mit Grenzen nicht nur territoriale Grenzen gemeint, sondern auch „Bewußtseinsgrenzen" sowie Grenzen konfessioneller, sozialer und demographischer (Grenzen zwischen Generationen) Art. Zweitens sind Grenzen „nichts Konstantes", sondern Veränderungen unterworfen. Identität ist für Wehling, der nicht zwischen individueller und kollektiver Identität unterscheidet, für die Herausbildung eines Wir-Gefühls entscheidend, wodurch bewusst oder unbewusst Ab- und Ausgrenzungen vorgenommen werden, die sich in Form von unterschiedlichen lokalen und regionalen politischen Kulturen niederschlagen.[16]

Der zentrale Unterschied ist, dass Niethammer *normativ* argumentiert, während Wehling vom *Ist-Zustand* ausgeht und auf Sachverhalte verweist, die de facto beobachtbar und empirisch feststellbar sind. Niethammer appelliert in emanzipatorischer Absicht an uns, den Ausdruck kollektive Identität aus unserem Wortschatz zu streichen, weil er sich davon ein geringeres Maß an Ab- und Ausgrenzung verspricht. Für Wehling stellt sich diese Frage nicht, weil er von empirischen Befunden ausgeht.

Ein anderer, der an der „Konstruktion von Identität" festhält, ist der amerikanische Stadtsoziologe und Regionalplaner Manuel Castells, der im zweiten Band

---

14 Niethammer, Kollektive Identität, S. 625, 627.
15 Niethammer, Kollektive Identität, S. 15, 278.
16 Hans-Georg Wehling, Regionale/Lokale politische Kultur, in: Martin Greiffenhagen/ Sylvia Greiffenhagen (Hg.), Handwörterbuch zur politischen Kultur der Bundesrepublik Deutschland, Wiesbaden 2002 (2. Aufl.), S. 521–525, Zitat S. 521.

seines umfassenden dreibändigen Werkes „Das Informationszeitalter" die „Macht der Identität" beschwört. Für Castells ist Identität die „Quelle von Sinn und Erfahrung für die Menschen". Unter Identität versteht er, bezogen auf soziale Akteure, „den Prozess der Sinnkonstruktion auf der Grundlage eines kulturellen Attributes oder einer entsprechenden Reihe von kulturellen Attributen". Nach Castells kann ein Mensch mehrere Identitäten haben. Der Autor unterscheidet drei Formen kollektiver Identität: Die *Legitimierende Identität* „wird durch die herrschenden Institutionen einer Gesellschaft eingeführt, um ihre Herrschaft gegenüber den sozial Handelnden auszuweiten und zu rationalisieren". Die *Widerstandsidentität* wird von Akteuren hervorgebracht, „deren Position oder Lage durch die Logik der Herrschaft entwertet und/oder stigmatisiert werden". Und schließlich die *Projektidentität*, die dann auftritt, „wenn sozial Handelnde auf der Grundlage irgendwelcher ihnen verfügbarer kultureller Materialien eine neue Identität aufbauen, die ihre Lage in der Gesellschaft neu bestimmt, und damit eine Transformation der gesamten Gesellschaftsstruktur zu erreichen suchen". Als Beispiel für diese letzte Form der Identität wird der Feminismus genannt.[17]

Wennschon es also Stimmen gibt, die kritische Einwände gegen die Annahme einer kollektiven Identität erheben, bis hin zu dem Vorschlag, Begriff und Konzept besser ganz zu verwerfen, bleibt die Frage danach weiterhin sinnvoll. Niethammer, so scheint es uns, interpretiert Identität zu einseitig als „Ausgrenzung". Identität meint aber zunächst einmal „Eingrenzung" und die Erzeugung eines „Wir-Gefühls". Bemühen wir ein Beispiel aus dem Fußball, denn Sport ist immer auch ein Spiegelbild der Gesellschaft: Die besten Mannschaften sind nicht unbedingt die, die über die besten Einzelspieler verfügen, sondern die, denen es gelingt, Teamgeist, also ein Wir-Gefühl, zu erzeugen. Die großen europäischen Fußballvereine der Gegenwart sind inzwischen multikulturelle Spielervereinigungen. Es gibt Mannschaften, in denen die Spieler der jeweiligen Heimatnation in der Minderheit sind, und jeder Spitzenverein braucht ,seinen' Brasilianer, am besten noch einen Spieler aus einem afrikanischen Land und vielleicht sogar noch einen ausländischen Trainer aus Italien, Frankreich, den Niederlanden oder Deutschland. Gleichzeitig ist aber allen klar, dass diese Spielergemeinschaften nur auf Zeit bestehen. Bezahlt ein anderer Verein mehr Geld, wechseln die Spieler den Verein. Neue Teams mit einem neuen mehr oder weniger ausgeprägten Wir-Gefühl entstehen. Die Nationalmannschaften treten dagegen zunehmend in den Hintergrund und können ihre Fans nur noch bei den großen Turnieren (Europa- und Weltmeisterschaften) aktivieren. Eine Ausnahme stellen kleine oder neu entstandene Nationen (wie im ehemaligen Jugoslawien) dar, bei denen die Nationalmannschaft in der Regel einen größeren Stellenwert besitzt. In Deutschland dagegen wurde, vor allem auch auf Grund internationaler Erfolglosigkeit, von offiziellen Vertretern des Deutschen Fußballbundes befürchtet, dass die Nationalmannschaft zweitrangig werden könnte. Wie diese Entwicklung weitergehen wird, ist im Moment nicht abzusehen. Es ist aber durchaus möglich, dass der Fußball dem Vorbild des Radfahrens folgt: Bei der Tour der France, die 2003 ihr 100jähriges Jubiläum feiert, treten seit 1962 keine

---

17 Manuel Castells, Das Informationszeitalter. Teil 2: Die Macht der Identität, Opladen 2002, S. 7–73, Zitate S. 8, 10.

Nationalmannschaften, sondern nur noch Sponsorenteams an, nachdem in den 20er Jahren die ursprünglichen „Marken"-Teams durch Nationalteams ersetzt worden waren.

Selbstverständlich können solche Beispiele nicht absolut gesetzt werden, und zweifellos haftet dem Identitätsbegriff nicht nur ein integrierendes, sondern auch ein ausgrenzendes Element an. Wir meinen, dass der Begriff der individuellen Identität ein angemessenes Instrumentarium bereitstellt, um auf der Ebene des Individuums, der einzelnen Persönlichkeit bestimmte Sachverhalte der persönlichen Stabilität oder Instabilität, der persönlichen Konstanz, der Veränderungen, Brüche und Krisen wiederzugeben und zu beschreiben. In diesem Sinn sind im ersten Teil des vorliegendes Bandes jene Beiträge zusammengefasst, die Einflüsse auf die individuelle Identität beschreiben und analysieren, die sich mit Identifikationssymbolen an der Schnittstelle zwischen Individuum und Politik befassen, die Verlusterfahrungen persönlicher Identität im Prozess der Globalisierung thematisieren, Kompensationsrituale wie Heimatinszenierungen analysieren und ‚kleinräumige' Identifikationsmöglichkeiten benennen.[18] Einige Beiträge verweisen dabei auf Wechselwirkungen zwischen der individuellen Identität und einer kollektiven, im Sinne einer gemeinsamen Basis an Traditionen, Werten und Handlungsmustern, die durch Sozialisationsagenturen und Sozialisationsprozesse ausgeprägt wurden. Wo es um politische Orientierungen einer Bevölkerung geht, ist das Konzept der politischen Kultur in manchen Fällen dem der kollektiven Identität vorzuziehen, da es bessere Instrumente bereitstellt, um Meinungen, Einstellungen und Werthaltungen herauszuarbeiten. Dennoch wollen wir kollektive Identität nicht ohne weiteres mit politischer Kultur gleichsetzen, sondern folgen Hans-Georg Wehling darin, dass wir in diesem Band Identität „als eine zentrale Kategorie der politischen Kultur" definieren. Mit beiden Begriffen zusammen ist es möglich, die individuelle und die gesellschaftliche Ebene zu verknüpfen.

2. Das Konzept der politischen Kultur

Politische Kultur bezeichnet die subjektive Dimension der Politik:[19] Meinungen, Einstellungen und Werthaltungen der Bevölkerung gegenüber dem politischen System. Bei der politischen Kulturforschung handelt es sich um ein altes Thema: Schon in allen frühen Hochkulturen finden sich Überlegungen zum Zusammenhang zwischen politischen Institutionen und dem Bewusstsein der Bevölkerung: Wird das politische System von der Bevölkerung bejaht, und wenn ja, aus welchen Gründen? Finden die Herrschaftsträger als politische Klasse Unterstützung und als

---

18 Vgl. hierzu die Beiträge von Hermann Bausinger, Guntram Blaser, Martin Greiffenhagen, Christel Köhle-Hezinger, Werner Konold, Klaus Koziol, Hubert Krins, Jörg Leist und Siegfried Schiele.

19 Zum Konzept der politischen Kultur vgl. einführend Martin Greiffenhagen/Sylvia Greiffenhagen, Politische Kultur, in: Dies. (wie Anm. 2), S. 387–401 (dort auch weiterführende Lit.).

Personen Vertrauen? Dienen gesellschaftliche Strukturen, die auf den ersten Blick unpolitisch erscheinen, der politischen Legitimität des Staates?

Politische Kulturforschung entsteht immer in Zeiten gesellschaftlicher Umbrüche. Politische Krisen führen zum Streit über die Verbindlichkeit religiöser Inhalte, über die Fortgeltung ethischer Normen, überkommener Traditionen, bisher unbefragter Erziehungsstile. Politische Kulturforschung ist in diesem Sinne auch Krisenforschung. Einer der wichtigsten Impulse für den Neueinsatz der politischen Kulturforschung nach dem Zweiten Weltkrieg war die Emanzipation junger Staaten von der Kolonialherrschaft. Der zweite Impuls lag in der politischen Erfahrung des Nationalsozialismus. Wie war es möglich, dass ein hochzivilisiertes Land des alten Europa in eine derartige Barbarei verfiel? Wie lange würde es dauern, bis die deutsche Bevölkerung ähnlich stabile demokratische Einstellungen aufweisen würde wie die alten Demokratien Europas? Welche Lebensgebiete, welche Sozialisationsmechanismen muss man dafür besonders ins Auge fassen? Welchen Einfluss haben die sog. Sekundären Tugenden wie Gehorsam, Pflichterfüllung, Fleiß und Disziplin, für die der ‚deutsche Nationalcharakter‘ und das deutsche Schulsystem in aller Welt bekannt waren? Seit 1989 gibt es in Osteuropa, für deutsche Forscher vor allem im Gebiet der ehemaligen DDR ein neues Experimentierfeld für die politische Kulturforschung. Wieder sind es Bedingungen raschen sozialen Wandels, die zu Fragen zwingen: Von welchen Erfahrungen wurden welche Altersgruppen und Schichten in der DDR nachhaltig geprägt? Wie wirkt sich Arbeitslosigkeit auf das politische Bewusstsein der Ostdeutschen aus? Gibt es eine ‚nachgeholte Identität‘, verbunden mit einer gewissen Nostalgie unter Ostdeutschen? Wird es für längere Zeit zwei politische Kulturen in Deutschland geben?

Die politische Kulturforschung hat sich innerhalb weniger Jahrzehnte in Deutschland zu einer festen Größe im Bereich politikwissenschaftlicher Forschung entwickelt. Unter dem Einfluss des Behaviorismus setzte sich nach dem Zweiten Weltkrieg gegenüber älteren deutschen Ansätzen politischer Kulturforschung (z. B. Max Webers; allerdings noch unter anderem Begriff) ein Konzept dieses Forschungsfelds durch, das politische Kultur als „Muster der Verteilung individueller Orientierungen auf politische Objekte unter den Mitgliedern eines Kollektivs"[20] versteht und sich der empirisch-quantitativen Politikforschung verpflichtet weiß. Hauptquellen der Interpretation stellt die Umfrageforschung.

Ein vornehmlich oder ausschließlich auf Umfrageergebnissen basierendes Forschungskonzept wird ergänzt durch ein breiter angelegtes Verständnis von politischer Kultur, wie es insbesondere Karl Rohe und Hans-Georg Wehling einfordern. Rohe (vgl. den Beitrag in diesem Band) hebt auf den Unterschied zwischen ‚Einstellungen‘ (die durch Umfragen festgestellt werden können) und ‚Vorstellungen‘, hin, die als „Grundannahmen . . . so etwas wie Maßstäbe dar(stellen), an Hand derer Politik wahrgenommen, interpretiert und beurteilt wird. Sie sind in der Regel auf einer grundsätzlicheren Ebene anzusiedeln als die politischen Orientierungen und Einstellungen, wie sie in der Almond/Verba-Tradition erforscht werden. In jedem Fall gilt, dass politische Kulturforschung nicht nach Einstellungen gegenüber kon-

---

20 Gabriel A. Almond/Sidney Verba, The Civic Culture. Political Attitudes and Democracy in Five Nations, 1963.

kreten politischen Regimen zu fragen hat, sondern nach den Wahrnehmungsmustern und Beurteilungsmaßstäben, die solchen Einstellungen zugrunde liegen." Auch Hans-Georg Wehling weist darauf hin, dass das „Problem der Forschung [...] in der Selbstverständlichkeit einer politischen Kultur für die jeweilige Gruppe" liege: „Die Besonderheiten sind nicht unbedingt bewusst, ihre Herkunft ist vielfach unbekannt. Von daher ist das Instrument des Fragebogens weitgehend ungeeignet, weil damit nur Momentaufnahmen möglich sind, historische Dimensionen ausgeblendet und Genese unerklärt bleiben."[21] Wer, wie Rohe und Wehling, die historische Dimension des Konzepts politische Kultur in den Mittelpunkt rückt, interessiert sich zwangsläufig für regionale und sogar lokale Strukturen. Beide Forscher haben zu diesem Thema Publikationen vorgelegt. Wehling verweist auf politische *Grenzen* als „Bezugspunkt für Zugehörigkeitsbewusstsein, Wir- Gefühl, Identität"[22], innerhalb derer „die prägende Macht der jeweiligen Sozialisationsagenturen und Sozialisationsprozesse" wirke. Deutschland mit seinen unzähligen Grenzen bis weit in die Neuzeit muss im Lauf der Jahrhunderte folgerichtig auch viele verschiedene regionale und (z. B. in Freien Reichsstädten) auch lokale politische Kulturen ausgebildet haben. Politische Überzeugungen und Verhaltensstrukturen wirken – ähnlich wie Dialekte und Essgewohnheiten – weiter, auch wenn diese ursprünglichen Grenzen nicht mehr bestehen. Gegenwärtige Regional- oder Kommunalpolitik unterliegt, bewusst oder nicht, aus diesem Grund stets auch den Gesetzmäßigkeiten lokaler Politiktradition. Mehrere Autoren und Autorinnen des vorliegenden Bandes wissen sich diesem Konzept verpflichtet und haben Theoriebeiträge oder Fallstudien zu Einzelaspekten der politischen Kulturforschung verfasst.[23]

Ein so weitgespanntes Konzept von politischer Kultur, wie Rohe und Wehling einfordern, bietet Raum für viele Disziplinen, Theorien und Forschungsmethoden. Geschichtswissenschaft, Soziologie, Ethnologie, Psychologie, Volkskunde mit je eigenen Interessen, Fragestellungen und Methoden liefern Beiträge. Es verbindet die Geschichte des politischen Systems mit der Lebensgeschichte seiner Mitglieder und überschreitet somit den Bereich des politischen Systems in Richtung auf alle denkbaren Lebensgebiete: unter der Voraussetzung, dass Vorstellungen, die sich im individuellen Bereich herausgebildet haben, für politisches Handeln von Bedeutung sind. Die politische Kulturforschung verknüpft auf diese Weise Sozialisationsresultate individueller Natur mit dem Verhalten von Gruppen und Großgruppen.

Wenngleich mittlerweile viele Einzelstudien zu Begriff und Konzept der politischen Kultur vorliegen, lässt sich von einer ‚Theorie politischer Kultur' auch heute noch nicht reden, und schlimmer: Im Unterschied zu den 70er und 80er Jahren unternimmt kaum jemand mehr den Versuch, eine geschlossene Theorie zu entwickeln. Bertold Löffler und Volker Dreier wollen mit ihren Beiträgen die Notwendigkeit einer Theoriebildung auf diesem politikwissenschaftlichen Feld in Erinnerung rufen.

---

21 Hans-Georg Wehling (wie Anm. 16), S. 522.
22 Ebd. S. 521.
23 Vgl. hierzu die Beiträge von Ulrich M. Bausch, Anselm Doering-Manteuffel, Andreas Dornheim, Volker Dreier, Michael Eilfort, Claus Eppe, Horst Glück, Andreas Kost, Berthold Löffler, Peter März, Karl Rohe, Hans-W. Paul Schloz und Michael Zerr.

3. Hans-Georg Wehling – Annäherung an Werk und Biographie

Zwischen wissenschaftlichen Interessen und dem persönlichen Werdegang eines Forschers besteht in der Regel ein enger, oftmals sehr enger Zusammenhang.[24] Wie kaum ein zweiter hat sich Hans-Georg Wehling um ein Spezialgebiet der politischen Kulturforschung, nämlich die regionale und lokale politische Kultur verdient gemacht.[25] Sein besonderes Interesse gilt dabei Oberschwaben, jener Region, die zwischen 1803 und 1806 als ‚neuwürttembergisches' Gebiet (manche sprechen auch von ‚Kolonie') an das ganz anders strukturierte und von einer anderen Mentalität geprägte Altwürttemberg fiel. Früh hat Hans-Georg Wehling die (Katholische) Kirche, Adel, Bauern und die Freien Reichsstädte als jene Faktoren genannt, die die regionale politische Kultur Oberschwabens bestimmten und teilweise noch heute bestimmen.[26] Diese Faktoren spielten für die altwürttembergischen Gebiete bis 1806 keine Rolle (Adel, Reichsstädte) oder eine ganz andere (Kirche, Bauern). Oberschwaben gehört zweifellos zu den Regionen, denen sich Hans-Georg Wehling am stärksten verbunden fühlt.

Neben der regionalen und lokalen politischen Kulturforschung war und ist die Kommunalpolitik das zweite wissenschaftliche Standbein Hans-Georg Wehlings. Frühe Studien über die Gemeinden Hirschlanden (Leonberg) und Merklingen (Weil der Stadt)[27] sowie die Reutlinger Oberbürger-

---

24 Die Herausgeber danken Rosemarie Wehling für ihren Bericht, insbesondere zur Biographie ihres Mannes.

25 Den wohl besten Zugang bietet Hans-Georg Wehlings Artikel „Regionale/Lokale politische Kultur" in dem von Martin und Sylvia Greiffenhagen hg. Handwörterbuch zur politischen Kultur der Bundesrepublik Deutschland (wie Anm. 16). Vgl. außerdem an neueren Beiträgen: Ders., Das Konzept der regionalen politischen Kultur, in: Ulrich Sarcinelli, Jürgen W. Falter, Gerd Mielke, Bodo Benzer (Hg.), Politische Kultur in Rheinland-Pfalz, Mainz 2000, S. 25–44. Ders., Die Brücke über den Fluss – Der Donauraum, seine politische Kultur und seine Konflikte am Beispiel des Romans von Ivo Andric: Die Brücke über die Drina, in: Harald C. Traue, Sabine Presuhn (Hg.), Menschen – Strom – Donau. Leben und Leiden an einem europäischen Fluss, Berlin u. a. 2001, S. 167–187. Ders., Wirtschaftsgesinnung und Innovationsbereitschaft in historischer Perspektive – Beispiele aus Baden-Württemberg, in: Thomas Kühne, Cornelia Rauh-Kühne (Hg.), Raum und Geschichte. Regionale Traditionen und föderative Ordnungen von der frühen Neuzeit bis zur Gegenwart, Leinfelden-Echterdingen 2001, S. 55–66.

26 Hans-Georg Wehling, Barock – bäuerliches Oberschwaben. Elemente einer politischen Kultur, in: Der Bürger im Staat, 34. Jg. (1984), S. 192–196. Vgl. als neuere Veröffentlichungen: Ders., Oberschwaben – Umrisse einer regionalen politischen Kultur. Eine Einführung, in: Ders. (Hg.), Oberschwaben, Stuttgart-Berlin-Köln 1995, S. 11–43. Ders., Oberschwaben. Sanft gewelltes Hügelland, in: Baden-Württemberg. Vielfalt und Stärke der Regionen, hg. von Hans-Georg Wehling, Angelika Hauser-Hauswirth, Fred Ludwig Sepaintner im Auftrag der Landeszentrale für politische Bildung Baden-Württemberg, Leinfelden-Echterdingen 2002, S. 310–349.

27 Hans-Georg Wehling, Axel Werner, Kleine Gemeinde im Ballungsraum. Das Verhältnis verschiedener Bevölkerungsgruppen (Herkunftsgruppen) in schnell wachsenden Gemeinden. In Zusammenarbeit mit der Arbeitsgemeinschaft für Siedlungsfragen im Kreis Leonberg hg. im Auftrag des Evang. Kirchenbezirks Leonberg, Gelnhausen 1975.

meisterwahl[28] legten, angeregt durch den damaligen Vorsitzenden des Verbandes der baden-württembergischen Bürgermeister, Norbert Roth (Hechingen), den Grund für eine empirische Untersuchung der Bürgermeister in Baden-Württemberg. Die Deutsche Forschungsgemeinschaft finanzierte das Projekt, für die Datenerhebung wurde H.-Jörg Siewert gewonnen, wissenschaftliche Mitarbeiter waren u. a. Edgar Grande und Klaus Koziol. Das daraus entstandene Buch erlebte zwei Auflagen und gilt, obwohl inzwischen längst vergriffen, bis heute als ‚Rezeptbuch' für Bürgermeister-Kandidaten.[29] Im Rahmen der „Schriften zur politischen Landeskunde Baden-Württembergs", einer von Hans-Georg Wehling und der Landeszentrale für politische Bildung Baden-Württemberg gegründeten Reihe wichtiger Werke über den deutschen Südwesten, erschien auch das Standardwerk von Theodor Pfizer und Hans-Georg Wehling zur Kommunalpolitik in Baden-Württemberg, das bislang drei Auflagen erlebte.[30] „Diesen beiden Büchern und der sich daraus ergebenden Vortragstätigkeit samt Veröffentlichungen verdankt mein Mann wohl die Etikettierung als ‚Kommunalpapst in Baden-Württemberg', obwohl er sich nicht für unfehlbar und wohl auch nicht für so alt hält."[31] Nur am Rande sei festgehalten, dass die von Wehling favorisierte „Süddeutsche Ratsverfassung", die früher nur in Baden-Württemberg und Bayern galt, inzwischen – nicht ohne tatkräftige Mithilfe Wehlings – in vielen anderen Bundesländern eingeführt wurde.

Ein dritter Arbeitsbereich Hans-Georg Wehlings ist die politische Bildung. Zur Landeszentrale für politische Bildung Baden-Württemberg, die damals noch Arbeitsgemeinschaft Der Bürger im Staat hieß, kam Hans-Georg Wehling eher zufällig im Sommer 1965, als er durch die Vermittlung Rudolf Hrbeks zunächst Assistent des damaligen Stuttgarter Außenstellenleiters Walter Fehling wurde. 1968 erhielt Wehling von der VW-Stiftung ein Promotionsstipendium, um seine Dissertation bei Theodor Eschenburg abzuschließen.[32] Noch vor Ablauf des Bewilligungszeitraums suchte die Arbeitsgemeinschaft einen Politologen, um die Zeitschrift Der Bürger im Staat konzeptionell neu zu gestalten. „Mein Mann bewarb sich, seine Vorstellungen wurden als die überzeugendsten anerkannt und er als einer unter vielen Bewerbern eingestellt."[33] Von den zahllosen Veröffentlichungen zur politischen Bildung nennen wir nur eine kleine Auswahl, die Hans-Georg und

28 Hans-Peter Biege, Georg Fabritius, H.-Jörg Siewert, Hans-Georg Wehling, Zwischen Persönlichkeitswahl und Parteientscheidung. Kommunales Wahlverhalten im Lichte einer Oberbürgermeisterwahl, Königstein/Taunus 1978.

29 Hans-Georg Wehling, H.-Jörg Siewert, Der Bürgermeister in Baden-Württemberg, Stuttgart 1984 und 1987 (2. Aufl.).

30 Theodor Pfizer, Hans-Georg Wehling (Hg.), Kommunalpolitik in Baden-Württemberg, Stuttgart 1985, 1991 (2. Aufl.), 2000 (3. Aufl.).

31 Rosemarie Wehling im Schreiben an die Hg. vom 12.9.2002.

32 Hans-Georg Wehling, Die politische Willensbildung auf dem Gebiet der Weinwirtschaft. Dargestellt am Beispiel der Weingesetzgebung, Göppingen 1971 (Diss. Univ. Tübingen 1969).

33 Rosemarie Wehling im Schreiben an die Hg. vom 12.9.2002.

Rosemarie Wehling teilweise gemeinsam verfassten.[34] Kennzeichnend für Wehlings integrative und liberale Persönlichkeit ist, dass er im Streit um die Ziele, Inhalte und Methoden politischer Bildung den sogenannten „Konsens à la Beutelsbach" fand (vgl. hierzu den Beitrag von Siegfried Schiele in diesem Band).[35] Dieser „Beutelsbacher Konsens", der sich in den hochgradig politisierten 70er Jahren nicht einfach herstellen ließ, ist noch heute in allen Bundesländern Basis der pädagogischen Ausbildung der Sozialkundelehrer und -lehrerinnen. Ein Teil der Beiträge des vorliegenden Bandes orientieren sich an den beiden zuletzt genannten Forschungsgebieten.[36]

Was kennzeichnet das Werk Hans-Georg Wehlings? Wir Herausgeber sehen vor allem drei Punkte: den Praxisbezug, die interdisziplinäre Herangehensweise (Politikwissenschaft, Geschichte, Philosophie, Geographie, Religionswissenschaft, Volkskunde/Empirische Kulturwissenschaft) – bewusst abseits des politikwissenschaftlichen main streams – und schließlich das Interesse an ‚kleinräumiger‘, lokaler Politik und der Provinz, insbesondere, wenn diese Provinz katholisch und damit anders ist als eine übermächtige protestantische Zentralmacht. Fragt man nach biographischen Wurzeln für diese Interessen, so findet sich folgender Schlüssel: Beide Eltern Hans-Georg Wehlings hatten ihre Wurzeln in der katholischen Diaspora „Eichsfeld" mitten im protestantischen Thüringen, und sie waren sich dessen auch sehr wohl bewusst. Bekanntlich bildete der Katholizismus seit dem ‚Kulturkampf‘ in den 70er Jahren des 19. Jahrhundert ein eigenes sozialmoralisches Milieu heraus, das bis in die 60er Jahre des 20. Jahrhunderts Bestand hatte und dessen Reste in vielen katholischen Gegenden noch heute spürbar sind. Überbewerten darf man diese Herkunft allerdings auch nicht: Die Mutter stammte aus einer katholisch-eichsfelderischen Arbeiterfamilie in Magdeburg; der Vater, in der Kreisstadt Oschersleben am Harzrand geboren, kam in seiner Jugend viel herum, seinem eigenen Vater folgend, der als Schneidermeister und Gastwirt ein unstetes Leben führte. Die katholischen Wurzeln des Elternhaus waren für Hans-Georg Wehling ein prägendes, aber kein übermächtiges Element: „Der Vater war überzeugter Katholik, aber liberal, tolerant und selbständig im Denken [...]. Die Gegensätze im deutschen Katholizismus erlebte mein Mann eigentlich von Kind an in

---

34 Hans-Georg Wehling (Hg.), Unterrichtspraktisches Handbuch zur politischen Bildung – Modelle für den Sozialkundeunterricht, München 1973. Darin: Rosemarie und Hans-Georg Wehling, Rollen, Normen, Sozialisationsprozeß – Die Rolle der Frau in unserer Gesellschaft, S. 16–30. Dies., Das Regierungssystem der DDR – Die Rolle von Partei und Staat in dem anderen Teil Deutschlands, S. 246–258. Dies., Gemeinde – Machteliten in einer mittleren Industriestadt, S. 246–258. Dies., Das Regierungssystem der DDR – Die Rolle von Partei und Staat in dem anderen Teil Deutschlands, S. 277–291. Rosemarie und Hans-Georg Wehling, Die DDR. (= Informationen zur politischen Bildung der Bundeszentrale für politische Bildung Heft 205), Bonn 1984.

35 Hans-Georg Wehling, Konsens à la Beutelsbach? Nachlese zu einem Expertengespräch, in: Siegfried Schiele, Herbert Schneider (Hg.), Das Konsensproblem in der politischen Bildung, Stuttgart 1977, S. 173–184, besonders S. 179 f.

36 Vgl. die Beiträge von Julian Aicher, Gebhard Fürst, Max Gögler, Edgar Grande, Sylvia Greiffenhagen, Stefan Holl, Margot Körber-Weik, Richard Reschl/Walter Rogg und Anja Scholz.

der eigenen Familie, das machte ihn wohl hellhörig für religiöse Fragen, gerade auch für unterschiedliche Ausprägungen."[37] Das feinsinnige Gespür für Gegensätze zwischen Staat und Katholischer Kirche, das Hans-Georg Wehlings Arbeit auszeichnet, hat sicherlich mit den Erfahrungen der eigenen Familie und der über Generationen vermittelten ‚kollektiven Erinnerung' zu tun.

Hans-Georg Wehling wurde 1938 als jüngster von drei Brüdern in Essen geboren und wuchs dort in einem ‚besseren Stadtviertel' auf, ging auch in einem ‚vornehmen' Viertel (Bredeney) zur Schule, „ohne Kontakt zur Industrie", nicht einmal in „Blickkontakt" zu den Schornsteinen (Rosemarie Wehling). Der Vater arbeitete als „Herrenausstatter" und Geschäftsführer eines Textileinzelhandelsgeschäfts. Während der Bombenangriffe kurz vor Kriegsende wurde der jüngste Sohn zu Verwandten nach Leinefelde ins Eichsfeld geschickt, wo er auch eingeschult wurde. Zur ‚zweiten Heimat' wurde das Eichsfeld freilich nicht, und Hans-Georg Wehling fühlt sich noch heute dem Rheinland wesentlich stärker verbunden.

Wichtig ist, dass sich Hans-Georg Wehling zeitlebens stärker zu einem kleinstädtischen oder gar dörflich-ländlichen Umfeld hingezogen fühlte als zu Großstädten. Frühe Besuche bei Verwandten in Neuwied und an der Mosel sowie Urlaubsfahrten mit den Eltern ins Sauerland oder in die Alpen weckten seine Liebe zum Land und zur Landschaft – und vor allem zum Wandern: „Das Wandern mit seinem Vater hat ihn . . . schon früh geprägt. Das Wandern ist bis heute ganz wichtig für ihn: In diesem ‚menschlichen Tempo' Umwelt und Menschen zu erleben und beobachten, Eigentümlichkeiten und Besonderheiten zu erkennen, schätzt er mehr, als seine Informationen nur aus Büchern zu holen."[38] In Oberschwaben soll es nur wenige Wege geben, die Hans-Georg Wehling nicht gewandert ist: allein, mit seiner Familie, mit Freunden, oft genug mit Studenten. Zustimmend zitiert Wehling den ‚Vater' der Volkskunde, Wilhelm Heinrich Riehl, mit den Worten: „Unsere Gelehrten sind doch wunderliche Leute. Wenn Jemand wochenlang im Bücherstaube wühlt und nichts findet, so war das wissenschaftlich gearbeitet, wenn aber Einer im lebendigen persönlichen Verkehr die feinste Entdeckung gemacht hat, so kann das doch nicht für wissenschaftliches Arbeiten gelten."[39]

Studiert hat Hans-Georg Wehling in Städten, die überschaubar, idyllisch und in schöner Landschaft gelegen sind: Münster, Freiburg im Breisgau, Heidelberg und Tübingen. Um Land und Leute kennen zu lernen, wohnte er stets bei Privatvermietern und nicht im Studentenwohnheim. Beeindruckt haben ihn einige akademische Lehrer, beispielsweise der Freiburger Historiker Gerhard Ritter und der Politologe Gerhard Lehmbruch, der Politik- und Geschichtswissenschaft zu verknüpfen verstand. Beeinflusst hat ihn aber vor allem einer: Theodor Eschenburg. Ihn kannte Wehling aus Veröffentlichungen in der „Zeit", und bei ihm wollte er unbedingt studieren. Dazu kamen später viele weitere prägende Kontakte, so etwa

---

37 Rosemarie Wehling im Schreiben an die Hg. vom 12.9.2002.
38 Rosemarie Wehling im Schreiben an die Hg. vom 12.9.2002.
39 Hans-Georg Wehling, Ganzheitliches Lernen – Plädoyer für das Lernen im „lebendigen persönlichen Verkehr", in: Siegfried Schiele (Hg.), Politische Bildung im öffentlichen Auftrag, Stuttgart 1982, S. 79–85. Das Riehl-Zitat ist dem „Wanderbuch – Handwerksgeheimnisse der deutschen Volkskunde" (1869) entnommen.

zu Karl Rohe und dem früh verstorbenen Essener Kollegen Herbert Kühr, die ähnliche wissenschaftliche Ansätze verfolgten, zu Hermann Bausinger und Martin Greiffenhagen. Auch das wissenschaftliche Gespräch mit Frau und Tochter war und ist wichtig für Wehling. Ein „68er" war er nicht. Gleichwohl haben diese Jahre Auswirkungen auf sein Denken und Handeln gehabt und die „Ablösung von dem Wertesystem, in dem er aufgewachsen ist, massiv verstärkt" (Rosemarie Wehling).

Das Werk Hans-Georg Wehlings ist längst noch nicht abgeschlossen. Er hat mit seiner Betonung der Kleinräumigkeit politikwissenschaftlicher Forschung viele Themen eröffnet, die gerade in Zeiten der Globalisierung besonderer Beachtung bedürfen und kontinuierlich weitergeführt werden müssen. Die Vielfalt und Farbigkeit an Inhalten, Zugängen und Forschungsmethoden Hans-Georg Wehlings spiegelt auch der vorliegende Band wider. Die Beiträge sind sehr heterogen. Sie reichen vom journalistischen Essay bis zur wissenschaftlich-akribischen Politikanalyse, stützen sich auf viel oder wenig Quellenmaterial, nähern sich ihrem Thema theoriegeleitet oder eher pragmatisch, wollen Politik nur betrachten oder politisches Handeln bestimmen. Wir Herausgeber haben die Texte bewusst nicht vereinheitlicht, um so den Charakter der Beiträge zu erhalten.

Wir danken dem Kohlhammer Verlag und seinem Verlagsleiter Alexander Schweickert für die Aufnahme des Buchs in das Verlagsprogramm. Dr. Schweickert verlangte von seinen Herausgebern angesichts des knappen Entstehungszeitraums „einige Kopfstände", scheute aber auch den eigenen Handstand nicht und betreute das Werk gewohnt souverän.

Zum Schluss sei ein letztes Geheimnis gelüftet: Wer fragen sollte, wo sich das in Festschriften üblicherweise abgedruckte Publikationsverzeichnis des Geehrten befinde, dem sei gesagt: Es gibt keines! Weder Hans-Georg Wehling selbst noch sonst jemand besitzt eine vollständige Liste seiner Veröffentlichungen.

Identität

„Wer Ähnlichkeiten zwischen einem Charakter der Erzählung und sich selbst oder ihm bekannten Menschen zu erkennen glaubt, sei auf den merkwürdigen Mangel an Eigentümlichkeit verwiesen, der dem Verhalten vieler Zeitgenossen anhaftet."[1]

Martin Greiffenhagen

Wir und Ich
Kollektive Biographie und individuelle Identität

„Wir kommen jedenfalls nicht als Ich zur Welt, müssen es aber doch werden."[2] Das schreibt Wolfgang Marx zu Beginn eines Aufsatzes über die Entwicklung des Ich-Konzepts. Eineinhalb Jahre lebt das Kind ,medial' ohne Abgrenzung von seiner sozialen Mitwelt. Erst dann bildet sich, zusammen mit der Selbsterkenntnis im Spiegelbild, ein Ich-Keim. Und nun beginnt ein Prozess, der bis zum Lebensende dauern wird: die Abgrenzung der eigenen Individualität gegen das soziale Umfeld.[3] Das Verteilungsmuster zwischen Ich und Wir, Du und Ihr, das dabei entsteht, wechselt nicht nur innerhalb individueller Lebensphasen, sondern unterscheidet auch weltgeschichtliche Epochen, Nationen, Regionen, Religionen, politische Kulturen, Kriegs- und Friedenszeiten. Dabei gibt es häufig nachträgliche Korrekturen durch eine Erinnerungsarbeit, die gegenwärtige Maßstäbe zur Geltung bringt. Diese Selektionsmechanismen beziehen sich auf Erinnern und Vergessen der individuellen Entwicklung wie des kollektiven Geschichtsbewusstseins.[4]

Ein unerschöpfliches Forschungsfeld also. Das Thema Ich und Wir beschäftigt Psychologen und Gehirnforscher, Anthropologen und Ethologen, Sozial- und Werteforscher, Kultur- und Politikwissenschaftler, Historiker und Ethnologen. Es hat eine lange Tradition, und wenn immer die Angewiesenheit auf Gegenseitigkeit von Ich und Wir zu seinen wesentlichen Bestimmungsgrößen gehört, reicht seine Geschichte weit hinter das Auftauchen des homo sapiens zurück.[5] – Ich fokussiere das Thema auf den Aspekt der politischen Kultur, beschränke mich dabei auf die jüngste deutsche Geschichte und setze ein mit Gedanken von Norbert Elias:

„Es ist eine der elementarsten Eigentümlichkeiten des Menschen, dass er nicht nur ein Bild von sich als einer individuellen Person hat, die ,Ich' sagen kann, sondern auch ein Bild von sich als Mitglied von Menschengruppen, zu denen er ,Wir' sagen kann. In einfacheren Gesellschaften sind die Ich- und Wir-Erfahrung im Selbstbild ihrer Angehörigen oft kaum voneinander zu trennen. In entwickelteren, zeitgenössischen Nationalstaaten sind Ich- und Wir-Erfahrung unter nor-

---

1 Christa Wolf im Vorwort zu ihrem Roman „Kindheitsmuster".
2 Marx, Wolfgang: Der Blick des Anderen. Zur Entwicklung des Ich-Konzepts. In: Merkur 634, 2002, S. 124–133.
3 Ebd. S. 127.
4 Vgl. Bock, Petra/Wolfrum, Edgar (Hrsg.): Umkämpfte Vergangenheit. Göttingen 1999; Wolfrum, Edgar: Geschichtspolitik in der Bundesrepublik Deutschland. Darmstadt 1999.
5 Greiffenhagen, Martin: Kulturen des Kompromisses. Opladen 1999, S. 91 ff.

malen Bedingungen scharf gesondert, und die erste, die Erfahrung seiner selbst, als eines von allen anderen abgehobenen und isolierten Individuums, steht hell und scharf im Zentrum der Selbstwahrnehmung, während die Wahrnehmung der als ‚Wir' erlebten Bezüge eher im Hintergrund bleibt."[6]

Nach dieser generellen Erörterung wendet sich Elias der deutschen Situation zu: „Die Entwicklung, die Traditionen der deutschen Gesellschaft brachten oft ein eher schwaches individuelles Gewissen hervor. Auch bei Erwachsenen blieb die Funktionsfähigkeit des individuellen Gewissens ... davon abhängig, dass jemand von außen aufpasste, und den Zwang, die Disziplin verstärkte, die man sich allein aus eigener Kraft nicht aufzuerlegen vermochte ... Man benötigte zur Selbstbeherrschung die Hilfe eines starken Staates, sehnte sie in Krisensituationen oft geradezu herbei. Vor allem in Zeiten nationaler Not und im Krieg schüttelten viele Deutsche die Last, sich selbst kontrollieren und die Verantwortung für ihr eigenes Leben tragen zu müssen, freudig ab."[7]

Den Grund für den deutschen Obrigkeitssinn und die ihm korrespondierende Ich-Schwäche sieht Elias in einer Nationalgeschichte voller Enttäuschungen. Er vergleicht mit anderen Nationalgeschichten: Spanier, Niederländer und Schweden können die historische Tatsache des eigenen Abstiegs kompensieren mit der Erinnerung an Zeiten nationaler Größe. „Noch heute gehen Bilder von Ludwig XIV. oder Napoleon, von Heinrich VIII. oder Elisabeth als Symbole ihrer Erfolge in das Selbstbild ihrer Völker ein. In Deutschland dagegen verband sich eine lange Tradition autokratischer Herrschaft mit relativer Erfolglosigkeit. Exemplarische Siege waren über die Jahrhunderte dünn gesät ... Ob es sich um das Ende der Hohenstaufen oder Hohenzollern handelte oder schließlich um das Ende Hitlers und seines Regimes, das Resultat war jedes Mal ein schwächeres oder kleineres Deutschland."[8] Zwei Faktoren trugen im Urteil von Elias zu dem schweren Zusammenbruch der Zivilisation bei, der mit dem Namen Hitlers verknüpft ist: „die Eigentümlichkeiten der langfristigen Entwicklung Deutschlands und die Besonderheiten der Stufe, die es damals auf seiner Bahn erreicht hatte ... Kurz gesagt: Viele Deutsche schreckten, unter der Belastung einer weltweiten Wirtschaftskrise, vor dem Gefühl und dem Gedanken zurück, dass die einstige imperiale Größe ihres Landes für immer verloren sei ... Das Ziel, Deutschlands schwindende Glorie zu retten, schien alles zu rechtfertigen."[9]

Dies gilt auch für den Holocaust. Elias meint, die Barbarei der Judenvernichtung sei nicht „in erster Linie aus den besonders sadistischen Neigungen einer Reihe von Individuen" zu erklären, sondern seien der „Preis, den Menschen für die Identifizierung mit einem höchst oppressiven Nationalideal und für die bedingungslose Unterwerfung unter einen Führer bezahlen mussten ..."[10]

In deutlichem Gegensatz zu dieser Einschätzung war Daniel Jonah Goldhagen der Meinung, Auschwitz müsse nicht einem in die Irre geleiteten nationalen Wir,

6   Elias, Norbert: Studien über die Deutschen. Frankfurt a.M. 1992, S. 460.
7   Ebd. S. 251 f.
8   Ebd. S. 252 f.
9   Ebd. S. 253.
10   Ebd. S. 252.

sondern der Summe vieler Ich-Entscheidungen zur Last gelegt werden. Er schreibt im Vorwort zur deutschen Ausgabe seines Werkes ‚Hitlers willige Vollstrecker‘: „Mit diesem Buch möchte ich den Schwerpunkt der Forschung des Holocaust von unpersönlichen Institutionen und abstrakten Strukturen auf die Täter selbst verlagern, auf die Menschen, die die Verbrechen verübten, und auf die Gesellschaft, aus der diese Männer und Frauen kamen. Ich vermeide dabei jede ahistorische und allgemeine sozialpsychologische Erklärung – etwa dass sich Menschen der Macht beugen oder aufgrund von Gruppendruck zu allem bereit sind – und die gleichsam reflexhaft angeführt werden, sobald es um die Handlungsweisen der Täter geht. Stattdessen werden die Handelnden hier als Individuen betrachtet, als Wesen, die ihre Überzeugungen hatten und deshalb auch in der Lage waren, diese Politik ihrer Regierung zu bewerten und ihre Entscheidungen danach auszurichten, und zwar Entscheidungen, die sie sowohl als einzelne als auch als Kollektiv trafen. Jeder einzelne hatte immer wieder die Wahl, wie er mit Juden umgehen wollte.“[11]

Ich lasse die Frage, welche der beiden Einschätzungen als die humanere gelten darf, hier unentschieden. Sie scheint mir auch schwer entscheidbar, weil sie die Entscheidung über eine ganze Kultur enthält, die man eigentlich beurteilen müsste. Was mich dagegen interessiert, sind Verteilungsmuster zwischen Wir und Ich von Menschen, die in jener Zeit lebten und ihren Anforderungen in unterschiedlicher Weise genügt hatten, auch Umbuchungen vornahmen oder in einem von ihnen nicht zu durchdringenden Gestrüpp widersprüchlichster Empfindungen, Eindrücke und Urteile verharrten. Ich gebe Beispiele:

Jochen Klepper kommentierte seine Unterschrift auf dem Revers der Reichsschrifttumskammer, mit dem er sich hinter den neuen Staat zu stellen bereit erklärte, in seinem Tagebuch am 22. 3. 1934. Die Unterschrift sei für ihn keine Phrase gewesen: „Das Volk, dessen Sprache ich schreibe, gehört ‚auf Gedeih und Verderb‘, wie man immer sagt, in mein Leben und in mein Wesen. Auch wenn es in großer Geschlossenheit Wege geht, die für einen selber nicht beschreitbar sind.“[12] – 1942 sah er nur noch den Ausweg des Freitodes mit seiner jüdischen Frau und seiner Tochter.

Berühmt ist die folgende Stelle aus dem Brief, den Thomas Mann am 1. 1. 1937 an den Dekan der Philosophischen Fakultät der Universität Bonn schrieb, die ihm zuvor den Ehrendoktortitel aberkannt hatte: „Seit ich ins geistige Leben eintrat, habe ich mich im glücklichen Einvernehmen mit den seelischen Anlagen meiner Nation, in ihren geistigen Traditionen sicher geborgen gefühlt. Ich bin weit eher zum Repräsentanten geboren als zum Märtyrer, weit eher dazu, ein wenig höhere Heiterkeit in die Welt zu tragen als den Kampf, den Hass zu nähren. Höchst Falsches musste geschehen, damit sich mein Leben so falsch, so unnatürlich gestaltete.“[13] Man weiß, wie lange Thomas Mann gebraucht hatte, bis er sich gegen sein Deutschland stellte. Und noch einmal brauchte es Jahre, bis er sich als Emigranten bekannte, dazu noch ohne Willen zur Heimkehr. Dafür verurteilte er von da ab alle

11 Goldhagen, Daniel Jonah: Hitlers willige Vollstrecker. Berlin 1996, S. 5.
12 Grosch, Heinz: Nach Jochen Klepper fragen. Stuttgart 1982, S. 55.
13 Müller, Henning (Hrsg.): Exil-Asyl. Tatort Deutschland. Texte 1933 bis heute – eine literarische Anthologie. Gerlingen 1994, S. 70.

daheim Gebliebenen ohne Unterschied ihrer politischen Nähe oder Distanz, Abgrenzung oder Gegnerschaft zum NS-Regime.

Max Liebermann trat am 11. Mai 1933 aus der Akademie der Künste aus, mit einer Begründung, die gleichzeitig mit trotzigem Eigensinn die Nachhaltigkeit deutscher politischer Kultur zeigt: „Ich habe während meines langen Lebens mit allen meinen Kräften der deutschen Kunst zu dienen gesucht. Nach meiner Überzeugung hat Kunst weder mit Politik noch mit Abstammung etwas zu tun. Ich kann daher der Preußischen Akademie der Künste, deren ordentliches Mitglied ich seit mehr als 30 Jahren und deren Präsident ich durch 12 Jahre gewesen bin, nicht länger angehören, da dieser mein Standpunkt keine Geltung mehr hat."[14]

Das letzte Beispiel stammt aus meiner eigenen Familie. Als Pastor an St. Stephani in Bremen hatte mein Vater seine Bekenntnisgemeinde auf verschiedene Weise zur Solidarität mit jüdischen Gemeindegliedern aufgefordert, sie vor ihrer Deportation anlässlich des Reformationsgottesdienstes namentlich in das große Fürbittegebet mit eingeschlossen und die Kollekte für sie bestimmt. Vor dem Gemeindehaus fand am Schluss ein herzlicher Abschied von den mit einem gelben Stern gezeichneten ‚Judenchristen' statt, entgegen dem Beschluss der nationalkirchlichen Kirchenführer, jede Gemeinschaft mit ihnen aufzuheben. Der Kollege meines Vaters, ein DC-Pastor, erstattete Anzeige, „beleidigt in meinem deutschen Ehrgefühl", und seine Denunziation hatte Folgen: Mein Vater, der durch seine Wehrmachtsuniform vor dem Zugriff der Gestapo geschützt war, bekam absolutes Predigtverbot, und seine Familie galt fortan als „jüdisch versippt", mit unangenehmen Maßnahmen (z. B. dem Entzug aller Hilfskräfte in dem vielköpfigen Pfarrhaushalt trotz schwerer Krankheit meiner Mutter).[15]

Die Solidarität mit seinen ‚judenchristlichen' Gemeindegliedern hinderte meinen Vater jedoch nicht, zur gleichen Zeit eine Erklärung abzugeben, welche die Judenfeindschaft jener Zeit spiegelt. Mein Vater geißelte den „Geist des Aufruhrs und des Mordes, der zerstört und zersetzt, wo es etwas zu zerstören oder zu zersetzen gibt, sei es die Ehe, die Familie oder den Staat. Darum habe ich unter anderem als Deutscher den Kampf gegen die Juden längst geführt, ehe davon geredet wurde, indem ich nicht bei ihnen kaufte und sie nicht in Anspruch nahm."[16] Man weiß, dass auch die Theologie Karl Barths die Bekennende Kirche nicht vor der protestantisch-konservativen Judenfeindschaft der Zeit schützte.

Man könnte nun versucht sein, das mutige Eintreten meines Vaters für diejenigen Juden, die sich zum Christentum bekehrt hatten, auf die Seite des Ich zu schlagen: gegenüber einem Wir, dem mein Vater durch seine protestantisch-preußisch-deutsche Sozialisation angehörte. Er hatte sich das Luther-Wort zur Richtschnur gemacht. „Wenn auf dem ganzen Erdenkreis ich allein es wäre, der das Wort festhielte, so wäre ich allein die Kirche".[17] Aber die Selbstsicherheit, mit der er

14 Ebd. S. 40.
15 Meyer-Zollitsch, Almuth: Nationalsozialismus und evangelische Kirche in Bremen. Veröffentlichungen aus dem Staatsarchiv der Freien Hansestadt Bremen Bd. 51, Bremen 1985, S. 279 ff.
16 Ebd. S. 277.
17 Ebd. S. 157.

jeweils entschied, wo Heil und Unheil, Glaube und Unglaube lagen, zeigten ihn gleichzeitig als Angehörigen eines Wir, das damals in Deutschland hohe Konjunktur hatte, nämlich einer dezisionistischen Weltsicht und Lebensform.

Was Christian Graf von Krockow in seinem Buch ‚Die Entscheidung' (1958) für Martin Heidegger, Ernst Jünger und Carl Schmitt herausfand, galt ebenso für Karl Barth. Dass in er in Krockows Buch nicht vorkam, lag vermutlich an der oppositionellen Rolle der Bekennenden Kirche. Inzwischen weiß man, dass diese Opposition nicht politisch orientiert war, sondern die Verteidigung religiösen Terrains betrieb, welches der Nationalsozialismus ihr als totale Bewegung streitig machen wollte. Gern erzählte mein Vater folgende Geschichte: Ein Gestapo-Offizier, der meinem Vater sympathisch war, warb in seinen Verhören eher um ihn, statt ihm zu drohen. Leuchtenden Auges zitierte mein Vater den Ausspruch: „Männer wie Sie können wir brauchen. Schade, dass Ihr Fanatismus von so absurder Art ist." Mein Vater war sich mit dem Gestapo-Mann in der grundsätzlichen Beurteilung der Lage einig. Ihr Stichwort hieß Entscheidung. Nicht ohne Grund zitierte mein Vater gern den Satz aus der Offenbarung: „Ach, dass du kalt oder warm wärest! Weil du aber lau bist und weder kalt noch warm, werde ich dich ausspeien aus meinem Munde".[18]

Mein Vater hatte zunächst die theologischen und politischen Orientierungen seines Vaters übernommen. Er studierte Theologie, wie viele es damals taten: Evangelische Kirche und protestantischer Glaube lieferten vor allem eine patriotismusgarantierende Haltung, während die Glaubensinhalte für historisch erledigt galten: Kulturprotestantismus. Die Begegnung mit Karl Barth und seiner ‚dialektischen Theologie' führte zu einer Art Bekehrung. Mein Vater hat diese Wandlung als eine Befreiung durch neue Bindung beschrieben, und so wurde sie von einer ganzen Generation junger Theologen empfunden. In einer spätreligiösen Kultur bot Barth die Chance einer neuen Unmittelbarkeit, eines jungen Glaubens. Die Rede von Gott als dem ‚ganz anderen' und dem absoluten Herrn passte gut in eine Zeit, die der liberalen Ideen müde war. Der Dezisionismus begann damals in alle Felder der Kultur einzuziehen. Rationalität wurde verlacht, jetzt galten andere Werte, herrschten andere Ideale: Wille, Macht, Gehorsam, Glaube und Gnade. Die Gegnerschaft Barths und der Bekennenden Kirche gegenüber dem Nationalsozialismus schloss die gemeinsame Front gegenüber Rationalismus, Liberalismus und Demokratie nicht aus. Barth wurde zum theologischen Führer meines Vaters. Für ihn ging er durch Dick und Dünn, ihn ließ er nicht kritisieren, an ihm hing er mit eingeschworener Ergebung. Eine Freundschaft, die ihn im Laufe der Zeit mit Barth verband, vertiefte diese Gefolgschaftstreue. Es hat nur noch einen anderen Mann gegeben, dem mein Vater sich persönlich so stark verband, Martin Niemöller. War Karl Barth der theologische Führer, so wurde Martin Niemöller zum kirchenpolitischen Vorkämpfer.

Haben wir es also bei dieser Biographie mit zwei Wirs zu tun, die durch historisch außergewöhnliche Umstände in einen tödlichen Widerspruch gerieten: einer in Deutschland verbreiteten kulturellen Judenfeindschaft, die im NS-Staat mörderische Konsequenzen entwickelte – und einem Dezisionismus, der auch in

---

18 Greiffenhagen, Martin: Jahrgang 1928. Aus einem unruhigen Leben. München 1988, S. 73 f.

der Form individuellen Eintretens für ‚Judenchristen‘ seine Verbindung zu politisch-kulturellen Strömungen jener Jahre nicht verbergen konnte? Wo bleibt da das Ich, wo bleibt ‚Charakter‘?

Charakter scheint selber Teil einer umfassenden Sozialisation zu sein, welche das Individuum prägt und sich solchermaßen in eine politische Kultur einfügt, die uns erlaubt, von typischen Zügen des Niederländers oder Österreichers oder Italieners zu sprechen, und also wohl auch von Eigentümlichkeiten ‚des‘ Deutschen dieser oder jener Generation. Jedenfalls gibt es erhebliche nationale Bedeutungsunterschiede der beiden Worte ‚Charakter‘ und ‚Persönlichkeit‘. In angelsächsischen Kulturen fehlt es einem Menschen an ‚character‘, wenn er nicht fähig ist, sich durch Kompromisse einer Gemeinschaft zu verbinden: ‚He doesn't fit in, he doesn't mix‘. Wer dagegen ein ‚good mixer‘ ist, der ist eine ‚personality‘. Eine Persönlichkeit mit Charakter hat die Kraft, sich einzubringen und mitzuspielen. In Deutschland war es damals genau umgekehrt: Persönlichkeit und Charakter zeigten sich eher in kantiger Abgeschlossenheit und einsamen Entschlüssen.[19]

Die Vorstellung, alles komme auf die eigene Entscheidung und eine ihr entsprechende individuelle Verfassung der Entschlossenheit an, hat eine Verbindung zur Geschichte deutscher Innerlichkeit. Da es keine übergreifenden, die Gesellschaft verbindenden Ideen gab, kam nicht nur in Kunst und Philosophie, sondern auch in der Welt der Politik alles auf eine nur noch personal verankerte Identität an. Der spezifisch deutsche Sinn für Entscheidungen und die ihnen entsprechende psychische Gestimmtheit von Entschlossenheit sorgte für ein besonderes Interesse an dem ‚Ernstfall‘ persönlicher und historischer Situationen, die dann als ‚Grenzsituationen‘ (Karl Jaspers) und als ‚Ausnahme‘ (Carl Schmitt) erscheinen. Noch heute beginnt der Rechtskonservative Günter Rohrmoser sein Buch ‚Der Ernstfall. Die Krise unserer liberalen Republik‘ mit folgender Passage: „Die Lage spitzt sich zu. Deutschland befindet sich an einem geschichtlichen Wendepunkt. Umkehr oder Niedergang, diese von vielen als fatal empfundene Alternative ist das Gesetz, nach dem alle politischen, moralischen und kulturellen Kräfte um eine Neuorientierung unseres Landes ringen.“[20]

Wer genau hinsieht, wird zwischen den beiden zunächst vorgeführten Elementen traditionaler deutscher politischer Kultur, preußischem Gehorsam und dezisionistischer Entschlossenheit, noch eine Verbindung sehen. Auch für diese Gemeinsamkeit gilt nämlich die häufig festgestellte ursächliche Verknüpfung von Unsicherheit und Entscheidungswut, von Innerlichkeit und Machtanbetung. Der hohe Sinn für Entscheidung ging in Deutschland zusammen mit der Überzeugung, das Beste in der Welt sei ein Befehl. Nicht moralische Standards lieferten die Orientierung für individuelle Entscheidungen, sondern Vorgaben von oben, handle es sich dabei um politische oder religiöse Befehle. Niemöller verstand sowohl sein U-Boot-Kommando wie seine Kirchenführung stets als ‚Dienst‘ an einem Höheren. Norbert Elias fasst diesen Punkt präzis: „Die Persönlichkeitsstruktur, die auf ein absolutistisch-monarchisches oder ein diktatorisches Regime

---

19 Greiffenhagen, Martin: Kulturen des Kompromisses. Opladen 1999, S. 19 ff.
20 Rohrmoser, Günter: Der Ernstfall. Die Krise unserer liberalen Republik. Berlin–Frankfurt a.M. 1994, S. 7.

35

eingespielt ist, schafft eine hohe Bereitschaft des einzelnen, sich Befehlen zu fügen, sich durch Fremdzwänge leiten zu lassen. Dem einzelnen Staatsbürger bleibt die schwere Last erspart, sich an der Auseinandersetzung von Menschen verschiedener Meinungen beteiligen zu müssen ... Der Befehl kommt von oben; die Entscheidung ist getroffen."[21]

Wem solche auf den ersten Blick paradox scheinenden Verbindungen einleuchten, wird auch den Zwiespalt besser verstehen, der sich in dem bekannten Satz äußert: „Als Mensch sage ich Ihnen ... Aber als Beamter sage ich Ihnen ...". Sebastian Haffner schrieb, dieser Satz sei „die Grundlage des bis heute von vielen Ausländern nie recht verstandenen Zustands, dass Preußen – und Preußen-Deutschland – als Ganzes stets wie eine unmenschliche, grausam-gefräßige Maschine handelt und wirkt, aber im einzelnen, wenn man es besucht und mit dem einzelnen Preußen und Deutschen ‚privat' in Fühlung kommt, oft einen durchaus sympathischen, menschlichen, harmlosen und liebenswürdigen Eindruck macht. Deutschland führt als Nation ein Doppelleben, weil fast jeder einzelne Deutsche ein Doppelleben führt."[22]

Was die Verteilung von Ich und Wir angeht, so zeigt sich nun, dass in der angelsächsischen Kultur des Aushandelns mehr Ich-Stärke steckt als in der deutschen Befehls- und Entscheidungskultur. „Es ist leicht, in einer Landschaft einen Weg zu finden, wo es nur Verbote und Gebote gibt; es ist weit schwerer, in einer Landschaft, wo man durch Erfahrung ein gewisses Feingefühl dafür gewinnen muss, wie weit man in einer bestimmten Situation gehen kann und wie weit man sich zurückhalten muss."[23] Die angelsächsische Erziehung bereitet auf diese Kompromisskultur vor und gibt dem Ich von Anbeginn dafür einen großen Spielraum. Der Engländer weiß sich bis an sein Lebensende als jemand mit durchaus eigenen Interessen und Eigentümlichkeiten, für welche die Figur des Dandy einen ebenso skurrilen wie deutlichen Hinweis liefert. Dagegen meinte Haffner, in Deutschland solchen Sinn fürs Individuelle weniger ausgeprägt zu sehen. Er schrieb, „dass die Begabung meines Volkes zum persönlichen Leben und persönlichen Glück ohnehin schwächer ausgebildet ist als die anderer Völker. Ich habe später in Frankreich und England mit einem gewissen Staunen und nicht ohne Neid beobachtet und nachempfinden gelernt, welche Fälle von unverwelklichem Glück und welche unerschöpfliche Quelle von lebenslänglicher Unterhaltung etwa der Franzose aus dem verständig-geistreichen Essen und Trinken, dem männlichen Redestreit und der heidnisch-künstlerisch kultivierten Liebe, der Engländer aus seinen Gärten, dem Umgang mit Tieren und seinen vielen kindlich-ernsthaft betriebenen Spielen und Hobbys gewinnt. Der Durchschnittsdeutsche hat nichts Entsprechendes. Nur eine bestimmte Bildungsschicht ... fand und findet ähnliche Lebensinhalte und Lebensfreuden in Büchern und Musik, eigenem Denken und dem Bilden einer eigenen ‚Weltanschauung' ... Jenseits der Bildungsschicht heißt und hieß die große Gefahr des Lebens in Deutschland immer: Leere und Langeweile ... Und zugleich

21 Elias, Norbert a.a.O., S. 381.
22 Haffner, Sebastian: Geschichte eines Deutschen. Die Erinnerungen 1914–1933. Stuttgart – München 2000, S. 97.
23 Elias, Norbert a.a.O. S. 389.

der horror vacui und der Wunsch nach ‚Erlösung': Erlösung durch Alkohol, durch Aberglauben oder, am besten, durch einen großen, alles überschwemmenden, billigen Massenrausch."[24] Christian Graf von Krockow meinte, Hitlers virtuose Leistung sei es gewesen, „dass er das eigentlich Unvereinbare – die Sicherung des privaten und persönlichen Lebens und die Verpflichtung der Menschen zum Dienst an der ‚Volksgemeinschaft' – miteinander verband und in die Balance brachte. Soweit und solange er diese Balance bewahrte, blieb er unangefochten."[25]

Zum Schluss nenne ich einige Einsichten, die sich aus dieser kleinen Skizze ergeben:

1. Das Konzept der politischen Kulturforschung braucht dringend eine Verstärkung historisch-hermeneutischer Theorien und Methoden. Verbindungen zur Kulturwissenschaft und zur Ethnologie erweisen sich als unverzichtbar gegenüber wissenschaftlichen Gegenständen, die mit politischer Umfrageforschung allein nicht zu fassen sind. Karl Rohe hat sich schon früh für den Vorrang von Vorstellungen gegenüber Einstellungen eingesetzt. Er spricht im Blick auf politische Kulturen von einer Art politischer Partitur, einem Weltbild von Gruppen, die denselben politischen code und in der Folge auch dasselbe Verhaltensmuster teilen. Rohe hat unter solchen Gesichtspunkten Deutschland und Großbritannien verglichen und meint, es spreche einiges dafür „dass deutsche und britische politische Kultur sich nicht unwesentlich in ihrem Grundverständnis von historischer und politischer Kausalität differenzieren. Dominiert in der einen ein Systemglaube, so in der anderen die tiefsitzende Überzeugung, dass letztlich und endlich alles auf das Handeln individueller und kollektiver Akteure ankommt."[26]

2. Die Nachhaltigkeit politisch-kultureller codes kann gar nicht überschätzt werden. Dem Neuen sind enge Grenzen gesetzt: durch die Kürze des menschlichen Lebens. Das Leben des Menschen ist stets zu kurz, „um sich von dem, was er schon ist, in beliebigem Umfang durch Ändern zu lösen: er hat schlichtweg keine Zeit dazu. Darum muss er stets überwiegend das bleiben, was er geschichtlich schon war: er muss ‚anknüpfen'. Zukunft braucht Herkunft: ‚die Wahl, die ich bin', wird ‚getragen' durch die Nichtwahl, die ich bin; und diese ist für uns stets so sehr das Meiste, dass es – wegen unserer Lebenskürze – auch unsere Begründungskapazität übersteigt ..."[27] Als Herkunft verstanden soll Vergangenheit also gerade nicht vergangen sein, sondern für die Zukunft Traditionen bereithalten, und Gegenwart erscheint solchermaßen als geschichtlich erarbeitete Identität.[28]

---

24 Haffner, Sebastian a.a.O. S. 70 f.
25 Krockow, Christian Graf von: Hitler und seine Deutschen. München 2001, S. 185.
26 Rohe, Karl: Politische Kultur und ihre Analyse. Probleme und Perspektiven in der politischen Kulturforschung. In: Historische Zeitschrift 250, 1990, S. 335. Vgl. auch Greiffenhagen, Martin und Sylvia: Politische Kultur. In: Bundeszentrale für politische Bildung (Hrsg.): Grundwissen Politik. Bonn 1997, S. 167–237; Waschkuhn, Arno: Grundlegung der Politikwissenschaft. München/Wien 2002, S. 155–170; Reckwitz, Andreas: Die Transformation der Kulturtheorien. Weilerswist 2000, S. 16 ff., 552 ff., 644 ff.
27 Marquard, Odo: Abschied vom Prinzipiellen. Stuttgart 2000, S. 16.
28 Greiffenhagen, Martin: Politische Legitimität in Deutschland. Gütersloh 1997, S. 53 ff.

3. Nach 1945 hat Westdeutschland damit begonnen, seine politische Kultur um-zustellen: von einer Untertanen- zu einer Bürgerkultur. Dieser demokratische Fortschritt kostete den Preis einer Verstärkung traditioneller deutscher ‚Her-kunftsschwäche' (Christian Meier). Noch einmal verstärkt wird diese ge-schichtliche Orientierungsschwäche durch die Sonderentwicklung der beiden deutschen Teilstaaten und ihre Wiedervereinigung. Auf diese Weise bleibt deutsche Identität weiterhin theoretisches Thema und politischer Streit.[29] Die großen Debatten um Nationalstolz und unterschiedliche Vergangenheitsein-schätzungen wären in Frankreich oder Großbritannien unvorstellbar. Sie zeigen auch große Spannungen zwischen den Generationen, von denen es in Deutschland mehr gibt als in anderen Ländern, wenn man unter Generationen Alterskohorten mit denselben einschneidenden politischen Erfahrungen ver-steht. Das Thema Wertewandel trifft deshalb in Deutschland auf besondere Sensibilität.[30]
4. Es sieht so aus, als ob der wechselvollen Geschichte der politischen Kultur Deutschlands eine weltpolitische Vorreiterrolle zukomme: in einer Zeit dra-matischer Veränderungen politischer Machtstrukturen, Werthaltungen, reli-giöser Einstellungen, familialer Sozialisationen. Individuelle Wahlfreiheit wächst, als Chance und als Last. Damit verschiebt sich das Verhältnis von Wir und Ich, und seine jeweilige Beurteilung wird ‚Ansichtssache' – und damit wieder ein Thema der politischen Kulturforschung.[31]

---

29 James, Harold: Deutsche Identität 1770–1990. Frankfurt a. M. 1991; Greiffenhagen, Martin und Sylvia: Ein schwieriges Vaterland. Zur politischen Kultur im vereinigten Deutschland. München 1993.

30 Greiffenhagen, Martin und Sylvia: Wertewandel. In: Breit, Gotthard/Schiele, Siegfried (Hrsg.): Werte in der politischen Bildung. Schwalbach/Taunus 2000, S. 16–29.

31 In seinem einflussreichen Werk ‚Der flexible Mensch' (4. Auflage Berlin 1998, S. 202 f) zitiert Richard Sennet den Philosophen Hans-Georg Gadamer mit folgenden Sätzen: „Das Selbst, das wir sind, besitzt sich nicht selbst. Eher könnte man sagen, dass es sich geschieht . . . Die Selbstbestimmung des Individuums ist nur ein Flackern im geschlossenen Stromkreis des geschichtlichen Lebens."

„In einem gewissen Sinne ist jede Art der kulturellen Darstellung
– Ritual, Zeremonie, Karneval, Theater und Dichtung eingeschlossen –
Erklärung und Entfaltung des Lebens selbst, wie Dilthey oft sagte.
Gerade durch den Prozeß der Darstellung wird das, was normalerweise
hermetisch in den Tiefen des soziokulturellen Lebens verschlossen,
der Alltagsbeobachtung und dem Verstand nicht
zugänglich ist, ans Licht befördert . . . “
Viktor Turner, Vom Ritual zum Theater (1982), S. 17

Christel Köhle-Hezinger

Heimatinszenierungen
Beobachtungen zur ländlichen Geschichtskultur in der Gegenwart

I. Das Exempel

Vilsingen ist ein kleines Dorf im Hohenzollerischen, an der oberen Donau gelegen. 1993 feierte es seine 1200-Jahr-Feier, das Jubiläum der ersten urkundlichen Nennung in einer Schenkungsurkunde des Klosters St. Gallen. Graf Berthold, der fromme Schenker, schenkte mehrfach – so auch den Nachbarort Engelswies. Beide Orte hatten nun am selben Tag ihr Fest.

Vilsingen und Engelswies wollten beide am *richtigen* Tag das *eigene* Fest: auch das an sich nichts Besonderes, wären die beiden Orte nicht seit 1975 eine politische Gemeinde, zusammen mit einem dritten, dem namengebenden Ortsteil. 1975 hatte man sich „auf den letzten Drücker“, so der Bürgermeister, der Verwaltungsreform gefügt. Nicht gerne und nur unter Ängsten; die Nachbarn mochten sich nicht besonders, Vereine und Schulen bangten um ihre Eigenständigkeit. Zudem besaß Engelswies Wald und Industrie, die anderen beiden Ortsteile weder noch . . . Und, vor allem: ihre Geschichte war verschieden. Engelswies war bis 1918 badisch, Vilsingen dagegen hohenzollerisch gewesen.

Heute setzen sich die Vereine aller drei Orte einmal jährlich im gemeinsamen Rathaus zusammen, um einen gemeinsamen Veranstaltungskalender abzustimmen. Aber beim Jubiläum, da wollte man „eigen“ sein. Das freilich verlangte ein hochdiffiziles Zeitmanagement der Akteure, Funktionäre und Medien.

Der Abgeordnete hatte am Festtag in seinem Sprengel insgesamt vier Reden bei 1200-Jahr-Feiern hinter sich zu bringen. Die übrigen Honoratioren – Bürgermeister, Pfarrer, Landrat – konnten beide Orte bedienen durch halbstündlich gestaffelte Anfänge und eine spiegelverkehrte Abfolge der Reden. Was die Requisiten dieser Jubiläumsinszenierungen betraf, so übertraf das größere und kulturell aktivere Vilsingen das kleine Engelswies. Hier hatte man als Jubiläumsspezialität ein Kochbuch präsentiert und den örtlichen Arzt („Hobbyhistoriker Dr. F.“) die Festrede halten lassen. Dagegen bot Vilsingen die „ganze Palette“ in der neuen

„Keltenhalle": Nach endlosen Grußworten („auch vom Bürgermeister der thü-
ringischen Partnergemeinde") zwei Festvorträge, einer vom Pfarrer („mit herrli-
chen Dias") und einer vom betagten „Ortshistoriker", dem Museumsgründer,
Ehrenbürger und Autor des neuen Heimatbuches – immerhin ein Heimatbuch für
alle drei Orte.

Ein neues Wappen wurde präsentiert und in der Keltenhalle angebracht, der
katholische Kirchenchor sang das neue Heimatlied. Prinz Franz von Hohenzollern
hielt eine Rede, der Musikverein spielte – erstmals mit den neukreierten Noten-
ständern, an die ein findiger Tüftler „Bierglas- und Aschenbecherhalter" appliziert
hatte. Kunstwerke örtlicher Künstler waren als Festdekoration ausgestellt, der
Landrat schickte durch seinen Stellvertreter eine Flasche Sekt – eine, wie allseits mit
Spott betont wurde –, und im Foyer gab es die Festbroschüre, die eigens geprägte
Silbermünze und historische Postkarten des Ortes, verkauft von einem Postillion in
Originaluniform, mit Sonderstempel.

II. Der Spielplan

Vilsingen ist nicht Paradebeispiel, sondern Paradigma. So, mit mehr oder weniger
variierenden Mixta Composita begehen die Dörfer bei uns ihre Heimatfeste und
ihre Jubiläen. Der Strukturwandel im ländlichen Raum – das heißt der Wandel der
Landwirtschaft, der Verwaltungsreform, der soziale und kulturelle Wandel bis hin
zu dem Wandel der Geschlechterrollen: all das scheint an diesen traditionellen
Formen und Ritualen spurlos vorübergegangen zu sein.

Zu fragen ist: *Ist* Vilsingen Paradigma? Paradigma für die zahlreichen Orte im
ländlichen Raum, die – so zumindest auch die Intention der Verwaltungsreform! –
durch *Neues* zu Anderen, Reicheren hätten werden sollen (oder können)? „Reicher" nicht allein materiell, durch Industrie und Wald als ehelichem Beibringen des
im übrigen ungeliebten neuen Partners, sondern reicher an kulturellen Möglichkeiten und Erfahrungen?

Vilsingen und Engelswies – so meine ersten Visionen im Kopf – hätten ja auch
zum Jubiläum eine Collage, eine „Zusammenschau", durchaus im Sinne einer
Show produzieren können; das heißt sich öffnen, spielerisch konkurrieren, ver-
gleichen, auch parodieren . . . Ich frage: Hätten sie das *wollen*?

Welche Utopie, das zu glauben, wissen wir doch aus den Kleinkriegen und
örtlichen Grabenkämpfen, wie wenig gerade Nachbarn hier „Spaß" verstehen – ob
im Kleingarten, bei der Hecke, beim Fröscheteich im Garten oder eben und gerade
beim Nachbardorf, das man ziemlich genau kennt. Wir sind bei den „Grenzen der
Nähe", den Grenzen von Spaß und Nachbarschaft angelangt, und wir kehren um
und richten unseren Blick auf das „Spiel ohne Grenzen", genauer ohne scheinbare
Grenzen. Ich meine das Spiel mit dem Titel „Heimatinszenierungen", hier und
heute.

Wir fragen, zunächst, nach dem Spielplan und dem Repertoire. Ich beginne
dabei mit den ‚leisen Inszenierungen', um danach zu den lauten, spektakulären zu
gelangen. Meine Beispiele sind – nach dem bildhaften, einleitenden und ausführli-
chen Prolog – im folgenden bewusst knapp gehalten, um für das Panorama in seiner

Fülle, Farbigkeit und Breite Raum zu belassen. Danach, in einem evaluativen dritten Teil, folgen kritische Überlegungen zu Grenzen von Inszenierungen und mögliche Folgerungen daraus.

III. Das Repertoire

Leise Inszenierungen, fast noch „Lesungen" zu nennen, sind die geschriebenen und gedruckten Formen, deren eigentliches Aktivum vor der Premiere liegt. Ich meine Heimatbücher, Heimat- und Regionalgeschichten. Sie sind unerlässliche Requisiten, gleichsam die Bausteine für Heimatinszenierungen, liefern sie doch das Drehbuch, den Stoff für das Theater – zum einen, inhaltlich argumentiert. Damit sind sie aber auch formal, äußerlich unerlässliches Fundament, gleichsam das Element sine qua non. Ebenso wie der symbolische Schlüssel bei der Einweihung und Übergabe eines neuen Gebäudes (beide, Buch und Schlüssel, werden übrigens – oft ähnlich – auf samtenen Kissen präsentiert) ist das Heimatbuch und der „Vortrag zur Ortsgeschichte" oft der Auftakt von Heimatfesten und Ortsjubiläen.

Über dieses Entree hinaus aber behält das Heimatbuch seine symbolische Funktion. Als Fest-, Gast- und Jubiläumsgeschenk, als „Zeichen der Verbundenheit" und als Erinnerungspräsent begleitet es besondere Anlässe und „Lebensstufen" – so, nicht selten, gleichsam die traditionelle Funktion von Familienbibeln und -chroniken säkularisiert fortschreibend. Das Heimatbuch, so ließe sich formulieren, als der „Hausschatz", als „Vermächtnis der Alten an die Jungen."

Die Popularität und Beständigkeit, Ubiquität, äußerer Rahmen der Präsentation und die „Erfolge" von Heimatbüchern dürfen jedoch den Blick und die Frage nach ihrer realen Rezeption, nach ihrer Wirkung und Reichweite nicht verstellen. Untersuchungen darüber fehlen, während über Inhalte, über das Genre dieses Buchtyps Arbeiten vorliegen. Aus der Sicht der Geschichtswissenschaft, der Kulturarbeit und Kulturpolitik bietet das Heimatbuch ohne Frage neue Heimatzugänge. Ich meine aber, es sind Zugänge für die Wenigen, für die Professionellen. Für die Laienspieler, für Chor und Statisten (also das „Volk") auf der Bühne sind sie von zwar unerläßlicher, legitimierender und damit symbolischer Bedeutung: Das Entree für Nutzung, Spiel und Spektakel, das Ticket, das die „Gatekeeper" ausgeben als Sachwalter örtlich-historischen Wissens. Ihr Geheimwissen, ihre Experten-Attitüde erinnert demgemäß oft an magisches Zelebrieren von Geschichts-Theologie und Geschichtskult . . .

Im besten Falle Alte, Gebildete, sind diese Experten (in der Volkskunde nannte man sie früher Gewährsleute) oft genug aber Außenseiter im Ort. Oft sind es Zugezogene, Neubürger, in den Augen der Mehrheit auch „Spinner", Käuze, Verrückte, die nach außen (bei Veranstaltungen und in den Medien) gerne als die lokalen Spaßmacher und Spezialisten für „Anekdoten, Merkwürdigkeiten, Skurriles und Allzumenschliches" fungieren – darin den mittelalterlichen Narren nicht unähnlich.

Es scheint, dass Heimatinszenzierungen medialer Art – große Festveranstaltungen professionellen Managements, Zeitungs-, Rundfunk- und Fernsehpräsentationen – diesen Experten ein steigendes Ansehen verschafft haben. Ob Festprogramm, Talkshow oder Interview, Podiumsdiskussion oder Reportage – das Medium braucht Individuen vor der Kamera und vor dem Hintergrund der „Masse". Das Prestige, sein Status korrelieren mit dem heute gestiegenen Wert der Sache Heimat und Heimatgeschichte insgesamt im symbolischen wie materiellen Sinne. Seit meinem ersten Heimatbuch im Jahre 1983 (mit 1,8 kg ‚Lebendgewicht') habe ich gelernt: Heimatbücher müssen nach Ansicht der „Leute" auch wertvoll und damit teuer, gut ausgestattet und damit „schön" sein, um „Bedeutung" zu erlangen. Das Heimatbuch wird damit wie „das autorisierte Buch zum Film", das heißt das Gültige und Bleibende. Heimatbücher sollen, diesem Verständnis zur Folge, keine Paperback-Ausgaben sein, kein wissenschaftlich-grauer Lappen, sondern etwas Repräsentatives, Festgebundes, Gewichtiges.

IV. Die Requisite

Ähnliches gilt für die „Dauerbrenner" im Spielplan, die Heimatmuseen, seit man mit Beginn dieses Jahrhunderts begann, sie in den Dörfern zu etablieren. In Baden-Württemberg wurde 1908 das erste Dorfmuseum errichtet; freilich nicht in einem Dorf, sondern auf der großen, international-renommierten „Stuttgarter Bauausstellung". Sein Schöpfer war ein „Verein für ländliche Wohlfahrtspflege". Man hatte zunächst an eine „Altertümer-, eine Raritätensammlung" gedacht. Ein Dorf wurde ausgewählt, exemplarisch ausgestellt, nachdem der Dorfschullehrer gesammelt hatte: Versteinerungen, landwirtschaftliches Gerät, Trachten, Möbel, Rares und Gängiges wie das obligate Spinnrädchen und die Mausefalle. Wir alle kennen solche Ensembles, von 1908 bis heute. Ein Bericht über diese Ausstellung in der Zeitschrift „Das Land", Zeitschrift für die sozialen und volkstümlichen Angelegenheiten auf dem Lande, schließt mit folgenden Beobachtungen: „Und wie wirkt nun das Dorfmuseum auf die Besucher der Bauausstellung? Die meisten Städter, voran die Damen, finden es ‚reizend', ‚entzückend', ‚zu nett'. Die Bauern aber sagen: So Kruscht hänt mir au derhoim!" Und er schließt: „Manches, das in einer kulturhistorischen Sammlung großen Stils unbedingt als Gerümpel abgelehnt werden müßte, kann für ein Dorfmuseum (als „Echtes", „Alltägliches") sehr wertvoll sein."

„Jedem Dorf sein Museum": Darauf beharrte bei einer Podiumsdiskussion des Museumsverbandes in Stuttgart der für ländliche Museen zuständige Ministerialbeamte. Von akuten Problemen der Museumsarbeit wie Unterversorgung, Strukturprobleme, Geld- und Betreuungsmangel lenkte er ab mittels seines vehementen Plädoyers. Es war das „Recht auf Heimat mittels Heimatstube und Heimatmuseum, mit Spinnrad und Mausefalle!" Solche Forderungen sind längst umgesetzt, zum Selbstläufer und politischen Erfolgsprogramm geworden. Baden-Württemberg, das deutsche Bundesland mit der größten Museumsdichte, zählt mittlerweile fast 1.000 Museen – bei 1.100 Gemeinden. Die Hälfte dieser Museen stammt aus den Jahren nach 1975. Und: Alle alten Bundesländer der BRD haben in den letzten 20 Jahren die Zahl ihrer Museen verdoppelt.

„Jedem Dorf sein Museum": Diese Parole ist damit zur rechten Zeit auf fruchtbaren Boden gefallen. Es war die im Eingangsbeispiel beleuchtete Zeit der Verwaltungsreform, des „Dörferlegens", das von ehemals gut 3.000 Gemeinden gerade noch ein Drittel beließ. „Dörferlegen" und „Museumsaufbau": dies sind zwei Prozesse, deren Gleichzeitigkeit auch harmlosen Gemütern die kompensative Sicht und Deutung von Kultur vor Augen führt: das Land als die museal befriedete Kolonie.

Finanznöte aller Orten und auf allen Ebenen haben solchen Diskussionen meist ihr Ende bereitet. Unsere glücklich in Planstellen untergekommenen Absolventen, denen der lange, trockene Marsch durch Kommunen und Landkreise, mit Hilfe von Werkverträgen und Zeitverträgen und auf Honorarbasis endlich (und selten genug) eine Festanstellung bescherte, werden zur Zeit fast überall vor die Museumstüren gesetzt. Und, noch schlimmer, sie haben keine Aussicht auf gerichtlichen Beistand. Kultur als „freiwillige Leistung" einer Kommune ist nicht einklagbar.

Wie sich die Bilder, auch sprachlich, gleichen. Auch Theater werden geschlossen, sterben leise – und wenn sie überleben, können sie sich wie die Museen kaum mehr aufwendige und stets neue Inszenierungen leisten.

Museen wie Theater könnten daher eine Entwicklung nehmen, wie sie in unserer Zeit vielen bereits wieder als der „Königsweg", als das goldene alte und stets wieder attraktiv neu verpackte Rezept erscheint: „Laienspieler vor", zum einen, und zum anderen „Gastspiele und Sponsoren als Ausweg". Zunächst zu den Laienspielern, zu den Inszenierungen der Amateure und mit Amateuren.

V. Volksszenen

Regionale und lokale Freilichtmuseen etwa bieten heute überall die beliebten Handwerkertage, Schlachtfeste, Bauernhochzeiten, Dreschtage und Erntedankfeste. Sie (oder private Veranstalter oder „Fanclubs") bieten „Treckerrennen", Veteranenclubs veranstalten „Bulldog-Oldtimertreff und Dampf-Festival". Hier gibt es Agrarromantik pur und in Höchstform. Alte Landmaschinen, Staub und Gestank erzeugende Dreschmaschienen, „Lokomobile" sind die Renner solcher Feste.

Dieser Agrarromantik und Agrarfolklore – Abgesänge und nostalgische Verklärungen der sterbenden Landwirtschaft heute – ist zugeordnet, was mit dem Problem von Zeit, Geschichte und Gegenwart zu tun hat und was ich analog bezeichnen möchte als *Geschichtsromantik und Geschichtsfolklore*. Rittergefechte und Römerspiele, „historische Postkutschenreisen" und Minnesang, Westernspiele und Karl-May-Inszenierungen, sei es in Clubs oder auf Festivals, am eigenen Ort, auf großen Treffen oder in Festzügen oder – in doppelter Verfremdung und Steigerung – im Freilichtmuseum: diese Beispiele sind überall gleichermaßen bekannt, sind Garant für Publikumsandrang und Medieninteresse. „20 Römer, original kostümiert und bewaffnet, zu Pferde" planten in dem Freilichtmuseum, für das ich einige Jahre arbeitete, einen „Überfall", unter Leitung eines Arztes aus dem benachbarten Psychatrischen Landeskrankenhaus. Sie ließen vorher schriftlich wissen, sie „würden einfallen" auch ohne Mitwirkung oder Billigung des Freilichtmuseums . . . Spektakel, Erfolg und Interesse waren ihnen gewiss.

Historische Inszenierungen dieser Art sind keine Neuerungen, Innovationen besonders Kreativer oder Verrückter – sie haben vielmehr eine historisch lange, höfische Tradition. Sind Kostümierungen Maskierungen in allen Kulturen verbreitet, so sind sie in unserer Kultur doch überliefert und belegt seit dem Mittelalter. In höfischen, städtisch-patrizischen, wilden dörflichen, unorganisierten Formen, als Fastnacht, Zunftbrauch oder höfisches Fest. Entdeckungsreisen, Kolonisationen der folgenden Jahrhunderte beflügelten exotische Träume, Phantasien und Bedürfnisse. Spezifisch folkloristische Züge freilich datieren erst im vorigen Jahrhundert. Trachten- und Landwirtschaftsfeste, Festumzüge wurden seit Beginn des vorigen Jahrhunderts inszeniert. „Bauern", „Tracht" und „Land" begannen hier als das zu erscheinen, was sie am Vorabend der Industrialisierung längst nicht mehr waren und was sie, nebenbei bemerkt, nie in der Form gewesen waren. So entstand das Bild eines ländlich-heiteren Arkadien, einer Idylle und Kulisse städtisch-bürgerlicher Sehnsüchte und Defizite mehr als das Abbild ländlicher oder gar bäuerlicher Realität.

VI. „Volkstheater"?

Entstehen, Struktur und Funktion, Kritik und wissenschaftliche Konzeption des „Folklorismus" bilden in meinem Fach, der Volkskunde, längst ein eigenes Forschungsfeld. Das ist hier aber ebensowenig Thema wie die Geschichte der Heimatinszenierungen und der kontroversen Debatten darüber. Für unser Thema sei davon nur soviel festgehalten:

Festzüge und Umzüge waren seit jeher vom Theatralischen und Malerischen her geprägt und sie kamen, wie Peter Assion es ausdrückt, „einer naiven Schaulust entgegen ..., dienten und dienen der Erweckung lokalen und regionalen Bewußtseins." Heute gleichermaßen Konjunktur zu haben scheinen historische Festzüge als die Inszenierungen des historisch Nahen und der Ferne zugleich. In Festzügen zu Ortsjubiläen gibt es zunehmend „lebende Bilder" wie Spinnstuben oder historische Episoden aus der Ortsgeschichte. Daneben – freilich auch als Bestandteil der örtlichen Geschichte – gibt es etwa in einer kleinen Gemeinde am Fuß der Hohenzollernburg heute das „Römerfieber". Der Ortsvorsteher, gelernter Industriekaufmann aus der Metallbranche, hat hier eine römische Villa Rustica entdeckt und mit ausgegraben; seither gibt es ein Römermuseum, Römerfeste, einen Römerverein mit 350 Mitgliedern (der Ort selber zählt kaum mehr Einwohner), und zu diesen Anlässen sind alle im Ort römisch gewandet. Entdeckungs- und Abenteuer-Lust scheinen hier die wichtigen Stimuli zu sein. Heimatinszenierungen dieser Art sprengen den engen Folklore-Begriff: Folklore ist hier das „auf Außenwirkung gerichtete und dabei der Innensicht zuträgliche Typische, Nationale, Regionale, Ethnische – aber eben nicht das Eigene, sondern ein adoptiertes, spielerisch übernommenes Fremdes: Zeitgrenzen werden kulturell ignoriert, übersprungen." (Konrad Köstlin)

Kultur- und Heimatkritiker mögen einwenden, das klinge nach Verklärung und Verteidigung, und es negiere Unterschiede zwischen Falschem und Wahrem, Echtem und Unechtem, rechtfertige Klamauk und Maskerade unter dem Signum der Heimat. In der Brauchgeschichte Bewanderte aber vermag dieser Vorwurf nicht zu treffen. Sicherlich tragen diese Inszenierungen und Feste Züge des Theatralischen, Karnevalesken und der Revue. Kostümverleihfirmen sind regelrecht zu Geschichtsspezialisten, zum „sicheren Tip" für gelungene Ortsjubiläen arriviert. Sicherlich ist damit Geschichte, die eigene Identität austauschbar geworden, harmonisiert in einem doppelten Sinne: ihrer Eigenheiten, ihrer Ecken und Kanten beraubt, gleichsam zum Prototyp verwandelt.

Als Kritik, als Frage formuliert: Wird da nicht Geschichte, Heimat zum Klischee, zum billigen Effekt? Bestimmt hier nicht das Fernsehen letztlich die Messlatte der Identität?

Heimatinszenierungen können schließlich, ein letztes Beispiel, auch materieller, nahrhafter Natur sein. Kein Fest heute verzichtet auf sie. Konrad Köstlin stellt in seinem klugen Aufsatz „Heimat geht durch den Magen. Oder: das Maultaschensyndrom – Soul food in der Moderne" die Frage, „ob das inzwischen zwanzigjährige Interesse an Heimat im Widerspruch zur These von der Einheitskultur stehe oder ob dieser neue Umgang mit der Heimatkultur ... nicht Bestandteil einer globalen Strategie ist, mit eben dieser Weltkultur zurechtzukommen, indem man ihr als Vertrautheitsstruktur die Korsettstangen des Regionalen und Sozialen einzieht." Köstlin verweist darauf, dass es neben regionalen längst lokale Kochbücher gebe, wie unser Eingangsbeispiel zeigte. Und er schließt mit Odo Marquard, der meint, wir würden ahnen, dass immer weniger von dem, was Herkunft war, auch Zukunft bleiben werde. Deshalb versuchten wir dem Verlust der Herkunftswelten durch die Rekonstruktion fiktiver Herkunftswelten zu steuern. In einer immer gleichförmiger werdenden Welt vergrößere sich der Farbigkeitsbedarf: „Die Entzauberung der Welt" verlange eine „Ersatzverzauberung".

Sind wir damit – im Schlusstableau unserer Inszenierung, im finale grande con brio – aber nicht angelangt bei der Apologie des Trivialen und der Miniatur, also bei der „affirmativen Kultur" der Gesellschaftskritik der siebziger Jahre, bei Legitimation und Kompensation – bei postmoderner Gefälligkeit und Beliebigkeit? Anstelle von „Kultur für alle" jetzt also – neben Maultaschen – die kleinen süßen Brötchen, der kleine harmlose Rausch „Heimat für alle", festlich und in Szene gesetzt, unanstößig und glatt, ohne Risse und Störungen? Heimatinszenierungen als eine Idylle des Gestern im Heute?

Ich meine, sie sind mehr als das. Erinnern und In-Besitz-Nehmen: beidem bieten Heimatinszenierungen ein Forum, Möglichkeiten aktiven Handelns. Dass sie dabei jedoch den engen Rahmen der Gattung Heimat – vor allem im Sinn der eigenen Heimat – und der traditionellen Sparten (Buch, Fest, Verein, Kirche – eben die traditionellen ländlichen Kultur- und Festformen) verlassen und durchaus experimentell Neues und Fremdes mischen in Form und Inhalt: das lässt die Kulturwissenschaftlerin nicht nur auf neue Beobachtungs- und Forschungsfelder hoffen, sondern auch an Sätze aus Erich Fromms wichtigem Werk „Haben oder Sein" denken. „Erinnern" könne man sich in der Weise des Habens oder Seins; ersteres sei mechanisch („alte Dinge, ein Museum"), zweiteres sei aktives Tun, mit dem man sich „Worte, Gedanken, Anblicke, Bilder ... ins Bewußtsein zurückruft." Heimat braucht „Inszenierungen" für Einheimische und Fremde – symbolische Handlungen, Zeichen und Bilder; sie braucht Bühnen und Akteure – und sie braucht ein neugieriges, teilnehmendes Publikum.

Literatur zum Thema

Assion, Peter: Historische Festzüge. Untersuchungen zur Vermittlung eines bürgerlichen Geschichtsbildes. In: Forschungen und Berichte zur Volkskunde in Baden-Württemberg
1974–1977, Stuttgart 1977, S. 69–86.

Fromm, Erich: Haben oder Sein. Die seelischen Grundlagen einer neuen Gesellschaft, München 1979.

Köhle-Hezinger, Christel (Ltg.), zus. mit Julian Aicher, Andreas Dornheim, Joachim Schlör:
Kultur im Ländlichen Raum. Eine Konzeption, verfaßt im Auftrag des ministeriums für
Ländlichen Raum, Ernährung, Landwirtschaft und Forsten Baden-Württemberg, Tübin-
gen 1989.

Köstlin, Konrad: Heimat geht durch den Magen. Oder: Das Maultaschensyndrom – Soul-Food
in der Moderne. In: Beiträge zur Volkskunde in Baden-Württemberg, Bd. 4, Stuttgart
1991, S. 147–164.

Schöck, Gustav: Das Heimatbuch – Ortschronik oder Integrationsmittel? In: Forschungen und
Berichte zur Volkskunde in Baden-Württemberg 1974–1977, S. 87–94.

Turner, Viktor: Vom Ritual zum Theater. Der Ernst menschlichen Spiels (1982), Frankfurt/M.
1989.

Hermann Bausinger

Zwischen Passion und Spiel
Identifikation durch Symbole

Als Ludwig Uhland, nachdem er den Wahlbezirk Stuttgart im Landtag vertreten hatte, von der Hauptstadt nach Tübingen zurückkehrte, begleiteten ihn Stuttgarter Freunde bis zur Markungsgrenze und überreichten ihm dort einen Lorbeerkranz. Uhland hängte ihn im Schönbuch an den nächstbesten Baum und sagte zu seiner Frau: „Ich kann doch nicht mit einem Lorbeerkranz ankommen", und weiter: „Wie wird sich der nächste Wanderer wundern, dass diese Eiche Lorbeerblätter trägt." Wäre nicht diese anekdotische Pointe (die Uhlands Frau Emma festgehalten hat),[1] so wäre die hübsche Geschichte möglicherweise unbekannt geblieben. Ungewöhnlich war die Auszeichnung durch eine symbolische Ehrengabe jedenfalls nicht.

Friedrich Römer (um ein weiteres schwäbisches Beispiel anzuführen), der Mitte des 19. Jahrhunderts die Politik in Württemberg wesentlich mitbestimmte, erhielt 1833 von Geislinger Wählern einen Pokal als „Kämpfer für bürgerliches Recht und Freiheit", 1845 erneut einen Pokal von den Bürgern des Bezirks Backnang als „muthvoller Verteidiger der Volksrechte", und 1847, nachdem er Kritik am Militäreinsatz bei den Hungerunruhen geübt hatte, einen silbernen Eichenkranz – später, als er sich gegen die Revolution wandte, freilich auch anonyme Schmähbriefe.[2]

Politische Ziele und politische Haltungen wurden nicht nur argumentativ vertreten, sondern auch in sprechenden Symbolen. Als im Frühjahr 1848 die Nationalversammlung in Frankfurt zusammentrat, stand in Ludwigsburg David Friedrich Strauß zur Wahl. Er unterlag, weil man ihm in den Landorten seine rationale und antipietistische Glaubenskritik übel nahm. In der Stadt Ludwigsburg dagegen wurden Trauermusiken aufgeführt, die Brunnen mit Trauerflor geschmückt und vor den Häusern Trauerweiden aufgestellt.[3]

---

1 Ludwig Uhlands Leben. Aus dessen Nachlaß und aus eigener Erinnerung zusammengestellt von seiner Wittwe. Stuttgart 1874, S. 230 f.

2 Sabrina Müller: Der württembergische Pragmatiker Friedrich Römer, Abgeordneter und Staatsrat. In: Haus der Geschichte Baden-Württemberg (Hg.): Rettet die Freiheit. Das Rumpfparlament 1859 in Stuttgart. Stuttgart o.J. (1998), S. 62–73.

3 Walter Hagen: Justinus Kerner als Ludwigsburger im politischen Geschehen der Jahre 1817 und 1848. In: Ludwigsburger Geschichtsblätter XVI (1964), S. 127–134; hier S. 134.

Damals scheint es selbstverständlich gewesen zu sein, symbolisch die eigene Position anzuzeigen. Das gilt für die männliche Bevölkerung, es gilt aber auch für Frauen: man braucht nur daran zu erinnern, dass weibliche Personen nicht nur als Ehrenjungfrauen an Festzügen und Festakten beteiligt waren, sondern dass sie den damals in großer Zahl entstehenden Vereinen und auch kleineren Gesinnungsgruppen selbstgestickte Fahnentücher widmeten. Überhaupt waren die Fahnen wichtige Medien des politischen Willens. Beim Hambacher Fest waren schwarz-rot-goldene Farben ein wichtiges Bekenntniszeichen, kurz darauf verbot sie der Deutsche Bund, in der Revolutionszeit kamen sie wieder auf und die Nationalversammlung erkannte sie an; im Kaiserreich setzte sich dagegen dank dem norddeutschen Übergewicht schwarz-weiß-rot durch (schwarz-weiß stand für Preußen, rot-weiß für die Hansestädte).[4]

Fahnen waren aufwändige Kollektivsymbole. Aber die nationalen Farben finden sich auch auf Abzeichen und Gebrauchsgegenständen einzelner Personen. Der Handel mit solchen Gegenständen scheint kein schlechtes Geschäft gewesen zu sein. Ein Leutkircher Kaufmann inserierte im Mai 1848 im dortigen Wochenblatt: „Ich empfehle eine schöne Auswahl von Tabacksdosen mit deutschen Nationalzeichnungen, sowie schwarzrothgold. Uhrbänder, Cocarden, Broches, Knöpfe u. dergl. unter Zusicherung billigster Preise."[5] Und die Nationalfarben waren nicht die einzigen Identitätssignale. Der Mannheimer Abgeordnete Friedrich Hecker gehört zu den tragischen Figuren der 48er Revolution; der von ihm und Gustav Struve angeführte badische Aufstand wurde von hessischen, badischen und leider auch württembergischen Truppen niedergeschlagen – Hecker floh in die Schweiz und wanderte schon im Herbst 1848 nach Amerika aus. Er blieb aber (vielleicht gerade deshalb) die Verkörperung des revolutionären, republikanischen Willens, und der Heckerhut, der freilich auch bequem und praktisch war, zeigte jahrzehntelang quer durch die Stände und Konfessionen liberale Gesinnung an. Theodor Georgii, der Gründer des Schwäbischen Turnerbunds und des Deutschen Turnerbunds, erzählte, wie er bei der Einweihung des Niederwalddenkmals 1883 zusammen mit seinen Freunden mit „weichen, schwarzen Filzhüten" auftrat und dabei die Festversammlung schockierte;[6] und Heinrich Hansjakob, katholischer Theologe und konservativer Volksschriftsteller, trug den Heckerhut bis ins hohe Alter und erinnerte so an die Monate, die er in Rastatter Festungshaft verbracht hatte.

Ich sagte „damals' – wir blicken auf diese Vorgänge und Bilder als Ausdruck einer vergangenen Zeit, eigentlich: der vergangenen Zeit. „Früher', so wird es manchmal zusammengefasst, sei die Kraft der Symbole noch gegenwärtiger und ungebrochener gewesen. Dies ist aber nur dann richtig, wenn der Zeitrahmen präzisiert und der Gehalt der Symbole mit reflektiert wird. Die Beispiele betrafen alle das 19. Jahrhundert, und tatsächlich erhält diese Art der Symbolik erst mit der Aufklärung

---

4 Vgl. Hermann Bausinger: Typisch deutsch. München 2000, S. 97 f.
5 Zitiert bei Meike Habicht: Die Städte als politische Zentren. In: Haus der Geschichte (Hg.): Ohne Gerechtigkeit keine Freiheit. Bauern und Adel in Oberschwaben. Stuttgart o.J. (1998), S. 122–139; hier S. 128
6 Theodor Georgii: Aufsätze und Gedichte, hg. von J.C. Lion. Hof 1885, S. 326.

einen entscheidenden Schub. In den vorausgehenden Jahrhunderten gab es religiöse Symbole, die das Leben der Menschen bestimmten, und es gab eine normierte Herrschaftssymbolik, die in öffentlichen Ritualen ausgespielt und ausgestellt wurde – die breite Entfaltung weltlicher Symbole und die passionierte Aneignung und Nutzung dieser Symbole setzt dagegen erst vor etwa zwei Jahrhunderten ein. Erst da werden Erinnerungsstücke von Künstlern und Dichtern und Erinnerungsstücke an Künstler und Dichter aufbewahrt;[7] erst jetzt entstehen Nationallieder und setzen sich nationale Farben durch; erst jetzt gibt es weltliche Jubiläen in größerer Zahl; erst jetzt kommt es zur Inflation von Denkmälern; und erst jetzt werden politische Symbole emotional umstritten und teilweise wirklich populär.

Es handelt sich also nicht um ein unbestimmtes *früher*, sondern um eine konkrete historische Phase. Die Generalisierung ‚*früher*' liegt freilich nahe, wenn man einen Vergleich mit den heutigen Gegebenheiten zieht. Denkmäler, an denen sich vor hundert Jahren Gesangvereine und Schulen zu Gedenkfeiern versammelten, stehen unbeachtet in Grünanlagen; auch wenn es sich um einen „Sohn der Stadt" handelt, taucht meistens nur am Geburts- oder Todestag der Bürgermeister mit zwei oder drei Gemeinderäten auf und legt einen Kranz nieder. Zum Symbol- und Appellcharakter des Heckerhuts gibt es in der Gegenwart keine Parallelen. Dass bei den Revolutionsjubiläen der Jahre 1998 und 1999 von Bodyguards bewachte Minister mit dem Heckerhut fotografiert wurden, ist gewiss keine Parallele. Eher noch könnte man bestimmte Provokationen in der Haartracht oder der Kleidung mit dem Heckerhut in Beziehung setzen – aber auch Joschkas Turnschuhe waren nicht unbedingt ein Symbol, und wenn überhaupt, dann jedenfalls ein kurzlebigeres.

Auch für die anderen erwähnten Symbole gibt es in unserer Zeit keine Entsprechung. Vor einer Befragung der Bevölkerung nach den baden-württembergischen Landesfarben muss dringend gewarnt werden – es müsste damit gerechnet werden, dass das Ergebnis ziemlich niederschmetternd wäre. Auch ist nicht bekannt geworden, dass nach der Bundestagswahl von 1998 in Oggersheim Trauerweiden gepflanzt wurden – und ebenso wenig aus Pforzheim nach der letzten Landtagswahl. Die Überreichung eines Lorbeerkranzes schließlich wäre heute ohne ironischen Unterton – als historisches Zitat gewissermaßen – nicht mehr möglich; der Lorbeerkranz hat praktisch nur als Sprachbild überlebt; dass einem Dichter oder auch einem anderen Zeitgenossen der Lorbeer zufällt oder zusteht – das darf in einer wohl gesetzten Laudatio gesagt werden, aber eine Materialisierung ist kaum denkbar. An die Stelle des Lorbeerkranzes sind Urkunden getreten, die oft in archaisierender Schrift gefasst sind, günstigenfalls auch kleine Briefumschläge mit einem Scheck . . .

Sieht man sich heute im politischen Raum nach Symbolen um, so handelt es sich ganz überwiegend um staatliche Symbole. Es sind nicht in allen Fällen hoheitliche Festlegungen, aber doch meist durch Beschlüsse und Erlasse mit einer besonderen Legitimität versehene Zeichen: der amtliche Name des Landes, die amtlichen Farben und damit Fahnen, und die amtlichen Wappen des Landes. Diese Zeichen sind ständig vorhanden, werden aber bei festlichen Anlässen besonders herausge-

---

7 Vgl. Schiller-Nationalmuseum und Deutsches Literaturarchiv (Hg.): Erinnerungsstücke. Von Lessing bis Uwe Johnson. Marbach a.N. 2001.

stellt, und es gibt Festzeiten, in denen es zu einer Art Dauerostentation kommt. Trotzdem hält sich die Aufmerksamkeit der Bevölkerung in Grenzen, und nur in sehr geringem Umfang kommt es zur Übernahme und Aneignung der Symbole. Sieht man von offiziellen Dienstgebäuden ab, so ist beispielsweise die baden-württembergische Fahne weder an Hauseingängen noch in Vorgärten oder (im Kleinformat) auf Festtagstorten zu sehen – was anderswo (anderswo in Europa) gelegentlich zu besichtigen ist.

Woher kommt der Unterschied gegenüber der starken emotionalen Identifikation, die an den Beispielen aus dem 19. Jahrhundert sichtbar wurde?

Es liegt nahe, diesen Unterschied begrifflich als Gegensatz: *gewachsene Symbole* versus *gemachte Symbole* zu fassen. Ehrengaben für bedeutende Leistungen, Trauersymbole bei Enttäuschungen, demonstrative Kleidung wie der Heckerhut, ja sogar die Fahnentücher – all das entwickelte sich in einem freien Kräftespiel, war Ausdruck spontaner Kreativität, während wir uns heute in einer durchorganisierten und auch durchbürokratisierten Gesellschaft bewegen, in der auch die Symbole zunächst einmal fixiert, standardisiert und verordnet werden. Diese Gegenüberstellung zielt in die richtige Richtung, muss aber zunächst doch ein Stück weit relativiert werden.

Der Heckerhut scheint auf den ersten Blick ein vorzügliches Beispiel für Symbole, die spontan entstehen und sich allmählich verbreiten. Weder bei den revolutionären Versammlungen, zu denen Tausende zusammenströmten, noch bei den handfesten Rebellionen trugen alle diese Kopfbedeckung; das bezeugen viele Bilder. Wie Hecker in Straßburg beim Aufbruch nach Amerika verabschiedet wurde, ist in einem kolorierten Druck festgehalten; darauf sind die sympathisierenden Bürger alle mit einer zylinderähnlichen Kopfbedeckung abgebildet – der einzige, der den Heckerhut schwingt, ist Hecker.[8] Ob damals, im September 1848, der Heckerhut schon ein Heckerhut war, lässt sich nicht mit Sicherheit feststellen. Zunächst, noch vor den ersten größeren Aufständen, war vom „deutschen Schlapphut" die Rede; zur Konzentration auf Hecker hat wohl erst beigetragen, dass er den ersten größeren militanten Versuch zum Umsturz unternahm.

Aber schon der „deutsche Schlapphut" war von einzelnen Gruppen, beispielsweise von der Bürgerwehr in badischen Städten, als einheitliches Ausstattungsstück, also als Teil der Uniform, ausgewählt worden. Und dieser im Vergleich mit den vornehmen hohen Hüten unbotmäßige Hut wurde auch propagiert. Im „Beobachter", einem republikfreundlichen württembergischen Volksblatt, wurden schon im März 1848 die Vorzüge geschildert: „Er steht dem Einzelnen gut, wird sich auch in Reih und Glied schön ausnehmen, und würde ohne allen Zweifel bald auch außer Dienst viel getragen werden, wie er denn auch jetzt schon um seiner malerischen und zweckmäßigen Form willen überall beliebt ist. Seine breite Krempe hindert beim Gebrauch der Waffen nicht, sobald auf der rechten Seite, auf welcher nach den neuen einfachen Exercier-Vorschriften das Gewehr bei allen

8 Abbildung in: Badisches Landesmuseum Karlsruhe (Hg.): Baden 1789–1918. Karlsruhe 2001, S. 68.

Handgriffen getragen wird, etwas aufgestülpt würde."[9] Dass der Hut schnell vom eher unbestimmten Symbol zum definierten Bekenntniszeichen wurde, dazu dürfte auch beigetragen haben, dass er nach dem preußischen Sieg verboten wurde und dass für das Tragen des Huts Gefängnisstrafen verhängt wurden.

Ganz geht die Rechnung mit dem Gegensatz *gewachsen/gemacht* nicht auf; im menschlich-gesellschaftlichen Bereich „wächst" wenig, ohne dass dieses Wachstum durch organisierende Eingriffe und Anstöße beschleunigt wird. Vielleicht kommt man der Sache näher, wenn der Gegensatz modifiziert wird. Es scheint einen gewichtigen Unterschied zwischen *obrigkeitlichen* und *widerständigen* Symbolen zu geben; nur diese – so scheint es – können wirklich populär werden und sich dementsprechend ausbreiten. Als pauschale Feststellung stimmt freilich auch das nicht so ganz. Da ist zum Beispiel die große Zahl religiöser Symbole, die alle (oder fast alle) von oben dekretiert sind und die dennoch und deshalb bei der Mehrzahl der Gläubigen ein aktives Echo fanden. Und politische Symbole? Man erinnert sich nicht mehr gern daran; aber Hakenkreuze zierten nicht nur die Beflaggung öffentlicher Bauten, sondern auch viel privates Gebrauchsgut – von Schultüten bis zu den Figürchen des Winterhilfswerks am deutschen Weihnachtsbaum. Eben dies muss als historischer Hintergrund für die heutigen Einstellungen und Haltungen einbezogen werden; ohne diese Kapitulation vor nationalem Kitsch wäre wohl der Umgang mit nationalen Symbolen (und vielleicht auch allgemein mit politischen Symbolen) in Deutschland unbefangener.

Für die Erklärung, dass staatstragende Symbole weniger leicht akzeptiert werden als staatskritische, sprechen freilich manche Beobachtungen. Jugendliche, die sich in Eigenregie die Landesfarben aufs T-Shirt pinseln, wurden bisher nicht gesichtet. Dagegen war und ist teilweise das Anti-Atomkraft-Symbol eine recht verbreitete Applikation. Die Beobachtung fügt sich allerdings auch einer Erklärung ein, die vom politischen Gehalt absieht: Die quasi flächendeckende Versorgung mit Symbolen kann nicht mehr funktionieren, weil die in der Übernahme und Anerkennung von Symbolen steckende Identifikation nur noch in deutlicher Begrenzung möglich ist – in zeitlicher, aber auch in räumlicher bzw. sozialer Begrenzung. Die symbolische Anmutung, die von Stars aus dem Sport- und Showgeschäft und auch von ihren besonderen Merkmalen (der Frisur, dem Kleidungsstil, der Gestik) ausgeht, ist im ganzen weit wirksamer als die symbolische Zumutung politischer Zeichen; sie ist aber entschieden kurzfristiger und trotz der hysterischen Symbolbekenntnisse, die es in diesem Bereich etwa bei Teenagern gibt, letztlich spielerischer.

Man könnte von einer T-Shirt-Identität sprechen: das T-Shirt mit dem Aufdruck oder Aufschrieb ist verbindlicher Stil in einer Fan-Gruppe; aber die Lebensdauer eines einzelnen T-Shirts ist begrenzt. Es ist jedenfalls nicht die Art von Identifikation, die traditionellerweise für das Verhältnis der Menschen zu ihrem Land erwartet wird. Insofern haben es die Erfinder und Verkünder staatlich-politischer Symbole heute schwerer als früher – trotz und wegen der erweiterten media-

---

9 Zitiert nach Thomas Schnabel: Hecker. Ein Mythos der Deutschen Republik. In: Haus der Geschichte Baden-Württemberg (Hg.): „Des Volkes Freiheit". Die Revolutionäre von Offenburg 1847–49. Offenburg o.J. (1997), S. 56–63.

len Möglichkeiten. Das Publikum ist heute ja doch pausenlos (fürs Fernsehen gilt sogar: in jeder Pause) konfrontiert mit Symbolangeboten; es hat sich daran gewöhnt, diese schnell und relativ folgenlos zu konsumieren – was in vielen Fällen heißt: sie abtropfen zu lassen.

Die politischen Akteure lassen sich teilweise auf diese Medienkanonade ein, aber teilweise verzichten sie auch – nicht ganz freiwillig – auf die emotionale Unterfütterung ihrer Ansprüche mit Symbolen. Auch Namen können ja Symbolträger sein. Nicht gerade Familiennamen; da denkt niemand, selbst wenn es sich um Namen wie *Heilig* oder *Teufel* handelt, an den besonderen Gehalt; aber bei allen gewählten, gefundenen oder erfundenen Namen spielt die symbolische Aussage eine Rolle. Das fängt bei den Straßennamen an (um die im Gemeinderat erbitterte Schlachten geschlagen werden), und es betrifft auch den Landesnamen, der im Fall von Baden-Württemberg ja erst nach langen Auseinandersetzungen zustande kam. Gegenüber den symbolbefrachteten Vorschlägen wie *Stauferland* oder auch *Schwaben* oder *Rheinschwaben* zeigt der nüchterne Name *Baden-Württemberg* den Verzicht auf emotional aufgeladene Elemente an – und man wird heute sagen: Das war gut so, *weil* die Identifikation mit dem Land eher eine nüchtern-rationale als eine sentimentale ist. Im Alltag wird dies daran deutlich, dass kaum jemand sagt: „Ich bin ein Baden-Württemberger", aber in bestimmten Fällen durchaus: „Ich komme aus Baden-Württemberg".

Den Versuchen, das Verhältnis zum Land stärker zu emotionalisieren, war bisher wenig Glück beschieden. Die vergebliche Bemühung um eine Baden-Württemberg-Hymne hat dies deutlich gemacht. Die Bezeichnung *Baden-Württemberg-Hymne* wurde zwar schnell in Frage gestellt und als *Baden-Württemberg-Lied* etwas tiefer gehängt; aber die Idee war es schon, ein Lied zu finden, das mit der Zeit alle kennen sollten und das bei feierlichen Anlässen regelmäßig intoniert werden sollte. Der Plan scheiterte nicht nur an der begrenzten Kompetenz der Hunderte von beteiligten Hobbydichtern und –komponisten, sondern mehr noch am fehlenden Bedarf: Während das Badenerlied und (in etwas abgeschwächter Form) auch das Hohenzollernlied und das württembergische Nationallied „Preisend mit viel schönen Reden . . ." ganz offenkundig Identitätsgefühle abrufen (und in Verbindung damit das Gefühl der Abgrenzung gegen die andern), scheint diese Form von Identifikation im Blick auf das neue Land nicht (manche sagen: noch nicht) gefragt.

Die allgemeine Ernüchterung und eine gewisse Rationalisierung des ganzen Lebensstils bieten sich als Erklärung an; aber sie reicht nicht aus. Größere und kleinere Einheiten als das Land rufen in bestimmten Zusammenhängen stärkere Emotionen ab. Zu denken ist an die nationale Begeisterung bei großen Sportwettkämpfen, aber auch an die regionale und lokale, wenn Fußball- (und andere) Mannschaften gegeneinander antreten. Gerade hier wird freilich deutlich, dass sich Passion und Spiel vermischen – bei den Wettkämpfen des SC Freiburg wissen alle, dass auf dem Platz die von gegnerischen Fans als „Breisgau-Ukrainer" verspotteten ausländischen Spieler den stärksten Rückhalt bieten.

Das spielerische Element scheint in vieler Hinsicht die beste Garantie dafür, dass Symbole Identifikationsneigungen auslösen. Der Umgang mit dem baden-württembergischen Wappen ist ein Beispiel dafür. Wappen sind an sich geschützte Symbole, die keine freien Kopien und vor allem keine Veränderung ertragen; das gilt oder galt auch für das baden-württembergische Wappen. Nun wurde aber das Wappen einbezogen in die Imagekampagne zum Landesjubiläum: die Wappentiere (der badische Greif und der württembergische Hirsch), die im amtlichen Wappen dressiert und steif als Schildhalter fungieren, sind von dieser Aufgabe entbunden und in tänzerische Bewegung versetzt. Mit ausdrücklicher amtlicher Genehmigung tauchen sie auf Papier auf, als Jubiläumslogo, aber auch ‚live' bei mehr oder minder offiziellen Veranstaltungen, als goldgelbe Disneyfiguren (die ein Teil der Besucher entzückend und ein anderer kitschig findet). Damit sind sie aber für weitere spielerische Variationen freigegeben – sei es, dass sie in Karikaturen zu weiteren Tanzschritten angeregt werden oder dass sie, in Erinnerung an die fortbestehenden Spannungen zwischen Baden und Württemberg, in Kampfhaltung zueinander gebracht werden wie etwa im Programm einer Vortragsreihe des Schwäbischen Heimatbunds oder wie auf dem Titelblatt eines der vielen Baden-Württemberg-Bücher.

All das entfernt die Symbole ein Stück weit von der feierlichen Fixierung. Natürlich werden sie auch künftig wieder auf amtlichen Urkunden als freudlose Schildhalter tätig sein – aber wahrscheinlich kriegen sie den Anstrich des Spielerischen nicht mehr ganz los. Und vielleicht ist ja ein spielerischer Umgang mit Symbolen zukunftsträchtiger als ein passionierter, der in seine Identitätsbekenntnisse immer auch die Gefahr des Fanatismus und die Möglichkeit der Ausgrenzung einschließt.

Klaus Koziol

Globalisierung oder die Renaissance der Region

Die Gegenwart ist nicht mehr das, was sie einmal war, ist man versucht zu sagen, angesichts des rasanten Tempos gesellschaftlicher Entwicklung. In beschleunigtem Maße veraltet das gesellschaftliche Wissen, gleichzeitig verlieren tradierte Einordnungs- und Verhaltenshilfen in Form von Institutionen mehr und mehr ihre dienliche Funktion. Was im „Großen" gilt, gilt auch für das alltäglich „Kleine". So ist die Entscheidung für einen Beruf keine mehr für ein ganzes Leben, weiß man doch nicht, ob die gesellschaftliche und technologische Entwicklung den gewählten Beruf nicht in kurzer Zeit wegspült. Oder wie steht es mit der Sicherheit mitmenschlicher und partnerschaftlicher Beziehungen , wenn z. B. genau so viele Ehen geschieden wie geschlossen werden?

Doch nicht nur die Geschwindigkeit der Veränderung ist Grundlage für ein Gefühl der Fremdheit, auch die Menge der Anfragen und Probleme, zu denen der einzelne immer weniger einen erfahrungsmäßigen Bezug hat, die ihn aber gleichwohl zwingen, eine Einordnung vorzunehmen. Man nehme hier nur die aktuellen kriegerischen Konflikte oder das auf die weltpolitische Lage gemünzte Schlagwort: kein Frieden ohne Gerechtigkeit. Doch was heißt hierbei Gerechtigkeit und wie ist sie zu erreichen? Da zu diesen Themen meist der unmittelbare, erfahrungsmäßige Bezug fehlt und die Institutionen als „Einordnungshelfer" an Bedeutung verloren haben, ist der einzelne zunehmend gezwungen, selbst Einordnungen vorzunehmen. Dass hier die Massenmedien, und hier speziell das Fernsehen, in dieser Situation die Relevanzinstitutionen geworden sind, die mit ihren spezifisch „mediengerechten Lösungen"[1] die Verhaltens- und Einordnungsfolie liefern, soll hier nur angedeutet werden. Gerade die Massenmedien geben den Blick frei auf fremde Phänomene und Probleme, bei denen man nolens volens gezwungen ist, eine Einschätzungsposition zu beziehen. Dazu zugespitzt Hermann Lübbe: „Nie hat eine Gesellschaft ihre Lebensbedingungen weniger verstanden als die unsrige, nämlich aus der Perspektive eines jeden einzelnen, der innerhalb der Gesellschaft seine Lebenserfahrungen machen muss. Wieso ist das so? Das ist deswegen so, weil die soziale Reichweite unserer Lebenserfahrungen mit der Zunahme des Differenzierungsgrades der Gesellschaft, in der wir leben, abnimmt und weil sie überdies abnimmt mit der Zunahme der Geschwindigkeit ihres Differenzierungs-

---

1 Koziol, Klaus, Die Tyrannei der mediengerechten Lösung. Zur Weltaneignung durch Massenmedien, München 2000.

prozesses."[2] „Tachogene Weltfremdheit" nennt dies Odo Marquard.[3] „Tachogene Weltfremdheit" meint, dass sich der einzelne ob der Geschwindigkeit der Veränderungen in allen Bereichen des menschlichen Lebens zunehmend unbehaust fühlt, vieles um sich herum – vor allem über die Massenmedien – zwar wahrnimmt, doch dieses die Kreation eines tragfähigen Weltbildes nur noch erschwert. So gesehen „entwickeln sich Verfügungs- und Orientierungswissen auseinander. Verfügungswissen ist die Kenntnis von Ursachen, Wirkungen und Mitteln, Orientierungswissen handelt von Zwecken und Zielen."[4]

Diese „tachogene Weltfremdheit" findet ihrerseits statt in einem ökonomisch-politisch-gesellschaftlichen Prozess, der mit Globalisierung beschrieben wird. Das heißt: Die Konfrontation des einzelnen mit Phänomenen, zu denen er keine erfahrungsmäßigen Bezüge hat, wird nahezu ins Grenzenlose ausgedehnt, mit der Konsequenz, dass solche Kenntnis nur seine Orientierungsschwäche noch weiter vorantreibt. In dieser Konsequenz bedeutet Globalisierung eine „Entterritorialisierung des Sozialen",[5] „was bedeutet, dass der Raum der Gesellschaft nicht mehr durch Anwesenheit an einem Ort definiert und begrenzt wird. (Das) ist eine Schlüsselerfahrung der modernen Gesellschaft, wodurch diese sich von vormodernen Epochen unterscheidet. Das bedeutet: geographische und soziale Netze fallen auseinander. Man muss nicht an einem Ort leben, um zusammen zu leben, und an demselben Ort zu leben heißt keineswegs, zusammen zu leben."[6] Was dies heißt, wissen Menschen, die in Firmen arbeiten, deren Arbeitszeittakt so rund um die Welt abgestimmt ist, dass man seine Arbeit nach 8 Stunden seinen Kollegen auf der anderen Seite des Globus weitergibt, der wiederum einem anderen, so dass sich weitere 8 Stunden später der (Welt-)Kreis wieder geschlossen hat und der Beschäftigte hierzulande die um drei „Arbeitstage" fortgeschrittene Arbeit wieder aufnehmen kann. Dieser Beschäftigte „lebt" zwar nicht zusammen mit seinen Kollegen rund um die Welt, aber er muss mit ihnen denken, will heißen: wenn er an dem Produkt effektiv weiterarbeiten will, müssen seine Denk- und Handlungsstruktur mit denen seiner Kollegen stimmig sein, sonst gelingt das gemeinsame Produkt nicht. Hier müssen ähnliche Denkstrukturen gegeben sein, die man auf der anderen Seite aber beim langjährigen realen Nachbarn ob der diversifizierenden Weltbilder nicht mehr sicher zu vermuten hat. Räumliche Nähe bedeutet nicht selbstverständlich eine mentale Nähe im Denken und Handeln. Ob man so weit gehen kann wie Olaf Zorzi: „Die wirklich Fremden in der modernen Gesellschaft sind ausgerechnet die Daheimgebliebenen"?[7] Die Daheimgebliebenen sind sich

---

2 Lübbe, Hermann, Zeit-Verhältnisse. Zur Kulturphilosophie des Fortschritts, Graz-Köln-Wien 1983, S. 54.
3 Marquard, Odo, Zeitalter der Weltfremdheit?, in: Ders., Apologie des Zufälligen, Stuttgart 1986, S. 76–97, hier: S. 82.
4 Mittelstraß, Jürgen, Das Maß des Fortschritts, in: Frankfurter Allgemeine Zeitung 31. 1. 02.
5 Beck, Ulrich, Wie wird Demokratie im Zeitalter der Globalisierung möglich?, in: Ders. (Hrsg.), Politik der Globalisierung, Frankfurt a.M. 1998, S. 7–66, hier: S. 12.
6 Ebenda.
7 Zorzi, Olaf, Abenteuer, wohin man blickt – Anmerkungen zur Ethnographie (in) der Moderne, in: Brosziewski, Achim, Eberle, Thomas Samuel, Maeder, Christoph (Hrsg.), Moderne Zeiten, Reflexionen zur Multioptionsgesellschaft, Konstanz 2002, S. 169–182: hier: S. 171.

vielleicht wirklich fremd, nur ob es bei den in die Welt hinausgegangen oder - gezappten „Welteinheimischen"[8] anders ist, mag wahrlich bezweifelt werden. Eines aber kann man sagen: „Die Heimat als Ort des guten Lebens lässt sich immer weniger dort finden, wo man durch Zufall der Geburt schon ist. (. . .) Heimat muss durch Lebenskünste und kluge Allianzen fortwährend neu erfunden werden."[9]

Aber nicht nur Heimat muss neu erfunden werden, auch überkommene staatliche Bezugsgrößen sind auf dem Prüfstand ob ihrer Relevanz in den sich verändernden globalen Verflechtungen, so auch der Nationalstaat: „Er (der Nationalstaat, Ko.) hat offensichtlich und anscheinend unwiederbringlich seine zentralen Attribute – seine innere und äußere Souveränität und seine soziokulturelle Homogenität – verloren. (. . .) Es scheint vielmehr, als ob der Nationalstaat in einem System des komplexen Regierens aufgehoben wird, in dem verschiedene Ebenen des Regierens institutionell ausdifferenziert und integriert sind."[10] Dieses komplexe Phänomen kann hier nur angerissen werden. Der Nationalstaat definiert sich durch die Identität von Kultur, Gemeinschaft und der Regelungs- und Steuerungsverbindlichkeit innerhalb eines fest umrissenen Territoriums. Wenn diese drei Topoi grundlegend für den Nationalstaat sind, dann sind alle drei durch die gegenwärtig stattfindenden Veränderungen vehement angefragt: Das Bewusstsein, dass Kultur identitätsstiftend noch immer das kollektive Gedächtnis bildet und nach außen das Verhältnis zu anderen definiert, ein solches Bewusstsein ist zumindest in Zeiten globalisierter Durchdringungen disparater geworden. Ist eine solche kulturelle Grundlage brüchig, dann ist es auch schwierig, wenn nicht gar unmöglich, sich als Teil eines zusammengehörigen Soziogebildes zu verstehen, das durch die jetzt als zufällig definierte territoriale Dimension zusammenhalten wird. Ulrich Beck spricht hier dann von „Soziosphären". Diese „bewegen sich auf einander überschneidenden Bahnen, ohne sie je zu berühren. Sie sind das genaue Gegenteil einer funktional integrierten Gemeinschaft."[11] Wie sollte dies auch möglich sein in einer multipolaren und multioptionalen Welt, in der kulturelle Weltbilder in ihrer auch je territorialer Eigenart zunehmend unwirksam werden. Wobei nun – auch von diesem Zugang her – der Nationalstaat angefragt ist: „In einer Welt, in der den Menschen die Gestaltung des gemeinsamen Lebens aus der Hand gleitet, sie nicht mehr sind als Punkte in lose verkoppelten, sich ständig verändernden Netzwerken, gibt es keine eindeutig identifizierbaren Zentren der Macht mehr, in denen Entscheidungen mit großer Tragweite getroffen werden."[12]

Es gibt mit der „Globalisierung neue Zonen der Unregierbarkeit",[13] da der „Staat" in seiner territorialen Nationalstaatsausprägung zunehmend weniger Möglichkeiten hat, für sein Gebiet Normen zu etablieren und deren Kontrolle

---

8 Ebenda.
9 Sloterdijk, Peter, Der gesprengte Behälter. Notiz über die Krise des Heimatbegriffs in der globalisierten Welt, in: Spiegel-Spezial Nr. 6, 1999, S. 24–29, hier: S. 29.
10 Grande, Edgar, Die Aufhebung des Nationalstaates: Perspektiven des Regierens in Europa, in: Jahrbuch Arbeit und Technik, hrsg.v. Werner Fricke, Bonn 1999, S. 378–391, hier: S. 378.
11 Beck, Ulrich, a.a.O., S. 51.
12 Münch, Richard, Globale Dynamik, lokale Lebenswelten, Frankfurt a.M. 1998, S. 373.
13 Grande, Edgar, Arbeitspapier 2/2001, TU München S. 6.

dann auch über Sanktionen durchzusetzen. Letztlich geht der Staat seines Gewaltmonopols verlustig. Ein Firmensitz ist schnell verlegt und wenn man das Thema Jugendschutz im Internet betrachtet, sieht man, wie schwierig – wenn nicht unmöglich – ein Alleingang eines Staates ist: eine gemeinsame Kampagne aufgrund unterschiedlicher Interessen und Traditionen ist eher unwahrscheinlich. Somit werden im Bereich eines Nationalstaates mit seinen demokratisch legitimierten Institutionen politisch relevante Vorgänge und Entscheidungen praktisch nur nachträglich legitimiert, die von supranationalen, nicht demokratisch legitimierten Akteuren meist unter Ausschluss der Öffentlichkeit beschlossen worden waren. Am offensichtlichsten ist dies bei den Gesetzen, die in supranationalen Institutionen verabschiedet wurden und die zur nachträglichen Zustimmung in die Länderparlamente gelangen – und dies ist immerhin in rund 50 % aller auf Landesebene zur Abstimmung kommenden Gesetze der Fall.[14] Weit weniger sichtbar sind Entscheidungen transnationaler Wirtschaftskonzerne, die einer Kontrolle der demokratischen Öffentlichkeit völlig entzogen sind. Wenn man die Auguren der neuen weltweiten Netzkommunikation hört, erstaunt es nicht, dass diese nahezu selbstredend den Nationalstaat schon emeritiert haben und nur noch von „Cyberstaat" sprechen. Juan Luis Cebrian, dessen Studie als Vorlage für einen Bericht des Club of Rome diente, geht in diese Richtung: „So könnte man sich durchaus vorstellen, dass es einmal einen virtuellen Staat mit eigenen Bürgern, eigenen Machtverhältnissen, eigenen Zielen und eigener Souveränität geben wird."[15] Diese Relativierung des Nationalstaates bedeutet, dass sich eine zentrale Bezugsgröße für politische Abläufe, aber auch eine Grundlegung für bisher gekannte Formen der Demokratie zunehmend verflüchtigt und sich hier ein Vakuum im Koordinatensystem politischen Handelns breit macht. Solche Unschärferelationen auf dem Gebiet nationaler Politik evozieren neue Zonen der Unsicherheit. Klare Zuordnungs- und Bedeutungsgrößen im politischen Handeln der einzelnen Bürger gehen zunehmend verloren, auch wenn man bedenkt, dass andere Agenten für Verhaltenssicherheit wie Institutionen oder politische Ideologien eine Phase der Dehierarchisierung durchmachen. Dieser Prozess der Entterritorialisierung ist von kaum zu überbietender Brisanz: „Wenn sich das Zusammenleben aus räumlicher Bindung löst, wenn eine Woge transnationaler Mobilität von Menschen, Wirtschaft und Risiken das territoriale Apriori aufhebt, dann ändert sich alles. Darum lautet die entscheidende Frage, ob die Demokratie diese Revolution überlebt und eine Transformation des Politischen möglich ist. Und was geschieht, wenn sie misslingt?"[16]

Die Demokratie ist nicht ein für alle Zeiten kondensiertes Produkt, sondern gewachsen und lebendig in konkreten territorialen Bezügen, keine frei flottierende Staatsform, sondern je gewordene Konkretion in territorialen und historisch je einmaligen Prozessen. Doch was bleibt von der „territorialen Prämisse" nach der Diffundierung des Nationalstaats? Schnell wird hier dagegen gehalten, dass eine solche Phase nur eine Phase des Übergangs hin zu einer „Weltzivilisation" ist, in der

---

14 Siehe Michael Zürn, Regieren jenseits des Nationalstaats, Frankfurt a.M. 1998, Teil II.
15 Cebrian, Juan Luis, Im Netz – die hypnotisierte Gesellschaft, Stuttgart 1998, S. 138.
16 Beck, Ulrich, Die „Warum-nicht-Gesellschaft", in: Die Zeit 25. 11. 1999.

„virtuelle Staatsbürger" mit einem „universellen Bewusstsein" leben würden. Die ganze Welt würde einem dann zur Heimat, Demokratie zu einer globalen Demokratie. Eine solche Sichtweise geht auch aufgrund anthropologischer Überlegungen in eine völlig falsche Richtung. Die ganze Welt als vertrautes Terrain zu begreifen, ist für den je einzelnen unmöglich, aber gerade vertrautes Terrain benötigt er, um seinem Verhalten Stabilität zu vermitteln. Der Mensch braucht „befriedete Räume",[17] um eine Entlastung für sich zu ermöglichen, um nicht permanent jede Verhaltensentscheidung neuen bedrohenden Unwägbarkeiten aussetzen zu müssen. Insofern sind „befriedete Räume" überlebensnotwendig, will man im Meer der anthropologisch grundgelegten Weltoffenheit nicht verloren gehen. Negativ sehen wir, was eine „Suche nach befriedeten Räumen" eben auch heißen kann, nämlich ein Erstarken von Fundamentalismen, seien sie religiöser oder politischer Provenienz. Einfache „Heilslehren" bieten Halt in Zeiten der Angst, Bewährtes, Hilfreiches, auch „Heiliges" zu verlieren. Auch die in den letzten Jahren wieder zu konstatierende Revitalisierung der Familie als Rückzugsort mit kaum einlösbaren emotionalen Zuschreibungen zeugt von dem Wunsch nach Beheimatung und Nähe. Und gerade hier bei dem Wunsch und der Suche nach Beheimatung kommt die regionale Kleinräumigkeit ins Spiel, denn: „Während bestimmte wirtschaftliche Tätigkeiten immer weitere Räume zu ihrer Entfaltung brauchen und dabei jede Bodenhaftung verlieren, suchen Menschen immer kleinere Räume, in denen sie sich zu Hause fühlen und ein Gefühl der Zugehörigkeit entwickeln können."[18] Wo man befürchtet, sich im Globalen zu verlieren, wird Überschaubares vor Ort wieder wichtiger, wo man Uniformierung vermutet, dort zählt wieder das individuell Unverwechselbare, wo alles nach der „großen Welt" giert, dort hat plötzlich das Lokale wieder seinen Wert.

Zwei Hinweise darauf, dass man mit dieser Behauptung nicht falsch liegt: In *dem* Medium für das globale Zeitalter, dem World-Wide-Web, dem Internet, sind Abrufe von Informationen aus der Region im Ranking der Abrufangebote weit oben angesiedelt. Nicht so sehr die „Welt" interessiert beim Surfen und selektiertem Auswählen, sondern die Informationen aus der eigenen Stadt oder der eigenen Region, ob aktuelles Kinoprogramm oder die Betreuungsangebote der Babysitter.[19] Besonders interessant ist, dass Prognosen für die Internetnutzung der Jahre bis 2005 gerade „regionalen Angeboten" eine hohe Bedeutung zumessen.[20] Schwarzmalern, die den kontinuierlichen Bedeutungsverlust des Regionalen und Lokalen auf der Wichtigkeitsagenda der je einzelnen klagend im Globalen aufgehen sehen, mag dies ein erster Hinweis sein, dass auch hier eine Pendelbewegung, vom Globalen zum Lokalen, vonstatten geht. Auch diejenigen, die eine Verflüchtigung bürgerschaftlichen Engagements vor Ort vorhersagten, müssen überrascht sein,

---

17 Elias, Norbert, Über den Prozess der Zivilisation, 2. Band, Frankfurt a.M. 1976, S. 321.
18 Dahrendorf, Ralf, Recht und Ordnung, in: Frankfurter Allgemeine Zeitung 21. 11. 2001.
19 Siehe van Eimeren, Birgit/Heinz, Gerhard, ARD/ZDF-Online-Studie 2000: Gebrauchswert entscheidet über Internetnutzung, in: Media Perspektiven 8/2000, S. 342 und Oehmichen, Ekkehardt und Schröter, Christian, Fernsehen, Hörfunk, Internet: Konkurrenz, Konvergenz oder Komplement? , in: Media Perspektiven 8/2000, S. 364.
20 So Klingler, Walter, u. a., Mediennutzung der Zukunft, in: Media Perspektiven 10/1998, S. 491.

„dass das so verstandene freiwillige gemeinwohlorientierte Engagement relativ weit verbreitet ist. Sowohl der Werte-Survey 1997, als auch die Studie des soziökonomischen Panels (SOEP) als auch der ‚Freiwilligen-Survey 1999', der im Auftrag des Bundesministeriums für Familie, Senioren, Frauen und Jugend als Repräsentativerhebung der deutschen Wohnbevölkerung durchgeführt worden ist, kommen übereinstimmend zu dem Befund, dass mehr als 30 % der Bevölkerung in irgendeiner Form und in irgendeinem Bereich der Gesellschaft engagiert sind. So geht die zuletzt genannte Studie davon aus, dass sich in Deutschland 34 % der Bevölkerung, das heißt ca. 22 Millionen Personen, freiwillig, unentgeltlich und gemeinwohlorientiert engagieren."[21] Und ein solches Engagement geschieht zumeist vor Ort, wenn man sich die Betätigungsfelder ansieht: An der Spitze steht „Sport und Bewegung" vor „Freizeit und Geselligkeit" und „Kultur und Musik".[22] „Gegen die weitverbreitete Annahme, dass bei der Jugend die Bereitschaft zum Engagement fehle, spricht u. a. eine Studie des Kreisjugendringes Rems-Murr e. V. aus dem Jahr 1997, die belegt, dass dort 61,5 Prozent der 13- bis 18jährigen Mitglieder in Jugendverbänden und Jugendorganisationen sind. Gut die Hälfte von ihnen (33,5 Prozent) übt in diesen Gruppen eine ehrenamtliche Funktion aus."[23] Das Lokale und (Sub-) Regionale verliert nicht an Bedeutung, sondern nimmt, je mehr „das Globale" um sich greift, zu. Roland Robertson hat hier den Begriff der „Glokalisierung"[24] eingeführt. Das Kunstwort meint, dass Prozesse der Globalisierung untrennbar mit einer Vitalisierung des Lokalen verbunden sind, Globalisierung und Lokalisierung als Teil ein und desselben Prozesses. Das „Think global, act local" ist zumindest in der zweiten Hälfte richtig. „Act local" heißt nicht nur, dass die Aufforderung hierzu gilt, sondern dass das auch dem tatsächlichen Bedürfnis der Menschen entspricht. Ob es allerdings möglich ist, global zu denken, muss – siehe die obigen Ausführungen – mit einem großen Fragezeichen versehen werden.

Was bedeutet nun aber eine solche Renaissance der Region in der Bedeutungszuweisung durch die Bürger für das politische Handeln und das politische System, welche Konsequenzen macht sie notwendig, letztlich: Wie ist Demokratie sowohl unter den Bedingungen supranationaler Machtzentrierung, dem Souveränitätsverlust des Nationalstaates als auch einer Revitalisierung des Lokalen und Regionalen neu zu akzentuieren und neu zu beleben? Es kann im hier möglichen Rahmen nicht darum gehen, alle zur Zeit diskutierten neuen demokratischen Politikmodelle ausführlich zu beleuchten, sondern es geht um richtungsanzeigende Alternativen.

Eine erste mögliche Alternative wäre – falls das tatsächlich unter Alternative subsummiert werden kann und nicht als Zwangsläufigkeit bei einem „Weiter-So" –,

---

21 Olk, Thomas, Bürgerengagement und aktivierender Staat – zwei Seiten einer Medaille?, in: Brosziewski, Achim, Eberle, Thomas Samuel, Maeder, Christoph (Hrsg.), a.a.O., S. 83–97, hier: S. 89.
22 Ebenda.
23 Bericht der Zukunftskommission des Landes Baden-Württemberg, Dezember 1999, S. 148.
24 Robertson, Roland, Glokalisierung: Homogenität und Heterogenität in Raum und Zeit, in: Beck, Ulrich (Hrsg.), Perspektiven der Weltgesellschaft, Frankfurt a.M. 1998, S. 192–220.

dass weiterhin Entscheidungen großer Reichweite in supranationalem Rahmen gefällt werden, dort zumeist ohne demokratische Legitimation, und nationalstaatlichen Institutionen nur die Umsetzung der supranationalen Beschlüsse obliegt. Das ist die noch „zahme" Variante. Die „aggressive" Form lässt dem Nationalstaat nicht einmal mehr das „Wie" der Umsetzung, sondern auch das „Wie" wird im transnationalen Verbund festgelegt, und es obliegt dem Nationalstaat nur noch, sicher zu stellen, dass die Umsetzung nach den Vorgaben erfolgt. Eine demokratische Entscheidungsfindung ist hier nicht vorgesehen, eine demokratische Kontrolle sehr beschränkt. Die Machtverteilung liegt bei diesem „Weiter-So" klar bei der supranationalen Ebene oder gar bei transnationalen Interessengruppen. Demokratische Legitimierungen sind hier nicht von Relevanz.

Die Vorstellung, demokratische Vollzüge ins Geflecht sowohl globaler Entscheidungen als auch in die Faktizität real existierender Nationalstaaten einzubinden, das soll mit den Überlegungen einer „kosmopolitischen Demokratie" erreicht werden. Die entscheidende Frage hierbei ist, wie demokratische Prinzipien der Machtausübung und Machtkontrolle sowohl innerhalb des Nationalstaats, aber gerade auch zwischen und vor allem jenseits der Staaten zur Geltung gebracht werden können. „Dafür bedarf es keiner Weltregierung oder eines föderalen Super-Staates, sondern einer ‚transnationalen allgemeinen Struktur politischen Handelns' – einer transnationalen Struktur, die alle Ebenen und alle Mitwirkenden beim globalen Regieren umfasst, von Staaten, multinationalen Konzernen und internationalen Institutionen bis zu sozialen Bewegungen und Individuen."[25] Es geht hierbei um den Aufbau eines Geflechtes transparenter Machtzentren mit jeweils klar definierten und demokratisch legitimierten Aufgaben und Rechten. Die Befürworter dieser Überlegung wollen bestehende supranationale Einrichtungen demokratisieren, so über eine direkt gewählte zweite Kammer der UN-Vollversammlung oder eine gewählte Kontrolle von Weltbank und anderen weltweit operierenden Organisationen. „Das kosmopolitische Recht wäre des weiteren auf allen Ebenen auf Zwangsmittel angewiesen, die es durch neue institutionalisierte und demokratisch legitimierte militärische Strukturen zu etablieren gilt. Schließlich wären die Institutionen und Operationen der globalen Ökonomie demokratischen Interventionen unterworfen, um das Prinzip demokratischer Autonomie in Strukturen und Funktionsweise des globalen Marktkapitalismus zu verankern."[26] Das Modell „kosmopolitische Demokratie" will versuchen, „das Primat der Machtpolitik beim globalen Regieren durch ein Primat demokratischer Entscheidungsfindung zu ersetzen."[27] Es geht letztlich also um ein Ernstnehmen der internationalen Verflechtungen, aber gerade auch um deren Einbinden in demokratische Entscheidungen und Kontrollen. Nationalstaaten spielen in diesen Überlegungen keine hervorgehobene Rolle mehr.

---

25 McGrew, Anthony, Demokratie ohne Grenzen? Globalisierung und die demokratische Theorie und Politik, in: Beck, Ulrich (Hrsg.), Politik der Globalisierung, Frankfurt a.M. 1998, S. 374–422, hier, S. 401.
26 Ebenda, S. 403.
27 Ebenda, S. 404.

In einem weiteren Modell der Einpassung faktischer Politik- und Ökonomiebeziehungen in demokratische Formen und Prozesse spielt der Nationalstaat eine noch unbedeutendere Rolle, aber ebenso die supranationale Ebene. Das Modell ist ganz auf die Region konzentriert und könnte als „Kreation neuer Regionalstaaten" charakterisiert werden. So konstatiert das Kenichi Ohmae in „The end of the nation state".[28] Er geht hierbei davon aus, dass die Grenzen eines Nationalstaates für Unternehmen nicht mehr existent sind, da sie in einer grenzenlosen Gesellschaft etwas zusammenfassten, was nicht zusammen gehört und deshalb mit Subventionen am Leben erhalten werden müssen, um ihrerseits die Idee des Nationalstaats zu erhalten, so sein Beispiel Italien mit einem industriestarken Norden und einem ökonomisch schwachen Süden. Deshalb sieht er schon gewachsene „natürliche" wirtschaftliche Zonen, welche die Größe eines „Regionalstaates" haben, für ökonomisch ideal. Er denkt hierbei an Einheiten mit 5 bis 20 Millionen Einwohnern. Diese Regionalstaaten könnten dann auch adäquat in Konkurrenz zueinander treten. Nationalstaaten wären obsolet, die Globalisierung hieße Konkurrenz von konkurrenzfähigen Regionen. Hier könnte dann die Einheit von politischer und ökonomischer Einheit mit den Grundprinzipien repräsentativer Demokratie stattfinden. „Mit den kleinräumigeren Märkten würde ein Stück Souveränität der politischen Gestaltung auf die lokalen, regionalen und nationalen Ebenen zurückverlagert. Von der Borniertheit vergangener Formen des Lebens würde sich diese Rückverlagerung auf die kleineren politischen Einheiten dadurch unterscheiden, dass sie nur im Rahmen schon entwickelter europäischer und globaler Zusammenarbeit möglich ist."[29] Der Weltentwicklungsbericht 1999/2000 der Weltbank „Globalisierung und Lokalisierung" geht in eine ähnliche Richtung.[30]

Ohmae macht auch konkrete Vorschläge solcher Regionalstaaten: „The territorial dividing lines that to do make sense belong to what I call ‚region states' – geographical units like nothern Italy; Baden-Würtemberg (or the upper Rhine); Wales; San Diego/Tijuana; Hong Kong/southern China; the Silicon Valley; (. . .) In a borderless world, these are the natural economic zones.(. . .) These region states may or may not fall within the borders of a particular nation."[31] Solchen Regional-Staaten fiele die gesamte Steuerungskompetenz und die Steuerhoheit zu. (Aktuelle Initiativen bundesdeutscher Ministerpräsidenten, jedes Bundesland müsse selbständig seine Steuern festlegen dürfen, gehen schon in diese Richtung.) Hier wird das als politische Forderung virulent, was die regionale politische Kulturforschung als Identität von erlebter Geschichte, historisch bedeutsamer Grenzziehung, kollektiver Schlüsselerlebnisse und gemeinsamen Wirtschaftsformen als Grundlage für ein Wir-Bewusstsein in einer Region sieht.

Vier je unterschiedliche Modelle für die Domestizierung der Globalisierung in demokratische Formen und Abläufe wurden beschrieben. Die fünfte Alternative geht sozusagen als Synthese von dem Weiterbestehen der Trias Lokalität/Regionalität – Nationalstaat – supranationale Ebene aus. Die darauf sich gründende

---

28 Ohmae, Kenichi, The end of nation state. The rise of Regional Economies, Glasgow 1995.
29 Münch, Richard, Globale Dynamik, lokale Lebenswelten, Frankfurt a.M. 1998, S. 407.
30 Frankfurt a.M. 2000.
31 Ohmae, Kenichi, a.a.O., S. 80 f.

„Mehrebenendemokratie" soll nun grobschnittartig dargelegt werden: Hierbei geht es darum, dass der Souveränitätsverlust des Nationalstaates nicht nur eine Kompetenzverlagerung nach oben zu supra- und transnationalen Einheiten bedeuten muss, sondern dass auch durch eine „Rückkehr nach unten", hin zu den Städten, Gemeinden und Regionen, kompensiert werden kann und muss. „Diese neuen Gestaltungschancen müssen auf den unteren Ebenen aber auch aufgegriffen und in eine Erneuerung von lokaler Demokratie umgesetzt werden. Stadt und Gemeinde müssen als Orte des Zusammenlebens wieder entdeckt werden.(. . .) Hier eröffnen sich bessere Chancen für die Verwirklichung der republikanischen Idee von Demokratie, als dies auf der Ebene des Nationalstaats jemals möglich war."[32] Diese Überlegungen fügen sich bestens in die oben skizzierten faktischen Bedeutungszuschreibungen der Bürger für die lokale und regionale Ebene. Politik im weitesten Sinne beginnt dort, wo sie in ihren Folgen und Nebenfolgen erlebbar und in ihren Begründungsrelationen noch nachvollziehbar ist. Und genau hier muss Demokratie wieder erlebbar werden. Wenn man das bürgerschaftliche Engagement vor Ort sieht, zeigt sich, dass sich die Bürger das auch für ihren überschaubaren Lebensbereich wünschen. „Um diesen Chancen einer Wiederbelebung lokaler Demokratie im republikanischen Sinne gerecht zu werden, müssen die Bürger ihre Gemeinde wieder in Besitz nehmen, unter ihr mehr verstehen als den zufälligen Ort von Arbeit und/oder Wohnen. Ihre Gemeinde müssen sie wieder zu ihrem Lebensmittelpunkt machen, der sie wegen seiner besonderen Identität und inneren Vielfalt auch für einen großen Teil ihrer Zeit an sich binden kann."[33] „Es wird in Zukunft mehr als bisher darauf ankommen, Städte und Gemeinden in vollem Bewusstsein als Orte des guten Lebens gemeinsam zu gestalten."[34] Doch das kann noch nicht ausreichen. Der faktisch existente Nationalstaat und die Machtkonzentrierung auf supranationaler Ebene können ja durch das verstärkte Augenmerk auf Gemeinden und Regionen nicht ausgeblendet werden, und sollen es auch nicht. „In einem solchen Modell einer globalen Mehrebenendemokratie käme der lokalen Politik die Aufgabe der Gestaltung des guten Lebens zu, der nationalen Politik die Aufgabe der Repräsentation von Rechten und Interessen, ihres Ausgleichs untereinander und ihrer Bündelung für die nächst höhere Ebene der supranationalen Politik. Auf der supranationalen Ebene ginge es um die Koordination nationaler Lebensweisen und Interessen, auf der globalen Ebene um die Kooperation von Nationen und supranationalen Einrichtungen im Interesse der Erhaltung eines gemeinsamen Lebensraumes."[35]

Die Skizzierung der je unterschiedlichen Funktionen der einzelnen Politikebenen kann hier nur rudimentär erfolgen und müsste auch noch mit inhaltlichen Konkretionen gefüllt werden. Was aber wichtig erscheint, ist, dass die Notwendigkeit der einzelnen Ebenen gesehen und ernst genommen wird. Die „Zähmung" der Globalisierung wird nicht durch immer mehr Globalisierung erfolgen können, sondern durch eine Einbeziehung der Menschen in politische Abläufe und Bezüge.

---

32 Münch, Richard, a.a.O., S. 408.
33 Ebenda, S. 409.
34 Ebenda, S. 10.
35 Ebenda, S. 408 f.

Und dies kann und muss im überschaubaren, kleinräumigen Rahmen geschehen. Wichtig erscheint aber auch, dass hier nicht blauäugig vom „Verschwinden" des Nationalstaates ausgegangen wird, sondern dessen Existenz ernst genommen wird.

Zuletzt: Unsere freiheitliche demokratische Gesellschaft lebt davon, dass es bei ihren Bürgern eine bewusste Bejahung und ein aktives Eintreten für diese Werte gibt. Mangelt es daran, wird eine Gesellschaft ihre wertemäßigen Grundlegungen nicht mehr am Leben halten können. „Freiheitsrechte sind Angebote an den Beteiligten, die dieser annehmen, aber auch ausschlagen kann. Der Staat allerdings ist darauf angewiesen, dass die Mehrzahl der Freiheitsberechtigten ihre Freiheit tatsächlich wahrnimmt. Die Eigentümer- und Berufsfreiheit erlauben dem Berechtigten sich am Erwerbsleben zu beteiligen, dieses aber auch zu unterlassen. Würde aber die Mehrzahl der Menschen als Diogenes in der Tonne leben, wäre der Finanz- und Steuerstaat ebenso wie die soziale Marktwirtschaft ohne ökonomische Grundlage. (...) Und stellen Sie sich vor, am nächsten Sonntag seien Wahlen und keiner ginge hin, so wäre die Demokratie an ihrer eigenen Freiheitlichkeit gescheitert. Deshalb ist der freiheitliche Staat auf Gedeih und Verderb darauf angewiesen, dass seine Bürger freiheitsfähig sind und diese Freiheitsfähigkeit immer wieder erneuern."[36] Und diese Kultur der Freiheitsbefähigung gelingt dort am besten, wo die Auswirkungen für das „gute Leben" am direktesten erlebbar sind – nämlich in den kleinräumigen Einheiten Gemeinde und Region. Dort ist im besten Sinne die Schule der Demokratie. Deshalb ist es auch von besonderer Wichtigkeit, die Gemeinden und Regionen im Bewusstsein vor allem der jungen Bürger zu verankern. Eine völlig falsche Praxis ist es daher, Regionalberichterstattung in den Rundfunkmedien nahezu ausschließlich in den Sendeformaten auszustrahlen, die im Umfeld von volkstümlicher Musik vorwiegend von älteren Menschen gehört werden. Je jünger ein Programm erscheinen will, desto weniger kommt regionale Berichterstattung im Programm vor. Jugend wird mit Welt, Region mit Alter identifiziert. Eine solche Zuordnung – auch im Kopf der Macher – schadet letztlich der Demokratie, aber auch dem steigenden Interesse für die kleinräumige Überschaubarkeit. In globalisierten Welten gewinnt, so paradox dies scheinen mag, das Nicht-Globale, die Gemeinde und die Region vor Ort, an Bedeutung. Aber dies muss erst ins Bewusstsein der Entscheider und Multiplikatoren gelangen. Für die Wahrnehmung der Realität ist es nie zu spät.

---

36 Kirchhof, Paul, Der Öffentlichkeitsantrag des öffentlichen Rundfunks als Befähigung zur Freiheit, in: Abele, Hanns, u. a. (Hrsg.), Werte und Wert des öffentlich-rechtlichen Rundfunks in der digitalen Zukunft, Potsdam 2001, S. 9–21, hier: S. 15.

Siegfried Schiele

Politische Bildung und Werteerziehung

Seit dem 11. September 2001 hat eine neue und intensive Debatte über Werte begonnen, die dann nützlich sein kann, wenn sie von allen gesellschaftlichen Kräften überzeugend und offen geführt und nicht oberflächlich in die politischen Tagesauseinandersetzungen einbezogen wird.

Dabei ist durch den schlimmen Anschlag in New York deutlich geworden, dass die Kultur und Zivilisation des Westens im Mark getroffen werden sollten. Es gibt auf unserem Globus also Kräfte, die sich andere Strukturen, Ordnungen, Werte wünschen, die ihnen so wichtig sind, dass Tausende von Menschenleben dagegen keine Bedeutung haben. Die Gefahr, die von diesen Kräften ausgeht, ist sehr ernst zu nehmen. Sie kann aber auf Dauer nicht militärisch, sondern nur in geistigem Ringen überwunden werden.

Voraussetzung dafür ist eben eine wegweisende Werte-Debatte, die nicht auf eine „Akademie-Elite" beschränkt bleiben darf, sondern die auch unsere Schulen, Verbände, Kirchen, Vereine ergreifen soll, wenn sie Folgen haben soll.

Alle Welt beklagt gerade in der defensiven Situation des Angriffs auf die westliche Welt die Orientierungslosigkeit. Wofür steht der Westen? Würden dem Durchschnittsbürger auf eine solche Frage ohne großes Nachdenken auch nur drei griffige Werte einfallen, wären wir in einer komfortablen Lage. Wir sind ganz bestimmt weit weg davon.

Ein Wert, der in diesem Zusammenhang sicher eine Rolle spielt, ist das Geld. Es wäre unehrlich, nicht zur großen Bedeutung zu stehen, die das Geld für die gesamte westliche Welt hat. Bei aller Bedeutung kann es aber nicht der gemeinsame Nenner sein, der die westliche Welt in erster Linie verbindet und eint. Es gibt auf der ganzen Welt zu viele „Habenichtse", die sich ausgegrenzt fühlten und angewidert von diesem Symbol abwenden würden. Die Debatte muss sich also in erster Linie um Werte drehen, die keinen Menschen auf der ganzen Erde ausgrenzen, sondern im Gegenteil ihn anziehen und zum Mitmachen einladen. Bis dahin ist noch ein weiter Weg zurückzulegen.

Werte oder Marktgesetze?

Bei der Diskussion um Werte kann es nicht um Sensationen gehen. Es ist undenkbar, dass völlig neue Werte gefunden werden, auf die man sich einigen und mit denen man die Zukunftsprobleme meistern könnte. Vielmehr geht es darum, sich offen und ehrlich darüber zu verständigen, welche Werte die politischen, gesellschaftlichen und auch privaten Weichenstellungen leiten. Sind die Werte zur Ideologie geworden, die eher die realen Absichten verschleiern soll?

Nicht ganz zu Unrecht wird dem Westen ja von Kritikern vorgeworfen, er predige hehre Ziele, hinter denen sich aber purer Machtwille und nackter Egoismus verbergen würden.

Oder gibt es nicht einen Trend, sich bei allen schwierigen politischen Diskussionen schnell hinter dem Markt zu verstecken: Die Marktgesetze sind halt so hart und unerbittlich. Wer sich nicht den Marktgesetzen beugt, hat die Zukunft schon verloren. So wird in der Regel diskutiert, zumindest von Montag bis Samstag. Am Sonntag dagegen werden andere Töne angeschlagen. Da wird z. B. der Artikel 1 des Grundgesetzes zitiert: „Die Würde des Menschen ist unantastbar". Was nun, wenn das Marktgeschehen, das „Übergrundgesetz", am nächsten Tag die Würde der Menschen antastet?

Solche Fragen stehen im Raum, werden aber nicht offen genug aufgegriffen. Vor kurzem klagte ein Taxifahrer aus dem Osten Berlins, den ich zufällig traf, über das „Schweinesystem des Westens, wo nur das Geld regiere", und er sehnte sich nach der Mauer zurück. Ich war entsetzt, weil die Mauer für mich ein Ursymbol von Unwerten ist und bleibt. Dennoch muss man solche Hilfeschreie ernst nehmen.

Die ganze Debatte über Globalisierung, die ja in der Regel oberflächlich geführt wird, ist eine verdeckte Markt-Debatte. Die Marktgesetze sollen weltweit regieren. Sie sind die generelle Richtschnur, mit deren Hilfe man auch konfliktreiche Auseinandersetzungen im nationalen Rahmen aushebeln kann. Die Globalisierungszwänge haben also das letzte Wort.

Nun möchte ich solche Zwänge nicht leugnen. Ich möchte auch nicht als Träumer gelten. Solche Qualifizierungen haben der politischen Bildung oft genug geschadet. Aber es wäre läppisch, eine Werte-Debatte führen zu wollen, die sich zwar nett anhört, die aber keine Relevanz hat, weil sie ja nach Bedarf durch die Marktkräfte außer Kraft gesetzt wird.

Im nationalen Rahmen geht es also letztlich um die Frage, ob Artikel 1 des Grundgesetzes die Fundamentalnorm unseres politischen und gesellschaftlichen Lebens ist und bleibt. Wenn die Würde des Menschen unantastbar ist und bleiben soll, dann heißt die Hauptfrage: Wie kann das Marktgeschehen geregelt werden, dass es letztlich diesem fundamentalen Wert dient? Die falsche und gefährliche Frage in diesem Zusammenhang würde etwa lauten: Wie kann das Marktgeschehen optimiert werden, ohne dabei allzu sehr die Würde des Menschen in Mitleidenschaft zu ziehen? Genau in dieser Richtung laufen jedoch viele Debatten. Das ist auch der Grund, weshalb es mir bei vielen Diskussionen über Werte etwas mulmig wird.

Die Grundwerte geben Orientierung

Vor diesem generellen Hintergrund ist es fast zweitrangig, die Inhalte zu bestimmen, die beim Thema „Erziehung zu Werten" eine Rolle spielen sollen. Es ist klar, dass die antike Philosophie, das Christentum und die Aufklärung weitgehend unser Welt- und Menschenbild geprägt haben. Dass das keine lineare Entwicklung war, liegt auf der Hand.

Wenn Kant postuliert hat, dass der Mensch von keinem anderen Menschen bloß als Mittel zu irgendeinem Zweck gebraucht werden darf, ist diese Forderung nichts anderes als eine authentische Interpretation von Art. 1 des Grundgesetzes. Und dann ist auch klar, welch schreckliche Verirrung weg von dieser Fundamentalnorm das Dritte Reich war und wie richtig es war, die Schreckensherrschaft dieses Regimes auch mit Gewalt zu brechen. Nur so konnte die Würde des Menschen neu begründet und wieder hergestellt werden.

Ich bin überzeugt, dass sich alle Werte, um die es geht, aus dem prinzipiellen Wert, der die Würde des Menschen ausmacht, ableiten lassen müssen. In der Empirie der Werteforschung sieht es aber ganz anders aus. Und so kommt es auch zur deskriptiven Definition in der Shell-Studie: „Werte sind individuelle Vorstellungen davon, was erstrebenswert sei und damit allgemeine Anhaltspunkte, an denen sich menschliches Verhalten orientieren kann."[1]

Zur Vereinfachung könnte man auch sagen: Werte sind das, was uns wichtig ist. Damit sind wir aber weit weg von der Menschenwürde, weil z. B. für die junge Generation scharfe Klamotten ungemein wichtig sein können. Für die Werte-Erziehung bringt jedoch eine rein deskriptiv geführte Debatte wenig. Sie ist nicht ohne Belang, weil wir den Ist-Zustand kennen sollten, bevor wir Bildungsprogramme auflegen. Aber Zielvorstellungen lassen sich nicht einfach aus dem Befund deduzieren.

In der Literatur stößt man häufig auf den Terminus „Grundwerte". Das sind ethisch orientierte Leitlinien, die für eine Gesellschaft Bedeutung haben. Ich habe bereits darauf hingewiesen, dass diese nicht neu erfunden werden müssen.

Neben der *Menschenwürde*, die im Mittelpunkt steht, handelt es sich im wesentlichen um *Freiheit*, *Gerechtigkeit* und *Frieden*. Diese Werte finden ihren Ausdruck in den Menschenrechten, die im Grundrechtskatalog unseres Grundgesetzes kodifiziert sind.

Damit sind sie freilich nicht in Kraft. Sie sind quasi Fixsterne, die uns Licht und Orientierung geben. Sie sind uns aufgegeben, nicht geschenkt. Unsere Gesellschaft muss diese Aufgabe und Herausforderung annehmen. Daran hängt alles.

Junge Menschen müssen aber für eine solche Herausforderung vorbereitet werden. Und genau das ist die Aufgabe der Werte-Erziehung. Dafür gibt es keine Rezepte. Um die richtigen Konzepte muss gerungen werden. Von wirklichen Lösungen sind wir noch weit entfernt. Wenn man aktuellen Analysen Glauben schenkt, dann findet man in den Medien immer wieder die Etiketten: Ego-Gesellschaft, Spaß-Gesellschaft, orientierungslose Gesellschaft . . .[2]

---

1 Deutsche Shell (Hrsg.), Jugend 2000, Opladen 2002, S. 97.
2 Vgl. z. B. Der Spiegel 52/01, Die unverschleierte Würde des Westens, S. 50–66.

Horst Opaschowski stellt fest: „Zu Beginn des neuen Jahrtausends wächst eine junge Generation im Zwiespalt zwischen alten Welten und neuen Märkten auf: Waren rangieren vor Werten."[3]

Helmut Klages konstatiert einen Wertewandel in den letzten Jahrzehnten in unserer Gesellschaft. Er findet den Wandel von Pflicht- und Akzeptanzwerten zu Selbstentfaltungswerten eher positiv und prägt das Idealbild vom „aktiven Realisten".

Elisabeth Noelle-Neumann schätzt dagegen die Lage pessimistischer ein und konstatiert einen Besorgnis erregenden Werteverfall.

In diesem Zusammenhang kann und soll nicht leichtfertig entschieden werden, welche Forschungsrichtung mehr Plausibilität für sich in Anspruch nehmen kann. Die Bedeutung von Grundwerten für die Gesellschaft wird jedenfalls nirgendwo in Frage gestellt. Ihr Realisierungsgrad mag umstritten bleiben. Es gibt auch keinen Dissens darüber, dass die Werteerziehung eine elementare Aufgabe bleibt.

Kann man zu den Werten „ziehen"?

Die Zielvorstellung „Erziehung zu den Grundwerten" scheint einfach und birgt doch viele Probleme und Gefahren. Gerechtigkeit z. B. ist ein hehres, unumstrittenes Ziel. Die Schwierigkeiten liegen in der Konkretisierung. Der Streit über die Frage, was eine gerechte Gesellschaft sei, ist endlos und dennoch sinnvoll. Über das Ringen um eine gerechte Gesellschaft hinaus wird man in einer demokratischen Gesellschaft nicht kommen können. Ähnlich verhält es sich bei den Grundwerten Freiheit und Frieden. Eine freie Gesellschaft, die sich nicht sichert, kann aus allen Träumen stürzen. Gleichzeitig kann die Sicherung der Freiheit bis zur Aushöhlung der Freiheit führen. Und kann der Friede in einer globalisierten Welt als ein „Inselproblem" begriffen werden: Wir auf der Insel der Seligen – die anderen mögen sich zerfleischen? Fragen über Fragen, die aber wichtig sind, weil wir sonst eine Geisterdebatte führen würden.

Daneben gibt es grundsätzliche Fragen politischer Bildung in einer Demokratie, die in diesem Zusammenhang auftauchen. Im Wort „Erziehung" steckt das Verb „ziehen". Wie weit können und dürfen wir aber „ziehen", wenn es um die grundlegende Erziehung von jungen Menschen geht? Eine demokratische politische Bildung erzieht doch nicht zur Anpassung, sondern zur Mündigkeit.

Das kommt u. a. durch den „Beutelsbacher Konsens" zum Ausdruck, der auf eine Tagung der baden-württembergischen Landeszentrale im Jahr 1976 zurückgeht und der von Hans-Georg Wehling formuliert wurde.[4]

Danach gelten bei der politischen Bildung die Grundsätze des Überwältigungsverbots, der Grundsatz der Kontroversität und der Grundsatz, der die Würde und den Subjektcharakter der Menschen betont.

---

3 Opaschowski, Horst W., Die westliche Wertekultur auf dem Prüfstand, in: Aus Politik und Zeitgeschichte B 52–53/2001, 7–17, S. 8.
4 Wehling, Hans-Georg, Konsens à la Beutelsbach? in: Schiele, Siegfried/Schneider, Herbert (Hrsg.), Das Konsensproblem in der politischen Bildung, Stuttgart 1977, S. 179/180.

Diesem Beutelsbacher Konsens ist seither nicht entscheidend widersprochen worden. Also gilt er auch für die Werteerziehung. Entscheidend ist, dass gerade die jungen Menschen im Vermittlungsprozess nicht zu Objekten degradiert werden dürfen.

In der Praxis handelt es sich um einen schwierigen Balanceakt, der dann geglückt ist, wenn die jungen Menschen die Grundwerte aus freien Stücken als Orientierung und Herausforderung angenommen haben. Das ist ein langwieriger, steiniger, nicht linear verlaufender Prozess, zu dem es keine Alternative gibt. Nur Diktaturen glauben an die Produktion von Werten, die damit wertlos werden. Viele Menschen glauben an die Naturwüchsigkeit von Werten und werden enttäuscht. Es bleibt nur der dornenreiche Weg der intensiven Anstrengung im Erziehungs- und Bildungsbereich, der zum Erfolg führen kann.

Die Möglichkeiten politischer Bildung in den Schulen

Wer soll sich nun im öffentlichen Bereich um die Werteerziehung kümmern? Der Blick fällt rasch auf die Schulen, die ja immense und vielfältige Aufgaben schultern müssen. Ganz bestimmt ist die Werteerziehung für die politische Bildung eine ganz besondere Herausforderung, geht es schließlich um Grundwerte, die für das politische und gesellschaftliche Leben von entscheidender Bedeutung sind. In diesem Zusammenhang muss man jedoch die karge Stundentafel ansprechen, die das Fach Sozial- bzw. Gemeinschaftskunde an unseren Schulen hat. Die Größe der Aufgabe steht in keinem Verhältnis zu den Möglichkeiten des Fachs. Da nützt es wenig, wenn das Fach Gemeinschaftskunde z. B. in Baden-Württemberg nach Art. 21,2 der Landesverfassung einen besonderen Rang erhält, der damit verbundene Anspruch in der Verfassungswirklichkeit aber kaum eingelöst ist.

Schon von diesen geringen Möglichkeiten politischer Bildung in den Schulen her ist es nützlich, wenn sich auch andere Fächer um das Thema „Werte" kümmern. Dazu gehören Religion, Ethik, Deutsch, Biologie, Geschichte ... Kein Fach ist von der Aufgabe ganz entbunden.

In diesem Rahmen möchte ich trotz der geringen Möglichkeiten dennoch auf die politische Bildung genauer eingehen. Sie kann die Frage der Werteerziehung auf unterschiedliche Weise angehen. Ich folge hier in etwa den Vorschlägen Wolfgang Sanders.[5]

Die politische Bildung kann und muss zunächst klären, welche Werte es in unserer Gesellschaft gibt, wie diese zu qualifizieren sind, wo sie herkommen, welchen Interessen sie dienstbar gemacht werden, wo und wie erfahrbar werden.

Ein solcher „Trockenkurs" eignet sich besonders für die Sekundarstufe II, aber in Grundelementen ist eine solche Behandlung auch im Sekundarbereich I möglich.

---

5 Sander, Wolfgang, „... erkennen, als jemand, der einmalig ist auf der Welt!" – Werteerziehung als Aufgabe der Schule, in: Breit, Gotthard/Schiele, Siegfried (Hrsg.), Werte in der politischen Bildung, Schwalbach 2000, S. 195–198.

Ein anderer Weg stellt das „Kohlberg-Modell" dar. Kohlberg geht davon aus, dass sich die jungen Menschen mit wachsendem Alter intensiv und mit wachsender Differenzierung mit ihrer Umwelt auseinandersetzen. Im pädagogischen Prozess werden sie begleitend mit immer komplexeren moralischen Dilemmata konfrontiert und erhalten so eine Kompetenz, sich in schwierigen Situationen im Hinblick auf Wertentscheidungen zu behaupten. Diesem Ansatz wird z. T. die stark kognitive Ausrichtung und der fehlende Bezug zu Kernfragen politischer Auseinandersetzungen entgegengehalten. Hier ist nicht der Ort, diesen Streit auszutragen.

Im Kontrast oder aber auch zur Ergänzung des Kohlbergschen Ansatzes gibt es die Möglichkeit, Werteerziehung durch Förderung der Empathiefähigkeit zu betreiben. Dabei geht es darum, junge Menschen durch die konkrete Begegnung mit Problembereichen zu veranlassen, sich Gedanken über Werte zu machen. Das kann z. B. durch Besuche im Heim für Asylbewerber ebenso geschehen wie bei der Begegnung mit Arbeitslosen. Schülerinnen und Schüler lernen dabei, mit den Augen der anderen zu sehen und üben den für ein auf Grundwerte bezogenes Miteinander so wichtigen Perspektivenwechsel.

Bei diesem Ansatz könnte man kritisch einwenden, dass hier die reflexive Komponente zu kurz komme. Man darf jedoch nicht verkennen, dass es nicht um idealtypische Wege geht. Sie können in vielfältiger Weise verknüpft werden und verlieren dabei ihre jeweiligen Schwächen.

Eine weitere gute Chance für die Werteerziehung liegt darin, Gesellschaften zu studieren, die ohne die dargestellten Grundwerte auszukommen glauben und sich eine Scheinwelt kleinkarierter „Werte" aufbauen und enormen Druck anwenden, ihr System aufrecht zu erhalten. Wenn junge Menschen die Grundzüge eines solchen Systems erkennen oder gar erleben, ist viel für eine Werteerziehung geleistet.

Mir bleibt immer ein Vorgang aus der Zeit Anfang der achtziger Jahre in Erinnerung, als wir mit Preisträgerinnen und Preisträgern des politischen Schülerwettbewerbs des baden-württembergischen Landtags eine Woche in die DDR gefahren sind. Es handelte sich um etwa 40 aufgeweckte und kritische junge Leute, die am politischen System der Bundesrepublik eine Menge auszusetzen hatten. In der DDR hatten sie Augen und Ohren offen, erfuhren mancherlei Einschränkungen und Unfreiheiten, die sie bislang nicht gekannt hatten. Als wir bei der Rückkehr die DDR-Grenze nach langer Wartezeit passiert hatten und wieder auf dem Boden der Bundesrepublik waren, fingen die jungen Menschen spontan an zu klatschen. Ich war ganz überrascht und bin sehr nachdenklich geworden.

Inzwischen gibt es auch ganz gezielte Projektansätze, die bei der Werteerziehung eine Rolle spielen können. So hat z. B. die Bertelsmann-Stiftung ein Programm entwickelt, mit dessen Hilfe man „Toleranz" lernen kann.[6]

Es gibt also vielversprechende Wege im Bereich der politischen Bildung, auf dem schwierigen Weg der Werteerziehung voranzukommen. Ganz wichtig ist bei allen Ansätzen, auf den moralischen Zeigefinger zu verzichten. Die jungen Menschen haben eine gesunde Abwehr gegen moralische Überwältigung. Diese muss eher noch gestärkt werden. Werte können natürlich in vielen Fällen moralisch

---

6 Verlag Bertelsmann-Stiftung (Hrsg.), Toleranz-Bilder, Gütersloh 1998.

begründet sein, sie können aber dennoch nicht mit der moralischen Rute einge-trichtert werden. Bei solchen Versuchen wird eher das Gegenteil erreicht.

Wir haben auch gesehen, dass es wenig Sinn macht, Werte allein im kognitiven Trockenkurs vermitteln zu wollen. Aus dem Wissen allein folgen keine bestimmten Handlungsweisen. Ebenso wenig taugt die Methode, junge Menschen ohne Schwimmkurs ins Wasser zu werfen. Sie sind dabei überfordert. Wir brauchen also die Verzahnung von kognitiven und affektiven Komponenten bei der Wertever-mittlung. Dazu kommt noch die Verknüpfung mit der sozialen Dimension, auf die ich noch eingehen möchte.

Die Bedeutung des Schullebens

Wichtig ist auch der Blick über den eigenen Fachbereich hinaus. Ein Lehrer sollte wissen, ob das Thema „Werte" auch in anderen Fächern behandelt wird, wann und wie das geschieht. Nur so sind Synergieeffekte zu erzielen. Sonst besteht eher die Gefahr von Desinteresse und Abwehr von Schülerinnen und Schülern nach dem Motto: Kennen wir schon.

Diesen Effekt kennen wir von der Behandlung des Nationalsozialismus in vielen Schulen. Dieses wichtige Thema wird in guter Absicht in verschiedenen Fächern meistens unabgestimmt so angeboten, dass nicht selten bei den jungen Menschen das Gegenteil der didaktischen Absicht erreicht wurde. Hier wie bei der Werteer-ziehung sind konzertierte Aktionen notwendig und erfolgversprechend.

Unser Thema sprengt jedoch in seinen Dimensionen sogar alle Fächergren-zen. Es geht die Schule in einer demokratischen Gesellschaft insgesamt an. Das hängt damit zusammen, dass Werte nur konkret erfahrbar werden können. Die Schule als soziale Einrichtung muss deshalb wenigstens die Grundwerte erlebbar machen.

Dabei fängt sie freilich nicht beim Punkt Null an. Die Schülerinnen und Schüler bringen ihre sozialen Erfahrungen aus dem Elternhaus, dem Bekanntenkreis und dem Kindergarten mit. Dass diese Erfahrungen oft sehr unterschiedlich sind, ist zuweilen eine enorme Belastung für die Schulen.

Dennoch braucht jede Schule ein Konzept, wie die Grundwerte im Schulleben erlern- und erfahrbar gemacht werden. Es lohnt, darüber pädagogische Konferen-zen und Projektgruppen einzurichten. Hier müsste über gute Ansätze hinaus noch viel mehr geschehen. Der gute Wille einzelner Lehrerinnen und Lehrer reicht dafür nicht aus. Im Hinblick auf die Werte ist nicht der Mut zur Erziehung entscheidend, sondern allein die Glaubwürdigkeit. Das Motto könnte lauten: Lernen am Modell statt Lernen durch Appell.

Ganz konkret heißt das, dass junge Menschen nur dann ihre Würde wahrneh-men können, wenn ihnen Schulleitung sowie Lehrerinnen und Lehrer spürbar Respekt entgegen bringen. Die soziale Wertschätzung spielt eine zentrale Rolle. Die gleichberechtigte Kommunikation wirkt Wunder.

In der Schule können auch wichtige Bezüge zum Grundwert „Gerechtigkeit" vermittelt werden. Junge Menschen haben ein faires Gespür für gerechtes Handeln, das durch konkretes Erleben gefördert, aber auch beeinträchtigt werden kann.

Dabei geht es nicht um menschliche Schwächen, die immer wieder vorkommen. Auch hier ist entscheidend, wie man damit umgeht. So ist es entlastend und befreiend für Schülerinnen und Schüler, wenn ein Lehrer eine Schwäche eingesteht, wenn er sich entschuldigen kann.

Wie man mit kleineren und größeren Konflikten in einer Schule umgeht, kann für positive bzw. negative Weichenstellungen zum Grundwert „Frieden" große Bedeutung haben.

Die Schule wird dadurch nicht zur moralischen Anstalt. Sie muss jedoch einige Grundmelodien sozialen Miteinanders beherrschen, die auch dann nicht verklingen, wenn vorübergehend einige Stimmen ausfallen. Man kann sich rasch wieder einstimmen, weil die anderen behilflich sind.

Neulich sagte der große Pädagoge Hartmut von Hentig auf die Frage, was macht einen guten Lehrer aus?: „Er sollte vorleben, wozu er die jungen Menschen erziehen soll und hoffentlich auch will."[7] Vorleben ist immer noch die goldene Regel der Pädagogik. Weil das aber so schwer ist und weil die sozialen Bedingungen in vielen Schulen schwieriger geworden sind, fühlen sich mehr und mehr Lehrer/innen diesen Herausforderungen nicht mehr gewachsen. Sie brauchen deshalb eine bessere Wertschätzung und Unterstützung aus der ganzen Gesellschaft.

Werte in einer globalisierten Welt

Zum Schluss möchte ich den Bogen wieder zur globalen Herausforderung spannen. Die dargestellten Grundwerte können in einer immer kleiner werdenden Welt nicht im nationalen Rahmen erlernt und verteidigt werden. Der 11. September hat das mit Macht deutlich gemacht. Die indische Autorin Arundhati Roy wirft dem Westen vor, dass seine merkantile und militärische Vormacht „ein viel schlimmeres Teufelsding sei als das Regime und die Erschießungskommandos der gnadenlosen Gotteskrieger".[8]

Auch wenn wir uns dieser Wertung entschieden widersetzen möchten, bringt doch der Blick in den eigenen Spiegel Unebenheiten in der Wertewelt zum Vorschein, die sich beim Zusammenleben mit anderen Kulturen besonders störend bemerkbar machen. Das Hauptproblem liegt in der Kluft zwischen Anspruch und Wirklichkeit.

Ich wage die These, dass das Zusammenleben aller Kulturkreise auf dem Globus weniger problematisch wäre, wenn die in vielen Verfassungen verankerten Wertesysteme durch das politische und gesellschaftliche Handeln auch entsprechende Leuchtkraft besäßen.

Jenseits von ganz unterschiedlichen Kulturen und Religionen, die man nicht zu einem ungenießbaren Einheitsbrei rühren kann und soll, muss es dennoch Verbindendes geben, das diesen Globus in Balance halten kann. Dabei kann es sich nur um universalisierbare Werte handeln, die ich in diesem Beitrag angesprochen habe und die sich auch in der Menschenrechtskonvention der Vereinten Nationen spiegeln.

---

7 Stuttgarter Nachrichten, 19. 1. 2002, S. 21.
8 Zit. nach: Der Spiegel 52/01, S. 53.

Die UNO ist auf dem Prinzip aufgebaut, dass es grundlegende Werte gibt, die weltweite Geltung beanspruchen dürfen. Wenn wir das nicht so sehen und nicht dafür arbeiten, gibt es nur die Alternative auswegloser Konfrontation, d. h. es gibt keine Zukunft.

Deshalb ist es eine elementare Aufgabe politischer Bildung, alle Bemühungen zu stärken, die im Sinn von Kant weltweit verallgemeinerungsfähig sind. Die Bemühungen von Hans Küng um ein Weltethos gehen ja in eine ähnliche Richtung. Es würde jedoch wenig nützen, wenn wir uns kosmopolitisch gebärden würden, ohne im nationalen Bereich mitverantwortlich dafür Sorge zu tragen, dass das weltweite Zusammenleben auch Verankerung vor Ort hat.

Und in Deutschland gibt es – zumindest in den Großstädten – doch heute schon „die Welt im Kleinen". Wie schwer diese Welt zu ordnen ist, spüren wir tagtäglich. Schon in vielen Schulen ist das Zusammenleben zu einem Problem geworden.

Wenn wir die Werteerziehung ernst nehmen, muss man die Bemühungen vor Ort spüren. Die ausländische Bevölkerung erwartet nicht, dass wir ihre Sitten und Gebräuche übernehmen und uns so als Freunde erweisen, sie merkt aber, ob die Würde des Menschen ein Privileg für Deutsche ist oder ob dieser Grundwert im Sinn von Art. 1 des Grundgesetzes für alle Menschen unabhängig von Kulturkreis und Religion Geltung hat.

Es ist höchste Zeit, Werteerziehung in den Mittelpunkt von Bildungspolitik zu rücken. Die Pisa-Studie ist derzeit in aller Munde, und es gilt wirklich zu ergründen, wie Defizite beim Lesen und in anderen Bereichen ausgeglichen werden können.

Dennoch bin ich besorgt über eine Tendenz, künftig abfragbares und verwertbares Wissen in den Vordergrund zu rücken. Die weltweite Konkurrenzangst ist so groß, dass z. B. im Bereich der politischen Bildung Pläne verfolgt werden, ein Fach Wirtschaftskunde einzurichten, um sich in der komplizierten Wirtschaftswelt besser zurechtzufinden, Bilanzen lesen zu können und die richtigen Aktien zu kaufen. Natürlich ist dieses Wissen nützlich, aber es hat nur dann einen Sinn, wenn es eingebettet bleibt in das Gebiet der politischen Bildung. Dann wird nämlich auch nach den Hintergründen von Wirtschaft gefragt, nach den sozialen Interessen, die dabei verfolgt werden, den weltweiten Konflikten, die dabei eine Rolle spielen. Schließlich geht es auch um die Werte, denen die Wirtschaftswelt verpflichtet ist.

An diesem Beispiel sieht man, dass man die Wertefrage konsequent bei allen pädagogischen Weichenstellungen mit in den Mittelpunkt rücken muss. Der Bereich der politischen Bildung wird bei der Lösung immer eine zentrale Rolle spielen. Sie wird jedoch nur erfolgreich sein können, wenn sie in ein Gesamtkonzept eingebettet wird.

Literaturverzeichnis

Breit, Gotthard/Schiele, Siegfried (Hrsg.), Werte in der politischen Bildung, Schwalbach 2000.
Butterwegge, Christoph/Hentges, Gudrun (Hrsg.), Politische Bildung und Globalisierung, Opladen 2002.
Deutsche Shell (Hrsg.), Jugend 2000, Opladen 2000.

Hepp, Gerd F., Wertewandel und bürgergesellschaftliches Engagement – Perspektiven für die politische Bildung, in: Aus Politik und Zeitgeschichte B 29/2001, S. 31–38.

Klages, Helmut, Wertewandel und bürgerschaftliches Engagement an der Schwelle zum 21. Jahrhundert, Speyer 1998.

Klein, Ansgar (Hrsg.), Wertediskussion im vereinten Deutschland, Köln 1995.

Opaschowski, Horst W., Die westliche Wertekultur auf dem Prüfstand, in: Aus Politik und Zeitgeschichte B 52–53/2001, S. 7–17.

Reinhardt, Sibylle, Werte-Bildung und politische Bildung, Opladen 1999.

Guntram Blaser

Identität und Kulturförderung

Oberschwaben – nur eine geographische Steigerungsform?

Nach Karl Jaspers ist uns Geschichte „die Erinnerung, um die wir nicht nur wissen, sondern aus der wir leben."[1] In Oberschwaben leben wir – in Gewissheit – aus der Erinnerung, dass diese Landschaft „nicht nur geographisch eine Steigerungsform" (Werner Dürrson) ist. Die Frage ist, wo wir diese Gewissheit hernehmen, worin der „Mehrwert" begründet sein soll. In der überschwänglichen Schwärmerei „Unterm Krummstab ist's gut leben" oder im Aufwärmen – wenn auch augenzwinkernd – liebenswerter Oberschwaben-Klischees, wie „Schwabe zu sein, ist ein Verdienst, Oberschwabe zu sein, ist eine Gnade" oder „Oberschwaben ist dem Himmel näher", kann er sich schließlich nicht erschöpfen.

Nicht von ungefähr sagt man unserer oberschwäbischen Heimat als räumlichem Erinnerungsrahmen spezielle und typische Charakteristika nach, die längst durch die grundlegenden sozialwissenschaftlichen Forschungsarbeiten Hans-Georg Wehlings[2] als Nachwirkung geschichtlicher Wurzeln, Prozesse und Strukturen plausibel gemacht worden sind: die Ausformung als Sakral-, Bauern-, Adels- und Städte-Landschaft. Daher rührt die Besonderheit und auch die Andersartigkeit von Oberschwaben, einst eher mitleidig, wenn nicht gar abschätzig, von den Alt-württembergern belächelt, heute sehnsüchtiges Ziel ihres Südwehs. Und in diesem Vergangenheitsbezug liegen auch – wenn überhaupt – die Ansatzpunkte für eine identitätsstiftende und -wahrende Erinnerungskultur, in Gestalt von kultur-fördernden Programmen, denn Erinnerung fundiert und konstituiert Identität.[3]

---

1 Jaspers, Karl, Vom Ursprung und Ziel der Geschichte, München 1956, S. 222.
2 Wehling, Hans-Georg, Barock – bäuerliches Oberschwaben. Elemente einer politischen Kultur, in: Landeszentrale für politische Bildung Baden-Württemberg (Hrsg.), Regionale politische Kultur, Stuttgart – Berlin – Köln – Mainz 1985, S. 130 ff.; Ders., Oberschwaben – Umrisse einer regionalen politischen Kultur. Eine Einführung, in: Wehling, Hans-Georg (Hrsg.), Oberschwaben, Stuttgart – Berlin – Köln 1995, S. 11 ff.; ders., Oberschwaben im 19. und 20. Jahrhundert, in: Eitel, Peter/Kuhn, Elmar L. (Hrsg.), Oberschwaben – Beiträge zur Geschichte und Kultur, Konstanz 1995, S. 133 ff.; Ders., Oberschwaben oder Württember-ger – Integrationsprobleme zweier Kulturen, in: Blickle, Peter (Hrsg.), Politische Kultur in Oberschwaben, Tübingen 1993, S. 287 ff.
3 Assmann, Jan, Das kulturelle Gedächtnis. Schrift, Erinnerung und politische Identität in frühen Hochkulturen, München 1997; Bausinger, Hermann, Die bessere Hälfte. Von Bade-nern und Württembergern, Stuttgart – München 2002, S. 206 f., nach dem „unter geeigne-

Der Begriff „Identität" boomt seit geraumer Zeit derart, dass einerseits bereits von „Identitätshuberei" die Rede ist, andererseits von der Mühe, einen Pudding an die Wand zu nageln (Max Kaase).[4] Wenn kollektive Identität als Dimension eines kulturellen Selbstverständnisses, eines Zusammen- und Zugehörigkeitsbewusstseins, eines Wir- und Heimatgefühls in Richtung: „Woher kommen wir? Wer sind wir? Was wollen wir?" verstanden wird, wird man im Mittelalter schwerlich fündig werden. Dass sich im Herzogtum Schwaben schon deshalb keine herausbilden konnte, weil es in drei unterschiedliche und zeitweise miteinander konkurrierende Herrschaftsräume gespalten war, einen staufischen, einen welfischen und einen zähringischen, liegt auf der Hand. Erst recht gilt das aber für die „Konkursmasse" des schwäbischen Herzogtums nach dem Aussterben der Staufer 1254. Es entwickelte sich mit der politischen Kleinkammerung Oberschwabens jener berühmte buntscheckige Fleckerlteppich, den Theodor Heuss in seinen „Betrachtungen zum Schwäbischen" wie folgt beschreibt: „Die Fläche der Karte in diesem Eck ist von einer tollen Farbigkeit. Reichlich viel Violett – das sind die geistlichen Gebiete –, allerhand reichsunmittelbare Grafschaft und Ritterschaft, einige österreichische Landvogteien, dazwischen eingesprenkelt das harte Rotbraun der Reichsstädte."[5]

In diesem „Dorado süddeutschen Kleinstaatentums" (Karl Siegfried Bader), in dem man „kaum irgendwo auf einen Flecken speien könne, ohne einen Reichsgrafen oder einen unmittelbaren Reichsritter zu treffen",[6] mag es zwar da und dort ein partielles Gemeinschaftsbewusstsein gegeben haben, das sich beispielsweise in der Großen Ravensburger Handelsgesellschaft, im Schwäbischen Bund und im Schwäbischen Kreis artikulierte.[7] Die Selbstdefinition richtete sich aber vermutlich wohl eher nach den kleinen Herrschaften, in denen man lebte.[8] Die Geburtsstunde einer oberschwäbischen Identität schlug nach herrschender Meinung ausgerechnet – so widersprüchlich es auf den ersten Blick sein mag – mit dem Ende der alten territorialen Herrlichkeiten, also mit der Säkularisation (1803) und der Mediatisierung (1806): „Zu Oberschwaben wurden diese Menschen durch die Unterwerfung unter Württemberg, indem sie formal-staatsrechtlich Württemberger wurden. Was nicht bedeutet, dass sie sich mit Württemberg identifizierten. Im Gegenteil: Es bildete sich eine eigene Identität heraus, die oberschwäbische, durch

---

ten Umständen ... wissenschaftliche Demonstrationen auf das allgemeine Bewußtsein" ausstrahlen.

4 Pfefferle, Heinz, Politische Identitätsbildung in Württemberg-Hohenzollern (1945–1952). Die Renaissance oberschwäbischen Regionalbewußtseins, Weinheim 1997, S. 1 ff. u. 38.

5 Heuss, Theodor, Betrachtungen zum Schwäbischen, Göppingen o. J., S. 37.

6 So Montgelas gegenüber einer aus Ravensburg angereisten Deputation, zitiert bei Quarthal, Franz, Historisches Bewußtsein und politische Identität. Mittelalterliche Komponenten im Selbstverständnis Oberschwabens, in: Eitel, Peter/Kuhn, Elmar L. (Hrsg.) (wie Anm. 2) S. 51.

7 Ebd. S. 65 ff. u. 74 ff.

8 Bausinger (wie Anm. 3), S. 57; ebenso Tüchle, Hermann, Von der Reformation bis zur Säkularisation. Geschichte der katholischen Kirche im Raum des späteren Bistums Rottenburg-Stuttgart, Ostfildern 1981, S. 7 ff.

die Auseinandersetzung mit den neuen Verhältnissen und den neuen Herren. Die eigene Identität entstand so in und gegen Württemberg auf der Grundlage zweier unterschiedlicher politischer Kulturen" (Hans-Georg Wehling).[9]

Vadim Oswalt[10] schließt sich diesem „traditionellen Deutungsmuster" nicht an. Obwohl er an anderer Stelle feststellt, dass Volkskultur und Volksfrömmigkeit wesentliche Elemente der Lebenswelt der Menschen, eine eigene Kraft in der Betrachtung historischer Prozesse im 19. Jahrhundert seien, begründet er seine abweichende Meinung unter anderem damit, dass eine Subsumierung von sehr unterschiedlichen sozialen Gruppen (Städte, Adel, Bauern) unter ein oberschwäbisches Regionalbewusstsein sicher unmöglich sei.[11] Rang und Bedeutung des katholischen Glaubens als „feste[r] Klammer des neuen Gemeinschaftsgefühls" (Heinz Gollwitzer), welche die sozialen Gruppen in ihrer Resistenz gegen die neuen Herren und gerade auch in der Verletzung religiöser Gefühle durch die neuen Herren verband, dürften dabei zu sehr verkürzt werden.

Die Klammerwirkung soll anhand einiger drastischer Beispiele aus der altwürttembergischen Außenansicht Oberschwabens und einiger empfindlicher Reaktionen in der Innenansicht der Betroffenen veranschaulicht werden:

– 1829 erhielt das Dekanat Wangen vom württembergischen Kirchenrat ein Schreiben zugestellt, in dem es hieß, die Rosenkranz-Andachten seien, wo nicht ganz einzustellen, so doch auf ein Minimum zu beschränken, weil sie notwendig in ein gedankenloses, alle Andacht und Erbauung hinderndes Geplapper ausarten, und das Auslaufen in auswärtige Wallfahrtsorte sei künftig bei Strafe verboten. Das Waisenhaus in Weingarten, in dem überwiegend katholische Kinder lebten, wurde angewiesen, das Vaterunser protestantisch zu beten und auf das Bekreuzigen nach dem Beten zu verzichten.[12]

– Über die „Plag der bekannten Blutfreitagsfeier" führt Regierungsrat v. Stängel in der Visitation des Oberamts Ravensburg im Jahre 1862 aus, dass „die Feier wieder ihren alten Umfang angenommen" und sich neben vielen auswärtigen Geistlichen Tausende von Wallfahrern an dem Fest beteiligten. „Vielfache polizeiliche Rücksichten" sprächen eigentlich „für die Aufhebung des fraglichen

---

9 Wehling, Oberschwaben oder Württemberger? (wie Anm. 2), S. 287 ff.; Schreiner, Klaus, Geschichtsschreibung und historische Traditionsbildung in Oberschwaben. Eine Landschaft auf der Suche nach ihrer Identität, ebd. S. 47; Bausinger (wie Anm. 3), S. 204 f.; Quarthal (wie Anm. 6), S. 27 ff.; Greiffenhagen, Sylvia, Politische Kultur Isnys im Allgäu. Auf den Spuren einer Freien Reichsstadt, Kehl am Rhein – Straßburg – Arlington 1988, S. 54 ff.

10 Oswalt, Vadim, Staat und ländliche Lebenswelt in Oberschwaben 1810–1871. (K)ein Kapitel im Zivilisationsprozeß? Leinfelden-Echterdingen 2000, S. 20 ff.

11 Ebenso Biege, Hans-Peter, Oberschwäbisches Regionalbewußtsein, in: Mitteilungen der Gesellschaft Oberschwaben Jg. 4 (2002), Heft 1, S. 30 f., der Wehlings Oberschwabenbild als „die Projektion eines Esseners auf der Suche nach einem Arkadien" charakterisiert; einschränkend Blickle, Peter, Oberschwaben – Politik als Kultur einer deutschen Geschichtslandschaft, Tübingen 1996, S. 41, der feststellt, die Oberschwaben hätten eine Zeitlang ihre Identität aus ihrer Abgrenzung gegenüber Stuttgart und München gezogen, „doch insofern diese Abgrenzung immer eine solche von angeblich Unterlegenen, Mißverstandenen, Zukurzgekommenen und [. . .] Kolonialisierten war, ließ sich daraus kein tragfähiges Bewußtsein entwickeln."

12 Zitiert bei Blickle, Politische Landschaft Oberschwaben (wie Anm. 2), S. 9.

Unfugs." Besonders schlimm seien die Zustände in den Nächten vor und nach dem Blutfreitag, „wenn man bedenkt, dass alle die tausende von Menschen in Altdorf [...] häufig ohne Sonderung der Geschlechter und noch dazu in Gesellschaft von Kindern in gemeinschaftlichen Lokalen ihre Nachtherberge finden. Die Orgien, welche hier der Aberglaube in seiner herkömmlichen Verbindung mit Trunkenheit und geschlechtlicher Ausschweifung feiert, treten freilich nicht ans Licht des Tages." „Manches Kind und manche Jungfrau" hätten „zu ihrem sittlichen Verderben in jener Nachtherberge zu Altdorf den Grund gelegt."[13]

– Der 1845 in Altshausen geborene württembergische Amtsrichter Paul Beck schrieb in seinen Lebenserinnerungen über seine Jugend in Herrenberg:
„Wir wurden anfangs in Herrenberg als Katholiken, auf die man mit den Fingern zeigte, etwas scheu, scheel angesehen, was sich erst nach und nach verlor, nachdem man sich allmählich vom ersten Erstaunen etwas erholt und gefunden hatte, dass wir Menschen wie andere waren. Ihre Voreingenommenheit gegen alles Katholische konnten die Herrenberger jedoch nie verwinden." Diese Einbindung in die katholische Konfession verband sich mit dem Herkunftsbewusstsein eines Oberschwaben, der sich in Altwürttemberg nicht akzeptiert empfand. So äußerte sich Beck über seine Jahre am Stuttgarter Obergymnasium, das er ab 1865 besuchte: „In Stuttgart wurde ich als hereingeschmeckter Oberländer, als halber Barbar am Gymnasium illustre, schlecht und ungerecht behandelt und überall zurückgesetzt, so dass mir die dortigen Tage furchtbar verbittert wurden und ich alle Lust und Freude am Studium verlor."[14]

– Die Kindheitserinnerungen der 1900 in Leutkirch geborenen Heimatschriftstellerin Maria Müller-Gögler liegen auf derselben Ebene:
„Ich war empfindlich in allem, was diese Dinge betraf, ich spürte, dass es Bestrebungen gab, die Katholiken zu minderwertigen Menschen zu stempeln, erst recht die oberschwäbischen. Aussprüche wie, südlich der Donau beginne der Balkan, oder Oberschwaben sei der schwarze Erdteil, empfand ich als Demütigung, die mich persönlich betrafen. Fastnachtsverse, die ich als Schulmädchen für andere Schülerinnen schrieb, begannen:
   Ich bin vom Oberlande,
   und das ist keine Schande.
Darin lag kindlicher Protest gegen die Missachtung der Landschaft, in der ich aufwuchs, und ihrer Menschen. Niemals hatte ich Verständnis dafür, wenn Oberschwaben selbst diesem Tadel zustimmten. Ich liebte das Land so heiß, als ein Kind seine Heimat überhaupt lieben kann, und ich verstand nicht, was im ‚Unterland', das ich bei Fahrten zu Verwandten in Stuttgart kennenlernte, schöner sein sollte.

---

13 Oswalt (wie Anm. 10), S. 192; vgl. dort auch die begeisterte Schilderung des Blutritts durch die Schwabengängerin Regina Lampert: „So etwas Schönes habe ich im Leben nie wieder gesehen, ich konnte nichts mehr sagen, nur staunen und schauen."
14 Zitiert bei Quarthal (wie Anm. 6), S. 31 f.

Von der Wertschätzung des Barock war man noch weit entfernt. Der Ruhm der Weingartner Kirche war vorwiegend auf ihre Größe gegründet. [...] Vom Kunststil der Kirche sprach man verächtlich. Als die bewunderungswürdigste Kirche lernte ich das Ulmer Münster kennen [...]."[15]

Die katholische „Klammer" dürfte zum einen noch durch eine „Betroffenheit" über die Auflösung der Klöster und ihre Zweckentfremdung zu Irrenanstalten und Manufakturen verstärkt worden sein. Einher ging schließlich mit der Zerschlagung wirtschaftlicher, sozialer und kultureller Kleinzentren eine verhängnisvolle Verödung der Provinz[16] mit einem entsprechenden Verlust von Arbeitsplätzen und einem Kulturknick, der nach Greiffenhagen[17] den von Altwürttemberg stets angeprangerten Bildungsrückstand in Oberschwaben als *hausgemachte* altwürttembergische Errungenschaft erklären dürfte. Zum anderen dürfte auch die Betroffenheit über das Oberschwaben-Bild[18] der Württemberger, wie es in Visitationsberichten und Oberamtsbeschreibungen seinen Niederschlag gefunden hat, das ihrige zur Klammerwirkung beigetragen haben. Der Bauer wird dargestellt als der „unzivilisierte Wilde" mit einer „ungehemmten Triebstruktur", die alle Lebensbereiche durchzieht.[19] Die Oberamtsbeschreibungen, gedacht als ein Beitrag zu einem besseren Kennenlernen und Zusammenfinden der ungleichen Vettern, denaturierten mit ihrer tendenziösen Sichtweise zu einer akribischen Erbsenzählerei von Magenschlüssen, Leberverhärtungen, Lungen-Schwindsucht und unehelichen Kindern. Das Ergebnis der kleinlich-rationalistischen Reglementierungs- und Umerziehungsbemühungen war schließlich die ernüchternde Erkenntnis vom „unverbesserbaren Landvolk" (Vadim Oswalt).

Die einmal gewonnene Identität Oberschwabens wurde im Verlauf der weiteren Entwicklung von unterschiedlichen Homogenitätsmedien – nach Quarthal[20] in 3 Phasen – weitertransportiert. Dabei spielen im Selbstverständnis Oberschwabens seine spätmittelalterlichen Wurzeln – politische Kleinkammerung, habsburgische Prägung, Kaisernähe und Reichsbewusstsein, genossenschaftliche Organisationsform, Städtekultur, Klosterlandschaft und bäuerliche Freiheit, protoindustrielle Produktionsformen, Kapitalgesellschaften und Fernhandel – „quasi als Allgemeinwissen [...]" – eine nicht unerhebliche Rolle.[21] Nicht von ungefähr heißt es bei Karl Jaspers:[22]

---

15 Zitiert bei Wehling, Oberschwaben oder Württemberger (wie Anm. 2), S. 288.
16 Treml, Manfred, Die Säkularisation und ihre Folgen, in: Kirmeier, Josef/Treml, Manfred (Hrsg.), Glanz und Elend der alten Klöster. Säkularisation im bayerischen Oberland 1803, München 1991, S. 123 ff.; ausführlich zu den politischen und religiösen Folgen: Erzberger, Matthias, Die Säkularisation in Württemberg von 1802–1810. Ihr Verlauf und ihre Nachwirkungen, Stuttgart 1902, S. 70 ff.
17 Greiffenhagen (wie Anm. 9), S. 39.
18 Quarthal (wie Anm. 6), S. 34 ff.
19 Oswalt (wie Anm. 10), S. 40 f.
20 Wie Anm. 6, S. 27 f.
21 Ebd. S. 50 ff.
22 Wie Anm. 1, S. 258.

„Universales Geschichtsbild und gegenwärtiges Situationsbewusstsein tragen sich gegenseitig. Wie ich das Ganze der Vergangenheit sehe, so erfahre ich das Gegenwärtige [...]. Wohin ich gehöre, wofür ich lebe, das erfahre ich erst im Spiegel der Geschichte. ‚Wer nicht von dreitausend Jahren sich weiß Rechenschaft zu geben, bleibt im Dunkeln unerfahren, mag von Tag zu Tag leben, [Goethe] [...].“

Zu einer Renaissance oberschwäbischen Regionalbewusstseins mit einer Reihe separatistischer Gedankenspielereien, wie beispielsweise der „Schwäbisch-Alemannischen Demokratie“ des Konstanzer Stadtarchivars Otto Feger, die Carlo Schmid bei einer Landrätetagung in Wangen „als Zeitvertreib müßiger Leute“, als „Betätigung von Kränzchen, die Einzelgänger sind und Einzelgänger bleiben wollen“,[23] charakterisiert, kam es nach 1945. Pfefferle[24] will gar im Land Württemberg-Hohenzollern – wenn auch „pointiert und überhöht“ – „mit einigen Erweiterungen im Norden und Westen nichts anderes als die erstmalige Staatlichkeit der oberschwäbischen Kulturnation!“ erkennen.

Ein weiterer Identitätsschub erfolgte 1946 mit der Gründung der „Gesellschaft Oberschwaben“ in Aulendorf.[25] Der glanzvolle Start mit dem legendären „Lob Oberschwabens“ des Festredners Carlo Schmid versandete jedoch bereits nach wenigen Jahren. Es folgte 1961, also mehr als 10 Jahre später, auf Initiative des Wangener Landrats Walter Münch der „Planungsverband Oberschwaben“, dessen repräsentatives Forum die identitätsstiftende Landschaftsversammlung war.[26] Anlässlich der ersten Landschaftsversammlung wärmte Ministerpräsident Kurt Georg Kiesinger die Idee einer „oberschwäbischen Akademie“ auf – zur Weckung und Erforschung des Geschichtsbewusstseins. Neben seinem Appell „Oberschwaben erwache!“ anlässlich einer IHK-Vollversammlung in Ravensburg, dürfte dies der einzige Beitrag des oberschwäbischen Wahlkreisabgeordneten zur Selbstfindung Oberschwabens gewesen sein.

Mit der dritten „Oberschwäbischen Teilung“ nach der Auflösung des Herzogtums Schwabens und der Säkularisation, nämlich der Halbierung Oberschwabens in die Regionen „Bodensee-Oberschwaben“ und „Donau-Iller“, endete auch der Planungsverband Oberschwaben. „Politisch entkernt wie der Name Oberschwa-

---

23 Pfefferle (wie Anm. 4), S. 202.
24 Ebd. S. 34; dazu kritisch Kuhn, Elmar L., Die kurze Staatlichkeit der oberschwäbischen Kulturnation, in: Landkreis Ravensburg (Hrsg.), Im Oberland, Kultur, Geschichte, Natur. Beiträge aus Oberschwaben und dem Allgäu, 1998 Heft 1, S. 48 ff.
25 Köhler, Joachim, Oberschwaben als kirchliche Landschaft in: Wehling (Hrsg.), Oberschwaben (wie Anm. 2), S. 115 ff.; Kuhn, Elmar L., Renovatio. Die alte und die neue Gesellschaft Oberschwaben, in: Ders., Das Große weite Tal der Möglichkeiten. Geist Politik Kultur 1945–1949. Das Projekt in: Mitteilungen der Gesellschaft Oberschwaben, 2002 Jg. 4 Heft 1, S. 40 ff.; Schütz, Oliver, Landschaftsbewußtsein und Wissenschaftlichkeit. Das Institut für oberschwäbische Landeskunde 1947–1948, in: Landkreis Ravensburg (Hrsg.), Im Oberland, 1997 Heft 1, S. 3 ff.; Wäschle, Karl, Oberschwäbische Profilierung. Von der Gesellschaft Oberschwaben zum Regionalverband in: Eitel, Peter/Kuhn, Elmar L. (wie Anm. 2), S. 157 ff.
26 Wäschle (wie Anm. 25), S. 164 ff.

ben heute ist, fehlt ihm (damit) die Widerstandsfähigkeit gegen Verwaltungsneugliederungen [...]"[27] und nicht von ungefähr ist mitunter die Rede vom „Graben durch den Altdorfer Wald", der Oberschwaben trennt.[28] Die jüngste Identitäts-Stiftung ist mit einer – angesichts bald 1000 Mitgliedern – beachtlichen Schubwirkung die Gründung der neuen „Gesellschaft Oberschwaben für Geschichte und Kultur" im Jahre 1996. Auf sie wird im nächsten Abschnitt noch näher eingegangen. Kernaussage des Vorsitzenden Peter Blickle bei der „Tauffeier" in Bad Schussenried war:

„Was Oberschwaben als deutsche Geschichtslandschaft kulturell hervorgebracht hat, ist eine in Jahrhunderten befestigte Tradition von frühen Formen des Kommunalen, des Republikanischen und des Parlamentarischen. In dieser Tradition wurzelt seine Humanität."[29]

Der unglückseligen schwarz-roten Verwaltungsneugliederung und auch der „oberschwäbischen Krankheit" der Uneinigkeit zum Trotz gilt es, sich stets von Neuem auf diese Tradition zu besinnen und „die Kluft zwischen Politik, Wirtschaft und Kultur immer wieder zu überspringen."[30] Im gemeinsamen Engagement der oberschwäbischen Landkreise und Städte sowie der Oberschwäbischen Elektrizitätswerke (OEW) ist schließlich auch ein politisches Zeichen zu sehen, die Erkenntnis, nicht nur Partikularinteressen zu verfolgen, mit einer Zunge zu reden: „Nur gemeinsam sind wir stark!"

Einher geht damit schon seit geraumer Zeit – von den Verteilungskämpfen zwischen Stadt und Land abgesehen – eine Entkrampfung des Verhältnisses zu Stuttgart. Das schließt nicht aus, dass wir weiterhin mit unserer „glücklichen Rückständigkeit" (Peter Blickle) kokettieren und uns in unserer „splendid isolation" sonnen – im Wissen, dass die Alb vor allzu großer Begehrlichkeit schützt: „Was Gott getrennt hat, soll der Mensch nicht zusammenfügen." Im Übrigen sind wir gute Baden-Württemberger geworden, mit dem Herzen und mit dem Kopf jedoch in unserem Selbstverständnis Oberschwaben geblieben.[31]

---

27 Blickle (wie Anm. 11), S. 6.

28 Vgl. dazu Biege (wie Anm. 11), S. 35 ff., nach dem Identität „innere Geschlossenheit, Kommunikation und ein Gegenüber zur Abgrenzung" braucht. In allen 3 Punkten stellt er „Fehlanzeige" fest, also gewissermaßen Identitäts- und damit auch Geschichtslosigkeit. Er unterschätzt dabei die Kraft und Klammerwirkung historischer Wurzeln und Traditionen. Andererseits überhöht er das in der Tat inzwischen abhanden gekommene „Feindbild". Die *Gesellschaft Oberschwaben* als jüngste Kommunikationsbasis lässt er ganz unter den Tisch fallen.

29 Blickle (wie Anm. 11), S. 47.

30 Kuhn, ebd. S. 54, bei seinem Grußwort zur „Tauffeier" der Gesellschaft Oberschwaben. Inzwischen haben auch die Grünen Oberschwaben entdeckt und trachten nach einem „Oberschwabenrat" (Schwäb. Zeitung v. 26. 2. 2000/Nr. 47); dazu die Entgegnung des Biberacher Landrats Peter Schneider „Sie wärmen sich an fremden Feuern" (Schwäb. Zeitung v. 16. 6. 2000). Seine Auffassung, oberschwäbische Mentalität denke kleinräumig, kann nicht unwidersprochen bleiben.

31 Schreiner (wie Anm. 9) S. 45, mit seinem Hinweis, dass Identität ein „gedankliches Konstrukt" sei. Wehling, Oberschwaben oder Württemberger? (wie Anm. 2), S. 307: „Oberschwaben fühlen sich heute – immer noch – in erster Linie als Oberschwaben [...]."

In einer Landschaft, die sich wie gerade Oberschwaben durch eine dichte kulturelle Vielfalt, durch ein reiches historisches Erbe, durch noch gelebte Traditionen und gewachsenes Brauchtum, kurzum durch „Heimat in Fülle, Bewährung in der Geschichte und Glaube an den Geist" (Eduard Mörike) auszeichnet, versteht es sich von selbst, dass sich neben den Gemeinden auch die Landkreise im Rahmen ihrer Ausgleichsfunktion als „wesentlichen Mitträger des kulturellen Lebens unserer Zeit" (Ludwig Seiterich)[32] sehen.

Eines der ältesten kulturellen Engagements in Oberschwaben dürfte dem Zweckverband „Oberschwäbische Elektrizitätswerke" (OEW)[33] zu verdanken sein. Er hat den von den Verbandslandkreisen Biberach, Ravensburg, Saulgau und Wangen im Jahr 1951 gestifteten „Oberschwäbischen Kunstpreis" ideell und finanziell mitgetragen – nicht nur aufgrund seines satzungsgemäßen Auftrags, sondern aus seinem mäzenatischen Selbstverständnis als kultureller Klammer und Kommunikationsbasis für Oberschwaben. Ab den 80er-Jahren sind die OEW gezielt mit einem beträchtlichen Mitteleinsatz – es handelt sich um einen zweistelligen Millionenbetrag in Euro – in den Erwerb und Rückkauf von Kulturgut aus Oberschwaben eingestiegen.[34] Profitiert davon haben, neben den Museen im Verbandsgebiet, in besonderem Maße das Wasserschloss Glatt mit der „Bernsteinschule" sowie Schloss Achberg mit der Skulpturensammlung der OEW. „When the saints go marching in" auf dem Deutschordensschloss Achberg, dann dürfen die schon verloren geglaubten Söhne und Töchter aus Oberschwaben in einer kleinen, aber feinen Auslese dort für immer bleiben.

Im eigenen Wirkungskreis haben die oberschwäbischen Landkreise, oft mit tatkräftiger Unterstützung durch die OEW, eigene Initiativen entfaltet. Der Landkreis Ravensburg hat sich dabei stets von der Erkenntnis „Politische Kultur ist politischer Sinn, der auch sinnenfällig werden muss" (Karl Rohe)[35] leiten lassen.

Im Vordergrund von Identitäts-Stiftungen stand dabei stets Oberschwaben und nicht das Phantom des seit der Kreisreform von 1973 viel beschworenen Kreisbewusstseins. Es ist – mangels Symbolkraft – weder durch Kreiswappen und Kreisfahne, noch durch Kreishymne oder gar Kreiskrawatte dingfest zu machen. Und dass die Person des Landrats, der durch Volkswahl vom „Kreisfürsten" zum mit

---

32 Zitiert bei Baumhauer, Hermann, Verantwortung wächst mit, in: Landkreistag Baden-Württemberg (Hrsg.), Kultur im Landkreis, Stuttgart 1984, S. 9; vgl. zur Kulturkompetenz der Landkreise allerdings die restriktive höchstrichterliche Rechtsprechung des VGH München, Urt. v. 4. 11. 1992, NVwZ – RR, 1993 Heft 10, S. 574 ff.; VGH Kassel, Beschl. v. 12. 2. 1996, NVwZ, 1996 Heft 5, S. 481 ff.

33 Dem Zweckverband – mit der EdF Hauptaktionär bei der EnBW – gehören an die Landkreise Alb-Donau-Kreis, Biberach, Bodenseekreis, Freudenstadt, Ravensburg, Reutlingen, Rottweil, Sigmaringen und Zollernalbkreis.

34 Die OEW-Ankäufe ab 1980 wurden publiziert in den Katalogen: Diemer, Kurt, 80 Jahre Oberschwäbische Elektrizitätswerke OEW 1909–1989, Jubiläumsausstellung, 1989; Himmelein, Volker/Gauss, Ulrike (Hrsg.), Kunst aus – für – in Oberschwaben. Kunstankäufe 1990–1998 durch die OEW, 1998; Rüth, Bernhard (Hrsg.), Die Bernsteinschule – Keimzelle der Nachkriegskunst, Ravensburg – Rottweil 1998.

35 Zitiert bei Wehling, Oberschwaben oder Württemberger? (wie Anm. 2), S. 291.

demokratischem Öl gesalbten „Kreisvater" mutiert, daran etwas ändern könnte, ist füglich zu bezweifeln. Im Vordergrund war dabei auch nicht der erhobene Zeigefinger des *Praeceptor Sueviae superioris*. Die Installierung eines Heimatpflegers belegt hinlänglich, dass die identitätsstiftenden und -wahrenden Programme und Bemühungen auf Aufklärung und Überzeugung angelegt waren, auf „ein Denkmalverständnis, das die Monumente nicht nur als kunsthistorische Sehenswürdigkeiten, nicht nur als Aushängeschild der Ortsbildaufwertung und nicht nur als museal zu pflegende Reservate beachtet und vermittelt, sondern als einen Geschichtsbestand, der aus den vielfältigen Lebensbedingungen und Anliegen der jeweiligen Landschaft heraus entstanden ist und nunmehr für künftige Generationen in dieser Landschaft als ein unverzichtbarer und unersetzlicher Erfolgswert anschaulich verfügbar bleiben sollte."[36]

Das Bezugsfeld für die historische Identität Oberschwabens und ihre Sinnenfälligkeit ist sein Charakter als Sakral-, Bauern-, Adels- und Städte-Landschaft. Hier wurden vom Landkreis Ravensburg die Ansätze zur Identitätsstiftung und -wahrung gesucht und auch gefunden: mit dem Bauernhofmuseum Wolfegg, dem Kapellenprogramm, dem „Heiligenverein", dem Rettungskauf des Deutschordensschlosses Achberg, dem Engagement in den Betriebsgesellschaften von Schloss Aulendorf und der Waldburg, der Hilfestellung bei der Heilig-Blut-Ausstellung in Weingarten im Jahre 1994 und der Heimholung – wenigstens auf Zeit – des Berthold-Sakramentars aus der Pierpont Morgan Library in New York,[37] der Herausgabe der Hauspostille *Im Oberland*, der Geburtshelferfunktion bei der Gründung der *Gesellschaft Oberschwaben für Geschichte und Kultur* und ihren Schrittmachern, der Stiftung *Friedrich Schiedel Wissenschaftspreis zur Geschichte Oberschwabens* und der *Stiftung Oberschwaben* sowie der – aufgrund der Verbundenheit von Ministerpräsident Erwin Teufel mit Oberschwaben – erfolgreichen Initiative für die Große Landesausstellung *Alte Klöster, neue Herren. Säkularisation im deutschen Südwesten 1803* zur 200. Wiederkehr der Säkularisation im Jahre 2003 in Bad Schussenried.

Exemplarisch werden im Folgenden das *Kapellenprogramm* und seine Ergänzung, der *Heiligenverein*, als Kinder der Sakrallandschaft sowie die *Gesellschaft Oberschwaben* mit ihren beiden Schrittmachern vorgestellt.

Das Kapellenprogramm des Landkreises Ravensburg

Zum Aufgabenbereich der bei den Landkreisen angesiedelten staatlichen unteren Verwaltungsbehörde gehört der Denkmalschutz. Es handelt sich dabei um eine polizeiliche Aufgabe, die sich mehr oder weniger im Erlass von denkmalschutzrechtlichen Genehmigungen, Auflagen und Verboten erschöpft. Dass man mit dem schieren Rechtsstandpunkt dem „latenten Bedürfnis nach Identität"[38] in der Bevölkerung und der finanziellen Situation mancher ohnehin geplagter und überfor-

---

36 Gebeßler August, Denkmalpflege durch die Landkreise, in: Landkreistag Baden-Württemberg (Hrsg.) (wie Anm. 32), S. 51.
37 Kruse, Norbert/Rudolf, Hans-Ulrich, 900 Jahre Heilig-Blut-Verehrung in Weingarten 1094–1994. Festschrift zum Heilig-Blut-Jubiläum am 12. März 1994, Sigmaringen 1994.
38 Gebeßler (wie Anm. 36), S. 39.

derter Denkmaleigentümer schwerlich gerecht wird, liegt auf der Hand. Die Landkreise sind deshalb – im Rahmen der Freiwilligkeit – längst zu einer „aktiven Denkmalpflege" übergegangen.

Bis 1979 waren im Landkreis Ravensburg im Schwerpunkt die Kirchen Gegenstand der Förderung. Die Mittel – der Etatansatz lag bei 25.000 DM – wurden dabei angesichts der Kostspieligkeit der Restaurierungen – mehr oder weniger als „Tropfen auf dem heißen Stein" verzettelt.[39] Diese Erkenntnis zweifelhafter Effektivität sowie die „Entdeckung" der bislang stiefmütterlich behandelten „Kleinode" am Wegesrand – Kapellen, Bildstöcke, Flurkreuze – mündeten im sog. Kapellenprogramm mit einem auf das Vierfache erhöhten Etatansatz von 100.000 DM. Im Visier des Programms sind in erster Linie Privateigentümer. Die Gemeinden, die bislang „außen vor" waren, wurden mittels des „goldenen Zügels" in die Pflicht genommen – nicht nur, um das Programm finanziell zu strecken, sondern hauptsächlich um Identität mit ihren Denkmalen zu stiften. Eine Eigenleistung des Denkmaleigentümers ist selbstverständlich.[40]

Das Kapellenprogramm wurde zu einem Erfolgsschlager, weil es dem Landkreis Ravensburg geradezu auf den Leib geschneidert war: Mit nahezu 400 Kapellen, rotweißen Farbtupfern in einer harmonischen, heiteren Landschaft sowie ca. 1450 Bildstöcken und Feldkreuzen handelt es sich gewissermaßen um eine zu Stein gewordene Heiligenlitanei, die noch nicht am Ende ist. Erst unlängst dazugesellt haben sich die drei Allgäuheiligen Gallus, Magnus und Kolumban bei der Autobahnkapelle Leutkirch-Tautenhofen.

Der „Heiligenverein" der Kreissparkasse Ravensburg

Der *Verein zur Erhaltung sakraler Kulturgüter*, kurz und bündig *Heiligenverein* genannt, ist 1983 vom kunstsinnigen und seinem öffentlichen Auftrag verpflichteten Vorstand der Kreissparkasse Ravensburg mit dem Satzungszweck „Förderung der Restaurierung, Erhaltung und Sicherung von Einrichtungsgegenständen, vorwiegend in Sakralbauten im ländlichen Raum" als Ergänzung zum Kapellenprogramm des Landkreises Ravensburg ins Leben gerufen worden.[41] Den Anstoß zur Vereinsgründung hat seinerzeit der Landkreis gegeben, nachdem die vom Ravensburger Stadtarchivar Dr. Peter Eitel 1980 konzipierte und zusammengetragene Ausstellung der Stadt Ravensburg zum Thema *Sakrale Kunst des Mittelalters aus dem Raum Ravensburg-Weingarten* zum einen vor Augen geführt hatte, welch reiches kunstgeschichtliches Erbe sich in den Kirchen und Kapellen der oberschwäbischen Sakrallandschaft erhalten hat, zum anderen bedauerliche Defizite unübersehbar geworden waren: Eine ganze Reihe von Heiligen war „notleidend", trotz oder gerade wegen der Qualität der Restaurierung. In den Zuschuss-Grundsätzen wurde deshalb in Abstimmung mit dem Landesdenkmalamt festgehalten, dass Zu-

---

39 Ebd. S. 45.
40 Der Landkreis hat im Rahmen des Kapellenprogramms bis 2001 ca. 1,8 Mio. DM als Zuschüsse vergeben, damit mehr als 250 Objekte gefördert und damit ein Investitionsvolumen von insgesamt 17 Mio. DM unterstützt.
41 Eitel, Peter; Hilfe für notleidende Heilige, in: Im Oberland (wie Anm. 24) 1994, Heft 2, S. 16 ff.; Kreissparkasse Ravensburg, Sakrale Kleinode, 1999, Heft 6.

schüsse zur Restaurierung nur gewährt werden, wenn damit ein anerkannter Fachmann beauftragt wird. Darüber hinaus hat sich der Verein vorbehalten, die Gewährung eines Zuschusses bei hoher künstlerischer Qualität des sakralen Gegenstandes von der Zustimmung des Landesdenkmalamtes zum Restaurator und zum Restaurierungskonzept abhängig zu machen.

Das Programm hat sich inzwischen unter Pfarrern, Bürgermeistern, Ortsvorstehern, Kapellengemeinschaften und Privatleuten herumgesprochen und erfreut sich eines regen Zuspruches. Da und dort ist zu spüren, dass Oberschwaben noch stark im Glauben ist und die Haus- und Kapellenheiligen in Ehren gehalten werden.

In den nahezu 20 Jahren seines Bestehens hat der *Heiligenverein* vom Arma-Christi-Kreuz über das Fastentuch und den Grablege-Christus bis zum romanischen Taufstein und zum Wetterheiligen ca. 100 Objekte gefördert und Zuschüsse von rd. 450.000 EURO geleistet. Auch wenn man annimmt, dass ein Banker sich nicht leicht tut, ins Himmelreich zu kommen, so scheint mir doch der Vorstand der Kreissparkasse Ravensburg zwar nicht mit der Ehre der Altäre rechnen zu können, aber immerhin mit einem festen Platz im Paradies.

Die Gesellschaft Oberschwaben für Geschichte und Kultur[42]

Die Idee zu einer neuen „Gesellschaft Oberschwaben" wurde sinnigerweise 1993 auf dem Dorfplatz von Eglofs im Anschluss an einen Festvortrag zur „Freien Republik Eglofs" geboren. Der *Vater des Gedankens* war der Festredner Prof. Dr. Peter Blickle von der Universität Bern, Oberschwaben nicht nur durch seine wissenschaftliche Arbeit, sondern auch durch seine Kindheit im Allgäu verbunden. Der aufmerksam zuhörende Verfasser dieses Beitrags, Oberschwabe mit Leib und Seele, fing Feuer. Ihn ließ der Gedanke nicht mehr los, wobei von vorneherein klar war, dass – wenn der Wurf gelingen sollte – ein Höhenflug „der Heilsgewissheit und des metaphysischen Sendungsbewusstseins" wie bei der alten Aulendorfer Gesellschaft geflissentlich zu unterbleiben hatte und auch in ihrem politischen Anspruch die neue Gesellschaft sich bescheiden und auf dem Boden bleiben sollte.[43] Sie wurde – bewusst mit dem einschränkenden Zusatz „für Geschichte und Kultur" – auf die kulturpolitische Schiene gesetzt und mit zwei *Speerspitzen*, einer wissenschaftlichen in Gestalt von Peter Blickle als dem Vorsitzenden der Gesellschaft und einer wirtschaftlichen in Gestalt des Unternehmers IHK-Präsidenten und Kunstsammlers Siegfried Weishaupt als Vorsitzenden des Kuratoriums der Gesellschaft, gewissermaßen des Senats der Gesellschaft, der das heutige Oberschwaben repräsentieren und die Gesellschaft ideell und finanziell unterstützen soll. Die Geschäftsführung der Gesellschaft wurde in die Hände des rührigen Kreisarchivars des Bodenseekreises, Elmar L. Kuhn, gelegt, der im Vorfeld die forschungspolitische

---

42 Vgl. dazu Kuhn (wie Anm. 25); ders., Bewahren, Erneuern, Gestalten. Die Gesellschaft Oberschwaben für Geschichte und Kultur, in: Leben am See, Bd. 19 (2002), S. 83 ff.; ders., Von der Frage nach der menschlichen Existenz zur Förderung des Regionalbewußtseins. Die „alte" und die „neue" Gesellschaft Oberschwaben, in: Im Oberland, 1997, Heft 1, S. 57 ff.

43 Ebd., Renovatio, S. 292; Kopien von gestern, S. 43.

Intention von Blickle mit seiner auf fachliche Kooperation in der Region zielenden Initiative gebündelt hatte.

Die Anschubfinanzierung wurde durch einen Akt der Solidarität sichergestellt: Die oberschwäbischen Landkreise haben – im Bewusstsein ihrer kulturpolitischen Verantwortung für „Organisationsformen, die es ermöglichen, dauerhaft die Kultur der Gesamtregion zu pflegen"[44] – einen *Zehnten*, 10 Pfennig je Einwohner und damit annähernd 100.000 DM, geleistet, und die Oberschwäbischen Elektrizitätswerke (OEW) haben sich zu einem jährlichen 5-stelligen *Unterhaltsbetrag* verpflichtet.

Satzungszweck der Gesellschaft ist die Entwicklung und Stärkung des oberschwäbischen Regionalbewusstseins. Sie setzt sich dabei ein für die wissenschaftliche Erforschung und Vermittlung der Geschichte und Kultur Oberschwabens durch eine Vielfalt von Aktivitäten und schaut dabei auch über den „neuwürttembergischen Tellerrand": Unter Oberschwaben wird der Raum zwischen Schwäbischer Alb, Bodensee, Lech und Schwarzwald verstanden, „nicht mit kulturimperialistischen Absichten, sondern um die Tür offen zu halten."[45] Die Bemühung um das regionale Selbstbewusstsein Oberschwabens drückt sich bereits im Logo der Gesellschaft aus. Als Vorbild dient das einzige heraldische Symbol für Gesamtoberschwaben in seiner Geschichte: die Fahne der „Christlichen Vereinigung" im Bauernkrieg 1525 mit einem rotweißen Andreaskreuz im weißroten Feld, in der vorderen Hälfte vom Grafiker unscharf gestaltet – Ausdruck der Notwendigkeit, das regionale Profil Oberschwabens zu schärfen.[46]

Mit diesen Vorgaben und aus dem Selbstverständnis, mehr als bloß ein regionaler Geschichtsverein und vor allem kein Elitezirkel zu sein, wurde die Gesellschaft formell am 14. März 1996 auf dem Martinsberg in Weingarten gegründet. Die „Tauffeier" fand am 8. Juni 1996 im Bibliothekssaal des ehemaligen Prämonstratenserklosters Schussenried statt – mit einer grundlegenden Festrede des Vorsitzenden Peter Blickle zur „Politik als Kultur einer deutschen Geschichtslandschaft".[47] Die Offenheit der Gesellschaft sowie ihre Aktivitäten,[48] die bislang im Schwerpunkt in Gestalt von Vorträgen, Tagungen, Publikationen, Exkursionen und Ausstellungen um die Grundkonstanten oberschwäbischer Geschichte – Republikanismus, heitere Moralität, glückhafte Rückständigkeit und kulturelle Vielfalt –[49] kreisen, haben sich ausgezahlt: bald 1000 Mitglieder sind zur Gesellschaft gestoßen, ein Beweis, dass ein Vakuum vorhanden war. Ein Volltreffer sind mit wechselnden Themen an wechselnden historisch bedeutsamen Orten inzwischen die sog. *Oberschwabentage*. Wahre Pilgerzüge machen sich inzwischen jeweils auf den Weg.

---

44 Ebd. Bewahren, Erneuern, Gestalten, S. 86.
45 Kuhn (wie Anm. 30), S. 54. Er weist in diesem Zusammenhang zu Recht darauf hin, dass Oberschwaben „eine Frage des Bewußtseins, nicht nur in seinen Grenzen, sondern auch in seinen Charakteristika" sei.
46 Ders. (wie Anm. 44), S. 84.
47 Wie Anm. 11, S. 5 ff.
48 Kuhn (wie Anm. 44), S. 87.
49 Ders. (wie Anm. 25), Renovatio, S. 296 f.

Der nächste große Prüfstein für die Gesellschaft wird die Große Landesausstellung zur Säkularisation *Alte Klöster, neue Herren* 2003 in Bad Schussenried sein. Sie wird vom Württembergischen Landesmuseum Stuttgart in Zusammenarbeit mit der *Gesellschaft Oberschwaben* ausgerichtet. Im Wege der Arbeitsteilung hat dabei die Gesellschaft das wissenschaftliche Begleitwerk übernommen, von der *Stiftung Oberschwaben* mit einem Betrag von rund einer Million DM gefördert. Die wissenschaftliche Federführung liegt bei Prof. Dr. Hans-Ulrich Rudolf von der Pädagogischen Hochschule Weingarten.

Im Übrigen wird sich die Gesellschaft Gedanken machen müssen für die Zeit danach. Die Stiftung Oberschwaben gibt dank ihrer finanziellen Ausstattung künftig die Möglichkeit zu einer Arbeitsteilung, so dass die Gesellschaft sich verstärkt um eine Austarierung von Forschung einerseits und Popularisierung von deren Ergebnissen in ihrer Gegenwartsrelevanz andererseits wird kümmern können und auch müssen.[50]

Die Stiftung Friedrich Schiedel Wissenschaftspreis zur Geschichte Oberschwabens und die Stiftung Oberschwaben

Die beiden Stiftungen sind rechtlich selbständig. Über ihre personelle Verflechtung mit der Gesellschaft Oberschwaben gewinnen sie jedoch als Ergänzung eine wichtige Schrittmacherfunktion. Insoweit sind sie Ausdruck jenes Mäzenatentums, das Blickle in seiner Dankadresse aus Anlass der erstmaligen Verleihung des „Friedrich Schiedel Wissenschaftspreises zur Geschichte Oberschwabens" am 4. Dezember 1999 im Weberzunfthaus in Wangen reklamiert hat:[51] „Die Kultur wird auf längere Sicht gesehen vom Staat nicht mehr viel erwarten können. ... Nach einer beispiellosen Karriere des Staates in den letzten zwei Jahrhunderten tritt heute, nachdem sein Kompetenzbereich seit dreißig Jahren unübersehbar schwindet, jene Figuration wieder in den Vordergrund, die das Alte Europa geprägt hat – das Geschwisterpaar von Ehrenamt und Stiftung. ... Der Regionalismus ist nur die heutige moderne Variante der Selbstorganisation der Gesellschaft". Bereits Jahre vorher hatte Blickle anlässlich einer Kuratoriumssitzung diese „Selbstorganisation der Gesellschaft" in Gestalt eines *contrât culturel* analog zu Rousseaus *contrât social* handfest ins Gespräch gebracht und in diesem Zusammenhang die Verantwortung der Wirtschaft angesprochen, die ihre Profite ohne die gegebene gesellschaftliche und politische Einhaltung nicht machen könnte. Das Faszinosum des *contrât culturel* mit der Vision einer modellhaften Politisierung des Regionalismus in Gestalt eines modernen Kulturmanagements von Wirtschaft, Politik, Wissenschaft und Kulturverwaltung war damit in den Köpfen – und mit viel oberschwäbischem Herzblut wurde es auch bewegt.

In dem dank der dynamischen Entwicklung der Gesellschaft Oberschwaben geschaffenen *Kraftfeld*[52] wurde als erster Impuls der Funken zur *Stiftung Friedrich*

---

50 Ebd. S. 297.

51 Blickle, Regionalismus, Bürgergesellschaft und Wissenschaft, in: Stiftung Friedrich Schiedel Wissenschaftspreis. Preisverleihung 1999, S. 29 f.

52 Waldvogel, Rolf in seinem Kommentar „Zur Nachahmung empfohlen", in: Schwäb. Zeitung v. 15. 12. 1999.

Schiedel Wissenschaftspreis zur Geschichte Oberschwabens gezündet – von dem aus Baierz, unweit von Bad Wurzach, gebürtigen Unternehmer und Ehrensenator der Technischen Universität München Friedrich Schiedel, „aus Verbundenheit zur Heimat".[53] Ort des Geschehens war eine Wangener Weinstube am Aschermittwoch 1998 – bei Starkbier und sauren Schnecken. Für Oberschwaben war es alles andere als ein Aschermittwoch. Ein Anfang war damit gemacht. Die Stiftung ist immerhin mit einem Stiftungskapital von 500.000 DM ausgestattet. Mit dem alle zwei Jahre vergebenen Preis von 25.000 DM wird die Erforschung der Geschichte Oberschwabens sowie die Herausbildung und Verbreitung eines objektiven oberschwäbischen Geschichtsbewusstseins „honoriert".

Erster Stiftungspreisträger 1999 war der Berner Ordinarius Peter Blickle. Mit seinen wegweisenden Arbeiten zum Bauernkrieg, zur Reformation, zum Republikanismus und Kommunalismus hat Oberschwaben Eingang in die internationale Forschung gefunden. Der Stiftungspreis 2001 wurde an Prof. Dr. Franz Quarthal von der Universität Stuttgart verliehen. Gewürdigt wurden damit seine Arbeiten zu Vorderösterreich und zu benediktinischen Traditionen.

Der eigentliche Wurf eines *contrât culturel* folgte bereits ein Jahr später in Gestalt der *Stiftung Oberschwaben*. Im Vorfeld haben sich der Kuratoriumsvorsitzende der Gesellschaft Oberschwaben, der Unternehmer und IHK-Präsident Siegfried Weishaupt, und der Biberacher Landrat Peter Schneider mächtig ins Zeug gelegt und zwei Millionen DM „zusammengetrommelt". Dank einer Zustiftung, für die sich der Verbandsvorsitzende der OEW, der Ulmer Landrat Dr. Wolfgang Schürle, zusammen mit seinem Vorgänger stark gemacht hat, beträgt das Stiftungskapital inzwischen sieben Millionen DM.

Zweck der von Industrie, öffentlicher Kreditwirtschaft, Handel und auch dem oberschwäbischen Adel getragenen Stiftung ist die Entwicklung und Förderung von Forschungsvorhaben zur Geschichte und Kultur Oberschwabens sowie die Durchführung von Tagungen und Veranstaltungen.

Die „Schrittmacherdienste" der beiden Stiftungen liegen auf der Hand. Der Wissenschaftspreis gibt nach 150 Jahren Universitätsferne Anreize, sich verstärkt um eine historisch vernachlässigte Region anzunehmen. Die Themen liegen geradezu in Wartestellung auf Autoren auf der Straße. Dank der Stiftung Oberschwaben, die im Vorsitz des Stiftungsrats durch Personalunion mit dem Vorsitz der Gesellschaft Oberschwaben verkoppelt ist und damit den Vorsitzenden weit über ein bloßes Vereinsmanagement hinaus hebt, ist die Gesellschaft – wie bereits erwähnt – dank einer *Morgengabe* der Stiftung von einer Million DM für das wissenschaftliche Begleitwerk der Landesausstellung zur Säkularisation *Alte Klöster, neue Herren* im Jahre 2003 in Bad Schussenried mit dem Württembergischen Landesmuseum Stuttgart *ins Geschäft* gekommen.

Die Landesausstellung wird für die Gesellschaft Oberschwaben eine Bewährungsprobe sein. Im Hinblick auf das große personelle und finanzielle Engagement der Gesellschaft sollte sie andrerseits keine *Eintagsfliege* bleiben. Da die Federführung für das wissenschaftliche Begleitwerk bei der Pädagogischen Hochschule Weingarten angesiedelt ist, drängt sich im Sinne der Nachhaltigkeit eine Instituti-

---

53 Vgl. dazu Blaser, Guntram (in Anm. 51), S. 6 f.

onalisierung der historischen Regionalforschung dort geradezu auf. Die Einrichtung eines Instituts für Regionalgeschichte, das den wissenschaftlichen Ertrag der Ausstellung weiterverfolgt, wäre für Oberschwaben nicht nur eine späte Wiedergutmachung für die 150-jährige Zumutung der Universitätsferne, sondern würde dem Martinsberg wenigstens teilweise jene kulturelle Strahlkraft zurückgeben, die über Jahrhunderte hinweg dank des segensreichen Wirkens der Benediktinerabtei von dort ausgegangen ist. Das „hügelige Land vor dem See" (Hans-Georg Wehling), „Europas geheime Mitte" (Walter Münch) von „heiterer Moralität und glückhafter Rückständigkeit" (Peter Blickle) hätte es schon längst verdient.

Hubert Krins

Denkmalpflege und Öffentlichkeit

Als kurz nach der Mitte des 19. Jahrhunderts in Baden und Württemberg die Denkmalpflege als staatliche Institution begründet wurde, gab man den frisch ernannten Konservatoren „Instruktionen" mit auf den Weg. Darin wurden ihre Dienstaufgaben beschrieben: Kenntnisse der Denkmale zu sammeln und deren Erhaltung zu fördern – dies stand zunächst im Vordergrund. Weiter heißt es, dass die Konservatoren sich zur Erfüllung dieser Aufgaben mit den staatlichen Stellen, den Altertumsvereinen und mit Privatpersonen ins Benehmen zu setzen haben, „dieselben um Mitteilung von Notizen über vorhandene Denkmale angehen, sie über die Bedeutung und den Werth derselben belehren und ihnen geeignete Vorschläge zu deren Erhaltung machen." So der Wortlaut in Baden. In Württemberg lautet die Anweisung an den Konservator: „In gleicher Weise wird er durch schriftlichen und persönlichen Verkehr auf Cooperationen und Privaten ... einzuwirken suchen." Und – im etwas verschnörkelten Kanzleideutsch –: „Er wird zu diesem Zwecke insbesondere mit den Vereinen oder Privatpersonen, welche verwandte Absichten verfolgen, ins Benehmen setzen, solche Vereine, wo es wünschenswerth ist, hervorzurufen, und ebenso Privaten zu entsprechender Thätigkeit anzuregen, suchen." Man sieht daraus, dass die Verpflichtung des Konservators, zur Stärkung seines denkmalpflegerischen Erhaltungsauftrags in die Öffentlichkeit hineinzuwirken, ein konstituierendes Element, quasi ein Geburtsmerkmal seiner Tätigkeit war. In der Tat: nur im Hinblick auf die Öffentlichkeit, auf deren Akzeptanz, deren verständnisvolle und fördernde Reaktion macht Denkmalpflege Sinn, damals wie heute. Nur, wenn es diese Basis einer gemeinsamen Grundüberzeugung von der Richtigkeit denkmalpflegerischen Handelns zwischen Konservator und Öffentlichkeit gibt, kann die Weitergabe des kulturellen Erbes von Generation zu Generation gelingen. Diese Basis bedarf allerdings fortwährender Erneuerung: Denn nur soweit der Konservator sein Wissen immer wieder neu zu vermitteln vermag, kann sich ein öffentliches Bewusstsein vom Wert des kulturellen Erbes ausbilden, festigen oder auch weiterentwickeln.

So wenig sich einerseits das Ziel der Bewahrung der Kulturdenkmale seit den Anfängen der staatlichen Denkmalpflege gewandelt hat, so sehr hat sich andrerseits das geändert, was sich hinter dem Begriff der Öffentlichkeit verbirgt. Damals war dies vor allem das gebildete Bürgertum, repräsentiert durch Geistliche, Lehrer und Heimatforscher und den von ihnen getragenen historischen Vereinen. Jenen Bildungsbürger gibt es heute nicht mehr; die historischen Vereine, sofern sie überhaupt noch aktiv sind, haben ihren Bezug zur Denkmalpflege längst verloren. Wie ist also heute „Öffentlichkeit" im Hinblick auf die Arbeit des Denkmalpflegers zu definieren?

Eine einfache Antwort ist darauf nicht möglich, denn das Bild ist vielschichtig. Eine gewisse Strukturierung soll im folgenden versucht werden:

– Die „betroffene" Öffentlichkeit.

Darunter sind alle Personen und Organisationen zu verstehen, die von der Arbeit am Kulturdenkmal unmittelbar berührt sind, also vor allem die Denkmaleigentümer (weit über 50.000 allein in Baden-Württemberg!), ferner die am Denkmal tätigen Planer, Architekten, Restauratoren, Ingenieure und Handwerker; aber auch jene, die an denkmalschutzrechtlichen oder anderen Verfahren der Bau- und Finanzbehörden sowie der Gerichte mitwirken.

– Die „interessierte" Öffentlichkeit.

Hierzu gehören alle, die etwas über die Denkmale als „Träger von Geschichte" oder über die zeitgemäßen Verfahren zur Denkmalerhaltung und Restaurierung erfahren möchten – oder sich einfach an der Fülle und Schönheit des kulturellen Erbes erfreuen wollen. Die wachsende Resonanz auf den alljährlich im September europaweit begangenen Tag des offenen Denkmals zeigt, wie groß das Interesse dieses Teils der Öffentlichkeit inzwischen geworden ist. An ihm wirken auch viele mit, die sich in Arbeitsgruppen, Bürgerinitiativen oder Fördervereinen organisieren, um denkmalpflegerische Projekte voranzutreiben oder auch systematisch Kenntnisse zu bestimmten Denkmalgruppen zusammentragen. Schüler, die sich an Projekttagen mit Kulturdenkmalen beschäftigen, zählen ebenso zu dieser Gruppe wie Studierende, die sich um Bestandsaufnahmen bemühen, Projektstudien betreiben oder archäologische Themen bearbeiten, oder jene, die in Geschichtswerkstätten Informationen zur Heimat im weitesten Sinne sammeln.

– Die „meinungsbildende" Öffentlichkeit.

Darunter sind jene zu verstehen, die in den Medien – Presse, Funk, Fernsehen und Internet – das denkmalpflegerische Ziel unterstützen, über aktuelle Fragen und Fälle berichten. Aber auch Personen und Gruppierungen, die nicht von vornherein für den denkmalpflegerischen Gedanken offen sind, sondern verstärkt gewonnen werden könnten und sollten: Abgeordnete, politische Mandatsträger in den Kreisen, Städten und Gemeinden; deren Interessenvertreter auf regionaler oder auf Landesebene und all jene, die in überörtlichen Arbeitskreisen und Verbänden, in den Organisationen der Religionsgemeinschaften oder der Berufsgruppen aktiv sind und mit denkmalpflegerischen Fällen befasst sein können.

Wollte man einen der heute tätigen Konservatoren auffordern, sich mit der „Öffentlichkeit" in all den genannten Verzweigungen „ins Benehmen zu setzen" – er wäre verloren, bevor er anfinge. Selbst die in den Denkmalämtern inzwischen für die „Öffentlichkeitsarbeit" eingerichteten Stellen wären überfordert. Es kommt also darauf an, nicht nur über die Seite der Adressaten nachzudenken, sondern auch über Art und Inhalt denkmalbezogener Öffentlichkeitsarbeit.

Eine Besinnung auf das, was den Kern der konservatorischen Arbeit bildet, könnte dabei helfen. Was hat ein Denkmalpfleger eigentlich zu tun? Dreierlei: sich eine umfassende Kenntnis des Denkmals und das heißt vor allem all jener Faktoren zu erarbeiten, die den „Denkmalwert" ausmachen; sich eine umfassende Kenntnis der technischen Möglichkeiten und Verfahren anzueignen, die seiner Erhaltung dienen; und schließlich die Fähigkeit zu erwerben, aus diesen Kenntnissen heraus mit den anderen am Denkmalgeschehen beteiligten Personen und Institutionen einen partnerschaftlichen Dialog führen zu können. Wo hat darin „Öffentlichkeitsarbeit" ihren Platz? Die Antwort kann nur lauten: immer und überall! Denn nicht anders als bei den ersten Konservatoren im 19. Jahrhundert ist jegliche Arbeit am Denkmal *zugleich* mit einer Rückwirkung auf die anderen Beteiligten, einer Bewusstseinsbildung für einen mehr oder weniger großen Kreis von Öffentlichkeit verbunden. Jene Mentalität, die meint, mit einer Beschränkung auf die technischen oder gar rechtlichen Funktionsabläufe am Denkmal auskommen zu können und alles andere den Spezialisten für Öffentlichkeitsarbeit aufhängen zu können, ist mit dem Ur- und Selbstverständnis konservatorischer Tätigkeit nicht zu vereinbaren. In jeder Phase seines Tuns steht der Konservator im Blickpunkt von Öffentlichkeit; er täte gut daran, sich dessen bewusst zu sein und das Beste daraus zu machen, aktiv handelnd damit umzugehen.

Dazu könnte ihm mancherlei Hilfe geboten werden. Eine gezielte Schulung beispielsweise, aber auch Materialien, in denen in verständlicher Form und an aussagekräftigen Beispielen über denkmalpflegerische Grundsätze ebenso informiert wird wie über Einzelfragen denkmalpflegerischer Baupraxis. Bauherren sind über derartige Ratschläge in der Regel froh. Auch im Internet sollten sie angeboten werden. Noch anschaulicher wäre ein ständiges Denkmalpflege-Musterhaus, in dem sich Besucher wie auf einer Baustelle an konkreten Bausituationen über die vielen heute möglichen Verfahren und Lösungen zur Erhaltung alter Bausubstanz und historischer Bauausstattungen informieren könnten. Eine so breit angelegte Unterstützung würde es dem Konservator ermöglichen, ohne erheblichen Zeitaufwand neben seiner fallbezogenen Arbeit dem denkmalpflegerischen Gedanken zu einer breiteren öffentlichen Resonanz zu verhelfen.

Die Bedeutung einer übergreifenden zentralen Öffentlichkeitsarbeit soll daneben nicht geschmälert werden. Im Gegenteil: Sie könnte aus der Rückkopplung mit den Konservatoren an Aktualität gewinnen, Fälle von überregionaler Bedeutung aufgreifen und gezielt dort ansetzen, wo öffentliche Aufklärung nötig ist oder besondere Aktionen, Personen oder Gruppen Unterstützung brauchen. Dies setzt jedoch eine eigene flexible Organisationseinheit voraus, die nicht durch andere Aufgaben – etwa aufwändige Publikationen, die Vorbereitung von Ausstellungen oder die Organisation von Großveranstaltungen – lahmgelegt ist. Eine Arbeitsgruppe, die zusammen mit den Konservatoren auch in der Lage wäre, engen Kontakt mit all jenen zu pflegen, die ebenfalls denkmalpflegerische Ziele verfolgen und unterstützen.

Denkmalpflege ist eine öffentliche Dienstleistung, und sie wird, wie viele andere derartige Dienstleistungen auch, früher oder später hinterfragt werden, ob sie denn notwendigerweise als staatliche Einrichtung weiterhin zu betreiben sei. Neben sachlichen Argumenten wird die Antwort wesentlich vom öffentlichen Stellenwert der Denkmalpflege abhängen. Mögen dann die Entscheidungsträger davon überzeugt sein, dass es keinen besseren Sachwalter für diese Aufgabe gibt als den in der öffentlichen Verantwortung stehenden Konservator.

Jörg Leist

Lokale Identität
Hilft das Stadtbild?

Darf man „lokale Identität" mit „Heimat" gleichsetzen? Wenn Hans-Georg
Wehling wüsste, wo ich gerade sitze! Im letzten erhalten gebliebenen Eckturm der
Stadt an der Argen, im ersten Stockwerk, in einem gewölbten, wunderschön
intensiven Räumchen mit meterdickem, weiß gekalktem Bachwacken-Mau-
erwerk. Durch eine tiefe Schießscharte, heute mit einem kleinen Fensterchen, das
ich geöffnet habe, versehen, höre ich die Menschen, die über den hölzernen
Argensteg gehen, die Enten, und, wenn es einmal ganz still ist, den Fluss. Unter
mir ist der wohlgefüllte Weinkeller des benachbarten Lokals, über mir, in den
nächsten fünf Stockwerken, wo wir für Studenten, Wissenschaftler, Literaten, die
sich mit „regionalen Themen" beschäftigen, ein Wohnstipendium eingerichtet
haben, haust gerade der Bodensee-Literaturpreisträger Manfred Bosch. Möglicherweise nagt auch er gerade am Kugelschreiber, zumal er sich mit der regionalen
Literatur Oberschwabens beschäftigt.[1] Darf es das geben? So eine Art wohliges
Identitätsgefühl? Ich verspüre es hier, in diesem heiteren Renaissance-Bauwerk
mit dem martialischen Namen „Pulverturm", aus dem nach meiner Vermutung
kaum jemals ein scharfer Schuss, und schon gar nicht auf Menschen, abgegeben
worden ist. Für mich, ganz persönlich, könnte ich dieses wohlige Gefühl ganz gut
erklären. Ich kenne hier im guten Umkreis wirklich fast jeden Stein, und es gibt
viele farbige Geschichten über Erwerb und Sanierung der ganzen Stadtecke rund
um den Pulverturm. Nur dieser, besetzt von verwilderten Tauben, hatte noch vor
wenigen Jahren der Stadt gehört. Um die neue „Museumsecke" zwischen der
Eselmühle, dem Pulverturm und der mittelalterlichen Badstube für die Bürgerschaft wieder erlebbar und wertvoll zu machen, mussten nicht weniger als zwölf,
überwiegend intensiv genutzte Gebäude erworben, abgebrochen oder saniert
werden.

Ich spüre Versuchung und Gefahr, in eine Sanierungssaga, wie sie heute in
vielen Städten geschrieben werden könnte, einzufädeln. Doch wenn auch klar ist,

---

1 Warum trau ich mich bloß, jetzt mit dem Schreiben zu beginnen? Weil ich weiß, dass mein
lieber Hans-Georg von mir keinen wissenschaftlichen Aufsatz über ein lokales Identitäts-
problem als Geburtstagsgruß erwartet. Im allgemeinen Getümmel der Regionalitäts- und
Identitätsbeschwörung habe ich dreiunddreißig Jahre in der kleinen Allgäustadt Wangen an
der Heimatfront geschanzt, hinhaltenden Widerstand geleistet und gelegentliche Ausfälle
gewagt. Das war's – und nicht mehr! Aber auch nicht weniger.

dass das Thema „Stadtbild und lokale Identität" weit gefasst und generalisiert sein sollte, so lässt sich die persönliche Beziehung zum Gegenstand nicht verheimlichen.

Angesichts zunehmender Mobilität, wachsender Zu- oder Abwanderungsströme in Deutschland, wachsender persönlicher Bindungsscheu, wachsender Beliebigkeitsmentalität vulgo Wurstigkeitsdenken, kann man schon fragen, was die Suche nach Identität und alle Bemühungen um Unverwechselbarkeit eigentlich bringen sollen. Oder ist es gerade umgekehrt, dass genau die Deutschlandkarte, die eindringlich aufzeigt, wo in den nächsten Jahrzehnten massive Zuwanderung oder Abwanderung oder allenfalls Stillstand herrschen werden, ein eindringliches Signal sein muss, sich mit dieser Frage verstärkt zu befassen. Den Wunsch nach Unverkennbarkeit gibt es schon, vor allem im wirtschaftlichen Bereich, wo sie dann corporate identity heißt, aber auch bei Städten und Gemeinden, die sich mit Hilfe von Agenturen für gutes Geld unverwechselbar zu machen hoffen, durch einen kecken Schnörkel, der, Logo genannt, das alte Gemeindewappen ablöst, durch gleichartigen Schrifttyp, durch Umlackieren aller Kommunalfahrzeuge, etwa auf motivierendes Schilfgrün oder auf positiv wirkendes Saharagelb. Lokale oder meinetwegen gemeindliche Identität zu bewahren und zu profilieren, ist wichtig für den, der das Beziehungsgeflecht zwischen den Menschen und ihrer natürlichen und baulich gestalteten Umwelt noch spürt. Unabdingbar notwendig ist diese Wahrnehmung lokaler Identität aber nicht. Dafür gibt es genügend Beispiele, und man kann, wie dies ein renommierter Mann schon getan hat, sich auf den Standpunkt stellen, die Kommune solle für Wasser, Strom und Straßen sorgen. Gemütlich sei er dann schon selbst.

Die Spuren menschlicher Siedlung haben mich zeitlebens fasziniert. Als neunjähriger Rottweiler Schulbub bin ich neben den RAD-Männern gestanden, die sich mit großer Hast quer durch die Kulturschicht von Arae Flaviae geschaufelt haben, um für unsere Schule einen Schutzbunker gegen die Jabo-Angriffe zu bauen. Die flinken Kinderaugen gewöhnten sich ans Entdecken von Sigillatenscherben. Damals habe ich meinen ersten römischen Dachziegel – mit dem Stempel einer südfranzösischen Legion – erbeutet. Später, als Gymnasiast, fand ich in einer Baugrube, auf dem Terrazzoboden einer römischen Villa, den Spielwürfel, der mich seither als Talisman begleitet. Meine Freude am Städtebau und am Entschlüsseln baulicher Details habe ich angesichts der phantastischen Rottweiler Pürschgerichtskarte des David Rötlin entdeckt. Sicher kommt es daher, dass ich heute stundenlang vom Flugzeug aus Städte bestimme, bauliche Besonderheiten genauso registriere wie die Merkmale wechselnder Landschaften. Ich möchte hier bemerken, dass ich den Begriff „Stadtbild" nie für die überbaute Fläche einer Gemeinde allein setzen wollte. Der umgebende Naturraum, die Landschaft, ist untrennbar mit der Impression der gebauten Stadt verbunden und damit Teil der identitätsbegründenden Eigenart. Wie könnte man Lindau beschreiben, ohne den See und das Föhnlicht aus dem Rheintal, wie die runde Stadt Nördlingen inmitten des runden Ries-Kraters, Rottweil ohne den Kalkklotz über den Neckarschleifen oder Schwäbisch Hall auf den steilen Kocherhängen? Bleibt lediglich zur vermerken, dass es nicht genannte Beispiele gibt, in denen es vielseitige Bemühungen der letzten 50 Jahre fertig gebracht haben, die ursprüngliche Unverwechselbarkeit der

Städte in ihrer räumlichen Beziehung zur umgebenden Landschaft nachhaltig zu ruinieren.

Gewachsene alte Städte hatten ursprünglich aufgrund der natürlichen Gegebenheit des Entstehungsorts und durch die zunächst wesensnotwendige Befestigung ein Erscheinungsbild, das fast an kristalline Formen erinnert. Außerhalb der streng abgegrenzten Stadtgestalt entfaltete sich die vom Menschen mitgestaltete freie Landschaft. Das eindringlichste Erkennungsmerkmal war ursprünglich die Silhouette der Stadt. Es gibt dafür den sehr schönen und treffenden Begriff „Stadtkrone". Glücklicherweise gibt es noch viele imposante und identitätsbegründende Stadtsilhouetten, die gut zu hüten und vor Störungen zu schützen wären. Dass es heute, im Sinne einer wohlverstandenen Stadtidentität, sogar möglich ist, schwere Beschädigungen wieder rückgängig zu machen, zeigt zur Ermutigung etwa die Stadt Bautzen. Von welchen Schwierigkeiten hier die Rede ist, weiß ich selbst ganz gut. Die Stadt Wangen hat einen ganzen Geschäftskomplex, der in den Fünfziger und Sechziger Jahren an einer städtebaulich hochempfindlichen Stelle zu wuchern begonnen hatte, aufgekauft und im wahrsten Sinne des Wortes, einschließlich eines noch nicht 25 Jahre alten viergeschossigen Wohn- und Bürogebäudes, renaturiert. Der Blick auf die denkmalgeschützte Kernstadt ist damit wieder freigemacht und eine erstaunliche Verbindung mit der freien Landschaft hergestellt worden. Kommt man heute an diese Stelle, keine hundert Meter von der alten Stadtmauer entfernt, vorbei, meint man, es müsse hier schon immer so ausgesehen haben. Und die Jüngeren, von negativen Erinnerungsbildern unbelastet, werden es als lokale Besonderheit registrieren, dass Stadtkern und freie Landschaft aufs engste verknüpft sind, so wie es schon die alten Stadtansichten gerühmt haben. Und so, wie das sich verändernde Stadtbild durch Planung und aktives Gestalten der Gemeinde im Sinne lokaler Identität weiterentwickelt werden kann. Es geht also nicht nur um die Bereinigung alter Sünden und das Eingrenzen begonnener Fehlentwicklungen, sondern um die planerische Förderung stadttypischer Merkmale, die einmal erkannt und beschrieben worden sind. Parallel zum oben berichteten „Reparatur"-Vorgang wird in Wangen schon heute darüber nachgedacht, wie etwa die flachen Argen-Auen, die ebenfalls bis an den Altstadtrand reichen, zu einer parkähnlichen Flussaue-Landschaft umgestaltet werden können, wenn, was vorauszusehen ist, die bisherige intensive landwirtschaftliche Nutzung beendet sein wird.

Einen wichtigen, stadtcharakteristischen Erkennungswert haben vor allem die Stadtränder im Bereich der Hauptzufahrtsstraßen. Sie verdienen um so mehr Aufmerksamkeit, als eine traditionelle Tendenz darin besteht, unansehnliche Bauwerke möglichst „vor die Haustüre" zu befördern und seit wenigen Jahrzehnten auch alle mit Schock-Farben, flatternden Fahnen, Riesenreklamen und unausgewogenen Gebäudemassen herumlärmenden „Zweckbauten" quasi als Empfangskomitee längs der Einfallstraße zu postieren. Die Unverkennbarkeit der Städte geht hier allerorts gegen Null. Die behaupteten Wirtschaftsinteressen werden überbewertet, vor allem wenn man den enormen Substanz- und Wirtschaftswert der gewachsenen und längst vorhandenen Stadt dagegensetzt. Man sollte Gesamtbilanz machen und sich öfter fragen, wo und bei wem hier Nutzen und Schaden liegen. Zu Lasten der Kommune und ihrer Bürger geht zumindest ein unwiederbringlicher Identitätsverlust. Stadtplanung und Konsequenz können hier sehr viel Positives bewirken.

Von besonderer Bedeutung für das Stadtbild, wenigstens in einer Vielzahl kleinerer, behutsam gewachsener Städte, ist auch die Höhenentwicklung der Neubauten rings um den alten Stadtkern, vor allem dann, wenn die alte Zäsur der Befestigung noch zu spüren ist, durch glückliche Umstände erhalten blieb oder durch Sanierungsmaßnahmen wieder erkennbar gemacht werden konnte.

Auch in unserer Stadt haben wir gerade in dieser Übergangszone zwischen der hermetischen, dicht gefügten Altstadt und den befreiten Bauwerken der zweiten Hälfte des 19. Jahrhunderts viele identitätsbildende Merkmale mit hohem heimatlichem Wiedererkennungswert. Wegen der Zentrumsnähe herrscht aber gerade hier ein besonderer Baudruck, der sich nicht nur in unguter Bebauungsdichte auswirkt, sondern vor allem die Höhenentwicklung der Gebäude beeinflussen will. Die unausweichliche Frage ist klar: Die Erkennbarkeit des Altstadtbildes wird beeinträchtigt. Die oft wenig qualitätsvolle, mehr auf Rendite bedachte Neubebauung verdeckt den unverwechselbaren Kern. Es mag romantisch klingen, aber die Seele der Stadt ist identitätsbegründend im alten Stadtkern, rund um die Kirchen und den alten Gottesacker, um Rathaus und Markt zu suchen. Wir haben deshalb in unserer Stadt, auch mit der überzeugten Hilfe des Gemeinderats, seit Jahren dafür gesorgt, dass die Neubauten im besagten Bereich der wertvollen Altstadt, dem eigentlichen Augapfel, Respekt zollen und Maß halten. Die Akzeptanz der Stadtmitte als Ort lokaler Identifikation ist damit wesentlich erleichtert worden. Es ist klar, dass es hier um Emotionales, nicht so einfach Erklärbares geht. Eine Vielzahl der Wangener Bürger wird die Wertschätzung der Kernstadt – bei allem gelegentlichen Murren und Kritisieren – weniger aus dem Kopf als aus dem Bauch begründen. Genau dort zeigt man sich, hockt, guckt, schwätzt, posiert und provoziert man. Hier ist der Ort für Märkte, Feste, Demonstrationen, für Hochzeiten. Die anheimelnde, jedem bekannte Kulisse ist unverzichtbar. Nur hier ist man richtig daheim und gut aufgehoben, wenn es um einen wichtigen Anlass geht.

Eins mit der Umgebung, daheim ist man da, wo man sich auch im Dunkeln auskennt und sicher fühlt, wo das Auge nicht nur Offenkundiges sieht, sondern auch subtilere Empfindungen wahrgenommen werden. Was wäre unsere Stadt an heimatlichem Gefühlswert ärmer ohne den Föhnhauch, der den Duft frisch gemähten Grases in die Gassen hereinträgt, den moosigen Geruch trocknender Bachwacken, wenn die Argen zu wenig Wasser führt, ohne den Duft frischgebackenen Brotes, des Holunders vor den Mauern – und gelegentlich auch der „Bschütte", die die Bauern vor erwarteten Regentagen ausbringen.

Zu Recht stellt sich immer wieder die Frage, wer denn nun eigentlich befähigt und befugt ist, Merkmale lokaler Identität zu befinden und dann nach diesem Befund zu handeln, Entwicklungen zu bremsen oder zu fördern, notwendige „Kulturschnitte" durchzuführen, neue Akzente, die im Kontext der Tradition stehen, zu setzen.

Sicher ist, dass es diesbezüglich weder auf der Verwaltungsschiene noch im Städtebau eine Art Ausbildung gibt. Es sind also Eigenarbeit und persönliche Verantwortung gefragt, aber auch Lernbereitschaft und große Bereitschaft zum Gespräch mit den Bewohnern der Stadt, mit den Menschen, die sich auskennen, mit Historikern und historisch interessierten Personen, mit Handwerkern, die sich noch einen guten Sinn fürs Bauen bewahrt haben, natürlich auch mit den Architekten, die ein ganz besonderes Maß von Verantwortung trifft. Im Glücksfall findet sich auch so etwas wie ein Leitbild.

Meine Freude an alten Ansichten ließ mich bald den großen Wert der Stadtansicht, die im historischen Wangener Ratssaal hängt, erkennen. Aus der Sicht eines Vogels, der über der Stadt schwebt, hat sie der Kartograph Johann Andreas Rauch im Jahre 1611 mit großer Genauigkeit und Liebe gemalt. Sie schildert eine in allen Funktionen intakte und auch architektonisch schöne Stadt, eingebettet in die umgebende Kulturlandschaft. Das Besondere an diesem Bild ist, dass es Einblick in das Leben der Stadt gibt, in das Arbeitsleben der Bürger, der Hausfrauen. Aber nicht nur dies: auch das Spiel der Kinder, die Schule, das feierabendliche Gartenvergnügen, die Demonstration, die Prozession, die Beerdigung, der Hausfrauentratsch auf der Straße und vieles andere, was anheimelt und sich zu Hause fühlen lässt, sind dargestellt. Das Bild lehrt Details sehen, macht Städtebau, der genau den Menschen dieses Landstriches angemessen war, erlebbar und mit unseren heutigen Bedürfnissen und Wünschen vergleichbar.

Mit diesem bescheidenen, den meisten Wangenern aber durchaus akzeptablen Maßstab, habe ich zusammen mit all den anderen für Bau und Entwicklung Zuständigen begonnen, die Stadt zu profilieren und ganz vorsichtig auf den Spuren ihrer alten Identität „weiterzustricken". Wichtig war das Erkennen und Definieren ortstypischer und zeittypischer Bauformen. Mit letzterem Begriff ist eine geschichtliche Dimension angesprochen. Ich halte sie für besonders wichtig, denn Häuser, Stadtviertel, auch bauliche Details und schmückendes Beiwerk wie die Laufbrunnen in den Gassen, haben ja immer auch eine Aussage zur Geschichte der Stadt, zur Sozialgeschichte oder auch zur Geschichte einzelner Mitbürger zu machen. Hier liegt der Grund für lokale Identität.

Sicher berühre ich hier auch einen wunden und heftig umstrittenen Punkt, wenn ich die Sorge anspreche, dass die Geschichtlichkeit von Bauwerken oft ohne großes Nachdenken zerstört wird und dass allzu schnell architektonische Versatzstücke, die aus ganz Deutschland stammen können, in ein Stadtbild eingebaut werden. Die lokale Identität wird dadurch gefährdet, und es gibt genug Beispiele, wo sie auch nachhaltig gestört wurde. Manchmal hilft halt doch die genauso oft praktizierte wie verteufelte wie verunglückte Anpassungsarchitektur. Vorsicht und Geduld sind notwendig: Rom wurde nicht an einem Tag erbaut. Städtebauliche wie stadtbildpflegerische Maßnahmen, die einem bestimmten Leitbild der Identitätswahrung entsprechen sollen, müssen langfristig angelegt sein. Zeiträume von zwanzig und noch mehr Jahren sind nach persönlicher Erfahrung gar keine Seltenheit. Umgekehrt kann man vermuten, zu welchen Ergebnissen die oft viel zu kurzen (und immer kürzer werdenden) Amtszeiten, in denen die Zuständigen Verantwortung tragen, führen und führen werden. Es ist oft nur über einen längeren Zeitraum möglich, für gewisse ortsbildprägende Maßnahmen Verständnis zu gewinnen. Bei dem behutsamen Umgang mit dem Wangener Stadtbild hat sich die Devise „Finden statt Erfinden" bewährt. Bevor nach Tageslaune und mit Hilfe einer umfänglichen Farbkarte willkürliche Farbigkeit produziert wird, empfiehlt sich eine Befunduntersuchung. Zusammen mit einem zunehmenden Verständnis für die traditionelle, durch die Apostel der Materialgerechtigkeit aber ausgerottete Scheinarchitektur-Bemalung ist das Stadtbild wieder mehr und mehr von der differenzierten Farbigkeit ehemaliger Bemalung geprägt. Neben vielen anderen „Kleinigkeiten", die nicht geplant, sondern nur gehütet werden können, verstärkt gerade auch diese spezielle „Farbtemperatur" das schöne Gefühl, in den wirklich eigenen und vertrauten vier Wänden zu leben.

Es ist schwer auszudrücken, doch denke ich, dass das Identitätsempfinden gegenüber einer Heimatstadt viel zu tun hat mit einem über dem baulichen Erscheinungsbild der Stadt liegenden Hauch von Irrationalem, Gewachsenem, nicht Geplantem, ja Schiefgegangenem, einem beruhigenden Mangel an Geometrie und Geradlinigkeit: Wohl wird eine große Ordnung empfunden, doch steckt in ihr eine versöhnliche und tröstliche Menge kleiner Unordnung und Ungereimtheit. Und darin scheint man sich selbst viel leichter wiederzuerkennen.

Es bleibt, als in weiterem Sinn zum Thema gehörend, noch nachzutragen, dass bei dem Bemühen, lokale Identität zu bewahren, Unterstützung von außen kommt. Niemand hat ein besseres Auge für positive oder negative Veränderungen einer Stadt als der hier Geborene, der irgendwo in der Fremde, in Amerika oder in Australien lebt und sein persönliches Bild der Heimat sorgfältig bewahrt. Deshalb war mir der Kontakt mit diesen Menschen immer wichtig. Diesen gelegentlichen Heimkehrern, ähnlich aber auch den anderen Besuchern der Stadt, glauben die Daheimwohnenden viel eher und lassen sich auf Dinge hinweisen, die sie so langsam wachsen gesehen haben, dass ihnen schließlich nichts mehr daran aufgefallen ist. Hilfreich erschien mir stets auch der gute Kontakt zu bauverwandten Städten, drüben in der Schweiz St. Gallen, Altstätten und Wil, zu Feldkirch in Vorarlberg und vor allem zu unseren Nachbarstädten Leutkirch und Isny. Die Kenntnis der dortigen baulichen Eigenart schärft den Blick für das typisch Hiesige, für die feineren identitätsbegründenden Unterschiede. Mit Leutkirch und Isny haben wir sogar eine gemeinsame Stadtbildsatzung zustande gebracht. Wenn sie heute zu bröseln beginnt, kann man auch etwas über Stadtcharakter und die feinen Unterschiede lokaler politischer Kultur erfahren. Umso mehr hoffe ich heute, dass es diesem Allgäuer Städtedreieck gelingt, vielleicht in zehn Jahren eine bereits angedachte gemeinsame Landesgartenschau zu präsentieren, genau abgestimmt auf den Wunsch, lokale Identität zu bewahren. Das Thema, in allen drei Städten gleich bedeutsam: Die Stadt in ihrer Landschaft.

Werner Konold

Identität, Wandel und Wahrnehmung der Kulturlandschaft
Das Beispiel westliches Bodenseegebiet

Assoziationen der Eigenart

Wenn Autor und LeserInnen ein kleines Spiel machen könnten und sich zurufen würden, welche Eigenarten ihnen für die Landschaft des westlichen Bodensees einfallen würden, so kämen wahrscheinlich unter anderen folgende Stichworte:
– Weiler, Einzelhöfe
– Buckel, Drumlins, die scheinbar regellos da liegen und überraschend auftauchen
– Waldschöpfe, die kleineren oft aus Fichte
– Bizarre Vulkane
– Hochwälder, Mischwälder, poetischer auch Hallenwälder
– Weinberge und -gärten, aber nur hier und dort
– Maisäcker
– Wiesen und Weiden, oft ganz dominant
– Feuchtflächen, Röhrichte, Weidenbüsche
– Weiher, Seen, Moore
– Obstkulturen mit kleinen Bäumen, vielfach eingezäunt
– Baumweiden, insbesondere am Bodensee-Ufer
– Gärten, parkartige Gärten
– Gemüseinsel
– Kiesgruben, Baggerseen
– Schluchten, Tobel, aber auch träge Flüsse
– Pyramidenpappeln
– kleinräumige Kammerung, Raine, reiche Gliederung
– Ausblicke ...
  ... alles vor der Kulisse der Berge, der gegenüber liegenden Ufer und des Sees mit seinen Segeln.

Daran würden wir das westliche Bodenseegebiet auch jeder Zeit *wieder*erkennen.
  Unter diesen Eigenarten befindet sich – so würden wir dann analysierend feststellen – Naturgegebenes, Unveränderbares, vom Menschen bewusst Geschaffenes, befinden sich Nutzungsformen, Nebenprodukte des Wirschaftens, ältere und neuere Elemente. Damit hätten wir Dynamik, Veränderlichkeit und Veränderbarkeit diagnostiziert und den Wandel als Wesen und Eigenart mit zeitlicher Komponente identifiziert: Landschaft, Kulturlandschaft *ist* Wandel.

Die Begriffe Landschaft, Kulturlandschaft werden meist normativ verwendet und mit Erwartungen verknüpft, werden ideologisch und in einem moralischen Kontext verwendet, speziell im Zusammenhang mit Dynamik oder drohenden Veränderungen – dies insbesondere dann, wenn Kenntnisse über die Geschichte fehlen.

Was ist – wieder eine fiktive Befragung – Landschaft, was bietet und vermittelt sie uns, was erwarten wir von ihr?[1]

- Sie ist (hat zu sein) ökologisch funktionsfähig, stabil und im Gleichgewicht[2] befindlich (abstrakt-funktionalistische Sichtweise).
- Sie ist die natürliche Umwelt des Menschen (stereotyp-politische Sichtweise).
- Sie ist das regionale Ergebnis der Auseinandersetzung des Menschen mit einer Naturlandschaft (kulturgeographisch-prozesshafte Sichtweise).
- Sie ist die Summe der im Landschaftsbild sichtbaren kulturellen Artefakte (statisch-denkmalpflegerische Sichtweise).
- Sie bietet uns biologische Vielfalt (biologisch-anthropozentrische Sichtweise).
- Sie bietet uns ästhetische Vielfalt (siehe oben: „kleinräumige Kammerung") und Reize und ist damit Ort und Gegenstand der Sinnlichkeit.
- Sie vermittelt uns Harmonie, angemessene Maßstäblichkeit, verträgliche Dimensionen.
- Sie vermittelt uns Geborgenheit, aber auch Grenzenlosigkeit und das Gefühl der Freiheit. . . .

Führen wir die meisten dieser sektoralen Sichtweisen, die es – mental separiert – in Reinform überhaupt nicht gibt, zusammen, so wird Landschaft für die meisten Menschen eine im Unterbewusstsein schlummernde „Sehfigur"[3] oder „Wahrnehmungskonvention".[4] Damit sprechen wir im Grunde immer noch – fast schon archetypisch – die Landschaft aus der Sprache der Kunst an, die gemalte Landschaft als unverrückbares Portrait einer Region.[5] In *diesem* Sinne ist die reale Landschaft nur dann eine Landschaft, wenn sie wie gemalt ist, wenn die Natur die Kunst nachahmt.[6] Diese Landschaft kann dann sogar moralische Instanz sein oder gar ideologischer Kampfbegriff, zyklisch wieder kehrend, unterschiedlich eingebettet: „Als tiefstes und letztes Müssen steht über uns das Gesetz der Landschaft, in die wir hineingestellt sind [. . .]. Der allerletzte Grund jeder Kultur liegt verborgen im Geheimnis der Landschaft".[7] Und: „Im Kult der Landschaft reinigte sich stets deutsches Wesen".[8]

---

1 In einigen Aspekten folge ich hier HARD, Begriff Landschaft.
2 Diese Begriffe sind naturwissenschaftlich nicht fassbar und besitzen darüber hinaus eine ganz deutliche moralische Dimension.
3 Oder vielleicht treffender: eine Sinnesfigur.
4 Dazu Fragmente aus WÖBSE, Weidelandschaft: „[. . .] die alte Linde [. . .]"; „Man kennt das alles [. . .]"; Baumindividuen werden zu „Gefährten des eigenen Lebensweges".
5 HARD, Begriff Landschaft.
6 Hierfür gibt es gerade für das westliche Bodenseegebiet Beispiele. Die zahllos wiederholten Motive, Panoramen scheinen Vorbild für die Gestaltung der Landschaft zu sein.
7 CZECH 1924, zit. nach HARD, Begriff Landschaft.
8 BUSSE 1934, zit. nach HARD, Begriff Landschaft.

Werfen wir nun einen Blick auf die geographische Landschaft, speziell auf die des westlichen Bodenseegebiets und ihre Entwicklung, um unsere Wahrnehmungskonvention, die sich beispielsweise in den eingangs gesammelten Begriffen spiegeln, in einen zeitlichen Kontext stellen zu können und um unbekannte Facetten zu erweitern.

Weiden, Allmendweiden und das Weidevieh – meist aus Not viel zu früh aufgetrieben – samt den Tritt- und Bissspuren, die sie hinterließen, waren ein beherrschendes Element der alten Kulturlandschaft, vom frühen Mittelalter bis weit ins 18., ja bis ins 19. Jahrhundert hinein. Weiden, meist großflächig, waren Energielieferanten, reine Ausbeutungssysteme, zernarbt von Trittschäden, zerfurcht von Erosion, erschlossen mit Triebwegen und mit Zäunen und Hecken und Hagen von den anderen Nutzungen abgetrennt. Den aktuellen Romantikern des Pastoralen sind es oder waren dies weite Flächen, ist „die Landschaft [...] ein einziges Kontinuum", „schier endlos weit" mit „malerischen Baumindividuen",[9] [...] „eine archaische,[10] der Einheit von Mensch, Tier und Pflanzengesellschaften (sic!) sehr gemäße Form der Landnutzung".[11] – Die Landnutzer des ausgehenden 18. und des 19. Jahrhunderts hatten die minderwertigen Weiden zu „Öden" deklassiert.

Die *Wälder*, mit aufgelösten Rändern kaum vom Umland abzugrenzen, waren ebenfalls nur Energielieferant. Im Forsteinrichtungswerk von 1843 von Öhningen heißt es,[12] fast alle Wälder seien Niederwälder mit Überhältern gewesen, ihr trauriger Zustand sei zustande gekommen wegen der Vernachlässigung des Aushiebs von Weichholz, wegen der Unterlassung von Durchforstungen, andernorts wegen des unbegrenzten Vieheintriebs, zügelloser Streunutzung und eines sorgfältig gehegten Wildbestandes. Eingeschlagen würde zu viel Brennholz; sehr hoch sei der Bedarf an Rebpfählen für die Weinberge (siehe unten). In den lichten streugenutzten Beständen wüchsen Heidelbeere, Besenheide, Besenginster und Wacholder.

In den Folgejahren lösten sich manche funktionale Zusammenhänge auf. Der Anteil der Eiche beispielsweise, die für die Eichelmast sowie die Gewinnung von Gerberlohe, Rebpfählen und die Herstellung von Weinfässern äußerst bedeutsam war, ging von 10 % im Jahre 1862 auf 1 % im Jahre 1992 zurück. Die Gründe: Viehaufstallung (die Schweine wurden nicht mehr in den Wald getrieben), massiver Rückgang des Weinbaus (siehe unten), Sinken der Preise für Gerbrinde. – Die Buche, die wichtigste Baumart im Gebiet, war hingegen in früheren Zeiten zurückgedrängt worden durch Köhlerei, Streunutzung[13] und übermäßige Brennholzentnahme. Die Bestände zeigten sich als „buschige Buchenstockausschläge", so

---

9 STROHWASSER, Weidelandschaften, S. 30.

10 archetypische?

11 WÖBSE, Weidelandschaft, S. 25.

12 Man konstruiere aus dem Folgenden ein Waldbild und vergleiche es mit den eingangs gesammelten Assoziationen. Quelle: Unterlagen aus den Forsteinrichtungswerken der entsprechenden Jahre; ADAMEK, Schiener Berg.

13 Die Waldstreu ging als Streumist veredelt zur Düngung in die Weinberge oder diente unveredelt als Frostschutz für die Rebstöcke, die den Winter über nieder gelegt wurden.

das Forsteinrichtungswerk von 1842/1843.[14] Die Kiefer wiederum wurde, nachdem die intensive Streunutzung eingestellt worden war (unter anderem eine Folge des Rückgangs des Weinbaus), sehr stark eingebracht. 1872 heißt es, die „. . . Waldungen seien so ruiniert . . ., daß nichts anderes bleibt, als den größten Teil in Forlenwald zu wandeln".[15] So entstand ein neues Waldbild aus der Not heraus. – Die Fichte, heute vielfach dominant, war ab den 1840er-Jahren gefördert worden.

Ganz eigentümliche Elemente waren die „Reuten" oder „Stockäcker", auf denen wohl seit dem Spätmittelalter in einer Umtriebszeit von nur sieben oder acht Jahren mit ausschlagfähigen Gehölzen, etwa Hasel oder Esche, dünne Holzstangen produziert wurden, um beispielsweise den ungeheuren Bedarf an Zaunholz zu decken.[16]

Die Weinberge bzw. der *Weinbau*, bis ins frühe Mittelalter zurückgehend,[17] nahm sehr große Flächen ein[18] und lebte stofflich vom Wald und von den Wiesen und Weiden (Streu, Rebpfähle, veredelte Waldstreu als Mist). Komplementärerscheinungen zum Weinbau waren zum einen Kopfweiden, typischerweise an Gräben, Bächen und Weiherufern, deren Ruten man benötigte, um die Reben anzubinden, sowie zum anderen für die Steingewinnung Abbauflächen, sofern man Hänge mit Mauern terrassieren musste. Um sich von der Größenordnung dieser Nutzungsform und der Prägung des Landschaftsbildes eine Vorstellung machen zu können, seien ein paar Zahlen genannt: Überlingen beispielsweise besaß Weinberge und Weingärten auf der ganzen Gemarkung; der Wein war im 14. Jahrhundert Haupteinnahmequelle.[19] Im Spitzenjahr 1552 wurden 5,6 Mio Liter Wein eingefahren. Konstanz war zu weiten Teilen von Rebflächen umgeben; Bürger, Adel, Geistlichkeit nannten in 150 Dörfern der weiteren Umgebung Weinberge ihr Eigen. Das Zisterzienserkloster Salem besaß im Spätmittelalter ein ununterbrochenes Rebanbaugebiet von Überlingen bis Buchhorn.[20] In Radolfzell war zu Beginn des 19. Jahrhunderts der Weinbau wichtigster Wirtschaftsfaktor.[21] Die Reichenau, unsere eigenartige Gemüseinsel, war 1707 zu 75 % mit Reben bestockt.[22] Öhningen besaß 1781 301 ha Rebflächen, sicherlich wie überall durchsetzt mit zahlreichen Obstbäumen. Im Linzgau seien um 1880 alle nach Süden sich neigenden Hänge – insgesamt 700 ha – mit Reben bestellt gewesen.[23] Um diese Datenfülle noch in einen weiteren funktionalen Zusammenhang zu stellen: Auf dem Hektar Rebfläche standen zwischen 12.000 und 18.000 Reben und jede dieser Reben benötigte einen eigenen Rebstecken. Das Kloster Salem ließ im Jahre 1705 87 175, im folgenden Jahr 34 950 und im Jahr darauf 70 675 Rebstecken hauen.[24]

---

14 Forsteinrichtungswerk Öhningen von 1842/1843; ADAMEK, Schiener Berg.
15 Forsteinrichtungswerk Öhningen von 1872; ADAMEK, Schiener Berg.
16 JÄHNICHEN, Wirtschaft und Verkehr.
17 Für unseren Raum, hier: Bohlingen auf der Höri, erstmals 773 genannt (SPAHR, Weinbau).
18 JÄHNICHEN, Wirtschaft und Verkehr.
19 JÄHNICHEN, Wirtschaft und Verkehr.
20 SPAHR, Weinbau.
21 WELLER, Landnutzung.
22 Vgl. NEUNER & LAZAR, Reichenau.
23 Badisches Statistisches Landesamt, Badische Landwirtschaft.
24 SPAHR, Weinbau.

Man kann daraus insgesamt den extrem hohen Bedarf an Holz geringer Stärke ablesen und kann daraus wiederum Rückschlüsse ziehen auf das Aussehen und die Zusammensetzung der Wälder, in denen die Gehölzarten, die aus dem Stock wieder ausschlagen können (z. B. Hasel und Esche, s. o.: „Reuten", „Stockäcker") über weite Flächen dominierten.

Bezogen auf die Fläche des Altkreises Konstanz seien zur Dynamik des Weinbaus abschließend noch ein paar Zahlen genannt. Danach gab es

im Jahr 1809   1170 ha Wein,
im Jahr 1904   606 ha Wein,
im Jahr 1948   73 ha Wein,
im Jahr 1965   25 ha Wein.[25]

Der *Obstbau*, der in früheren Zeiten eine eher bescheidene Rolle spielte, erfuhr erst im 19. und 20. Jahrhundert seine Ausdehnung in die große Fläche und war vielfach Nachfolgekultur des Weinbaus (der Most ersetzte den Wein), dem insbesondere die Reblaus und der Falsche Mehltau zu schaffen machten, war aber auch Nachfolgekultur von „Handelsgewächsen" wie etwa des Hopfens. Speziell im unteren Linzgau nahm der Obstbau zu Beginn des letzten Jahrhunderts einen „gewaltigen Aufschwung" und der Linzgau entwickelte sich zu einer der obstreichsten Gegenden Badens. Im Bezirk Überlingen kamen auf 100 ha landwirtschaftlicher Fläche fast 2000 Obstbäume, im klimatisch besonders begünstigten Sipplingen gar 10.000! Im Jahre 1929 wurden im unteren Linzgau sage und schreibe 303 151 tragfähige Bäume gezählt (man beachte die Exaktheit der Angabe!):[26] wohl gemerkt ausschließlich Hochstämme mit ihren großen Kronen und ihrer unübertrefflichen Blütenpracht. Deutliches Zeichen des Aufschwungs war, dass im Jahre 1914 der erste Obsttransport vom Bodensee ins Reich ging.[27] Ab den 1950er Jahren setzten sich wegen der Ertragssicherheit und arbeitswirtschaftlicher Vorteile die Niederstammkulturen durch, zunächst zögerlich und dann mit einem sich unglaublich beschleunigenden Tempo: Der Bestand verdoppelte sich alleine in den Jahren 1987 bis 1992 von 6 auf 12 Millionen Exemplare.[28] Binnen weniger Jahrzehnte hatte – im wahrsten Sinne des Wortes – die eine Blütezeit die andere abgelöst.

Die *Äcker*, seit jeher Energiezuschussflächen, dominierten seit dem frühen Mittelalter bis weit ins 19. Jahrhundert hinein in weiten Teilen die Landschaften. Die Ösche der Dreifelderwirtschaft waren mit Zäunen aus Holzstangen und -latten umgeben. Untrennbar mit der ackerbaulichen Nutzung verbunden war das Vorhandensein von Rainen, Kulturwechselstufen und anderen gliedernden Elementen. Da wegen der geringen Erträge alle nur denkbaren Flächen auch an den steileren Hängen unter den Pflug genommen werden mussten, waren diese Landschaften von Rinnen- und Flächenerosion gezeichnet. Noch im Jahre 1809 lag im Altkreis Konstanz das Verhältnis Acker : Grasland bei 5 : 1. Schon 1878 kippte das

25 JÄHNICHEN, Wirtschaft und Verkehr.
26 Badisches Statistisches Landesamt, Badische Landwirtschaft.
27 WELLER, Landnutzung.
28 WELLER, Landnutzung.

Verhältnis zu Gunsten der Wiesen:[29] Die Eigenart der Farben, der Gerüche, die Art und die Zeit der Arbeitsgeräusche waren eine andere geworden.

Klöster, genau so wie weltliche Adelshäuser und die Städte, hatten im Spätmittelalter begonnen, *Fischweiher* anzulegen, weil sich mit den Fischen als Luxusspeise sehr gutes Geld verdienen ließ.[30] Ganze Landschaften erhielten ein neues Gesicht und teilweise auch einen anderen Wasserhaushalt. Es wurden Dämme gezogen, Bäche aufgestaut und ausgeleitet, Moore überflutet und mit mineralischen Sedimenten durchschlickt, und es wurde eine hoch entwickelte Teichwirtschaft betrieben, insbesondere auch im Jungmoränengebiet des westlichen Bodensees. Kriege und Preisverfall setzten ab dem 18. Jahrhundert der Weiherkultur endgültig ein Ende.[31] Nicht mehr genutzte Weiher waren nun Stätten „fiebererzeugender Miasmen", die „die Gesundheit der Nachbarschaft gefährden".[32] „Viele stehende Gewässer" würden „von der minderen Kultur des Landes zeugen", so der Kameralamtsverwalter von Altdorf-Weingarten im Jahre 1839 nach der Säkularisierung der Benediktiner-Abtei;[33] oder: „. . . die Natur des baren Geldes" sei „immer besser als die der Fischerei", so Überlegungen in der Deutschordenskommende Althausen, als es 1793 um die Abwägung ging, ob man die Fischereiwirtschaft weiter betreiben oder die Weiher trockenlegen solle mit anschließender landwirtschaftlicher Nutzung.[34] Bis in die ersten Jahrzehnte des 19. Jahrhunderts wurden zahllose Weiher trockengelegt, auch begünstigt durch die territoriale Neuordnung Südwestdeutschlands und die Säkularisierung der Klöster. Es wurde entwässert und intensiviert, auch aufgeforstet, Moore, die Weiherböden geworden waren, tauchten wieder auf und wurden abgetorft; manche Weiher blieben unkultivierbare Feuchtflächen.[35]

Um diese Jahrhundertwende taucht am Bodensee ein neues landschaftsbildprägendes Element auf: die Säulen- oder *Pyramidenpappel* (Populus nigra ‚Italica'), bis auf den heutigen Tag fester, eigenartiger, auch tausendfach abgebildeter Bestandteil des Bodensee-Inventars, in der Regel Wege und Straßen markierend, das Bild der Landschaft außerhalb von Parks bewusst gestaltend. Friedrich Ludwig von Sckell (1750 bis 1823) rühmte das das Nahen des Frühlings verkündende Grün und das „liebliche schlanke Aussehen" der italienischen Pappel, die sich schon bei dem leisesten Wind in den Lüften wiege.[36] – Wer hat das nicht schon bei einem Frühlingsbesuch des Bodensees nachempfunden?

Sehr viele *weitere Elemente* waren Bestandteil dieses Bildes über kürzere oder längere Zeit: Hanf und Flachs, diese auffälligen Kulturpflanzen, schon in der Karolingerzeit von großer Bedeutung und 1869 in den Ämtern Konstanz, Radolfzell, Engen und Stockach immerhin noch mit 6000 Morgen vertreten, Hopfen (ab 1820

---

29 JÄHNICHEN, Wirtschaft und Verkehr.
30 KONOLD, Weiher und Seen, Bd. 1.
31 Doch besaß das Zisterzienserkloster Salem zur Zeit der Säkularisierung immerhin noch 24 Fischweiher (STAIGER in RÖSENER, Reichsabtei Salem).
32 STOLZ, Gewässer Tirols.
33 KONOLD, Weiher und Seen, Bd. 1.
34 KONOLD, Weiher und Seen, Bd. 2.
35 KONOLD, Weiher und Seen, Bd. 1.
36 HERZOG, Pyramidenpappel.

Versuche, 1911 endgültig wieder eingegangen),[37] Keller, in die weiche Molasse getrieben und – speziell wenn sie zur Lagerung von Bier gebaut worden waren – von teilweise fast gigantischen Dimensionen,[38] Mühlsteinbrüche, zum Beispiel in Schienen,[39] Lehmgruben, Mühl- und Bewässerungskanäle, weite Niedermoorflächen, die sukzessive melioriert, also entwässert und kultiviert wurden,[40] Torfstiche …

Frage: Hätten wir diese alte Landschaft als unsere Bodenseelandschaft retrospektiv wiedererkannt? Wir merken: Vieles, darunter einiges funktionslos Gewordenes, ist sang- und klanglos verschwunden, ohne dass dies von irgend jemandem beklagt worden wäre. Auch wir Heutigen vermissen es nicht, weil es außerhalb unserer Wahrnehmungskonvention liegt. Wir trauern also immer jeweils dem nach, was wir zumindest partiell noch selbst gesehen und erlebt haben, von dem auch noch Erwartungen in unseren Köpfen gespeichert sind.[41]

Elemente künftiger Wahrnehmungskonventionen

Vervollständigen wir nun noch das Bild um *neue*, neumodische *Landschaftselemente*, die keinen oder fast keinen Anschluss an die alte Kulturlandschaft haben, die aber neue Funktionszusammenhänge und Normen repräsentieren:[42]
– Straßeneinschnitte und –dämme
– Böschungsbepflanzungen
– Grünbrücken
– Deponien
– Lärmschutzwälle
– Krainerwände (Stützmauern aus Betonfertigelementen)
– Ersatzbiotope
– Hochwasserrückhaltebecken
– ausgebaute Bäche
– schon renaturierte Bäche[43]

---

37 JÄHNICHEN, Wirtschaft und Verkehr.
38 Dazu z. B. GOBS et al., Naturkeller.
39 JÄHNICHEN, Wirtschaft und Verkehr 1968.
40 Im „Bericht über die Tätigkeit der Badischen Landwirtschaftskammer im Jahre 1927" beispielsweise heißt es unter „Meliorationen": „Kultivierung des Weitenrieds in den Gemeinden Orsingen, Volkertshausen, Steißlingen, Wiechs und Aach" und „Entwässerung des Schwarzrieds in der Gemeinde Bermatingen" (Badische Landwirtschaftskammer, Bericht).
41 Nebenbei: Wir trauern auch Landschaften, Motiven nach, die – gar nicht real existierend – archetypische, romantische, bukolische, arkadische Klischees wiedergeben, etwa auf dem Gemäldedruck über dem Wohnzimmersofa.
42 Dazu KONOLD, Dynamik von Kulturlandschaften.
43 Im 19. Jahrhundert wurde der mäandrierende Bach diffamiert als die Landschaft „… in der irregulärsten, widerlichsten Form (durch)schleichend … (der Wiesenbaumeister Häfener im Jahre 1848 in einem Gutachten über die Entwässerung des Wurzacher Rieds; KONOLD, Weiher und Seen, Bd. 2).

- große Kiesgruben und Baggerseen (noch Landschaftsschäden oder schon „Paradiese aus zweiter Hand"?)
- Rekultivierungsflächen
- wieder hergestellte Schilfröhrichte, hier und da eingezäunt[44] usw.

Gehören auch sie dereinst zum Inventar einer historischen Kulturlandschaft, zum gemeinsamen Erbe, das – sich verändernd – mit der Zeit geht?

Wertschätzung von Eigenarten

Es soll nun der Versuch gemacht werden, verschiedene Kategorien von Landschaftselementen zu bilden und diese in eine Rangfolge zu bringen, und zwar aus der Sicht der Denkmal- und der Kulturlandschaftspflege:[45]
- Es gibt zunächst eine ranglose Kategorie von Elementen; ranglos, weil sie nur einen ganz geringen Bekanntheitsgrad besitzen (Keller,[46] manche Kanäle,[47] Weiherdämme[48] etwa) oder weil sie von kaum jemandem interpretiert werden können (siehe oben: alte Kiefern als Überhälter).
- Rang 1, der Spitzenplatz: Das sind alte Elemente, die ganz bewusst für einen Zweck angelegt und gestaltet wurden, zum Beispiel ein terrassierter Weinberg, ein Weiher mit seinem Damm, eine Hochstamm-Streuobstwiese.
- Rang 2: Das sind alte Elemente, die durch wirtschaftliche Tätigkeit entstanden, aber nicht bewusst gestaltet wurden, zum Beispiel ein alter Steinbruch oder eine Hutung mit eindrucksvollen Solitärbäumen.
- Rang 3: Das sind junge Elemente, die durch wirtschaftliche Tätigkeit entstanden sind, jedoch nicht bewusst gestaltet, zum Beispiel eine Kiesgrube und ein Baggersee, oder aber „naturnah" gestaltet wurden, etwa ein Bach.
- Rang 4: Junge Elemente, oft von technischem Charakter, bewusst gebaut für einen speziellen Zweck, zum Beispiel ein Lärmschutzwall oder eine abgeschlossene, bepflanzte Deponie.

„Alt" kann bei wenigen Jahrzehnten Alter anfangen. Eigenartig können alte und junge Elemente sein.

---

44 Vgl. KRUMSCHEID-PLANKERT & SCHÖLLHORN, Uferrenaturierung; Ergänzung dazu am Rande: Um dem Mangel an Stalleinstreu entgegen zu wirken, pflanzte man bereits in den 1840er-Jahren am Bodenseeufer Schilf (GÖRIZ, Landwirthschaft), man spare „. . . bei Anlage solcher Geröhrichte weder Kosten noch Fleiß . . ." (HOLLAND, Schilfrohrpflanzungen).
45 Vgl. KONOLD, Dynamik von Kulturlandschaften.
46 GOBS et al., Naturkeller.
47 KONOLD, Geschichte und Vegetation.
48 KONOLD, Weiher und Dämme.

> *Zur Wahrung der Vielfalt, Eigenart und Schönheit der verschiedenen Landschaftsteile der Region, ihrer Nutzbarkeit als Erholungsraum für die dort ansässige Bevölkerung sowie im Hinblick auf ihre besondere Eignung für den Fremdenverkehr sind zusammenhängende Gebiete in ihrem traditionellen natur- und kulturräumlichen Charakter zu erhalten, zu pflegen und vor landschaftsfremden Veränderungen zu bewahren.*
> Aus dem Regionalplan Bodensee-Oberschwaben, 1966[49]

Die Identifizierung jeweiliger Eigenart, die dann zur je subjektiven Wahrnehmungskonvention wird, hängt von der Art und der Zeit des Eintritts in eine Landschaft ab. Der Eindruck und der Abdruck in der Erinnerung kann dann im einen Fall ein Zufallsprodukt und weitgehend geschichtslos sein, ganz unabhängig vom historisch-kulturlandschaftlichen Zustand. In anderen Fällen wird der Eindruck mitgeprägt werden vom Vorwissen über die Landschaft und ganz generell von den Möglichkeiten der Interpretation, die dem Betrachter gegeben sind. Die Wahrnehmung von Eigenart ist dann ein Stück weit vorprogrammiert. Nahezu alles, was unsere Welt zu bieten hat, ist heutzutage in den verschiedenen Medien – oft klischeehaft – dokumentiert und abrufbar. Daneben sind wir sehr mobil und viel gereist, haben viele Bilder und damit auch Interpretationsvarianten („Hier sieht es aus wie in . . .") und auch Erwartungen im Kopf. Die Wahrnehmungskonvention steht dann vor dem Augenschein.

Sehr vieles von dem, was oben in einem einfachen Vergleich von alten und neuen Landschaftsbildern, Landschaftselementen und deren gegenseitigen Bedingtheiten sowie über weitergehende Gedanken vermittelt werden sollte, ist sicherlich nachvollziehbar. Auch werden viele Parallelen zwischen Denkmalpflege und Kulturlandschaftspflege deutlich – kein Wunder, stammen doch beide aus der gleichen Wurzel. Die Eigenart einer Landschaft verändert sich – wie wir gesehen haben – mit ihrem gesellschaftlich und wirtschaftlich bedingten Wandel auf der Zeitschiene, und unsere Wahrnehmungskonventionen hindern uns daran, mit dem Wandel Schritt zu halten, beziehungsweise ist der Wandel rascher, als er verarbeitet werden könnte.[50] Dies löst dann Unbehagen und Ängste aus.

Welche bescheidene, aus Sicht von Kulturlandschafts- und Denkmalpflege gemeinsame Konsequenz könnte man aus den Erkenntnissen ziehen?
– Wir müssen einen Weg finden zwischen Konservieren (auch der kleinen, seltenen, unscheinbaren Dinge), der Anpassung an sich ändernde Funktionsbeziehungen und wirtschaftliche Rahmenbedingungen sowie einem behutsamen, aber bewussten und auf künftige Eigenart ausgerichteten Planen und Gestalten.
– Wir müssen noch besser lernen, die Werte des heute Geschaffenen für die Zukunft einzuschätzen, und deshalb versuchen, uns ein Stück weit von den Zeitgeist-bedingten Wertvorstellungen zu lösen.

---

49 KOHLER et al., Historische Kulturlandschaften.
50 Neben der Geschwindigkeit sind auch Veränderungen von Dimensionen und von Maßstäben (Verlust an Harmonie), Informationsfülle und -dichte sowie Funktionsverluste zu verarbeiten.

– Wir sollten außerdem versuchen, den Wandel der Landschaften und ihrer eigenartigen Inventare mit der Anpassungsfähigkeit unserer Wahrnehmungskonventionen zu synchronisieren.

Literatur

Adamek, Robert, Konzeption für einen Waldlehrpfad „Schiener Berg". Unveröff. Diplomarbeit am Institut für Landespflege der Universität Freiburg, Freiburg 2001.

Badische Landwirtschaftskammer (Hrsg.), Bericht über die Tätigkeit der Badischen Landwirtschaftskammer im Jahre 1927, Karlsruhe 1929.

Badisches Statistisches Landesamt (Hrsg.), Die badische Landwirtschaft im Allgemeinen und in einzelnen Gauen. Erster Band, Karlsruhe 1932.

Gobs, German/Pregitzer, Roland/Konold, Werner, Naturkeller in Oberschwaben, in: Beiträge zur Höhlen- und Karstkunde in Südwestdeutschland, 38 (1995), S. 1–56.

Göriz, Karl, Beiträge zur Kenntniß der württembergischen Landwirthschaft, Stuttgart – Tübingen 1848.

Hard, Gerhard, Der Begriff Landschaft – Mythos, Geschichte, Bedeutung, in: Konold, Werner/Böcker, Reinhard/Hampicke, Ulrich (Hrsg.), Handbuch Naturschutz und Landschaftspflege, 6. Erg. Lfg., Landsberg 2001, 15 S.

Herzog, Rainer, Pyramidenpappel oder Pyramideneiche? Anmerkungen zur Verwendung von Gehölzen mit säulenförmigem Habitus bei Friedrich Ludwig von Sckell (1750–1823), in: Garten, Kunst, Geschichte, Festschrift für Dieter Hennebo zum 70. Geburtstag, Worms 1994, S. 67–74.

Holland, A., Die Schilrohrpflanzungen am Bodensee, in: Wochenblatt für Land= und Hauswirthschaft, Gewerbe und Handel, 8/29 (1841), S. 155–157.

Jähnichen, Hans, Wirtschaft und Verkehr, in: Staatliche Archivverwaltung Baden-Württemberg (Hrsg.), Der Landkreis Konstanz, Bd. 1, Konstanz 1968, S. 361–403.

Kohler, Hartmut/Stocks, Burchard/Reichert, Felix, Historische Kulturlandschaften und Verkehrsinfrastruktur – neue kooperative Planungsansätze bei Trassenplanungen, in: Was haben wir aus dem See gemacht? Kulturlandschaft Bodensee, hrsg. vom Landesdenkmalamt Baden-Württemberg, Arbeitsheft 10 (2001), S. 103–114.

Konold, Werner, Oberschwäbische Weiher und Seen. Geschichte, Kultur, Vegetation, Limnologie, Naturschutz, in: Beih. Veröff. Naturschutz Landschaftspfl. Bad.-Württ. 52 (1987), 2 Bde., 634 S.

Konold, Werner, Mittelalterliche Weiher und Dämme in Oberschwaben, in: Garbrecht, Günther (Bearb.): Historische Talsperren 2, Stuttgart 1991, S. 353–369.

Konold, Werner, Wässerwiesen, Wölbäcker, Hackäcker: Geschichte und Vegetation alter Kulturlandschaftselemente in Südwestdeutschland, in: Verhandlungen der Gesellschaft für Ökologie, 27 (1997), S. 53–61.

Konold, Werner, Raum-zeitliche Dynamik von Kulturlandschaften und Kulturlandschaftselementen, in: Naturschutz und Landschaftsplanung 30 (1998), S. 279–284.

Krumscheid-Plankert, Priska/Schöllhorn, Willi, Uferrenaturierung und Röhrichtschutz – Das E+E-Vorhaben „Wiederansiedlung von Schilfbeständen am Bodensee", in: Natur und Landschaft, 68 (1993), S. 403–411.

Neuner, Birgit S./Lazar, Silvia, Historische Strukturen im heutigen Landschaftsbild der Reichenau, in: Klosterinsel Reichenau im Bodensee, hrsg. vom Landesdenkmalamt Baden-Württemberg, Arbeitsheft 8 (2001), S. 111–145.

Rösener, Werner, Reichsabtei Salem. Verfassungs- und Wirtschaftsgeschichte des Zisterzienserklosters von der Gründung bis zur Mitte des 14. Jahrhunderts, in: Vorträge und Forschungen, Sonderband 13, Sigmaringen 1974.

Spahr, Gebhard, Geschichte des Weinbaus im Bodenseeraum, in: Maurer, H. (Hrsg.), Der Bodensee. Landschaft, Geschichte, Kultur, Sigmaringen 1982, S. 189–229.

Stolz, Otto, Geschichtskunde der Gewässer Tirols, in: Schlern-Schriften, Veröffentlichungen zur Landeskunde von Südtirol 32 (1936), Innsbruck.

Strohwasser, Peter, Weidelandschaften in der „Münchner Landschaftsmalerei" des 19. Jahrhunderts, in: Laufener Seminarbeiträge, 4 (2000), S. 27–32.

Weller, Friedrich, Landnutzung im Bodenseeraum, in: Mitteilungen der Deutschen Bodenkundlichen Gesellschaft, 82 (1997), S. 63–87.

Wöbse, Hans Hermann, Weidelandschaft in Kunst und Kultur, in: Laufener Seminarbeiträge, 4 (2000), S. 17–26.

Politische Kultur

Karl Rohe

Politische Kultur und ihre Analyse[*]

Was heißt politische Kultur?

In den letzten Jahren ist in unsere politische Sprache ein Begriff eingedrungen, der noch vor zwei Jahrzehnten fast unbekannt war und allenfalls von einigen Experten benutzt wurde, die mit der amerikanischen Forschung näher vertraut waren: das Wort politische Kultur. Selbst im akademischen Betrieb besaß das Konzept damals noch Seltenheitswert. Die 1963 unter dem Titel „Civic Culture" veröffentliche Pionierstudie der beiden amerikanischen Autoren Almond/Verba, eine auf Umfragedaten gestützte vergleichende Untersuchung von fünf Gesellschaften (USA, Großbritannien, Mexiko, Italien, Bundesrepublik Deutschland), ist in Deutschland lange Zeit kaum rezipiert worden. Wer zu Beginn der 1970er Jahre ein Universitätsseminar mit dem Titel „Politische Kultur" ankündigte, konnte mit einiger Gewißheit davon ausgehen, daß kaum einer der Teilnehmer das Wort jemals gehört, geschweige denn sich etwas Genaueres darunter vorstellen konnte. Von den meisten Studierenden wurde die Kombination von Politik und Kultur als fremdartig und exotisch empfunden.

Erst seit Beginn der 1980er Jahre setzte eine intensive wissenschaftliche Beschäftigung mit dem Konzept in der Bundesrepublik ein. Die Rezeption des Begriffs ist nicht auf den wissenschaftlichen Bereich beschränkt geblieben. Die Wortverbindung, die einstmals durchaus in Deutschland heimisch war und beispielsweise einem Herder, einem Gervinus oder einem Friedrich Wilhelm Foerster wohl vertraut war und die auch Max Weber noch kannte, ist heute wieder fest in der gehobenen politischen Alltagssprache verankert. Kaum ein Tag, ohne daß das Wort nicht wenigstens einmal als Zitat aus Politikermund oder aus Journalistenfedern in einer Tageszeitung erscheint. Kaum ein Buchkatalog, in dem der Begriff nicht

---

[*] Mit freundlicher Genehmigung des Autors, der aus Krankheitsgründen keinen neuen Beitrag für diesen Band verfassen konnte, haben die Herausgeber aus früheren Veröffentlichungen Karl Rohes folgenden Text zusammengestellt. (Karl Rohe: Politische Kultur und ihre Analyse. Probleme und Perspektiven der Politischen Kulturforschung. In: Historische Zeitschrift 250/1990, S. 121–346: hier S. 321–324; Karl Rohe: Politische Kultur. Zum Verständnis eines theoretischen Konzepts. In: Oskar Niedermayer/Klaus von Beyme (Hrsg.): Politische Kultur in Ost- und Westdeutschland. Berlin 1994, S. 1–21. Wir danken dem Oldenbourg Verlag München sowie dem Akademie Verlag Berlin für die Abdruckgenehmigung.

zumindest als Untertitel mehrere Male auftaucht, gerade auch in historischen Buchkatalogen. Aufschlußreich des weiteren, daß neuerdings für alteingeführte Werke, so beispielsweise für das begriffsgeschichtliche Lexikon von Brunner/ Conze/Koselleck – übrigens zu Recht – mit der Formel geworben wird, es handele sich um einen wichtigen Beitrag zur Analyse der Politischen Kultur in Deutschland.

Überdruß an der modischen Konjunktur, aber auch Verzweiflung ob der Schwammigkeit des Konzepts hat offensichtlich den Mannheimer Politikwissenschaftler Max Kaase veranlaßt, unter dem barocken Titel: „Sinn oder Unsinn des Konzepts politische Kultur für die vergleichende Politikforschung. Oder auch: Der Versuch, einen Pudding an die Wand zu nageln", einen konzeptuell und methodologisch gehaltenen kritischen Forschungsbericht vorzulegen. [...] Kaase unterzieht das Konzept einer ebenso scharfen wie grundsätzlichen Kritik, plädiert aber gleichwohl für eine vorsichtige Weiterführung des Ansatzes in den von Almond/ Verba gezeichneten Bahnen. [...]

Inzwischen ist der Begriff ,politische Kultur' in der sozialwissenschaftlichen Forschung fest etabliert. Der folgende Beitrag wirbt für ein breites Verständnis des Forschungskonzeptes. Wir wollen in einer ersten Annäherung unter politischer Kultur die für eine soziale Gruppe maßgebenden Grundannahmen über die politische Welt und damit verknüpfte operative Ideen verstehen, soweit sie sich mental und/oder habituell auskristallisiert haben. Politische Kultur manifestiert sich mithin einerseits als „Weltbild" (Weber, 1988, S. 252), das das politische Denken, andererseits als „ungeschriebene Verfassung", die das öffentliche Reden und Handeln der Gruppenmitglieder konditioniert. Insgesamt stellt sie so etwas wie einen mit Sinnbezügen gefüllten politischen Denk-, Handlungs- und Diskursrahmen dar, innerhalb dessen sich das Denken, Handeln und öffentliche Reden politischer Akteure vollzieht.

Bewußt wird von Grundannahmen über die politische Welt und nicht, wie in der Almond/Verba-Tradition, von Einstellungen gegenüber politischen Systemen oder subjektiven Orientierungen der Systemmitglieder gegenüber politischen Phänomenen (Almond/Verba, 1980, S. 26) gesprochen. Damit soll die Almond/ Verba-Tradition, die bislang ohne Zweifel in der empirischen politischen Kulturforschung dominiert und gewichtige Resultate hervorgebracht hat, keineswegs pauschal abgewertet werden. Sie soll jedoch mit anderen Ansätzen verknüpft und breiter eingebettet werden. Ausgangspunkt sind deshalb zunächst einmal Überlegungen, wie sie vor allem von Elkins/Simeon (Elkins/Simeon, 1979) entwickelt worden sind. Politische Kultur ist für die beiden Autoren so etwas wie eine kognitiv-normative „Landkarte", die die politische Welt geistig absteckt und strukturiert. Etwas verkürzt formuliert, geht es um die für ein gesellschaftliches Kollektiv maßgebenden grundlegenden Vorstellungen darüber, was Politik eigentlich ist, sein kann und sein soll.

Diese Grundannahmen stellen so etwas wie Maßstäbe dar, an Hand derer Politik wahrgenommen, interpretiert und beurteilt wird. Sie sind in der Regel auf einer grundsätzlicheren Ebene anzusiedeln als die politischen Orientierungen und Einstellungen, wie sie in der Almond/Verba-Tradition erforscht werden, selbst wenn tatsächlich Orientierungen gegenüber einem konkreten politischen Regime untersucht werden. In jedem Fall gilt – zunächst jedenfalls –, daß politische Kulturforschung im hier verstandenen Sinn nicht nach Einstellungen gegenüber konkreten politischen Regimen zu fragen hat, sondern nach den Wahrnehmungsmustern und Beurteilungsmaßstäben, die solchen Einstellungen zugrundeliegen. Das schließt freilich nicht aus, daß gemessene Einstellungen, behutsam interpretiert, durchaus an den Kern der „Weltbilder" und „ungeschriebenen Verfassungen" heranführen können.

Einstellungswandel ist mithin gleichbedeutend mit Kulturwandel. Von einem politisch-kulturellen Wandel kann nur dann gesprochen werden, wenn sich die Maßstäbe und Kategorien gewandelt haben und nicht automatisch schon dann, wenn sich die Einstellungen gegenüber einem politischen Regime, geschweige denn gegenüber einer Regierung, verändern. Ein Einstellungswandel kann zwar kulturelle Ursachen haben; er muß es aber nicht. Er kann auch dann vorliegen, wenn sich die Erfahrungen mit dem Regime, sei es zum Guten, sei es zum Schlechten, gewandelt haben, ohne daß sich die Beurteilungsmaßstäbe auch nur einen Jota verändert haben.

Mit bestimmten Grundannahmen über die politische Welt sind nicht zufällig auch eine Reihe mehr instrumentell zu verstehender operativer Ideen verbunden, also ein zu Denk- und Handlungskonventionen geronnenes Wissen darüber, wie Probleme angegangen werden, welche „Antworten" sich in der Vergangenheit bewährt haben und welche nicht und wie man öffentlich reden und auftreten muß, wenn man politisch erfolgreich sein will. Auch solche operativen Ideen sind ein konstitutiver Bestandteil von politischer Kultur. Insofern bedarf die obige These, von Kulturwandel könne nur dann gesprochen werden, wenn sich die Grundannahmen über die politische Welt verändert haben, einer gewissen Korrektur. Um es beispielhaft zu verdeutlichen: ein Kulturwandel läge auch dann vor, wenn das Demokratieprinzip kulturell weiterhin akzeptiert, aber ein bis dahin geltendes Operationsprinzip von Demokratie, wie das Parteienprinzip, preisgegeben würde. Kulturell unerheblich wäre es dagegen, wenn sich eine Parteienverdrossenheit ausschließlich auf das aktuell vorhandene Personal beziehen würde, nicht aber auf die Parteien an sich durchschlagen würde.

Daß operative Ideen einen mehr instrumentellen Charakter besitzen, heißt nicht, daß sie objektiv und subjektiv weniger wichtig sind. Ihre faktische Relevanz für das politische Leben kann größer sein als die von Grundannahmen. Es ist auch nicht ohne weiteres so, daß die Menschen sie leichten Herzens aufgeben und emotional weniger an ihnen hängen als an „letzten" Werten. Das gilt vor allem dann, wenn sie sich zu einem als wertvoll reflektierten way of life verdichtet haben.

Grundannahmen über die politische Welt in Verbindung mit den ihnen zugeordneten operativen Ideen, die die politische Kultur eines sozialen Verbandes ausmachen, lassen sich am besten als politische und gesellschaftliche Ordnungsentwürfe begreifen, die man, im Prinzip, in ähnlicher Weise studieren kann wie jene Ordnungsentwürfe, die in der politischen Ideengeschichte oder in geschriebenen Verfassungen gespeichert sind. Man kann an politische Kulturen deshalb grundsätzlich die gleichen Fragen richten wie an einen „Klassiker"-Text oder eine „geschriebene Verfassung". Freilich sind einige Besonderheiten mit diesen Studien verbunden. Auch wenn politische Kulturen ideellen Einflüssen und geistiger Formung unterliegen, sind sie doch nicht in der Schule eines gelehrten Meisters, sondern in der Schule des politischen Lebens entstanden. Es handelt sich um „politische Alltagstheorien" (Patzelt, 1989), von denen man nicht jenes Maß an logischer Stringenz und Widerspruchsfreiheit erwarten kann, wie das bei klassischen Theorien der Politik und geschriebenen Verfassungen in der Regel der Fall ist. Sie liegen zumeist nicht in voll artikulierter Form vor. Sie müssen vielmehr über die Beobachtung von politischem Verhalten, über die Analyse von politischer Sprache und politischen Symbolen und über die Auswertung von Umfragedaten indirekt rekonstruiert und erschlossen werden. Der Vorzug kultureller Studien besteht jedoch darin, daß es sich um Studien am lebenden Objekt handelt.

Hinzu kommt, daß es sich bei politischen Kulturen um politische Ordnungskonzepte handelt, an denen viele mitstricken und mitgestrickt haben, nicht nur die jeweils lebenden Generationen. Die Ordnungsentwürfe, die wir politische Kultur nennen, spiegeln deshalb stets auch die historischen Politikerfahrungen einer Gesellschaft und die „Antworten", die sie in der Vergangenheit für die Lösung des politischen Grundproblems sozialer Verbände gefunden hat, wie nämlich gemeinsam gehandelt werden kann, ohne daß bereits ein Konsens vorauszusetzen ist (Scharpf, 1973, S. 33; Rohe, 1994). Wer über politische Kultur redet, kann deshalb über die „Großväter" nicht schweigen, wenn er das Konzept nicht entwerten und seiner theoretischen Möglichkeiten berauben will. Denn Fruchtbarkeit und Reiz einer politisch-kulturellen Analyse liegen nicht zuletzt in dem Versuch, die historische Dimension als eine kontrollierte systematische Variable in sozialwissenschaftliche Analysen einzubringen.

Umfrageforschung als Kulturforschung

Politische Kulturen sind also, wie wir gesehen haben, im Kern nichts anderes als in die politische und gesellschaftliche Wirklichkeit eingelassene Ideen, die Politikhorizonte abstecken, Sinnbezüge stiften und von ihren jeweiligen gesellschaftlichen Trägern als Maßstäbe zur Auswahl, Organisation, Interpretation, Sinngebung und Beurteilung politischer Phänomene benutzt werden. Das ist ein Verständnis von politischer Kultur, das sich mit dem politischen Kulturverständnis, wie es in der Almond/Verba-Tradition entwickelt worden ist, zwar nicht nahtlos deckt, aber auch nicht grundsätzlich unvereinbar ist, vor allem dann nicht, wenn man an Weiterentwicklungen dieses Verständnisses bei Pye denkt (Pye, 1968, S. 218). Die von Almond/Verba herausgearbeiteten unterschiedlichen Kulturtypen lassen sich durchaus als unterschiedliche Ordnungsentwürfe lesen. Auch in dieser Tradition sind „Orientierungen der Systemmitglieder gegenüber politischen Phänomenen" (Almond/Verba, 1980, S. 26) nicht ohne weiteres gleichzusetzen mit Einstellungen gegenüber den Institutionen konkreter politischer Regime. Auch hier geht es zumindest partiell um die Erfassung von Grundorientierungen gegenüber dem Politischen und damit um politische Ordnungsentwürfe im oben skizzierten Sinn.

Allerdings werden in der konkreten empirischen Forschung die beiden Ebenen nicht immer sorgfältig auseinander gehalten oder es werden Einstellungen gemessen, ohne daß gefragt wird, welche Ordnungsvorstellungen ihnen zugrundeliegen. Das macht die Befunde der Einstellungsforschung kulturell oft schwer interpretierbar. Wenn man Einstellungen zur nationalen Gemeinschaft untersucht, macht es für die Interpretation der Befunde einen erheblichen Unterschied, ob die Befragten überhaupt primär in nationalen Kategorien denken oder nicht. Es wäre ja auch denkbar, daß sie politische Einheit und politische Gemeinschaft primär vom Staate oder von der Verfassung her begreifen. Oder ein weiteres Beispiel: Um das Phänomen der „Parteiverdrossenheit" politisch-kulturell sinnvoll interpretieren zu können, muß ich die politischen Ordnungsvorstellungen eruieren, die sich dahinter verbergen.

Solche Einwände stellen indes noch keinen prinzipiellen Einwand gegen den methodischen Zugang dar, den Almond/Verba gewählt haben und der ihrer Studie erst eigentlich den Charakter einer Pionierstudie verleiht, nämlich die Umfrageforschung. Es bleibt zu fragen, ob diese, richtig gehandhabt, nicht doch der „Königsweg" zur empirischen Analyse von politischer Kultur in modernen Industriegesellschaften ist (Kaase, 1983, S. 162). Festzuhalten ist jedenfalls, daß manche Defizite der bisherigen Umfrage- und Einstellungsforschung, die nicht immer als theoretisch bewußte politische Kulturforschung betrieben wird, nicht einfach der Methode angelastet werden dürfen.

Dennoch bleiben grundsätzliche Fragen. Da ist zunächst das Problem, daß Kultur, ebenso wie Sprache, sinnvoller Weise nicht als bloß individuelles, sondern nur als ein soziales Phänomen begriffen werden kann, auch wenn sie ohne Individuen als Träger nicht existieren könnte. In der Umfrageforschung werden jedoch die Einstellungen von Individuen abgefragt. Es soll nicht auf dem „individualistischen Fehlschluß" herumgeritten werden, den Scheuch – zu Recht oder zu Unrecht – der Almond/Verba-Studie zum Vorwurf gemacht hat (Scheuch, 1966 und 1969; vgl. Lijphart, 1980, S. 45 f; Fenner, 1984, S. 39). Viel entscheidender ist, daß der soziale Verpflichtungscharakter von politischer Kultur nicht oder doch kaum von der bisherigen Umfrageforschung erfaßt wurde (Pappi, 1986), es sei denn, man unterstellt, daß in demokratischen Massengesellschaften das Mehrheitliche eo ipso auch das Maßgebliche ist und deshalb stets auch Aufschluß darüber gibt, was und wie „man" in den jeweiligen sozialen Gruppierungen zu denken, öffentlich zu reden und zu handeln hat, ohne mit informellen Sanktionen rechnen zu müssen. Das ist jedoch selbst für demokratische Industriegesellschaften eine unrealistische Annahme. Um an den Kern von politischer Kultur heranzukommen, müßte man deshalb wissen, welche Tabus in einem sozialen Verband existieren, wie die Beweislastregeln funktionieren, also was „man" eigens begründen und rechtfertigen muß und welche Argumente und Handlungen wie selbstverständlich ohne Begründung durchgehen. Es ist nicht so, daß die Umfrageforschung überhaupt keinen Zugang zu diesen Fragen besitzt. Sie kann durchaus danach fragen, was im jeweiligen Umfeld als „kulturelle Hegemonie" (Gramsci, 1983) oder vorherrschendes Meinungsklima (Noelle-Neumann, 1977; 1982[2]) wahrgenommen wird. Ansatzweise das auch in der Civic Culture-Studie geschehen. Dennoch muß man fragen, ob die Umfrageforschung nicht auf prinzipielle Grenzen stößt, wenn es darum geht, den gesellschaftlichen Charakter von politischer Kultur zu erfassen.

Ein weiteres Problem besteht darin, daß gerade der harte Kern von politischer Kultur aus Selbstverständlichkeiten besteht, die dem Einzelnen oft gar nicht bewußt sind, bestenfalls halb bewußt sind und deshalb auch nicht einfach abgefragt werden können. Das gilt nicht nur für die Grundannahmen über die politische Welt, sondern oft auch für operative Ideen, wenn sie zu Denk- und Handlungskonventionen geronnen sind. Häufig beraubt erst der systematische Vergleich zwischen politischen Kulturen oder die persönliche Konfrontation mit einer fremden politischen Kultur, wie sie beispielsweise von Neueinwanderern, Austauschstudenten und Austauschwissenschaftlern erfahren wird, kulturelle Selbstverständlichkeiten ihrer „natürlichen Unschuld" und läßt sie als das erscheinen, was sie in Wirklichkeit sind, nämlich raumzeitlich gebundene kulturelle Besonderheiten. Auch daraus wären die entsprechenden Forschungskonsequenzen zu ziehen (Elkins/Simeon, 1979).

Vergleiche in der politischen Kulturforschung sollten darüber hinaus nach Möglichkeit stets auch eine diachrone Perspektive enthalten, auch deshalb, weil ohne einen Vergleich in der Zeit oft gar nicht geklärt werden kann, ob es sich bei den erfaßten Orientierungen um relativ situationsgebundene Auffassungen handelt, die bei einem Wechsel der Situation verschwinden, oder aber um langfristige und historisch tief gestaffelte Überzeugungen und Praktiken. Forschungsprogrammatisch gesehen heißt das, daß auf empirische Umfrageforschung gestützte Kulturforschung, weil sie zeitlich nicht weit genug zurückreicht, selbst daran interessiert sein muß, politische Kultur so zu konzeptualisieren, daß ihre Ergebnisse anschließbar und mit den Resultaten anderer Forschungsansätze vergleichbar sind.

Zusammenfassend: Grundsätzlich wäre vorstellbar, daß die Umfrage- und Einstellungsforschung auch für eine so gedachte politische Kulturforschung mehr leisten kann, als sie bislang tatsächlich geleistet hat, vor allem dann, wenn sie intelligent mit anderen Ansätzen verkoppelt wird (Bürklin, 1993). Sie stößt jedoch auf systematische Erkenntnisgrenzen. Es ist deshalb unumgänglich, Umfrageanalysen durch Verhaltensanalysen, Parteisystemanalysen sowie Sprach- und Symbolanalysen zu ergänzen, zumal es ohnehin eine offene Frage ist, ob kulturelle Werte und Wahrnehmungsmuster besser über die Beobachtung und Analyse von Verhalten oder besser durch Befragungen erfaßt werden können (Geertz, 1983).

Arten politisch-kultureller Orientierung

Almond/Verba unterscheiden in ihrer Pionierstudie drei Arten von kulturellen Orientierungen, nämlich kognitive, evaluative und gefühlsmäßige Orientierungen (Almond/Verba, 1963, S. 15). Diese Trias wird auch in späteren Publikationen im Prinzip beibehalten (Almond/Verba, 1980, S. 27 f). Wo liegen die Probleme? Es besteht wenig Anlaß, die Unterscheidung von kognitiven und evaluativen Orientierungen in Frage zu stellen, obwohl man sich stets der Tatsache bewußt sein muß, daß auf der Ebene der politischen Alltagstheorien, auf der politische Kulturen anzusiedeln sind, zwischen dem Sein und dem Sollen oft nicht genau differenziert wird. Notwendig wäre freilich, die Fragestellungen namentlich auf der kognitiven Ebene aus einer gewissen Enge und einer zu starken Fixierung auf das jeweils bestehende politische System zu befreien, die sie in der Almond/Verba-Tradition besitzen. Wenn es in der politischen Kulturforschung darum geht, das politische „Weltbild" und die „ungeschriebene Verfassung" eines sozialen Verbandes aufzudecken, dann heißt das

zugleich, daß politische Kulturforschung stets, wenn man so will, Möglichkeits-
forschung und nicht Wirklichkeitsforschung ist. Politische Kultur läßt in aller Regel
mehr als eine Wirklichkeit zu, aber sie läßt nicht alles zu. Wie alle Kultur beginnt auch
sie damit, daß fortan nicht mehr alles möglich ist. Wie diese Grenzen gezogen werden
und worauf sie sich in erster Linie beziehen, mehr auf die politischen Inhalte oder auf
die politischen Prozesse: darin unterscheiden sich politische Kulturen. Stets jedoch
geht es darum, den kognitiven Horizont abzustecken und zu vermessen, der einer
politischen Kultur eigentümlich ist. Entsprechend wären die Fragen anzusetzen,
nicht nur auf der kognitiven, sondern auch auf der normativen Ebene.

Einer etwas sorgfältigeren Reflektion bedarf das, was bei Almond/Verba als
affektive Dimension politischer Orientierungen erscheint. Die zentrale Frage, die
auf dieser Ebene zu stellen ist, ist nicht die nach dem Vorhandensein oder Nicht-
vorhandensein von affektiven Systembindungen, die nicht ohne weiteres mit diffuser Systemunterstützung im Sinne Eastons gleichzusetzen sind (Conradt, 1974).
Mangelnde affektive Systembindung ist eine komplexe Größe, hinter der sich
Heterogenes verbergen kam, nämlich einmal das Versagen oder Unvermögen eines
politischen Regimes, bestimmten affektiv verankerten Maßstäben gerecht zu werden, zum anderen eine fehlende affektive Verankerung dieser Maßstäbe in der
jeweiligen politischen Kultur. Letzteres kann wiederum unterschiedliche Ursachen
haben. Jedenfalls ist die Frage nach affektiven Systembindungen eine nachgeord-
nete Frage. Ausgangsfrage muß vielmehr sein, ob und in welchem Maße die auf der
kognitiven und evaluativen Ebene gespeicherten Maßstäbe und Werte einer politischen Kultur affektiv verankert sind oder nicht.

Die Formulierung deutet schon an, daß die affektiven Orientierungen nicht auf
der gleichen Ebene anzusiedeln sind wie die normativen und kognitiven Orientierungen. Sie stehen in gewisser Weise quer zu den anderen Orientierungsarten. Auf
gleicher Ebene anzusiedeln wären dagegen ästhetische Maßstäbe und Prinzipien, die
in der Almond/Verba-Tradition, aber auch in der politischen Kulturforschung insgesamt bislang stark vernachlässigt worden sind, obwohl sie für die konkrete Einschätzung und Bewertung von Politikern und politischen Systemen gerade bei Intellektuellen von außerordentlich großer Bedeutung sein dürften. Der Vorschlag zur
Konzeptualisierung wäre also, neben einer kognitiven und einer normativen auch
eine ästhetische Orientierungsart zu unterscheiden, und dann jeweils zu fragen, ob
und inwieweit die jeweiligen kulturellen Orientierungen gegenüber dem Politischen
affektiv verankert sind. Eine denkbare Alternative zu diesen Konzeptualisierungs-
vorschlägen bestünde darin, auf der evaluativen Ebene zwischen moralischen, ideologischen und ästhetischen Bewertungsmaßstäben zu unterscheiden, und sodann zu
prüfen, inwieweit sie eine affektive Ladung besitzen. Dabei ist grundsätzlich von einer
besonderen Nähe zwischen dem Affektiven und dem Ästhetischen auszugehen. Wer
dazu neigt, politische Regime in starkem Maße unter ästhetischen Gesichtspunkten
zu würdigen, wird in der Regel auch starke positive oder negative Emotionen in die
Bewertung einbringen. Grundsätzlich ist es jedoch möglich, daß auch vorwiegend
kognitiv konstruierte Weltbilder eine affektive Verankerung besitzen. Man kann
mehr verliebt sein in seine Vorstellung als in sein Leben.

Die Bewußtmachung der ästhetischen Dimension macht eine Erweiterung des
bisher vorgetragenen Verständnisses von politischer Kultur erforderlich. Unter

politischer Kultur wurde ein mental und habituell verankerter Set von Prinzipien und Regeln verstanden, die das politische Denken und Handeln, einschließlich des Sprachhandelns, regulieren und programmieren. Damit diese Programmierungsfunktion wahrgenommen werden kann, müssen die Regeln und Prinzipien verinnerlicht werden. Wie solche Internalisierungsprozesse verlaufen, dafür stellt die Sozialpsychologie mit der sozialen Lerntheorie und dem kognitiven Entwicklungsparadigma unterschiedliche Erklärungsansätze bereit, die aber darin übereinstimmen, daß das individuelle (politische) Gewissen in der Regel die Sprache der herrschenden (politischen) Kultur spricht. Das bedeutet, daß Individuen ein gutes Gewissen haben, wenn sie in Einklang mit den sozial akzeptierten Normen denken und handeln, und ein schlechtes Gewissen, wenn sie dagegen verstoßen – ein Zeichen dafür, in wie starkem Maße auch Mentalitäten eine „soziale Tatsache" im Sinne Durkheims – darstellen.

Kulturelle Regeln und Prinzipien bedürfen freilich nicht nur der „Verinnerlichung", sondern auch der „Veräußerlichung", damit sie ihre gesellschaftliche Funktion erfüllen können. Anders formuliert heißt das, daß sie auf zeichenhafte Verdeutlichung angewiesen sind und immer wieder durch Wort, Schrift, Bild und Tat in Erinnerung gerufen werden müssen. Das kann in sehr unterschiedlicher Weise geschehen, über historische Mythen, über Standbilder, Rituale, Fahnen und Feiern. Im Grunde kann alles zu einem politischen Symbol werden. Auch pragmatisches Alltagshandeln kann eine Zeichenfunktion übernehmen. Ein Musterbeispiel dafür ist das englische queuing, das ja nicht nur eine pragmatische, sondern stets auch eine demonstrative und symbolische Funktion besitzt, weil es auf grundlegende Ordnungsprinzipien einer zivilen Gesellschaft verweist.

Für die Konzeptualisierung von politischer Kultur heißt das, daß sie stets in ihrem subjektiven und objektiven Doppelcharakter, daß sie als Ideensystem und gleichzeitig als Zeichen- und Symbolsystem gesehen werden muß. Zu ihr gehört „Sinn", aber auch „Sinnlichkeit" und „Sinnenfälligkeit". Sie besteht aus Ideenkomplexen, die eine auch ästhetisch faßbare und bewertbare Form und Gestalt angenommen haben. Es geht niemals nur um Inhalte, sondern stets auch um Form, die wiederum Einfluß auf den Gehalt hat. Die „Ausdrucksseite" von politischer Kultur ist deshalb nicht nur als ein Zugang zu ihrer „Inhaltsseite" zu betrachten, sondern besitzt Eigenwert. Namen, Zeichen und Symbole sind niemals nur Schall und Rauch. Dafür spricht die immer wieder beobachtbare Tatsache, daß ein politisches Zeichen oder ein politisches Ritual, das in einer bestimmten Kultur emotionale Bindungen hervorruft, in einer anderen nahezu lächerlich wirkt und zu einem gegenteiligen Effekt führt.

Funktionsträger eines politischen Regimes müssen deshalb aus wohlverstandenem Eigeninteresse sorgsam darauf achten, daß ihre politische Formensprache den in der jeweiligen Kultur gespeicherten politisch-ästhetischen Maximen entspricht, es sei denn, es gelingt ihnen, diese Maximen zu verändern. Das gilt insbesonders dann, wenn ein politisches Regime nicht nur in den Köpfen, sondern auch in den Herzen der Systemmitglieder verankert sein will. Denn affektive Systembindung dürfte in hohem Maße von der Form- und Ausdrucksseite der Politik abhängig sein. Das gilt für politische Diktaturen wie für politische Demokratien gleichermaßen. Auch politische Demokratien sind auf ästhetische Ausstattungen und symbolische Politik angewiesen. Sie können sich nicht einfach darauf verlassen, daß sich Legitimitätseinverständnisse mehr oder minder von selbst einstellen, wenn die Inhalte stimmen und was für das Volk „herauskommt". In den alten Demokratien des Westens ist dieses Wissen stets lebendiggeblieben (Rohe, 1990; Becker, 1993; Dömer/Rohe, 1991; Dömer, 1993; Bohrer, 1988; Mosse, 1976; Reichel, 1991).

Politische Kultur als Praxis und Prozeß

Damit kommt eine weitere Komponente ins Spiel. Politische Kultur wurde bislang, um eine Formulierung von Karl Mannheim aufzugreifen, als „objektiv-geistiger Strukturzusammenhang" (Mannheim, 1964, S. 414) gesehen, der als Produkt und Resultat kollektiver historischer Prozesse bereits vorliegt und in den die Neumitglieder eines sozialen Verbandes, mag es sich dabei um nachwachsende Generationen oder Zuwanderer handeln, nach und nach via Sozialisations- und Enkulturationsprozesse eingeführt werden. Politische Kultur kann aber sinnvoller Weise nicht nur als vorgefundenes Resultat, sondern muß stets auch als Prozeß begriffen werden. Sie ist nicht nur Bewirktes, sondern stets auch Bewirkendes; sie ist ergon und energeia. Zur Analyse von politischer Kultur gehört deshalb, und zwar gleichgewichtig, die Analyse von politisch-kultureller Praxis. Selbst wenn keine kulturellen Veränderungen angestrebt werden und es „nur" darum geht, eine Kultur zu bewahren, sind kulturelle Aktivitäten erforderlich, die weit über die Sozialisation und Enkulturation von Neumitgliedern hinausgehen. Auch die Wahrung kultureller Kontinuität bedarf der politischen Anstrengungen. In gewisser Weise ist kulturelle Kontinuität, nicht kultureller Wandel (Eckstein, 1988) das eigentlich überraschende Phänomen, das der Erklärung bedarf. Jedenfalls ist eine politische Kultur auf die regelmäßige Erneuerung und Verlebendigung des in ihr gespeicherten politischen Sinns angewiesen, wenn sie nicht Gefahr laufen will, daß ihre sprachlichen und nichtsprachlichen Zeichen nicht mehr verstanden werden und ihre Rituale zu leeren Formen erstarren.

Träger von politischer Kultur als Praxis und Prozeß sind stets auch die Normalbürger selbst, die sich ihren eigenen Vers auf ihre Erfahrungen mit der Politik machen und versuchen, den politischen Alltag symbolisch zu durchdringen und ihre eigenen Symbole schaffen. Auf der politischen Alltagsebene finden ständig kulturschöpferische Prozesse statt, die es aufzudecken gilt, mag es sich dabei mehr um Anpassungsleistungen und Innovationen oder um Identitätsvergewisserungen handeln. In fast allen Gesellschaften haben wir es aber stets auch mit mehr oder minder professionalisierten Sinn- und Symbolproduzenten zu tun, deren Profession gleichsam darin besteht, politische Sinn- und Deutungsangebote für andere zu fabrizieren. Um diese unterschiedlichen Ebenen und Modi politischer Kultur genauer zu unterscheiden und um die damit verknüpften Fragen besser aufgreifen zu können, wurde an anderer Stelle die Unterscheidung von politischer Soziokultur und politischer Deutungskultur vorgeschlagen (Rohe, 1986 und 1987).

Politische Deutungskultur ist gleichsam eine Kultur der Kultur, eine Metakultur, deren Funktion nicht zuletzt darin besteht, die auf der Ebene der Soziokultur gespeicherten, mehr oder minder unbewußten Denk-, Rede- und Handlungsgewohnheiten zu thematisieren und sie damit selbst dann ihrer gleichsam „natürlichen Unschuld" zu berauben, wenn eine Deutungskultur sich grundsätzlich affirmativ zu einer Soziokultur verhält. Politische Soziokulturen sind zwar niemals nur das Kunstprodukt intellektueller Interpreten und Designer, die gleichsam „von außen" auf eine politische Soziokultur einwirken und an der Soziokultur, die sie thematisieren, gegebenenfalls lebensweltlich gar nicht partizipieren, oder das Ergebnis von gezielten Sozialisationsbemühungen eines politischen Regimes, das seine eigene Zielkultur „von oben" zu implantieren sucht, sondern das kollektive Ergebnis von Prozessen, an denen viele mitgewirkt haben. Aber Entwicklungsstand, Reichtum, Kohärenz und „Zivilisiertheit" einer politischen Soziokultur hängen doch immer auch davon ab, ob und inwieweit sie durch eine auf sie bezogene politische Deutungskultur geistig geformt worden ist und geistig geformt wird. Mehr als das: zumindest dann, wenn politische Soziokulturen nicht in schützender räumlicher Abgeschiedenheit existieren, hängt ihr schieres Überleben auf Dauer davon ab, ob es eine sie stützende politische Deutungskultur gibt, die sowohl Identität bewahren hilft als auch Anpassung an veränderte Verhältnisse ermöglicht.

Um es beispielhaft zu verdeutlichen: für das längerfristige historische Überleben der katholischen Teilkultur und der sozialistischen Arbeiter- und Arbeiterbewegungskultur in Deutschland war es von entscheidender Bedeutung, daß beide jeweils über institutionell abgestützte Deutungskulturen verfügten, die eine Modernisierung und Identitätswahrung dieser Teilkulturen ermöglichten. Der politisch-kulturelle Preis, der dafür gezahlt werden mußte, war freilich eine subkulturelle Isolierung, mit der Konsequenz, daß lange Zeit die Sinn- und Deutungsangebote von sozialistischen und katholischen Intellektuellen für die allgemeine politische Kultur weithin irrelevant blieben.

Gerade das Beispiel der beiden historischen Subkulturen verdeutlicht, was mit der Einführung des Begriffs politische Deutungskultur erreicht werden soll: einmal soll der über politische Kultur vermittelte Einfluß von Ideen auf die Politik besser sichtbar gemacht werden. Ideen sind zwar in der Regel keine unmittelbaren Handlungsantriebe wie materielle und ideelle Interessen, aber sie beeinflussen doch, so Max Webers (Weber, 1988, S. 252) berühmte These über den Zusammenhang von Ideen, Interessen und Weltbildern, den kulturellen Rahmen, innerhalb dessen politisches Handeln, Denken und Reden stattfindet. Zum anderen soll die potentielle Kultur- und Gruppenbezogenheit von Ideen schärfer in den Blick gerückt und genauer gefragt werden, von *wem* für *wen* in *welcher Weise* die politische Welt ausgelegt wird.

Soziale Verbände können sich in dieser Hinsicht beträchtlich unterscheiden. Das wiederum hat Auswirkungen auf Art und Beschaffenheit der politischen Kultur insgesamt. Beispielsweise ist es für den Zuschnitt einer politischen Kultur nicht ohne Folgen, ob ein weitgehendes politisches Deutungsmonopol existiert oder nicht, ob die politische Welt in erster Linie von politischen Praktikern oder von relativ politikfernen Intellektuellen gedeutet wird, ob man mehr auf das Wort vertraut, oder mehr auf beispielgebendes Handeln, mehr auf politische Liturgie und Nachahmung, oder mehr auf Auslegung und Vergegenwärtigung (Assmann, 1992, S. 18). Nicht ohne Auswirkungen ist auch der Grad der Verwissenschaftlichung einer politischen Deutungskultur. Sie ist stets zugleich Chance und Gefahr –

Chance im Sinne eines „modernisierenden" Abbaus traditionaler Einbindungen, Gefahr im Sinne einer zunehmenden Erosion der unhinterfragten Konsensressourcen. Denn zwischen der für moderne Wissenschaften kennzeichnenden prinzipiellen theoretischen Neugierde auf der einen und der Notwendigkeit einer politischen Kultur zur Identitätswahrung auf der anderen Seite besteht stets ein gewisses Spannungsverhältnis. Anders als Wissenschaft kann eine politische Deutungskultur, obwohl ihre Funktion zweifellos darin besteht, Soziokulturen für neue Entwicklungen zu öffnen, niemals für alles offen sein. Politische Kulturen können zwar ein Zuviel an Identität besitzen, das ihre Innovationsbereitschaft und Anpassungsfähigkeit beeinträchtigt; aber sie können auch ein Zuwenig an Identität haben und damit nicht mehr in der Lage sein, die für alle Kulturen konstitutiven Selektions-, Vergessens- und Ausklammerungsleistungen zu erbringen.

Auch politische Deutungskultur beginnt, wie alle Kultur, letztlich damit, daß nicht mehr alles möglich ist, was im Prinzip denkbar und machbar wäre, und daß man deshalb nicht mehr mit allem rechnen muß. Nicht nur eine Rosenkultur erfordert, daß Seitentriebe beschnitten werden. Gerade Zivilkulturen, also Kulturen, in denen vieles informell, also „kulturell" im engeren Sinn und nicht staatlich und rechtlich geregelt wird, zeichnen sich – notwendigerweise – durch ein hohes Maß an Konformismus aus, also durch eine starke Beschränkung von an sich denkbaren Denk- und Handlungsmöglichkeiten. England ist dafür ein Musterbeispiel (vgl. Lowe, 1948).

Auch politische Deutungskulturen müssen mithin auf ihre immanenten Beschränkungen und Tabus, also auf ihre spezifische Selektivität hin untersucht werden. Politisch-kulturelle Diskurse stellen zwar stets, ob sie wollen oder nicht, bisherige Selbstverständlichkeiten in Frage; aber Ziel eines politisch-kulturellen Diskurses und einer kulturellen Strategie in der Politik ist letztlich, neue kulturelle Selbstverständlichkeiten zu schaffen. Wenn die Strategie erfolgreich ist, dann wandern ursprünglich kontroverse Themen gleichsam aus dem Bereich der konkurrierenden Deutungskultur in den Bereich der Soziokultur, um dort zumindest für eine Zeit lang fraglos hingenommen zu werden, ohne daß freilich eine Gewähr besteht, daß sie dort dauerhaft verbleiben. Um es beispielhaft zu verdeutlichen: Legitimationsmuster des neuzeitlichen Staates wie das Nationalstaatsprinzip oder das Wohlfahrtsstaatsprinzip, die ursprünglich einmal sehr umstritten waren, haben sich nach und nach in fast allen Kulturen durchgesetzt und frühere Legitimationsmuster ergänzt oder an die Seite gedrängt. Das muß jedoch nicht in Zukunft so bleiben.

Ein Phänomen wie politische Deutungskultur macht sichtbar, daß die Grenzen zwischen politischer Kultur und allgemeiner Kultur in der Regel fließend sind. Damit wird zwar die Notwendigkeit einer analytischen Unterscheidung nicht aufgehoben. Im politischen System können gegebenenfalls ganz andere Maßstäbe zur Geltung kommen als in anderen gesellschaftlichen Systemen. Eine zutiefst amoralische politische Kultur kann mit einer betont moralischen Kultur in anderen Teilbereichen einhergehen. Dennoch sind die wechselseitigen Zusammenhänge und Überlappungen so groß, daß sie einer expliziten Thematisierung bedürfen. Es geht deshalb nicht nur darum, die kulturelle Dimension des Politischen umfassender zu konzeptualisieren als bislang, sondern umgekehrt auch darum, die politischen Dimensionen der allgemeinen Kultur stärker und systematischer in den Blick zu nehmen, als das bislang zumeist der Fall war. Das gilt sowohl für die Ebene der Deutungskultur als auch für die Ebene der Soziokultur. Dafür nur einige stichwortartige Hinweise.

Elementarer als die Frage nach den inhaltlichen Besonderheiten einer politischen Kultur ist in gewisser Weise die Frage, welchen Stellenwert die jeweilige allgemeine Kultur überhaupt dem Politischen einräumt (Vollrath, 1987 und 1990). Nationale Gesellschaften können sich in dieser Hinsicht, denkt man beispielsweise an das deutsche, oder genauer: an das protestantische Innerlichkeitssyndrom und die damit einhergehende sublime Verachtung des Politischen, beträchtlich unterscheiden. Es gibt in der Tat politikgeneigte und politikferne allgemeine Kulturen. Eng verknüpft damit ist die Frage nach dem Grad der Interpenetration von politischer und kultureller Sphäre (Münch, 1982), sowie die weitere Frage, ob und inwieweit es zu einem unvermittelten Nebeneinander von zwei politischen Kulturen kommt, einer eher durch moralische Indifferenz und „Realpolitik" geprägten herrschenden Kultur auf der einen und einer im kulturellen System beheimateten gesinnungsethischen Alternativkultur auf der anderen Seite, die das politische System mit utopischen Forderungen konfrontiert.

Ein zweites Beispiel ist mehr auf der sozial-kulturellen Ebene anzusiedeln. Es ist die Frage nach den politischen Möglichkeiten, die in einer Sozialkultur stecken. Sinnvoller Ausgangspunkt ist dabei die Grundannahme, daß die von der Politik vorgefundenen sozial-kulturellen Gegebenheiten und Verhältnisse zwar politisch gestaltbar sind, aber nicht beliebig gestaltet und geformt werden können. In fast jeder vorgefundenen Sozialkultur steckt mithin ein latenter Politikgehalt, der bestimmte politische Optionen und Koalitionen zuläßt, andere dagegen ausschließt oder doch zumindest weniger wahrscheinlich macht. Die deutsche Parteien- und Wahlgeschichte liefert dafür zahllose Beispiele (Rohe, 1992). Das ist keine bloße historische Reminiszenz. Vor dem Hintergrund der deutschen Wiedervereinigung, vor allem aber vor dem Hintergrund einer sich abzeichnenden multi-kulturellen Gesellschaft liegt es vielmehr nahe, solche Fragen verstärkt aufzugreifen und zu versuchen, den latenten Politikgehalt unterschiedlicher Teilkulturen und Subkulturen auszuloten, weil davon entschieden abhängt, ob eine dauerhafte Fragmentierung der politischen Kultur ins Haus steht oder vermieden werden kann. [. . .]

Perspektiven der Forschung

Spätestens an diesem Punkt stellt sich die Frage, ob politische Kultur nicht unter der Hand zu einem unförmigen Konzept geraten ist, das heterogene Sachverhalte ziemlich willkürlich unter dem Dach eines gleichen Begriffes versammelt und alle forschungsmäßig handhabbaren und vertretbaren Dimensionen sprengt. Sie ist subjektiv und objektiv, innerlich und äußerlich. Sie ist ein Sinngefüge und ein Zeichensystem. Sie manifestiert sich als „Weltbild", und „ungeschriebene Verfassung". Sie differenziert sich in politische Sozialkultur und politische Deutungskultur. Sie besteht aus kognitiven, normativen und ästhetischen Maßstäben, die affektiv oder rein verstandesmäßig verankert sein können. Sie ist ein vorgefundenes historisches Produkt, das jedoch einer ständigen Praxis bedarf, wenn es überleben und sich entwickeln will. Sie kann sich erheblich von der Kultur anderer gesellschaftlicher Teilsysteme unterscheiden und ist doch untrennbar mit der allgemeinen Kultur eines sozialen Verbandes verknüpft. Und schließlich und endlich kann sie in verschiedenen politischen Gesellschaften einen ganz unterschiedlichen Stellenwert besitzen.

Einzuräumen ist sicherlich, daß das Verständnis von politischer Kultur, wie es hier entwickelt wurde, sehr breit ist und Elemente unterschiedlicher Kulturbegriffe zu kombinieren sucht. Was diese auf den ersten Blick vielleicht disparat anmutenden Elemente jedoch integriert, ist ein Verständnis von Kultur, welches Kultur stets, wo immer und in welcher Gestalt sie auch immer in Erscheinung tritt, als Entwurf in der Planungsmappe eines politischen Designers, als Idee, die in der politischen Öffentlichkeit ausgetauscht wird, oder als Muster, das sich mental oder sozial auskristallisiert hat, stets als eine Wirklichkeit von Ideen, Entwürfen, Mustern, Symbolen, Zeichen und Designs begreift, die zwar darauf angelegt sind, eine gesellschaftliche Gestalt anzunehmen und gesellschaftliche Träger zu finden, aber von sozialer Realität auch dann unterscheidbar ist, wenn sie tief in diese eingelassen wurden. Auch Sozialkultur besteht aus Mustern und Regeln, die dem politischen und gesellschaftlichen Leben zugrunde liegen; sie meint nicht dieses Leben selbst in seinen konkreten Ausprägungen.

Einzuräumen ist des weiteren, daß man für empirische Untersuchungen oft einen empiriefreundlicheren und enger auf den jeweiligen Untersuchungsbereich zugeschnittenen Begriff von politischer Kultur benötigt. Zugleich bleibt jedoch ein breiter angelegtes Verständnis von politischer Kultur unverzichtbar, wenn man nicht den Blick für Zusammenhänge, für die Fülle politisch-kultureller Wirklichkeiten und Möglichkeiten verlieren und zum Gefangenen jeweils vorgefundener Forschungsmoden und Forschungspraktiken werden will. Der Kulturbegriff muß deshalb so konzeptualisiert werden, daß Verknüpfungen und Anschlußstellen sichtbar werden, die eine Zusammenschau der Forschungsergebnisse unterschiedlicher Forschungsansätze ermöglichen.

Wie läßt sich bilanzieren und von welchen Grundeinsichten sollte sich die weitere Forschung dabei leiten lassen?

(1) Politische Kultur ist zunächst einmal ein eigenständiger komplexer Forschungsgegenstand, der aus den zeichenhaft vermittelten und mit politischem Sinn gefüllten „Weltbildern" und „ungeschriebenen Verfassungen" sozialer Verbände besteht. Sie aufzudecken und zu dechiffrieren, ist eine Aufgabe, die nur gelingen kann, wenn sie von verschiedenen Perspektiven und methodischen Ansätzen angegangen wird. Die Umfrageforschung ist dabei ein gewichtiger Zugang, aber grundsätzlich doch nur ein „Zuliefer" neben anderen.

Politische „Weltbilder" und „ungeschriebene Verfassungen" treten in Normalzeiten wenig in Erscheinung, da sie so etwas wie einen selbstverständlichen Hintergrundrahmen des politischen Lebens darstellen. Politische Kulturforschung ist deshalb von ihrem Ursprung her nicht zufällig Krisenforschung und Transformationsforschung. Sie ist vor allem dort und dann gefordert, wenn und wo sich Prinzipielles im Verhältnis von Kultur und politischem System verändert, sei es, daß ein neues politisches Regime auf „alte" politische Traditionen stößt, die nicht mehr recht zum neuen System und seiner Zielkultur passen, sei es, daß ein „altes" politisches Regime sich aus der Gesellschaft heraus mit einer „Kulturrevolution" konfrontiert sieht, auf die es sich einlassen muß, wenn es überleben und ohne einen unvertretbaren Einsatz von Macht und Gewalt regieren will.

Geht man von einem solchen Problemszenario aus, dann ist politische Kulturforschung zunächst einmal Polity-Forschung. Von einem bestimmten Moment an wird sie freilich, wenn man die Fragen und Probleme nicht willkürlich kappen will, einigermaßen zwangsläufig auch zur Politics- und Policy-Forschung, die sich mit Möglichkeiten, Voraussetzungen, Inhalten und Folgen einer politischen Kulturpolitik befaßt. Zwar ist politische Kultur zunächst einmal etwas historisch Vorgefundenes, das dem unmittelbaren Zugriff politischer Akteure entzogen ist. Längerfristig kann sie jedoch durchaus verändert und gestaltet werden; zumindest unter den Bedingungen einer modernen Kommunikationsgesellschaft gilt, daß politische Kultur bis zu einem gewissen Grade stets auch politisch „gemacht" werden kann.

(2) So fruchtbar es ist, davon auszugehen, daß politische Umbruch- und Krisenzeiten nicht nur eine Hochzeit politischer Theoriebildung, sondern auch eine Hochzeit politischer Kulturforschung darstellen, so problematisch ist gleichwohl die damit oft implizit verbundene Annahme, daß politisch-kulturelle Kontinuität sich mehr oder minder von selbst versteht. Tatsächlich jedoch stellt sich kulturelle Kontinuität, wie bereits oben gesagt, alles andere als „naturwüchsig" ein. Politisch-kulturelle Kontinuität muß vielmehr als eine spezifische politische Leistung begriffen werden, da sie den ständigen Einsatz von Politics erfordert, auch wenn politische Gesellschaften sich dieser Tatsache nicht immer voll bewußt sind. Erklärbar wird kulturelle Kontinuität nur dann, wenn man unterstellt, daß politische Gesellschaften immer wieder Gelegenheit finden, ihre politischen Sinn- und Zeichenwelten zu bekräftigen und zu erneuern.

Teils geschieht das über eine explizite und ausdifferenzierte symbolische Politik, die eben nicht nur als „Ersatzpolitik" oder „Schaupolitik" begriffen werden darf, sondern als eine „Zeichenpolitik", die ganz unverzichtbar ist, wenn man die kulturellen Grundlagen eines politischen Gemeinwesens nicht gefährden will (Vgl. Edelman, 1976 und 1988; Elder/Cobb, 1983; Meyer, 1992). Freilich geschieht solche zeichenhafte Verdeutlichung der ideellen Grundlagen nicht nur über eine explizite und ausdifferenzierte Symbolpolitik, sondern im Normalfall stets auch implizit und eher beiläufig als Begleitaspekt des normalen politischen Prozesses. Jedes pragmatische politische Handeln, von den Tarifauseinandersetzungen bis hin zur Unterzeichnung eines außenpolitischen Vertrages, und jedes Ergebnis von politischen Entscheidungsprozessen, von der Steuerpolitik bis hin zur Bildungspolitik, kann Zeichen- und Verweisungscharakter annehmen und damit für die kulturellen Grundlagen eines Gemeinwesens relevant werden. Für die politische Kulturforschung folgt daraus, daß sie aufmerksamer und hellsichtiger werden muß als bislang für das, was an kulturrelevanter symbolischer Politik bei den normalen Politikprozessen in der Gesellschaft gleichsam nebenbei mit abläuft.

Das heißt zugleich, daß politische Kultur nicht nur als Forschungsgegenstand, sondern auch als Forschungsperspektive begriffen werden muß (Greiffenhagen/ Greiffenhagen/Prätorius, 1981). Sie wäre mithin auch so etwas wie eine besondere

„Brille" mit der man und durch die man auf die politische Wirklichkeit blickt und dabei gegebenenfalls Phänomene entdeckt, die ausgeblendet bleiben, wenn man die üblichen politikwissenschaftlichen „Brillen" aufsetzt. Analog zu einer soziologischen Analyse von Politik ginge es hier gleichsam um eine kulturalistische Analyse politischer Phänomene, die im Idealfall im Verbund mit anderen Forschungsansätzen, von der Wahl- und Parteienforschung bis hin zur Verfassungsforschung, betrieben wird und damit zu einer vertieften Problemsicht beiträgt. Ein mögliches Ergebnis solcher kulturalistischen Analysen könnte dabei die Erkenntnis sein, daß die eher beiläufige symbolische Reproduktion politischer Gesellschaften nicht mehr hinreichend funktioniert – aus welchen Gründen auch immer. Der Grund kann Versagen der politischen Klasse sein, die die Sensibilität für die kulturellen und symbolischen Dimensionen der Politik verloren hat, und das zu einem Zeitpunkt, zu dem diese Fähigkeit wichtiger wäre als zuvor, weil bisherige kulturelle Selbstverständlichkeiten erodiert sind. Es kann aber auch sein, daß die Politik in ihren realen Vollzügen und Resultaten so „unübersichtlich" und „außer Form" geraten ist, daß sie politisch-kulturell nicht mehr ohne weiteres darstellbar ist und deshalb auf explizite Symbolpolitik angewiesen ist.

Dennoch bleibt ein leises Unbehagen. Das politische Kulturkonzept unterstellt, daß es so etwas wie eine „ungeschriebene Verfassung" gibt und daß das politische Leben sozialer Verbände auch kulturell gesteuert wird. Tatsächlich ist jedoch eine solche Annahme nicht selbstverständlich. Theoretisch könnte es ja auch so sein – und manches in der heutigen Realität weist darauf hin –, daß kulturelle Grenzziehungen und Programmierungen in unterschiedlichen Gesellschaften, wie oben gezeigt wurde, nicht nur ein unterschiedliches Gewicht besitzen, sondern daß sie, auch wenn das ein pathologischer Grenzfall sein mag, überhaupt außer Kraft gesetzt sind. Der öffentliche Rekurs auf politische Kultur könnte zwar nach wie vor wichtig bleiben, gegebenenfalls sogar wichtiger als zuvor, um politische Identitäten zu stiften und politische Regime zu legitimieren; nur würde es sich um versuchte Legitimierungen und Identitätsstiftungen ohne entsprechende Programmierungen handeln. Politische Kultur in ihrem bisherigen Verständnis wäre jedenfalls marginalisiert und folklorisiert worden. Ihre Inszenierung würde dazu dienen, einer kulturell nicht mehr programmierten, vielleicht auch gar nicht mehr programmierbaren Politik nachträglich eine identitätsstiftende Form und Gestalt zu geben.

Es gibt ein zweites Bedenken. Politische Kulturforschung unterstellt, daß die Sinn- und Zeichensysteme, die die politische Kultur darstellen, nicht über Nacht entstanden sind und deshalb in der Regel auch nicht über Nacht vergehen. Um Kultur aufzubauen, muß eine Gemeinschaft mehr als einen Sack Salz gemeinsam geleert haben. Kultur in diesem Verständnis ist also ein gesellschaftliches Phänomen, das zwar dem historischen Wandel unterliegt, aber doch so etwas wie eine „longue durée" besitzt. Auch diese Annahme versteht sich nicht von selbst. Theoretisch wäre auch denkbar, daß das Steuerungsprinzip politische Kultur, das von einer relativen Identität in der Zeit ausgeht, obsolet geworden und durch zeitlich befristete Augenblickorientierungen abgelöst worden ist, die morgen schon keine Gültigkeit mehr besitzen, von denen heute jedoch eine fast zwingende Kraft ausgeht. Das Steuerungsprinzip politische Kultur wäre also durch das

Steuerungsprinzip politische Mode abgelöst worden. Auch darüber müßte eine politische Kulturforschung reflektieren, wenn sie nicht naiv betrieben werden soll.

Literatur:

Almond, G.A. & Verba, S. (1963). The Civic Culture. Political Attitudes and Democracy in Five Nations. Princeton, N.J.

Almond, G.A. & Verba, S. (Hrsg.) (1980). The Civic Culture Revisited. An Analytic Study. Boston.

Assmann, A. (Hrsg.) (199 1). Kultur als Lebenswelt und Monument. Frankfurt/M.

Assmann, J. (1992). Das kulturelle Gedächtnis. Schrift, Erinnerung und politische Identität in frühen Hochkulturen. München.

Becker, F. (1993). Amerikanismus in Weimar Sportsymbole und politische Kultur 1918–1933. Wiesbaden.

Bohrer, K.H. (1988). Nach der Natur. Über Politik und Ästhetik. München, Wien.

Bürklin, W. (1993). Perspektiven für das deutsche Parteiensystem: Politische Konfliktlinien und die sozialdemokratische Kultur. In: Weidenfeld, W. (Hrsg.). Deutschland. Eine Nation – doppelte Geschichte. Köln, S. 137–154.

Conradt, D.P. (1974). West Germany: A Remade Political Culture? Some Evidence from Survey Archives. In: Comparative Political Studies, 7, S. 222–238.

Dörner, A. & Rohe, K (1991). Politische Sprache und politische Kultur. Diachron-kulturvergleichende Sprachanalysen am Beispiel von Großbritannien und Deutschland. In: Opp de Hipt, M. & Latniak, E. (Hrsg.). Sprache statt Politik? Politikwissenschaftliche Semantik- und Rhetorikforschung. Opladen.

Dörner, A. (1993). Die Inszenierung politischer Mythen. Ein Beitrag zur Funktion der symbolischen Formen in der Politik am Beispiel des Hermannsmythos in Deutschland. In: Politische Vierteljahresschrift, 34, S. 199–218.

Eckstein, H. (1988). A Culturalist Theory of Political Change. In: American Political Science Review 82, S. 789–804.

Edelman, M. (1976). Politik als Ritual. Die symbolische Funktion staatlicher Institutionen und politischen Handelns. Frankfurt/M., New York.

Edelman, M. (1988). Constructing the Political Spectacle. Chicago, London.

Elder, C.D. & Cobb, R.W. (1983). The Political Uses of Symbols. New York u. a.

Elkins, D.J. & Simeon, R.E.B. (1979). A Cause in Search of Its Effect, or What Does Political Culture Explain? in: Comparative Politics, 11, S. 127–145.

Faltin, I. (1990). Norm – Milieu – Politische Kultur. Normative Vernetzungen in Gesellschaft und Politik der Bundesrepublik. Opladen.

Fenner, Chr. (1984). Parteiensysteme und politische Kultur. In: Österreichische Zeitschrift für Politikwissenschaft, 13, S. 37–52.

Geertz, C. (1983). Dichte Beschreibung. Beiträge zum Verstehen kultureller Systeme. Frankfurt/M.

Gramsci, A. (1983). Marxismus und Kultur. Alltag – Ideologie – Literatur. Hrsg. von S. Kebir. Hamburg.

Greiffenhagen, M., Greiffenhagen, S. & Prätorius, R. (Hrsg.) (1981). Handwörterbuch zur politischen Kultur der Bundesrepublik Deutschland. Ein Lehr- und Nachschlagewerk. Opladen. Neuausgabe: Greiffenhagen, Martin/Greiffenhagen, Sylvia (Hrsg.): Handwörterbuch zur politischen Kultur der Bundesrepublik Deutschland. 2., völlig überarbeitete und aktualisierte Ausgabe Wiesbaden 2002 (Redaktion Katja Neller).

Kaase, M. (1983). Sinn oder Unsinn des Konzepts Politische Kultur für die Vergleichende Politikforschung, oder auch: Der Versuch, einen Pudding an die Wand zunageln. In: Kaase, M. & Klingemann, H.-D. (Hrsg.). Wahlen und politisches System. Analysen aus Anlaß der Bundestagswahl 1980. Opladen.

Lijphart, A. (1980). The Structure of Inference. In: Almond, G.A. & Verba, S. (Hrsg.). The Civic Culture Revisited. An Analytic Study. Boston.

Lowe, A. (1948). The Price of Liberty. An Essay on Contemporary Britain. London.

Mannheim, K. (1964). Wissenssoziologie. Berlin, Neuwied.

Meyer, Th. (1992). Die Inszenierung des Scheins. Essay-Montage. Frankfurt/M.

Mosse, G.L.(1976). Die Nationalisierung der Massen. Politische Symbolik und Massenbewegungen in Deutschland von den napoleonischen Kriegen bis zum Dritten Reich. Frankfurt/M., Berlin.

Münch, R. (1982). Soziologie der Politik. Opladen.

Noelle-Neumann, E. (1977). Das doppelte Meinungsklima. In: Politische Vierteljahresschrift, 18, S. 408–441.

Pappi, F.U. (1986). Politische Kultur. Forschungsparadigma, Fragestellungen, Untersuchungsmöglichkeiten. In: Kaase, M. (Hrsg.). Politische Wissenschaft und politische Ordnung. Analysen zur Theorie und Empirie demokratischer Regierungsprozesse. Opladen.

Patzelt, W.J. (1989). Alltagssoziologische Antworten auf offene Fragen der Erforschung politischer Kulturen. In: Archives europeénnes de sociologie, 30, S. 324–348.

Pye, L.W (1968). Political Culture. In: Sills, D.L. (Hrsg). International Encyclopedia of the Social Sciences. Vol. 12. New York, London.

Reichel, P.(1991).Der schöne Schein des Dritten Reiches. Faszination und Gewalt des Faschismus. München, Wien.

Rohe, K. (1982). Zur Typologie politischer Kulturen in westlichen Demokratien. Überlegungen am Beispiel Großbritanniens und Deutschlands. In: Dollinger, H. u. a. (Hrsg.). Weltpolitik Europagedanke Regionalismus. Festschrift Heinz Gollwitzer. Münster.

Rohe, K. (1986). Politische Kultur, regionale Identität und Regionalismus im Ruhrgebiet. In: ders. (Hrsg.). Vom Revier zum Ruhrgebiet. Essen, S. 61–86.

Rohe, K. (1987). Politische Kultur und der kulturelle Aspekt von politischer Wirklichkeit. Konzeptionelle und typologische Überlegungen zu Gegenstand und Fragestellung politischer Kulturforschung. In: Berg-Schlosser, D. & Schissler, J. (Hrsg.). Politische Kultur in Deutschland. Bilanz und Perspektiven der Forschung. Sonderheft 18 der PVS. Opladen, S. 39–48.

Rohe, K. (1990). Politische Kultur und ihre Analyse. Probleme und Perspektiven der Politischen Kulturforschung. In: Historische Zeitschrift, 250, S. 321–346.

Rohe, K. (1992). Wahlen und Wählertraditionen in Deutschland. Kulturelle Grundlagen deutscher Parteien und Parteiensysteme im 19. und 20. Jahrhundert. Frankfurt/M.

Rohe, K. (1994). Politik. Begriffe und Wirklichkeiten. Eine Einführung in das politische Denken. 2., völlig überarb. und erw. Aufl., Stuttgart u. a.

Scharpf, F.W. (1973). Planung als politischer Prozeß. In: ders. Planung als politischer Prozeß. Aufsätze zur planenden Demokratie. Frankfurt/M.

Scheuch, E.K. (1966). Cross-National Comparisons Using Aggregate Data: Some Substantive and Methodological Problems. In: Merritt, R.E. & Rokkan, S. (Hrsg.). Comparing Nations: The Use of Quantitative Data in Cross-National Research. New Haven, London.

Scheuch, E.K. (1969). Social Context and Individual Beyhavior. In: Dogan, M. & Rokkan, S. (Hrsg.). Quantitative Ecological Analysis in the Social Sciences. Cambridge, Mass.

Vollrath, E. (1987). Grundlegung einer philosophischen Theorie des Politischen. Köln.

Vollrath E. (1990). Die Kultur des Politischen. Konzepte politischer Wahrnehmung in Deutschland. In: Gerhardt, V. (Hrsg.). Der Begriff der Politik. Bedingungen und Gründe politischen Handelns. Stuttgart.

Weber, M. (1988[9]). Gesammelte Aufsätze zur Religionssoziologie I. Tübingen.

Berthold Löffler

Politische Kultur als Teil der gesellschaftlich konstruierten Wirklichkeit
Eine theoretische Skizze

Die politische Kulturforschung der vergangenen dreißig Jahre hat in der Bundesrepublik reiche Früchte getragen. Gerade zu einem besseren Verständnis der jüngeren deutschen Vergangenheit hat dieser Forschungsansatz neue und interessante Verstehensansätze geliefert. Und die Zeit ab dem Wendejahr 1989 hat der politischen Kulturforschung einen zusätzlichen Produktivitätsschub verliehen. Denn die Vereinigung zweier Staaten mit unterschiedlichen Gesellschaftssystemen hat ein Thema in den Vordergrund gerückt, das im Zentrum der Fragestellungen jeder Forschung zur politischen Kultur steht : die subjektive Dimension von Politik.

Soweit die guten Nachrichten! Dem beeindruckenden Reichtum an Erkenntnissen aber steht ein erstaunlicher Mangel an theoretischer Grundlegung gegenüber. Problematisch am Konzept der politischen Kultur ist, dass es gar kein Konzept der politischen Kultur gibt. Allenfalls gibt es verschiedene Ansätze. Methodisch gesehen scheint die Maxime zu herrschen, dass legitim ist, was Aussicht auf Erkenntnisgewinn hat. Vielleicht ist ausgerechnet auf dem Feld der politischen Kultur ein theorielos-induktiv-empirisches und pragmatisch-heuristisches Herangehen der Königsweg[1] oder vielleicht ist „das reichhaltige Spektrum an methodischen Vorgehensweisen"[2] wirklich das Patentrezept für eine lohnende Ausbeute in der politischen Kulturforschung. Vielleicht hängen die theoretischen und methodischen Probleme auch damit zusammen, dass es bis heute nicht gelungen ist und möglicherweise nicht gelingen kann, den Begriff der politischen Kultur so zu definieren, dass man wirklich von einem gemeinsamen begrifflichen Nenner sprechen könnte. Aber gerade die Tatsache, dass Hans-Georg Wehling oder Karl Rohe immer wieder ein breites Verständnis von politischer Kultur und eine Vielfalt der theoretischen und methodischen Zugänge anmahnen, beschönigt doch ein wenig die Gefahr, dass man vor lauter Theoriechen und Methödchen den berechtigten Wunsch, ein Konzept der politischen Kultur erkennen zu können, aus den Augen verliert. Mit anderen Worten: Nicht schaden könnte es, ein wenig mehr an theo-

---

1 Thumfarth, Alexander: Politische Kultur in Ostdeutschland, in: Aus Politik und Zeitgeschichte, B 39–40/2001, S. 7.
2 Berg-Schlosser, Dirk/Schissler, Jakob: Politische Kultur in Deutschland – Forschungsgegenstand, Methoden und Rahmenbedingungen, in: Berg-Schlosser, Dirk/Schissler, Jakob (Hrsg.), Politische Kultur in Deutschland – Bilanz und Perspektiven der Forschung. PVS, Sonderheft 18/1987, S. 20.

retischer Grundlegung zu haben, um gerade an der Auseinandersetzung mit einem Konzept, das den Mut hat, sich als Theorie vorzustellen, die vorhandenen Zugänge auf ihre Tauglichkeit (zur Beschreibung, Begriffsbildung, Typenbildung, Erklärung) abzuprüfen bzw. neue theoretische Zugänge zu suchen. Denn vom status quo aus betrachtet, erinnert die politische Kulturforschung ein bisschen an einen Langlauf-Wettbewerb, bei dem nicht so richtig klar ist, welche Distanz mit welchem Fortbewegungsmittel (zu Fuß, auf Skiern oder in Schneeschuhen) zu überwinden ist.

Ganz grob betrachtet, zerfällt die politische Kulturforschung in zwei methodisch grundsätzlich verschiedene Richtungen: Den auf Gabriel Almond zurückgehenden Ansatz, der mit Hilfe der Umfrageforschung subjektive Orientierungen, politische Werthaltungen und Gefühle, Kenntnisse und Meinungen gegenüber Politik und politischem System sowie ihre Verteilung in der Gesellschaft ermitteln möchte.[3]

Die zweite Richtung, wie sie in Deutschland von Greiffenhagen/Greiffenhagen, Rohe, Wehling und anderen vertreten wird, ist eher idiographisch orientiert. Sie kritisiert, wie ich meine zu Recht, die auf die Umfrageforschung gestützten Ansätze als methodisch ungeeignet und ahistorisch, weil sie nur die an der Oberfläche liegenden Einstellungen und Meinungen in Erfahrung bringen könnten. Dagegen bleibe der harte Kern einer politischen Kultur unentdeckt, weil dieser harte Kern gerade aus den nicht oder nur halb bewussten kollektiven Besonderheiten und kulturellen Selbstverständlichkeiten bestehe.[4] Wehling weist darauf hin, dass es *kollektive historische Schlüsselerlebnisse*, wie Naturkatastrophen, Okkupation, Grenzlandexistenz, religiöse Konflikte usw., sind, die die Menschen und ihre grundlegenden Vorstellungen von der politischen oder politisch relevanten Welt prägen und zu spezifischen Mentalitäten ausformen.[5] Es ist also die Geschichte, die diese kollektiven Besonderheiten und kulturellen Selbstverständlichkeiten formt. Deshalb kommt eine fundierte und gehaltvolle Analyse der politischen Kultur ohne eine Berücksichtigung ihrer historischen Dimension nicht aus.

Grundlegend ist auch Wehlings Kritik an einer zu engen normativen Ausrichtung der politischen Kulturforschung.[6] Und zwar deshalb, weil sie sich an demokratietheoretischen Wertvorstellungen orientiere, wie sie zunächst nur für die angelsächsischen politischen Systeme zuträfen und deshalb keineswegs per se demokratietheoretische Universalgeltung beanspruchen könnten. Wehling hat

---

3 Almond, Gabriel: Politische Kultur-Forschung – Rückblick und Ausblick, in: Berg-Schlosser, Dirk/Schissler, Jakob (Hrsg.), Politische Kultur in Deutschland – Bilanz und Perspektiven der Forschung. PVS, Sonderheft 18/1987, S. 29.

4 Wehling, Hans-Georg, in: Greiffenhagen, Martin/Greiffenhagen, Sylvia: Handwörterbuch zur Politischen Kultur der Bundesrepublik Deutschland. Wiesbaden 2002, S. 522 sowie Rohe, Karl: Politische Kultur und ihre Analyse. Probleme und Perspektiven der Politischen Kulturforschung, in: Historische Zeitschrift, Band 250,1990, S. 331.

5 Wehling, Hans-Georg: Die Bedeutung regionaler Politischer Kultur-Forschung unter besonderer Berücksichtigung Württembergs, in: Berg-Schlosser, Dirk/Schissler, Jakob (Hrsg.), Politische Kultur in Deutschland – Bilanz und Perspektiven der Forschung. PVS, Sonderheft 18/1987, S. 261/262 sowie Wehling, Hans-Georg, 2002, S. 523.

6 Wehling, 1987, S. 259.

Recht, wenn er verlangt, dass politische Kulturforschung erst einmal und tendenziell wertfrei danach zu fragen habe, durch welche Besonderheiten historischer, ökonomischer, kultureller, geopolitischer, ethnischer, religiöser, sozialstruktureller Art sich die politische Kultur eines bestimmten Territoriums auszeichne und welche Auswirkungen diese Besonderheiten auf die Entstehung und die Funktionsweise des auf diesem Territorium etablierten politischen Systems haben.[7]

Wenn ich auf das Defizit an theoretischer Grundlegung aufmerksam mache, bin ich dennoch nicht so vermessen zu glauben, diesem Mangel könne mit meinen eigenen Überlegungen gleich abgeholfen werden. Mein Anliegen ist es lediglich, Anregungen in Richtung eines einheitlichen theoretischen Zugangs zu geben. Dabei greife ich auf eine bereits vorhandene Theorie zurück; auf eine Theorie, die im Sonderheft 18/1987 der Politischen Vierteljahresschrift, der zum Standardwerk gewordenen Zwischenbilanz der politischen Kulturforschung in Deutschland, als grundlegend für die politische Kulturforschung bezeichnet wird. Gemeint ist die zum soziologischen Klassiker avancierte Arbeit von Peter L. Berger und Thomas Luckmann über „Die gesellschaftliche Konstruktion der Wirklichkeit". Irritierend ist freilich, dass eine Aufarbeitung bzw. Auseinandersetzung mit dieser Theorie in der Literatur zur politischen Kultur bisher nicht stattgefunden hat. Allenfalls findet sich – in Form einer Fußnote – dann und wann ein Literaturhinweis auf diese Arbeit.[8] Liegt es an dem hohen Grad an Abstraktion und Verallgemeinerung, dass bisher nicht der Versuch unternommen wurde, die Theorie von der gesellschaftlichen Konstruktion der Wirklichkeit für ein theoretisch fundiertes Konzept der politischen Kultur fruchtbar zu machen? Dabei enthält diese Theorie fast alle begrifflichen Kategorien, die auch bei der Analyse politischer Kultur unverzichtbar sind.

Wenn man von der Vorstellung ausgeht, dass politische Kultur Teil bzw. Teilmenge der gesellschaftlich konstruierten Wirklichkeit ist, dann umfasst dieser Kulturbegriff alle Objektivationen der gesellschaftlichen Existenz des Menschen, soweit sie auf den politischen bzw. politisch relevanten Bereich bezogen werden können. Dieses Verständnis von politischer Kultur wird durch die von Karl Rohe eingeführten Begriffe der *politischen Soziokultur* und der *politischen Deutungskultur* erweitert und differenziert.[9] Die beiden Begriffe lassen sich zudem bruchlos in den begrifflichen Apparat der Berger/Luckmann-Theorie einpassen. Wird Gesellschaft als objektive Wirklichkeit verstanden, dann deckt sich die politische Deutungskultur mit dem Begriff der Legitimierung bzw. Legitimatoren, während Gesellschaft als subjektive Wirklichkeit dem Begriff der politischen Soziokultur entspricht, so dass sich dadurch ein schlüssiges Konzept der politischen Kultur ergibt.

7 Wehling, 1987, S. 260.
8 So in PVS 18/1987, S. 62, 222, 345, 403, 435; Rohe, 1990, S. 334.
9 Rohe, Karl: Politische Kultur: Zum Verständnis eines theoretischen Konzepts, in: Niedermeyer, Oskar/von Beyme, Klaus (Hrsg.), Politische Kultur in Ost- und Westdeutschland. Berlin 1994, S. 167 ff.

Gesellschaft als objektive und subjektive Wirklichkeit

Im folgenden ist mit politischer Kultur das Verhältnis bzw. die Wechselbeziehung zwischen der objektiven und subjektiven Dimension von Politik gemeint. Damit schließe ich mich dem Verständnis von Berger/Luckmann an, die die Gesellschaft als das Produkt eines dialektischen Prozesses zwischen ihrer objektiven und ihrer subjektiven Wirklichkeit verstehen. Daraus ergibt sich folgendes Modell: Politische Kultur in ihrer Dimension als objektive gesellschaftliche Wirklichkeit besteht aus der Tatsachengeschichte einerseits und andererseits aus den politisch relevanten Bedingungen der Gegenwart, also Ökonomie, politisches System, Sozialstruktur usw. Die Inhalte der Tatsachengeschichte werden in einem Medium festgehalten, das Aleida Assmann als Speichergedächtnis bezeichnet; das Speichergedächtnis ist ein umfassender, wenngleich nicht wertungsfreier Aufbewahrungsort für sämtliche historischen Ereignisse (Archive, Museen, Wissenschaft, Datenträger jeder Art). In den begrifflichen Rahmen aus Tatsachengeschichte und politisch relevanter Gegenwart passen sich dann die Welt der Institutionen und ihre Legitimierung ein, wobei die Legitimierung eine Funktion erfüllt, die Rohe politische Deutungskultur (offizielle Systemkultur, aber auch Gegenkultur) nennt.

Politische Kultur als Teil der subjektiven gesellschaftlichen Wirklichkeit besteht aus der kollektiven Identität (Identitäten) einer Gesellschaft (Subgesellschaften). Kollektive Identität wiederum setzt sich zusammen aus einem das eigene Selbstverständnis prägende Geschichtsbild und dem Bild der Gegenwart, dem auch die in der Gesellschaft kursierenden Werte zugeordnet werden können. Voraussetzung für das Geschichtsbild ist ein kollektives Gedächtnis (Maurice Halbwachs). Aleida Assmann hält die (Tatsachen)Geschichte und das (kollektive) Gedächtnis für zwei Modi der Erinnerung: Die Tatsachengeschichte wird, wie schon gesagt, im Speichergedächtnis verwaltet. Das kollektive Gedächtnis (Funktionsgedächtnis) dagegen ist selektiv, wert- und kollektivbezogen und zuständig dafür, aus wertfreien historischen Daten einen sinnhaften Gesamtzusammenhang herzustellen: als solches dient es der Legitimierung oder auch Delegitimierung und der Profilierung einer kollektiven Identität.[10] Der Umstand, dass der Begriff der Legitimierung nun auch bei der subjektiven Dimension auftaucht, unterstreicht den dialektischen Charakter des Modells und betont die Tatsache, dass eine Trennung von subjektiver und objektiver Dimension überhaupt nur aus analytischen Gründen gerechtfertigt ist.

Das kollektive Gedächtnis wird aus gemeinsamer historischer Erfahrung und gemeinsamem historischen Wissen gespeist. Die gemeinsame historische Erfahrung meint Erfahrung in einem sehr weiten Sinn: Erfahrung nicht nur aufgrund eigenen Erlebens historischer Ereignisse, sondern auch das Erfahren von historischen Ereignissen durch Einbindung in einen gesellschaftlichen Vermittlungszusammenhang, z. B. erzählte Geschichte auf der Ebene von Primär- und Sekundärgruppen, Weitergabe von Geschichtsbildern durch offizielle oder nichtoffizielle Vermittler.

---

10 Assmann, Aleida: Erinnerungsräume. Formen und Wandlungen des kulturellen Gedächtnisses. München 1999, S. 130–142.

Auf der anderen Seite, der Seite der objektiven Dimension, sind es die Funktionäre der politischen Deutungskultur, die auf das kollektive Gedächtnis einwirken. Die Funktionäre finden sich in der Politik (Geschichts- oder Erinnerungspolitik), in den Medien, in Wissenschaft und Bildung, bei den Kirchen und anderen gesellschaftlichen Organisationen. Über ihre Deutungsmacht nehmen sie Einfluss auf die Formierung des in einer Gesellschaft vorherrschenden Geschichtsbildes. Das geschieht u. a. dadurch, dass Inhalte aus dem Speichergedächtnis in das kollektive Gedächtnis (Funktionsgedächtnis) eingefügt oder auch eingeschleust, Inhalte ausgetauscht oder mit neuer Bedeutung oder Gewichtung versehen werden.

Anmerkungen zur objektiven und subjektiven Dimension

Nach Berger/Luckmann kennzeichnen zwei Strukturprinzipien die *objektive* Wirklichkeit der Gesellschaft: Die *Institutionalisierung* und ihre *Legitimierung*.[11] Diese beiden Strukturprinzipien können, wie oben im Modell bereits geschehen, ohne weiteres auch auf die politische Sphäre der Gesellschaft übertragen werden. Denn in das Konzept der *Institutionalisierung* lassen sich die wesentlichen Strukturelemente der politischen Welt (also die politischen Institutionen im engeren Sinne), aber auch politisch relevante Einrichtungen (wie etwa das Bildungs- und Gesundheitswesen, Religionsgemeinschaften, Verbände und andere gesellschaftliche Organisationen) integrieren: Macht, Herrschaft, Interessen, Bürokratie, Elite, aber auch die Ökonomie usw. realisieren sich in institutionalisierter Form. Selbst die noch flüchtigste Artikulation von Interessen hat eine rudimentäre Institutionalisierung zur Voraussetzung. Es geht vielleicht etwas zu weit, wenn Berger/Luckmann in den Institutionen eine permanente Lösung permanenter Probleme ausmachen.[12] Aber die Richtung stimmt, so dass Karl Rohe (politische) Institutionen zu Recht „historisch geronnene" Interessen nennt, das heißt, „bereits durchgesetzte, auf Dauer gestellte und geltend gemachte Interessen".[13] Aber auch politische Ideen und politische Ideologien lassen sich unter die Institutionalisierung subsumieren, wenn man mit Rohe annimmt, dass Ideen und Ideologien (wenn nicht ausschließlich, so doch wenigstens auch) einen Interessenaspekt besitzen.

Um die Theorie über die gesellschaftliche Konstruktion der Wirklichkeit für die politische Kulturforschung nutzbar zu machen, brauchen die anthropologischen Voraussetzungen und die Entstehungsbedingungen der Institutionalisierung hier nicht berücksichtigt werden. Der entscheidende Punkt, an dem ein spezifisch politikwissenschaftliches Interesse einsetzt, ist da, wo die Mitglieder der Gesellschaft die institutionelle Welt als objektive Wirklichkeit erleben. Sie erleben sie als objektive, von außen kommende Wirklichkeit, weil die Institutionen in der Regel über die individuelle Lebensspanne hinaus in die Vergangenheit zurück und in die Zukunft voraus reichen; das heißt, die Institutionen werden als immer schon

---

11 Berger, Peter L./Luckmann, Thomas: Die gesellschaftliche Konstruktion der Wirklichkeit. Frankfurt/Main, 17. Auflage, 2000, S. 49 und 98.
12 Berger/Luckmann, 2000, S. 74.
13 Rohe, 1994, S. 39.

existent vorgefunden. Da die Welt der Institutionen von Generation zu Generation weiter vermittelt wird, lernen die Mitglieder der Gesellschaft die Institutionenwelt im Rahmen ihrer Sozialisation als objektive Wirklichkeit kennen und internalisieren sie als subjektive Wirklichkeit. Zur subjektiven Wirklichkeit geworden, hat die objektive Wirklichkeit einen prägenden Einfluss auf das Individuum.[14] Wichtig scheint mir anzufügen, dass die prägende Wirkung *immer* besteht; selbst dann, wenn Individuen oder gesellschaftliche Gruppen die Institutionen des politischen Systems ablehnen. So haben z. B. die Gegner der SED-Herrschaft ihre Forderungen nach Verwirklichung von Grundrechten häufig gerade auf die von ihnen internalisierten Normen der DDR-Verfassung gestützt, haben Systemkritiker ihr Verlangen nach gesellschaftlichen und politischen Reformen mit Argumenten oder Motiven aus dem Fundus der sozialistischen Ideologie begründet. Die Internalisierung der Institutionen eines bestimmten politischen Systems bedeutet aber nicht zwangsläufig deren Affirmation. Sie kann sich auch in einer negativen oder indifferenten Prägung niederschlagen, und zwar z. B. dann, wenn das politische System Legitimationsdefizite hat.

Zu Recht weisen Berger/Luckmann darauf hin, dass es genau genommen Rollen sind, durch die die Mitglieder der Gesellschaft die Institutionen internalisieren.[15] Die Beziehung zwischen den Institutionen und den Rollen, die mit ihnen in Zusammenhang stehen, ist dialektisch. Die Institutionen verbinden mit den zur Verfügung gestellten Rollen bestimmte Erwartungen an die Rollenträger. Andererseits haben auch die konkreten Rollenträger ihrerseits Erwartungen an die Institutionen. Diese gegenseitigen Erwartungen müssen dabei nicht deckungsgleich sein. Bürger in Systemen repräsentativer Demokratie etwa verinnerlichen die Institution der Parlamentswahl, indem sie die Rolle von Wählern oder von Nichtwählern übernehmen. Aber auch Wähler in politischen Systemen, die Wahlen lediglich als plebiszitäre Bestätigung der Machtverhältnisse ausgestaltet haben, oder in Systemen, in denen aufgrund klientelistischer Verhältnisse Stimmenkauf üblich ist, internalisieren ein bestimmtes Verständnis von Wahlen und Demokratie, das sie entweder bejahen oder verneinen oder dem gegenüber sie sich gleichgültig stellen. Rollen lassen das Individuum also Anteil haben an der gesellschaftlichen Welt, und das heißt, auch an der Welt der politischen oder politisch relevanten Institutionen. Subjektiv wirklich jedenfalls wird eine bestimmte Institution für den Einzelnen dadurch, dass er die jeweilige Rolle internalisiert. Für die Frage, wie die politische Kultur eines Landes beschaffen ist und durch welche Merkmale sie sich auszeichnet, ist eine Analyse der Rollen, die in einer Gesellschaft zur Verfügung stehen und tatsächlich auch eingenommen werden, von enormer Bedeutung. Denn die Rollenanalyse macht die Verbindung sichtbar zwischen den *Sinnwelten* des gesamten politischen Systems oder anderer politisch relevanter Systeme und den Formen, in denen diese Sinnwelten für das Individuum Wirklichkeitscharakter bekommen. Beispiel: Was bedeutet es für den Einzelnen konkret, Bürger in einer sozialen Marktwirtschaft zu sein und nicht in einer liberalkapitalistischen Wirtschaftsgesellschaft?

---

14 Berger/Luckmann, 2000, S. 71.
15 Berger/Luckmann, 2000, S. 78.

Ein zentrales Problem nicht nur für die Wissenssoziologie, sondern auch für die Analyse politischer Systeme und politischer Kultur ist die Frage, wie eine *allgemeinverbindliche Sinnkonstruktion* aussehen kann, die in der Lage ist, eine nach ihrem jeweiligen Entwicklungsniveau mehr oder weniger pluralistisch angelegte Gesellschaft zu integrieren. Hintergrund dieser Frage ist die Beobachtung, dass vor allem die in den modernen Gesellschaften zunehmende Arbeitsteilung und zunehmende Freiheit von grundlegenden Problemen der Existenzsicherung zu immer mehr Pluralisierung und Individualisierung führen. Die Folge davon ist eine zunehmende Ausdifferenzierung der Welt der Institutionen und der mit ihnen in Zusammenhang stehenden Rollen. Institutionen verfügen aber über eigene Sinnwelten (Subsinnwelten). Die Ausdifferenzierung der Welt der Institutionen führt von daher auch zu einer Ausdifferenzierung von Sinnwelten mit jeweils eigenen Sinnkonstruktionen, die nicht von vorne herein miteinander vereinbar sein müssen. Beispiele dafür sind ökonomische, soziale, berufliche, kulturelle, religiöse, ästhetische, freizeitbezogene, klassenmäßige, generationenspezifische, geschlechtsspezifische, ethnische, ethische usw. Interessen. Berger/Luckmann sprechen davon, dass in hochentwickelten Gesellschaften die pluralistische Konkurrenz von Subsinnwelten der Normalzustand sei.[16] Das Auftreten verschiedenster Sinnwelten hat aber eine kaum überschaubare Vielfalt von Perspektiven zur Folge, unter denen sich die Gesamtgesellschaft betrachten lässt. Diese Vielfalt der Perspektiven macht es schwer, die gesamte Gesellschaft unter ein *integriertes Symbolsystem* zu bringen. Übersetzt in eine mehr politologische Sprache, geht es dabei um einen Basiskonsens mit dem Inhalt, dass es zwischen den gesellschaftlichen Gruppen mehr Gemeinsamkeiten als Unterschiede gibt und dass dieses gemeinsame Interesse, wodurch auch immer es ausgedrückt und symbolisiert wird, die sozialen, wirtschaftlichen, politischen, kulturellen und andere Einzel- oder Gruppeninteressen überlagert. Hochgradig aufschlussreich für die politische Kultur eines Landes ist der Inhalt dieses integrierten Symbolsystems bzw. dieses Basiskonsenses. Geschichte und Gegenwart liefern ein reiches Spektrum an Möglichkeiten. Denn dieses Spektrum reicht von der konsensstiftenden Idee des gemeinsamen Feindes oder der überlegenen Zivilisation (etwa des „american way of live") über einen Basiskonsens auf der Grundlage einer gemeinsamen Religion oder der Idee der ethnischen Nation, der Kulturnation, der Willensnation bis hin zu Vorstellungen, der Grundkonsens lasse sich, insbesondere vor dem Hintergrund multikultureller Gesellschaftsentwürfe, auf universal gültige Menschenrechte oder einen sogenannten Verfassungspatriotismus gründen. Der Basiskonsens besteht in der Realität natürlich nicht aus der Reinform der einen oder anderen Idee, sondern meistens aus einer spezifischen Mischung verschiedener Elemente dieser Ideen.

Die institutionale Welt bedarf der *Legitimierung*. Legitimierung definieren Berger/Luckmann als sekundäre Objektivation von Sinn.[17] Die institutionale Welt muss sich legitimieren, weil die Institutionen den Mitgliedern der Gesellschaft als objektive Wirklichkeit entgegentreten. Die Institutionen müssen daher im Prozess

---

16 Berger/Luckmann, 2000, S. 90 f.
17 Berger/Luckmann, 2000, S. 98.

der Internalisierung erst als subjektive Wirklichkeit angeeignet werden.[18] Die Internalisierung verläuft nur dann erfolgreich, wenn die in Frage stehende Institution gegenüber den Gesellschaftsmitgliedern mit überzeugenden Gründen gerechtfertigt werden kann. Das bedeutet andererseits, dass die Individuen die Institution als sinnhaft anerkennen.

Es liegt auf der Hand, dass die Frage der Legitimierung ein besonderes Gewicht im Zusammenhang mit politischen oder politisch relevanten Institutionen erhält. Denn es ist für jedes politische System eine Frage von Sein oder Nichtsein, dass den Mitgliedern der Gesellschaft die politische und politisch relevante institutionale Ordnung im wesentlichen als sinnhaft erscheint, und das heißt, subjektiv einsichtig ist. Berger/Luckmann weisen zu Recht darauf hin, dass die Legitimierung der institutionalen Ordnung nur dann gelingt, wenn die Individuen ihr eigenes Leben subjektiv sinnhaft mit den Institutionen in Verbindung bringen können.[19] Berger/Luckmann unterscheiden 4 Ebenen der Legitimierung. Politologisch gesehen, ist allerdings nur die vierte Ebene bedeutsam, nämlich die der *symbolischen Sinnwelt*.[20] Sie ist definiert als ein Konstrukt, das die Integration der verschiedenen Sinnwelten der institutionalen Ordnung, aber auch der individuellen Sinnbereiche ermöglicht zu einer Totalität, die in symbolisch überhöhter Form dargeboten wird. Bei diesen Konstrukten handelt es sich also um Deutungen der Wirklichkeit, die dem Individuum gestatten, seine Existenz als sinnhaft zu erkennen und diese sinnhafte Individualexistenz dann in einen ebenso sinnbezogenen kollektiven Zusammenhang zu stellen. Im Idealfall können sich alle Mitglieder der Gesellschaft einer sinnhaften Welt, wie sie durch die politische Ordnung, das politische System und die Geschichte der Gesellschaft repräsentiert wird, zugehörig fühlen.[21] Die Totalität, die durch diese sinnbezogene Symbolwelt ausgedrückt wird, bekommt auf der Ebene politischer Systeme und der politischen Kultur den Charakter von Staatsmetaphysik. Beispiele für eine symbolisch überhöhte Form von Totalität hält die bundesrepublikanische Staatsmetaphysik in Redewendungen bereit, wie sie etwa in der Formel vom „freiheitlichen und demokratischen Rechtsstaat" und anderen ähnlich klingenden Formulierungen zum Ausdruck kommen. Generell können als Staatsmetaphysik aber recht unterschiedliche Legitimationsstrategien auftreten. Dazu zählen Gründungsmythen ebenso wie der Anspruch des jeweiligen Staates, die Verkörperung der höchsten kollektiven, nationalen, demokratischen, ethischen, menschenrechtlichen, religiösen, kulturellen, wirtschaftlichen Werte und Bestrebungen zu sein. Inhaltlich sind die Legitimationsstrategien aber keinesfalls beliebig; sie sind immer so etwas wie ein Röntgenbild der jeweiligen politischen Deutungskultur.

In den Rahmen des legitimatorischen Konstruktes der symbolischen Sinnwelt gehört auch die Frage nach der *Verdinglichung* gesellschaftlicher Wirklichkeit.[22] Unter Verdinglichung verstehen Berger/Luckmann die Art und Weise, menschli-

---

18 Berger/Luckmann, 2000, S. 66.
19 Berger/Luckmann, 2000, S. 99.
20 Berger/Luckmann, 2000, S. 102.
21 Berger/Luckmann, 2000, S. 104–111.
22 Berger/Luckmann, 2000, S. 94 f.

che Phänomene so wahrzunehmen, als wären sie etwas anderes als menschliche Hervorbringungen, als wären sie etwa Naturgesetzlichkeiten, göttlicher Wille oder, so sei mit einem Blick durch die politologische Brille hinzugefügt, Gesetzmäßigkeiten der historischen Entwicklung. Gerade Verdinglichungsphänomene scheinen dort eine wichtige Rolle zu spielen, wo Legitimationsstrategien dazu dienen, politische Systeme zu stabilisieren bzw. strategische politische Ziele zu erreichen. In der politischen Realität treten die Verdinglichungsphänomene häufig in der Form von Sachzwangargumenten auf. Zu unterscheiden sind reale und Pseudo-Sachzwänge, wobei beim realen Sachzwang eine wirkliche Verselbständigung seines Inhaltes stattgefunden hat, während beim Pseudo-Sachzwang der Sachzwang (aus taktischen Gründen) lediglich behauptet wird. Ein Sachzwang ist real, wenn er im Sinne einer logischen Notwendigkeit besteht und/oder von den Mitgliedern der Gesellschaft als unumstößlich faktisch wahrgenommen wird. Ein Beispiel für einen realen Sachzwang dürfte in der Feststellung zum Ausdruck kommen, dass ein dauerhafter Frieden in Nahost auf unabsehbare Zeit hinaus sicherlich nur unter der Voraussetzung möglich sein wird, dass eine Friedensregelung sowohl die Ansprüche der Israelis als auch die Ansprüche der Palästinenser auf die für beide Seiten heilige Stadt Jerusalem berücksichtigt. Der reale Sachzwang ist also gegeben durch die Tatsache, dass „Jerusalem" (als Idee und als Realität) auf beiden Seiten einen integralen Bestandteil der jeweiligen kollektiven Identität bzw. der identitätsstiftenden Sinnwelt der jeweiligen Gesellschaft abgibt. Das heißt allerdings nicht, dass nicht auch reale Sachzwänge letztlich auf Menschen zurückgehen und als menschliche Objektivationen grundsätzlich veränderbar oder überwindbar sind. Das heißt lediglich, dass reale Sachzwänge meist ein zähes Leben haben und oftmals nur in der Folge von Katastrophen modifiziert werden oder ihren Sachzwangstatus verlieren. Beispiele für den Zusammenbruch von realen Sachzwängen im Bereich der deutschen politischen Kultur finden sich zahlreich im Nachgang zur deutschen Katastrophe von 1933 bis 1945. Zum Beispiel kann nur die ungeheure moralische Niederlage Deutschlands, die Folge der nationalsozialistischen Völkermordpolitik war und die Eingang gefunden hat in die/das kollektive Wahrnehmung/Gedächtnis durch die deutsche Gesellschaft, erklären, warum es in Deutschland politisch durchsetzbar war, sich auf eine europäische Friedensordnung einzulassen, in der Deutschland und die deutsche Gesellschaft mit der Anerkennung der Nachkriegsgrenzen den endgültigen Verlust der Provinzen Pommern, Schlesien und Ostpreußen akzeptiert hat. Beispiele für Pseudo-Sachzwänge liefert der politische Alltag der Bundesrepublik zuhauf, etwa wo das Argument der „verfassungsrechtlichen Bedenken" dazu herhalten muss, den mangelnden Willen zu politischen Entscheidungen oder den Unwillen gegenüber politischen Innovationen zu verschleiern.

Eine durchaus zweckmäßige Methode zur Aufdeckung von Strukturen politischer Kultur scheint sowohl die Unterscheidung zwischen realen und Pseudo-Sachzwängen im politischen Leben einer Gesellschaft zu sein als auch die Identifizierung der Inhalte von realen Sachzwängen bzw. der Inhalte von Pseudo-Sachzwängen. Die Tatsache, dass der Verweis auf das Verfassungsrecht im öffentlichen politischen Diskurs sehr häufig den Hintergrund für ein erfolgreich eingesetztes Sachzwangargument abgibt, ohne dass dieser Sachzwang wirklich zwingend besteht (da Verfassungen auslegungsbedürftig, auslegungsfähig bzw. veränderbar sind), legt den Schluss nahe, dass die Tendenz zu einer Verabsolutierung rechtlicher Verhältnisse ein Kennzeichen für die politischen Kultur der Bundesrepublik darstellt. Diese Tendenz schlägt sich nieder in einer Geringschätzung politisch zustande gekommener Entscheidungen, während juristischen Entscheidungen ein gewissermaßen höherer Rang an Legitimität zuerkannt wird.

Mit Gewinn auf die Analyse politischer Kultur anwendbar sind auch die in Zusammenhang mit der Legitimationsfrage von Berger/Luckmann ins Spiel gebrachten Begriffe *Therapie* und *Nihilierung*. Darunter sind Abwehrstrategien zu verstehen, die zum Einsatz kommen, wenn alternative Sinnwelten auftauchen, die durch ihre bloße Existenz darauf verweisen, dass die etablierte Sinnwelt nicht wirklich zwingend ist.[23] Dabei versucht die Therapie, wirkliche und potentielle Abtrünnige innerhalb der herrschenden Gesamtsinnwelt zu halten, indem sie eine Theorie der Abweichung sowie diagnostische Instrumente und Methoden der eigentlichen Therapie entwickelt. Nihilierung bezeichnet dagegen den Versuch, alles was als Konkurrenz zur herrschenden Gesamtsinnwelt auftritt, wenigstens theoretisch zu liquidieren.[24] Es ist offensichtlich, dass solche Abwehrstrategien im Bereich der Legitimierung politischer Herrschaft eine außerordentlich wichtige Rolle spielen. Die Rekonstruktion des Inhaltes von Therapie und Nihilierung und die Reaktion darauf lässt gleichzeitig auch ein Bild der jeweiligen politischen Kultur bzw. Deutungskultur entstehen.

Ein interessantes Beispiel für eine aktuell bedeutsame Strategie der Nihilierung wird im Phänomen der „politischen Korrektheit" sichtbar. In der Anwendungspraxis dieses Begriffes werden Mechanismen der politischen Nihilierung sichtbar, die einer abgestuften Reaktion der Funktionäre der Deutungskultur entsprechen: Mit den Mitteln der Marginalisierung, Stigmatisierung, Dämonisierung wehrt die offizielle Systemkultur alternative Vorstellungen ab oder erklärt schon das bloße Benennen von bestimmten politischen Problemen für unzulässig. Die multikulturelle Gesellschaftsidee etwa ist ein aktuelles Beispiel für die Dogmatisierung einer politischen Konzeption, die im Falle ihrer Infragestellung mit den Mitteln der Nihilierung vor den Risiken eines demokratischen Diskurses geschützt wird.

Im Unterschied zu Berger/Luckmann halte ich aber die objektive gesellschaftliche Wirklichkeit mit den Strukturbegriffen der Institutionalisierung und Legitimierung nicht für ausreichend beschrieben. Es kommt ein weiteres Element dazu: nämlich die Geschichte der Gesellschaft. Geschichte ist genau genommen aber nicht bloß ein weiteres Element, sondern bildet in Wirklichkeit den gemeinsamen Rahmen und Hintergrund, vor dem die Elemente der objektiven gesellschaftlichen Wirklichkeit auftreten. Aber der Sinn, der historischen Ereignissen verliehen wird, ist gesellschaftlich konstruiert; er ist Inhalt des kollektiven Gedächtnisses, an dem alle Anteil haben (können), die zu einer bestimmten Gesellschaft gehören. Dennoch werden die historischen Ereignisse von den Gesellschaftsmitgliedern gewissermaßen als schicksalhaftes Welttheater wahrgenommen. Der Ort dieses Welttheaters gibt dann den Handlungsrahmen für das individuelle Schicksal und die

23 Berger/Luckmann, 2000, S. 113–116.
24 Berger/Luckmann, 2000, S. 121–123.

individuelle biographische Geschichte ab. Die Internalisierung von historischen Ereignissen, genauer gesagt, Ereignissen der politischen oder politisch relevanten Geschichte, findet auf der Grundlage bewussten Erlebens oder Nachvollziehens von einmaligen, im Prinzip nicht wiederholbaren, Sequenzen statt.

Die politische Kulturforschung geht ziemlich einmütig davon aus, dass die Geschichte die Schlüsselrolle in der Herausbildung politischer Kultur spielt. Wie aber muss man sich ihre prägende Rolle vorstellen, zumal es sich bei der „Geschichte" zunächst nur um eine begriffliche Abstraktion handelt?

Es ist die Tatsachengeschichte als Teil der objektiven gesellschaftlichen Wirklichkeit, die das historische Material liefert, aus dem Geschichtsbilder konstruiert werden, die einer politischen Kultur ihre spezifische Prägung verleihen. Die Tatsachengeschichte selbst besteht aus menschlichem Handeln oder Erleiden. Sie gerinnen zu kollektiven historischen Erfahrungen. Unter kollektiven Erfahrungen verstehe ich gleiche oder ähnliche Erfahrungen einer Mehrzahl von Individuen. Die kollektiven Erfahrungen werden aber nicht als reine Tatsachen abgespeichert, sondern als interpretierte Tatsachen, so dass sie sich zu einem individuellen Sinnzusammenhang zusammenfügen und der individuelle Sinn wiederum in einen sinnhaften Gesamtzusammenhang mit der objektiven Welt gebracht werden kann. Aber nur der geringste Teil des historischen Wissens der Mitglieder einer Gesellschaft kommt durch eigenes persönliches Geschichtserleben zustande. Selbst der Zeitzeuge erlebt Geschichte am eigenen Leib bestenfalls ausschnitthaft. Dieser Ausschnitt aber dürfte zur Konstruktion eines Geschichtsbildes in der Regel nicht ausreichen. Ein Geschichtsbild entsteht deshalb erst dadurch, dass die Erfahrungen anderer und/oder mehr oder weniger abstraktes Wissen der historischen Tatsachen bzw. bereits interpretiertes kollektives Wissen in den eigenen Erfahrungshorizont eingebaut werden, um so zur kollektiven Erfahrung zu werden. Also hat bereits die Konstituierung einer kollektiven Erfahrung den Charakter einer konstruierten, weil sinnhaft gedeuteten Wirklichkeit. Erst jetzt kann die kollektive historische Erfahrung zum kollektiven Gedächtnis werden. Das kollektive Gedächtnis ist folglich nichts anderes als eine weitere Stufe der Verallgemeinerung kollektiver historischer Erfahrung und historischen Wissens: Sie ist nicht mehr an eigenes Erleben gebunden, sie ist konstruiert und den historischen Tatsachen gegenüber relativ autonom. Auf der Ebene des kollektiven Gedächtnisses werden die nationalen Mythen geschaffen, werden aus Niederlagen moralische Siege (serbische Niederlage 1389 auf dem Kosovo Polje) oder aus Strauchdieben Kämpfer gegen soziale Unterdrückung (Räuberhauptmann Schinderhannes u. a.). Auf dieser Ebene bekommt jedermann Anteil an der gemeinsamen Geschichte der Gesellschaft, unabhängig von seiner Stellung auf der historischen Zeitachse. Auf der Ebene des kollektiven Gedächtnisses werden die Verhältnisse jedoch schlagartig kompliziert, weil eine Vielzahl von Akteuren und Faktoren an seiner Konstituierung beteiligt ist. So ist etwa die Generation der Nichtzeitzeugen per se auf die Vermittlung der Inhalte des kollektiven Gedächtnisses angewiesen. Im Hinblick auf ein kollektives Gedächtnis, das sich oftmals auf sehr große historische Zeiträume bezieht, sind die Nichtzeitzeugen immer in der erdrückenden Überzahl. Dieser Umstand macht die Bühne frei für die von Berger/Luckmann so genannten Legitimatoren oder die Funktionäre der politischen Deutungskultur, also diejenigen, die sich mit der

Vermittlung, Deutung und Komposition oder auch Dekonstruktion der Inhalte des kollektiven Gedächtnisses befassen. Mit deren Deutung konkurrieren Gegendeutungen oder alternative Interpretationen um die Vorherrschaft im kollektiven Gedächtnis. Als offizielle Interpreten treten Lehrer, Meinungsmacher in den Medien oder Repräsentanten der politischen, staatlichen oder gesellschaftlichen Sphäre in Erscheinung; inoffizielle oder alternative Geschichtsdeuter sind Großväter, Oppositionelle, Systemfeinde, Vertreter von Gegenöffentlichkeiten. Rohe sagt zu Recht, dass die Chance zur Durchsetzung bestimmter Inhalte der politischen Kultur, und damit des kollektiven Gedächtnisses, davon abhänge, inwieweit die offizielle Systemkultur mit der historisch gewachsenen politischen Soziokultur zusammenpasse.[25] So ist es in Polen wegen der politischen Soziokultur, die sich als Gegenkultur zur offiziellen Systemkultur verstand, der kommunistischen Geschichtsinterpretation in 40 Jahren nicht gelungen, das kollektive Gedächtnis so weit umzuformen, dass die polnischen Bürger die realsozialistische Gesellschaftsordnung als legitime Vollendung der nationalen und demokratischen Bestrebungen ihres Volkes anerkannt hätten. Wichtig ist, dass die Legitimatoren nie ein ganzheitliches, sondern – aufgrund des Interessencharakters von Geschichtsbildern – zwangsläufig ein selektives Geschichtsbild zu etablieren suchen. Das wird dadurch um so leichter möglich, als fast jedes historische Ereignis einen ambivalenten Charakter hat: Die Französische Revolution z. B. kann gedeutet werden als heroische Anstrengung eines unterdrückten und bevormundeten Volkes, eine zutiefst verrottete Herrschaftsordnung abzuschaffen, um die fortschrittlichen Menschheitsideale der Aufklärung in einer neuen Gesellschaft zu verwirklichen, wofür ein vielleicht bedauerlicher, aber eben unvermeidlicher Preis in Form revolutionären Massenterrors zu entrichten war. Die Französische Revolution kann aber auch gedeutet werden als Zerstörungsakt von Massenmördern, deren revolutionäre Ziele und deren Blutrausch dämonischer Ausdruck ihres Strebens nach einem Zustand war, in dem alle hergebrachten Werte und die gottgewollte Ordnung auf den Kopf gestellt werden. Welche Interpretation sich letztlich durchsetzt, hängt nicht davon ab, ob in der gegebenen Situation Revolutionäre oder Konterrevolutionäre siegen, sondern wer von beiden den (langfristig) historischen Sieg davonträgt. Historischer Sieger ist aber der, dessen Ziele sich als grundsätzlich legitim im kollektiven Gedächtnis festgesetzt haben.

---

25 Rohe, 1994, S. 165.

Volker Dreier

Einige methodische Überlegungen zum Forschungskonzept ‚Politische Kultur‘ in heuristischer Absicht

I

Seit den frühen sechziger Jahren verfügt die moderne Politikwissenschaft über ein mit der Wortkombination ‚Politische Kultur‘ denotiertes Forschungskonzept zur Beschreibung und Analyse der subjektiven Dimensionen der gesellschaftlichen Grundlagen politischer Systeme. In einem Rückblick und Ausblick definiert Gabriel Almond ‚Politische Kultur‘ in vierfacher Weise (Almond, 1987: 29):

„1. Politische Kultur bezieht sich auf das Muster subjektiver Orientierungen gegenüber Politik einer ganzen Nation oder ihrer Teilgruppen.

2. Politische Kultur hat kognitive, affektive und evaluative Bestandteile. Sie schließt Kenntnisse und Meinungen über politische Realität, Gefühle über Politik und politische Werthaltungen ein.

3. Der Inhalt von politischer Kultur ist das Ergebnis von Kindheitssozialisation, Erziehung, Medieneinfluß und Erfahrungen im Erwachsenenleben mit den Leistungen von Regierung, Gesellschaft und Wirtschaft.

4. Politische Kultur beeinflußt die Struktur von Regierung und Politik und ihre Leistungen, schränkt sie ein, aber determiniert sie sicherlich nicht völlig. Die Kausalpfeile zwischen Kultur, Struktur und Regierungsleistungen weisen in beide Richtungen.“

Beziehen wir uns auf die von Almond vorgeschlagene Definition von ‚Politischer Kultur‘, so kann diese natürlich nur als eine sehr allgemeine und höchst abstrakte Definition aufgefasst werden, die nicht unmittelbar empirisch anwendbar ist. Eine Einschätzung, die sich bereits in einer methodischen Begründung leicht belegen lässt. An jedes der in den vier Definitionsteilen involvierten Konzepte wie bspw. ‚Politik‘, ‚Gesellschaft‘, ‚Sozialisation‘ oder ‚Kultur‘ lässt sich nämlich die Frage stellen, welche spezifische Semantiken diesen Konzepten in der Definition zukommen sollen. Dass eine solche Frage und ihre Beantwortung nicht sophistischer Natur ist, sondern die Art und Weise der empirischen Anwendung des Konzepts ‚Politischer Kultur‘ determiniert, begründet sich in dem Umstand, dass diese Konzepte theoretische Konstrukte darstellen, d. h. nicht direkt-beobachtbare Entitäten. Fragen über das ‚Wesen‘ theoretischer Konstrukte im Sinne von ‚Was-ist‘ zu beantworten, so bspw. ‚Was ist Politik?‘, ‚Was ist Gesellschaft?‘ oder ‚Was ist Kultur?‘, erweist sich aus erkenntnistheoretischen Gründen für höchst problematisch. Denn mit Begriffen können wir zwar Theorien formulieren oder sie zusammenfassen, letztendlich aber sind sie immer nur Mittel oder Werkzeuge zur Formulierung von Aussagen, Annahmen oder Theorien und können als solche weder wahr noch falsch sein. Eine Antwort bspw. auf die Frage zu geben ‚Was ist Politik?‘, kann deshalb strenggenommen auch nicht über eine Definition erfolgen, sondern nur über die Ermittlung der methodologischen Funktion des theoretischen Konzeptes ‚Politik‘ in einer jeweils spezifischen Theorie der Politik. Führen wir diese theoretische Operation für alle in Almonds Definition verwendeten theoretischen Konzepte gedanklich durch, so involviert seine Definition eine prinzipiell infinite Menge von unterschiedlichen Modellen des theoretischen Konzepts ‚Politischer Kultur‘ und könnte so wohl doch dem als vergeblich attestierten Versuch gleichen, einen Pudding an die Wand nageln zu wollen.

Von einem engen methodischen Standpunkt aus könnte vordergründig folglich auch konstatiert werden, dass nie eine präzise und eindeutig empirisch operationalisierbare Bestimmung von ‚Politischer Kultur‘ formuliert werden könnte, sondern eben nur eine infinite Menge unterschiedlicher Modelle des Konzepts ‚Politischer Kultur‘. Dass diese Feststellung nicht nur einer potentiellen Möglichkeit entspricht, zeigt die Flut methodisch und begriffssemantisch unterschiedlich determinierter Publikationen zu diesem Thema (vgl. Iwand, 1985). Wege aus diesem Dilemma haben, wenn auch mit jeweils anderen Akzentuierungen, Berg-Schlosser und Schissler als auch Reichel zu skizzieren versucht. Berg-Schlosser und Schissler (1987) verstehen auf der Grundlage eines Minimalverständnisses von Politischer Kultur diese als ein Forschungsprogramm in Anlehnung an Lakatos, das einen harten Kern und einen diesen schützenden Gürtel beinhaltet. Dieser schützende Gürtel kann in der Bestimmung von Reichel (1981: 26) als die Menge der zur Verhandlung stehenden hinreichenden definitorischen Bedingungen für das Konzept ‚politische Kultur‘ identifiziert werden, die notwendigen definitorischen Bedingungen dagegen als der Kern des Forschungsprogramms ‚Politische Kultur‘.

In den nachfolgenden Anmerkungen werden wir einen alternativen Strukturierungsansatz für des theoretische Konzept ‚Politische Kultur‘ in seinen Grundzügen vorstellend skizzieren. Dieser Ansatz soll es erlauben, sowohl die attestierte infinite Menge unterschiedlicher Modelle ‚Politischer Kultur‘ in einem sogenannten Modell-Netz zu synthetisieren, als auch geographische Bezugspunkte des Konzepts wie nationale, regionale und lokale politische Kulturen in diesem Netz mit zu berücksichtigen.

II

Der von uns verwendete Begriff des Modells ist der des neuen Strukturalismus (Balzer/Moulines/Sneed, 1987) und unterscheidet sich von herkömmlichen Modellkonzeptionen zunächst einmal durch folgenden fundamentalen Punkt: das „Etwas“, auf das sich unser Modell bezieht, ist kein Realitätssegment, sondern eine theoretische Konzeption, nämlich das Forschungskonzept ‚Politische Kultur‘. Legen wir die Modellrelation „x ist ein Modell M von y“ zugrunde, so bedeutet dies in unserer Verwendungsweise „*Das empirische System x ist ein Modell M des theoreti-*

schen Konzeptes y" und nicht „*Das theoretische Konzept x* ist ein Modell M von *dem empirischen System y*". Verdeutlichen wir uns diese Überlegung an einem Beispiel.

In ‚The Civic Culture' stellen Almond und Verba (1963) im ersten Kapitel drei reine Typen ‚Politischer Kultur' vor: den parochialen, den Untertanen- und den partizipatorischen Typ. Als Beispiele für den parochialen Typ benennen sie im Anschluss an Almond und Coleman (1960: 254) afrikanische Stammesgesellschaften und autonome lokale Gemeinschaften. Setzen wir dieses Beispiel in unsere erwähnte Modellrelation ein, so ist diese wie folgt formulierbar: „Afrikanische Stammesgesellschaften und autonome lokale Gemeinschaften stellen Modelle des theoretischen Typs parochiale Politische Kultur dar."

In einer so charakterisierten Relation eines Modells für ein empirisches System und ein theoretisches Konzept ist das Modell M als eine mengentheoretische Struktur definiert. Eine solche Struktur besteht in ihrer einfachsten Form aus Mengen empirisch erfassbarer Objekte und Mengen von Relationen, die zwischen diesen bestimmten Objektmengen bestehen.

Unter Bezug auf diese Charakterisierung lässt sich dann die Definition einer empirischen Entität *x* als ein Modell M für eine theoretische Konzeption *y* wie folgt bestimmen: „*x* ist ein Modell für *y*, wenn es Objekte und Relationen gibt, die geordnet sind und bestimmte Aussagen (über Relationen verbundene Objekte) beinhalten. Unter diesen Aussagen findet man auch die Grundgesetze (Axiome) des jeweiligen theoretischen Konzeptes. Ein solches Schema legt die Klasse aller Entitäten fest, die das theoretische Konzept, für „x" eingesetzt, erfüllen. Diese Klasse ist dann die Klasse aller Modelle von *y* und jede einzelne Entität, die das Schema an Stelle von „x" erfüllt, ist ein Modell von *y*.

Diese eher abstrakten und noch nicht inhaltlich gefüllten Bestandteile unserer Modellrelation werden wir nun am Beispiel des theoretischen Konzepts ‚Politische Kultur' kurz erläutern. In der eingangs angeführten Definition von Almond können wir als Objekte des theoretischen Konzepts ‚Politische Kultur' bspw. ‚subjektive Orientierungen', ‚Individuen', ‚Gruppen', ‚Politik', ‚Werthaltungen' und ‚Sozialisationsinstitutionen' identifizieren sowie als Relationen bspw. ‚Individuum – Politik' oder ‚subjektive Orientierungen – Sozialisationsinstitutionen'. Des weiteren lassen sich auch Axiome identifizieren, wie bspw. ‚Es besteht eine Teilkausalität zwischen Politischer Kultur und Regierungsleistungen'. Jede empirische Entität, die diese Struktur, die wir an dieser Stelle nur informell andeuten konnten, erfüllt, kann als ein Modell des theoretischen Konzepts ‚Politische Kultur' bezeichnet werden.

Wir haben eingangs angeführt, dass aufgrund der in Almonds Definition enthaltenen theoretischen Konzepten, seine Definition, je nach zugesprochener Semantik dieser Konzepte durch seinen Anwender, eine infinite Menge von Modellen des theoretischen Konzepts ‚Politische Kultur' impliziert. Dies zeigen in der Tat ja auch die unterschiedlichen Ansätze, die in der Auseinandersetzung mit Almond entwickelt wurden. Dies stellt unseres Erachtens nun jedoch weder ein gravierendes Forschungsdefizit dar, noch eine Bestätigung der Pudding-Metapher. Wir haben es vielmehr mit einem Netz von Modellen ‚Politischer Kultur' zu tun, die aufbauend auf einem Basis-Modell durch sogenannte intertheoretische Relationen wie bspw. Spezialisierungen miteinander verbunden sind. Jedes einzelne Modell in diesem

Netz ist zwar jedem ihm anderem Modell verschieden, doch basiert es in seinen allgemeinen Grundbegriffen und -relationen jeweils auf dem Basis-Element als gemeinsamen Nenner. Ein solches Modell-Netz können wir uns bspw. bildlich wie ein Baumdiagramm vorstellen, dessen Ausgangspunkt das Basis-Modell bildet. Jeder Ansatz politischer Kultur, dessen Grundcharakteristikum im Bezug auf Muster subjektiver Orientierungen gegenüber der Politik besteht, kann so als ein Modell des Modell-Netzes ‚Politische Kultur' aufgefasst werden. Um eine solche Betrachtungsweise bzw. strukturierende Rekonstruktion der verschiedenen PK-Ansätze durchführen zu können, ist es erforderlich, das Basis-Modell, das für alle weiteren Modelle die Grundlage bildet, explizit als ein idealisiertes Modell zu betrachten.

III

Jedes Modell kann als eine ‚Idealisierung' der empirisch erfassbaren Realität (oder einer rein geistlichen Realität) betrachtet werden, da es immer von der empirisch (oder nicht empirisch) erfassbaren Realität abstrahiert. Eine Überlegung, die unseres Erachtens im Begriff des Modells auch schon implizit enthalten ist. Ein idealisiertes Modell kann als ein Modell bestimmt werden, in dem die Strukturierung, die eine Satzklasse beschreibt, nicht in genau dieser Weise in dem Bereich vorfindbar ist, sondern nur, wenn bestimmte vereinfachende und idealisierte Bedingungen als für die Dinge dieses Bereichs zumindest approximativ erfüllt gelten können. Für unsere Gebrauchsweise des Terminus ‚idealisiertes Modell' werden wir uns auf eine strukturalistisch erweiterte bzw. modifizierte Fassung von idealisiertem Modell beziehen. Dies bedeutet für unsere Modellrelation, dass die Entitäten des zur Beschreibung anstehenden empirischen Systems teilweise idealisiert sind und folglich auch das Modell ein idealisiertes von einem idealisierten theoretischen Konzept ist.

Die Struktur eines idealisierten Modells beinhaltet neben Mengen realer Objekte nun auch Mengen idealisierter Objekte. Als reale Objekte können wir bspw. ‚Individuen' ansehen, als idealisierte Objekte theoretische Konzepte wie bspw. ‚Politik', ‚Werte' oder ‚Sozialisationsinstitutionen'.

Grundsätzlich ist natürlich an dieser Stelle auch die Frage aufzuwerfen, welche methodische Funktion uns Idealisierungen wie das idealisierte theoretische Konzept ‚Politische Kultur' in der empirischen Forschungspraxis bringen. Eine Antwort auf diese Frage werden wir im folgenden Abschnitt skizzieren.

IV

Ein empirisch interpretierbares theoretisches Konzept ist idealisiert, wenn es von Eigenschaften, die für die reale Welt als existent und relevant angenommen werden, abstrahiert. Dieser Sichtweise zufolge sind folglich alle empirisch interpretierbaren theoretischen Konzepte Idealisierungen, seien sie nun bspw. physikalischer, sozialwissenschaftlicher oder ideengeschichtlicher Natur. Der Unterschied zwischen solchen Konzepten – unabhängig von ihrer substanzwissenschaftlichen Referenz – besteht nur im Grad der Idealisierung, der in ihnen vorgenommen wird.

Betrachten wir jedoch die empirische Anwendung idealisierter Konzepte, so scheint diese im Bereich bspw. der Physik eher erfolgreich zu sein als im Bereich der Sozialwissenschaften. Ein Grund für die erfolgreiche Anwendung physikalischer Konzepte besteht darin, dass die Eigenschaften, von denen sie abstrahieren, einen sehr viel kleineren Einfluss haben als jene, welche explizit gemacht werden, oder aber, dass Einflüsse der Eigenschaften, von denen abstrahiert wird, durch geeignete experimentelle Verfahren minimiert bzw. eliminiert werden können. Betrachten wir dazu kontrastierend sozialwissenschaftliche Konzepte wie gerade das theoretische Konzept ‚Politische Kultur‘, so sind diese sehr viel schwieriger empirisch anzuwenden. Eine Sichtweise dieses Defizits sozialwissenschaftlicher Konzepte kann darin gesehen werden, dass die Möglichkeiten ihrer empirischen Anwendung von vornherein als ein ergebnisloses Unterfangen zu charakterisieren sind. Einer solchen negativen Sichtweise kann aber auch eine optimistische entgegengestellt werden, der zufolge sich idealisierte Konzepte der Sozialwissenschaften konkretisieren lassen, d. h. dass sie über eine Konkretisierung ‚realistischer‘ und somit auch empirisch ‚anwendbarer‘ gemacht werden können.

Unter der Konkretisierung eines idealisierten Konzepts ist seine schrittweise Verbesserung durch Einführung neuer Faktoren und/oder zunächst vernachlässigter Terme und dementsprechender Anpassung an die theoretischen Annahmen zu verstehen. Mit dieser methodischen Strategie ist der Anspruch verknüpft, dass die theoretischen Anpassungen innerhalb vernünftiger Grenzen gehalten werden, d. h. dass das verbesserte Konzept dem Originalkonzept sehr ähnlich, im Idealfall sogar gleich ist – abgesehen von Verbesserungen im Hinblick auf Präzision und Klarheit.

Fassen wir Almonds Definition von ‚Politischer Kultur‘ als eine Idealisierung auf bzw. als ein idealisiertes Basis-Element des theoretischen Konzepts ‚Politische Kultur‘, so stellen die einzelnen Interpretationsansätze von ‚Politischer Kultur‘ Konkretisierungen des idealisierten Modells dar. Als Kandidat für eine Konkretisierung können wir bspw. das regionalisierte theoretische Konzept ‚Politische Kultur‘ von Wehling (1987) bezeichnen. Hier wird eine Verbesserung des idealisierten Modells durch Einführung neuer Faktoren wie bspw. ‚historische Zeit‘, ‚historische Genese von Werthaltungen‘ oder ‚hermeneutische Analyse‘ erreicht. Gleichzeitig stellt das regionalisierte Konzept eine Spezialisierung des bspw. von Reichel (1981) konkretisierten Konzepts ‚Politische Kultur‘ dar, in dem es nicht nur ein Herunterbrechen der nationalen Politischen Kultur Deutschlands in einem Eins–zu-Eins- Verhältnis auf Regionen vornimmt, sondern von der allgemeinen Charakterisierung abweicht bzw. diese durch eine spezifisch nur der Region eigenen Charakterisierung erweitert und das heißt spezialisiert.

Unabhängig davon, ob wir Idealisierungen im Hinblick auf die Rekonstruktion eines vorliegenden Konzepts oder im Hinblick auf die Konstruktion eines Konzepts vornehmen, ist die zu verfolgende Strategie dieselbe: Zunächst beginnen wir mit einem sehr idealisierten, sehr allgemeinen und abstrakten Konzept, welches wir im Rahmen eines Prozesses der Konkretisierung und Differenzierung sukzessive verbessern und verfeinern. Ein Blick auf erfolgreiche physikalische Konzepte und Theorien wie bspw. die der Mechanik, Quantenmechanik oder Thermodynamik zeigt uns, dass diese Theorien bzw. Konzepte in ihrer Entwicklung einem ähnlichen, wie oben angeführten Muster folgen, in welchem jedoch Konkretisierungen durch Spezialisierungen ersetzt werden. Der Hauptunterschied zwischen Konkretisierungen und Spezialisierungen besteht darin, dass nach Spezialisierungen die Originaltheorie bzw. das Originalkonzept weiterhin verwendet werden kann, nach Konkretisierungen jedoch der Stellenwert der Originaltheorie bzw. des Originalkonzepts in Zweifel gezogen werden muss.

Warum, so können wir nun die Frage stellen, werden in sozialwissenschaftlichen Theorien bzw. Konzepten solche Konkretisierungen nicht vorgenommen. Eine Antwort könnte die sein, dass sozialwissenschaftliche Theorien bzw. Konzepte zu unvollständig sind – zu unvollständig in dem Sinn, dass sie zuwenig der in Wirklichkeit relevanten Faktoren beinhalten. Aus diesem Grund wird auch argumentiert, dass theoretische Modelle zu weit von einem adäquaten Bild der zu modellierenden Realität entfernt seien, dass sie nur Karikaturen seien, die mit jeder Neuaufnahme eines Faktors vollständig zu reformulieren seien.

Aus unserer Sichtweise existieren zwei verschiedene Möglichkeiten, nach denen Vollständigkeit erreicht werden könnte. Die erste Möglichkeit besteht darin, alle diejenigen Faktoren, von denen wir annehmen, dass sie in der Realität auftreten, explizit in die Theorie bzw. das Konzept aufzunehmen. Sehr komplexe empirische Systeme sind dieser Möglichkeit zufolge dann auch durch sehr komplexe Theorien bzw. Konzepte zu modellieren. Die zweite Möglichkeit besteht darin, sehr allgemeine und theoretische Terme zu verwenden, welche ganze Bündel von als relevant erachteten Faktoren einschließen bzw. abdecken. Das bedeutet, dass die Theorie bzw. das Konzept zwar auf einer/einem sehr hohen Abstraktionsstufe formuliert wird, jedoch in dem Sinn vollständig ist, als dass alle wirklich relevanten Faktoren in einem der theoretischen Terme enthalten sind. So sind bspw. in dem sehr allgemein gehaltenen theoretischen Term ‚Sozialisation‘ nicht nur Faktoren wie ‚Elternsozialisation‘, ‚Schulsozialisation‘ usw., sondern inhaltlich auch Faktoren wie ‚historisch bedingte Glaubensüberzeugungen‘ oder ‚historisch sich ausgeformte Arbeitsethiken‘ enthalten. Unvollständig ist eine Theorie bzw. ein Konzept nach dieser Möglichkeit nur dahingehend, dass nicht alle ‚wirklich‘ relevanten Faktoren explizit repräsentiert sind. Sie sind jedoch soweit implizit präsent, als dass ihre Einführung durch eine technisch präzise Verbesserung der theoretischen Terme erzielt werden kann, und dies unter Beibehaltung aller oder der meisten Grundannahmen der Theorie bzw. des Konzepts.

Wir denken, dass die zuletzt genannte Möglichkeit zur Erzielung von Vollständigkeit einen gangbaren Weg zur Präzision und empirischen Operationalisierung des theoretischen Forschungskonzepts ‚Politische Kultur‘ darstellt. Dafür erweist es sich forschungsmethodisch als fruchtbar, wenn von einem definitiven Modell ‚Politischer Kultur‘ Abstand genommen und besser von einem Modell-Netz ‚Politischer Kultur‘ ausgegangen wird. In einem solchen Modell-Netz lassen sich auch konkurrierende Ansätze der Operationalisierung des theoretischen Konzepts ‚Politische Kultur‘ integrieren, insofern sie sich als Konkretisierungen des idealisierten Basis-Modells erweisen. Aus konkretisierten Modellen selbst lassen sich weitere Modelle durch Spezialisierungen konstruieren. So können bspw. aus Modellen regionaler ‚Politischer Kultur‘ einschränkendere Modelle lokaler ‚Politischer Kultur' konzipiert werden. So stellt bspw. das Modell der lokalen ‚Politischen Kultur' Isnys im Allgäu eine einschränkende Spezialisierung des Modells der regionalen ‚Politischen Kultur' Oberschwabens dar.

Einen wesentlichen Vorteil in der Konzeption des theoretischen Forschungskonzepts ‚Politische Kultur' in Gestalt eines Modell-Netzes sehen wir darin, dass die Menge der verschiedenen Modelltypen nicht abgeschlossen ist. Das Netz ist prinzipiell offen für zwei grundlegende Erweiterungsformen: Zum einen lassen sich neuentwickelte Modelle integrieren, entweder als Konkretisierungen oder Spezialisierungen, und zum anderen lässt sich die Menge der empirischen Systeme, die Modelle für eine bestimmte Operationalisierung des theoretischen Konzepts ‚Politische Kultur' sind, durch Fallanalysen beliebig erweitern.

V

Unseren Vorschlag, das theoretische Forschungskonzept ‚Politische Kultur' auf der Basis der Definition von Almond in Form eines Modell-Netzes zu rekonstruieren, betrachten wir als Möglichkeit einer strukturtheoretischen Neuorientierung zur Synthetisierung der in der empirischen PK-Forschung anzutreffenden Ansätze. Um ein solches Modell-Netz zu entwickeln, bedarf es natürlich zunächst erst einmal einer präzisen mengentheoretischen Rekonstruktion der existierenden Modellansätze ‚Politischer Kultur' – und hierfür ist nicht nur intellektuelle Hartnäckigkeit erforderlich, sondern auch die Bereitschaft, über den disziplinspezifischen Tellerrand hinauszublicken.

Literaturverzeichnis

Almond, Gabriel, Politische Kultur-Forschung – Rückblick und Ausblick, in: Berg-Schlosser, Dirk/Schissler, Jakob (Hrsg.), Politische Kultur in Deutschland. Bilanz und Perspektiven der Forschung, Opladen 1987, S. 27–38.

Almond, Gabriel A./Coleman, James, The Politics of the Developing Areas, Princeton 1960.

Almond, Gabriel A./Verba, Sidney, The Civic Culture. Political Attitudes and Democracy in Five Nations, Princeton 1963.

Balzer, Wolfgang/Moulines, Carlos U./Sneed, Joseph D., An Architectonic for Science, Dordrecht 1987.

Berg-Schlosser, Dirk/Schissler, Jakob, Politische Kultur in Deutschland – Forschungsgegenstand, Methoden und Rahmenbedingungen, in: Berg-Schlosser, Dirk/Schissler, Jakob (Hrsg.), Politische Kultur in Deutschland. Bilanz und Perspektiven der Forschung, Opladen 1987, S. 11–26.

Iwand, Wolf Michael, Paradigma Politische Kultur. Konzepte, Methoden, Ergebnisse der Political Culture-Forschung in der Bundesrepublik, Opladen 1985.

Reichel, Peter, Politische Kultur der Bundesrepublik, Opladen 1981.

Wehling, Hans-Georg, Die Bedeutung regionaler Politischer Kultur-Forschung unter besonderer Berücksichtigung Württembergs, in: Berg-Schlosser, Dirk/Schissler, Jakob (Hrsg.), Politische Kultur in Deutschland. Bilanz und Perspektiven der Forschung, Opladen 1987, S. 259–266.

Anselm Doering-Manteuffel

Politische Kultur im Wandel
Die Bedeutung der sechziger Jahre in der Geschichte der Bundesrepublik

Im Sommer 1996 hatte ich das Vergnügen, zusammen mit Hans–Georg Wehling ein Projektseminar zu planen, das wir dann im Wintersemester 1996/97 gemeinsam mit Dr. Hans-Joachim Lang vom Schwäbischen Tagblatt und Dr. Wolfgang Sannwald vom Kreisarchiv des Landkreises Tübingen durchführten. Der Anlass für dieses Seminar war der 25. Jahrestag der kommunalen Gebietsreform, der 1998 bevorstand. So stellten wir uns die Aufgabe, die unmittelbare Nachkriegsgeschichte und die Wiederaufbauzeit zu beleuchten und dies mit dem wirtschaftlichen und sozialen Wandel in den fünfziger und sechziger Jahren sowie schließlich mit der Verwaltungsreform der siebziger Jahre zu verbinden. Die Veranstaltung wurde ein großer Erfolg, und das Resultat, unser Buch über „Besatzer, Wirtschaftswunder und Reformen im Landkreis Tübingen",[1] fand außergewöhnlich positive Aufnahme in der Öffentlichkeit.[2]

Dieses Projektseminar lenkte mit unerwarteter Intensität unsere Aufmerksamkeit auf die sechziger Jahre. Was war in dieser Zeit eigentlich geschehen? Hans-Georg Wehlings unbestechliche Sachlichkeit beugte Verallgemeinerungen und Vereinfachungen vor, die mit den Sechzigern gemeinhin zuerst „1968" assoziieren und damit in die Irre führen.[3] Seine umfassenden kommunalwissenschaftlichen Kenntnisse ermöglichten es, dass die Diskussionen im Seminar wirklich den Gesamtzeitraum von 1945/49 bis 1973 erfassten und wir die Kommunalgeschichte mit dem Alltagsgeschehen und der allgemeinen Zeitgeschichte durch zweieinhalb Jahrzehnte ausleuchten konnten. Am Ende hatten alle erkannt, welche enorme Bedeutung den sechziger Jahren in der Geschichte der Bundesrepublik zukommt. Das war die Zeit, in der die Gesellschaft des westdeutschen Teilstaats sich aus der noch reichsdeutsch geprägten, politisch nicht selten eher schwarz-weiß-rot als schwarz-rot-gold eingefärbten Welt der Wiederaufbaujahre löste. In einem mühsamen, oftmals konfliktreichen Prozess von etwa 15 Jahren erfolgte der Übergang in

---

1 Sannwald, Wolfgang (Hrsg.), Persilschein, Käferkauf und Abschlachtprämie. Von Besatzern, Wirtschaftswunder und Reformen im Landkreis Tübingen, Tübingen 1998.

2 Vgl. Bausinger, Hermann, Als die Karten neu gemischt wurden. Eine anregende Lektüre über die Entstehung des Landkreises Tübingen, in: Schwäbisches Tagblatt, 13. Februar 1999, S. 29.

3 Dies zeigt das Standardwerk zum Thema: Schildt, Axel u. a. (Hrsg.), Dynamische Zeiten. Die 60er Jahre in den beiden deutschen Gesellschaften, Hamburg 2000.

die Gegenwart, die zwischen 1970 bis 1989/90 das Profil der „alten Bundesrepublik" markierte. Selbst heute noch erscheinen uns die frühen siebziger Jahre – die Zeit der Olympiade in München 1972 und der Fußballweltmeisterschaft 1974 – vertrauter, als es den Zeitgenossen der Ära Brandt/Scheel die fünfziger Jahre waren, die schon damals weit in der Vergangenheit versunken erschienen.[4]

Was also charakterisierte die sechziger Jahre? In der Zeitgeschichtswissenschaft wird der Umgang mit dem Begriff „Politische Kultur" weniger präzise gehandhabt als in der Politikwissenschaft, wo er klar benennbare Gegenstandsbereiche bezeichnet.[5] Ich verwende ihn hier, um in eine Skizze über die Sechziger sowohl Politik und Staat als auch Wirtschaft, Gesellschaft und geistiges Klima einbeziehen zu können. Dass sich in den sechziger Jahren die – politologisch zu fassende – „politische Kultur" der Bundesrepublik stark und anhaltend veränderte, bildet gewissermaßen den Hintergrund der folgenden Ausführungen.

Das Reformjahrzehnt der Sechziger begann nach der Bundestagswahl von 1957, als der hohe Wahlsieg der CDU/CSU der Regierung Adenauer die absolute Mehrheit beschert hatte. Der Wiederaufbau war manifest geworden, die Wohlstandsgesellschaft bildete ihre Konturen aus, Vollbeschäftigung war nahezu erreicht, die politische Bündnisintegration in die atlantische Allianz und die Europäische Wirtschaftsgemeinschaft war vollzogen, der westdeutsche Teilstaat hatte sich konsolidiert und konnte seinen Bürgern erstmals ein Gefühl von Sicherheit vermitteln.[6] Das alles dokumentierte das Wahlergebnis vom September 1957.

Die Konsolidierung der teilstaatlichen Nachkriegswelt erzeugte als Unterströmung indessen zunehmend intensive Diskussionen in der akademischen und publizistischen Öffentlichkeit über die Zukunftsperspektiven der Republik. Es war die Soziologie, die sich als Deutungsmacht der komplexen Welt der Gegenwart damals immer mehr in den Vordergrund schob. Der bis in die fünfziger Jahre noch weit verbreitete Terminus der „Masse" wurde vom neuen Begriff der „Industriegesellschaft" abgelöst, und damit verschwanden nicht nur kulturkritische Töne in der Tradition der „Konservativen Revolution" aus den öffentlichen Debatten, sondern es begann das Nachdenken über die Möglichkeiten zur Gestaltung der modernen Gesellschaft und Steuerung der Wirtschaft. Neuartige Vorstellungen von politischem Handeln breiteten sich aus, und damit kam ein Prozess in Gang, der die für Deutschland typische traditionelle Trennung zwischen dem Verständnis vom „Staat" als einer „sittlichen Idee" im Sinne Hegels auf der einen Seite und dem „Volk" als „Untertanenverband" im Verständnis des 19. oder als politikferne „Masse" im Verständnis des 20. Jahrhunderts auf der anderen Seite überwand. „Staat" wurde mehr und mehr im anglo-amerikanischen Sinne als „government"

---

4 Vgl. die meisterhafte Schilderung der späten fünfziger und frühen sechziger Jahre in seinem nordwürttembergischen Heimatdorf durch Oesterle, Kurt, Der Fernsehgast. Oder: Wie ich lernte die Welt zu sehen, Tübingen 2002.

5 Rohe, Karl, Politische Kultur und der kulturelle Aspekt von politischer Wirklichkeit – Konzeptionelle und typologische Überlegungen zu Gegenstand und Fragestellung Politischer Kultur-Forschung, in: Berg-Schlosser, Dirk/Schissler, Jakob (Hrsg.), Politische Kultur in Deutschland. Bilanz und Perspektiven der Forschung, Opladen 1987, S. 27–38.

6 Vgl. Doering-Manteuffel, Anselm, Strukturmerkmale der Kanzlerdemokratie, in: Der Staat 30 (1991), S. 1–18.

begriffen, welche aus der Gesellschaft hervorgegangen war, sie repräsentierte und durch rationale Politik ihre Interessen zu befördern hatte.[7]

Im Übergang von den fünfziger zu den sechziger Jahren lässt sich aus der Rückschau eine deutliche Verwissenschaftlichung der Politik beobachten. Nicht mehr allein der Jurist als Verwaltungs- und Ministerialbeamter, nicht mehr die Fachleute aus der Praxis im Gegenstandsbereich der verschiedenen Ressorts gaben den Ton an, sondern es traten Wissenschaftler als Experten hinzu. Deren Wissen wurde zu einer Ressource für die Konzeptualisierung von Politik, und damit veränderte sich das Verständnis von politischem Handeln gründlich. Bis zur Mitte der sechziger Jahre wurden neue Institutionen wissenschaftlicher Politikberatung geschaffen: der Wissenschaftsrat, der Sachverständigenrat zur Begutachtung der gesamtwirtschaftlichen Entwicklung und der Bildungsrat.[8] Das übergreifende Anliegen dieser Beratungsgremien bestand darin, die Entwicklung der hochkomplexen modernen Industriegesellschaft vorauszudenken, um den Prozess nach rationalen Kriterien steuern zu können, anstatt ihn sich selbst zu überlassen. Hatte die Politik bis dahin soziale und ökonomische Veränderungen überwiegend reaktiv zu bewältigen versucht, so sollte es jetzt darum gehen, die Richtung solcher Veränderungen abschätzen und dadurch von vornherein beeinflussen zu können.

Es waren zwei Begriffe, in denen sich der Modernisierungsdiskurs jener Zeit kristallisierte: „Rationalität" und „Planung". Beide Begriffe wurden zu Schlüsselkategorien für politisches und gesellschaftliches Handeln in den sechziger Jahren, und sie prägten am Ende des Jahrzehnts auch das Bewusstsein der systemkonformen Mehrheit in der Gesellschaft. Rationales Handeln wurde dabei nicht nur als eine Notwendigkeit angesehen, um in der industriellen Welt die politische Grundlage für deren Beherrschbarkeit sicherzustellen. „Rationalität" diente darüber hinaus dem Zweck, die Handlungskategorien der frühen Nachkriegszeit zu überwinden, die von Ideologien durchformt worden waren. Nach 1960 begann die Debatte über das „Ende der Ideologien".[9] Man hat diese scheinbar philosophische Auseinandersetzung lange Zeit nicht angemessen eingeschätzt. Es ging hier darum, ein Denkmuster zu propagieren, das während der sechziger Jahre in allen westlichen Gesellschaften diskutiert wurde und in der Bundesrepublik besondere Bedeutung erlangte. Hervorgegangen aus dem amerikanischen sozialwissenschaftlichen Kontext und angelagert an die Theorie des Pragmatismus, besagte die These vom „Ende der Ideologien", dass wissenschaftliche Rationalität ein besseres Mittel sei, um die modernen Industriegesellschaften zu integrieren, als „Ideologie".[10] Die für die bundesdeutsche Identität und für die Integration der westlichen Teilstaats-Gesell-

---

7 Die folgenden Überlegungen orientieren sich an der Habilitationsschrift von Metzler, Gabriele, Regieren in der modernen Industriegesellschaft. Konzeptionen politischen Handelns von den fünfziger bis zu den siebziger Jahren, Tübingen 2002.

8 Ebd., Kap B.I.

9 Bell, Daniel, The End of Ideology. On the Exhaustion of Political Ideas in the Fifties, New York 1960. Vgl. dazu auch Hochgeschwender, Michael, Freiheit in der Offensive? Der Kongreß für kulturelle Freiheit und die Deutschen, München 1998, S. 466–479.

10 Auf die Tatsache, dass die Theorie vom „Ende der Ideologien" in sich selbst hoch ideologisch war, kann hier nur hingewiesen werden. Vgl. Hochgeschwender, Freiheit in der Offensive?, S. 466–479.

schaft maßgebende Ideologie in den fünfziger Jahren war die Totalitarismus-These gewesen, welche die Gleichartigkeit der Diktaturen des Faschismus und Bolschewismus postulierte und dagegen die strikte Abgrenzung der demokratischen Ordnung setzte. Die auf der Totalitarismus-These aufbauende Ideologie im westlichen Nachkriegsdeutschland ermöglichte durch die feindschaftliche Distanz zur „roten Diktatur" im „Osten", das heißt in der Sowjetunion und in der DDR, zugleich eine implizite Abgrenzung gegen die „braune Diktatur", und diese Verzahnung erlaubte es, die überwiegend bereitwillige Einbindung in die nationalsozialistische Volksgemeinschaft sowie die hohe Akzeptanz der NS-Diktatur zu verdrängen. Die Ideologie des Totalitarismus zog auch eine klare Trennlinie zwischen den Wirtschaftssystemen, indem sie „Demokratie" und „Marktwirtschaft" fest miteinander verkoppelte und als freiheitliche Antithese gegen „Diktatur" und „Planwirtschaft" ins Feld führte.

Die Debatte über das „Ende der Ideologien" machte es möglich, dass der Begriff der „Rationalität" als Handlungskategorie ins politische Denken Eingang fand. Und sobald man „ideologiefreie" Rationalität als Maßstab für die Steuerung der Politik setzen konnte, tauchte die Notwendigkeit von Planung auf. „Planung" war aus den besagten ideologischen Gründen ein Tabu im politischen Diskurs der fünfziger Jahre, ganz ungeachtet der Tatsche, dass bereits damals eine ganze Reihe von Planungskonzepten entworfen wurde; der „Grüne Plan" ist nicht das einzige, aber wohl das bekannteste Beispiel dafür. Doch von „Planung" wurde wenig gesprochen, und als Denkmodell oder Handlungsmuster der Politik war sie nicht erwünscht. Ludwig Erhards Wirtschaftspolitik baute auf der liberalen Grundannahme der Selbststeuerung des Marktes auf und verweigerte sich strikt der Hineinnahme des Planungsgedankens in eine marktwirtschaftliche Ordnung.

„Planung" wurde zum Zauberwort der sechziger Jahre.[11] Alle Reformideen, alle Vorstellungen von einer modernen Gesellschaft bauten auf der Annahme auf, dass der Fortschritt rationaler Planung bedürfe und dass rational geplanter Fortschritt den Menschen zum Segen gereichen würde. Die Planungen zur kommunalen Gebietsreform in sämtlichen Bundesländern, die Planungen zum Ausbau des Autobahnnetzes und zur Herstellung der „autogerechten Stadt" entstammen alle diesem Denkhorizont, in dem Wissenschaft, Fortschritt und Rationalität fest miteinander verbunden waren. Die Diskussionen zwischen Wissenschaftlern, Gutachtergruppen, politischen Parteien und Interessengruppen konzentrierten sich im linksliberalen Spektrum der Gesellschaft, ja sie brachten die zeitweilige Symbiose von Reformern aus dem Fundus der Sozialdemokratie einerseits und der fortschrittsorientierten Intelligenz andererseits recht eigentlich erst hervor. Was hier entstand, lässt sich als Sozial-Liberalismus beschreiben, dessen Protagonisten weltanschaulich, fachlich und habituell einen neuen Typus ausbildeten. Sie waren fasziniert vom Gedanken einer tiefgreifenden Modernisierung des Gemeinwesens, sie orientierten sich sämtlich an Maßstäben aus den USA, sie interessierten sich nur noch insofern für die Welt des Gestern, als es diese zu überwinden galt. Die

---

11 Metzler, Regieren in der modernen Industriegesellschaft, Kap. B. III; vgl. Ruck, Michael, Ein kurzer Sommer der konkreten Utopie. Zur westdeutschen Planungsgeschichte der langen sechziger Jahre, in: Schildt (Hrsg.), Dynamische Zeiten, S. 362–401.

Gegensätze von Bürgertum und Arbeiterklasse, von Industrieunternehmern und Sozialisierungsbefürwortern ließen sie hinter sich. Der Sozial-Liberalismus, den sie repräsentierten, wollte die Gegensätze durch wissenschaftliche Rationalität steuernd überwinden. Er zielte auf Konsens.

Seit dem Hannoveraner Parteitag von 1960 erlebte die SPD einen kontinuierlichen Aufschwung. „Genosse Trend" hieß das damals landläufig.[12] Die Partei wurde zum Träger von Reformideen und Fortschrittserwartung, und ihr Wahlslogan im Bundestagswahlkampf von 1969 hob exakt darauf ab: „Wir schaffen das moderne Deutschland". Rationalität und Planung als Kategorien politischen Handelns waren zu jener Zeit indessen bereits etabliert und hatten auch schon ihre Gegenbewegung erzeugt. Die Große Koalition von 1966 bis 1969 repräsentierte den Übergang zu einer Politik der Steuerung und Planung fast nachdrücklicher als die sozialliberale Koalition Brandt/Scheel seit 1969, weil diese bereits den Vollzug des Wandels darstellte. Als Gegenbewegung formierte sich in der Zeit der Großen Koalition die APO, die nicht nur gegen die Tagespolitik der Regierung und gegen die Mehrheitsverhältnisse im Bundestag opponierte, sondern auch die Orientierung am Konzept einer „ideologiefreien" rationalen Planung nachdrücklich verneinte. Darauf kommen wir noch zurück.

Ein besonders wichtiges und zumal augenfälliges Feld, auf dem politisches Handeln entlang der Kategorien „Rationalität" und „Planung" konzipiert wurde, war die Wirtschaftspolitik.[13] Sie bildete die Voraussetzung für alle Arten der Infrastruktur-Reform von der Kommunalverwaltung bis hin zum Fernverkehrsnetz. Der Wirtschaftsminister der Großen Koalition, Karl Schiller, und das Stabilitätsgesetz von 1967 sind in der Erinnerung noch präsent. Die Entriegelung des Planungstabus durch die Debatte um das „Ende der Ideologien" und durch die Verwissenschaftlichung der Politik mittels wissenschaftlicher Politikberatung seit dem Ende der fünfziger Jahre machte es möglich, die Wirtschaftsordnung in der Bundesrepublik nach keynesianischem Muster zu reformieren. Globalsteuerung und staatliche Rahmenplanung des Wirtschaftsprozesses traten jetzt in den Vordergrund, um das Wirtschaftswachstum auf eine stabile Grundlage zu stellen und dauerhaft zu verstetigen. Der Glaube an die Machbarkeit des Fortschritts durch rationale Steuerung von Wirtschaft, Gesellschaft und Politik strebte hier seinem Höhepunkt entgegen, den er dann im Übergang zu den Siebzigern erreichte.

Der Ölpreisschock 1973 markierte den Endpunkt. Dieser Bruch war nicht planbar gewesen. Niemand hatte eine solch abrupte Verteuerung des damals bereits

---

12 Bouvier, Beatrix W., Zwischen Godesberg und Großer Koalition. Der Weg der SPD in die Regierungsverantwortung. Außen-, sicherheits- und deutschlandpolitische Umorientierung und gesellschaftliche Öffnung der SPD 1960–1966, Bonn 1990; vgl. auch Willy Brandt. Berliner Ausgabe, Band 7: Mehr Demokratie wagen. Innen- und Gesellschaftspolitik 1966–1974. Bearb. von Kieseritzky, Wolther von, Bonn 2001.

13 Vgl. als neue Studien Nörr, Knut Wolfgang, Die Republik der Wirtschaft. Recht, Wirtschaft und Staat in der Geschichte Westdeutschlands. Teil I: Von der Besatzungsherrschaft bis zur Großen Koalition, Tübingen 1999; Pfister, Christian (Hrsg.), Das 1950er Syndrom. Der Weg in die Konsumgesellschaft, Bern 1996.

vor der Steinkohle wichtigsten Energieträgers erwartet.[14] Der Ausbau der Atomenergie wurde nun massiv favorisiert. Das erzeugte starke Widerstände aus der Gesellschaft, die sich im Verlauf der sechziger Jahre ihrer Fähigkeit und Berechtigung zur staatsbürgerlichen Interessenartikulation von unten her allmählich bewusst geworden war. Die Dialektik des Fortschrittsprozesses zeigte sich in der Konjunktur der Anti-AKW-Bewegung seit den ersten Protesten gegen das geplante Atomkraftwerk im badischen Wyhl, in den Bürgerinitiativen und der Umweltbewegung wie auch in der zunehmenden Radikalisierung am Rande der Neuen Linken, wo sich die Sympathisanten des Terrorismus einfanden.

Planungseuphorie, Machbarkeitsglaube und das Vertrauen auf rationale Konzeption von Politik ebbten in den siebziger Jahren deutlich ab. Helmut Schmidts Kanzlerschaft ist mit Recht als eine Zeit des Regierens gegen Krisen beschrieben worden.[15] Gleichwohl waren die Veränderungen der sechziger Jahre so weitgreifend und wirkten so tief, dass die Prägekraft des Reformjahrzehnts erhalten blieb. Der obrigkeitliche Staat war weitgehend verschwunden. Regierungen in Bund und Ländern, die Verwaltungen von der Bundesebene bis auf die kommunale Ebene, ja sogar die Justiz hatten sich als einen Teil der Gesellschaft zu begreifen gelernt. Der Veränderung von „Staat" zu „government" entsprach der Wandel vom „Staatsdiener" zum „civil servant". Die Bedeutung dieses Prozesses für die politische Kultur der Republik und auch für das Bewusstsein der Gesellschaft von sich selbst kann nicht hoch genug eingeschätzt werden.

Wo kamen die Einflüsse her, die am Anfang, seit den späten fünfziger Jahren, das Denken und die Vorstellungswelt veränderten, und dann in einem Prozess der langsamen und unspektakulären Ausbreitung Politik und Gesellschaft umformten? Aus dem Bündel von Erklärungen, das man zur systematischen Analyse der Sechziger durchmustern müsste, sei hier auf den wichtigsten Einzelstrang hingewiesen, der in sich wiederum äußerst komplex ist. Es handelt sich um den amerikanischen Einfluss auf Westeuropa, den die USA seit Beginn des Kalten Krieges ausübten.[16] Der Marshall-Plan stand am Anfang einer gleichermaßen ideologisch defensiven (und faktisch offensiven) wie hegemonialen Politik.[17] Defensiv war sie – Verkörperung des zeitgenössischen antitotalitären Denkens – gegen die Ausbreitung des Kommunismus in Europa und Fernost gerichtet; offensiv bekämpfte sie die Konsolidierung der Sowjetunion als gegnerischer Supermacht; hegemonial versuchte sie, die Länder Westeuropas hinsichtlich wirtschaftlicher und politischer Ordnung so zu strukturieren, dass sie eine grundsätzliche Kompatibilität mit dem amerikanischen Ordnungssystem aufwiesen. Die Integration Europas in Gestalt der Montanunion, der – dann gescheiterten – Europäischen Verteidigungsgemeinschaft und

14 Abelshauser, Werner, Der Ruhrkohlebergbau seit 1945. Wiederaufbau, Krise, Anpassung, München 1984.

15 Thränhardt, Dietrich, Geschichte der Bundesrepublik Deutschland, Frankfurt a.M. 1986.

16 Doering-Manteuffel, Anselm, Wie westlich sind die Deutschen? Amerikanisierung und Westernisierung im 20. Jahrhundert, Göttingen 1999.

17 Maier, Charles S. /Bischof, Günter (Hrsg.), The Marshall Plan and Germany. West German Development within the Framework of the European Recovery Program, New York 1991.

der EWG vollzog sich immer mit Rückendeckung und nicht selten mit aktiver Unterstützung der USA.

Daneben aber gab es eine ganz unspektakulär erscheinende Entwicklung, deren Bedeutung und Wirkungsmacht für die Zeitgenossen noch nicht zu erkennen waren. In der Situation des Ost-West-Konflikts begann 1948 eine Kooperation von amerikanischen, westeuropäischen und westdeutschen Intellektuellen, die zunächst das Ziel hatte, den Einfluss der Sowjetunion – vulgo „des Kommunismus" – in Westeuropa und insbesondere in Westdeutschland und Berlin zu bekämpfen. Zielgruppen westlich-amerikanischer Einflussnahme waren in allen westeuropäischen Ländern die sozialistischen Parteien, denn diese schienen am stärksten disponiert, mit ihrer marxistischen Programmatik gegenüber kommunistischen Positionen aufgeschlossen zu sein. Finanziert von der amerikanischen Seite, entstanden seit dem Ende der vierziger Jahre internationale Intellektuellennetzwerke, in denen linksliberale Journalisten, Schriftsteller, Künstler und Verbandsfunktionäre sowie frühere *fellow travellers*, also ehemalige Kommunisten, vertreten waren, die sich nach dem Hitler-Stalin-Pakt in glühende Antikommunisten gewandelt hatten. Der Kampf gegen den Kommunismus war das erste Anliegen. Das ließ aber bald nach, und insbesondere in der Bundesrepublik veränderte sich ab 1955 das Anliegen in einer Weise, dass hier Ideen, Wert- und Ordnungsvorstellungen freigesetzt wurden, die dem aufkommenden Reformwillen am Ende der fünfziger Jahre die Richtung wiesen.

Im Diskurs deutscher, westeuropäischer und anglo-amerikanischer Intellektueller der fünfziger Jahre wurden die ideellen Bestandteile des US-amerikanischen Ordnungssystems der dreißiger und vierziger Jahre, den Zeitumständen angepasst, zu einem „westlichen" Modell für die Modernisierung der unterschiedlichen Nationalkulturen Deutschlands, Frankreichs, Italiens und der Beneluxländer verallgemeinert und in öffentlichen Diskussionen sowie im Gedankenaustausch zwischen Experten aus Parteien, Verbänden und Publizistik des linksliberalen Spektrums zur Geltung gebracht. In den USA hatte der „New Deal" seit dem Amtsantritt von Präsident Franklin D. Roosevelt dazu beigetragen, dass die Wirkungen der Weltwirtschaftskrise gemildert werden konnten. Keynesianismus in der Wirtschaftspolitik, Rahmenplanung und die gesteigerte Verantwortung der Regierung für die soziale Sicherung der Gesellschaft brachten die „New Deal"-Koalition von Intellektuellen hervor, die sich aus europäischen Emigranten und Amerikanern zusammensetzte, sozialwissenschaftlich orientiert und im linken Spektrum vornehmlich der Ostküsten-Intelligenz verankert war.[18] In Deutschland kamen die Einflüsse dieses „New Deal-Liberalismus" nach 1947/48 nicht nur im Gefolge des Marshall-Plans zur Geltung, sondern in der Begründung von *think tanks* und Institutionen mit Multiplikatoren-Funktion. Der „Kongreß für kulturelle Freiheit", die Zeitschrift „Der Monat" und die Gründung der Freien Universität Berlin,[19] die Reformerkreise in der SPD und den

---

18 Fraser, Steve/Gerstle, Gary (Hrsg.), The Rise and Fall of the New Deal Order, 1930–1980, Princeton 1980.

19 Vgl. Hochgeschwender, Freiheit in der Offensive?

Gewerkschaften,[20] ja selbst fortschrittliche Gruppen innerhalb des Protestantismus[21] erlangten hier im Verlauf der fünfziger bis in die frühen sechziger Jahre Bedeutung. Ihre Ziele waren darauf gerichtet, in der Gesellschaft des neuen westdeutschen Staates ein Umdenken zu ermöglichen, welches traditionelle Gegensätze und Antinomien aus der Industrialisierungsepoche einerseits und der politischen Kultur der kleindeutsch-preußischen Reichsnation überwand. Besonders wichtig in diesem Westernisierungs-Diskurs waren zwei Aspekte.[22]

Zum einen sollte im Kontext des kapitalistischen Wirtschaftssystems eine Homogenisierung von liberalen und sozialistischen Auffassungen ermöglicht werden, die es der Sozialdemokratie und den Gewerkschaften erlaubte, sich in das internationale westeuropäische Ordnungssystem der OEEC und (ab 1960/61) OECD zu integrieren – mithin die marktwirtschaftliche Ordnung gemäß den Vorgaben des Marshall-Plans zu akzeptieren. Das erforderte die Preisgabe marxistischer Positionen im Wirtschaftsprogramm, wie sie bei den Gewerkschaften und in der SPD zum Zeitpunkt der westdeutschen Staatsgründung nach wie vor anzutreffen waren. Der Weg der SPD zum Reformprogramm von Godesberg 1959, das den Marxismus eliminierte und die Marktwirtschaft akzeptierte, sowie des DGB zum Reformprogramm von Düsseldorf 1962, welches die Umorientierung der SPD nachvollzog, wäre ohne diese Einflüsse kaum möglich gewesen. Die Konzepte des „New Deal-Liberalismus" und des Keynesianismus erlaubten es, staatliche Rahmenplanung und Marktwirtschaft einerseits sowie westliche Vorstellungen von „Freiheit" und sozialdemokratische Vorstellungen von Regulierung und Steuerung andererseits zusammenzudenken und sie in ein Konzept von fortschrittlicher Politik zu integrieren. Gewiss war der Kalte Krieg der eigentliche Geburtshelfer bei der programmatischen Neuorientierung von SPD und DGB, aber die Richtung, die diese Neuorientierung nahm, wurde durch den transnationalen europäisch-atlantischen Westernisierungs-Diskurs vorbestimmt. In einem thematischen und sachlichen Zusammenhang damit stand die skizzierte Entwicklung zur Verwissenschaftlichung der Politik und zur Verzahnung von Gesellschaft und Regierung durch ein verändertes Staatsverständnis. Der linksliberale *bias* im Westernisierungs-Diskurs hat das ermöglicht und die Richtung des Reformprozesses vorgegeben. Das war auch der Grund für den schon dargelegten Sachverhalt, dass die Reform von Gesellschaft und Politik vornehmlich im linken Segment der bundesdeutschen Öffentlichkeit erörtert und dass die neuen Konzeptionen politischen Handelns von hier aus umgesetzt wurden. Der Reformwille der sechziger Jahre erweist sich aus dieser Sicht als ein genuiner Bestandteil der ideellen Westorientierung der Bundesrepublik Deutschland.

---

20 Angster, Julia, Konsenskapitalismus und Sozialdemokratie. Die Westernisierung von SPD und DGB 1945–1965, München 2002; vgl. dies., ‚Safe by Democracy': American Hegemony and the ‚Westernization' of West German Labor, in: Amerikastudien 46 (2001), S. 557–572.

21 Sauer, Thomas, Westorientierung im deutschen Protestantismus? Vorstellungen und Tätigkeit des Kronberger Kreises, München 1999.

22 Vgl. Doering-Manteuffel, Anselm, Westernisierung. Politisch-ideeller und gesellschaftlicher Wandel in der Bundesrepublik bis zum Ende der sechziger Jahre, in: Schildt (Hrsg.), Dynamische Zeiten, S. 311–341.

Zum andern trug der transatlantische Ideenverkehr dazu bei, in der Bundesrepublik der fünfziger und sechziger Jahre ein Verständnis von „demokratischer Gesellschaft" entstehen zu lassen, das sich nicht nur von „Weimar" unterschied, sondern geradezu die Antithese dazu bildete. Die sozialliberale Meinungsbildung im Westernisierungs-Diskurs zog eine scharfe Grenzlinie zu bestimmten Traditionen aus reichsdeutscher Vergangenheit. Wir hatten gesehen, dass das geistige Klima in den fünfziger Jahren im bürgerlichen Lager noch deutlich schwarz-weiß-rot bestimmt war. Die Geschichte des „Dritten Reiches" wurde damals noch als ein dämonisches Unglück betrachtet und so aus dem konsistenten Verlauf der geschichtlichen Entwicklung vom Kaiserreich bis zur Gegenwart herausisoliert. „Weimar" galt als Vorbild und Gegenbild für die Ausgestaltung der demokratischen Ordnung in der bundesdeutschen Gegenwart. Mit der starken Rückorientierung in den fünfziger Jahren auf die Weimarer Republik und die deutsche Tradition der Demokratie seit 1848 ging auch ein Verharren in nationalkulturellen Denkmustern einher, die für das bürgerliche Lager einerseits und das sozialdemokratische Lager andererseits typisch waren und ihrerseits aus dem letzten Drittel des 19. Jahrhunderts stammten. Dazu gehörte die Kategorie der „Klassengesellschaft", die zwar faktisch durch die Wirkung der nationalsozialistischen Volksgemeinschafts-Politik und des Krieges an Bedeutung verloren, aber propagandistisch und teilweise auch im Selbstverständnis der politischen Lager der CDU/CSU und der SPD noch beschworen wurden. In den Bundestagswahlkämpfen der Jahre 1953 und 1957 gebrauchten die beiden großen Volksparteien den Gegensatz von „Bürgerblock" und „Sozialistenblock", um sich voneinander abzugrenzen. Die Vorstellung von der Kooperation auf der Grundlage eines liberalen gesellschaftlichen Konsenses in den zentralen Bereichen der bundesdeutschen Wirklichkeit – Demokratie und marktwirtschaftliche Ordnung – schien noch nicht zu existieren. Wenige Jahre später war von diesen Gegensätzen nicht mehr die Rede. Die Politik der „Gemeinsamkeit", die die SPD seit 1960 propagierte, zielte nach der Verabschiedung des Godesberger Programms und der Kür von Willy Brandt zum Kanzlerkandidaten darauf, den Konsens mit der Union zu suchen und mit einer neuen Art der Regierung das „moderne" Deutschland zu schaffen. Dieses Charakteristikum der sechziger Jahre lässt sich also nur aus den vorauslaufenden Prozessen der Fünfziger erklären.

Der oben skizzierte Diskurs zur Modernisierung politischen Handelns durch Verwissenschaftlichung der Politik, der nach 1957 einsetzte, deutete die beginnende Abwendung vom Klima der fünfziger Jahre an. Denkmodelle und Ordnungsvorstellungen der Protagonisten der ideellen Verwestlichung, der „Westernisierung", wirkten darin richtungweisend. In den sechziger Jahren erfolgte demnach die ideelle und konzeptionelle Wendung nach Westen, die bis dahin erst durch die Außen- und Bündnispolitik eingeleitet worden war, im Bereich gesellschaftlicher Ordnungsvorstellungen aber noch nicht gegriffen hatte. Die hier diskutierten beiden Hauptstränge, die wissenschaftliche und insofern rationale Konzeptualisierung politischen Handelns einerseits und die Einbettung der dafür aktivierten wissenschaftlichen Zugänge in den westlich-atlantischen Diskurs eines konsensualen sozial-liberalen Denkens andererseits, bestimmten das Meinungsklima des Reformjahrzehnts.

154

Es ist kaum anzunehmen, dass eine solche Entwicklung hätte ohne Widersprüche bleiben können. Über die Orientierungen an der reichsdeutschen Tradition braucht hier nicht weiter gesprochen zu werden. Es reicht der Hinweis auf die Signifikanz der Fischer-Kontroverse, die 1961 begann und die sechziger Jahre durchzog.[23] Die Widerstände gegen die Ostdenkschrift der EKD aus den mittleren Jahren und gegen die Ostpolitik der Regierung Brandt/Scheel seit dem Ende des Jahrzehnts beleuchten dasselbe Problemfeld. Die Prägungen aus dem schwarz-weiß-roten Denkhorizont einer nicht-demokratischen, nicht-liberalen, nicht-westlichen und klassengesellschaftlich durchsäuerten Politischen Kultur wurden in den fünfzehn Jahren zwischen 1957/58 und 1972/73 weitgehend überwunden.

Widersprüche gegen die wissenschaftlich-rationale und insofern ideologieferne Konzeptualisierung politischen Handelns sowie gegen die ideelle Unterströmung dieses Prozesses, die vom atlantischen Konsensliberalismus als Vorläufer des westdeutschen Sozial-Liberalismus gespeist wurde, kamen in den sechziger Jahren am wirkungsvollsten von der Linken. Gegen Konsens, gegen die Politik der „Gemeinsamkeit", gegen das Postulat der Ideologiefreiheit artikulierte die Neue Linke ihre Auffassungen. Das umschloss ein Festhalten an marxistischen Positionen in den Vorstellungen von Wirtschaft und Gesellschaft, es umschloss eine Fundamentalkritik an der These vom „Ende der Ideologien" und, daraus hervorgehend, an der Vorstellung von einer rational planbaren Politik zur Steuerung der modernen Gesellschaft. Die Neue Linke aktualisierte die Kapitalismuskritik und bekämpfte damit das Ordnungskonzept der westlichen Marktgesellschaft im Nachkriegsboom. Sie setzte „Planung" in der Politik mit „Repression" in eins und bestritt damit den Protagonisten der politischen Reform in den sechziger Jahren den Anspruch auf Fortschrittlichkeit und Emanzipation. Es nimmt nicht wunder, dass sich die Vorkämpfer des Westernisierungs-Konzepts in der SPD und vor allem im DGB seit 1966/67 fragen mussten, ob all ihre Bemühungen um die Realisierung von konsensliberalen Reformen vergeblich gewesen seien. In der APO und dann in der Studentenbewegung kristallisierte sich der Widerstand der Neuen Linken gegen eine Reform in Gesellschaft, staatlicher Verwaltung und Regierung, die keine ideologischen Gegensätze innerhalb der konsensual agierenden Gesellschaft und ihrer politischen Klasse mehr gelten lassen wollte, sondern die Gegensätze nach außen verlagerte. Die Gesellschaft im „modernen Deutschland" hatte nach den Vorstellungen der Reformer ihre Gegner nur in solchen Kräften, die den Konsens bestritten und den Interessenkonflikt akzentuierten – seien es die bürgerlichen Konservativen, die weiterhin in klassengesellschaftlichen Kategorien dachten, seien es die Kommunisten, für die es einen Konsens mit dem kapitalistischen System nicht geben konnte.[24]

APO und Neue Linke wirkten deshalb so nachhaltig in der Bundesrepublik der späten sechziger und siebziger Jahre, weil sie nicht „reaktionär" an Positionen festhielten, die aus Traditionssträngen stammten, die als überwunden gelten konnten. Sie formulierten vielmehr scharfe Kritik an dem neuen Establishment des sozialen Liberalismus, der sich im Kontext der marktwirtschaftlichen Ordnung als

---

23 Vgl. Doering-Manteuffel, Westernisierung, S. 333–339.
24 Vgl. Ellwein, Thomas, Krisen und Reformen, München 1989.

„links", vor allem als „modern" und „fortschrittlich" verstand. Ihre Kritik munitionierten sie indessen nicht in den verstaubten Arsenalen des Post-Stalinismus in den Ländern des Warschauer Pakts, sondern die Theorie der Neuen Linken war eine innerwestliche Kritik auf der Grundlage des Marxismus, die sich gegen den tendenziell die gesamte Gesellschaft umfassenden Anspruch des ursprünglich amerikanischen Konsensliberalismus richtete. Es verwundert daher nicht, dass die Anfänge der Neuen Linken in den USA lagen.[25]

Somit erweist sich dann auch die Studentenbewegung als eine innerwestliche Erscheinung, die in erster Linie das kompakte Syndrom des konsensualen, reformorientierten, ideologiefrei-rationalen und mehrheitlich linksliberalen „Establishment" bekämpfte.[26] Diesem „Establishment" galt der Zorn. In der Bundesrepublik wurden dann berechtigterweise auch alle jene dem „Establishment" hinzugerechnet, die zwar nicht aktiv in die Reform von Politik und Gesellschaft eingebunden waren, aber unauffällig und reibungslos im Kontext des Systems funktionierten. Hier handelte es sich nicht selten um Menschen, die durch Anpassung an die Zeitumstände ihre persönliche Verstrickung während des „Dritten Reiches" zu vertuschen suchten. Sie lebten und arbeiteten nicht zuletzt in der Verwaltung, der Justiz und den Hochschulen. Der inneruniversitäre Kampf gegen den „Muff von tausend Jahren" galt nicht allein der verkrusteten Struktur der alten Ordinarienuniversität, sondern ebenso der beträchtlichen personellen Kontinuität vom „tausendjährigen Reich" zur Bundesrepublik. Die Ordinarien, die im Zuge der Revolte angegriffen und in den Hintergrund gedrängt wurden, waren indessen keineswegs alle aktive Befürworter des Nationalsozialismus, sie waren eher nickende und duckende Mitläufer gewesen. Aber sie repräsentierten sämtlich die nationalkulturelle Kontinuität des schwarz-weiß-roten Denkens aus der Zeit vor dem Ersten Weltkrieg und der Zwischenkriegszeit. Ähnliches galt für die Juristen. In der 1967 einsetzenden Gewaltdiskussion, die nach der Schah-Demonstration am 2. Juni in Gang kam, als ein Berliner Polizist den unbewaffneten Studenten Benno Ohnesorg erschoss, wurde das aus den fünfziger Jahren stammende Konzept der „streitbaren Demokratie" in einer Weise angewendet, die nicht mehr viel mit dem Schutz der Demokratie, aber sehr viel mit einem aggressiven Selbstschutz staatlicher Institutionen gegen die Gesellschaft zu tun hatte. Da lebte der alte Obrigkeitsstaat, der seine Untertanen argwöhnisch auf Distanz hielt, noch einmal kräftig auf.[27]

In den Konflikten von „1968" kam deutlich zum Ausdruck, dass einerseits die Reform der Gesellschaft schon weit vorangekommen war und in den Kreisen der revoltierenden Studenten schon deutlich das Selbstverständnis des staatsbürgerlich nötigen und möglichen Protests Eingang gefunden hatte, auch wenn das übersteigert und ideologisiert gegen „das Establishment" und „das kapitalistische System"

---

25 Siehe dazu Waxman, Chaim I. (Hrsg.), The End of Ideology Debate, New York 1968. In diesem Band findet sich auch der klassische Text von C. Wright Mills, Letter to the New Left.

26 Fink, Carole/Gassert, Philipp/Junker, Detlev (Hrsg.), 1968. The World Transformed, Washington D.C., Cambridge 1998.

27 Vgl. Negt, Oskar, Achtundsechzig. Politische Intellektuelle und die Macht, Göttingen 1995; Lameyer, Johannes, Streitbare Demokratie. Eine verfassungshermeneutische Untersuchung, Berlin 1978.

zum Ausdruck gebracht wurde. Andererseits kam zum Ausdruck, dass das „moderne Deutschland", welches die Protagonisten der Reform anstrebten, noch keineswegs Wirklichkeit geworden war, indem die konservativen Traditionalisten hier umso mehr um die Bewahrung ihrer Spielräume kämpften.

Die freche Ironie der Studentenbewegung, ihrer Aktionsformen und Parolen, mit denen sie die Älteren herausforderte, konnte bisweilen den Eindruck erwecken, als handle es sich hier eher um Klamauk als um eine ernste gesellschaftliche Erscheinung.[28] Der Studentenprotest war der Katalysator eines Wandlungsprozesses, der zehn Jahre zuvor eingesetzt hatte. Die Bewegung war in sich selbst ein Bestandteil der Veränderungen und brachte gleichzeitig zum Vorschein, wie viel vom Alten noch vorhanden und in Gesellschaft und Staat noch virulent war. Sie protestierte gegen die kompakte Politik des liberalen Konsenses, den die Große Koalition seit 1966 praktizierte, und es dauerte nicht lange, bis die konsensliberale Konzeption der Regierung Brandt/Scheel ins Visier der Bewegung geriet. Für die Neue Linke konnte es keinen Kompromiss mit dem Sozial-Liberalismus geben, weil dieser den Kapitalismus stabilisierte und obendrein mit den Vereinigten Staaten liiert war, die in Vietnam ihre imperialistischen Interessen der Welt vor Augen führten und sich darin geradezu als ein „faschistisches" System entpuppten. Bereits 1969 setzte die Zersplitterung in verschiedene kommunistische Gruppen ein, von denen einige nah zur Staatspartei der DDR agierten.[29]

Der Radikalen-Erlaß der Regierung Brandt/Scheel kann keineswegs als Abkehr vom linksliberalen Reformkurs interpretiert werden, sondern er bestätigte vielmehr die Ernsthaftigkeit seiner Repräsentanten, daran festzuhalten. Die rationale politische Planung der Politik und der Wille zur „ideologiefreien" Steuerung des Gemeinwesens erforderten den Konsens auf der Grundlage der in den sechziger Jahren entwickelten sozial-liberalen Vorstellungen von Modernisierung und Modernität. Wer diese Politik bekämpfte, griff das Selbstverständnis der Reformpolitiker im Kern an und beeinträchtigte zugleich die Effizienz der Regierung. Die „Radikalen" im öffentlichen Dienst, die damals ausgegrenzt wurden, verweigerten sich dem Konsens. Das war ihr Fehler.[30] Kurze Zeit später, als der Ölschock die ideellen und materiellen Grundlagen der Reformpolitik auf einen Schlag in Frage stellte, verlor das Diktat des Konsenses seine Bedeutung. Die Bürgerinitiativen und die Anti-AKW-Bewegung dokumentieren diese Entwicklung. Innergesellschaftlicher Protest und die Bedrohung durch den Terrorismus schoben sich in den Vordergrund. Statt Ordnung durch Planung und Steuerung erschien eine neue Unübersichtlichkeit Platz zu greifen. Mehr als das Versickern der Studentenbewegung in den verschiedenen „neuen sozialen Bewegungen" der siebziger Jahre zeigte der Umschwung des öffentlichen Diskurses über Politik an, dass die sechziger Jahre vorbei waren. Nicht mehr von „Reformen", „Planung" und „Steuerung" war jetzt die Rede, sondern von der „Unregierbarkeit" des Staates.

---

28 Vgl. „Warum brennst Du, Konsument?" Flugblatt der Kommune 1 von 1967. Mit einem Kommentar von Barbara Sichtermann, in: Freibeuter 36 (1988), S. 100–106.

29 Vgl. Kraushaar, Wolfgang, 1968 als Mythos, Chiffre und Zäsur, Hamburg 2000.

30 Dies die überzeugende Argumentation bei Metzler, Regieren in der modernen Industriegesellschaft, Kap. D.

In den siebziger Jahren traten die westlichen Gesellschaften allmählich in die neue Zeit ein, die auf das kommende 21. Jahrhundert vorauswies.[31] Das erkennen wir allmählich, nachdem wir die Jahrhundertwende durchlebt haben. Ob in den sechziger Jahren die Strukturen des alten Jahrhunderts bereits beseitigt wurden und der Übergang in das neue Jahrhundert bereits einsetzte, oder ob die Sechziger noch ganz der „alten Zeit" zugehören, wird die Diskussion der Zeithistoriker in den nächsten Jahren bestimmen. Die große Bedeutung des Reformjahrzehnts tritt dabei immer schärfer vor Augen. Es handelte sich hier um einen säkularen Transformationsprozess. Deswegen konnten wir seine Auswirkungen auf der Mikroebene in unserem Seminar über den Landkreis Tübingen auch so deutlich sichtbar machen. Das komplexe Geschehen jener Zeit wurde anschaulich und konkret. Nicht nur die Studierenden, sondern auch wir Dozenten haben damals die sechziger Jahre differenzierter zu begreifen gelernt.

---

31 Siehe hierzu insbesondere Maier, Charles S. , Consigning the Twentieth Century to History. Alternative Narratives for the Modern Era, in: American Historical Review 105 (2000); S. 807–831.

Ulrich M. Bausch

Zwischen demokratischem Neubeginn und obrigkeitsstaatlicher Fixierung. Zur Genese kulturpolitischer Identität unter dem Einfluss US-amerikanischer Besatzungsoffiziere nach 1945 in Württemberg-Baden

Die Lokalisierung eines demokratischen Neubeginns mag einige vielleicht verblüffen. Gab es wirklich einen Traditionsbruch in entscheidenden Bereichen der politischen Kultur? Wer hat hier wen verabschiedet? Wer waren die Akteure? Diese Fragen führen hinein in die alte Kontroverse um einen demokratischen Neuanfang nach 1945 im deutschen Südwesten der frühen Nachkriegszeit einerseits und der Restaurationsthese andererseits. Das Bild eines geradezu urdemokratischen Anfangs war für die Geschichtsschreibung zur Nachkriegszeit in Württemberg-Baden lange Zeit bestimmend.[1]

Für Baden-Württemberg leistete hierzu der erste Ministerpräsident des Landes, Reinhold Maier, einen nicht unerheblichen Beitrag.[2] In leicht nostalgischer Verklärung schrieb er über die erste Landrätetagung in Murrhardt: „Mit natürlicher Selbstverständlichkeit fanden sich die verantwortlichen Männer zusammen. Wie wenn niemals totalitärer Staat gewesen wäre, stellten sich die altgewohnten Formen demokratischer Diskussion und Sachbehandlung wieder ein. Wir faßten den ganz simplen Beschluß, die gemeinsamen Angelegenheiten gemeinschaftlich zu regeln. Der zur Beobachtung entsandte amerikanische Hauptmann war baff. Er sagte: ,Bei euch geht es gerade so demokratisch zu wie bei uns im Staate Connecticut'".[3]

Die altgewohnten Formen hätten sich also wieder eingestellt, und strenggenommen – so die Suggestion – waren die Amerikaner zur Schaffung einer neuen Demokratie überflüssig. Dieses Bild ist in Südwestdeutschland immer noch populär und wird auch von Journalisten gerne verwendet.

So etwa vom ehemaligen Fernsehdirektor des Südwest-Funks, Klaus Simon, der für seinen Dokumentarfilm, im Rahmen der Sendereihe „Das Land im Südwesten", das ,Connecticut-Zitat' Maiers aufgriff. Am Beginn seines Dokumentarfilms stand eine lange Kamerazufahrt auf das Städtchen Murrhardt, den Ort der „demokratischen Urversammlung" wie es im Kommentarton hieß, unterlegt von Maiers Zitat. Im zur Fernsehserie gehörenden Begleitband schrieb Simon auf Maiers Zitat hinführend: „Hier ein schönes, kaum glaubliches Beispiel, bei dem man sich die Augen reibt: Märchen oder Wirklichkeit? Gute vier Wochen nach der Kapitulation trafen sich in einem Gasthof in Murrhardt nahe Backnang unter amerikanischer

---

1 Etwa bei Sauer 1978 od. Konstanzer 1969.
2 Vergl. hierzu: Matz 1989, S. 199.
3 Maier 1965, S. VII.

Obhut 15 nordwürttembergische Landräte zu einem ersten Gedankenaustausch. (...) Die Teilnehmer sprachen frei von der Leber weg; die Landräte hatten noch ein historisches Gespür für die demokratische und liberale Tradition des Landes; sie demonstrierten echte, einfache und unmittelbare Demokratie."[4]

Leider doch eher Märchen. Zumal Maiers Zitat der genauen Überprüfung nicht stand hält. Reinhold Maier selbst notierte am 22. November 1945, nach der vierten – und nicht nach der ersten – Landrätetagung habe ein Major Bingham zu ihm gesagt: „Jetzt geht es auf Ihren Tagungen genau so demokratisch zu wie bei uns im Staat Connecticut".[5] Wahrscheinlich hatte Bingham die drei ersten Tagungen anders bewertet, denn nur so ergibt das Wörtchen „jetzt" einen Sinn. Ganz und gar unrealistisch jedenfalls ist die Idee, ein zur ‚Demokratisierung' entsandter Besatzungsoffizier hätte wenige Wochen nach Kriegsende, in einer Zeit, die von niederschmetternden Enthüllungen über nationalsozialistische Verbrechen geprägt war, nichts besseres zu tun gehabt, als sich selbst für überflüssig zu erklären.

Gegen die Überschrift – Abschied vom Obrigkeitsstaat – werden freilich auch all jene sofort Einspruch erheben, die die vielen Kontinuitätslinien im Blick haben, die vom Nationalsozialismus in die junge Nachkriegsrepublik hinüberreichen. Das Stichwort von der Restauration spielte in der Fachliteratur der 70er Jahre eine nicht unerhebliche Rolle, zumal die Befunde eindeutig sind.

Die kapitalistische Wirtschaftsordnung mit ihren alten Besitzverhältnissen wurde, wenn auch mit gewissen Modifikationen, wie etwa der Mitbestimmung im Bereich der Montanindustrie, wieder hergestellt und eingeleitet durch die zugunsten der Sachwertbesitzer durchgeführte Währungsreform.[6] Der Traum eines nicht-kapitalistischen Neuanfangs, der selbst in der CDU (Ahlener Programm), und dort in der Gruppe um Eugen Kogon, Walter Dirks, Jakob Kaiser, Ernst Lemmer und Karl Arnold viele Anhänger hatte, war ausgeträumt.[7]

Neben der kontroversen Diskussion um die Wirtschaftsordnung des neuen Staates waren es vor allem die ‚Remilitarisierung' und die Übernahme früherer Träger des Verwaltungs- und Justizapparates, die die Vorwürfe gegenüber der Regierung Adenauer, sie betreibe eine restaurative Politik, abstützten. Im Bereich der Justiz fand eine Entnazifizierung nicht statt. Dr. Hans Globke, ein Mann, der von Hitlers Volksgerichtshof-Präsident Dr. Roland Freisler hoch gelobt worden war wegen seines Kommentars zu den sog. Nürnbergern Rassenschandgesetzen, wurde in der jungen Republik Leiter des Bundeskanzleramtes und damit der einflussreichste Beamte Westdeutschlands. Am 14. März 1954 erklärte Regierungsmitglied Franz Josef Strauß: „Die deutschen Soldaten der Zukunft müssen die Traditionen der deutschen Soldaten des Zweiten Weltkrieges fortsetzen."[8] Kontinuitätslinien und restaurative Tendenzen können also nicht geleugnet werden.

---

4 Simon 1987, S. 106.
5 Maier 1948, S. 388.
6 Vergl. Huster 1976; Hartwich 1970.
7 Huster 1976, S. 424. Auch: Berg-Schlosser 1979, S. 111.
8 In: Welt am Sonntag vom 14. 3. 1954. Zit. n. Siepmann u. a. 1981, S. 84.

Dennoch, von *Restauration* im Sinne einer dichten Annäherung oder weitgehenden Übereinstimmung mit dem *status quo ante* kann freilich ernsthaft nicht gesprochen werden.

Dass weder der Ansatz eines selbstverständlichen, urdemokratischen Anfangs noch die Restaurationsthese der historischen Realität nach 45 gerecht werden, soll nun exemplarisch durch einen Blick auf die Medien- und Kulturpolitik der US-amerikanischen Information Control Division (ICD) gezeigt werden, also jener Abteilung der Besatzungsregierung, die das Musik- und Theaterleben zu kontrollieren hatte, das Büchereiwesen neu aufzubauen hatte und darüber hinaus für die strukturellen Veränderungen der Kino-, Radio- und Presselandschaft verantwortlich war.

Die Information Control Division war die Nachfolgeorganisation der ‚Sikeboys' wie die Beschäftigten der Psychological Warfare Division (PWD) auch genannt wurden. Diese hatten, während der Krieg noch andauerte, primär die Aufgabe, deutsche Einheiten dazu zu ermuntern, sich zu ergeben, den „Volkssturm" zu demoralisieren und in den eroberten Gebieten die Bevölkerung über die Absichten der neuen Befehlshaber zu informieren. Sie entwarfen Flugblätter, die den Deutschen den tatsächlichen Frontverlauf zeigten, überredeten mit Lautsprecheranlagen deutsche Einheiten zur Aufgabe und stellten ärztliche Betreuung und Verpflegung in Aussicht. Bereits im Sommer 44 – im Rücken der Armee – forderte die PWD Einheimische zur Zusammenarbeit auf und begann die berühmten ‚weißen' Listen zu erstellen. Nach dem Ende der Kampfhandlungen wurde aus der PWD die ICD, die zentral von General Robert McClure (OMGUS-Berlin) aus geleitet wurde und nicht den Besatzungsregierungen der jeweiligen Länder unterstellt war.

Neuanfänge im Musik- und Theaterleben

Die *Direktive für Psychologische Kriegsführung und Kontrolle der deutschen Informationsdienste* vom 16. April 1945 autorisierte die ICD, die Aufführungen von Opern, Theaterstücken, Orchestermusik und „anderen Vorführungen" zu überwachen. Die Ausführungsbestimmungen hierzu gingen den Kulturoffizieren erst am 1. September 1945 zu. Danach sollte jedem Bürgermeister ein Verbindungsoffizier zur Seite gestellt werden, um kommunale Kulturprogramme für Einheimische vorzubereiten und eventuell die noch gesperrten Konten der Gemeinden für diese Zwecke freizugeben. Die Genehmigung von kulturellen Veranstaltungen aller Art durfte jedoch nur durch die Zentrale der ICD erfolgen. Sie hatte die Anweisung, dafür zu sorgen, dass in jeder Stadt mindestens ein Theater, Kino oder eine ähnliche Einrichtung der Zivilbevölkerung zur Verfügung stand.

In Stuttgart war für Musik- und Theaterkontrolle als amerikanischer Offizier zunächst William Sailer zuständig, ein gebürtiger Stuttgarter, der sich gut in klassischer Musik und der deutschen ‚Hoch-Kultur' auskannte. Bei ihm stellten sich Schauspieler, Musiker und Regisseure mit ihren Zukunftsplänen vor. Er begutachtete – noch im französisch besetzten Stuttgart – Programmentwürfe für Morgenfeiern im *Großen Haus* (Texte von Lessing, Hölderlin, Schiller, Euripides, Droste-Hülshoff, Klabund) und war bei den Proben für Beethovens *Eroica* anwesend. Auch Drehorgelspieler baten ihn um eine Arbeitserlaubnis. Auf das Versprechen, das Marschlied *Wir fahren gegen England* des Nazidichters Herms Niel von der Walze zu nehmen, erhielten die Drehorgelspieler ihre Genehmigung.[9]

Die ICD handhabe ihre Genehmigungspraxis anfangs sehr großzügig, war sie doch an möglichst vielen kulturellen Möglichkeiten für die Einheimischen interessiert. In Literatur, Theater und Musik sahen die Offiziere das gute, das andere Deutschland verkörpert, das es nun wiederaufzubauen gelte. Dies war auch nicht verwunderlich, wenn man bedenkt, dass diese Kulturoffiziere entweder Exilanten waren, die im deutschsprachigen Raum aufgewachsen waren und hier Literatur oder Musik studiert hatten, oder dass sie, wie im Falle des späteren Chefs der Musikkontrollabteilung Württemberg-Baden, Mr. Newell Jenkins, hier in Deutschland in den 30er Jahren studiert hatten, und mit dieser Qualifikation dann als Kulturoffizier nach Deutschland zurückkamen. Newell Jenkins etwa hatte in Freiburg bei Carl Orff Musik studiert und setzte sich frühzeitig für eine sehr liberale Kulturförderpolitik ein.

Bis zur Jahreswende 1945/46 genehmigte die Militärregierung nahezu alle Bewerber, die im Kulturbereich aktiv werden wollten. Die Genehmigungen wurden jedoch alle auf Widerruf erteilt, da eine systematische Überprüfung der Anwärter aus Mangel an Personal im Herbst 1945 noch nicht möglich war. Die neue Freiheit im Kulturbereich veranlasste die Stuttgarter Zeitung am 10. November 1945 zu einem mahnenden Kommentar. Sie schrieb: „Kaum ist ein halbes Jahr seit dem Waffenstillstand verflossen, da taucht schon die Gefahr der Kunstinflation auf. Was nach Monaten und Jahren der Entbehrung auf kulturellem Gebiet zuerst freudig begrüßt und begünstigt wurde, droht heute zu einem Übel zu werden. Ein Blick auf die Anschlagsäulen oder in die Ankündigungen der Zeitungen ergibt das Bild einer verwirrenden Zahl kultureller Veranstaltungen, so dass die Frage berechtigt erscheint: Wie reimt sich das mit der Not unserer Zeit zusammen? Entspricht eine so eifrige Kunstbetätigung einem Bedürfnis? Und wenn, ist dieses Bedürfnis noch angemessen und gesund?"

Seit Januar 1946 handhabe die ICD die Genehmigungspraxis im Kulturbereich wesentlich restriktiver. Nicht, dass man hier der Meinung gewesen wäre, eine ‚eifrige Kunstbetätigung' sei möglicherweise ‚ungesund', dem Mangel an Räumen stand vielmehr ein riesiges Angebot an Schauspielern, Künstlern und Musikern gegenüber, so dass eine Auswahl getroffen werden musste und die Bürgermeister ermahnt wurden, auf die Genehmigungspraxis der ICD zu achten. Am 13. Februar 1946 schickte das Innenministerium an alle Landräte und Bürgermeister in Württemberg-Baden die entsprechende Anweisung, wonach „alle Theater-, Musik- und Varietè- Veranstaltungen nicht von der lokalen Militärregierung und auch nicht von den Bürgermeistern oder Landräten genehmigt werden können. Die zuständige amerikanische Stelle für diese Art öffentlicher Veranstaltungen für Ihren Bezirk sei die ICD im Stuttgarter Tagblatt-Turm, 5. Stock."[10]

Die ICD wollte weiterhin so viel wie möglich genehmigen, scheiterte aber regelmäßig an den Bürgermeistern vor Ort. So heißt es im Jahresbericht der ICD

---

9 William Sailer im Gespräch mit dem Verfasser am 20. August 1990.
10 Staatsarchiv Ludwigsburg, FL 20/19 Bü 1195.

von 1947 zu diesem Thema: „Es ist bedauerlich, daß die Lokal- und Landespolitik im kulturellen Leben dieses Landes so eine große Rolle spielt. Die Politiker neigen dazu, die Theater- und Musikangelegenheiten als Spielball zu benützen, (...). Selbst gut-meinende und weitblickende Leute wie zum Beispiel Oberbürgermeister Klett werden durch selbstsüchtige Parteipolitik unablässig behindert und in ihrer politischen Karriere sogar bedroht. Es sollte von Interesse sein, daß im Kulturausschuß des Landtages kein einziger Spezialist oder Experte aus dem Theater- und Musikbereich vertreten ist."[11]

Immer wieder werden in den Berichten der Theater- und Musikabteilung reglementierende Eingriffe der Behörden in den Kulturbereich vermerkt. Charakteristisch für viele Fälle war das Verhalten des Schorndorfer Bürgermeisters und ehemaligen Entnazifizierungsministers Gottlob Kamm. Er verbot dem Bad Mergentheimer Theatermacher Horst Hallen, mit seinem *Bauerntheater* in Schorndorf aufzutreten mit der Begründung: „Als Bürgermeister bin ich der Bevölkerung gegenüber verantwortlich, für eine vernünftige (*sound*) kulturelle Entwicklung des Theaterlebens in meiner Stadt. Ich würde mich doch vor den Leuten blamieren, wenn ich so eine Art von Theater zulassen würde."

Kamm wurde von der ICD mitgeteilt, sein Verhalten stehe in klarem Widerspruch zur württemberg-badischen Verfassung, die er ja als ehemaliger Minister kennen sollte.[12] In Gaildorf erklärte der Bürgermeister im Frühjahr 1946, dass er alle Theaterveranstaltungen grundsätzlich ablehne, da der Ort erst wieder aufgebaut werden müsse. Auch in Schnait wurde „grundsätzlich" abgelehnt. Begründung des Bürgermeisters: „Die Leute sollen in der Woche arbeiten und sonntags in die Kirche gehen." In Korb erklärte der Bürgermeister, es sei monatlich nur eine Veranstaltung möglich. Im Juni 1946 lehnte der stellvertretende Bürgermeister der Stadt Waiblingen eine Veranstaltung der *Gastspieldirektion Ewald Huth* mit der Begründung ab, es gebe schon zu viele Veranstaltungen. Nach einer Intervention des örtlichen Verbindungsoffiziers der Militärregierung kam es doch zur Aufführung, da dieser der Meinung war, in Waiblingen gebe es im Kulturbereich viel zu wenige Veranstaltungen.[13]

Da derartige Fälle von allen Lizenzträgern an die ICD herangetragen wurden, wandte sich die Theaterabteilung an das Kultministerium. In einer Besprechung, an der auch Vertreter des Innenministeriums teilnahmen, kam man überein, dass das Innenministerium an alle Bürgermeister und Landräte eine Anweisung schicken sollte, wonach jegliche Art von Zensur und Reglementierung im Kulturbereich verboten sei.[14]

In den Augen der Theaterkontrolle jedoch war das Kultministerium selbst das eigentliche Problem beim Aufbau des Theater- und Musikbetriebs in Württem-

---

11 History Theater and Music Control Branch. S. 10.

12 Quarterly History Theater & Music Control Branch, First Quarter 1948. S. 37.

13 Schreiben von Ewald Huth an die Militärregierung, Theater und Musikkontrolle vom 17. 6. 1946, mit einer Zusammenstellung aller ihm bekannt gewordenen Ablehnungsbegründungen. NARA RG 260. OMGWB, Records of the Theater and Music Section. 12/89–3/8.

14 Ebd. Aber, Second Quarter 1948, S. 26.

berg-Baden. Newell Jenkins fasste seine diesbezüglichen Erfahrungen in einem Bericht an General Mc Clure zusammen. Die Beziehung zu Kultminister Theodor Heuss sei sehr angenehm. Heuss habe aber immer wieder erklärt, dass er vom Theater und der Musik eigentlich nichts verstehe, da er ein Mann der Zeitung sei. Er habe daher alle diese Probleme an seinen Kulturreferenten Dr. Fritz Kauffmann übergeben. Jenkins: „Dr. Kauffmann war von Anfang an ein Stachel im Fleisch der Theater und der Musik." Darüber hinaus, so Jenkins, habe die CDU gerade die Wahlen gewonnen und einen Herrn Simpfendörfer als neuen Kultminister vorgeschlagen. Simpfendörfer aber sei Pietist und toleriere das Theater allenfalls. Darüber hinaus sei er ein erklärter Gegner des zeitgenössischen Theaters und der modernen Musik. Man habe Informationen, dass Kauffmann auch unter Simpfendörfer Kulturreferent bleiben werde. Dieser verhinderte, laut Jenkins, erstklassige Dirigenten und Musiker unter Vertrag zu nehmen, während er andererseits aber fragwürdige Künstler anstellte, die von der Militärregierung (MR) abgewiesen worden waren. So weigerte sich die Theaterkontrolle, einen Pianisten zu registrieren, der aktives Mitglied in mehreren NS-Organisationen gewesen war. Von Kauffmann aber wurde jener direkt unter Vertrag genommen. Darüber hinaus verlieh ihm Kauffmann einen Professorentitel. Kauffmann sei nicht nur unfähig, eine Entscheidung herbeizuführen, er bringe es auch fertig, jede Verhandlung so kompliziert zu machen, dass die Bewerber die Lust verlören und sich von Stuttgart abwendeten. Jenkins berichtet von zahlreichen Fällen, in denen hervorragende Dirigenten und Musiker regelrecht nach München vertrieben worden sind. Darüber hinaus beklagt er Kauffmanns Gebaren, absprachewidrig verschiedenen Männergesangsvereinen und Stadtkapellen Auftrittsgenehmigungen erteilt zu haben. In Aalen und Heidenheim, so Jenkins weiter, waren diese sogar identisch mit der ehemaligen SA-Kapelle und dem Kreismusikzug, wie sie auch nach wie vor auf Reichsmusikkammerpapier korrespondierten. Darauf angesprochen, erklärte Kauffmann, das habe er nicht gewusst, aber man brauche die Musiker halt für Hochzeiten und Beerdigungen.[15]

Besonders ärgerlich war für Newell Jenkins die Ablehnung des ungarischen Dirigenten und ehemaligen Kappellmeisters der Budapester Staatsoper Georg Solti. Jenkins bekam einen Anruf aus Berlin, er solle sofort nach Basel fahren, um dort den ungarischen Dirigenten samt seiner Familie abzuholen. Die Stelle des Generalmusikdirektors im *Großen Haus* war zwar nicht unbesetzt, aber der Betreffende lag im Krankenhaus und stand auf absehbare Zeit nicht mehr zur Verfügung. Das Stuttgarter *Große Haus* gehörte zu den wenigen der vergleichbaren Einrichtungen, die den Krieg unbeschadet überlebt hatten. Aber das Kultministerium wollte weder das Rücktrittsgesuch des kranken Musikdirektors akzeptieren, noch eine neue Kraft einstellen. Jenkins versuchte, Solti bei Kauffmann durchzusetzen, scheiterte aber. Solti sei nicht deutsch und darüber hinaus jüdischer Abstammung. Was denn daran falsch sei, so Jenkins zu Kauffmann – der selbst jüdischer Herkunft war –, schließlich habe man deswegen einen Krieg geführt, und Solti sei der beste Musiker, den man

---

15 Newell Jenkins an Mc Clure vom 28. 9. 46. Subjekt: Dilemma of ICD. NARA RG 260. ISD Wü-Ba. 12/96–2/20.

zur Zeit bekommen könne.[16] Jenkins zitiert in seinem Bericht an Mc Clure Kauffmann mit den Worten: „Wir brauchen keinen Ungarn hier in Württemberg." Georg Solti wurde Generalmusikdirektor der Münchner Staatsoper, bevor er die Frankfurter Oper und später dann die Königliche Oper in London übernahm.

Die Schwierigkeiten, die beim Versuch auftraten, ein staatsfernes Musik- und Theaterleben aufzubauen, tauchten auch im Bereich der Reorganisation der württemberg-badischen Kinolandschaft auf.

Hollywood fällt durch

Die Filmabteilung der ICD hatte den Auftrag, das deutsche Kino und das Medium Film bis zum Äußersten für die Präsentation von Dokumentarfilmen und ausgewählten Reportagen als einen Beitrag zum reorientation programm zu nutzen. Mitarbeiter der ICD waren beteiligt an der Produktion, dem Vertrieb und der Evaluation der sog. atrocity-pictures (schlecht übersetzt mit Greueltatfilmen – Dokumentationen über die nationalsozialistischen Vernichtungslager). Sie produzierten und vertrieben aktuelle Nachrichten und Dokumentarfilme, mit dem Ziel, die Deutschen über den Rest der Welt zu informieren, und die ICD hatte den bemerkenswerten Auftrag, den deutschen Markt für die amerikanische Spielfilmindustrie zu erschließen.

Ich kann dies nun nicht im Einzelnen ausführen, möchte aber darauf hinweisen, dass die ICD beim Bestreben, möglichst viele Kinotheater für diese Zwecke wieder in Betrieb zu nehmen, auf ähnliche Schwierigkeiten wie im Bereich Musik und Theater stieß. Etwa hatte im badischen Dörfchen Neudorf der Pfarrer, der das ganze Dorf einschließlich dem Bürgermeister dominierte, einem jüdischen Mitbürger verboten, das Kino zu eröffnen, weil er nicht erlauben könne, dass jener Jude unmoralische Filme in die Stadt bringe, so jedenfalls der Bericht der Filmabteilung. Die Filmbranch befragte daraufhin die Einwohner mit dem Ergebnis, dass sich 70 Prozent für das Kino ausgesprochen haben. Der Pfarrer reagierte sofort mit einer eigenen Umfrage und verkündete, jeder, der gegen das Kino sei, müsse auch keine Flüchtlinge aufnehmen. Diese Haltung vertrat dann auch der Bürgermeister von Neudorf. Eine Geschichte von vielen. John Scott, der Chef der Filmbranch, erzählt weiter von Lehrern, die ihren Schülern die Prügelstrafe angedroht hatten für den Fall, dass sie ins Kino gingen. In mehreren Fällen habe der Pfarrer die Kinder geschlagen, da sie im Kino waren. Ein anderer Kirchenmann empfahl dem Gemeinderat seines Dorfes, eine Filmvorführung nur einmal im Monat zuzulassen, und in einem weiteren Fall mussten die Kinder immer genau dann zum Religionsunterricht antreten, wenn die Besatzer Filme für Kinder und Jugendliche vorführen wollten. Verschiedene Bürgermeister beschlagnahmten Kinos für angeblich wichtige Versammlungen, die örtliche Polizei zensierte Filme, oder es wurde alles getan, um Filmvorführungen zu verhindern.

---

16 Newell Jenkins im Gespräch mit dem Verf. am 1. 9. 89 bei New York.

Aber auch dort, wo der Kinobetrieb möglich war, gab es Schwierigkeiten, denn andere Bürgermeister wiederum hatten versucht, mit dem Kinobetrieb die Gemeindekassen zu füllen. Nach Scotts Recherche wurde auch versucht, den Kinobetrieb alten Freunden aus der NS-Partei zuzuschieben – „... politisch unakzeptablen Individuen" und solchen, die vom Diktat des Bürgermeisters abhängig waren. Als Beispiele nennt er in seinem Bericht Heilbronn, Schorndorf, Kornwestheim, Hockenheim, Bruchsal und Stuttgart. Weiter notierte Scott den Plan der Stadt Stuttgart, zusammen mit dem Kultministerium des Landes eine staatlich kontrollierte Spielfilmindustrie aufzubauen. Nach diesem Plan befragt, gab der Vertreter des Kultministeriums zur Antwort: „Der Gedanke, daß diese Filme in Bayern produziert werden, behagt uns nicht, weil sie katholische Propaganda enthalten werden. Um solche Propaganda auszuschließen, wollen wir diese Filme hier überwachen und sicherstellen, daß es gute Kulturfilme werden." Darüber hinaus zitiert John Scott die mündliche Anfrage des Kultministeriums, welche Art von Organisation die Militärregierung vorschlage, mit der das Kultministerium die Kinos kontrollieren könne. Auf die Gegenfrage, warum man denn glaube, dass eine Kontrolle nötig sei, hieß es dann, dass irgend jemand sie eben kontrollieren sollte (*some-one should control them*). Scott kommt in seinem Bericht zu der abschließenden Bewertung: „Die zurückliegende Erfahrung mit deutschen Beamten (*german officials*) deutet daraufhin, daß sie im Laufe der Zeit immer offener versuchen, Mittel der Unterdrückung und der direkten Kontrolle einzusetzen."[17]

Wunsch der Einheimischen: Staatskontrolle im Rundfunk und Pressewesen

Wie wenig eine unabhängige, nicht staatlich kontrollierte Sphäre des Öffentlichen für einheimische Politiker denkbar war, wird besonders drastisch deutlich beim Prozedere zur Neugestaltung des Rundfunk- und Pressewesens. Fast 5 Jahre stritten sich Einheimische und Besatzer um ein neues Pressegesetz.

Die Zeit drängte. Die Gründung der BRD, geplant für den Herbst 1948, war in absehbare Nähe gerückt, und damit auch das Ende der Pressekontrolle durch die Besatzungsregierung. Seit Dezember 1945 versuchte die Militärregierung, zu einem für sie akzeptablen Pressegesetz zu kommen, scheiterte aber immer wieder an unzulänglichen Gesetzesvorlagen der Einheimischen. Am liebsten wäre den Besatzern aus den USA überhaupt kein Pressegesetz gewesen, das es in ihrer Heimat selbst nicht gab. Noch aber galt das Pressegesetz von 1874, und dieses konnte nur durch ein neues Gesetz abgeschafft werden. Hier prallten zwei unterschiedliche Rechtstraditionen aufeinander. Dem Verständnis der Besatzer schwebte das US-Modell vor, wonach die Verfassung Rede- und Pressefreiheit garantiert und weitere Bestimmungen nicht nötig sind. Die angelsächsische Rechtstradition steht einschränkenden Ausführungsbestimmungen ablehnend gegenüber gemäß der Idee, dass man mit der Einschränkung von Freiheit diese bereits verliert.

---

17 John Scott an den Direktor der ICD, OMGWB: Requerements for Free German Information Services. 27. Nov. 1946. NARA RG 260. 12/–2/20.

Das Pressegesetz von 1874 orientierte sich dagegen weniger an dem Ziel, die Presse vor dem Staat zu schützen, als an den ‚Bedürfnissen' des Staates, sich vor der Presse zu schützen. Negativ für die Presse schlug vor allem zu Buche, dass das Reichspressegesetz der Polizei ermöglichte, Zeitungen ohne Gerichtsbeschluss zu beschlagnahmen, wenn Verdacht auf Verstoß gegen staatliche Bestimmungen vorlag. Verbunden mit dem „Ehrenschutz von Persönlichkeiten des öffentlichen Lebens" sowie den Bestimmungen über Verleumdung und Beleidigung war das Beschlagnahmerecht eine Schikanemöglichkeit des Staates gegenüber der Presse. Der Fortbestand des Reichspressegesetzes war deshalb für die Besatzungsmacht undenkbar. Die meisten einheimischen Politiker hingegen orientierten sich an Werthaltungen aus der Weimarer Zeit, wozu auch – den Amerikanern fremde – Sonderschutzrechte von Personen des öffentlichen Lebens gehörten. Als Belege lassen sich ein Gesetzentwurf der SPD anführen oder die heftige Kontroverse ‚Maier gegen Maier/Simpfendörfer' in Württemberg-Baden. Nach einem Gesetzesvorschlag der SPD im September 1947 sollte zu mindestens sechs Monaten Gefängnis bestraft werden, wer falsche oder übertriebene (sic) Anschuldigungen gegen Persönlichkeiten des öffentlichen Lebens erhob.[18] Franz Karl Maier, Rechtsanwalt und Mitherausgeber der *Stuttgarter Zeitung* warf im Frühjahr 1947 Ministerpräsident Reinhold Maier und Kultminister Wilhelm Simpfendörfer ihr Abstimmungsverhalten im Jahre 1933 vor. Beide hatten für das sogenannte Ermächtigungsgesetz gestimmt. Darüber hinaus bezichtigte Karl Maier den Kultminister Simpfendörfer, Werbung für Hitler gemacht zu haben, und druckte einen Artikel ab, den Simpfendörfer 1933 geschrieben hatte. Darin hieß es, Hiter habe in „revolutionärem Elan das faule System von 1918 beseitigt und sich nun als Führer (...) das freiwillige Vertrauen aller erworben". In einem anderen Artikel soll Simpfendörfer geschrieben haben, jede Stimme für Adolf Hitler sei ein Bekenntnis zu echter Volks- und Schicksalsgemeinschaft.[19] Simpfendörfer musste zurücktreten, Reinhold Maier konnte sich halten. Im Landtag entbrannte daraufhin eine heftige Debatte. Der Abgeordnete Theiss (CDU) wertete die Vorgänge als einen „Generalangriff auf breiter Front" gegen die Demokratie, da die „führenden Männer des Staates" angeriffen würden. Theiss weiter: „Während auf der einen Seite die Träger des Angriffs gegen die jetzige Form des parlamentarischen Staates fast alle Mittel in der Hand haben, vor allem dadurch, daß sie einen großen Teil der Presse beherrschen, sind die Träger dieses Staats (...) nicht in der Lage diesen Angriffen (...) zu begegnen. (...) Wir stehen doch alle vor der Frage, ob wir diese junge Demokratie noch einmal so abschlachten lassen wollen, wie es schon einmal geschehen ist."

Theiss forderte eine parteieigene Tagespresse, um den Lizenzzeitungen etwas entgegensetzen zu können. Die Kritik der *Stuttgarter Zeitung*, die sich immerhin auf unwiderlegbare Tatsachen stützte, wertete er als den Versuch, die „Demokratie abzuschlachten", da sie die „Träger des Staates" angreife.[20]

---

18 Hurwitz 1972, S. 174.
19 Stuttgarter Zeitung vom 6. 8. 47 in der rückblickend über die Kontroverse berichtet wird.
20 Verhandlungen des Württ. Bad. Landtags. 15. Sitzung. Stuttgart, Dienstag den 1. April 1947. S. 292.

Anfang September 1948 forderte die MR den Landtag auf, ein Gesetz zu schaffen, das die Freiheit der Presse garantiere. Am 10. September diskutierte der Landtag den Entwurf. Weniger als die Hälfte der Landtagsmitglieder waren anwesend, die Reden zum Thema erschienen den Presseoffizieren oberflächlich.[21] Der Entwurf des Landtages enthielt 39 Paragraphen, 33 davon lehnte die MR ab. Der Presseausschuss des Landtages fragte sich in der Folge, ob es überhaupt Sinn habe, weiterzuarbeiten und wandte sich Rat suchend an den Bremer Senat, dessen Pressegesetz von den Amerikanern akzeptiert worden war. (Allerdings war es erst nach dem württemberg-badischen Gesetz in Kraft getreten.)[22] Der Vorsitzende des Presseausschusses im Stuttgarter Landtag beschwerte sich in den weiteren Beratungen über die Reglementierung durch die Besatzungsmacht. Hätte die MR den Landtag in Ruhe gelassen, so die Kritik, wäre der Entwurf anders ausgefallen. Darüber hinaus biete die Konzeption der Amerikaner keinerlei Schutz vor den „pornographischen Artikeln" der Skandalpresse, die es zu bekämpfen gelte.[23] Die weiteren Verhandlungen gestalteten sich als ein Nervenkrieg zwischen Landtag und Militärregierung.

Das Pressegesetz trat am 1. April 1949 in Kraft. Am ersten Juni 1949 wurde in Württemberg-Baden die Lizenzpflicht aufgehoben. Württemberg-Baden war damit das erste Land in der amerikanisch besetzten Zone, in der publizistische Tätigkeit nicht mehr genehmigt werden musste. General Clay schrieb hierzu in seinen Erinnerungen: „Die deutsche Unfähigkeit, demokratische Freiheit wirklich zu erfassen, hat sich wohl auf keinem anderen Gebiet (. . .) so deutlich gezeigt. Es schien unmöglich zu sein, zu einer Gesetzgebung zu gelangen, in der die Presse der regierenden Macht nicht auf Gnade und Ungnade ausgeliefert war."[24]

Rundfunk als Instrument der Staatskanzlei

Nicht nur im Pressebereich forderten die sog. Männer der ersten Stunde Staatskontrolle, auch der Rundfunk sollte überwacht werden. In einer Debatte des Länderrats Anfang Januar 1946 formulierte Reinhold Maier seine Vorstellungen zur Neuorganisation des Rundfunks folgendermaßen: „Ich habe mir gedacht, daß sich die Sache ungefähr so regeln müßte: Der rein technische Betrieb des Radios ist Sache der Post. Die Sendestationen gehen in das Eigentum des Reiches zurück, die politische Verantwortung trägt das Staatsministerium, und es wird je eine Intendantur oder Direktion für die Programmgestaltung unter einer zentralen Überwachung eingerichtet (. . .), der Aufbau eines Propagandaministeriums soll aber vermieden werden."[25]

---

21 Press History through 31.Dec. 1948. NARA RG 260. OMGWB. ICD. In: OMGUS, Historical Branch, General Records, Historical Records. 3/408–1/45.
22 Hans Schmidt-Osten, der damalige journalistische Berater des Presseausschusses und spätere Justiziar des Deutschen Journalisten-Verbandes im Gespräch mit dem Verf. 14. 4. 1990.
23 Subjekt: Press Law vom 24. 3. 49. NARA RG 260. OMGWB. ISD 12/96–2/7.
24 Clay 1950. Zit. nach Pfau 1986, S. 72.
25 Ebd., S. 71.

Reinhold Maier orientierte sich also an den alten verhängnisvollen Strukturen: Politische Kontrolle des Staates durch eine zentrale Überwachungseinrichtung. Das kleine Wörtchen ‚aber' macht jedoch deutlich, dass ihm dabei selbst nicht ganz wohl war. Der einschränkende Schlusssatz zeigt, dass ihm selbst klar war, welche Folgen die Umsetzung seines eigenen Vorschlags gehabt haben könnten.

Im Herbst desselben Jahres führte zu diesem Thema die *US-Besatzungsmacht* in Stuttgart zahlreiche Interviews mit Führungskräften aus Politik und Gesellschaft sowie mit Einheimischen aus „allen Lebensbereichen" (*from all walks of life*). Die Umfrage hatte nicht den Anspruch einer Repräsentativerhebung. Sie sollte vielmehr *der* Besatzungsmacht ein allgemeines Stimmungsbild vermitteln. Auffallend ist zunächst, dass die Gruppe der ‚Normalbürger', die „auf der Straße, in Zügen usw." angesprochen wurde, fast ausnahmslos jede Art der staatlichen Medienkontrolle ablehnte. Lediglich ein 28jähriger Medizinstudent forderte scharfe staatliche Kontrollen sowie mehr klassische Musik und keinen Jazz im Radio. Die Zusammenfassung mutmaßt: „Die Leute glauben, wohl genug Kontrolle während der letzten 13 Jahre gehabt zu haben."[26]

Anders die Gruppe der Repräsentanten. Hier befürwortete eine deutliche Mehrheit die staatliche Kontrolle der Medien. Von 29 Befragten befürworteten lediglich sieben unabhängige Verwaltungssysteme. Zu dieser Gruppe gehörten geschlossen die drei befragten Medienvertreter, Martin vom Bruch (Programmberater bei Radio Stuttgart), Konsul Bernhard und dessen Nachfolger als Lizenzträger der Stuttgarter Zeitung, Dr. Schairer. Alle drei lehnten staatliche Kontrolle von Presse und Rundfunk strikt ab, wobei Bernhard allerdings ein Kontrollgremium, bestehend aus Parlamentariern und Experten, vorschlug, welches die Lizenzträger für Presse und Rundfunk auswählen sollte. Schairer sprach sich für unabhängige Medien aus, dachte aber an Verwaltungsorganisationen, die „entweder der deutschen oder der amerikanischen Militärregierung gegenüber verantwortlich" sind.[27] Dr. Bruch schlug für Presse und Radio private Gesellschaften vor, deren Satzungen (policies) aber entweder durch die deutsche Regierung oder durch die Militärregierung genehmigt werden müssten.[28]

Zu den Kontrollgegnern gehörten darüber hinaus Kultminister Heuß, Ministerialrat Ströhle, der Chef des städtischen Informationsamts Dr. Arntz, und der Oberschulamtsleiter Leichtele. Arntz lehnte jede Art von Kontrolle ab, unterbreitete aber keinen eigenen Organisationsvorschlag. Heuß schlug ein unabhängiges Kontrollgremium vor, bestehend aus Vertretern der Ministerien, Gewerkschaften und Parteien. Ähnlich wie bei Heuß war der Vorschlag von Ströhle und Leichtele für Aufsichtsgremien mit Repräsentanten „aller Lebensbereiche".[29]

In der Gruppe der Kommunal- und Landesvertreter dominierten allerdings deutlich die Befürworter staatlicher Kontrolle. Charakteristisch für diese Gruppe war die Stellungnahme des stellvertretenden Landrats Dr. Benke: „Radiosendun-

---

26 „Subjekt: Weekly Brief–15–22 October 1946. Opinion on Question of Goverment Control of Radio and Press." S. 2. NARA RG 260. ISD Wü-Ba. 12/85–2/5.
27 Ebd. S. 4.
28 Ebd. S. 6.
29 Ebd. S. 8.

gen müssen überwacht werden, damit sie nicht mißbraucht werden können, wie in den letzten 12 Jahren. Die Mitarbeiter und das Programm sollten beaufsichtigt werden (supervised). (...) Politische Sendungen sollten scharf kontrolliert werden."[30] Ähnlich wie Benke argumentierten auch alle befragten Bürgermeister. Der Ettlinger Kommunalchef Kauffmann forderte etwa die Wiederherstellung des alten Reichsrundfunks und sein Karlsruher Kollege Heurich verfocht staatlichen Besitz und Kontrolle des Rundfunks.[31]

Auch die Vertreter der Parteien unterschiedlichster Couleur votierten nahezu einhellig für die Staatsaufsicht des Rundfunks. Der Parteisekretär der CDU, Schwan, dachte an den Staat als Kontrolleur und Eigentümer des Rundfunks, wobei die wichtigsten Organisationen aus den Bereichen Religion, Politik und Kultur bei der Programmgestaltung mitwirken sollten. Der Kreispräsident der *DVP*, Dürr, schlug eine überparteiliche Kontrollkommission vor, die von der Regierung bestellt werden sollte. Er hatte die Vorstellung, damit sei am ehesten das künstlerische Niveau der Sendungen gewährleistet. Der SPD-Sekretär Dr. Grosshans forderte die Wiedereinführung des einheitlichen ,Reichsrundfunksystems', das allerdings durch ein parlamentarisches Gremium beaufsichtigt werden sollte. Sein Parteigenosse und Stuttgarter Gemeinderat Hermann Walter befürwortete in Bezug aufs Radio die „strikte Kontrolle durch ein Ministerium". Seine Begründung: „Die Öffentlichkeit hält das Radio für ein offizielles Organ, daher müssen die Sendungen konsequenterweise kontrolliert werden."[32]

Auch die Vertreter der KPD befürworteten geschlossen Programme unter der Obhut des Staates. Allerdings müsse sich die staatliche Radiokontrolle auf die „Eliminierung reaktionärer Einflüsse auf die Sendungen" beschränken, so KPD-Sekretär Willi Bechtle.[33] Mit der gleichen Argumentation verfochten seine Parteigenossen Aschinger, Klausmann und Riedinger die Kontrolle des Radioprogramms durch das Kultministerium und die Rückgabe des Senders an die Post.[34]

So dominant in diesen Interviews die Vorstellung des eingreifenden, lenkenden Staates durchscheint – schließlich sind die ihn tragenden Abgeordneten ja demokratisch legitimiert –, so einhellig ist in der Frage nach der Neugestaltung des Rundfunkwesens auch die Ablehnung der privatwirtschaftlichen Organisationsform der Sender. Die Herren orientierten sich überwigend an Vorstellungen aus der Weimarer Zeit. Auch im Bereich der Reorganisation des Büchereiwesens mussten die obrigkeitsstaatlichen Vorstellungen der Einheimischen überwunden werden.

---

30 Ebd. S. 4.
31 Ebd.
32 Ebd. S. 5.
33 Ebd.
34 Ebd. S. 3.

Im November 1945 kam Frau Zaran Wang nach Stuttgart.[35] Im Reisegepäck hatte sie eine Auswahl von 200 Büchern und einen Stapel Zeitungsausschnitte ihrer ehemaligen Arbeitsstätte, des Office of War Information. Sie zog in eine alte Vier-Zimmer-Wohnung in der Neckarstraße und eröffnete die erste amerikanische Bibliothek für Deutsche. Aus der kleinen Bibliothek wurde einige Monate später der erste *US-Information Center (USIC)* Württemberg-Badens, der später in „Amerikahaus" umbenannt wurde.

Zaran Wangs bescheidene Bibliothek bestand in den ersten Monaten aus englischsprachigen Zeitungsausschnitten und aus ‚Army Books'. Das waren kleine billige Taschenbücher, die von der Armee passend für die Hosentasche einer Soldatenuniform verlegt wurden. Für die Öffentlichkeit war die Wohnung in der Neckarstraße zunächst nicht zugänglich. Lediglich Journalisten, Verleger und Wissenschaftler, so die Anfangsidee, sollten hier Gelegenheit haben, sich über den Rest der Welt, der ihnen zwölf Jahre lang verborgen gewesen war, zu informieren.

Im März 1946 erhielt die Vier-Zimmer-Wohnung den Namen *US-Information Center* und wurde von nun an der gesamten Stuttgarter Öffentlichkeit zugänglich gemacht. Zur Verfügung standen mittlerweile bereits 1000 Bände und eine ‚repräsentative' Sammlung US-amerikanischer Magazine. In Stuttgart nannte man die Wohnung „amerikanische Bibliothek". Darin befanden sich ein Büro, ein Studierzimmer für Leute, die schreiben wollten, und zwei Leseräume. Wenn auch ein Großteil der Stuttgarter Bevölkerung dieser Einrichtung mit größtem Misstrauen begegnete, überwog dennoch bei vielen die Neugier, ein ‚Jahrtausend' lang Verbotenes nun lesen zu können, zumal mit Zaran Wang in Württemberg-Baden auch das System der amerikanischen Leihbibliotheken Einzug hielt. Die Bücher blieben nicht − wie in einheimischen Leihbibliotheken bis dahin üblich − in Räumen verborgen, die für die Öffentlichkeit gesperrt blieben. Die Besucherinnen und Besucher konnten ausleihen und lesen, was sie wollten, und hatten freien Zugang zu den Regalen (*open shelf concept*) − ein System, welches später − gegen den Widerstand der einheimischen Verwaltung − allen Bibliotheken in Württemberg-Baden − aufgezwungen wurde. Nun konnte man einfach − in immer noch sehr bescheiden ausgestatteten Bibliotheken − in *The Atlantic, Time, Esquire* oder im meistgefragten Magazin *Life* herumstöbern.

Mit der Jahreswende 1946/47 änderte sich die finanzielle Ausstattung der Zentren. Nach der berühmten Rede des amerikanischen Außenministers Byrnes am 6. September 1946 im Stuttgarter *Großen Haus* wurden in Washington beträchtliche Finanzmittel mobilisiert. Byrnes hatte in seiner Rede, die gemeinhin als die offizielle Ankündigung eines Paradigmenwechsels der amerikanischen Besatzungspolitik verstanden wurde, den Wiederaufbau Deutschlands angekündigt. In vielen Berichten der ICD heißt es hierzu: „Wir schalteten von den negativen auf die positiven Aspekte der Besatzung um". Dieses Umschalten war verbunden mit verstärkten Anstrengungen im Bereich der sogenannten Umerziehung. Im No-

---

35 E&IC Branch, ICD, OMG W/B, The First Two Years USICs W/B, 5 Juli 47. S. 59. NARA RG 260. OMGWB ICD. 12/96−2/4.

vember 1946 bewilligte Washington 350.000 US-Dollar für den Ankauf von Büchern und Zeitschriften in den *USICs*. Mike Weyls, der Nachfolger von Frau Wang, erhielt hiervon $ 65.000 für die ersten sechs Monate des Jahres 1947. Zunächst wurden mit diesen Zuweisungen kleine Zweigbibliotheken gegründet. Neue Leseräume und Leihbüchereien entstanden in Heilbronn, Göppingen, Heidenheim, Schwäbisch-Gmünd, Crailsheim, Tauberbischofsheim und Bad Mergentheim. Jedes Zentrum verfügte im Frühjahr 1947 über durchschnittlich 175 Zeitschriftenabonnements und bezog vier Schweizer Tageszeitungen. Mike Weyl erinnert sich, die Auswahl der Bücher habe in einem „sehr offenen und freien Geist" erfolgt und niemand habe da versucht zu zensieren. „Das war wirklich die Vor-McCarthy-Zeit". In der Tat finden sich in den Zeitschriftenkatalogen der Zentren Stuttgart, Heidelberg, Karlsruhe und Mannheim, die im September 1947 jeweils 264 verschiedene Magazine und Wochenschriften bezogen, auch solche, die der offiziellen amerikanischen Außenpolitik und der amerikanischen Regierung sehr kritisch gegenüberstanden, wie die politisch links stehende *Nation* oder *New Republic*.

Wenn auch die Bücher und Zeitschriften unzensiert die deutschen Leser erreichten und die Sortimente tolerant ausgewählt wurden, so bedeutet dies nicht, dass das *Pentagon* und die *ICD* die Journalisten und Autoren sich selbst überlassen hätte. Vor allem auf die Art der Präsentation der USA im Ausland wurde eine scharfes Auge geworfen. Bei nicht wunschgemäßer Berichterstattung wurde protestiert und Besserung angemahnt. Anlass für Ärger war etwa das Life-Magazin vom August 1947. Der Aufmacher waren „Amerikaner in Heidelberg", die deutsche Tracht trugen oder das, was die Life-Redakteure dafür hielten. Im Inneren des Heftes wurden junge Amerikaner gezeigt, die mit Einheimischen Armeeabzeichen austauschten. Washington war entsetzt. Trotz dieser und ähnlicher Pannen ließ man den Besatzern vor Ort aber freie Hand. In Stuttgart versuchte die ICD vor allem, das Angebot an deutschsprachiger Literatur zu erhöhen. Hilfe kam aus Basel und Schaffhausen. Die beiden Städte schenkten ihr mehrere Lastwagenladungen voll Literatur, die in der Schweiz, Holland und in Schweden verlegt worden war. Diese Literatur sollte aber nicht nur den Stuttgartern zur Verfügung stehen. Um auch den ländlichen Raum und die Gefängnisse mit Büchern und Magazinen versorgen zu können, erfand Mike Weyl die *Bookmobiles*, fahrbare Leihbibliotheken, die regelmäßig auf kleinen Markplätzen oder in Gefängnishöfen Halt machten und ein Sortiment des populärsten Materials zur Verfügung stellten. In einigen Fällen stieß die Absicht, auch die Gefangenen in den Genuss amerikanischer Magazine und Schweizer Literatur zu bringen, auf den Widerstand der jeweiligen Gefängnisdirektion. Insgesamt wurden – für die gesamte US-Zone – 20 *Bookmobiles* angeschafft, die später den einheimischen Büchereien übergeben wurden. Die *Bookmobiles* waren zum Teil bis 1956 in Gebrauch.

Doppelidentifikation der Besatzer

Gerade für den Zuständigkeitsbereich der ICD lässt sich nachweisen, wie stark einheimische Funktionsträger in ihrem Denken von der Vorstellung des vormundschaftlichen, eingreifenden, lenkenden Obrigkeitsstaats geprägt waren.

Die *Mitarbeiter der ICD* orientierten sich dagegen einerseits an anglo-amerikanischen Demokratie-Idealen (verkürzt charakterisiert als *Freiheit vom Staat* statt *Freiheit durch den Staat*) und andererseits am *Anderen Deutschland*, der *Kulturnation*, wie sie in Jaspers, Weber, Thomas Mann etc. symbolisiert gesehen wurde. Innerhalb der *ICD* gab es nie strafende Besatzungskonzepte. Ursächlich hierfür sind die Biografien der Akteure, bei denen es sich ganz überwiegend um Exilanten handelte, die sich eine Doppelidentifikation zu eigen machten: Sie waren Neu-Amerikaner, die die *amerikanische Mission* zu verkünden hatten; gleichzeitig waren sie Europäer geblieben, die im deutschsprachigen Raum aufgewachsen waren und ihrer eigenen Identität zuliebe versuchten, die *Kulturnation* zu retten. In der Transformationsphase von Faschismus zu junger Republik wurde diese Doppelidentifikation virulent. Sie ermöglichte die zähe und zeitaufwendige Implantation von Strukturelementen des angelsächsischen Demokratiekanons, wodurch noch aus der Weimarer Zeit herrührende obrigkeitsstaatliche Orientierungen in ihrer Wirkung langfristig unterlaufen oder zumindest abgeschwächt werden konnten. Während für zahlreiche gesellschaftliche Bereiche personelle und strukturelle Kontinuitäten nachweisbar sind, konnte die Information Control Division für die Medien- und Kulturlandschaft klare Kontinuitätsbrüche und genuine Neuanfänge durchsetzen.

Das, was wir heute unter Demokratie verstehen, verkürzt: Wahlen plus demokratische Kontrolle von Macht, breite Verteilung von Verantwortung, Machtkonkurrenz statt Machtkonzentration, Meinungsvielfalt und ungehinderte, unzensierte Informationsflüsse, die eine demokratische Meinungsbildung garantieren sollen und vieles mehr, was uns heute oft selbstverständlich vorkommt – war damals auch unter jenen Einheimischen, die sich für Demokraten hielten, keineswegs selbstverständlich. Zu den besonderen Leistungen der damaligen Besatzer gehörte es, dass sie eine unabhängige Medien- und Kulturlandschaft zunächst gegen einheimische Funktionsträger, schließlich aber doch mit ihnen gemeinsam, durchsetzen konnten. Der Ablösungsprozess vom alten deutschen Obrigkeitsstaat ist wahrscheinlich noch nicht abgeschlossen. Aber der Anfang wurde damals gemacht.

Literaturhinweise:

Bausch, Ulrich M.: Die Kulturpolitik der US-amerikanischen Information Control Division in Württemberg-Baden von 1945 bis 1949. Stuttgart 1992.

Berg-Schlosser, Dirk: Die Konstituierung des Wirtschaftssystems. In: Becker, Josef u. a.:– Vorgeschichte der Bundesrepublik Deutschland. Zwischen Kapitulation und Grundgesetz. München 1979.

Hartwich, Hans-Hermann: Sozialstaatspostulat und gesellschaftlicher status quo. Opladen 1970.

Hurwitz, Harold: Die Stunde Null der dtsch. Presse. Die amerikanische Pressepolitik in Deutschland. 1945–49. Köln 1972.

Huster, Ernst-Ulrich u. a.: Determinanten der Westdeutschen Restauration 1945–1949. Ffm. 1971.

Konstanzer, Eberhard: Die Entstehung des Landes Baden-Württemberg. Stuttgart 1969.

Maier, Reinhold: Der Länderrat des amerikanischen Besatzungsgebiets. In: Ztschr. für württembergische Landesgeschichte 24/1965. S. I–XV.

Maier, Reinhold: Ende und Wende. Briefe und Tagebuchaufzeichnungen. Stuttgart 1948.

Sauer, Paul: Demokratischer Neubeginn in Not und Elend. Das Land Württemberg-Baden von 1945 bis 1952. Ulm 1978.

Siepmann, Eckhard u. a.: Kalter Krieg und Capri Sonne. Die fünfziger Jahre. Berlin 1981.

Simon, Klaus: Ein Ordnungsland, oder wie der Bürger denkt und der Staat lenkt. In: Reschl, Willy (Hrsg.): Das Land im Südwesten. Das Buch zur Fernsehserie des SDR. Stuttgart 1987.

Andreas Dornheim

Demokratische Gesellschaft oder Gemeinschaft ohne „Vermassung"
Zur Konzeption von Jugendpolitik und Jugendarbeit nach 1945 am Beispiel München

Nach der Niederlage Deutschlands im Zweiten Weltkrieg und der Befreiung des Landes vom Nationalsozialismus kam der Gestaltung der zukünftigen Jugendpolitik und Jugendarbeit eine herausragende Bedeutung zu. Der Nationalsozialismus hatte nicht nur die Werte menschlichen Zusammenlebens bis zur Unmenschlichkeit entstellt, sondern darüber hinaus mit seinem starken Zugriff auf die Jugend eine spezielle Situation der Unsicherheit geschaffen. Würde es den Alliierten gelingen, so lautete 1945 eine der zentralen Fragen, die Jugend für die westlichen Werte zu gewinnen, oder würde diese Jugend, die jahrelang der nationalsozialistischen Indoktrination und Propaganda ausgesetzt war, den „langen Weg nach Westen", wie es Heinrich August Winkler treffend ausdrückte,[1] verweigern? Auch andere spezifisch deutsche Traditionen, die mit „obrigkeitsstaatlicher Fixierung" (Ulrich M. Bausch) und einer „dezisionistischen Weltsicht und Lebensform" (Martin Greiffenhagen) präzise umschrieben wurden, standen einer Öffnung für das westlich-angelsächsische Modell von Demokratie und „Kompromisskultur" (Martin Greiffenhagen) entgegen.[2]

Wir wissen alle, wie diese Frage entschieden wurde, aber es ist erstaunlich, dass die Konzeptionen der Jugendarbeit und Jugendpolitik nach 1945 bisher erst ansatzweise untersucht wurden. Sicherlich gibt es eine Vielzahl an Publikationen, die auf die besondere Situation und Lebenslage von Jugendlichen in der Nachkriegszeit eingehen, und auch ein Teil der Jugendverbände wurde erforscht,[3] aber schon allein eine gründliche Darstellung des institutionellen Rahmens, in dem sich Jugendarbeit vollzog, fehlt. Das zentrale geschichtswissenschaftliche Handbuch der deutschen Nachkriegsgeschichte führt im Register den Begriff „Jugend" nicht auf, und man muss auf die Artikel „Bildung und Erziehung" und „Freie Deutsche Jugend"

---

1 Heinrich August Winkler, Der lange Weg nach Westen. Bd. 1: Deutsche Geschichte vom Ende des Alten Reiches bis zum Untergang der Weimarer Republik. Bd. 2: Deutsche Geschichte vom „Dritten Reich" bis zur Wiedervereinigung, München 2000.
2 Vgl. hierzu die Beiträge von Ulrich M. Bausch und Martin Greiffenhagen im vorliegenden Band.
3 Den besten Überblick bieten Lothar Böhnisch, Hans Gängler, Thomas Rauschenbach (Hg.), Handbuch Jugendverbände. Eine Ortsbestimmung der Jugendverbandsarbeit in Analysen und Selbstdarstellungen, Weinheim-München 1991.

ausweichen,[4] um sich ansatzweise zu informieren. Umso erfreulicher ist es, dass sich eine der wichtigsten Institutionen der Jugendarbeit in Deutschland, der Kreisjugendring München-Stadt, dazu entschlossen hat, seine eigene Geschichte aufarbeiten zu lassen.[5]

Der Kreisjugendring München-Stadt

Jugendarbeit in Deutschland findet weitgehend in den Kommunen statt, und der Kreisjugendring München-Stadt (im folgenden: KJR), der bisweilen halb ernst, halb scherzhaft, als „weltgrößter Jugendring" bezeichnet wird, hat eine Doppelfunktion: Er ist zum einen der Dachverband der Münchner Jugendverbände, zum anderen der größte Betreiber von Freizeitstätten für Jugendliche in der bayerischen Landeshauptstadt. Im Jahr 2001 waren im KJR 64 Jugendorganisationen mit rund 195.000 Kindern und Jugendlichen organisiert. Im selben Zeitraum betrieb der KJR in den Münchner Stadtteilen 46 Freizeitstätten und zehn Projekte, von denen das Jugendinformationszentrum (eine zentrale Anlauf- und Informationsstelle in der Nähe des Hauptbahnhofs) und das weltbekannte Kapuzinerhölzl (ein großes Zeltlager, in dem Jugendliche aus aller Welt in den Sommermonaten preisgünstig übernachten können) vielleicht die populärsten sind. Geleitet wird der KJR von einem ehrenamtlichen Vorsitzenden, einem ehrenamtlichen Vorstand und einem hauptamtlichen Geschäftsführer. Der Vorsitzende, der von der sogenannten Vollversammlung (einer Delegiertenversammlung der Münchner Jugendverbände) für eine Amtszeit von zwei Jahren gewählt wird, gehört einem der größeren der Münchner Jugendverbände an. Insgesamt gibt es fünf große Jugendverbände, die intern auch als „Elefanten" bezeichnet werden und rund 90 % der Mitglieder stellen: Der mit Abstand größte Verband ist die Münchner Sportjugend, die über 100.000 Mitglieder hat. Es folgen der Bund der Deutschen Katholischen Jugend (BDKJ, rund 22.000 Mitglieder), die Jugend des Deutschen Gewerkschaftsbundes (früher Gewerkschaftsjugend, etwa 15.000 Mitglieder), die Evangelische Jugend München (rund 12.000 Mitglieder) und die Jugend des Deutschen Alpenvereins (etwa 9.000 Mitglieder).[6]

Die kommunalen Jugendringe in Bayern nehmen in Deutschland eine besondere Stellung ein, weil sie eine „Gliederung" des Bayerischen Jugendrings (BJR) darstellen, dem das bayerische Kultusministerium 1948 den Status einer Körperschaft des öffentlichen Rechts zuerkannte. Das bedeutet, dass Bayern staatliche Aufgaben an den BJR delegiert hat. Um diese erfüllen zu können, wird der BJR durch das Jugendprogramm der Bayerischen Staatsregierung finanziert. Der BJR

---

4 Vgl. Deutschland unter alliierter Besatzung 1945–1949/55, hg. von Wolfgang Benz, Berlin 1999. Auch das von Michael Behnen hg. Lexikon der deutschen Geschichte von 1945 bis 1990 (Ereignisse, Institutionen, Personen im geteilten Deutschland, Stuttgart 2002) enthält wohl einen Art. über „Jugend in der DDR", aber keinen zum Thema Jugend in der BRD. Behandelt werden immerhin die Art. „Bundesjugendplan" und „Bundesjugendring".

5 Mit der Aufarbeitung wurde der Verfasser im Juli 2001 beauftragt. Die Ergebnisse werden im Frühjahr 2003 in einem Buch publiziert.

6 Die Zahlen beziehen sich auf das Jahr 2001 und sind dem Geschäftsbericht des KJR entnommen.

untersteht zudem der Rechtsaufsicht des Bayerischen Staatsministerium für Unterricht, Kultus, Wissenschaft und Kunst, bei „Übertragung von Staatsaufgaben auch der Fachaufsicht", wie es in der Satzung heißt.[7] Die Jugendringe außerhalb Bayerns sind rechtlich in der Regel als eingetragene Vereine organisiert. Seine eigentliche Bedeutung erhält der KJR aber dadurch, dass er in erheblichem Umfang von der Stadt München finanziell unterstützt wird. Hatte der BJR 1999 einen Etat von rund 37 Millionen Mark, so war der finanzielle Spielraum des KJR mit rund 34 Millionen Mark nur unwesentlich geringer. Etwa 83 % des Etats stammen dabei aus Zuwendungen der Stadt München. Als Gegenleistung betreibt der KJR die genannten Freizeitstätten und Projekte, bezahlt und betreut das (400köpfige) Personal der Geschäftstelle und der Freizeitstätten, ist für die pädagogischen Konzepte in den Jugendhäusern verantwortlich und unterstützt die Münchner Jugendverbände finanziell. Es handelt sich um ein ‚eingespieltes System', das sich aus den ersten Anfängen 1945 nach und nach entwickelt und die Jugendarbeit in München auf eine demokratische, weltoffene und moderne Grundlage gestellt hat. Seit Ende 1962 ist die Beziehung der Stadt zum KJR auch vertraglich fixiert: Den ersten sogenannten Freizeitstättenvertrag, der inzwischen mehrfach überarbeitet und erweitert wurde, schloss Ende 1962 der SPD-Oberbürgermeister Hans-Jochen Vogel mit dem KJR ab. Keiner der beiden Partner (die Stadt München und der KJR) möchte den anderen heute missen, auch wenn es vor allem Anfang der 80er Jahre unter der Ägide des CSU-Oberbürgermeisters Erich Kiesl zu harten politischen Auseinandersetzungen kam, die als Münchner „Freizeitstättenkampf" (manche sprechen sogar von „Freizeitstättenkrieg") in die Lokalgeschichte eingingen. Wie sich dieses System nach 1945 entwickelt hat, soll im folgenden gezeigt werden.

Personalentscheidungen und amerikanische Reeducationpolitik

Als die US-Amerikaner am 30. April 1945 in München einmarschierten, wurden ihre ersten Personalentscheidungen stark von der Katholischen Kirche beeinflusst. Michael Faulhaber, Kardinal und Erzbischof von München-Freising, empfahl nicht nur die beiden ersten Oberbürgermeister (Franz Stadelmayer, nur vier Tage im Amt; Karl Scharnagl, bis Mitte 1948 amtierend), sondern auch den neuen Stadtschulrat Anton Fingerle, der von nun ab für die gesamte Schul- und einen großen Teil der Jugendpolitik der bayerischen Landeshaupt verantwortlich zeichnete. Der 1912 geborene und 1976 gestorbene Fingerle war eine interessante Persönlichkeit: Er war ein unehelicher Sohn des katholischen Pfarrers Josef Steinacker mit seiner Haushälterin Anna Fingerle. Steinacker, der in der Nähe von Augsburg seine Pfarrei hatte, musste bei der Geburt seines Sohnes den kirchlichen Dienst quittieren, wurde eine Art Privatgelehrter und fand bei der Familie von Stauffenberg ein

---

7 § 35 der Satzung des BJR in der Fassung vom 1. 1. 1995. Vgl. auch den Art. Bayerischer Jugendring in: Böhnisch/Gängler/Rauschenbach (Hg.), Handbuch Jugendverbände, S. 829–831. Zum Deutschen Bundesjugendring siehe ebd., S. 813–820. Zu den Landesjugendringen ebd. S. 826–855. Zusammenfassend auch Scharinger, Jugendringe, in: ebd. S. 241–247.

geringes Auskommen, für die er ab und zu das Archiv ordnete. Der junge Anton blieb bei der Mutter und wuchs unter einfachsten Verhältnissen im Münchner Ostbahnhofviertel auf. Mit zehn Jahren wurde er auf das humanistische Maximiliansgymnasium geschickt, galt dort als „Sprachgenie" und wurde 1931 Stipendiat des Maximilianeums. 1937 wurde er Gymnasiallehrer, verfolgte aber im Grunde eine universitäre Laufbahn. Fingerle galt als Gegner des Nationalsozialismus, war Ende April 1945 an den unglücklich verlaufenden Befreiungsversuchen der Freiheits-Aktion Bayern beteiligt und machte sich 1945 sogar Hoffnungen, bayerischer Kultusminister zu werden. Er blieb aber Münchner Stadtschulrat und wurde zudem der erste Vorsitzende des KJR. Diese Funktion hatte er 25 Jahre lang bis 1971 inne. Als liberaler Katholik, der erst 1967 in die CSU eintrat, obwohl er seit 1946/47 zum Parteieintritt gedrängt wurde, war Fingerle der Garant dafür, dass der Münchner Katholizismus bis zur 68er-Revolte einen starken Einfluss auf die Jugendarbeit in der bayerischen Landeshauptstadt hatte.[8]

Mit der amerikanischen Militärregierung kam der umfassend humanistisch gebildete Fingerle, der zudem fließend Englisch sprach, gut aus, auch wenn vor allem in der Anfangszeit manche Hürde zu überwinden war. Hinsichtlich der zukünftigen Jugendpolitik in Deutschland hatten die Alliierten keine einheitlichen Vorstellungen, die über einen antifaschistischen und antimilitaristischen Grundkonsens hinausgingen. So findet sich im Potsdamer Abkommen vom 2. August 1945, das als „Magna Charta der Nachkriegspolitik gegenüber Deutschland" gilt,[9] nur ein einziger, allerdings zentraler Satz: „Das Erziehungswesen in Deutschland muß so überwacht werden, daß die nazistischen und militaristischen Lehren völlig entfernt werden und eine erfolgreiche Entwicklung der demokratischen Ideen möglich gemacht wird."[10] Diese Festlegung wurde zum Leitsatz der amerikanischen Jugendpolitik im Rahmen des Reeducation-Programms, das nicht nur auf einen institutionellen Wandel (lokale Selbstverwaltung, Parteigründungen, demokratische Wahlen, Aufbau eines Verfassungsstaates), sondern vor allem auf eine geistig-kulturelle Umerziehung abzielte, um Deutschland so in die „Kulturgemeinschaft zivilisierter Nationen" zurückzuführen.[11]

---

8 Der meines Wissens kenntnisreichste Fingerleexperte ist Johannes Timmermann. Siehe Johannes Timmermann, Anton Fingerle zum Gedächtnis: Den guten Geist Münchens lebendig erhalten, in: Münchner Stadtanzeiger, Nr. 24 vom 26. März 1984. Ders., Erinnerungen an Anton Fingerle, den Praeceptor der deutsch-amerikanischen Freundschaft. Zum Columbus-Tag 1982. Beilage zur Columbus-Gesellschaft, München 1982. Ders., Prof. Dr. Anton Fingerle und der Kreisjugendring München-Stadt, in: Kreisjugendring München-Stadt (Hg.), Konstrukteur der Jugendarbeit in München. Prof. Dr. Anton Fingerle. Dokumentation, München 1983. Eine kurze Charakterisierung Fingerles auch bei Hans-Jochen Vogel, Die Amtskette. Meine 12 Münchner Jahre. Ein Erlebnisbericht, München 1972, S. 153 f.

9 Wolfgang Benz, Potsdam 1945. Besatzungsherrschaft und Neuaufbau im Vier-Zonen-Deutschland, München 1994 (3. Aufl.), S. 118.

10 Zit. n. ebd., S. 213.

11 Beate Wagner, Jugendliche Lebenswelten nach 1945. Sozialistische Jugendarbeit zwischen Selbstdeutung und Reeducation, Opladen 1995, S. 107. Grundlegend zur amerikanischen Reeducationpolitik: Winfried Müller, Schulpolitik in Bayern im Spannungsfeld von Kultusbürokratie und Besatzungsmacht 1945–1949, München 1995, S. 111–138.

In ihrer pragmatischen Art gingen die Amerikaner bald daran, die Jugendarbeit anzupacken und dabei die Deutschen einzubinden. Die amerikanische Militärregierung, die in der Hauptsache aus Zivilisten bestand, gestattete den Deutschen nicht nur, sondern verlangte von ihnen geradezu die Bildung örtlicher Jugendgruppen und Jugendkomitees. Eine entsprechende Direktive des US-Hauptquartiers wurde am 21. September 1945 erlassen. Zur Ausführung dieser Direktive wurden einige verbindliche Instruktionen bekannt gegeben. Unter der Rubrik „Pflichten der deutschen Behörden" wurde verlangt, jeder Stadt- oder Landkreis solle auf seinem Gebiet die Bildung „starker Jugendgruppen" („strong youth groups") fördern, wobei die Anweisungen und die Politik der Militärregierung zu beachten seien. Bevor die Jugendgruppen zugelassen wurden, war allerdings die Bildung eines „Jugendkomitees" („youth committee") zu veranlassen, das aus Männern und Frauen bestehen musste, die die unterschiedlichen Interessen der Erziehungsinstitutionen, der Kirchen, der Wohlfahrts- und Gesundheitsbehörden und der verschiedenen ökonomischen Gruppen vertreten sollten. Die Mitglieder der Jugendkomitees seien, so die amerikanische Vorgabe, von der Organisation, die sie repräsentierten, zu wählen. Gefordert wurde somit ein demokratischer Aufbau dieser Komitees. Als Vorsitzender war normalerweise der Landrat oder Oberbürgermeister vorgesehen.

Die Jugendkomitees fungierten als Kontroll- und Vermittlungsinstanzen zwischen der amerikanischen Militärregierung und den Jugendgruppen bzw. Jugendorganisationen, die zugelassen (lizenziert) wurden. Anträge auf Zulassung von Jugendgruppen sollten die Bürgen, die vorgesehenen Leiter und die geplanten Aktivitäten benennen. Das Gesuch war zunächst beim Jugendkomitee des Kreises oder der Stadt einzureichen. Dieses sollte, wenn es einer Lizenzierung zustimmte, den Antrag an die Militärregierung des jeweiligen Regierungsbezirks weiterreichen, die eine letzte Prüfung und gegebenenfalls die Genehmigung erteilte. Die als Jugendleiter vorgesehenen Personen wurden äußerst sorgfältig überprüft, wobei insbesondere die Ergebnisse der Entnazifizierung zu beachten waren. Eine Bezahlung der Leitungstätigkeit war nicht vorgesehen, da dies als ein Dienst an der Öffentlichkeit verstanden wurde. Streng verboten waren: die Glorifizierung von Militarismus und Nationalismus, jede Art von nationalsozialistischer Propaganda, jede Form der Diskriminierung aus rassischen oder religiösen Gründen, jede Verunglimpfung der Vereinten Nationen und jede Form der Kriegsvorbereitung. Nicht zugelassen waren Uniformen und Abzeichen, die zuvor nicht von der Militärregierung genehmigt worden waren, Paraden, Exerzieren, Marschieren, jede Form der paramilitärischen Betätigung sowie Praktiken, die darauf abzielten, die Hitler-Jugend oder den Nationalsozialismus am Leben zu erhalten.[12]

In München veranstaltete das Jugendkomitee, das in den Quellen und in der Literatur teilweise auch als „Münchener Jugendausschuss" bezeichnet wird, im kleinen Sitzungssaal des Rathauses am 10. November 1945 ein erstes provisorisches

---

12 Implementing Instructions to accompany Directive on Control of Youth Activities (21. 9. 1945). Stadtarchiv München (im folgenden: StadtA Mü.), Schulamt 8195.

Treffen. Die konstituierende Sitzung unter dem Vorsitz von Oberbürgermeister Scharnagl folgte am 5. Dezember 1945. In einem Wochenbericht (23. bis 30. November 1945), den der Chef der Münchener Militärregierung, Eugene Keller, die „eigentliche Schlüsselfigur der US-Politik in München",[13] an seine vorgesetzten Dienststellen weitergab, hieß es dazu: „Stadtschulrat Fingerle informiert dieses Büro [der Militärregierung], dass das Stadtkreis-Komitee für Jugend-Aktivitäten unter Vorbehalt gegründet wurde [10. November] und dass es sein erstes Treffen am Mittwoch, dem 5. Dezember 1945, abhalten wird. Die offizielle Liste der Mitglieder wird diesem Büro zur Genehmigung vorgelegt werden. Mitglieder des Komitees werden Repräsentanten der Protestantischen und der Katholischen Kirchen, der drei politischen Parteien, der Juden, der Sportabteilung, der öffentlichen Wohlfahrts- und Gesundheitseinrichtungen, des Bayerischen Roten Kreuzes, der Handelskammer, der Gewerkschaften und des Arbeitsamtes sein. Dieses Komitee wird die Jugendaktivitäten und Jugendorganisationen in der Stadtgemeinde beaufsichtigen."[14] Nimmt man den Bericht des Chefs der Münchner Militärregierung als Grundlage, dann ist der 5. Dezember 1945 das Gründungsdatum des Münchner Jugendkomitees, des Vorläufers des späteren Kreisjugendrings München-Stadt. Offizieller Vorsitzender war zunächst der Münchner Oberbürgermeister Karl Scharnagl, während Fingerle nur als sein Stellvertreter fungierte und mit der Geschäftsführung betraut war.[15] De facto leitete Fingerle das Münchner Jugendkomitee von Anfang an.

Die Lizenzierung der Jugendverbände

Nach der Gründung des Münchner Jugendkomitees folgte relativ rasch die Lizenzierung der Jugendverbände. Dabei wurde die Lizenz in der Praxis wie folgt erteilt: Die Jugendorganisation, die lizenziert werden wollte, wandte sich mit einem Gesuch an das Jugendkomitee. Der Antrag wurde auf einem Formblatt gestellt. Das Formblatt enthielt 15 Fragen. U.a. mussten der Namen der Gruppe, die genaue Adresse, die Art der Gruppe (sportlich, sozial, kulturell oder konfessionell), das Geschlecht und die ungefähre Zahl der Mitglieder sowie die Anzahl der vorgesehenen Zusammenkünfte angegeben werden. Zudem waren Namen und Adressen der „Leaders" anzugeben, wobei dieser Ausdruck nicht ins Deutsche übersetzt wurde. In der Regel wurden hier drei Führungspersönlichkeiten, die gleichzeitig als eine Art von Bürgen fungierten, genannt. Weiter mussten der Besitz und die finanzielle Situation beschrieben werden. Dem Antrag beigelegt werden mussten vier Abschriften (je zwei auf Deutsch und Englisch) des Statuts und des Programms

---

13 Johannes Timmermann, Oberbayern, in: Handbuch der Geschichte des bayerischen Bildungswesen, Bd. 3: Geschichte der Schule in Bayern. Von 1918 bis 1990, hg. von Max Liedtke, Bad Heilbrunn 1997, S. 595–608, hier S. 600.

14 Weekly Military Government Summary Report vom 30. 11. 1945. StadtA Mü., Schulamt 8006.

15 Jürgen Fleischer-Schumann, Das Bildungs- und Erziehungswesen in München 1945–1976. Die Ära Anton Fingerle, hg. vom Schul- und Kulturreferat der Landeshauptstadt München, München 1987, S. 196.

sowie eine kurze Beschreibung der Geschichte des jeweiligen Jugendverbands. Zentral war die Frage 14, die nach möglichen früheren Verbindungen zur NSDAP forschte. Zudem hieß es dort: „Schloß die Jugendgruppe aus religiösen, rassischen oder konfessionellen Gründen Mitglieder aus?" Eine weitere Spalte sah die Möglichkeit zusätzlicher Bemerkungen vor. Vervollständigt wurde der Antrag durch eine Stellungnahme des Kreisjugendkomitees.

Am Beispiel der Gewerkschaftsjugend, deren Antrag erhalten blieb, kann gezeigt werden, welche konkreten Angaben in diesem Fall gemacht wurden. Die Münchner Gewerkschaftsjugend definierte sich als sozialen Verband. Als Leitungspersonen wurden Georg Reuter, Ludwig Koch und Wilhelm Glade genannt, die den Lizenzierungsantrag am 25. Juli 1946 unterschrieben. Die Gewerkschaftsjugend gab an, sich „ca. 1mal wöchentlich" im Gewerkschaftshaus und „gelegentlich" in Betriebskantinen und Gaststätten zu treffen. Zu den inhaltlichen Aufgaben gewerkschaftlicher Jugendarbeit wurden keine Angaben gemacht. Bei der Aufstellung möglicher Besitztümer hieß es: „keine [...]. Durch das Jugendkomitee 2 Fußbälle." Bei den „Zusätzlichen Bemerkungen" hielten die Antragsteller fest: „Die Gewerkschaftsjugend wurde 1933 als Glied der Gewerkschaft ebenfalls zerschlagen und verboten." Der Kreisjugendausschuss erachtete eine förmliche Stellungnahme in diesem Fall offensichtlich nicht als notwendig, denn Fingerle setzte lediglich das Datum (26. Juli 1946) und seine Unterschrift unter diesen Antrag.[16]

Für die Katholische Jugend war kein Formblatt des Lizenzierungsantrags in den Akten auffindbar. Allerdings wurde die Katholische Kirche sehr früh aktiv. So hieß es in einem Schreiben an die Militärregierung vom 20. Dezember 1945: „Unter Bezugnahme auf unser ausführliches Gesuch vom 27. Juli 1945 gestatten wir uns erneut die Bitte, es möge die kirchliche Jugendarbeit außerhalb der Kirche wiederum in vollem Ausmaß in den Pfarreien gestattet werden". Als Inhalte der geplanten Jugendarbeit wurden genannt: „1. Gründung pfarrlicher Jugendvereine für männliche und weibliche Jugend; 2. Errichtung von Jugendheimen und Jugendherbergen; 3. Veranstaltung von Heimabenden mit Vorträgen, Lichtbild- und Filmvorführungen, gemeinsamem Lesen und Spielen, beruflicher Weiterbildung; 4. Wandern, Gemeinschaftsfahrten, Sportpflege; 5. Herausgabe von Jugendzeitschriften und sonstiger Jugendliteratur; 6. Schulung von Geistlichen und Laien als Jugendleiter." Diesem klaren und differenzierten Konzept wurde folgende Zielsetzung an die Seite gestellt: „Ziel ist: eine gläubige, sittlich saubere, charakterfeste, ehrfürchtige, berufstüchtige, taten- und lebensfrohe Jugend ohne staatlichen Zwang und Militarismus." Ein offizielles „Gesuch um Lizenzbewilligung" wurde am 12. März 1946 vom Generalvikar des Erzbistums München und Freising, Buchwieser, „An das Jugendkomitee im Stadtrat" und „To the Military Government" gestellt.[17]

Interessant an diesem Lizenzierungsantrag der Katholischen Jugend ist, dass der Punkt „Demokratie" bzw. „Erziehung der Jugend zur Demokratie", der den Amerikanern sehr wichtig war, überhaupt nicht erwähnt wurde, obwohl der Antrag inhaltlich mit klaren Vorstellungen und Schwerpunktsetzungen versehen war.

---

16 StadtA Mü., Schulamt 6740.
17 StadtA Mü., Schulamt 6740.

Vielmehr knüpfte der Antrag in starkem Maß an die katholische Jugendarbeit der Zeit vor 1933 an, z. B. mit Themen wie Wandern, Gemeinschaftsfahrten und dem für den Katholizismus sehr bedeutenden Bereich der Bildung bzw. Weiterbildung. Dies bedeutet nicht, dass die Katholische Jugendarbeit undemokratisch war (wenn sie zu diesem Zeitpunkt auch meist „von oben", d. h. von dazu ausgewählten Seelsorgern geleitet wurde), aber der Punkt „Demokratisierung" wurde schlichtweg als nicht so bedeutend empfunden, als dass er hätte thematisiert werden müssen. Das zentrale Ziel von Jugendarbeit war für viele Deutsche, die in der Jugendbewegung aktiv waren, auch nach 1945 noch immer das *Gemeinschaftserlebnis* und nicht das Einüben demokratischer Verhaltensweisen. Gemeinschaft wurde dabei in der Tradition des Soziologen Ferdinand Tönnies (1855–1936) als Gegenbegriff zu Gesellschaft verstanden und stand für natürliche, gewachsene, organische Strukturen (im Gegensatz zur als ‚künstlich' empfundenen Gesellschaft), blieb aber letztendlich ein absolut diffuser Begriff.

Mit Demokratie und Demokratisierung verbanden viele Deutsche 1945 nichts oder nicht viel, weil diese Art von Politik in ihrem Leben keine große Rolle gespielt hatte: Das bis 1918 existierende Deutsche Kaiserreich hatte zwar ein relativ demokratisches Männerwahlrecht zum Reichstag gekannt, das Parlament selbst war aber nicht das Machtzentrum des Staates gewesen, weil der Reichskanzler allein vom Kaiser, nicht aber vom Vertrauen des Reichstags abhängig gewesen war. In der Weimarer Republik war der Reichstag zunehmend als „Schwatzbude" diffamiert worden, der man die „Tat" und starke „Führer" gegenüberstellte, und im Sommer 1932 verloren die demokratischen Parteien im Reichstag ihre Mehrheit, noch bevor Hitler am 30. Januar 1933 zum Reichskanzler ernannt wurde.

Die erste Jugendgruppe, die in München lizenziert wurde, war am 18. Februar 1946 der „Jugendclub München-Süd für Mädchen", der angab, 120 Mitglieder zu haben. Als Verantwortliche zeichnete die damals 24jährige Gabriele Schönhuber.[18] Möglicherweise wurde eine Mädchengruppe zuerst lizenziert, weil sie politisch unverdächtiger war als eine Gruppe männlicher Jugendlicher. Es folgten die „Arbeitsgemeinschaft junger Menschen in der Christengemeinschaft" (1. März 1946) und der „Bund Deutscher Pfadfinder" sowie die „Pfadfinderschaft St. Georg" (beide am 18. März 1946 lizenziert). Auch die frühe Lizenzierung der Pfadfinder war kein Zufall, sondern hing damit zusammen, dass es sich hier um einen internationalen Jugendverband handelte. Bis zum 21. März 1947 wurden in München 51 Jugendgruppen zugelassen, die zusammen über 43.000 Mitglieder hatten.

Die größte Zahl an Mitgliedern wies die Katholische Jugend mit rund 16.000 Kindern und Jugendlichen auf, gefolgt von der Gewerkschaftsjugend mit 14.639 Mitgliedern. Zeitlich und organisatorisch hatte die Katholische Jugend gegenüber der Gewerkschaftsjugend einen Vorsprung von etwa acht Wochen, der sich im Zeitpunkt der Lizenzierung ausdrückte (4. April und 5. Juni 1946). Nach diesen beiden größten Jugendverbänden kam hinsichtlich der Mitgliederzahlen lange Zeit nichts. Über 1.000 Mitglieder hatten nur noch die Evangelische Jugend (2.500) und die Naturfreunde (1.471). Noch deutlicher als die Gewerkschaftsjugend hatte die Evangelische Jugend gegenüber der Katholischen Jugend einen zeitlichen Rück-

---

18 StadtA Mü., Schulamt 6740.

stand, der in diesem Fall fast elf Monate betrug. Nach Fingerles Darstellung war dafür verantwortlich, dass die Evangelische Kirche in München 1945 die Auffassung vertrat, sie sei aufgrund vertraglicher Abmachungen mit dem Staat dazu ermächtigt, Jugendverbände ohne Lizenzierungsverfahren aufzubauen. Diese Haltung wurde von der Militärregierung strikt abgelehnt, und aufgrund dieser Streitigkeiten verzögerte sich die Lizenzierung der Evangelischen Jugend.[19]

Auffallend ist, dass auch viele Münchener Sportvereine, wie der TSV 1860 München und der FC Bayern München, zunächst über das Münchner Jugendkomitee lizenziert wurden. Das lag daran, dass die amerikanische Militärregierung die Sportvereine, und zwar die Sportorganisationen der Erwachsenen, mit einem gewissen Misstrauen betrachtete und zunächst nicht lizenzieren wollte. Die Amerikaner befürchteten, die Sportvereine könnten Ausgangspunkte paramilitärischer Organisationen werden. Dagegen setzte sich die Militärregierung sehr früh für eine Lizenzierung der Jugendabteilungen ein.

Diese Art der Lizenzierung blieb bis zum 1. März 1948 wirksam. Zu diesem Zeitpunkt gab die Militärregierung die Lizenzierung auf und ersetzte sie durch eine „Registrierung" durch den Kreisjugendring, wie das Kreisjugendkomitee seit 1946/47 hieß (siehe unten). Weitere wichtige Änderungen waren bereits im Sommer 1947 erfolgt, als sich der KJR nach dem Vorbild des inzwischen ebenfalls gegründeten BJR eine auf den 15. Juni 1947 datierte Satzung gab und der Vorsitzende erstmals gewählt und damit demokratisch legitimiert wurde. Anders als in mancher anderen Kommune blieb in München der ‚Übervater' Fingerle Vorsitzender, was zu der Besonderheit führte, dass in der bayerischen Landeshauptstadt der örtliche Kreisjugendring (der eigentlich Stadtjugendring heißen müsste, sich aber nie umbenannte) bis 1971 nicht von einem Vertreter der Jugendverbände, sondern von einem hauptamtlichen Pädagogen geleitet wurde.

Das Erbe der Jugendbewegung

Die bisherigen Ausführungen, insbesondere die Feststellung der Bedeutung des Gemeinschaftsgedankens, machen es notwendig, in wenigen Worten auf die Jugendbewegung vor 1933 einzugehen. Auch wenn es schon vorher eine Reihe von jugendbewegten Aktivitäten gab, so gilt doch die Gründung des „Ausschusses für Schülerfahrten" am Steglitzer Gymnasium bei Berlin, der sich auch „Wandervogel" nannte, am 4. November 1901 als Ursprung und Beginn der Wandervogel- und damit der Jugendbewegung in Deutschland. Die Jugendbewegung, die auf den deutschen Sprachraum beschränkt war und insbesondere als Wanderbewegung in Erscheinung trat, war keine homogene Erscheinung. In der Regel werden mindestens folgende Richtungen unterschieden: eine bürgerliche (Wandervogel-) Jugendbewegung, eine sozialistische Jugendbewegung, eine katholische Jugendbewegung und die Pfadfinder. Auch Ansätze zu einer weiblichen Jugendbewegung waren vorhanden. Fragt man nach den Ursachen für die Entstehung der

---

19 Rede Fingerles bei der 1. Tagung des Bayerischen Landesjugendausschusses am 24./ 25. 5. 1946. StadtA Mü., Schulamt 6744.

Jugendbewegung, so weist der beste Erklärungsansatz auf eine tiefe „Modernisierungskrise" der deutschen Gesellschaft um 1900 hin: Das Wilhelminische Kaiserreich war von einer politischen Rückständigkeit mit kaum ausgeprägten parlamentarischen Formen, rasanter Industrialisierung mit den Folgen einer defizienten Urbanisierung, einer säbelrasselnden Außenpolitik, sozialen Klassengegensätzen mit ausgegrenzten Gruppen wie den Arbeitern und den Katholiken, einer Krise des Bildungsbürgertums und erstarrten Formen bürgerlicher Mentalität und bürgerlichen Habitus' geprägt. Gegen dies alles war die Jugendbewegung eine Gegenbewegung. Allerdings sind bis heute viele Fragen offen geblieben; so ist nicht einmal geklärt, welchen Anteil Erwachsene und welchen Jugendliche an der Jugendbewegung hatten.[20]

Wie wenig homogen die Jugendbewegung war, verdeutlicht am besten das berühmte Treffen auf dem nordhessischen Bergplateau Hoher Meißner im Jahr 1913, mit dem die freideutsche Jugendbewegung, der die Wandervogelverbände nicht angehörten, abseits der offiziellen Feierlichkeiten den 100. Jahrestag der „Völkerschlacht" bei Leipzig beging. Dieser „Erste Freideutsche Jugendtag" zog Reformpädagogen und Kriegsgegner wie Gustav Wyneken ebenso an wie außenpolitische Hardliner, Chauvinisten und völkische Ideologen. Mit Mühe einigte man sich auf eine Kompromissformel, die berühmte „Meißnerformel", die wie folgt lautet: „Die Freideutsche Jugend will *aus eigener Bestimmung, vor eigener Verantwortung, mit innerer Wahrhaftigkeit ihr Leben gestalten.* Für diese innere Freiheit tritt sie unter allen Umständen geschlossen ein. Zur gegenseitigen Verständigung werden Freideutsche Jugendtage abgehalten. Alle gemeinsamen Veranstaltungen der Freideutschen Jugend sind alkohol- und nikotinfrei."[21] Diese Formel wurde zum ‚Grundgesetz' der Jugendbewegung.

Der Historiker Hermann Mau hat die Elemente benannt, die seiner Meinung nach die deutsche Jugendbewegung zwischen 1901 und 1933 ausmachten. Dies sind das „*Erlebnis*", genauer gesagt ein „*soziales* Erlebnis" der Jugend, das sich im Kern um die „*Gemeinschaft*" drehte. Typisch für die deutsche Jugendbewegung war, dass sie vor allem (wenn auch nicht nur) eine „*Bewegung bürgerlicher Jugend*" war. Die Jugendbewegung war eine Wanderbewegung, das zentrale gemeinsame Erlebnis war die „*Fahrt*". Zusammenfassend urteilt Mau: „*deutsche bürgerliche Jugend erlebt auf*

---

20 Die aus meiner Sicht beste Analyse der Ursachen bietet Jürgen Reulecke, Im Schatten der Meißnerformel: Lebenslauf und Geschichte der Jahrhundertgeneration, in: Winfried Mogge, Jürgen Reulecke, Hoher Meißner 1913. Der Erste Freideutsche Jugendtag in Dokumenten, Deutungen und Bildern, Köln 1988, S. 11–32. Zu den Fakten der Gründung: Winfried Mogge, Aufbruch einer Jugendbewegung. Wandervogel: Mythen und Fakten, in: Fokus Wandervogel. Der Wandervogel in seinen Beziehungen zu den Reformbewegungen vor dem Ersten Weltkrieg, hg. von Sabine Weißler, Marburg 2001, S. 9–25. Zusammenfassend auch Winfried Mogge, Jugendbewegung, in: Diethart Kerbs, Jürgen Reulecke (Hg.), Handbuch der deutschen Reformbewegungen 1880–1933, Wuppertal 1998, S. 181–196. Auf eine Aufzählung der umfangreichen Spezialliteratur verzichte ich.

21 Zit. n. Winfried Mogge, Der Freideutsche Jugendtag 1913: Vorgeschichte, Verlauf, Wirkungen, in: Winfried Mogge, Jürgen Reulecke, Hoher Meißner 1913. Der Erste Freideutsche Jugendtag in Dokumenten, Deutungen und Bildern, Köln 1988, S. 33–62, hier S. 52. Der vom Verfasser herausgehobene Teil der Meißnerformel stellt ihren Kern dar.

Fahrt männliche Gemeinschaft als die Ueberwindung der Fragwürdigkeiten spätbürgerlicher Lebenswirklichkeit." Zu diesen Elementen traten weitere hinzu: Als kleinste Einheit der Gemeinschaft galt die „*Gruppe*". Das „Gemeinschaftserlebnis" der Gruppe setzte „*Umweltbeziehungen*" voraus, die von einer Großstadtfeindlichkeit und einer romantisierenden Verklärung der Heimat, des Landes und der Landschaft geprägt waren. Das „*Bauerntum*" als „Sinnbild für die größere natürliche Lebensordnung" wurde überhöht. Nicht der „*Staat*,", sondern das „*Volk*" wurde zur wesentlichen politischen Kategorie. Typisch war schließlich auch, dass die Jugendbewegung sozial und politisch begrenzt war: Angehörige der Jugendbewegung, die ihren Lebensunterhalt selbst verdienen mussten und in die „politische Wirklichkeit" traten, waren gezwungen, die Jugendbewegung zu verlassen, weil der Idealismus der Jugendbewegung nicht mit der Realität des Lebens in Übereinstimmung zu bringen war.[22] Aus heutiger Sicht ist zu Mau kritisch anzumerken, dass er selbst aus der Jugendbewegung stammte und die problematischen Punkte der Jugendbewegung wie das „Führertum" insgesamt etwas kurz kommen.

Nach Meinung des Soziologen Helmut Schelsky war die Generation der Jugendbewegung geprägt von der Suche nach „innere[r] Wahrhaftigkeit", nach Orientierung an der „Vorstellungswelt des Volkstümlichen und Volkhaften", nach „Naturliebe", vom Streben nach einem einfachen und klaren Leben, nach „Fahrt" und „Gemeinschaft". Neu war, dass sich überhaupt so etwas wie eine „soziale *Eigenständigkeit der Jugendwelt*" gegenüber der Erwachsenenwelt herausbildete.[23]

Neben dem Gemeinschaftsgedanken war ein weiteres Merkmal für die Mentalität der Jugendbewegten zentral, und dies war die Frage von „Führertum" und „Gefolgschaft". Dieses Element kam sehr stark durch die bündische Jugendbewegung der Weimarer Republik ins Spiel. Geradezu zu klassisch antwortete Kneip auf die Frage „Was ist ‚bündisch'?": „Ehedem hatte der Wandelvogelführer vornehmlich technisch-organisatorische Aufgaben, so war es auch möglich, dass Oberlehrer und Pastoren in ihm eine große Rolle spielten. Jetzt erwählten sich die Jungen ihre Führer und diese wählten sich die Jungen, aber nicht im formal-demokratischen Sinne, sondern durch gegenseitige Auswahl. Nur so war die geschlossene Gefolgschaft möglich, die das Wesen einer bündischen Gruppe ausmachte. Der Führer mußte in lebendigster Gemeinschaft mit seinen Jungen leben, mußte sich selbstlos für eine überpersönliche Sache aufopfern können und sich täglich neu bewähren."[24] Diese Elemente der Jugendbewegung wurden von den Nationalsozialisten aufgegriffen, zugespitzt und pervertiert: Die Gemeinschaft wurde zur Volksgemeinschaft, die „nicht-arische" Bevölkerungsteile ausgrenzte, Hitler stilisierte sich zum „Führer" schlechthin, die Jugendbewegung wurde „verstaatlicht" und in

---

22 Hermann Mau, Die deutsche Jugendbewegung 1901 bis 1933, in: Jahrbuch der Jugendarbeit (1949), S. 31–46, hier S. 33–36, 40, 42 (Hervorhebungen im Original). Mau, der sich 1945 zunächst in Leipzig aufhielt und der CDU anschloss, war Ende der 40er Jahre selbst in der Münchner Jugendarbeit aktiv. Er wurde 1951 Generalsekretär des neu gegründeten Instituts für Zeitgeschichte in München, starb aber bereits 1952 bei einem Autounfall.

23 Helmut Schelsky, Die skeptische Generation. Eine Soziologie der deutschen Jugend, Düsseldorf-Köln 1957, S. 55 (Hervorhebung im Original).

24 Rudolf Kneip, Jugend der Weimarer Zeit. Handbuch der Jugendverbände 1919–1938, Frankfurt a.M. 1974, S. 17 f.

Form der Hitlerjugend in den absoluten Dienst von Führer, Partei und Staat gestellt.[25]

So problematisch nach 1945 das Anknüpfen an die Elemente der Jugendbewegung vor 1933 erscheinen mochte und de facto auch war, so wenig ließen sich viele Deutsche davon abschrecken, weil diese Elemente an ihre Lebenserfahrungen anknüpften. Noch immer galt das Besetzen von Leitungspositionen in den Jugendverbänden als Möglichkeit, einer „Vermassung" zu entgehen.[26] Die „Masse" wurde in der Tradition der Elitetheoretiker des ausgehenden 19. und des beginnenden 20. Jahrhunderts als etwas Negatives angesehen. Dem stellte man zwar nicht mehr unbedingt den Führer, aber doch den Leiter gegenüber.

Auch in anderer Hinsicht knüpften die jugendbewegten Deutschen an alte Traditionen an: In Erinnerung an das berühmte Meißnertreffen des Jahres 1913 wurde am 24. Oktober 1946 eine Jugendtagung auf dem Hohen Meißner durchgeführt und der Gedanke des Jugendrings „wiedergeboren". Anknüpfend an Traditionen nach dem Ersten Weltkrieg verstand man unter Jugendring eine mehr oder weniger feste „Dachorganisation verschiedener Jugendgruppen und Jugendverbände". Die Jugend wurde dazu aufgerufen, „sich zu Jugendringen in demokratischem Geist zusammenzuschließen zu gemeinsamer Arbeit mit dem Ziel der Bildung des Deutschen Jugendrings". Die Jugendausschüsse und Jugendkomitees, die zuvor vor allem in der französischen und in der amerikanischen, weniger in der britischen Zone gebildet worden waren, wurden nun oftmals in Jugendringe umbenannt. 1949 bestanden Landesjugendringe bzw. Landesjugendausschüsse in Tübingen (Württemberg-Hohenzollern), Freiburg (Südbaden), Koblenz (Rheinland-Pfalz), Wiesbaden (Hessen), Karlsruhe (größte Stadt des nordbadischen Landesteils von Württemberg-Baden) und Stuttgart (Württemberg-Baden). In Bremen firmierte der Landesjugendausschuss unter der Bezeichnung Bremer Jugendtag.[27] In Bayern hatte sich 1946 der Bayerische Jugendausschuss gebildet, der sich 1947 in Bayerischer Jugendring umbenannte. Bei der Gründungsversammlung des Bayerischen Jugendausschusses am 24./25. Mai 1946 hatte der junge Franz Josef Strauß die Gunst der Stunde erkannt und hielt, wie das Protokoll vermerkte, ein „grundlegendes Referat" über „Die junge Generation". Strauß, ein Schulfreund Fingerles, wurde 1946 nicht nur zum Landrat von Schongau gewählt, sondern bereitete als Leiter des im Mai 1946 neu eingerichteten Jugendreferats im bayerischen Staatsministerium für Unterricht und Kultus seine politische Karriere vor.[28] Insgesamt blieb der BJR, der zunächst von dem bodenständigen Heimatdichter und Schriftsteller Johannes Alois Lippl geleitet wurde, traditionell-konservativer als der Kreisjugendring München-Stadt.

25 Arno Klönne, Jugend im Dritten Reich. Die Hitler-Jugend und ihre Gegner. Dokumente und Analysen, München 1995 (EV 1982).

26 So A. Dannemann in seinem Aufsatz „Staat und Jugend" in: deutsche jugend, 1 (1953). Zit.n. Fehrlen/Schubert, Die westdeutsche Jugendverbandsarbeit in der Nachkriegszeit, in: Böhnisch/Gängler/Rauschenbach (Hg.), Handbuch Jugendverbände, S. 67–78, hier S. 75.

27 Heinrich Lades, Jugendarbeit in Deutschland 1949. Voraussetzungen, Formen und Ideenkräfte, in: Jahrbuch der Jugendarbeit (1949), S. 1–24, hier S. 17 f.

28 Bericht über die 1. Tagung des Bayerischen Landesjugendausschusses. StadtA Mü., Schulamt 6744. Unergiebig: Franz Josef Strauß, Die Erinnerungen, Berlin 1989.

Betrachtet man diese Entwicklung, so kann es nicht verwundern, dass den Amerikanern die Jugendringe mit ihrer spezifisch deutschen Tradition begannen, suspekt zu werden. Die Militärregierung schwenkte 1946/47 um und setzte zeitweise auf eine Institution, die für den Kreisjugendring zunehmend zu einer Konkurrenz wurde – das Münchener Jugendparlament.

Jugendparlament und GYA-Programm

Das Münchner Jugendparlament, das hier nur gestreift werden kann, bildete sich im Sommer 1946 und wurde zunächst von der amerikanischen Militärregierung, die daran „einen ‚Narren gefressen'" hatte, zunächst stark gefördert. Laut Statut sollte jeder in München lebende Jugendliche zwischen 16 und 25 Jahren Mitglied werden können. Ein „Vorparlament", dem 42 Abgeordnete der in den Jugendverbänden organisierten und 20 Vertreter der unorganisierten Jugend angehörten, übernahm unter der Aufsicht der Militärregierung Ende 1946 die „‚Geschäfte einer Jugendregierung' der Stadt München". Mit dem 21jährigen Studenten Hellmut Strasser wurde ein Jugendbürgermeister gewählt, der bereits über ein Dienstsiegel mit der Aufschrift „Junge Stadt – Jugendparlament München" verfügte.[29] Es war geplant, zehn Referate einzurichten (darunter auch ein Polizeireferat), die mit den städtischen Referaten hätten kooperieren müssen. Fingerle und der KJR liebten das Jugendparlament nicht, weil sie es als Konkurrenz betrachteten. Zudem galt das Münchner Jugendparlament als Domäne der FDJ und stark kommunistisch beeinflusst. Die Militärregierung ließ die Jugendparlamente, die auch in deren Städten der amerikanischen Zone (z. B. Heilbronn, Landshut, Miltenberg, Stuttgart, Ulm und Wiesbaden) zeitweise bestanden, etwa ab Mitte 1947 mit dem stärker werdenden Kalten Krieg fallen. Stattdessen wurde das eigene GYA-Programm stärker gefördert.

Während die amerikanische Reeducation-Politik ein ziviles Programm der US-Militärregierung war, die sich zu 75 % aus Zivilisten zusammensetzte, die in der Regel allerdings Uniformen trugen,[30] war das „Army Assistance Program to German Youth Activities", kurz GYA-Programm genannt, ein Hilfsprogramm der amerikanischen Streitkräfte, das am 1. April 1946 anlief und speziell für deutsche Jugendliche entwickelt wurde.[31] Es wurde durch mehrere Direktiven vom 15. April, 21. Mai. 10. Juni und 22. Juli 1946 geregelt. Entscheidende Bedeutung

---

29 Alle Zitate Walter G. Demmel, Das außerschulische Jugenderziehungsprogramm der amerikanischen Besatzungsmacht in Bayern, in: Handbuch der Geschichte des bayerischen Bildungswesen, Bd. 3: Geschichte der Schule in Bayern. Von 1918 bis 1990, hg. von Max Liedtke, Bad Heilbrunn 1997, S. 679–690, hier S. 685 f.

30 Vgl. Ulrich M. Bausch, Die Kulturpolitik der US-amerikanischen Information Control Division in Württemberg-Baden von 1945 bis 1949. Zwischen militärischem Funktionalismus und schwäbischem Obrigkeitsdenken, Stuttgart 1992, S. 202.

31 Vgl. Gerhard Rathfelder, GYA: Das Jugendarbeitsprogramm der amerikanischen Armee im Nachkriegsdeutschland, Leinfelden 1987, S. 13–15, 93–103.

hatte die USFET-Direktive[32] vom 5. Oktober 1946, die vom Hauptquartier der amerikanischen Streitkräfte auf Befehl und im Namen des amerikanischen Militärgouverneurs in Deutschland und Oberbefehlshabers der amerikanischen Truppen in Europa, General Joseph T. McNarney, erlassen wurde. Auf 18 Seiten legten die Streitkräfte dar, wie die US-Armee das GYA-Programm in der amerikanischen Besatzungszone umsetzen wollte. Die Amerikaner gingen davon aus, dass die deutsche Jugend nach der Niederlage Deutschlands „desillusioniert, frustriert und orientierungslos" sei. Da sie „kein akzeptables Lebensziel" vor Augen hätten, könnten die „potentiellen Führungskräfte des Deutschland von morgen nicht auf einer demokratischen Grundlage" aufbauen, wenn sie nicht „jene positive Hilfestellung" erhielten, „die sie selbst wünschen und freiwillig akzeptieren". Die langfristigen politischen Ziele müssten darauf abzielen, die „Hauptverantwortung" den Deutschen und ihren Institutionen zur „Entwicklung eines friedlichen und demokratischen Landes" zu übertragen. Die schlüssige Anwendung dieser Politik erfordere die „Anerkennung der grundsätzlichen Bedeutung der deutschen Land- und Kreisjugendkomitees und der deutschen Jugendorganisationen, die inzwischen in der gesamten US-Zone existieren". Das Hilfsprogramm der US-Armee beabsichtige, diese Komitees und Organisationen sowohl zu stärken als auch die Organisation zusätzlicher Gruppen zu unterstützen. Dieses Programm, das sich vor allem an männliche und weibliche Deutsche zwischen 10 und 18 Jahren richte, habe kurzfristig das Ziel, „jugendliche Straffälligkeit in der US-Zone zu verringern" und wolle „langfristig denjenigen Deutschen demokratische Konzepte vorführen und lehren, die in den kommenden Jahren ihr Land zur Mitgliedschaft in eine friedliche Familie der Nationen" führen könnten. Nach diesen, die allgemeine Zielsetzung darlegenden Worten folgten die einzelnen Bestimmungen, die die Verantwortlichkeiten, die Verbindungen und die Koordination klärten, die personellen Voraussetzungen umschrieben, die materielle Unterstützung festlegte und die einzelnen Felder der Jugendarbeit benannten.

Für die Jugendkomitees sowohl auf Kreis- als auch auf Landesebene war wichtig, dass ihnen bei der Umsetzung des GYA-Programms eine ganz entscheidende Rolle zugedacht war. Insgesamt kann davon gesprochen werden, dass den Kreisjugendkomitees eine Kommunikations-, eine Planungs-, eine Koordinierungs- und eine Kontrollfunktion zugesprochen wurde. Die US-Militärregierung und die amerikanischen Streitkräfte behielten sich die zentralen Funktionen vor, und zwar insbesondere durch Überwachung, Beaufsichtigung und Unterstützung der Jugendkomitees. Neu gegenüber früheren Direktiven war, dass die Amerikaner in ihrem GYA-Programm davon ausgingen, dass *Gebäude* zur Durchführung des Jugendprogramms benötigt würden. Ausschlaggebend für diese Annahme waren der bevorstehende Winter und eine damit verbundene Befürchtung der Amerika-

---

32 USFET ist die Abkürzung für United States Forces, European Theater und bezeichnet die Phase zwischen dem 13. Juli 1945 (Auflösung der SHAEF = Supreme Headquarters Allied Expeditionary Forces) und der Errichtung von OMGUS (= Office of Military Government for Germany, US). USFET besaß die Funktion der amerikanischen Militärregierung für die US-Zone und hatte ihr Hauptquartier im I.G.-Farben-Konzerngebäude in Frankfurt a.M.

ner, es werde zu einer Zunahme der Straffälligkeit unter den deutschen Jugendlichen kommen.

Das GYA-Programm enthielt weiter eine detaillierte Aufstellung der Sportarten, die gefördert werden sollten. Darunter waren u. a. Fahrradfahren, Golf, Wandern, Bergsteigen, Rudern, Skifahren, Eishockey, Fußball, Rugby, Football, Basketball, Handball, Badminton, Tennis, Hockey, Schwimmen, Leichtathletik, aber auch Wrestling und Boxen. Verboten waren dagegen Flugsport und Segelfliegen, Fallschirmspringen, Fechten, militärische oder paramilitärische Spiele und das Schießen mit Handfeuerwaffen. Auch Ausführungen über Hobbys, Handwerk- und Bastelaktivitäten sowie kulturelle Beschäftigungen (Bücher, Ausstellungen, Museen, Diskussionsforen, Zeitungen, Radios, Theater und anderes) wurden gemacht.[33]

Der Hintergrund für die Aktivitäten der US-Streitkräfte und die Entwicklung des GYA-Programms war, dass die Amerikaner durch die Thesen Howard Beckers aufgeschreckt worden waren, der 1946 „zwei große soziale Unruheherde in der deutschen Jugend" voraus gesagt hatte: „eine fanatische nationalsozialistische Untergrundbewegung eines jugendlichen ‚Werwolf'" und „eine überaus starke Verwahrlosung, Kriminalität, Vagabundieren und Bandentum der Jugend".[34] Becker selbst, dessen Buch keine empirisch-wissenschaftliche Studie darstellt, war durch die Beobachtung aufgeschreckt worden, dass die sogenannten Edelweiß-Piraten, ein Sammelbegriff für subkulturelle Gruppen von Jugendlichen, die im Dritten Reich verfolgt und dadurch oppositionell geworden waren, nach dem Mai 1945 zu Gegnern der Alliierten wurden.[35]

Das GYA-Programm wurde von den amerikanischen Steuerzahlern relativ großzügig gefördert. So flossen im Haushaltsjahr 1948/49 allein zwölf Millionen Mark in dieses Programm, während das bayerische Kultusministerium die Arbeit des BJR in diesem Zeitraum gerade mal mit 75.000 Mark unterstützte.[36] Mit diesem Geld wurden die GYA-Heime aufgebaut, Jugendzentren wie man heute sagen würde. Da die GYA-Heime über relativ viel Geld verfügten, war ihre Anziehungskraft auf deutsche Jugendliche entsprechend groß. Bis 1951 lag die Zahl der GYA-Center relativ konstant bei 250 bis 300, wobei der Höhepunkt Ende 1947

---

33 Headquarters US Forces, European Theater, 5. 10. 1946, Army Assistance to German Youth Activities, US Zone. Registratur KJR München-Stadt, Mappe mit losen Blättern.

34 Zit. n. Jugend zwischen 13 und 24. Vergleich über 20 Jahre. Sechste Untersuchung zur Situation der Deutschen Jugend im Bundesgebiet, durchgeführt vom EMNID-Institut für Sozialforschung, im Auftrag des Jugendwerks der Deutschen Shell, bearbeitet von Viggo Graf Blücher in Verbindung mit Klaus-Peter Schöppner und Walter Tacke, 3 Bde., o.O. 1975. hier Bd. 1, S. 1.

35 Howard Becker, Vom Barette schwankt die Feder. Die Geschichte der deutschen Jugendbewegung, Wiesbaden 1949, S. 223. Die drastischen, in der englischen Fassung des Buches vorhandenen Passagen über die „Werwolf"-Bedrohung der deutschen Jugend fehlen in der deutschen Übersetzung. Vgl. Howard Becker, German Youth: Bond or free, London 1946, S. 217–219.

36 Ereignisse, Begegnungen, Entscheidungen. Zur 40-jährigen Geschichte des Bayerischen Jugendrings, hg. vom Bayerischen Jugendring KdöR (Redaktion Robert Sauter), München 1988, S. 35.

mit 323 Häusern erreicht wurde. Danach ging die Zahl wegen Etatkürzungen zurück. Inhaltlich war entscheidend, dass die amerikanischen Youth Center klare demokratische Regeln hatten, z. B. in Form einer demokratischen Programmgestaltung und Organisation. So gab es einen „Leitfaden parlamentarischer Regeln für Jugend- und Mädchenclubs", der für Versammlungen vorsah, dass sich Antragsteller bei Wortmeldungen erheben sowie Diskussionen und Abstimmungen erfolgen sollten. Auch die GYA-Häuser selbst waren demokratisch aufgebaut: Ein Youth Council (eine Art Jugendhausparlament bzw. Jugendhauskomitee) vertrat die Interessen der Jugendlichen. Das GYA-Programm, das ab 1951 deutlich zurückgefahren wurde, endete offiziell am 30. Juni 1956.[37]

Die gute materielle Ausstattung der GYA-Heime weckte unter den Deutschen, die in der Jugendarbeit aktiv waren nicht nur Sympathien, und vor allem der BJR fasste die GYA-Arbeit zunehmend als Konkurrenz auf. Bei den Auseinandersetzungen zwischen den Amerikanern und dem BJR um die GYA-Arbeit ging es jedoch nicht nur ums Geld; ein weiterer zentraler Punkt waren unterschiedliche Auffassungen darüber, was unter Jugendarbeit zu verstehen sei. Die Deutschen fassten Jugendarbeit vor allem als Jugend*verbands*arbeit auf. Sie standen in der Tradition des Kaiserreiches und der Weimarer Republik und wollten vor allem die in Vereinen und Verbänden organisierte Jugend fördern. Den Amerikanern dagegen ging es um die offene Jugendarbeit. Sie wollten auch den Jugendlichen eine Heimat anbieten, die nicht organisiert waren. Zu Recht ist darauf hingewiesen worden, dass die offene Jugendarbeit der US-Amerikaner in der Geschichte der deutschen Jugendarbeit ein „Novum" darstellte,[38] auch wenn umstritten ist, ob die GYA-Heime tatsächlich einen Beitrag leisteten, „die tatsächlichen Ursachen des Faschismus zu begreifen und zu überwinden".[39]

Die Jugendarbeit der 40er und Anfang der 50er Jahre

Nach der Gründung des Münchner Jugendkomitees und der Umbenennung in Kreisjugendring München-Stadt gab es innerhalb der konkreten Jugendarbeit des KJR vor allem vier inhaltliche Schwerpunkte. Der erste bestand aus dem Anknüpfen an die Traditionen der bürgerlichen Jugendbewegung, und zwar vor allem in Form von Fahrten und Zeltlagern sowie Leiterschulungen. Diese Aktivitäten begannen bereits 1947. Der zweite Schwerpunkt war der Aufbau einer umfangreichen Kulturarbeit, die den besonderen Bedürfnissen Münchens als kulturellem Zentrum Süddeutschlands und den Vorlieben Fingerles entsprach. Zu diesem Zweck gründeten Anton Fingerle und Hans Ludwig Held, der Kulturbeauftragte der Stadt München, Ende 1946 das sogenannte Jugendkulturwerk. Es hatte eine Doppelstellung, war eine Abteilung des Schulreferats, dem auch die Dienstaufsicht

---

37 Vgl. Rathfelder, GYA, S. 108, 135–146, 245.
38 Christian Groh, 1947–1997: 50 Jahre Stadtjugendring Pforzheim. Eine Chronik [hg. vom Stadtjugendring Pforzheim e. V.], o. O. [Selbstverlag] 1997, S. 8.
39 In diesem Sinn kritisch: Franz Josef Krafeld„ Geschichte der Jugendarbeit. Von den Anfängen bis zur Gegenwart, Weinheim/Basel 1984, S. 148.

zustand, gleichzeitig aber eine „Kulturabteilung" des KJR zur „kulturellen Betreuung der Münchner Jugend"[40] und war in vier Fachausschüsse untergliedert, die sich in der Hauptsache an der Hochkultur orientierten: I Theater, Oper, Film, Tanz; II Musik; III bildende Kunst, Museen und Ausstellungen; IV Literatur, Bibliotheken, Vortragswesen und Funk. Der dritte Schwerpunkt war neu und gerade in Auseinandersetzung mit dem Nationalsozialismus sehr wichtig: Der internationale Jugendaustausch wurde verstärkt, und bereits im Juni 1947 wurde in der Aula der Universität eine Internationale Jugendtagung durchgeführt, an der auch der französische Schriftsteller André Gide teilnahm.

Den größten Raum aber nahm die Sozialarbeit des KJR ein. Die Lage der Jugend in der Nachkriegszeit war schwierig und von Hunger, Wohnungsnot, Krankheiten und zerbrochenen Familien geprägt. Zeitgenössische Quellen sprechen von Entwurzelung und Verwahrlosung und beklagen das Ansteigen der Jugendkriminalität. Dazu kamen die Flüchtlinge aus dem Osten und die „Berufsnot". Die schwierige ökonomische Lage brachte einen besonderen Typus des Jugendlichen hervor, den Helmut Schelsky mit dem Terminus der „skeptischen Generation" umschrieben hat, die er auch als „angepasste Jugend" bezeichnete. Diesem Typus der skeptischen Generation der Nachkriegsjugend stellte Schelsky die Generation der Jugendbewegung (1901–1918) und die Generation der „politischen Jugend" (1918–1945) gegenüber. Die Jugend in Deutschland nach 1945 war für Schelsky gekennzeichnet von einem „skeptischen und nüchternen Wirklichkeitssinn, der sie von der romantischen Geisteshaltung der Jugendbewegung und dem ideologischen Denken der ‚politischen Jugend' unterscheidet".[41] Auch wenn die Zusammenfassung aller Jugendphänomene der 20er und 30er Jahre unter den Sammelbegriff einer „politischen Jugend" nicht völlig unproblematisch erscheint, so hat Schelskys Modell doch einen nicht unerheblichen Erklärungswert.

Sowohl der BJR als auch der KJR versuchten, die materielle Not der Jugend sowohl durch kurzfristige als auch durch langfristige Maßnahmen zu verringern. Der BJR regte bereits im Januar 1947 an, „Wärmestuben" für Jugendliche einzurichten, auch um eine „Entlastung der Gaststätten" zu erreichen. Der KJR verteilte 1948 3.000 Kekspäckchen und eine „Werkküchenzulage für Wandergruppen". Um eine langfristige Planung verdient machte sich insbesondere Hanna Simon, die zweite Geschäftsführerin des KJR, die von den der sozialistischen Jugend , den „Falken", kam und bereits seit 1946 beim KJR und beim BJR mitarbeitete. 1949 erstellte sie ein fünfseitiges Arbeitspapier, das den Titel „Planung und Anregung für die nächstliegenden Aufgaben des KJR auf dem Gebiet des Sozialen Sektors" trug. Darin forderte sie vom KJR, die „*Selbsthilfe der Jugend* zu wecken und zu fördern". Durch Berufsberatung, Besprechungen, Vorträge, persönliche Gespräche, Kurse zur Weiterqualifizierung sollte den Jugendlichen geholfen werden, eine Lehrstelle oder einen Arbeitsplatz zu finden. Ein zweiter Schwerpunkt betraf Maßnahmen gegen die „Wohnungsnot der Jugend". Hanna Simon schlug vor, sechs oder noch mehr Wohnheime für Lehrlinge, Studenten und Jungarbeiter aufzubauen. Ein dritter Schwerpunkt richtete den Blick auf die Planung und die Schaffung von

---

40 Tätigkeitsbericht des Schulreferats 1945–1948. StadtA Mü., Schulamt 8071.
41 Schelsky, Die skeptische Generation, S. 77.

Jugendheimen, Spiel- und Sportplätzen sowie einem „ständigen Zeltlagerplatz für München". Damit waren zentrale Felder der zukünftigen Arbeit des KJR benannt.

Ausblick

Die nachfolgenden Entwicklungslinien der KJR-Arbeit ab den 50er Jahren sollen nur noch ausblicksartig umrissen werden. Die oben geschilderten sozialpolitischen Vorstellungen führten dazu, dass der KJR im Oktober 1949 das Jugendwohnheim in der Lothstraße eröffnete, dessen erster „Heimleiter" der Historiker Hermann Mau wurde. Das Jugendwohnheim, das zunächst in den Baracken des ehemaligen Reichsarbeitsdienstes untergebracht war, bot in den 50er Jahren vor allem Lehrlingen und „Jungarbeitern", die sich noch keine Wohnung leisten konnten, ein Zuhause. Aufgrund des sozialen Wandels der bundesdeutschen Gesellschaft wurde es ab den 60er Jahren immer mehr von Studenten belegt. Es schloss 1972 seine Pforten. Der bekannteste Bewohner war um 1970 der Rockmusiker Peter Maffei, der wenig später in Schwabing seine ersten großen Erfolge feierte.

Von größerer Bedeutung war, dass der KJR 1953 zwei ehemalige GYA-Heime „in Verwaltung" übernahm und damit seine ersten Jugendzentren eröffnete, die damals noch als „Heime der offenen Tür" bezeichnet wurden. Insgesamt war die Jugendarbeit der 50er Jahre sehr traditionell. Lutz Rössner sprach in diesem Zusammenhang von „Verartigung" der Jugendarbeit in den Heimen der offenen Tür. Hermann Giesecke, der in den 60er und 70er Jahren zum ‚Papst' der Jugendarbeit in Deutschland wurde, beklagte „restaurative Leitbilder".[42] Von Pädagogik war noch keine Rede, männliche Erzieher gab es kaum, und die Jugendarbeit in den Freizeitstätten bestritten oftmals ältere Damen, die despektierlich als „Wohlfahrtstanten" bezeichnet wurden. Auch die Freizeitgestaltung war mit Volkstänzen, Volksliedern, Bastelnachmittagen und Schachabenden traditionell. Kennzeichnend für München aber war, dass es immer auch ein internationales und ein fortschrittliches Element gab. So stellte ein „US Specialist Report", der 1953 für das Büro des Hohen Kommissars in der BRD verfasst wurde, fest, die Münchner Jugendfreizeitzentren seien von allen Freizeitstätten, die man gesehen habe, jene, die der amerikanischen Lebensphilosophie am nächsten kämen. Ein solches Lob war von kaum zu überschätzendem Wert.

Etwa ab 1955 wurde die harmoniebedürftige Gesellschaft der Bundesrepublik Deutschland der 50er Jahre durch neue Jugendphänomene aufgeschreckt: Die Halbstarken, die sich vor allem an Leitbildern des American way of life, Rock‘ n‘ Roll- und Filmidolen wie Bill Haley, Elvis Presley, James Dean und Marlon Brando orientierten und eher aus dem proletarischen Milieu stammten, und die eher bürgerlichen Anhänger der existentialistischen Kunst und Literatur wie der spätere Kommunarde Dieter Kunzelmann kritisierten die Mittelklassestandards und den einseitigen sozialen Aufstiegswillen ihrer Eltern. Die Kritik der Halbstarken, die sich auch in sogenannten Krawallen äußerte, führte zu einer massiven Kriminali-

---

42 Hermann Giesecke, Die Jugendarbeit, München 1980 (5. Aufl.), S. 45 (dort auch das Rössner-Zitat).

sierung dieser Jugendbewegung. Der Kreisjugendring München-Stadt forderte von Anfang an, nicht nur mit polizeilichem Zwang zu reagieren, sondern neue Freizeitstätten für Jugendliche einzurichten. Dies geschah ab 1957. Da es an entsprechenden Häusern fehlte, stellten zunächst einige Schulen, wenn auch meist widerwillig, Räume zur Verfügung. Dazu kam ein weiteres neues Phänomen, das Anselm Doering-Manteuffel wie folgt beschrieben hat: „,Planung' wurde zum Zauberwort der sechziger Jahre."[43] Das relativ wohlhabende München, das als Wirtschafts- und Arbeitsstandort eine unerhörte Anziehungskraft entwickelte und 1960 mit dem jungen, gerade 34 Jahre alten Hans-Jochen Vogel eine der großen Oberbürgermeisterpersönlichkeiten an seine Spitze wählte, plante und baute in großem Stil. Nicht nur die U-Bahn (Baubeginn 1965) war ein Werk dieser Zeit, sondern ganze Stadtviertel wie Fürstenried, Hasenbergl und Perlach wurden aus dem Boden gestampft. Als Vogel 1972 sein Amt abgab, hatte die Stadt ihr Gesicht verändert, und die Bevölkerung hatte um 300.000 Menschen zugenommen. Die Kinder und Jugendlichen mussten versorgt werden, zumal dann, wenn es sich um sogenannte „Schlüsselkinder" handelte, deren Eltern beide arbeiteten. Am 12. September 1960 beschloss der Münchner Stadtrat, jährlich rund 1,5 Millionen Mark für den Bau von zwei Freizeitheimen zur Verfügung zu stellen. Bei jährlichen Einnahmen in Höhe von 461,4 Millionen Mark (Haushaltsplan 1959/60) war dieser Betrag nicht einmal so hoch. Für den KJR bedeutete diese Entwicklung, dass er jährlich zwei bis drei Freizeitstätten übernahm. Ende 1967 betrieb er im Auftrag der Stadt München bereits 24 Freizeitheime. Nach einem kurzen Stop, der durch die Rezession 1967 verursacht wurde, wurde weitergebaut. Seit etwa Mitte der 80er Jahre steigt die Zahl der Freizeitstätten, die nun etwa 40 betrug, nur noch geringfügig an.

Die Studentenrevolte des Jahres 1968 kam für den KJR überraschend, was damit zusammenhängt, dass die Jugendverbände, die sich in ihrer berühmten Erklärung von St. Martin des Jahres 1962, zu einer staats- und gesellschaftstragenden Rolle bekannt hatten, von der Entwicklung völlig überrumpelt wurden. Sehr viel politischer war ein Teil der Freizeitpädagogen in den Jugendzentren, die nun daran gingen, eine emanzipatorische Jugendarbeit umzusetzen, die sich vor allem an den Leitlinien des Nürnberger Jugendhilfetages des Jahres 1970 orientierte. 1971 endete die „katholische Ära" des KJR, und bestimmend wurde nun eine sozialdemokratisch-gewerkschaftliche Position. Mit dem aus der Gewerkschaftsjugend stammenden knapp 32jährigen Frieder Wehner übernahm erstmals ein Vertreter der Jugendverbände den Vorsitz des KJR. Auch der neue Geschäftsführer kam aus der sozialistischen Jugend. Während Vorstand und Geschäftsführung gemäßigt-sozialdemokratische Positionen vertraten, standen einige Freizeitpädagogen poli-

---

43 Vgl. hierzu den Beitrag von Anselm Doering-Manteuffel in diesem Band. Grundlegend für die Geschichte der 50er und 60er Jahre zudem: Axel Schildt, Arnold Sywottek (Hg.), Modernisierung im Wiederaufbau. Die westdeutsche Gesellschaft der 50er Jahre, Bonn 1993. Axel Schildt, Moderne Zeiten. Freizeit, Massenmedien und ,Zeitgeist' in der Bundesrepublik der 50er Jahre, Hamburg 1995. Dynamische Zeiten. Die 60er Jahre in den beiden deutschen Gesellschaften, hg. von Axel Schildt, Detlef Siegfried und Karl Christian Lammers, Hamburg 2000.

tisch weiter links. Für die 70er und 80er Jahre wurden für den KJR zunehmend die neuen sozialen Bewegungen bestimmend, die die großen Themen lieferten: Antifaschismus, Frieden, das Verhältnis zwischen den Geschlechtern, Ökologie, internationale Jugendbegegnungen, interkulturelle Jugendarbeit (zunächst in Form einer sogenannten „Ausländerpädagogik") und Kampf gegen Jugendarbeitslosigkeit.

Auch wenn seit den 90er Jahres einiges schwieriger und die öffentlichen Kassen leerer wurden, so hat sich der KJR insgesamt gut behauptet. Eine wichtige Rolle spielt er in der Gegenwart bei der Durchsetzung der „Pädagogik der kulturellen Vielfalt", die in den „Leitlinien zur Offenen Kinder- und Jugendarbeit in der multikulturellen Gesellschaft" gebündelt sind, innerhalb der Mädchenarbeit und bei der Partizipation von Kindern und Jugendlichen; auch die Forderungen zu den beiden zuletzt genannten Themen sind in sogenannten „Leitlinien" fixiert. Betrachtet man die Situation in den neuen Bundesländern, so lässt sich abschließend sagen, dass Einrichtungen wie der KJR, die letztlich der Garant für eine demokratische, mündige, weltoffene und tolerante Jugendarbeit sind, auch für den Osten ein Modell sein könnten. Selbstverständlich kann man ein historisch gewachsenes System nicht in plumpem Formalismus übertragen. Aber lernen kann man von ihm allemal. Und allen jenen, die politische Bildung und eine emanzipatorische Jugendarbeit für Geldverschwendung halten, sollte man klar machen, wie wichtig Einrichtungen dieser Art waren und sind.

Michael Eilfort

Politische Partizipation und politische Kultur in Deutschland und seinen Regionen: Wandel wie Kontinuität

Wahlbeteiligung als Messgröße für politische Partizipation

„Politische Partizipation" wurde etwa zu der Zeit, in der auch der Begriff der „politischen Kultur" breiter diskutiert wurde, verstanden als „die gesetzlich vorgesehenen Aktivitäten von Bürgern, die mehr oder weniger direkt darauf abzielen, die Auswahl des Regierungspersonals und dessen Handlungen zu beeinflussen".[1] Sieht man/frau davon ab, dass zum einen frauenpolitisch korrekt heute den „Bürgern" noch die „Bürgerinnen" an die Seite zu stellen sind und zum anderen als spätere Folge der 60er Jahre auch ziviler Ungehorsam und zum Teil Gewalt unter politischer Partizipation subsummiert wurden, dürfte diese Definition nach wie vor Geltung beanspruchen.

In diesem Sinne also ist der Wahlakt nur ein Teilaspekt politischer Partizipation, Wahlbeteiligung nur eine von vielen Möglichkeiten politischer Beteiligung. Gleichwohl handelt es sich bei ihr nicht nur um den einfachsten, sondern genauso um den bedeutendsten Grad politischer Partizipation, denn keine Form der Beteiligung wird von mehr Bürgern ausgeübt und in keiner kommt der Gleichheitsgrundsatz demokratischer Wahlen – „one man, one vote" – besser zum Ausdruck.

Auf dem Höhepunkt politischer Partizipation in Deutschland, 1972, wurde in einer Untersuchung folgende Bandbreite politischer Beteiligung ermittelt: 12 Prozent der Befragten waren Mitglied einer Partei, 30 Prozent unterstützten eine, 56 sahen sich als politisch interessiert. 80 Prozent wählten bei Landtagswahlen, 85 gaben an, über Politik diskutiert zu haben, und 91 Prozent beteiligten sich an der Bundestagswahl 1972.[2] Es gab also Bürger, die zur Wahl gingen, ohne über Politik diskutiert zu haben und ohne sich für Politik zu interessieren. Ist aber der Umkehrschluss vorschnell, dass diese beiden Merkmale in jedem Fall auf diejenigen zutreffen müssen, die schon die Minimalform der Partizipation, das Wählen, nicht leisten? Könnten nicht andere Partizipationsformen sogar ein Ersatz für die Stimmabgabe sein, wenn man in ihr keinen Sinn sähe, möglicherweise gar generell das Instrument Wahl ablehnt?

---

1 Nie, Norman/Verba, Sidney: Participation in America. Political democracy and social equality. New York 1972, S. 2.
2 Baker, Kendall/Dalton, Russell/Hildebrandt, Kai: Germany transformed. Political culture and the new politics. Cambridge–Massachusetts–London 1981, S. 41.

In Zeiten zurückgehender Beteiligung bei Wahlen sind diese Fragen immer wieder Anlass zu politischen Diskussionen wie zu Auseinandersetzungen in der Politikwissenschaft. Kaum ein Jahr vergeht, ohne dass in Deutschland nicht erneut über die Einführung sogenannter „plebiszitärer Elemente" auf Bundesebene gestritten wird. So verwunderte es nicht, dass die damalige, rot-grüne Bundesregierung angesichts von in Umfragen vermeintlich zum Ausdruck gekommener Zustimmung von 80 Prozent der Bevölkerung zuletzt im Juni 2002, kurz vor der Bundestagswahl, das Thema entdeckte. Eigentlich war sie schon immer für die entsprechende Grundgesetzänderung eingetreten und hatte nur versehentlich in dreieinhalb Jahren zuvor nichts unternommen, um eine Vorhersage aus der Hochzeit der „partizipatorischen Revolution" in den 70er Jahren mit Leben zu erfüllen.

Damals galt es als sicher, dass sich immer mehr Bürger von den althergebrachten Formen institutionalisierter Beteiligung ab-, neuen Formen aktions- und protestbezogener Partizipation zu- und für plebiszitäre Elemente verwenden würden – heute noch ergänzt um die vermeintlich so glänzenden Partizipationschancen der E-Demokratie. All dies mag man für wünschenswert halten, es soll auch an dieser Stelle nicht eine Erörterung möglicher Vor- und Nachteile der „direkten Demokratie" stattfinden. Ob man aber das zentrale Engagement bei Wahlen durch andere Beteiligungsmöglichkeiten erhöhen kann – sofern dies gewünscht ist – erscheint mehr als zweifelhaft. Denn diejenigen, die sich z. B. an Volksentscheiden beteiligen oder für E-Demokratie interessieren, sind mit allergrößter Wahrscheinlichkeit auch die, für die die Teilnahme an Wahlen nur das Mindestmaß politischer Partizipation darstellt. Dagegen dürften aufgrund von sozialen und Bildungsbarrieren jene, die sich schon bei Wahlen weniger beteiligen, auf höheren Partizipationsstufen noch stärker unterrepräsentiert sein.

Ganz abgesehen davon, dass die alte Protestweisheit „Wenn Wahlen etwas ändern würden, wären sie verboten" spätestens mit der Bundestagswahl 1998 ad absurdum geführt wurde – „plebiszitäre Elemente" dürften kaum mehr sein als eine Spielwiese für Aktivisten und informiertere Bildungsbürger. Oder was ist davon zu halten, wenn bei baden-württembergischen Bürgerentscheiden oder bei Volksentscheiden z. B. in Bayern zum Abfallrecht oder in Brandenburg zur Annahme der Landesverfassung Beteiligungsquoten von weniger als der Hälfte der Wahlberechtigten schon als Erfolge gelten? Wie ist das mit der in der deutschen politischen Kultur vorherrschenden Ansicht in Einklang zu bringen, die Ansichten möglichst vieler, wenn nicht aller Bürgerinnen und Bürger mögen in den Entscheidungsprozess einfließen?

Politische Partizipation nimmt ab

Dafür also, dass Beteiligung bei Wahlen die Messgröße schlechthin für politische Partizipation ist, sprechen mehrere Gründe. Der Wichtigste: Es dürfte kaum Zufall sein, dass in Deutschland die Kurven politischer Beteiligung bei Wahlen, des Engagements in wie außerhalb von Parteien und auch des Interesses an Politik annähernd parallel verlaufen. Nicht „entweder-oder", sondern „sowohl-als-auch": Die höchsten Wahlbeteiligungswerte wurden in den 70er Jahren des letzten Jahrhunderts erreicht, in denen auch der Zulauf zu den Parteien wie das Engagement außerhalb von Parteien, z. B. in Bürgerinitiativen, ebenso wie das spürbare politische Interesse am größten waren. Der starke Rückgang der Wahlbeteiligung in den 90er Jahren ging einher mit schrumpfenden Mitgliederzahlen der Parteien, einem geringeren Organisationsgrad auch in Bürgerinitiativen und einer nachlassenden „Politisierung" der Bevölkerung.

Die entsprechenden Wahlbeteiligungswerte dürften also bei der Betrachtung von Zusammenhängen zwischen politischer Partizipation und politischer Kultur sehr wohl wesentlich aussagekräftiger sein als eine methodisch fragwürdige, da unterhalb jeder empirischen Nachweisbarkeitsgrenze verlaufende Untersuchung z. B. des Zusammenhangs zwischen regionaler politischer Kultur – im Zusammenhang mit regionaler Wahlbeteiligung gut zu betrachten – und der Neigung zu Partizipation in Form von Demonstrationen: Zu untersuchen, ob im Zusammenhang mit der Kernenergie beobachtete Verhaltensmuster in Niedersachsen (Lüchow-Dannenberg), Baden-Württemberg (Wyhl), Bayern (Wackersdorf) oder Schleswig-Holstein (Brokdorf) etwas mit regionaler politischer (Streit-)Kultur zu tun haben, scheitert schon an der großen Zahl der reisenden Demonstranten ...

Schon seit einigen Jahren geht in der Bundesrepublik auf allen Ebenen die Wahlbeteiligung und damit politische Partizipation fast kontinuierlich zurück. Der seit Mitte der 80er Jahre der letzten Jahrhunderts erkennbare langfristige Trend zur Zunahme der Wahlenthaltung setzt sich fort. Eine nicht nur einmalige Ausnahme stellt lediglich die Bundesebene dar: Sowohl bei der Bundestagswahl 1994 (79,1 Prozent gegenüber 77,8 im Jahr 1990) als auch 1998 (82,2 %) stieg die Beteiligung gegenüber der Vorwahl. Dies war allerdings eher auf kurzfristige, politisch-konjunkturelle Faktoren zurückzuführen als auf eine grundsätzliche Wende bezüglich des Wahleifers der Bevölkerung, auf die neuere Zahlen keinerlei Hinweis geben – eher im Gegenteil!

Nach der breiten Mobilisierung zur Bundestagswahl 1998 und dem mehr Aufmerksamkeit als „normale" Nachwahlzeiten weckenden Regierungswechsel war eine gewisse Demobilisierung zu erwarten. Ebenso, dass in „Nebenwahljahren" die traditionelle, fest in den Köpfen der Menschen verankerte „Wahlhierarchie" – inzwischen Bestandteil unserer politischen Kultur – noch stärker zum Tragen kommt: Sie räumen der Bundestagswahl die mit Abstand größte Bedeutung ein, dann folgt die Landtagswahl und darauf wiederum mit großem Abstand die Europawahl sowie am Ende die Kommunalwahlen.

Dennoch ist es erstaunlich, wie sehr die Zunahme der Nichtwähler – eines der herausragenden politischen Phänomene der letzten Jahre – sich verstärkte und zu immer neuen Rekordtiefen der Wahlbeteiligung führte. Nichtwählen liegt, ob man dies bedauert oder nicht, weiter „voll im Trend". Seit der Bundestagswahl 1998 erreichte die Beteiligung bei acht Landtagswahlen neue historische Tiefstände (u. a. im Saarland 1999 minus 14,8 auf 68,7 %, in Thüringen minus 14,9 auf 59,9 %, in Nordrhein-Westfalen 2000 minus 7,3 vom vorherigen Tiefststand 1995 auf 56,7 %, in Rheinland-Pfalz 2001 minus 8,7 % auf 62,1). Sie sank auch bei Landeswahlen in Berlin, Brandenburg und 2002 in Sachsen-Anhalt. Nur Hessen Anfang 1999 mit einer Zunahme von 0,1 % nach dem Rekordtief 1995 und Sachsen fielen auf Landesebene aus der Reihe. Bei der Europawahl 1999 wurde mit einem Rückgang um 14,8 % von niedrigem Niveau aus nur mehr die magere Beteiligung von 45,2 % erreicht, und auch bei fast allen Kommunalwahlen seit 1998 kam es zu Negativrekorden, ob in Rheinland-Pfalz, Nordrhein-Westfalen und Baden-Württemberg 1999, in Hessen oder in Niedersachsen 2001. In dieses Bild fügt sich die magere Beteiligung bei der angesichts der Ungewissheit des Ausgangs vermeintlich so mobilisierenden Bundestagswahl 2002.

Partizipation bzw. Wahlbeteiligung und politische Kultur

Betrachtet man den Zusammenhang zwischen politischer Partizipation – hier: Wahlbeteiligung – und deutscher politischer Kultur, also den Meinungen, Einstellungen und Werten, die das politische Verhalten der Menschen prägen, Spiegel auch geschichtlicher Erfahrungen sind und durch Familien, Erziehung, persönliches Umfeld, Vereine, Kirchen etc. tradiert werden, so fallen für die Bundesrepublik zwei Besonderheiten auf.

Zum ersten ist eine starke (Über-?)Betonung der sogenannten „inputorientierten Demokratietheorie" zu beobachten. Dieser zufolge dienen Wahlen als zentrales Element politischer Partizipation vor allem der Artikulation, Integration, Repräsentation. Im Gegensatz zur „outputorientierten Demokratietheorie" beurteilt sie „das politische System nicht von der Qualität seiner Leistungen, sondern von den in den politischen Prozeß eingehenden Willensäußerungen und artikulierten Interessen her".[3] Die Wahl und die Beteiligung daran ist das Ziel, ein Beteiligungsmaximum anzustreben. Wählen wird somit zum Wert an sich. Das Verhältniswahlrecht spiegelt im Gegensatz zum outputorientierten Mehrheitswahlrecht dieses Verständnis wieder. So herrscht in Deutschland die Meinung vor: Je höher die Wahlbeteiligung, desto besser das Funktionieren der Demokratie – in Abwandlung Luhmanns sozusagen Legitimation erst durch hohes Engagement am Verfahren.

Eine andere Frage ist, ob genau dieses sehr hohe Engagement überhaupt als wünschenswert angesehen werden sollte. 1972 erntete der damalige bayerische Kultusminister Hans Maier zwar Proteste, als er politisch unkorrekt von einer „erschreckend hohen Wahlbeteiligung" sprach, traf aber einen zentralen Punkt. Eben wegen des hierzulande zum Bestand der politischen Kultur gehörenden Vorurteils, eine hohe Wahlbeteiligung zeige an, wie stabil ein politisches System und wie demokratisch gesinnt die Menschen seien, konnte und kann es nicht überraschen, wenn der Rückgang des allgemeinen Wahleifers von der veröffentlichten Meinung wie auch von vielen politischen Akteuren selbst immer wieder vor allem als Krisenzeichen empfunden wurde und wird. Erst jüngst ist Richard von Weizsäcker einmal mehr so besorgt wie mediengerecht durch wohlfeile Klagen über die bei „Verdrossenheit" üblichen Verdächtigen aufgefallen. Die auch von ihm mitbetriebene eifrige Erörterung angeblicher Gründe der vermeintlichen Vertrauenskrise trägt möglicherweise zur Verstärkung der unterstellten „Politikver-

---

3 Scharpf, Fritz: Demokratietheorie zwischen Utopie und Anpassung. Konstanz 1970.

drossenheit" der Deutschen mehr bei als die jeweils genannten Entwicklungen oder Ereignisse.

Nichtwähler sind weder die Helden noch die Totengräber der Demokratie. Wahlenthaltung bzw. die Höhe der Wahlbeteiligung sollte also genauso wenig idealisiert wie dramatisiert werden. Sie sagt ohnehin kaum etwas über das Funktionieren einer Demokratie aus. Noch keine – siehe die Beispiele Schweiz und USA – ist an zu niedriger Beteiligung gescheitert. Eher eine, nämlich die Weimarer Republik, an zu hoher Beteiligung, weil es der NSDAP offensichtlich gelang, in der Weltwirtschaftskrise politisch weniger interessierte, vormalige Nichtwähler zu mobilisieren. Einen Beleg dafür, dass die Stimmabgabe kein Wert an sich ist, stellte die Landtagswahl in Sachsen-Anhalt im April 1998 dar: In den Wahlkreisen mit den höchsten Zuwachsraten bei der Wahlbeteiligung erzielte die DVU ihre besten Ergebnisse! Auch das Ausscheiden der „Republikaner" aus dem baden-württembergischen Landtag 2001 bei Rekordwahlenthaltung unterstreicht, dass Wahlabstinenz durchaus positive Seiten haben mag.

Die Stimmabgabe darf beileibe nicht in jedem Fall als Ausdruck „guter", „demokratischer" Gesinnung oder als Unterstützung für das System bzw. Parteien und Politiker überhöht werden – schließlich gibt es auch „Formaldemokraten", die nur wählen, weil „es sich gehört" oder radikale Protestwähler. Andersherum mag Wahlenthaltung Ausfluss bewusster und durchdachter Entscheidungen „guter" Demokraten sein, kann überdies gerade Systemzufriedenheit ausdrücken: „Wer schweigt, stimmt zu".

Auch wenn der Begriff der „politischen Kultur" eigentlich von allem Normativen ferngehalten werden sollte, das so oft unsinnigerweise mit ihm in Verbindung gebracht wird, sei an dieser Stelle doch „normativ" geäußert: Es wäre durchaus zu begrüßen, wenn die tendenziell der outputorientierten Sicht entspringende Auffassung, dass es sich bei dem aktuellen Rückgang politischer Partizipation eher um eine Normalisierung bzw. Normalität denn um eine Krise handelt, verbreiteterer Bestandteil unserer politischer Kultur würde.

Wie sich Elemente der deutschen politischen Kultur wandeln können, zeigt gerade das zweite, eng mit der inputorientierten Demokratiesichtweise zusammenhängende Beispiel bezüglich der Bewertung politischer Partizipation. Hier wird deutlich, wie sehr nachlassende politische Partizipation Ausfluss gewandelter politischer Kultur ist.

Es geht um die in Deutschland lange sehr verbreitete Auffassung von der Wahlteilnahme als Pflicht des „guten" Staatsbürgers. Sie führte vor allem in der Frühphase der Bundesrepublik zu erstaunlichen Besonderheiten.

Schon Almond und Verba hatten in ihrer berühmten Studie zur politischen Kultur[4] festgestellt, durch die negativen Erfahrungen der Weimarer Republik und der NS-Zeit sei es in Deutschland nach dem Zweiten Weltkrieg zur Abkehr der Bürger vom Politischen und zur Betrachtung der Stimmabgabe als bürgerliche Pflichtübung gekommen, habe eine Untertanenkultur, begründet auf passives

---

4 Almond, Gabriel/Verba, Sidney: The civic culture. Political attitudes and democracy in five nations. Princeton 1963, S. 312 ff.

Vertrauen von eigentlich politikfremden Menschen, die Entstehung einer echten Staatsbürgerkultur verhindert. Diese Beobachtung deckt sich mit den Ergebnissen einer 1960 durchgeführten Repräsentativerhebung:[5] 52 Prozent der Befragten waren der Ansicht, selbst der, dem gleichgültig sei, was bei der Wahl herauskomme, sollte seine Stimme abgeben. Auf die Frage nach dem Grund stellte fast die Hälfte formale Argumente in den Vordergrund – eben die Wahl als „Bürgerpflicht" –, für eine größere Gruppe war die Wahlbeteiligung ungeachtet des Inhalts der Entscheidung Selbstzweck, so als demonstrativer Akt „etwa dem Ausland gegenüber".

Diese Aussage würde heute wohl niemand mehr bestätigen. Unter anderem haben über 50 Jahre Demokratie in Deutschland und der allgemeine Anstieg des Bildungsniveaus ihre Spuren hinterlassen. Der größte Mangel der politischen Kultur in der Weimarer Republik, die negative Einstellung der meisten Bürger zum damaligen Parteiensystem, ist in der Bundesrepublik nicht wieder aufgetreten. Festzuhalten bleibt dennoch, dass Wähler nicht unbedingt „gute" Demokraten sein müssen, und die relativ hohe Wahlbeteiligung zumindest in den ersten Jahren der Bundesrepublik weniger ein Zeichen politischer Mündigkeit als wohl vielmehr ein Resultat „preußischen" Pflichtbewusstseins war – und somit Ausfluss der deutschen politischen Kultur.

Letztere wurde durch den Wertewandel nachhaltig beeinflusst. Die starke soziale Norm des Wählen-Müssens, in den 50er, 60er und noch 70er Jahren ein nationales Charakteristikum, ist heute weit weniger verbreitet.[6] Man hört auch kaum noch, dass derjenige, der seine Stimme nicht abgegeben habe, auch nicht mitreden und vor allem nicht kritisieren dürfe.

Die „Wahlpflicht" in diesem Sinne also wird immer weniger bejaht, je jünger die Wahlberechtigten sind. Insgesamt dürfte dies eine wesentliche Ursache für das Absinken der Wahlbeteiligung in den letzten Jahren sein. Mit dem nachlassenden „Pflichtbewusstsein" wurde wohl erst die Voraussetzung dafür geschaffen, dass es aus politischen und anderen Gründen vermehrt zu Wahlabstinenz kam.

Politische Partizipation und regionale politische Kultur

Wenngleich das „staatsbürgerliche Pflichtbewusstsein" insgesamt also an Bedeutung verloren hat, liegt es im internationalen Vergleich noch auf einem hohen Niveau – und zeigt interessante regionale Ausprägungen. Auch vor diesem Hintergrund zu beobachtende Konstanten regional unterschiedlich ausgeprägter Wahlbeteiligungswerte belegen einmal mehr die Existenz regionaler politischer Kulturen – so sehr auch politische Kultur in modernen und komplexen Gesellschaften zu einer nationalen Vereinheitlichung tendieren mag.

Exemplarisch herausgearbeitet und seitdem präzisiert und verfeinert hat dies schon vor längerer Zeit Hans-Georg Wehling: „Wenn politische Kultur das Pro-

---

5 Hartenstein, Wolfgang/Schubert, Günther: Mitlaufen oder mitbestimmen. Frankfurt am Main 1961, S. 36 ff.

6 Eilfort, Michael: Die Nichtwähler. Wahlenthaltung als Form des Wahlverhaltens. Paderborn 1994, S. 322 ff.

dukt geopolitischer Gegebenheiten, ökonomischer Bedingungen, vergangener kollektiver Erlebnisse, obrigkeitlicher Erziehungsmaßnahmen, historischer Traditionen ist, dann muss für Deutschland das Konzept der politischen Kultur regionalisiert werden. Deutschland weist eine solche Vielzahl historischer Landschaften auf . . ., daß eine globale Betrachtung allein nicht ausreicht." Auf die methodischen Schwierigkeiten dabei ging Wehling auch ein: „. . . regionale Daten liegen selten vor. Historische Erklärungen erscheinen als zu willkürlich . . . Wer die Wirklichkeit nicht einfach verfehlen will, muss jedoch notfalls auf qualitative, unvollständige und lediglich Plausibilität beanspruchende historische Daten und Erklärungsmuster zurückgreifen."[7]

Geradezu exemplarisch werden diese methodischen Probleme bei der Betrachtung langfristiger, von politischer Kultur beeinflusster regionaler Besonderheiten in der Ausprägung der Wahlbeteiligung deutlich. Man weiß, dass es da etwas gibt, geben muss, kann es aber nicht genau quantifizieren und eindeutig belegen – sowenig wie den berühmten Pudding an die Wand nageln. Wie jedenfalls, wenn nicht mit dem Einfluss regionaler politischer Kultur, ist es beispielsweise zu erklären, dass die Wahlbeteiligung bei Landtagswahlen in Baden-Württemberg immer um eine zweistellige Prozentzahl unter der im Saarland liegt? Dass auch innerhalb des „Musterländles" kontinuierlich Unterschiede z. B. zwischen Nordwürttemberg und Südbaden zu beobachten sind?

Auf die Spur der traditionell niedrigeren Beteiligung im deutschen Südwesten bei allen Wahlen führte eine Arbeit von Horst Glück:[8] Er machte eine historisch gewachsene „Distanz gegenüber der Parteipolitik aus, die für (Alt-)Württemberger – dem Land der Freien Wähler – insgesamt typisch ist . . . Politische Kultur als Kultivierung von Parteilosigkeit." Die bei allen Typen von Wahlen immer weitaus höhere Beteiligung im Saarland dagegen kann laut Kappmeier als „Ausdruck einer besonderen politischen Kultur des Saarlandes gesehen werden."[9] Deren Annahme erscheine „aufgrund der politischen und wirtschaftlichen Abtrennung des Saarlandes vom übrigen Deutschland in den Jahren 1919 bis 1935 und 1945 bis 1957 bzw. bis zum wirtschaftlichen Anschluss 1959 und den damit verbundenen Erwartungen" gerechtfertigt. Effektiv wurden mit 95,7 Prozent 1947, 93,1 Prozent 1952 und 90,3 Prozent 1955 in der Abtrennungszeit bei Landtagswahlen demonstrative Beteiligungsquoten erzielt, die später zwar nicht mehr erreicht wurden, aber möglicherweise eine Tradition des Wahlengagements begründeten, die bis heute anhält. Ein weiteres trägt im Saarland vermutlich die überaus hohe Vereinsdichte und das überdurchschnittlich hohe Engagement der Menschen in den Vereinen bei, die einen Wahlnormverinnerlichungs-, Politikinteressefördungs- und Mobilisierungsmechanismus par excellence darstellen.

---

7 Wehling, Hans-Georg: Regionale politische Kultur in der Bundesrepublik Deutschland. Eine Einführung, in: Der Bürger im Staat, 1984 (34), Heft 3, S. 150.

8 Glück, Horst: Politische Kultur und Parteipräferenz. Eine Fallstudie am Beispiel der Stadt Esslingen, in: Der Bürger im Staat, 1989 (40), Heft 4, S. 270.

9 Kappmeier, Walter: Konfession und Wahlverhalten. Untersucht am Beispiel der Bundestagswahl 1976 und der Landtagswahl 1975 im Saarland. Frankfurt am Main 1984, S. 49.

Einen bezüglich „äußerer" historischer Umstände ähnlichen, genauso unwiderlegbaren wie nicht nachweisbaren Schluss könnten die Wahlen zum (West-) Berliner Abgeordnetenhaus zulassen. Auch dort mögen lange anhaltende äußere Umstände zu einer für „Landtagswahlen" lange weit über dem Bundesdurchschnitt liegenden, ungewöhnlich regen Wahlteilnahme geführt haben: Welche bessere Gelegenheit könnte es während des Kalten Krieges in dem bedrohten „Bollwerk der freien Welt" gegeben haben, um den Freiheitswillen zu unterstreichen, als die Stimmabgabe bei demokratischen Wahlen? Für diese Annahme spricht desweiteren die innerdeutsche „Normalisierung" nach dem Mauerfall 1989 – seitdem ist das entsprechende Engagement der Berliner zwar überdurchschnittlich geblieben, aber absolut deutlich gesunken.

In Ostbayern wurde eine anders geartete Beziehung zwischen politischer Kultur und Wahlbeteiligung entdeckt. Dort lag bei den Bundestagswahlen der 90er Jahre mehr als die Hälfte der Wahlkreise mit der niedrigsten Beteiligung in den alten Bundesländern. In den selben, meist ländlich geprägten Kreisen hatte die Beteiligung schon während des Kaiserreichs und der Weimarer Republik ungewöhnlich niedrig gelegen. Die entsprechende „Tradition" kann man auf die besondere politische Situation im Kaiserreich zurückführen. Damals wurde nach absoluter Mehrheitswahl in Ein-Mann-Wahlkreisen mit möglicher, aber in Ostbayern nie nötiger Stichwahl im zweiten Wahlgang gewählt. Weil dies vor allem das dort starke Zentrum begünstigte, bestand in vielen Wahlkreisen nie Zweifel am Ausgang der Wahl, verzichteten andere Parteien sogar auf Gegenkandidaten zum zu erwartenden Gewinner. Kurz und gut: Es hat sich vermutlich eine etwas „nachlässigere" Wahlbeteiligungsnorm herausgebildet, die sich immer noch auswirkt.

In ähnlicher Weise mag dies – über wesentlich längere Zeiträume hinweg – dort geschehen sein, wo man nicht mehr von regionaler, sondern von lokaler politischer Kultur sprechen kann. „In ehemaligen Freien Reichsstädten wird stärker partizipiert als in vergleichbaren anderen Städten".[10] So lassen sich nach Greiffenhagen am Beispiel der oberschwäbischen Stadt Isny „Elemente reichsstädtischer Herrschaft aufzeigen, die einen hohen Partizipationsgrad bedingen. Die Verfassungen verlangten z. B. vom Bürger aktive Teilnahme".

Ob letztlich nationale, regionale oder gar lokale politische Kultur – die Beispiele zeigen, dass Auswirkungen auf die Wahlbeteiligung, d. h., Zusammenhänge mit der Höhe politischer Partizipation, nicht von der Hand zu weisen sind. Ein weites Feld für weitere Forschungen . . .

---

10 Greiffenhagen, Sylvia: Auf den Spuren einer ehemaligen Reichsstadt – zur politischen Kultur der Gemeinde Isny im Allgäu. In: Berg-Schlosser, Dirk/Schissler, Jakob (Hg.): Politische Kultur in Deutschland. Bilanz und Perspektiven der Forschung. Opladen 1987, S. 272.

Horst Glück

Neue Tendenzen und alte Traditionen: Das Wahlverhalten in Baden-Württemberg bei der Landtagswahl 2001

Starke Schwankungen und gegenläufige Entwicklungen

Bei den zeitgleichen Landtagswahlen in Baden-Württemberg und Rheinland-Pfalz im März 2001 gewinnt die CDU in Baden-Württemberg 3,5 % hinzu, die CDU in Rheinland-Pfalz verliert 3,4 %. Die CDU in Baden-Württemberg kann sich mit ca. 45 % als dominierende Partei behaupten und hat über 10 Prozent Vorsprung vor der SPD, während die CDU in Rheinland-Pfalz, die noch 1983 die absolute Mehrheit erreichte, mit gerade noch 35 % fast 10 Prozentpunkte hinter der SPD zurückliegt. Andererseits lag die CDU in Rheinland-Pfalz zwei Jahre zuvor bei der Kommunalwahl 1999 mit 46 % der Wählerstimmen 10 Prozentpunkte vor der SPD. Bei der Europawahl im selben Jahr erreichte die rheinland-pfälzische CDU über 50 % und lag damit rd. 15 Prozentpunkte vor der SPD. In Baden-Württemberg war bei dieser Europawahl der Unterschied noch größer: Die CDU erreichte knapp 51 %, die SPD 26 %. Die CDU im Ländle war damit fast doppelt so stark wie die SPD. Aber nur ein Jahr zuvor bei der Bundestagswahl 1998 lagen CDU und SPD in Baden-Württemberg nahezu gleichauf (CDU: 37,8 % SPD: 35,6 %). In Rheinland-Pfalz notierte die CDU bei der Bundestagswahl 1998 sogar etwas besser als in Baden-Württemberg (CDU: 39,1 %), ganz im Unterschied zur Landtagswahl 2001.

Diese hohen Ausschläge der Parteiergebnisse von einer Wahl zur anderen kennzeichnen eine neue Tendenz seit den 90er Jahren. Bereits 1992 verlor die CDU in Baden-Württemberg bei der Landtagswahl auf einen Schlag rd. 10 Prozent, die per saldo vollständig an die rechtspopulistischen Republikaner gegangen sind, während sie zuvor von der Landtagswahl 1976 bis zur Landtagswahl 1988 über drei Wahlen hinweg jeweils verliert, insgesamt aber nur um 7 Prozentpunkte abnimmt. Bei der Landtagswahl 2001 wiederum gewinnt die SPD in Baden-Württemberg gegenüber der letzten Landtagswahl über 8 % hinzu und erreicht damit wieder ihr Niveau von 1976, nachdem sie zuvor bei fünf Landtagswahlen kontinuierlich Wähleranteile verloren hatte. Solche Erdrutschverluste und Kantersiege bei Wahlen waren in Deutschland nach der Konzentration des Parteiensystems auf zweieinhalb Volksparteien in den siebziger Jahren und auch nach Eintritt der Grünen in das Parteiengefüge in den achtziger Jahren sehr selten. Beginnend mit der Europawahl 1989 in Baden-Württemberg, bei der die Republikaner nahezu aus dem Stand 10 % der Stimmen erreichten, häuften sich dagegen in den 90er Jahren und andauernd bis heute solche starke Ausschläge beim Wahlverhalten.

Erklärt werden diese Veränderungen als Folge von nachlassenden Partei-bindungen bei den Wahlberechtigten. Bei aller methodischen Problematik bei der Erfassung von sogenannten Stammwählern ist zumindest die Tendenz im Lang-zeitvergleich eindeutig: 1980 stellte die Forschungsgruppe Wahlen für Baden-Württemberg bei der CDU einen Stammwähleranteil von rd. 80 % fest, für die SPD von 74 %. Bei der Landtagswahl 2001 kalkulierte infratest für die CDU in Baden-Württemberg einen Stammwähleranteil von 62 %, für die SPD von 61 %, für die Gesamtwählerschaft von 58 %. Eine zweite bemerkenswerte Entwicklung ist das gegenläufige Wahlergebnis der CDU bei den gleichzeitig stattfindenden Landtags-wahlen in Baden-Württemberg und Rheinland-Pfalz. Bei gleicher bundes-politischer Situation und vergleichbarer Ausgangsstärke der CDU in beiden Län-dern nimmt in einem Bundesland die CDU kräftig zu, im Nachbarland hingegen genauso kräftig ab. Bislang ist man überwiegend davon ausgegangen, dass zumin-dest die Richtung der Veränderung bei Wahlen, auch bei Landtagswahlen, stark von bundespolitischen Vorgaben abhängig ist. Hier liegt ein seltener exemplarischer Fall für das genaue Gegenteil vor. Die Wahlforschungsinstitute sind sich darin einig, dass die bundespolitische Stimmungslage im Frühjahr 2001 eher der SPD zugute ge-kommen ist, die auch in beiden Ländern kräftig gewonnen hat. Der Sonderfall Baden-Württemberg mit den kräftigen Zugewinnen der CDU liegt v. a. darin begründet, dass die CDU hierzulande erhebliches Wählerpotential seit 1992 bei den Republikanern „geparkt" hatte, das in einer allgemeinen politischen Situation, die kein Protestwahlverhalten begünstigte, wieder an die CDU zurückgeflossen ist.

Dennoch liegt der Fall nicht so einfach. Denn es galt in der Öffentlichkeit als faustdicke Überraschung, dass die CDU – dazu noch in diesem Umfang – zulegen konnte. Die meisten Wahlforschungsinstitute haben die CDU noch zwei Wochen vor der Wahl auf der Verliererstraße gesehen. Was ist geschehen? Offensichtlich konnte die CDU ihr Wählerpotential in Baden-Württemberg gerade deshalb in der Schlussphase des Wahlkampfs bzw. am Wahltag mobilisieren, weil es eine deutliche Verunsicherung darüber gab, ob die CDU nicht sogar ihre Regierungsfähigkeit verlieren werde. Dieses aber wünschte ein großer Teil der Wählerschaft nicht. Zwar war der Spitzenkandidat und amtierende Ministerpräsident Erwin Teufel im Ver-gleich etwa zu seinem Vorgänger Lothar Späth oder auch zu Kurt Beck in Rhein-land-Pfalz nicht sonderlich beliebt und sein Vorsprung gegenüber seiner jungen Herausforderin Ute Vogt von der SPD vergleichsweise bescheiden. Aber es gab im Unterschied zur Bundestagswahl 1998 keine Wendestimmung. Alles in allem fühlte sich die Mehrheit im Lande gut regiert, zumal die Ansicht weit überwog, dass Baden-Württemberg im Vergleich mit anderen Bundesländern insbesondere wirtschaftlich, aber auch in anderen wichtigen Bereichen gut dasteht. Die Folge davon war eine Art Angstmobilisierung, die der CDU in Baden-Württemberg überraschend zu stattlichen Zuwächsen verholfen hat.

In Rheinland-Pfalz lag die Sache anders. Dort war die SPD mit einem beliebten Ministerpräsidenten in der Regierung, die CDU mit einem eher blassen Heraus-forderer in der Opposition. Auch die Rheinland-Pfälzer waren mit ihrer Regie-rung überwiegend zufrieden, so dass der SPD-freundliche Bundestrend dort voll durchschlug und eventuell landespolitisch noch zusätzlich verstärkt wurde. Den-noch ist auch dieses Ergebnis längerfristig gesehen alles andere als eine gewöhnliche

Normalwahl. Rheinland-Pfalz war bis 1991 ein Stammland der CDU, die bis dahin beständig entweder allein oder mit Hilfe der FDP regiert hatte. Heute steht die CDU in Rheinland-Pfalz landespolitisch kaum besser da als die SPD in Baden-Württemberg, während die SPD in Rheinland-Pfalz bei Landtagswahlen ähnlich stark notiert wie die CDU in Baden-Württemberg. Die Beispiele der Kommunalwahl und der Europawahl 1999 haben aber gezeigt, dass die CDU bei günstigen Rahmenbedingungen nach wie vor mit Abstand stärkste Partei in diesem Bundesland sein kann im Unterschied zur SPD in Baden-Württemberg. Wann aber sind die Rahmenbedingungen einer Landtagswahl für eine Oppositionspartei günstig? Die CSU in Bayern konnte zwei Wochen vor der Bundestagswahl 1998 – entgegen einem SPD-freundlichen Bundestrend und obwohl in Bayern erstmals die Freie Wählergemeinschaft zur Landtagswahl antrat – ihre absolute Mehrheit bei der Landtagswahl sogar noch leicht ausbauen. 14 Tage später hat auch die CSU bei der Bundestagswahl kräftig verloren, wenn auch bei weitem nicht so stark wie die CDU. Die traditionelle SPD-Bastion in Nordrhein-Westfalen hingegen wäre ohne den Spendenskandal der CDU den Umfragewerten zufolge bei der Landtagswahl im Mai 2000 wahrscheinlich verloren gegangen, nachdem bereits im Jahr zuvor die CDU bei der Kommunalwahl zur stärksten Partei in diesem größten Bundesland aufgestiegen ist. Der CDU in Hessen hingegen ist es gelungen, bei der Landtagswahl im Februar 1999 bei einer leicht positiven Bundesstimmung für die Union und mit Hilfe einer besonderen Landeskampagne gegen den von der Bundesregierung vorgelegten Gesetzentwurf zur doppelten Staatsbürgerschaft die Wahl für sich zu entscheiden und die Landesregierung zu übernehmen. Trotz anschließender Spendenaffäre der CDU bundesweit und speziell auch in Hessen konnte die CDU im folgenden Jahr bei der Kommunalwahl – eine Woche vor der Landtagswahl in Baden-Württemberg und Rheinland-Pfalz – kräftig hinzugewinnen.

Diese unvollständige und lediglich kursorische Übersicht über einige Landtagswahlen der letzten Jahre zeigt zumindest eine gewisse Unübersichtlichkeit mit gelegentlich bemerkenswerten Überraschungen, was in diesem Umfang in den siebziger und achtziger Jahren jedenfalls nicht vorgekommen ist. Es scheint so zu sein, dass Landtagswahlen mehr denn je keine einfachen Zwischenwahlen als bloße Stimmungstests zu Bundestagswahlen sind, sondern jeweils eigenständig in gewisser Unabhängigkeit von Bundestrends entschieden werden können. Bundestrends begünstigen normalerweise lediglich eine der beiden großen Parteien. Deshalb ist ein Ergebnis wie bei der Landtagswahl 2001 in Baden-Württemberg recht ungewöhnlich, bei der beide großen Parteien kräftig zugelegt haben: Die SPD 8,3 %, die CDU 3,5 %. Zusammen haben die beiden Parteien rd. 12 % Wähleranteile hinzugewonnen. Dies ist auch deshalb ungewöhnlich, weil in den letzten 20 Jahren gerade in Baden-Württemberg die Aufsplitterung auf kleinere Parteien stetig fortgeschritten ist. Die CDU verlor bei Landtagswahlen seit 1976 beständig Stimmenanteile, wenn man von einem kleinen Zuwachs von gut 1 % bei der Landtagswahl 1996 absieht. Die SPD verlor sogar schon seit der Landtagswahl 1972 bis 1996 bei sechs Landtagswahlen in Folge. Zwei neue Parteien sind in dieser Zeit zum Parteiensystem des Landes hinzugekommen. Ab 1979/80 die Partei der Grünen und zehn Jahre später die rechtspopulistischen Republikaner. Die Stimmenanteile von CDU und SPD waren deshalb bei der Landtagswahl 1996 auf nur noch 2/3 der Wählerschaft geschrumpft. Dies ist in diesem Ausmaß für westdeutsche Flächenländer einmalig und hängt insbesondere mit der schwachen Position der Sozialdemokratie in Baden-Württemberg zusammen. Mit der durch die Landtagswahl 2001 erreichten Konzentration von rd. 78 % Stimmenanteil auf CDU und SPD sowie jeweils etwa 8 % für FDP und Grüne unterscheidet sich Baden-Württemberg aktuell nicht mehr von den anderen westlichen Flächenländern. Es handelt sich dabei allerdings lediglich um eine Momentaufnahme. Die Wahlergebnisse für die SPD bei der Europawahl 1999 und der Landtagswahl 1996 sowie für die CDU bei der Bundestagswahl 1998 zeigen, dass die derzeitige „Normalität" des Wahlverhaltens auch schnell wieder verschwinden und ein baden-württembergisches Spezifikum erneut zum Tragen kommen kann. Worin besteht diese traditionelle wahlpolitische Eigenart?

Politische Traditionen in Baden-Württemberg

Baden-Württemberg ist traditionell dasjenige westliche Bundesland, auf das die klassischen Bestimmungsfaktoren der Wahlforschung zur Erklärung des Wahlverhaltens am wenigsten zutreffen. Dabei geht es vereinfacht gesagt darum, dass sich in (West-) Deutschland immer wieder ein – seit den siebziger Jahren aber allmählich nachlassender – Zusammenhang ergeben hat zwischen der räumlichen Verteilung von bestimmten sozialstrukturellen Merkmalen und dem Wahlverhalten in diesem Raum. Insbesondere waren und sind es drei Faktoren, die das Wahlergebnis zu einem erheblichen Umfang vorherbestimmen: Je katholischer eine Region, desto mehr CDU-Wähler; je mehr Arbeiter in einer Region wohnen, desto mehr SPD-Wähler; je städtischer eine Region, desto mehr SPD-Wähler. Nach diesem bekannten und oft erprobten Muster müsste aber die SPD in Baden-Württemberg weit besser abschneiden, als sie es tatsächlich tut. Dies gilt sowohl für die Vergangenheit als auch für das heutige Wahlverhalten. Baden-Württemberg ist im Vergleich der westlichen Bundesländer aus der Sicht der Wahlsoziologie der sozialstrukturelle Normalfall par excellence. Der Katholikenanteil liegt leicht über dem westlichen Bundesschnitt, ebenso der Arbeiteranteil. Auch der Urbanitätsgrad ist – wenn man das hochgradig verdichtete Nordrhein-Westfalen herausrechnet – in etwa im Mittelfeld der westlichen Flächenländer. Während aber das Wahlergebnis der CDU in etwa – mit einem leichten Plus – den sozialstrukturellen Erwartungen entspricht, notiert die SPD regelmäßig ca. 6 bis 8 Prozentpunkte darunter. Was sind die Gründe? Auch verfeinerte Analyseinstrumente, wie die durchschnittliche Betriebsgröße, die Gewerkschaftszugehörigkeit oder der Eigenheimbesitz, können das schlechte Abschneiden der SPD hierzulande strukturell nicht erklären. Man kann es drehen und wenden wie man will, es gibt keine hinreichende sozialstrukturelle Erklärung für das notorisch unterdurchschnittliche Abschneiden der SPD in Baden-Württemberg. Ein interessantes Gegenbeispiel ist Rheinland-Pfalz. Dort ist der Katholikenanteil höher, der Arbeiteranteil früher niedriger, mittlerweile gleich und die Siedlungsdichte geringer als in Baden-Württemberg – und trotzdem notierte die SPD in Rheinland-Pfalz in der Vergangenheit in etwa im Bundesschnitt und seit der Regierungsübernahme in Rheinland-Pfalz 1991 beträchtlich darüber.

In Baden-Württemberg verwundert nicht die traditionelle Stärke der CDU in den dominant katholischen und ländlich geprägten Regierungsbezirken Südwürttemberg und Südbaden, sondern die Schwäche der SPD im verstädterten, industrialisierten und überwiegend protestantisch geprägten Norden des Landes. Insbesondere gilt dies für die Region Stuttgart, in der mit 2,5 Mio. Einwohnern rd. ein Viertel der Bevölkerung des Landes lebt. In diesem Kernraum des historischen Altwürttemberg verhinderten die Erbsitte der Realteilung, bei der der landwirtschaftliche Besitz gleichmäßig auf die Erben aufgeteilt wurde, und die verspätete, dezentrale Industrialisierung die massenhafte Ausprägung von traditionellen Arbeitermilieus, deren Entstehung nicht nur eine gemeinsame Arbeitswelt, sondern auch räumliche Nähe in der Lebenswelt zur Voraussetzung hat. Die Industrieregion Württemberg war und ist geprägt von einem besonders starken Berufspendlertum, bei dem historisch aufgrund der Realteilung ein hoher Anteil von Arbeitern mit landwirtschaftlichem Nebenerwerb (Arbeiterbauern) beteiligt gewesen war. Außerdem steht Württemberg mit seinen vielen alten Mittelstädten in einer langen Tradition kommunaler Selbstverwaltung, die eine Großorganisation von außen möglichst wenig in Anspruch nehmen will. Deshalb dominieren hierzulande bei Kommunalwahlen nach wie vor die parteilosen freien Wählervereinigungen, und parteilose Bürgermeister sind zumindest in den kleineren Gemeinden nach wie vor die Regel. Auch die Organisationsstärke der politischen Parteien ist aufgrund der parteiendistanzierten und gegenüber Großorganisationen reservierten Grundhaltung in Württemberg nicht nur bei der SPD stark unterdurchschnittlich, sondern auch bei der CDU. Diese parteienferne Grundhaltung hat aber bis in die siebziger Jahre hinein weniger die damalige Honoratiorenpartei CDU geschwächt als vielmehr die organisationszentrierte Mitgliederpartei SPD. Auch die besondere Religionstradition des schwäbischen Pietismus in Teilen Württembergs mag Tüftlertum und Eigenbrötelei begünstigen, nicht aber die Mitgliedschaft in einer politischen Partei.

Diese historischen Entwicklungen prägen das besondere traditionelle Wahlverhalten in der Kernregion des Landes, das mit den klassischen Analysekategorien nie zu erklären war. Hieraus begründet sich im wesentlichen die besondere Schwäche der SPD bei der Arbeiterschaft. Die bloße Berufs- und Konfessionszugehörigkeit des protestantischen Arbeiters reicht allein zur Ausprägung einer Wahlnorm für die SPD nicht aus.

Bei der Analyse zur Landtagswahl 1980 stellte die Forschungsgruppe Wahlen beispielsweise fest: „Es mag manchen Betrachter überraschen, dass die CDU in den Wohngebieten der Arbeiter höhere Anteile erhält als dort, wo es relativ wenig Arbeiter unter der Wohnbevölkerung gibt. Dies ist dadurch zu erklären, dass es in Baden-Württemberg auch in ländlichen kleinstädtischen Regionen sehr hohe Arbeiteranteile gibt." (FGW Wahl in Baden-Württemberg am 16. 3. 1980, S. 19) Auch die Erklärungen von Infas zur Landtagswahl 1980 weisen in dieselbe Richtung: „Der Arbeiterbereich bei den CDU-Anhängern ist in Baden-Württemberg besonders groß, der Mittelschichtenanteil relativ klein. Umgekehrt ist der Arbeiteranteil der SPD in Baden-Württemberg relativ klein, der Mittelschichtenanteil, der 1976 noch unter dem Bundesdurchschnitt lag, wächst 1980 über den Durchschnitt an." (Infas: Politogramm Landtagswahl Baden-Württemberg 1980, S. 46)

Und weiter: „Allgemein mangelt es den bekannten politischen Analysekategorien in Baden-Württemberg an Trennschärfe." (ebenda, S. 49) 21 Jahre später bei der Analyse der Landtagswahl Baden-Württemberg 2001 schreibt Infratest dimap: „Im Südwesten ist die CDU weiterhin die ‚Partei des kleinen Mannes'. Bei den Arbeitern liegt sie um 16 Punkte vor der SPD, bei den Wählerinnen und Wählern mit Volks- und Hauptschulabschluss um fast 20 Punkte." (dpa 26–3–01) und die Forschungsgruppe Wahlen stellte hierzu fest: „So konnte die CDU gerade bei Facharbeitern weit überdurchschnittlich (plus 13 Prozentpunkte) zulegen. In dieser Gruppe, von deren Unzufriedenheit das letzte Mal die Republikaner besonders profitieren konnten, liegt die CDU jetzt mit 46 Prozent deutlich vor der SPD (37 Prozent)." (dpa 26–3–01)

Obwohl Württemberg bereits Ende der Weimarer Republik zusammen mit Sachsen und Berlin das am stärksten industrialisierte Land gewesen war, blieb der sozialistische Stimmenanteil im Vergleich mit den anderen industrialisierten Regionen Deutschlands weit unterdurchschnittlich. Auch in der 50er und 60er Jahren blieb der SPD-Anteil im protestantischen industrialisierten Württemberg vergleichsweise gering. Bis Ende der sechziger und Anfang der siebziger Jahre ist die Sozialdemokratie in Baden-Württemberg bei Wahlen dadurch gewachsen, dass sie zunehmend über die Arbeiterschaft hinaus bei den neuen Mittelschichten der Angestellten und Beamten Unterstützung fand. Diese konnten aber nicht in gleichem Maße als Stammwähler integriert werden, so dass die SPD in den siebziger und achtziger Jahren insbesondere bei Wahlen mit unterschiedlicher Wahlbeteiligung größeren Schwankungen unterworfen war. Seit den neunziger Jahren – beginnend mit der Europawahl 1989 und fortgeführt über die Landtagswahl 1992 bis zur Bundestagswahl 1998 – weisen auch die Wahlergebnisse der CDU in Baden-Württemberg größere Schwankungen auf, die in diesem Ausmaß 20 Jahre lang nicht mehr aufgetreten waren. Die CDU hat – ausgehend von ihrem traditionell hohen Stimmenniveau – bei diesen Wahlen zwischen 5 und 10 Prozent verloren, konnte andererseits bei der Europawahl 1999 auch wieder 10 Prozentpunkte zulegen. Mit den Landtagswahlen von 1996 und 2001 verbesserte sie sich insgesamt um 5,2 % und glich damit ihre Verluste aus der Landtagswahl von 1992 wieder gut zur Hälfte aus. Nachlassende gesellschaftspolitische Konflikte und geringere parteipolitische Polarisierungen führen zusammen mit schwindenden Parteiidentifikationen zu einer Auszehrung der Stammwählerschaft auch bei der CDU in Baden-Württemberg. Wie die SPD so ist auch die CDU bei den aktuellen und künftigen Wahlen stärker als früher auf günstige politische Stimmungslagen, auf politische Themen mit hoher Problemlösungskompetenz der eigenen Partei und auf attraktive Kandidaten, insbesondere Spitzenkandidaten angewiesen. Da die CDU aber die Landesregierung und den Ministerpräsidenten stellt, ist sie bei Landtagswahlen grundsätzlich besser in der Lage als die oppositionelle SPD, bei der Problemlösungskompetenz und dem Kandidatenprofil wählerwirksame Akzente zu setzen. Einmal im Amt – das Beispiel der SPD in Rheinland-Pfalz veranschaulicht dies besonders – ist es bei ordentlicher Amtsführung schwer, die Regierung zu kippen – auch wenn die Sozialstruktur dafür sprechen würde und auch wenn bei Wahlen auf anderen Ebenen die Opposition deutlich vorne liegt. Garantien dafür gibt es freilich nicht – weder für eine gute Amtsführung noch gegen außerordentlich schädliche

Bundestrends, die zusammen genommen – im Einzelfall reicht auch schon mal ein Faktor allein – einen Regierungswechsel herbeiführen können. Jedenfalls begünstigt eine wachsende Bedeutung der Kandidaten insgesamt die beiden großen Parteien, da sie Spitzenkandidaten für das Amt des Ministerpräsidenten zur Verfügung stellen.

Wählerprofile der Parteien in Baden-Württemberg

Die *CDU* in Baden-Württemberg hat nach der Landtagswahl 2001, was die Zusammensetzung ihrer Wählerschaft anbelangt, ihr bisheriges Profil noch weiter geschärft. Sie hat v. a. in zwei Segmenten große Anteile hinzugewonnen: Bei den älteren Menschen ab 60 Jahren und im Arbeiterbereich. Der Anteil der „Sechzigjährigen und älter" an den Wahlberechtigten in Baden-Württemberg betrug bei der Landtagswahl nach Angaben des Statistischen Landesamtes 30 %. Da die Älteren aber eine wesentlich höhere Wahlbeteiligung an den Tag legen als der Durchschnitt der Wahlberechtigten, betrug der Anteil der über Sechzigjährigen an der Wählerschaft der Landtagswahl 35,3 %. Bei der CDU beträgt der Wähleranteil dieser Gruppe bei der Landtagswahl 43,5 %. Gegenüber der Landtagswahl 1984 ist dieser Anteil um 13 Prozentpunkte gestiegen, landesweit erhöhte sich dieser Anteil in der Wählerschaft um 8 Prozent. Dies bedeutet, dass der Anteil der Älteren in der Wählerschaft der CDU nicht nur absolut entsprechend der demographischen Entwicklung angestiegen ist, sondern darüber hinaus auch relativ im Vergleich mit den entsprechenden Wähleranteilen der anderen Parteien. Nahezu die Hälfte der Wählerschaft der CDU ist damit über 60 Jahre und i.d.R. nicht mehr erwerbstätig. Da die demographische Entwicklung sich weiterhin zugunsten der älteren Bevölkerungsgruppen entwickelt, wird die CDU in absehbarer Zeit sozialstrukturell von ihrer Wählerschaft her gesehen mehrheitlich von Ruheständlern geprägt, sofern die CDU bei den älteren Menschen keinen massiven Einbruch erlebt – aber gerade das Wahlverhalten in diesem Alterssegment gilt als relativ stabil.

Die zweite Profilschärfung der CDU-Wählerschaft ist der bereits in anderem Zusammenhang dargestellte kräftige Zuwachs der CDU bei der Berufsgruppe der Arbeiter. Bei den Facharbeitern konnte die CDU bei der Landtagswahl 2001 13 Prozentpunkte zulegen und liegt mit einem Anteil von 46 % weit vor der SPD (37 %). Bei den Arbeitern insgesamt – also einschließlich der un- und angelernten Arbeiter – beträgt der Vorsprung der CDU vor der SPD mit 48 Prozent sogar 16 Prozentpunkte (SPD 32 %). Die CDU hat in dieser Wählergruppe 9 Prozent hinzugewonnen, ebensoviel wie die Republikaner verloren haben (von 18 % auf 9 %), die SPD hat hier nur unterdurchschnittliche 5 % zugelegt.

Beides zusammen genommen, die starke Verankerung bei den älteren Menschen und in der Arbeiterschaft des Landes, weist die CDU in Baden-Württemberg nach dieser Landtagswahl als – wie es infratest formuliert hat – „Partei der kleinen Leute" aus und erklärt auch, dass die CDU bei den Wählerinnen und Wählern mit Volks- und Hauptschulabschluss satte 20 Prozent vor der SPD liegt. In diesen Wählergruppen dominieren erfahrungsgemäß insbesondere sogenannte Sicherheitsbedürfnisse. Fragen der materiellen Sicherheit, wie Arbeitsplatzsorgen und

Renten, aber auch Bereiche der inneren Sicherheit, wie Ängste vor Kriminalität und vor Überfremdung durch Ausländerzuzug, stehen hier traditionell im Zentrum der politischen Aufmerksamkeit. In neueren wahlsoziologischen Ansätzen wird dieser Wählerbereich nach seiner Selbsteinschätzung auch als sogenannte Modernisierungsverlierer bezeichnet. Bis Mitte der neunziger Jahre hat die Wahlforschung bundesweit v. a. den Sozialdemokraten diese Wählerschaft zugeordnet und damit auch die SPD-Schwäche in den wachstumsintensiven Dienstleistungsregionen zu erklären versucht. Zwar konnte die CDU auch in den wachstumsintensiven Großstädten des Landes bei dieser Landtagswahl ordentlich zulegen. Aufgrund des erheblich stärkeren Zuwachses der SPD hat die CDU aber in den größeren Städten zahlreiche Landtagsmandate eingebüßt. In Stuttgart hat sie zwei von ihren bisherigen vier Abgeordneten verloren, und in den beiden Karlsruher Wahlkreisen hat sie kein Landtagsmandat mehr erringen können.

Die *SPD* in Baden-Württemberg hat mit dieser Landtagswahl gezeigt, dass sie in der Lage war, ihren vergleichsweise hohen Wähleranteil bei der Bundestagswahl 1998 weitgehend zu halten (–2,6 %). Die bayrische SPD hat im Unterschied dazu bei der dortigen Landtagswahl kurz vor der Bundestagswahl Stimmenanteile verloren und weist im Vergleich zum Bundestagswahlergebnis ein Defizit von 5,7 % auf. Die SPD in Rheinland-Pfalz hat demgegenüber bei der Landtagswahl im Vergleich zur Bundestagswahl noch 3,6 % (auf 44,7 %) zugelegt. Die baden-württembergische SPD ist mit der Landtagswahl 2001 mit etwa einem Drittel der Wähler wieder bei ihrer Stärke bei den Landtagswahlen von 1976 bis 1988 angelangt. Von der sozialstrukturellen Zusammensetzung ihrer Wählerschaft her gesehen hat sie bei Angestellten und Beamten überdurchschnittlich, bei den Arbeitern unterdurchschnittlich zugelegt. Bei Angestellten und Beamten lag die SPD in Baden-Württemberg bei der Landtagswahl mit jeweils etwa 40 % noch vor der CDU, bei den Arbeitern hingegen mit einem knappen Drittel weit hinter der CDU zurück. Bei der Arbeiterschaft lagen die Republikaner mit knapp 10 Prozent immer noch klar an dritter Stelle der politischen Parteien bei der Landtagswahl, obwohl ihr Stimmenanteil aus der Arbeiterschaft bei dieser Wahl halbiert worden ist. Auch die Wählerwanderungsbilanz von infratest weist in diese Richtung: Demnach hat die SPD vor allem Wähler von den Grünen gewonnen, in kleinem Umfang auch von den Republikanern und der FDP. In der Altersgruppe der 35 bis 59-jährigen liegt die SPD mit knapp 40 % Wähleranteil in etwa gleichauf mit der CDU. In der Altersgruppe „60 Jahre und älter" ist dagegen die CDU mit 56 % nahezu doppelt so stark wie die SPD, und bei den jungen Wählern bis 35 Jahre liegt die CDU mit 40 % rd. 10 Prozentpunkte vor der SPD. Mit diesem Wahlergebnis ist die SPD in Baden-Württemberg bei den gut ausgebildeten Erwerbstätigen, bei der arbeitenden Mittelschicht, stark verankert. Sie steht sozialstrukturell als Mittelschichtpartei in Konkurrenz zu den Grünen und der FDP, während die CDU auf höherem Gesamtniveau deutlich andere Schwerpunkte aufweist. In Wahlkreisen mit hoher Bevölkerungsdichte und hohem Akademikeranteil hat die SPD entsprechend mit rd. 10 Prozent überdurchschnittlich, die CDU unterdurchschnittlich zugelegt, während Grüne und auch die FDP überdurchschnittlich verloren haben. Die SPD liegt in diesen Wahlkreisen mit etwa 38 % gleichauf mit der CDU. Die SPD ist mit der Landtagswahl 2001 in den großstädtischen wachstumsintensiven Dienstleistungszentren, die seit längerer Zeit eine besondere Sorge der SPD bundesweit sind, wieder gestärkt. Ein bundesweiter Vergleich macht dies am Beispiel der Stadt Stuttgart deutlich. Mit einem Wähleranteil von 36,3 % liegt die SPD in Stuttgart deutlich vor den aktuellen Landtagswahl-Ergebnissen der SPD in München mit 33,1 % oder in Frankfurt mit 33,4 %. Während die CDU/CSU in diesen beiden Städten 47 % und 41,7 % erreichen kann, erhält die CDU in Stuttgart mit 37,1 % nur geringfügig mehr als die SPD.

Die *FDP* ist mit dieser Wahl, was die Stärke in den Wahlkreisen anbelangt, etwas weniger großstädtisch und im Gegenzug etwas traditionell altliberaler geworden. Sie verliert überdurchschnittlich in städtischen Gegenden und schneidet in Wahlkreisen mit niedriger Bevölkerungsdichte um knapp 2 Prozentpunkte besser ab als in Wahlkreisen mit hoher Bevölkerungsdichte. Für das Wahlergebnis der FDP spielt die Konfessionszugehörigkeit der Wähler nach wie vor eine wichtige Rolle. Ihr Wahlergebnis korreliert von allen Parteien am stärksten mit dem Konfessionsfaktor. In stark protestantisch geprägten Gebieten lag ihr Stimmenanteil mit 11,2 % mehr als doppelt so hoch wie in Wahlkreisen mit einem hohen Katholikenanteil (5,9 %).

Die *Grünen* verloren bei dieser Landtagswahl mit 4,4 % über ein Drittel ihres Wähleranteils gegenüber der letzten Landtagswahl. Sie verloren in ihren Hochburgen in den wachstumsintensiven städtischen Zentren und den Universitätsstädten überproportional stark und ganz überwiegend an die SPD. Die Hochburgen der Grünen und der SPD besitzen – von wenigen Ausnahmen abgesehen – die gleichen wahlsoziologischen Merkmale.

Die *Republikaner* schließlich verloren bei dieser Landtagswahl über die Hälfte ihrer Wähleranteile von 1996 und mit einem Ergebnis von landesweit 4,4 % ihre Vertretung im Landtag. Diese rechtspopulistische Partei hatte und hat auf mittlerweile halbiertem Niveau ihre Anhänger insbesondere in der Arbeiterschaft sowohl im städtischen Bereich als auch in den ländlich geprägten Gebieten. Sie schneidet deshalb in Gegenden mit einem hohen Anteil am produzierenden Gewerbe – seien es größere Städte oder ländlichere kleinstädtische Gegenden – besser ab als in Wahlkreisen mit einem hohen Anteil im Dienstleistungsgewerbe. Bei Betrachtung der Altersstruktur verloren sie überdurchschnittlich stark bei mittleren und älteren Wählern. Die Republikaner verlieren insgesamt dort am deutlichsten, wo sie besonders stark waren: bei den Arbeitern und den Arbeitslosen. Sie sind wie keine andere Partei in ihrer Anhängerschaft geschlechtsspezifisch sortiert: Die Partei der Republikaner wird auch bei dieser Wahl von doppelt so vielen Männern wie Frauen gewählt. Von den Verlusten der Republikaner hatte insbesondere die CDU profitiert, in geringerem Umfang auch die SPD. Die Republikaner bleiben damit in Baden-Württemberg bei der dritten Wahl in Folge (Bundestagswahl 1998, Europawahl 1999, Landtagswahl 2001) unter der 5-Prozentmarke, die sie in Baden-Württemberg bisher dreimal übersteigen konnten, bei der Europawahl 1989 und den Landtagswahlen 1992 und 1996. Ob die Republikaner damit dauerhaft aus der Politik und den Parlamenten ausgeschieden sind, ist noch nicht entschieden. Eine politische Situation, in der im Bund die SPD und im Land die CDU regiert, macht es dieser Partei auf jeden Fall schwerer, eventuelle Proteststimmen auf sich ziehen zu können.

Das auffälligste Ergebnis der Landtagswahl 2001 ist die deutliche Rekonzentration auf die beiden großen Parteien im baden-württembergischen Parteiengefüge. Dabei handelt es sich um einen markanten Gegentrend zu einem zwei Jahrzehnte andauernden Auszehrungsprozess der beiden Volksparteien, in dessen Verlauf sich zwei neue Parteiformationen im Landtag haben etablieren können. Noch ist diese Entwicklung zum westdeutschen Normalfall beim Wahlverhalten allerdings nicht mehr als eine Momentaufnahme. Die vergleichsweise schwachen Parteibindungen in Baden-Württemberg bleiben als Sonderfaktor bestehen. Sie haben sich bei dieser Wahl ohne ausgeprägte Proteststimmung durch den stark von Persönlichkeitsfaktoren geprägten Wettbewerb der Kandidaten von CDU und SPD für das Amt des Ministerpräsidenten zugunsten der beiden großen Parteien ausgewirkt.

In einer anderen politischen Situation kann die bisherige baden-württembergische Besonderheit einer im Bundesvergleich überdurchschnittlichen Stärke der kleineren Parteien erneut zum Vorschein kommen. Diese Besonderheit wurzelt, wie gesagt, in spezifischen Traditionen einer regionalen politischen Kultur, die vor allem dadurch geprägt ist, dass die SPD die Arbeiterschaft nur sehr unterdurchschnittlich binden kann. Wie die vergangenen 10 bis 15 Jahre gezeigt haben, kann in Baden-Württemberg bei einer entsprechenden politischen Stimmungslage ein im westlichen Bundesvergleich überdurchschnittliches Protestwahlverhalten auftreten, das rechtspopulistischen Parteien zweistellige Wahlergebnisse einbringen kann, obwohl dieses Bundesland die niedrigste Arbeitslosenrate, die geringste Kriminalität und einen hohen Lebensstandard vorzuweisen hat. Mit der Landtagswahl 2001 hat sich die sozialstrukturelle Verankerung der beiden großen Parteien weiter polarisiert: Die CDU verstärkte ihre Schwerpunkte bei der älteren Bevölkerung und in der Arbeiterschaft, während die SPD im Bereich der erwerbstätigen Mittelschicht deutlich hinzugewinnen und in diesem Bereich mit der Union gleichziehen konnte. Das Ergebnis der Landtagswahl 2001 in Baden-Württemberg mit der Stimmenverteilung auf die verschiedenen Parteien deutet auf den ersten Blick darauf hin, dass sich das landesspezifische Wahlverhalten dem (west-)deutschen Normalfall annähert. Eine genauere Aufschlüsselung der Wähleranteile der Parteien und ein Rückblick auf die vergangenen Wahlen machen aber deutlich, dass hinter den aktuellen Wahltrends auch langfristig wirkende politische Traditionen stehen, die das Wahlverhalten in Baden-Württemberg nach wie vor mitbestimmen. Die Kenntnis solcher Besonderheiten einer regionalen politischen Kultur kann zumindest dazu beitragen, aktuelle Wahlergebnisse politisch besser einordnen zu können und vorschnelle Schlüsse zu vermeiden.

Peter März

Bayern im Gesamtstaat
Unsystematische Überlegungen zu einer alten Beziehung

I.

Dass Menschen in Räumen und Territorien denken, also in flächig abgegrenzten Bezirken auf der Erdkugel, ist eine zwar historisch alte, aber keineswegs durch alle Epochen gleichermaßen dichte und bedeutsame Erfahrung. Das „Land" als Herrschaftsverband, in dem sich politisches System, soziale Ordnung und politische Kräftefelder konzentrieren, ist vor allem eine mittelalterliche Erfahrung,[1] die der Nationalstaat des 19. Jahrhunderts nach seinen Bedürfnissen und sprachlich-ethnischen Abgrenzungskategorien in teilweise völlig neue Formen gegossen hat. Das territoriale Moment ist freilich von Anbeginn unseres reflexiven Geschichtsbewusstseins an zugleich keineswegs das einzige gewesen, in dem sich Menschen orientierten, zuordneten, sozioökonomisch, geistig und politisch existierten. Dagegen steht die Zuordnung nach relativ kleinen Stadt- und Talgemeinden sowie dünnen Küstenzonen vielfach ohne Hinterland, wie sie die antike griechische Kultur auszeichnete, welche dabei nach Mythen, Sprache und Lebensentwurf etwas Gemeinsames und zugleich weit um das Mittelmeer Fragmentiertes darstellte. Gegen den Bezug auf das einzelne Land steht weiter insbesondere die übergreifende Kohärenz der christlichen religiösen Gemeinschaft, welche in Europa vor allem bei der Auseinandersetzung mit dem Islam mindestens bis in die frühe Neuzeit enorme Bedeutung hatte. Sehen muss man auch die Territorien überschreitende spezifische Kohärenz gesellschaftlicher Schichten mit einem ganz bestimmten Lebensentwurf wie des europäischen Schwertadels, des europäischen Mönchtums und des europäischen Großkaufmanns, die sich vielfach in kontinentalen Bezügen orientierten. Im unmittelbaren politischen Bereich schließlich spielte bis hin zum geopolitischen Denken[2] in der ersten Hälfte des 20. Jahrhunderts jene Sicht eine erhebliche Rolle, die auf die Zuordnung von „Land und Meer" abhob und hier ein wesentliches Charakteristikum für die Ausgestaltung politischer Orientierungen und politischer Machtverhältnisse sah: Vor dem Hintergrund der-

---

1 Vgl. Otto Brunner: Land und Herrschaft. Grundfragen der territorialen Verfassungsgeschichte Österreichs im Mittelalter, Wien[5] 1965.

2 Zum aktuellen Diskussionsstand über diesen ja insbesondere durch die NS-Instrumentalisierung vielfach belasteten Begriff: Geopolitik. Grenzgänge im Zeitgeist. Bd. 1.1 1890–1945, Bd. 1.2 1945 bis zur Gegenwart, hg. von Irene Diekmann, Peter Krüger, Julius H. Schoeps, Potsdam 2000.

artiger Muster entstehen Interpretationen wie die von Fernand Braudel[3] über den Mittelmeerraum als eigene Kulturzone und Deutungen, welche den Antagonismus zwischen Land- und Seemächten betonen bzw. auf das Verhältnis zwischen Flügelmächten abstellen, wie in Europa lange Großbritannien und Russland, und dem Zentrum, wie in Europa lange durch Frankreich, Preußen und Österreich gebildet.[4]

Ferner wird das Land, das Territorium, als primärer Erfahrungs- und Orientierungsraum nun nicht mehr historisch, sondern prospektiv durch die jüngste Entwicklung im ökonomischen und insbesondere im Kommunikationsbereich herausgefordert: Wenn Menschen sich weltweit orientieren, physisch jeweils halbe Wochen auf verschiedenen Kontinenten zubringen, technisch zugleich jederzeit und an jedem Ort erreichbar sind und damit ihre Blickfelder und Interessen von territorialen Bereichen abwenden, dann könnten auch neue politische Ordnungsformen sinnvoll, wenn nicht notwendig werden, die sich ihrerseits von territorialen Begrenzungen trennen. Freilich ist dies heute alles Spekulation. Ob und wie so etwas realisierbar wäre, weiß man derzeit noch nicht. Hinzu kommt, dass vielfach eine eigenartige Ambivalenz Platz zu greifen scheint: Gerade Individuen, die sich professionell global bewegen (müssen), wollen vielfach doch zugleich ihre private Existenz in einer eindeutig definierten (heimatlichen) Umgebung gestalten können.

Schließlich ein letzter Punkt, der das Thema relativiert: Die voranschreitende europäische Integration. Die Frage nach der langfristigen Zuordnung und Ausgestaltung von europäischer, nationalstaatlicher und regionaler Ebene wird zunehmend gestellt, kann aber heute auch nur halbwegs seriös nicht beantwortet werden. Manche, vielleicht auch typisch deutsche Deutungen sehen Entwicklungen hin zu einer konföderativen Auszehrung des Nationalstaates, gewissermaßen eine Wiederauflage des fragmentierten Heiligen Römischen Reiches bis 1806, zugunsten der europäischen wie der regionalen bzw. in Deutschland der Länderebene. Nähert man sich auf der Grundlage des heute zur Verfügung stehenden begrifflichen Instrumentariums den einschlägigen europäischen Entwicklungen, dann findet man in der Literatur z. B. nicht nur den Begriff einer „supranationalen Union", sondern im Blick auf deren weitere Entwicklung auch den von einer Art „Kulturkreis-Bundesstaat".[5] Langfristig würde sich dieser Lesart zu Folge so etwas wie eine hinreichend kohärente kulturelle europäische Identität bilden, die einen europäischen, zumindest quasi-Nationalstaat (Nation in einem erweiterten Sinn gegenüber dem klassischen Nationalstaat des 19. Jahrhunderts) tragen könnte. Ob der Trend zu globalen Kommunikations- und Kulturformen das Herausdestillieren eines primär kulturell bestimmten kontinentalen Identifikationsraumes, der ja zu-

---

3 Fernand Braudel: Das Mittelmeer und die mediterrane Welt in der Epoche Philipps II. TB-Ausgabe, 3 Bd., Frankfurt am Main 1994.

4 Ludwig Dehio: Gleichgewicht und Hegemonie. Betrachtungen über ein Grundproblem der neueren Staatengeschichte, Krefeld 1948.

5 Vgl. Thomas Schmitz: Integration in der Europäischen Union. Das europäische Organisationsmodell einer prozeßhaften Integration und seine rechtlichen und staatsrechtlichen Implikationen, Baden-Baden 2001, insbesondere S. 215 ff., S. 220 ff. („Kulturkreis-Bundesstaat").

dem im europäischen Falle wohl mehrsprachig bleiben müsste, überhaupt (noch) zuließe, bleibt allerdings abzuwarten.

Trotz all dieser einschränkenden Überlegungen: Das Land, hier das in seiner räumlichen Gestalt vielfach gewandelte Territorium unterhalb der gesamtstaatlichen Ebene, ist jedenfalls in Deutschland unbestreitbar wesentlicher und über lange Zeit gewachsener Orientierungsraum, und das trotz bzw. wegen der beiden großen Flurbereinigungen, die es im deutschen Bereich gegeben hat: Zum einen der Auflassung Hunderter reichsunmittelbarer Herrschaften in der napoleonischen Ära, welche in die modernen Verwaltungsstaaten am Übergang vom Absolutismus zum Konstitutionalismus eingingen, und zum anderen den Länderneubildungen nach dem Zweiten Weltkrieg, die einmal das ursprünglich in Provinzen gegliederte preußische Erbe westlich der Oder-Neiße-Linie neu sortierten und zum anderen kleinere Einheiten jeweils zu einer größeren zusammenführten, wie zuletzt bei der Gründung Baden-Württembergs 1952. Hinzu kommen die bekannten Spezialfälle wie die Schaffung des Saarlandes, welches ursprünglich nur von der französischen Seite aus ursprünglich preußischen (Rheinprovinz) und bayerischen Teilen (Regierungsbezirk Pfalz) sozusagen improvisierend als Territorium sui generis zusammengefügt worden war und erst 1957 Bestandteil der Bundesrepublik wurde, die Einrichtung Berlins als eigenes Land im Gefolge der Viermächteregelungen und des Kalten Krieges und nicht zuletzt die Einrichtung von Mecklenburg-Vorpommern (in dieser Bezeichnung erst seit 1990) aus zwei unterschiedlichen historischen Kontinuitäten, bei denen eine Zusammenführung erforderlich war, weil der westlich der Oder gelegene Teil Pommerns allein nicht als Land lebensfähig sein konnte.

Was nun Bayern anlangt, war es über mehrere Schritte (s. u.) weitgehend bis zur ersten der hier genannten Flurbereinigungen beteiligt. Für die deutsche Nachkriegsländerlandschaft erscheint es allerdings, insbesondere im Gegensatz zu den sogenannten Bindestrich-Ländern, als eine Art große auch geographische Konstante bzw. ruhender Pol, wie es angeblich vielfach auch dem Bewusstsein im Lande selbst entspricht (Bayern als, so wird hier gerne verklärend festgestellt, ältester europäischer Staat, woraus sich eine Art Anciennitätswürde ableite).[6] Die Ausnahme selbst ist der heute auch in Bayern schon vielfach vergessene Verlust der linksrheinischen Pfalz, die im 1946 gegründeten Rheinland-Pfalz aufging. Bevor wir uns aber nun näher auf Bayern in seiner seit dem frühen Mittelalter jeweils wechselnden territorialen Gestalt wie in seiner wechselnden Repräsentanz, zunächst durch Dynastie und Land, dann im 19. Jahrhundert als monarchisch-konstitutionell verfasste Einheit und seit 1918 als Republik, einlassen, sei noch einmal grundsätzlich auf das „Land" als erstrangiges und im unmittelbaren Sinne flächiges Bezugsmuster verwiesen. Karl Schlögel, der die entsprechenden Vernetzungen vor allem an Beispielen aus Ostmittel- und Osteuropa aufweist, hat dazu kürzlich grundsätzlich in „MERKUR" Folgendes bemerkt: „Alles, was geschieht, findet nicht nur in der Zeit statt, sondern auch im Raum: Das weiß jedes Schulkind (. . .). Der selbstverständliche Umgang mit dem ‚Raum' hat aufgehört, selbstverständlich zu sein –

---

6 Vgl. zum Wuchern mit diesem Pfund Ulrike Stoll: Bayern – ein Land ohne Identitätsprobleme, in: Geschichte im Westen (GiW), Jg. 16 (2001), S 20–37.

in Deutschland jedenfalls. Raum ist belastet, kontaminiert. (. . .) Der faschistische Diskurs hat in Deutschland eine überaus reiche Wissenschaftstradition mit sich in den Abgrund gezogen – eine Tradition, die produktiv, innovativ in vielerlei Richtungen wirksam geworden ist: Zum Beispiel die Leipziger Schule um Karl Lamprecht, die in Amerika, Russland, vor allem aber in Frankreich fruchtbar geworden ist, das uns die Schule der Annales beschert hat, während sie in Deutschland unterbrochen, abgebrochen oder im Nationalsozialismus instrumentalisiert worden ist. Wir haben es bis heute mit den Spätfolgen dieser Kontamination zu tun."[7] Folgt man Schlögel, dann ist und bleibt es somit ein sehr lohnendes Unterfangen, auch die regionalen Kontexte politischer Kulturen, Kräfteverhältnisse und Entwicklungsstände im föderalen deutschen Gesamtstaat zu einem guten Teil im historisch-topografischen Wechselbezug darzutun, ein Ansatz, wie ihn etwa Hans-Georg Wehling insbesondere bei der Untersuchung von räumlichen Kontexten innerhalb Baden-Württembergs seit Langem erfolgreich verfolgt, z. B. bei der Kontrastierung der katholischen Oberschwaben mit dem evangelischen württembergischen Kernraum.[8]

II.

Was die heutige Zuordnung Bayerns zum Gesamtstaat betrifft, zeigen schon einige folgende kontrafaktische Überlegungen, dass das nunmehr bestehende eindeutige Bezugsverhältnis als Gliedstaat der Bundesrepublik Deutschland in der gegebenen konstitutiven Form keine Selbstverständlichkeit darstellt. Ferner macht die historische Erfahrung deutlich, dass die bewusstseinsmäßige Zuordnung von Bevölkerungen zu bestimmten territorialen und staatlichen Verhältnissen den Grenzziehungen oft keineswegs vorausgeht, sondern vielfach erst folgt. Hätte die Geschichte des 19. Jahrhunderts einen anderen Verlauf genommen, dann hätten Schleswig und Holstein auch beim dänischen Staatsverband verbleiben können, und es spräche jedenfalls Manches dafür, dass ihre Bevölkerungen in hohem Maße ein entsprechendes dänisches Bewusstsein ausgeprägt hätten. Um eine zweite einschlägige Überlegung anzustellen: Hätten die Sieger des Ersten Weltkrieges bei strikterer Beachtung des Selbstbestimmungsrechtes und gewissermaßen als eine Art Trostpreis für die deutschen Einbußen und Vertragsverpflichtungen den Beitritt Österreichs zum Deutschen Reich zugelassen, etwa in der angelsächsischen Linie, die sich vor allem mit dem Verlust der maritimen Position Deutschlands begnügt hätte, dann gäbe es heute zwar wahrscheinlich auch weiterhin ein dezidiert österreichisches Eigenbewusstsein, wohl noch etwas stärker als das aktuelle bayerische, aber

---

7 Karl Schlögel: Kartenlesen Raumdenken. Von einer Erneuerung der Geschichtsschreibung, in: MERKUR. Deutsche Zeitschrift für europäisches Denken, 56. Jg. April 2002, S. 308–318 hier: S. 309 f.

8 Vgl. dazu zuletzt Hans-Georg Wehling: Oberschwaben. Sanft gewelltes Hügelland, in: Baden-Württemberg. Vielfalt und Stärke der Regionen, hg. von dems., Angelika Hauser-Hauswirth, Fred Ludwig Sepaintner, im Auftrag der Landezentrale für politische Bildung Baden-Württemberg, Stuttgart 2002, S. 310–349.

doch durchaus eingefügt in den deutschen Gesamtstaatsverband. Umgekehrt hat vor allem die von den Siegermächten des Zweiten Weltkrieges politisch beabsichtigte dauerhafte Wiedereinrichtung eines souveränen österreichischen Staates 1945 in der Folge auch zur gezielten Ausprägung eines in Wien von der politischen Elite nun prinzipiell gewollten österreichischen Nationalbewusstseins geführt, die allgemein für die 70er Jahre des 20. Jahrhunderts als abgeschlossen gilt.[9] Einen Aufsehen erregenden psychologischen Schlusspunkt setzte hier wohl „Cordoba" 1978, der Sieg der österreichischen Fußballnationalmannschaft bei der damaligen Weltmeisterschaft in Argentinien über die deutsche. Der Stellenwert dieses Ereignisses für die österreichische Seele kommt wohl nahezu dem „Wunder von Bern" 1954 für die deutsche gleich.

Was nun Bayern angeht, seien hier nur, kontrafaktisch, mehrere Stationen einer hypothetischen Entwicklung erwähnt, die zu einer völlig anderen Zuordnung des bayerischen Staatswesens zum deutschen Gesamtstaat hätten führen können. Grundsätzlich nicht ausgeschlossen wäre wohl auch eine Entwicklung gewesen, die das bayerische Stammesherzogtum des frühen Mittelalters an der Nahtstelle zwischen römisch-karolingischem Westeuropa und den Reitervölkern des Balkans zu einer eigenen Entität hätte werden lassen. Zwischen der damaligen geopolitischen Rolle Bayerns, die es dann auch als Bestandteil des ostfränkischen Imperiums in der Zeit der Ottonen zumindest teilweise spielte,[10] und seiner heutigen Rolle gibt es im Übrigen vor dem Hintergrund der anstehenden Osterweiterung der Europäischen Union durchaus eine Parallele. Wieder ist Bayern unmittelbarer Nachbar jener Zone, deren Staaten in die Rolle voll gültiger innereuropäischer Akteure hineinwachsen sollen.

Die zweite kontrafaktische Überlegung betrifft die Abtrennung eines Herzogtums Österreich von Bayern im Jahre 1156. Zu ihr ist es primär im Resultat bestimmter dynastischer Konflikte (Welfen contra Babenberger) gekommen, die so zu einem Ausgleich gebracht werden sollten. Derartige Konfliktkonstellationen bis hin zu den Erbfolgekriegen des 18. Jahrhunderts wurden freilich in aller Regel nicht nach gewissermaßen gesetzmäßigen Vorgaben, sondern nach der gegebenen Kräfteverteilung und Interessenstruktur gelöst. Insofern wäre an dieser Weggabelung prinzipiell wohl auch ein anderes Resultat mit gravierenden Folgen für die langfristige politische Entwicklung im süddeutsch-mitteleuropäischen Raum möglich gewesen. Ähnliches gilt wohl auch für die Konstellation ein Jahrzehnt vor Ausbruch der französischen Revolution 1789. Der seit dem Tode von Kurfürst Max III. Joseph am 30. Dezember 1777 auch in Bayern regierende Kurfürst Karl

---

9 Vgl. Matthias Pape: Ungleiche Brüder. Österreich und Deutschland 1945–1965, Köln, Weimar, Wien 2000.

10 Vgl. die quasi-autonome Stellung Bayerns zu Beginn des 10. Jahrhunderts, Hans K. Schulze: Hegemoniales Kaisertum. Ottonen und Salier. Das Reich und die Deutschen, Berlin 1991, S. 147 f. Siehe auch Kurt Reindel: Bayern vom Zeitalter der Karolinger bis zum Ende der Welfenherrschaft (788–1180), in: Handbuch der Bayerischen Geschichte Bd.I. Das Alte Bayern, München 1981, S. 249–349, hier S. 285. Danach beabsichtigte Herzog Arnulf von Bayern 919, beim Übergang zur ottonischen Dynastie im ursprünglichen Ostfrankenreich, „König in einem bayerischen Reich (mit Einschluss eines kleinen Landstriches im östlichen Franken)" zu werden.

Theodor von der Pfalz hätte, dem politisch-geographischen Blickwinkel der Rheinschiene verhaftet, einen Tausch Bayerns gegen die österreichischen Niederlande präferiert, was Altbayern in die habsburgische Ländermasse gebracht und die deutsche Position Österreichs wahrscheinlich dauerhaft gestärkt hätte. Bayern als buchstäblich eigenes Land wäre damit freilich an sein historisches Ende gelangt. Ein Königgrätz, die Ausgrenzung Österreichs aus Deutschland, gut 80 Jahre später, lässt sich vor diesem Hintergrund aber auch schwer vorstellen – die ganze mitteleuropäische Struktur hätte somit wohl langfristig ein anderes Gesicht bekommen. Dass gerade der Antipode Österreichs, Preußen, dieses typisch absolutistisch-dynastische Arrangement, bei dem im Übrigen Herrscherfamilie und Land wie autonome Größen nebeneinander standen, ablehnte und im „Bayerischen Erbfolgekrieg" verhinderte, hatte so auch seinen guten, aus der Berlin-Potsdamer Interessenlage nachvollziehbaren Grund.

Die nächste Schlüsselkonstellation, die wir hier kurz betrachten wollen, ist die Entwicklung während der napoleonischen Ära: Das napoleonische Frankreich hatte die beiden deutsch-europäischen Großmächte Österreich und Preußen stark, im preußischen Falle geradezu extrem, beschnitten und auch als ein Gegengewicht die territoriale Struktur Süddeutschlands östlich des Rheins vereinfacht und hier mehrere Mittelstaaten geformt. Sie konnten nach ihrem ganzen Gewicht für Frankreich naturgemäß nicht zu Rivalen oder auch nur gewichtigen Gegnern werden; sie waren aber immerhin Faktoren, die als Partner und Puffer nach Osten Einiges zählten. Das 1806 neu entstandene Königreich Bayern war aus diesem Bereich der zweifellos potenteste Mitspieler. Es umfasste neben der traditionellen altbayerischen Ländermasse die aus dem Reichsdeputationshauptschluss von 1803 und den Folgejahren herrührenden Gewinne im heutigen schwäbischen wie mittel- und oberfränkischen Raum, einschließlich der hohenzollernschen Markgrafschaften. Anders als heute reichte dieses Königreich Bayern freilich nicht mit Unterfranken bis vor die Tore Frankfurts (nach einem ersten Zwischenspiel mit dem Besitz des Hochstifts Würzburg 1803–1805), umfasste hingegen weite Bereiche aus der österreichischen Ländermasse: Salzburg, ursprünglich ohnehin zum bayerischen Reichskreis zählend, war ab 1810 ebenso bayerisch wie Innsbruck, Bozen und zeitweilig sogar Trient bereits ab 1805. Denkt man sich nun das napoleonische Empire als eine stabilere und weniger der eigenen Hybris unterworfene Größe, dann findet man auch wieder, fast vergleichbar der Zeit unter den Karolingern, einen bayerischen Faktor, der eine wesentliche geopolitische Gelenkfunktion gegenüber dem europäischen Süden und Südosten wahrnehmen konnte.

Gerade der Zusammenbruch des napoleonischen Frankreich 1814 und 1815 hatte nun allerdings förmlich eine Achsendrehung für die politische Geografie Bayerns zur Folge. Bayern erhielt im Süden weitgehend wieder seine auch heutigen Grenzen, es wurde hier also auf die Rolle eines Alpenanrainers beschränkt. Mit den Gewinnen im heutigen Unterfranken und vor allem mit der linksrheinischen Pfalz ab 1816, hier waren ja schon dynastische Verbindungen in früherer Zeit vorausgegangen, verstärkte sich zugleich seine mittel- und westdeutsche Position: Das eigentlich ganz im deutschen Süden gelegene Land erhielt nun gegenüber Frankreich, dessen Expansionsdrang dauerhaft eingedämmt werden sollte, neben den (bis 1830 Vereinigten) Niederlanden, Preußen und dem Großherzogtum Baden eine

218

Barrierefunktion. Zugleich grenzte es seit der napoleonischen Zeit selbst schon unmittelbar an das mittlere Deutschland im thüringisch-sächsischen Raum, von dem die Reformation ebenso ausgegangen war wie die deutsche Klassik an der Wende vom 18. zum 19. Jahrhundert. Innerhalb eines kurzen Zeitraums „wander-te" so das Königreich Bayern aus einer südöstlichen Position eher am Rande des deutschen Sprachraums in eine weithin in seinem Zentrum gelegene. Das wirkte sich auch auf seine Eliten wie auf die Politik der monarchischen Führungsfiguren aus: Durch das 19. Jahrhundert dominierte weithin der Typ einer liberal-nationalen Ministerialbürokratie, die am Ende gegen die katholisch-ländliche Majorität im Landtag auch die Politik der kleindeutschen Reichseinigung und des Bismarck-schen Kulturkampfes durchaus aktiv mittrug. Zugleich aber war man bestrebt, München als ein kulturell und wissenschaftlich namhaftes Zentrum gegenüber Berlin zu behaupten.[11]

Ob schließlich die These stimmt, dass Bayern, gewissermaßen egoistisch nur auf seinen Rang als dritter deutscher Staat bedacht, dazu beigetragen habe, groß-deutsch-konföderale Lösungen zu verschütten,[12] sei dahingestellt. Diese Auffas-sung besagt, das Königreich Bayern habe sich nicht auf eine verlässliche Bündnis-politik mit den anderen deutschen Mittelstaaten einlassen wollen, die alleine in der Lage gewesen wäre, die gefährlichen Konflikte zwischen den Großmächten Preu-ßen und Österreich auszutarieren. Unwillig, sich mit kleineren Staaten wie Sach-sen, Hannover und Württemberg auf eine Stufe zu stellen und die als Bündnispo-litik der Mittelstaaten angelegte Strategie des sächsischen Außenministers Graf Beust mitzutragen, sei es isoliert der Berliner wie Wiener Politik gegenüberge-standen und habe am Ende der finalen innerdeutschen Konfrontation von 1866 nichts entgegensetzen können.

Schließlich noch eine letzte, kontrafaktische Konstellation: Die Planungen der Alliierten während des Zweiten Weltkrieges sahen bekanntlich lange verschiedene Teilungsszenarien für Deutschland vor. Diese gelangten dann nicht zur Ausfüh-rung, weil Westmächte wie Sowjetunion zunächst von einem zwar stark verklei-nerten, aber ungeteilten Deutschland ausgingen, um jeweils auf das ganze Land Einfluss gewinnen zu können. Erst die Konfliktstruktur des Kalten Krieges führte hier dann 1947/48 zu Bruchlinien, die schließlich in die beiden Staatsgründungen von 1949 mündeten. Die diversen Teilungsszenarien in der Kriegszeit selbst gingen freilich von anderen Prämissen aus. Und hier begegnen uns auch immer wieder territoriale Konfigurationen, die Bayern getrennt vom mittleren und nördlichen Deutschland, wohl aber in einer gemeinsamen Entität mit Österreich bzw. auch Ungarn sahen.[13] Das bayerisch-österreichische Verhältnis ist zweifellos über die Jahrhunderte komplexer und, wie an mehreren Konstellationen gezeigt, delikater, als es von außen vielfach erkannt wird. Diverse, auch dynastische Rivalitäten führten hier, wohl vielleicht auch gerade wegen der gegebenen Stammverwandt-

---

11 Vgl. zu diesen Ambivalenzen schon in der Regierungszeit König Ludwigs I. ab 1825 Heinz
    Gollwitzer: Ludwig I. von Bayern. Eine politische Biographie, München 1997, S. 265 ff.
12 Jonas Flöter: Beust und die Reform des Deutschen Bundes 1850–1866. Sächsisch-mittel-
    staatliche Koalitionspolitik im Kontext der deutschen Frage, Köln, Weimar, Wien 2001.
13 Vgl. Peter Jakob Kock: Bayerns Weg in die Bundesrepublik München [2]1988, S. 33 ff.

schaft, zu mancherlei Abstoßungsprozessen, die aus größerer Distanz oft gar nicht wahrgenommen werden konnten und können, insbesondere weil sie eben von einem sehr ähnlichen alpenländischen Dekor überlagert werden.

Gleichwohl: Eine von den Alliierten herbeigeführte hypothetische Zwangsehe der südlichen Nachbarn hätte wahrscheinlich schon deshalb jedenfalls zunächst funktioniert, weil der imperative Druck der Siegermächte wie die von ihnen für den Erfolgsfall in Aussicht gestellten Prämien eine Alternative wohl gar nicht zugelassen hätten. Im Fall einer derartigen Entwicklung hätte sich freilich im Südosten des deutschen Sprachraums eine ganz andere Staatsstruktur entwickelt, als wir sie heute haben. Ein derartiges Szenario bleibt gleichwohl mit offenen Fragen behaftet: Ob München oder Wien der Zentralort geworden wäre, lässt sich keineswegs übersehen. Offen muss auch bleiben, ob das Bayern nördlich der Donau, vor allem sein evangelischer Bereich, in einer derartigen Staatsstruktur auf Dauer zu halten gewesen wäre. Und man muss auch die hypothetischen Konsequenzen für das verbliebene Restdeutschland in die Betrachtung einbeziehen: Die konfessionelle Balance hätte ebenso anders ausgesehen wie die parteipolitischen Gewichtungen. Gerade die diffizilen, kaum beantwortbaren Fragen, die sich somit an eine derartige Alternative an einer bestimmten Weggabelung knüpfen, zeigen aber auch, in welchem Maß bestimmte, im Nachhinein selbstverständlich und klar erscheinende Entscheidungen und Festlegungen komplexe Folgen und Begleitumstände implizieren, ob nun realisiert oder nicht.

III.

Ob schlichter Zufall wirkt oder doch eine im Nachhinein enträtselbare Mechanik, wenn aus bestimmten Regionen im Zusammenhang mit bestimmten Dynastien größere Machtagglomerationen hervorgehen, aus anderen aber nicht, lässt sich gewiss schwer entscheiden. Im Heiligen Römischen Reich ‚lieferte‘ der schwäbisch-südwestdeutsche Raum zumindest drei Dynastien, die – im Gegensatz zu den auch schwäbischen Staufern, welche ja im 13. Jahrhundert von der Bühne verschwanden – über die Schwelle vom hohen zum späten Mittelalter hinweg bis an die Gegenwart heran auf die Ebene europäischer Großmachtpolitik vordrangen: Zunächst die Welfen, im Duell mit den Staufern an der Wende vom 12. zum 13. Jahrhundert zwar unterlegen, sich dann aber in Nordwestdeutschland behauptend und von dort aus im 18. Jahrhundert auf den englischen Thron ausgreifend. Seit 1692 gab es durch Standeserhöhung ein Kurfürstentum Hannover und 1714 wurde Kurfürst Georg Ludwig durch glückliche dynastische Umstände als Georg I. König von England und Schottland. Dann die Habsburger, die seit der Regentschaft König Rudolfs I. ab dem späten 13. Jahrhundert aus dem alten bayerischen Vorposten im Wiener Becken bis zum Beginn des 16. Jahrhunderts durch Erbanfälle in Ungarn und Böhmen wie in Burgund und Spanien zeitweise eine Weltmacht schufen, und schließlich die an sich Ärmlichsten aus diesem dynastischen Trio, die Hohenzollern, welche über den Zwischenschritt der Burggrafen von Nürnberg das strukturschwache, an der Peripherie des Reiches gelegene Brandenburg gewannen, schließlich auch das Herzogtum Preußen weit jenseits der

Reichsgrenzen, das für sie 1701 zum archimedischen Hebel wurde, um sich die Königswürde zunächst nur ‚in' Preußen anzueignen. Der Aufstieg der Habsburger wie der Hohenzollern führte gewissermaßen überholend von Südwesten nach Osten an den das bayerische Herzogtum seit 1180 innehabenden Wittelsbachern wie auch etwa an den sächsischen Wettinern vorbei, welche ein an sich sehr viel strukturstärkeres, durch Gewerbe wie Erzvorkommen gleichermaßen bevorzugtes mitteldeutsches Territorium regierten. Aber so wie die Wettiner trotz ihrer zeitweiligen Personalunion mit der polnischen Königskrone spätestens in der ersten Hälfte des 18. Jahrhunderts von den Hohenzollern überholt wurden, so erging es auch den in Bayern regierenden Wittelsbachern im Blick auf die habsburgische Ländermasse und die in Wien regierenden Kaiser des Heiligen Römischen Reiches: War der erste Versuch einer wittelsbachischen Großmachtbildung in Mitteleuropa in der Zeit Kaiser Ludwigs des Bayern während des 14. Jahrhunderts an der größeren strategischen Geduld und Übersicht der damals führenden Dynastie der Luxemburger gescheitert, so entbehrten im 18. Jahrhundert alle Versuche der bayerischen Dynastie, das Blatt, meist an der Seite Frankreichs, zu wenden, einer hinreichenden strukturellen Grundlage. Das poröse Kaisertum des bayerischen Kaisers Karl VII. Albrecht von 1742 bis 1745[14] belegt dies ebenso wie die verwegenen und kostspieligen Abenteuer des Kurfürsten Max Emanuel in der Zeit des Spanischen Erbfolgekrieges am Beginn des 18. Jahrhunderts auf der französischen Seite.[15] Allerdings: Mit den seinerzeitigen begehrlichen Blicken der wittelsbachischen Dynastie in Richtung der prosperierenden Niederlande drohten auch Herrscherfamilie und Stammland in einer selbst für die Ländertauschpolitik des Absolutismus ungewöhnlichen Weise auseinander zu treten, eine Konstellation die sich im Umfeld des Bayerischen Erbfolgekrieges (s. o.) gut zwei Generationen später wiederholte.

Nochmals zurück in die Jahrhunderte zuvor: Im hohen Mittelalter dynastisch stark in die Reichspolitik einbezogen, sowohl in der Zeit der sächsischen Liudolfinger wie der Staufer im 12. Jahrhundert, prägte Bayern damals doch nicht eine der klassischen „Königslandschaften" aus, auf die sich die im Reich regierenden Familien von den Ottonen über die Salier bis eben zu den Staufern stützten. Solche Regionen waren vielmehr primär Schwaben, die Rheinschiene, das heutige Niedersachsen und Sachsen-Anhalt sowie auch Franken, also die viel spätere zentrale bayerische Erwerbung während der napoleonischen Ära in der Zone zwischen Altmühl und Thüringer Wald. Aber auch aus diesen Königslandschaften gingen bekanntlich keine späteren Großmachtbildungen hervor: Dazu waren sie im Dienste der hochmittelalterlichen Dynastien viel zu fragmentiert, ferner im weiteren Verlauf durch ein Netz von Reichsstädten geprägt, die zwar zur Strukturstärke enorm beitrugen, gleichzeitig aber dem Ausbau einer geschlossenen Landesherrschaft im Wege standen. So nimmt es nicht Wunder, dass die beiden erst in der Neuzeit erkennbaren deutsch-europäischen Großmachtbildungen, die österrei-

---

14 Peter Claus Hartmann: Karl Albrecht – Karl VII. Glücklicher Kurfürst. Unglücklicher Kaiser, Regensburg 1985, S. 215 ff.
15 Ludwig Hüttl: Max Emanuel. Der Blaue Kurfürst. Eine politische Biographie, München 1976, S. 281 ff.

chische wie die preußische, nach einem, wie gezeigt, Transfer der Dynastie vom Südwesten nach Osten eben an der Peripherie des Reiches entstanden, also wenn man so will, auch über den bayerischen Raum hinweg, in einem Bereich, wo die jeweilige Dynastie Gestaltungs- und Expansionsmöglichkeiten vorfand, die in den weiter westlich gelegenen Kernzonen des Reiches so nicht (mehr) gegeben waren. Die politische Geografie Bayerns war aber eben eine andere und sie erlaubte daher ein derartiges Ausgreifen nicht.

IV.

Von der räumlichen Positionierung zu den Kompetenzen: Das Fehlen einer wirklichen staatlichen Souveränität ist von den größeren monarchischen Staatswesen wie dem bayerischen Kurfürstentum naturgemäß auch in den letzten eineinhalb Jahrhunderten des Alten Reiches vielfach als misslich empfunden worden. Auch wenn diese Territorien neben der intern gegebenen Landeshoheit durchaus internationale Politik machen, Bündnisse eingehen und Subsidien empfangen konnten, so blieben es eben auch nicht nur materielle, sondern auch formale Gründe, die sie daran hinderten, zu erstrangigen Akteuren auf der europäischen Bühne zu werden. Es gab weiterhin die verbindliche Rechts- und Friedensordnung des Alten Reiches und ebenso galt das Verbot, gegen Kaiser und Reich Bündnisse einzugehen. Wer Kriege vom Zaun brach oder auf die Seite von Reichsfeinden trat, wie Kurfürst Max Emanuel in der Zeit des spanischen Erbfolgekrieges auf der Seite Ludwigs XIV. von Frankreich oder selbst noch Friedrich II. von Preußen, sogar als Regent einer Großmacht, durch den Überfall auf Sachsen bei Beginn des siebenjährigen Krieges 1756, musste mit Verurteilung und Reichsacht rechnen und geriet in erhebliche Legitimationsprobleme.[16]

So ist Bayern selbst der „Papierform" nach nur für den Zeitraum von rund zwei Generationen in einem auch völkerrechtlichen Sinne souverän gewesen, vom Ende des Heiligen Römischen Reiches 1806 bis zum Beitritt zum Deutschen Reich mit rechtlicher Wirkung zum 1. Januar 1871.

Aber selbst schon in einem formalen Sinne wird man für diesen Zwischenzeitraum erhebliche Einwände geltend machen müssen: Natürlich waren am Beginn dieser Phase die Rheinbundstaaten unter ihrem Protektor Napoleon, den sie als solchen auch offiziell anerkannten, keine eigenständigen Akteure auf der internationalen Bühne. Und wer sich näher auf die rechtliche Struktur des Deutschen Bundes, des konföderalen Bandes um die deutsche Staatenwelt von 1815 bis 1866, einlässt, wird auch hier vielerlei Konformitätszwänge und Interventionsmöglichkeiten von außen entdecken, die den Idealtypus einer echten Souveränität doch erheblich in Frage stellen. Das betrifft nicht nur den weithin bekannten Bereich der politischen Repression, Demagogenverfolgungen und Karlsbader Beschlüsse von 1819, ja die gesamte Metternichsche Politik bis 1848 in der Rolle einer Art Überkanzlers für den Bereich des Deutschen Bundes schlechthin. Hinzu kamen Militärorganisation, Mitgliedschaft im Deutschen Zollverein seit 1834 und man-

---

16 Vgl. Karl Otmar von Aretin: Das Alte Reich 1648–1806, 3 Bd.; Stuttgart, 1993, 1997, 1997.

cherlei andere Materien.[17] Die bayerische Dynastie selbst stand in der Ambivalenz, sich einerseits kulturell dezidiert deutsch zu zeigen und zeigen zu wollen, dabei teilweise auch jenem Historismus folgend, der das Mittelalter als eine Art heroischen Vorläufer des 19. Jahrhunderts interpretierte - Walhalla in Regensburg, Befreiungshalle in Kehlheim und vielerlei Bildgestaltungen dokumentieren dies. Andererseits war man naturgemäß bestrebt, auch für den Fall struktureller Weiterentwicklungen in der Deutschen Frage, wie sie vor allem zu Beginn der 60er Jahre des 19. Jahrhunderts (fehlgeschlagener, weil von Preußen boykottierter Frankfurter Fürstentag 1863) vielfach sondiert wurden, ein Maximum an Eigenstaatlichkeit zu wahren.

Gerade im nostalgischen Blick bayerischer Spitzenbeamter und Minister in der ersten Zeit nach dem Zusammenbruch von 1945 erscheint das Bismarckreich, verglichen mit den weiß-blauen Erfahrungen während der Weimarer Republik, als eine auch für die innerdeutsche Statik geradezu gute alte Zeit. Gewiss: Im Kaiserreich war Bayern mit großem Abstand nach oben nur die Nummer zwei und zugleich ohne jede Aussicht, dass sich an diesem Ranking etwas ändern könne. Umgekehrt aber wurde durch die preußische Hegemonie dieses größte deutsche Land selbst „verreichlicht" und verlor vor allem in der Zeit Wilhelms II. zusehends, wie Wilhelm I. schon am Tag vor der Kaiserproklamation in Versailles vom 18. Januar 1871 gefürchtet hatte, in hohem Maße seine Identität. Das nach der Reichsverfassung eigentliche Regierungsorgan, in dem sich zugleich die Ländermitsprache bündelte, der Bundesrat, konnte sich zwar in der Verfassungspraxis keineswegs in jenem Maße durchsetzen, wie dies an sich angelegt war. Hauptgrund war, dass das politische System des Reiches immer mehr die Form eines politischen Massenmarktes annahm, in dem Presse, Interessengruppen und Verbände auf Reichskanzler, Reichsämter und Reichstag einwirkten. Der Bundesrat geriet vielfach in den Schatten dieses dynamischen Prozesses. Und darüber schwebte gewissermaßen der Anspruch Kaiser Wilhelms II. nach seiner Thronbesteigung 1888 auf ein persönliches Regiment, in den verschiedenen Phasen seiner Regierungszeit mit unterschiedlichem Erfolg durchgesetzt. (Insbesondere scheiterte dieser Anspruch endgültig mit der Daily Telegraph-Affäre 1908.) So war es nicht eigentlich der Bundesrat, sondern die Tatsache, dass die Reichsleitung zumeist auf bayerisches Sonderbewusstsein und bayerische Sonderexistenz großen Wert legte, die Bayern und insbesondere seine eher nationalliberal orientierte Spitzenbürokratie in diesem neuen Gehäuse durchaus ,ankommen' ließ. Und gerade im Hinblick auf das stilprägende Dekor des Landes hatte die Reichsgründung Bayern ja

---

17 Für diese Phase insgesamt Thomas Nipperdey: Deutsche Geschichte 1800–1866. Bürgerwelt und starker Staat, München 1983, S. 355 ff. Zur Rechtsqualität des Deutschen Bundes Ernst Rudolf Huber: Deutsche Verfassungsgeschichte seit 1789, Bd I. Reform und Restauration 1789–1830, ²Stuttgart, Berlin, Köln, Mainz 1960, vgl. S. 685. Hier wird auf das Unitarisierungspotenzial abgehoben, das dem Deutschen Bund durchaus inne wohnte und das gerade bei den Karlsbader Beschlüssen von 1819 zum Ausdruck kam: „Die Karlsbader Beschlüsse sind in diesem Zusammenhang besonders wichtig, weil sie die Bundeszentralgewalt verstärkten und als sie die Bundesverfassung in einem unitarisierenden und damit in einem von den ursprünglichen staatenbündischen Intentionen der Bundesakte abweichenden Sinn fortbildeten."

noch vielerlei autonome Elemente gelassen, zumindest dem Anschein nach eine eigene schimmernde Wehr (Armee) in Friedenszeiten, Rudimente eigener Außenpolitik mit Gesandtschaften, eigene Eisenbahn und Post sowie die Verfügung über die direkten Steuern. Momente aufbrausender Hohenzollernscher Gebärden kamen zwar vor, aber sie blieben selten. Eine Ausnahme war, als Prinz Ludwig, der spätere König Ludwig III., bei Wilhelm II. Abbitte leisten sollte, nachdem er anlässlich eines Aufenthalts zahlreicher deutscher Fürsten bei der Thronbesteigung von Zar Nikolaus II. in Moskau 1896 öffentlich widersprochen hatte, als sie als ‚Gefolgschaft' von Kaiserbruder Heinrich wie als ‚Vasallen' bezeichnet wurden, was sie verfassungsrechtlich in der Tat nicht waren.[18]

Gewichtiger waren freilich andere Faktoren. Nivellierung und Unitarisierung über das ursprünglich in der Reichsverfassung angelegte Maß hinaus traten bereits, für viele unmerklich, mit dem seit Ende der 80er Jahre des 19. Jahrhunderts einsetzenden Ausbau des Reiches zum Sozialstaat ein. Die Stärkung der gesamtstaatlichen Ebene durch die Konzentration der Sozial- und Transfersysteme in ihrem Bereich begann damals und entwickelte sich bis in die Gegenwart zur föderalen Herausforderung. Der zweite, viel stärker spürbare und zu innerdeutscher Entfremdung führende Schub ging mit der weiteren Entwicklung des Ersten Weltkrieges einher. Nachdem nach Kriegsausbruch Anfang August alle blauäugigen Hoffnungen zerstoben waren, ein Viertel Jahr später im November 1914 wieder zu Hause zu sein, mussten Arbeitskräfteeinsatz, Rohstoffversorgung, Ernährung und Produktion wie Verkehr zunehmend reichseinheitlich geregelt werden. Im Grunde setzte hier, mitten im Ersten Weltkrieg, jener Unitarisierungsprozess ein, der zum erheblichen bayerischen Unwohlsein während der Weimarer Republik beitrug. So ist denn das in den 20er Jahren immer wieder betonte Föderalisierungscredo in den einschlägigen Denkschriften der Bayerischen Staatsregierung im Grund nichts Anderes als ein gewolltes Zurück in die glücklichen Tage der 70er und 80er Jahre des 19. Jahrhunderts, die unter den sozialen, ökonomischen und finanziellen Belastungen in der Zeit nach dem Ersten Weltkrieg freilich nur eine Fata Morgana sein konnten.[19] Bayern stand während der Weimarer Republik zweifellos, was die politischen Grundkoordinaten anlangt, weiter rechts als das Reich, kulminierend in den Vor-

---

18 Vgl. die Schilderung bei John C.G. Röhl: Wilhelm II. Der Aufbau der persönlichen Monarchie 1888–1900, S. 894. Prinz Ludwig musste bei Kaiser Wilhelm II. am 29. Juni 1896 in Kiel „Abbitte" tun. Die gegensätzlichen Auffassungen hinsichtlich der Staatsstruktur des Reiches wurden dabei keineswegs ausgeräumt. Prinz Ludwig scheint gegenüber dem Kaiser die bayerisch-föderalistische Position durchaus mannhaft vertreten zu haben. Der Kaiser selbst äußerte sich in einem Telegramm über das Gespräch so: „Prinz Ludwig von Bayern hat gestern seinen Gang nach Canossa ausgeführt. Der Verlauf des Gesprächs zeigte, dass der Prinz, weit entfernt, Reue zu empfinden, über sein unpatriotisches und undeutsches Verhalten, in der Ansicht befangen war, er habe eine große Tat getan für die deutschen Fürsten im Allgemeinen. Er gebrauchte dabei die Redewendung, es sei ihm bei dem Ausdruck ‚Gefolge' die Galle übergelaufen und daher habe er seinem gepressten Herzen Luft gemacht. Er bleibe dabei, dass sie keine Vasallen seien, aber leider vielfach so behandelt würden bzw. behandelt worden seien."

19 Vgl. Karl Schwend: Bayern zwischen Monarchie und Diktatur. Beiträge zur Bayerischen Frage in der Zeit von 1918 bis 1933, München 1954, insbesondere Teil IV Bayern im Kampf um die Reichsreform, S. 315 ff.

gängen vom Herbst 1923 bis hin zum sogenannten Hitlerputsch vom 9. November dieses Jahres. Es fühlte sich aber auch, gewiss zumindest subjektiv vielfach nicht zu Unrecht, vom neuen Staat und seiner unitarischen Verfassungs- und Finanzordnung (Erzbergerische Finanzreform) vielfach geradezu hintergangen. Dieses Empfinden steigerte sich noch in den späteren Jahren, paradoxerweise ab 1932 nun nicht mehr gegenüber den in Berlin früher regierenden Kräften der linken Mitte, sondern jetzt der Rechten, die schon vor der nationalsozialistischen Machtergreifung in der Zeit der Präsidialkabinette den Zentralisierungskurs weiter intensivierten. So wurde der Papensche Staatsstreich gegen die preußische Regierung vom 20. Juli 1932 auch zum Menetekel für die süddeutschen Staaten. Und gegen die drohende nationalsozialistische Machtergreifung in München suchte man, freilich zu spät, nicht entschlossen und im Blick von der Bayerischen Volkspartei auf die Sozialdemokratie in Bayern auch nicht entschieden genug, das monarchische Trumpfas, Kronprinz Rupprecht, ins Spiel zu bringen und als Generalstaatskommissar und gegebenenfalls bayerischen Regenten zu installieren. Für die katholisch-konservativen Eliten im Land wurde der dann am 9. März 1933 in München schließlich doch und erfolgreich inszenierte nationalsozialistische Staatsstreich zu einem Schlüsselerlebnis, das zweifellos auf die so stark föderale Politik des Landes nach 1945 mitinspirierend gewirkt hat. In einer Figur wie der Fritz Schäffers, bis zur NS-Machtergreifung an der Spitze der Bayerischen Volkspartei und des Bayerischen Finanzministeriums, 1945 dann erster, von den Amerikanern eingesetzter Bayerischer Ministerpräsident, als Person mit einer sehr konservativ-altbayerischen Orientierung, wird eine derartige Kontinuität manifest.[20] Und dies gilt, obwohl Schäffer ab 1949 als Minister auf der Gesamtstaatsebene wirkte (1949–1957 Bundesfinanz-, 1957–1961 Bundesjustizminister).

Die zwei Linien in der Nachkriegsneugründung der CSU, die dezidiert konservativ-katholische mit extrem föderalem Charakter und die eher liberal-nationale, sind vielfach beschrieben worden. Die damaligen Konflikte drohten nicht nur die Partei zu zerreißen – Nutznießer war für einige Zeit dann die Bayernpartei –, sie drohten auch die frühen politischen Integrationserfolge der CSU im national-evangelischen Lager Mittel- und Oberfrankens wieder zunichte zu machen. Diese Integrationspolitik musste ab ca. Mitte der 50er Jahre neu aufgenommen werden und führte dann erst zum umfassenden und anhaltenden Erfolg.[21] Das bedeutete naturgemäß auch ein Stück Hineinwachsen bayerischer politischer Kultur in die umgebende gesamtstaatlich-deutsche. Diese komplexe Entwicklung lässt sich wohl an keiner Figur so plastisch zeigen wie an der politischen Erscheinung von Franz Josef Strauß. Im Grunde war er ein Mann der nationalen bzw. der bundesdeutschen Politik, nicht nur in seinen Ämtern, insbesondere als Bundes-

---

20 Vgl. Otto Attendorfer: Fritz Schäffer als Politiker der Bayerischen Volkspartei 1888–1945, Teilband 2, München 1993, und Christoph Henzler: Fritz Schäffer. Der erste bayerische Nachkriegs-Ministerpräsident und erste Finanzminister der Bundesrepublik Deutschland 1945–1967. Eine biographische Studie, München 1994.

21 Vgl. Manfred Kittel: ‚Weimar' im evangelischen Bayern. Politische Mentalität und Parteiwesen 1918–1933, Kapitel VII Ausblick auf die Zeit nach 1945, hg. von der Bayerischen Landeszentrale für politische Bildungsarbeit, München 2001, S. 217 ff.

verteidigungs- und als Bundesfinanzminister. Sein politisches Lebenselixier waren die strategischen Züge im Ost-West-Konflikt wie eine umfassende, vor allem modernsten industriellen Leitsektoren verbundene, vielfach weit über die bayerischen Landesgrenzen hinaus weisende Modernisierung. War Strauß auch kein Mann des überkommenen, den eigenen Großmachtanspruch verkörpernden deutschen Nationalstaates, der ihm vielfach historisch überholt anmutete, so bewegte er sich eben doch in international vergleichbaren Dimensionen. Bayerisch blieb er in Sprache, Dekor, Darstellung und Verwurzelung seiner Politik. Vor diesem Hintergrund interpretierte er, und das schon lange vor seinem Regierungsantritt als Ministerpräsident 1978, Landespolitik auch und vor allem als Mitsprache im nationalen und europäischen Rahmen. Und dabei konnte es durchaus Konflikte mit Münchner Ministern geben, wie bei der von ihm mit einigem Nachdruck durchgesetzten Entscheidung des Bayerischen Ministerrats vom 22. Mai 1973, gegen den Grundlagenvertrag zwischen Bundesrepublik und DDR vor das Bundesverfassungsgericht in Karlsruhe zu ziehen.[22]

Konflikte gab es auch, als er als Bundesfinanzminister während der Großen Koalition in den sechziger Jahren eine Finanzreform mitdurchsetzte, die durchaus unitarische Züge trug und die individuellen Handlungsmöglichkeiten der Länder beschnitt.[23]

Bayern hat einerseits in der Geschichte der Bundesrepublik davon profitiert, dass es nicht mehr ein ganz großes Land wie Preußen gab, dessen Schatten sich auf alle anderen legen konnte. Andererseits ging der schon genannte Prozess sozioökonomischer Nivellierungsprozesse weiter, der bereits mit der industriellen Revolution im Kaiserreich eingesetzt hatte.

Umso bemerkenswerter ist es, dass es den Eliten im Land, insbesondere in Verwaltung und Regierungspartei CSU (mit Ausnahme der sogenannten Viererkoalition ohne die CSU 1954–1957), gelang, in großen Teilen der Bevölkerung ein Sonderbewusstsein zu implantieren, welches über die gängige Identifikation mit der Landesebene im Bundesstaat weit hinausgeht. Während die ab 1945 neu geschaffenen Länder, terminologisch als „Bindestrichländer" mitunter rhetorisch arg abqualifiziert, überhaupt erst zu einer Identität finden mussten, ging es in Bayern eher darum, das auch durch den verstärkten Gebrauch einschlägiger Symbole (Rauten, Bayernhymne) geschaffene Bewusstsein, nicht nur eine Größe unter anderen zu sein, stetig weiter zu vertiefen.[24] Dabei spielte nun in der Tat der

---

22 Vgl. Dieter Blumenwitz: Die Christlich-Soziale Union und die deutsche Frage, in: Geschichte einer Volkspartei: 50 Jahre CSU, hg. von der Hanns Seidel Stiftung, München 1995, S. 333–365, hier S. 346 f. mit Schilderung der durchaus nicht einfachen Meinungsbildung im Münchner Kabinett.

23 Vgl. Ursula Münch: Freistaat im Bundesstaat. Bayerns Politik in 50 Jahren Bundesrepublik Deutschland, München 1999.

24 Zur Durchsetzung eines derart spezifisch gesteigerten Landesbewusstseins, unter Integration der nicht altbayerischen, fränkischen und schwäbischen Landesteile und zugleich bei Überschreitung der konfessionellen Schranken in Bayern, Stoll (Fn. 6). Bei der hierzu eingesetzten Symbolik spielte die forcierte Verwendung der textlich mehrfach leicht veränderten Bayernhymne, auch in einer Art ergänzender Konkurrenz zum Deutschlandlied, eine bedeutsame Rolle. Eine Zäsur war hierbei der Aufenthalt der britischen Königin

„Freistaat-Begriff", historisch im Grunde nichts Anderes als die 1918 gefundene Kennzeichnung für die neue Republik, die Rolle eines ganz besonderen und singulären Markensiegels. Hier bietet sich ein Vergleich mit Österreich durchaus an: So wie es den österreichischen Eliten nach 1945 außerstaatlich und in Abgrenzung zur Bundesrepublik Deutschland gelang, ein eigenes und genuin anmutendes Nationalbewusstsein wirkungsmächtig an die eigene Bevölkerung heranzutragen, sie so national zu sozialisieren, so gelang dies auf einer anderen, innerstaatlichen Stufe den bayerischen Eliten für ihren Bereich. Dabei war die letztere Anstrengung wahrscheinlich die komplexere: denn sie musste zweierlei zusätzliche Effekte bewirken: Zum einen galt es, dieses bayerische Sonderbewusstsein auch in jenen Landesteilen zu implantieren, die an sich immer verdächtig gewesen waren, sich nicht hinreichend nach München und Altbayern zu orientieren.[25] Und zum zweiten sollte das bayerische Sonderbewusstsein weiterhin und dauerhaft mit der Identifikation mit der deutschen Nation einhergehen. Dass dies gelang, dass heute große Teile der bayerischen Bevölkerung, mittlerweile nahezu gleichermaßen südlich und nördlich der Donau, ob bewusst oder nicht, von einer spezifischen Wertigkeit des gesamten eigenen Landes innerhalb eines größeren Ganzen ausgehen, ist in der Tat eine erstaunliche politisch-kulturelle Leistung. Dabei gründet sich dieses Sonderbewusstsein insbesondere auf den Anspruch, im postindustriellen Zeitalter einen weit überdurchschnittlichen out put zu leisten, dies aber in Verbindung mit der Bewahrung von Traditionen und Kontinuitäten, die andern Orts verschütt gegangen bzw. über die Maßen in Misskredit gelangt seien. Dabei zeigt der hier ge-

---

Elisabeth II. anlässlich ihres Staatsbesuches in der Bundesrepublik 1965 in München, vgl. Stoll S. 35: „Im Mai 1965 nahm Ministerpräsident Alfons Goppel den Staatsbesuch von Königin Elisabeth II. in der Bundesrepublik und auch in München zum Anlass, das Bayernlied von nun an in das offizielle Protokoll bei Staatsempfängen aufzunehmen. Als die englische Königin am Münchner Hauptbahnhof ausstieg, erklang zur Begrüßung nach der englischen und der deutschen Nationalhymne auch das Bayernlied. Bundespräsident Heinrich Lübke aber war von diesem bis dato nicht dagewesenen Schritt empört und forderte Bayern am 12. 5. 1965 förmlich auf, das Spielen der Bayernhymne bei Staatsgästen des Bundes zu unterlassen. Goppel begegnete dieser Aufforderung jedoch mit der Feststellung, dass die Landeshymne auf alter Tradition beruhe und in Bayern bereits Bedeutung gehabt habe, als die Bundesrepublik noch gar nicht existierte. Für Goppel war die Abänderung des Protokolls Ausdruck des bayerischen Verständnisses von Föderalismus in Deutschland."

25 So mussten beim innerdeutschen Konflikt 1866 die Münchner Regierungsstellen in den evangelisch-reichisch geprägten Teilen Frankens von einer allzu preußenfreundlichen und keineswegs hinreichend weiß-blau loyalen Haltung ausgehen, vgl. Ralf Ecke: Franken 1866. Versuch eines politischen Psychogramms, Schriften des Stadtarchivs Nürnberg, Bd. 9, Nürnberg 1972, S. 202: „Das sehr freundliche Verhältnis der Nürnberger zu ihren (preußischen, PM) Okkupationstruppen gibt den in Altbayern kursierenden Gerüchten über einen allzu freundlichen Empfang der Preußen durch die Nünberger neue Nahrung." Die angesprochenen, auch politisch-kulturellen Diskrepanzen dürften etwa mit den 70er Jahren des letzten Jahrhunderts als nahezu vollständig überwunden gelten können. Nicht nur die politische Integrationsanstrengung der CSU, sondern insbesondere die erheblichen Wanderungsbewegungen und Bevölkerungsdurchmischungen nach dem Zweiten Weltkrieg, die auch die konfessionellen Trennungslinien aufweichten, haben hierzu erheblich beigetragen.

schilderte Prozess Integration nach innen und außen: Auffallend ist etwa, welche Verbreitung die weiß-blauen bayerischen Farben heute auch in den eigentlich rot-weiß kolorierten fränkischen Regionen haben, sichtbar etwa auf Rathaustürmen bei festlichen kommunalen Anlässen. Und die aus Franken rekrutierten Teile der Bürokratie in den Münchner Ministerien zeigen sich ‚staatsbayerisch' sozusagen über jeden Zweifel erhaben und insbesondere nach außen föderal sattelfest und offensiv.

V.

Ein Element (bayerischen) Sonderbewusstseins ist zweifellos das Empfinden, nie jene eigene europäische Rolle gespielt zu haben, die dem Land eigentlich seit seinen frühmittelalterlichen Ursprüngen zukomme. Hier wird gewissermaßen ein wenig am nationalstaatlichen Gitter, mit mehr oder weniger Stetigkeit und Heftigkeit, gerüttelt. Die Anfänge der modernen bayerischen Europapolitik, d. h. des Anspruches, zum wenn auch formal-vertragsrechtlich nicht legitimierten, so doch politisch aktiven Mitspieler beim Integrationsprozess zu werden, gehen in die 80er Jahre des letzten Jahrhunderts zurück. Sie haben unmittelbar politisch mit der immer misslicher werdenden Ländererfahrung zu tun, dass der Bund auf der Integrationsebene Materien abgab bzw. im Kreis der europäischen Partner über Materien entschied, die innerstaatlich Länderangelegenheiten waren. In welchem Maße über diese unmittelbare Erfahrung hinaus die erwähnte Sehnsucht, am Nationalstaat vorbei relevanter europäischer Akteur sein zu können, eine tatsächlich substanzielle Rolle spielte, kann man heute freilich schwerlich präzise festlegen. Es sei die Prognose gewagt, dass hier auch künftig die Quellenlage schwierig bleiben muss, denn derlei vielfach eher unbewusste Ambitionen lassen sich nun einmal nicht einfach fixieren und dann nachweisen. Keinen Zweifel kann es jedenfalls daran geben,[26] dass die bayerischen Initiativen seit dieser Zeit – Einrichtung der Konferenz „Europa der Regionen" im Herbst 1989 und Ausbau des eigenen Vertretungs- und Beobachtungsapparates in Brüssel – aus gutem Grund durchaus nicht das Wohlwollen der damals noch in Bonn amtierenden gesamtstaatlichen Ebene gefunden haben. Über die Wirksamkeit der dann vor allem im Zusammenhang mit dem Vertrag von Maastricht geschaffenen weiteren Instrumente, Einrichtung des Ausschusses der Regionen, Verankerung des Subsidiaritätsprinzips im europäischen Vertragswerk und „Europäisierung" des Art. 23 im Grundgesetz (Mitsprache der Länder an der Europapolitik des Bundes), lässt sich durchaus trefflich streiten. Vielleicht kann man über die konkrete Wirksamkeit dieser Instrumente auch erst dann einigermaßen gültige Aussagen treffen, wenn die Integration selbst in einigen Jahren neue Formen angenommen haben wird. Dass jedenfalls im Empfinden nicht nur der Eliten, sondern auch eines ansehnlichen Teils der Bevölkerung die großen deutschen Länder einen kulturell-historisch begründeten Anspruch darauf haben, europapolitisch mitzuspielen, dürfte heute jedenfalls

---

26 Vgl. Martin Hübler: Die Europapolitik des Freistaates Bayern. Von der Einheitlichen Europäischen Akte bis zum Amsterdamer Vertrag, Diss. Manus., LMU München 2001.

offenkundig sein, auch wenn die politische Operationalisierbarkeit dieses Anspruchs (s. o.) schwierig und unklar bleibt.

VI.

Das führt uns auch zum Ende unserer Betrachtungen, die Manches offen lassen müssen, so wie die Geschichte selbst ein offener, bekanntlich keineswegs in zuverlässige Prognosen für die Zukunft mündender Prozess ist. Ob und welche Zukunft der Nationalstaat haben wird, kann man heute eben nicht sicher vorhersagen. Auf der einen Seite stehen jene Propheten, die angesichts der europäischen Entwicklungen und des europapolitischen Erstarkens der großen Länder wie Nordrhein-Westfalen und Bayern ein konföderales Auszehren der Bundesebene im Stile des Alten Reiches bis 1806 erwarten. Auf der anderen Seite sind die existenziellen ökonomischen und sozialen wie finanziellen Lebensbedürfnisse der Menschen nach wie vor gesamtstaatlich geregelt.[27] An diesem Punkt sollte man sich daher mit der Bemerkung bescheiden, dass manches und mancherlei möglich erscheinen und es daher verhängnisvoll sein könnte, sich in der langfristigen Vorausschau auf einen Entwicklungsstrang festzulegen.

Im Blick auf Bayern, seine Rolle und sein Gewicht ergibt sich ein ebenso komplexes wie spannendes Bild: Bestimmte situative und wohl auch topografische Bedingungen haben historisch verhindert, dass Bayern zum Nukleus einer eigenen Großmachtbildung werden konnte, um die sich dann auch, als ideologisch dafür der Zeitpunkt herangereift war, so etwas wie ein Nationalstaat zu formieren vermochte. Auch die Variante einer Lösung von der gesamtdeutschen Entität als kleinerer oder mittlerer Staat, hatte, im Gegensatz zu Österreich und dessen spezifischer Kontinuitätslinie, wohl nie zureichende, dazu ganz Bayern einschließende Substanz.

Bestimmte situative und topografische Faktoren haben wohl aber ebenso auch dazu beigetragen, dass zwischen Main und Alpen eine Entwicklung Platz griff, die diesem Land zu einer materiellen und bewusstseinsmäßigen Größe sui generis und zu spezifischen Kontinuitäten verhalf. Die hier liegenden Ambivalenzen, gewissermaßen eine identitätsmäßige Teillösung, mag man beklagen, man kann sie aber auch als historisch spannend und fruchtbar empfinden.

---

27 Das Ergebnis der Bundestagswahl vom 22. September 2002 mit seinen erheblichen Diskrepanzen zwischen dem bayerischen (CSU knapp 60 %) und dem außerbayerischen (CDU rund 30 %) Resultat zeigt jedenfalls wohl an, dass die politisch-kulturellen und auch die sozioökonomischen Differenzen zwischen dem Freistaat im deutschen Süden und dem Rest der Republik eine außerordentliche Größenordnung gewonnen haben. Was dies für identitätsbildende Entwicklungen an Konsequenzen bedeuten mag, bleibt vorerst abzuwarten.

Andreas Kost

„Wir in NRW"
Aktivitäten und Identitäten

1. Das „Bindestrichland" NRW

In Nordrhein-Westfalen leben ca. 18 Mio. Einwohner, d. h. es ist das bevölke-
rungsreichste Bundesland Deutschlands. Es leben dort mehr Menschen als in Bayern
(12,1 Mio.) – dem zweitgrößten Bundesland – oder gar in den Niederlanden (15,6
Mio.). Die Fläche von NRW beträgt jedoch nur 34.075 qkm und ist damit nur knapp
halb so groß wie Bayern (70.600 qkm). Hinter Bayern, Niedersachsen und Baden-
Württemberg ist NRW der Fläche nach nur das viertgrößte Bundesland, wobei aus
dem Verhältnis von Bevölkerung und Fläche eine hohe Bevölkerungs- und Be-
siedlungsdichte resultiert. In Nordrhein-Westfalen leben rund 523 Einwohner auf
einem Quadratkilometer, während es im gesamten Bundesgebiet nur durchschnittlich 228 sind. Innerhalb von NRW bestehen zusätzlich große Ungleichgewichte in
der Bevölkerungsverteilung. Im Landesteil Nordrhein leben ca. 9,5 Mio. Menschen, d. h. knapp 53 % der Bevölkerung auf nur 37 % der Fläche – in Westfalen
verteilen sich ca. 8,5 Mio. (47 %) auf 63 % der Fläche. Daraus lassen sich einige
(zugegeben) einfache Schlussfolgerungen ziehen: Einem stark urbanisierten
Rheinland steht ein Westfalen gegenüber, in dem es neben den städtischen Ver-
dichtungsräumen auch größere ländliche Gebiete gibt. Außerdem existieren Ungleichgewichte bei der Siedlungsstruktur, die auf mögliche Raumordnungsproble-
me verweisen (Rheinschiene – Ruhrgebiet – „westfälisches Hinterland"). So ist eine
Konzentration hochrangiger Steuerungs- und Dienstleistungsfunktionen in den
Städten der Rheinschiene, Düsseldorf, Köln, Bonn, aber auch Essen zu beobachten.
In diesem Kontext stellen sich Fragen nach der unterschiedlichen Geschichte und
Mentalität der beiden Landesteile oder ob es neben der regionalen Identität als
„Rheinländer" und „Westfalen" auch ein einheitliches Landesbewusstsein gibt?

2. Ein allgemeines Landesbewusstsein muss erst geschaffen werden

Auch in Nordrhein-Westfalen haben sich zwei Dimensionen von politischer Kultur
als besonders relevant erwiesen. Das Streben nach einer einheitlichen, von anderen
Bundesländern, aber auch anderen Ebenen (Nation, Region, Gemeinde), unter-
scheidbaren Soziokultur war in den Anfängen des Landes kaum auszumachen.
Darunter fallen die verinnerlichten Lebensweisen, Werte und Maßstäbe für das

230

Zusammenleben von Gruppen, die den Rahmen für politisches Handeln bilden. Als zweites kommt eine subjektiv bewusste Deutungskultur hinzu, welche die landesspezifischen Mentalitäten sichtbar macht. Hierzu zählt man insbesondere die Verdeutlichung durch Symbole, die bei kulturellen Aktivitäten vergegenständlicht werden, damit sich ein „Wir-Bewusstsein" entwickeln kann.

Die beiden ehemaligen preußischen Westprovinzen Westfalen und Rheinland sind im heutigen Bundesland Nordrhein-Westfalen Nachbarn, die sich in ihren Soziokulturen durchaus unterscheiden. Den *Westfalen* wird ein eher an sachlichen Leistungen und weniger an Kompromissen orientiertes Politikverständnis nachgesagt. Dem *Rheinland* wird wiederum ein stärker an den Menschen und an Aushandlungsprozessen ausgerichtetes Verständnis von Politik zugeschrieben. Diese unterschiedlichen Deutungskulturen lassen sich tatsächlich anhand von Sprache, Brauchtum und alltäglichen Lebensweisen der Menschen identifizieren. Das *Ruhrgebiet* wird in der Außenbetrachtung häufig als Einheit gesehen. Soziokulturell ist es jedoch in mehrere konfessionelle und soziale Milieus gespalten. Die Existenz verschiedener Subkulturen und das Fehlen einer breiten bürgerlichen Trägerschicht hat dazu geführt, dass sich nur ansatzweise eine Deutungskultur herausbilden konnte.

Die Förderung eines allgemeinen Landesbewusstseins durch Landesregierung und Landesparlament geschieht unter anderem mit Hilfe politischer Symbole, um grundlegende Elemente der politischen Kultur zu verdeutlichen. Aber auch die Herstellung einer kollektiven Identität mit dem Bundesland und einer Identifikation mit dem politischen System fällt in diesen Rahmen. Insbesondere die 1953 gesetzlich festgelegten Landesfarben, die Landesflagge und das Landeswappen sind nunmehr weit verbreitet und stehen als durchaus beliebte Sinnbilder sowohl für die drei Landesteile als auch für deren Integration. Dagegen scheiterte die Schaffung eines großen Staatswappens und die Komposition einer Landeshymne. Eine besondere Rolle spielen neben der Symbolstiftung noch Aktivitäten der Landespolitik in der Kulturförderung, wie z. B. der *Große Kunstpreis* und der *Förderpreis des Landes Nordrhein-Westfalens* sowie die *Kunstsammlung Nordrhein-Westfalen*. So gibt es eine pluralistische und pragmatische Deutungskultur in Nordrhein-Westfalen, welche die Vielfalt der Soziokulturen widerspiegelt und weiterhin auch kleinräumige Lebenswelten (siehe Ruhrgebiet) toleriert. Anhand von Entwicklungstendenzen bzw. ausgewählten wichtigen Themenfeldern sollen in den folgenden Kapiteln ausschnittartig einige historische, wirtschaftliche und politische Aspekte des „Wir in NRW" den Leserinnen und Lesern etwas nähergebracht werden.

3. Geschichte in NRW

Nordrhein-Westfalen ist auf den Trümmern des verlorenen Zweiten Weltkriegs entstanden. So verfügte die Britische Militärregierung in ihrer Besatzungszone mit Verordnung vom 23. 8. 1946 die Auflösung der Provinzen des ehemaligen Landes Preußen[1] und die Neugestaltung selbstständiger Länder. Auf diese Weise bildete

---

1 Auf dem Wiener Kongress 1815 wurden das Rheinland und Westfalen Preußen zugesprochen. Damit kamen beide als Provinzen in den preußischen Staatsverband. Diesen Gebiets-

sich im Jahre 1946 aus den nördlichen Teilen der ehemaligen Rheinprovinz und aus der Provinz Westfalen das neue Land Nordrhein-Westfalen. Für die Entscheidung der Briten waren wohl zwei Gründe maßgeblich:

– Erstens gab es Bestrebungen der damaligen Alliiertenregierungen der Sowjetunion und Frankreichs zur Internationalisierung des Ruhrgebiets und
– zweitens sollte das dicht besiedelte Ruhrgebiet mit ländlichen Ergänzungsräumen zu einem Bundesland zusammengeschlossen werden.

Das Territorium wurde dann Anfang 1947 durch die Eingliederung des Landes Lippe-Detmold erweitert. Der damalige lippische Landespräsident verhandelte zwischen Niedersachsen und Nordrhein-Westfalen und entschied sich dann für die günstigere Lösung NRW (als Kompensation wurde der Sitz der ostwestfälischen Bezirksregierung von Minden nach Detmold verlagert). Eine der ältesten deutschen Kulturlandschaften, der niederrheinisch-westfälische Raum, wurde somit erstmalig zu einem gemeinsamen Staatsgebilde zusammengefügt.

Eine Besonderheit bleibt jedoch, dass das neue Bundesland Nordrhein-Westfalen ohne historisches Vorbild war. Die in ihm „künstlich" zusammengeschlossenen Teilregionen waren und sind einerseits Landschaften von ausgeprägter traditioneller Eigenart, andererseits sind sie seit langer Zeit kulturell und wirtschaftlich eng miteinander verbunden. Als Sinnbild steht dafür das Landeswappen mit Ross, Rhein und Rose, welches an die regionalen Wurzeln Nordrhein-Westfalens erinnert und gleichzeitig die Einheit der verschiedenen Landesteile symbolisiert.[2] Ohnehin waren die Beziehungen zwischen dem Rheinland und Westfalen immer sehr eng gewesen. Das sich seit dem 19. Jahrhundert zu einer eigenständigen Industrielandschaft entwickelnde Ruhrgebiet wurde schließlich zur verbindenden „Regionalklammer" der rheinischen und westfälischen Gebietsteile. Das heutige NRW geriet allerdings nach der Bildung des deutschen Nationalstaates im 19. Jahrhundert in eine Randlage im äußersten Westen des Reiches. Dies führte zu erheblichen politischen, wirtschaftlichen und kulturellen Auswirkungen. Galten doch die Rheinländer den Preußen als „unsichere Kantonisten", die das Gespenst einer „rheinischen Sezession" heraufbeschworen, und die überwiegend katholische Bevölkerung des Rheinlands und Westfalens stand sowieso überwiegend in einem kulturellen und politischen Gegensatz zum protestantisch geprägten Preußentum.

Heute nimmt Nordrhein-Westfalen einen zentralen Platz ein und ist längst auch nicht mehr das „Land aus der Retorte", als das es in seinen Anfangszeiten bezeichnet wurde, sondern hat im Laufe der Jahre, nicht zuletzt durch eine gezielte

---

stand behielten die preußischen Westprovinzen bis zum Ersten Weltkrieg bei. Der Versailler Friedensvertrag führte dann dazu, dass das Gebiet Eupen-Malmedy an Belgien fiel, und aus der Rheinprovinz und der bayerischen Pfalz wurde das Saargebiet herausgelöst, das im Auftrag des Völkerbundes von Frankreich verwaltet wurde.

2 Das Wappen Nordrhein-Westfalen zeigt die es konstituierenden Landesteile Rheinland, Westfalen und Lippe. Der silberne Rhein war Wappen des preußischen Rheinlandes. Das steigende silberne Westfalenross wurde vom Herzogtum Westfalen geführt. Es ist dem springenden Sachsenross nachempfunden, da das westfälische Gebiet aus dem Erbe Heinrichs des Löwen stammte. Im unteren Wappenfeld ist die lippische Rose zu sehen – das älteste Wappenbild im Landeswappen, denn es wird seit 1218 geführt.

Öffentlichkeitsarbeit verschiedener Träger (Parteien, Medien, Universitäten, Archive, Landeszentrale für politische Bildung), zu einem gemeinsamen Landesbewusstsein geführt, das in dem Motto „Wir in Nordrhein-Westfalen" sich deutlich widerspiegelt und dennoch die nach wie vor bestehende Vielfalt an Identitäten und Identifikationsmöglichkeiten im Land betont.

4. Wirtschaft in NRW

Die Wirtschaftsstruktur[3] Nordrhein-Westfalens wird durch einen beachtlichen und manchmal schmerzhaften Strukturwandel geprägt. Das Land an Rhein und Ruhr gilt als das industrielle Herz Deutschlands, was traditionell vor allem durch die Förderung und die Produktion von Kohle und Stahl begründet war. Allein 1970 trug das Produzierende Gewerbe (Energie- und Wasserversorgung, Bergbau, Verarbeitendes Gewerbe, Baugewerbe) noch ca. 56 % zur Bruttowertschöpfung des Landes bei. Die Folgen der Kohle- und Stahlkrise mit einem in Mitleidenschaft gezogenen Arbeitsmarkt leiteten einen sich verändernden Prozess ein, der im Jahre 2000 nur noch 33 % des Produzierenden Gewerbes auswies. Der Beitrag der Dienstleistungsunternehmen an der wirtschaftlichen Gesamtleistung stieg dagegen im gleichen Zeitraum von 16 % auf 42 %. Hinzu kommen 23 %, die auf den Handel, das Gastgewerbe und den Verkehr entfallen.

Die Modernisierung der nordrhein-westfälischen Wirtschaft wird nicht *gegen* die Industrie, sondern *mit* und *in* ihr vorangetrieben. Nach wie vor sind Wirtschaftsleistung und Arbeitsmarkt in hohem Maß vom industriellen Pulsschlag abhängig. Unter dem Druck des internationalen Wettbewerbs war die Industrielandschaft in Nordrhein-Westfalen jedoch in den letzten Jahrzehnten tiefgreifenden Änderungen unterworfen. „Alte" Industrien wie der Bergbau, die Stahl- oder die Textilindustrie verloren ihre beherrschende Stellung, andere (wie die Autoindustrie, die Umwelttechnik, die EDV-Industrie oder die Kunststoffverarbeitung) rückten nach. Und auch innerhalb einer Branche – siehe Stahlindustrie oder Chemie – war ein Übergang von der Massenfertigung zur Herstellung „intelligenterer" hochwertiger Produkte zu beobachten. Das Schwergewicht verlagerte sich im Laufe dieser Entwicklung mehr und mehr von den Grundstoff- und Produktionsgüterindustrien zur Investitionsgüterindustrie.

Nordrhein-Westfalen ist das wirtschaftlich stärkste Land der Bundesrepublik Deutschland, da es mehr als ein Fünftel (22 %) zur gesamten Produktionsleistung beiträgt. Die insgesamt noch hohe Arbeitslosigkeit liegt leicht über dem Bundesdurchschnitt. Das Bundesland ist mit der Modernisierung seiner Wirtschaft noch nicht am Ziel, auch wenn Rückstände in der Investitionstätigkeit oder dem Produktivitätsfortschritt im Vergleich gegenüber der westdeutschen Wirtschaft in den letzten Jahren wieder deutlich aufgeholt werden konnten. Der notwendige Struk-

---

3 Die Wirtschaftsstruktur eines Landes setzt sich aus seiner Bruttowertschöpfung nach Sektoren und Branchen zusammen, d. h. nach dem Wert der produzierten Güter und Dienstleistungen abzüglich des darin enthaltenen Wertes der von anderen Wirtschaftseinheiten bezogenen Produkte.

turwandel in Nordrhein-Westfalen wird dabei weiter voranschreiten, mit anderen Worten: Der sekundäre Sektor wird anteilsmäßig weiter abnehmen und dagegen Branchen des tertiären Sektors (aller Voraussicht nach insbesondere Telekommunikation und Umweltschutz) kräftig zulegen. Dabei ist es sicher für die Wirtschaftskraft von Vorteil, dass fast die Hälfte der 100 größten deutschen Unternehmen ihren Sitz in NRW haben und gleichzeitig über 600.000 kleine und mittlere Unternehmen angesiedelt sind.

5. Politik in NRW

5.1 Politisches System

Auch in NRW sind als Grundlagen einer modernen Demokratie die Volkssouveränität und die Beschränkung politischer Herrschaft gemeinsame Kennzeichen für ein funktionierendes politisches System. Die nordrhein-westfälischen Bürgerinnen und Bürger stellen den obersten Souverän und die oberste Legitimation für das Land NRW dar. Sie üben jedoch nicht unmittelbar die Herrschaft aus, sondern werden im Rahmen bzw. der Befugnisse nordrhein-westfälischer Gesetze durch politische und gesellschaftliche Einrichtungen geprägt, welche eine Beteiligung der Bevölkerung auf gesetzlich geregelte Teilhabeverfahren beschränken. Spezifischer Ausgangspunkt des politischen Systems ist in Nordrhein-Westfalen die Landesverfassung,[4] die am 11. 7. 1950 in Kraft trat – also erst nach Gründung der Bundesrepublik Deutschland. Sie ist auch vom Geist des Grundgesetzes beeinflusst und orientiert sich an den Grundsätzen eines republikanischen, demokratischen und sozialen Rechtsstaats. Ein ausführlicher Grundrechtekatalog existiert in der Landesverfassung nicht, sondern stützt sich auf die im Grundgesetz verankerten Grundrechte und staatsbürgerlichen Rechte, die durch eigene Rechtsgarantien und Staatszielbestimmungen (z. B. zum Datenschutz, zur Arbeits- und Sozialordnung, zum Schutz der natürlichen Lebensgrundlagen) ergänzt werden. Ausführliche Bestimmungen liegen über das Kultur- und Sozialwesen vor, da Nordrhein-Westfalen hierzu die alleinige Zuständigkeit besitzt.

Nach dem Prinzip der Gewaltenteilung werden auch in der nordrhein-westfälischen Landesverfassung der Aufbau und die Aufgaben der politischen Organe festgelegt. Die Gesetzgebung (Legislative) liegt beim Volk und dem Landtag, der als Volksvertretung fungiert. Die Verwaltung (Exekutive) wird von der Landesregierung ausgeübt und schließlich die Rechtsprechung (Jurisdiktion) von unabhängigen Richtern wahrgenommen.

Vergleichbar mit den Wahlprinzipien des Bundes wählen die Bürger die Abgeordneten des *Landtags* in allgemeiner, gleicher, unmittelbarer, geheimer und freier Wahl (allerdings seit 1975 für eine Wahlperiode von fünf Jahren). Er steht im Zentrum der politischen Willensbildung und berät und beschließt die Landesge-

---

4 Es ist in diesem Zusammenhang durchaus interessant, dass die Bevölkerung sich in einem Volksentscheid mit 3,6 Mio. gegen 2,2 Mio. Stimmen für die Verfassung aussprach und damit unmittelbar an diesem Einführungsprozess beteiligt war.

setze (vor allem die Verabschiedung des Landeshaushalts), wählt den Ministerpräsidenten, soll die Regierung kontrollieren sowie die politischen Probleme Nordrhein-Westfalens vor der Öffentlichkeit artikulieren. Die Abgeordneten wählen zu Beginn jeder Sitzungsperiode ein Präsidium, einen Ältestenrat und besetzen Ausschüsse, die für die Dauer der Wahlperiode annähernd spiegelbildlich zu den Regierungsressorts eingerichtet werden und in denen die Parteifraktionen je nach ihrer Abgeordnetenzahl vertreten sind. Der Bevölkerung (auch der Landesregierung) steht sogar die Möglichkeit zu, durch *Volksbegehren* und *Volksentscheid* unmittelbar in die Gesetzgebung einzugreifen. Dieser Vorgang wurde aber bisher nur ein Mal genutzt und ist aufgrund struktureller Zulässigkeitsvoraussetzungen nicht einfach zu realisieren. Die Landesregierung, namentlich der *Ministerpräsident*, erhält durch die Verfassung eine relativ starke Stellung, wobei das Recht, Gesetzentwürfe einzubringen, besonders praktische Auswirkungen hat. Der Ministerpräsident als oberster Vertreter der Exekutive bestimmt die Richtlinien der Politik und ernennt die Minister. Dennoch kann der Landtag mit dem Haushaltsbewilligungsrecht, verschiedenen Informations- und Kontrollrechten die Politik der Landesregierung beeinflussen und quasi kritisch begleiten.

Erwähnenswert als unabhängige Kontrollinstanzen sind noch der *Landesrechnungshof* (externe Finanzkontrolle des Staates, hier insbesondere Prüfung des Haushalts) und der *Landesbeauftragte für Datenschutz* (vor allem Einhaltung des Datenschutzes, Beanstandung nicht abgestellter Verstöße und Verbesserungsvorschläge). Die Klärung verfassungsrechtlicher Streitfragen obliegt dem *Landesverfassungsgerichtshof* mit Sitz in Münster.

5.2 Parteiensystem

Von 1947 bis 2000 fanden in Nordrhein-Westfalen 13 Landtagswahlen statt. Dabei hat sich ein spezifisches nordrhein-westfälisches Parteiensystem herausgebildet, das sich vom bundesrepublikanischen Parteiensystem unterscheidet. Folgende allgemeine Erkenntnisse lassen sich konstatieren, so z. B. dass insgesamt die Wahlbeteiligung sich bei Bundestagswahlen in NRW verstärkt, eine Konzentration auf die großen Parteien CDU und SPD bei Wahlen auf allen Ebenen in NRW besonders stark ist (Höhepunkte lagen in den 1960er und 1970er Jahren) und die SPD in NRW bei Bundestagswahlen konstant bessere Ergebnisse erzielt als im Bund. Insgesamt ist das Wahlverhalten in NRW für die Bundesrepublik von besonderem Interesse, da die NRW-Wähler einen Anteil von ca. 21 % der Gesamtwählerschaft ausmachen (vor der deutschen Einheit sogar knapp 30 %).

Für die Wahlsoziologie ist es interessant, dass sich Nordrhein-Westfalen von einem „CDU-Land" zu einem „SPD-Land" gewandelt hat. Dieser Wandel wird sowohl mit landes- als auch mit bundespolitischen Ursachen begründet, wie z. B. dem Programmwechsel der SPD mit dem *Godesberger Programm* 1959, dem Prozess der abnehmenden Kirchenbindung, dem Wertewandel, der verstärkten Urbanisierung, sozialen Wandlungsprozessen innerhalb der Arbeitswelt und z. T. mehrheitlich besser wahrgenommenen Personal- und Politikangeboten. Das Wahlverhalten der Bürger ist dennoch von großen regionalen Unterschieden gekennzeichnet. Die SPD erzielte bei Landtagswahlen ihre besten Ergebnisse im Ruhrgebiet, in den überwiegend evangelischen Städten des Rheinlands und im

Tabelle: Landtagswahlergebnisse (in Prozent) und Regierungen in Nordrhein-Westfalen

Jahr	Wahlbet.	SPD	CDU	FDP	Grüne	Sonst.	Reg.-parteien	Ministerpräsident	
							SPD/FDP/ Zentrum/KPD	Amelunxen[1]	1946
							CDU/SPD/ FDP/Zentrum/ KPD[3]	Amelunxen[1]	1946–47
1947	67,3	32,0	37,6	5,9	–	24,5[2]	CDU/SPD/ Zentrum/KPD	Arnold/CDU	1947–50
1950	72,2	32,3	36,9	12,1	–	18,7[4]	CDU	Arnold/CDU[5]	1950
							CDU/Zentrum	Arnold/CDU	1950–54
1954	72,6	34,5	41,3	11,5	–	12,7[6]	CDU/FDP	Arnold/CDU	1954–56
							SPD/FDP/ Zentrum	Steinhoff/SPD	1956–58
1958	76,6	39,2	50,5	7,1	–	3,2	CDU	Meyers/CDU	1958–62
1962	73,4	43,3	46,4	6,8	–	3,5	CDU/FDP	Meyers/CDU	1962–66
1966	76,5	49,5	42,8	7,4	–	0,3	CDU/FDP	Meyers/CDU	1966
							SPD/FDP	Kühn/SPD	1966–70
1970	73,5	46,1	46,3	5,5	–	2,1	SPD/FDP	Kühn/SPD	1970–75
1975	86,1	45,1	47,1	6,7	–	1,1	SPD/FDP	Kühn/SPD	1975–78
							SPD/FDP	Rau/SPD	1978–80
1980	80,1	48,4	43,2	4,9	3,0[7]	0,5	SPD	Rau/SPD	1980–85
1985	75,3	52,1	36,5	6,0	4,6[7]	0,8	SPD	Rau/SPD	1985–90
1990	71,8	50,0	36,7	5,8	5,0[7]	2,5	SPD	Rau/SPD	1990–95
1995	64,0	46,0	37,7	4,0	10,0	2,3	SPD/B 90/ Grüne	Rau/SPD	1995–98
							SPD/B 90/ Grüne	Clement/SPD	1998– 2000
2000	56,7	42,8	37,0	9,8	7,1	3,3	SPD/B 90/ Grüne	Clement/SPD	2000–02
							SPD/B 90/ Grüne	Steinbrück/ SPD	seit 2002

[1] Amelunxen war zunächst parteilos und wurde 1947 Zentrumsmitglied. Seine Regierung wurde von der Militärregierung ernannt. – [2] Davon: KPD 14,0 %; Zentrum 9,8 % – [3] KPD bis 1948 – [4] Davon: KPD 5,5 %; Zentrum 7,5 % – [5] Übergangsregierung – [6] Davon: Zentrum 4,0 % – [7] Bis einschließlich 1990: Die Grünen.

Quellen: W. Woyke, Stichwort: Wahlen. Wähler – Parteien – Wahlverfahren, Opladen 1998 und K. Schubert/M. Klein, Das Politiklexikon, Bonn 2001.

nördlichen Ostwestfalen. Die CDU hat dagegen ihre eher ländlichen Hochburgen im östlichen Westfalen, im Sauerland, im Münsterland sowie im westlichen und südlichen Teil des Rheinlands. Obwohl die beiden großen Parteien in den letzten beiden Jahrzehnten „Abschmelzungsprozesse" von bis zu 20 % hinnehmen mussten, verfügen sie weiterhin über jeweilige Mehrheiten. Die FDP hatte in den

Dienstleistungszentren relativen Erfolg, büßte diesen jedoch in den letzten zehn Jahren zunehmend ein und erzielte bei der Landtagswahl 2000 mit 9,8 % wieder ein beachtliches Ergebnis. Die Grünen erhalten eine überdurchschnittliche Wählerunterstützung aus den Universitäts- und Großstädten, haben aber momentan den 3. Platz an die FDP verloren.

5.3 Kommunalpolitik

Die innere Organisation der Gemeinden wird im wesentlichen durch die jeweilige spezifische Gemeindeordnung in einem Bundesland festgelegt. Besonderes Kennzeichen für die nach dem Zweiten Weltkrieg unter britischem Einfluss installierte Gemeindeordnung war in Nordrhein-Westfalen die doppelte Verwaltungsspitze. Sie sah einen ehrenamtlichen Bürgermeister vor, der vom Rat gewählt wurde, und einen Gemeinde- bzw. Stadtdirektor, der die Verwaltung leitete. Dieses Organisationsmodell hatte den Nachteil, dass es häufig zu unklaren Machtverhältnissen zwischen Bürgermeister, Rat und Verwaltung kam und eine mangelnde Transparenz der Entscheidungsstrukturen die Bürger teilweise verwirrte. Nach langjähriger Kritik und vielen Diskussionen von und zwischen Wissenschaftlern, Politikern und kommunalpolitischen Praktikern am Typus der sogenannten *Norddeutschen Ratsverfassung*, dem diese Strukturen immanent sind, gilt nach der Reform der Gemeindeordnung von 1994 (und der Beendigung einiger Übergangsregelungen 1999) eine „eingleisige" Kommunalverfassung. Die Aufgaben und die Funktionen der bisherigen „Doppelspitze" gehen auf den hauptamtlichen Bürgermeister über, der im September 1999 auch erstmalig von den Bürgern für fünf Jahre direkt gewählt wurde. Zeitgleich, für dieselbe Amtsperiode, finden auch die Ratswahlen statt. Der Bürgermeister vertritt gemeinsam mit dem Rat die Bürgerschaft und führt mit eigenem Stimmrecht den Vorsitz im Rat und im Hauptausschuss. Zusätzlich bereitet er/sie die Sitzungen des Rates vor und führt dessen Beschlüsse aus. In größeren Kommunen wird der hauptamtliche Bürgermeister durch vom Rat auf acht Jahre gewählte Beigeordnete unterstützt, die mit ihm und dem Kämmerer zusammen einen Verwaltungsvorstand bilden.

Der Rat bleibt aber auf jeden Fall in allen Gemeindeangelegenheiten oberstes Beschlussorgan und kann dabei bestimmte Aufgaben auf andere Organe oder Gremien der Kommune übertragen. Seine alleinige Entscheidungsbefugnis über die Haushaltssatzung und den gemeindlichen Stellenplan dokumentiert seine besondere Bedeutung. Über das Rückholrecht kann er sogar Geschäfte der laufenden Verwaltung, die üblicherweise vom Bürgermeister getätigt werden, wieder an sich ziehen.

Erstmalig erlaubt die reformierte Gemeindeordnung in NRW den Bürgern auch eine stärkere und effektivere Mitwirkung an der Kommunalpolitik. Hervorzuheben sind hierbei insbesondere der Einwohnerantrag, mit dem der Rat gezwungen werden kann, über bestimmte Fragen zu beraten und zu entscheiden, sowie die Partizipationsinstrumente Bürgerbegehren und Bürgerentscheid, mit denen die Bürgerschaft selbst unmittelbare Sachentscheidungen (allerdings unter Ausschluss verschiedener kommunaler Sachthemen und mit Anbindung an spezifische Quoren) herbeiführen kann. Die Gemeinden Nordrhein-Westfalens befinden sich zur Zeit eigentlich in einer Umbruchphase, da die Maßnahmen der einschneidenden Kommunalverfassungsreform zwar erste Auswirkungen zeigen, aber noch nicht genau bestimmbar sind. Beispielsweise lässt jedoch die teilweise Nutzung der Experimentierklausel aus der Gemeindeordnung erkennen, dass einige Kommunen ernsthafte Verwaltungsreformen mit dem Ziel eines Dienstleistungszentrums „Rathaus" planen. Die Änderungen der nordrhein-westfälischen Gemeindeordnung werden voraussichtlich das politische Klima in den Kommunen (und Kreisen) des bevölkerungsreichsten Bundeslandes nachhaltig beeinflussen.

6. Ausblick und Perspektiven

Hans-Georg Wehling hat im Zusammenhang mit politischer Kultur immer darauf hingewiesen, dass die „Lage" ein bedeutender Faktor ist. Wird dieser letztgenannte Umstand etwas näher betrachtet, kommt man für NRW abschließend noch zu einigen interessanten Sichtweisen. Seit den 1990er Jahren nimmt Nordrhein-Westfalen eine zentrale Position im nordwestlichen Europa ein, denn das Land liegt auf der sog. „Blauen Banane", d. h. dem europäischen Rückgrat London – Rheinachse – Norditalien. Außerdem kreuzt NRW seit der deutschen Einheit die neu belebte Ost-West-Achse Paris/London – Brüssel – NRW – Berlin – Warschau. Den Schnittpunkt bildet der Abschnitt der Rheinachse Köln – Düsseldorf – Duisburg. Kleiner Nebenaspekt einer solchen Betrachtungsweise: Von Köln aus liegt Berlin ungefähr so weit wie Paris (Brüssel und Amsterdam gar nur halb so weit). Nach der deutschen und europäischen Integration ist eine weit reichende Umwertung der Lagebeziehungen eingetreten. NRW gehört heute (gemeinsam mit den Niederlanden und Belgien) zur nordwesteuropäischen „Megalopolis". Dadurch ist eine neue geopolitische und –ökonomische Lage mit allen Perspektiven und Schwierigkeiten jenseits der nationalstaatlichen Territorien entstanden. Es zeigt auch, dass „Lage" nicht etwas Unabänderliches ist, sondern durch die wandelbaren historischen, politischen und wirtschaftlichen Kontexte geprägt wird. Und es lässt die Vermutung zu, dass auch Identitäten und Bewusstsein der Menschen sich zukünftig weiter wandeln.

Hans-W. Paul Schloz

Baden-Württemberg als europäische Region.
Sind Interessenverbände Indikatoren für den weiteren Prozess?

I. Einführung

Ein „Gemeinsames Haus Europa" zu bauen, in dem jedes Land und auch die Regionen eine eigene Identität pflegen können, war immer wieder bekundetes Ziel der die Europäische Union antreibenden nationalen Regierungen.

Die Identifikation mit und die Geschwindigkeit der Europäischen Integration wurde mit dem Begriff des „Europas der Regionen" verbunden – und das aus gutem Grund: Unter diesem Begriff „Europa der Regionen"[1] sollte zum Ausdruck kommen, dass neben der Entscheidungsebene EU die nationale und vor allem regionale Identität für den EU-Bürger nicht verloren geht, ja gestärkt werden soll. Die Region als Gegengewicht zum „Superstaat" Europa.[2] Die Region in Europa als „Europa der Nähe" zum entfernten Brüssel ist ebenso wesentlicher Baustein für die weitere Europäische Integration wie das Herkunftsbewusstsein als konstituierendes Element von Identität.[3]

Diese Frage wird sich neben der wirtschaftlichen Entwicklung Europas zu einem zentralen Punkt beim Vertrauen der Bürger in die Europäische Integration erweisen. Stabilität wird getragen von der Identifikation der Euro-Bürger mit dem politischen Europa, in dem sich jeder Bürger seine kulturelle und regionale Identität wiederfindet.[4]

Der bislang in dieser Hinsicht schleppende Integrationsprozess bereitet vielen Regionen (auch den Bundesländern, sofern wir diese als Regionen definieren) Sorge, weil man hier die Distanz zu Brüssel am deutlichsten spürt. Denn die

---

1 Diez, Thomas: In the political debate, this concept is often referred to under the label of a ‚Europe of the regions' 1996.

2 Vgl. Habermas, Jürgen: «Citizenship and National Identity. Some Reflections on the Future of Europe», Praxis International, 12 (1992), pp. 1–19. Diez, Thomas: «Postmoderne und europäische Integration. Die Dominanz des Staatsmodells, die Verantwortung gegenüber dem Anderen und die Konstruktion eines alternativen Horizonts», Zeitschrift für Internationale Beziehungen, 3 (1996), pp. 255–281.

3 Vgl.: Weidenfeld, Werner (Hrsg.): Die Identität Europas. Fragen, Positionen, Perspektiven, München 1985.

4 Vgl. Connolly, William E.: «Democracy and Territoriality», in: William E. Conolly: The Ethos of Pluralization, Minneapolis – London 1995, pp. 135–161.

„Ausübung der Rechtsetzungs- und Kontrollbefugnisse der Gemeinschaft orientiert sich in der Praxis eher an zentralistischen denn an föderalen Integrationsvorstellungen."[5]

Die Frage nach der Bedeutung der Region wird künftig im EU-Europa sicherlich an Bedeutung gewinnen, da die nationale Identität durch die Integration und die Öffnung im Osten langfristig an Gewicht verlieren könnte. Die Regionen werden hier eine wichtige integrative Funktion haben, um Europa nicht zu einem undefinierbaren und für Bürger unüberblickbaren Schreckgespenst werden zu lassen. Kulturelle u. ä. emotionale Gesichtspunkte werden wieder sehr stark in den Mittelpunkt der Identität des EU-Bürgers treten. Aber auch wirtschaftliche Gesichtspunkte sind hier nicht zu vernachlässigen.[6]

Diesen Aspekt haben bereits in der frühen Phase auch Vertreter der Kommission erkannt: „Es ist notwendig, den politischen Kräften eines Tages eine Form zu geben, die aus den Baukästen des Föderalismus entnommen ist, wobei es sich wirklich gleich bleibt, wie man das Ergebnis nennt." So Walter Hallstein, erster Präsident der Europäischen Kommission in einer Rede an der Universität Freiburg.

Doch ist dies die europäische Wirklichkeit? Gibt es eine Balance zwischen der zunehmenden Entscheidungsbefugnis und Macht der europäischen und der regionalen, unter dem Nationalstaat angesiedelten politischen Entscheidungsebene? Spürt der Europabürger durch die politischen Einflussmöglichkeiten bei Wahlen, in Parteien und Organisationen des vorpolitischen Raums die Nähe Europas und die Mitwirkungsmöglichkeiten?

Der Bürger Europas spürt diese Identifikation und die Einflussmöglichkeiten offenbar bislang nicht oder zu wenig: „Im Bewusstsein der Bürger rangiert die Selbstdefinition als Europäer (1995: 16 %) deutlich hinter der nationalen (61 %) oder regionalen (22 %) Identität. Bei Umfragen bezeichnen etwa jeweils fünf bis sechs Prozent ihre Identität als „nur europäisch" oder „europäisch und national", während über vierzig Prozent sie als „national und europäisch" angeben und noch etwas mehr Befragte als nur „national".

Europa ist für das Alltagsbewusstsein der meisten EU-Einwohner nur in geringem Maß spürbar. Im Vergleich zum Bürger eines Nationalstaats fehlen dem Europäer einige spezifische Eigenschaften: Trotz Pass gibt es nur eine rudimentäre europäische Staatsbürgerschaft, da es auch keine Verfassung gibt. Die Unterschiedlichkeit des nationalen Staatsbürgerrechts macht deren Einführung nicht leicht. Ist man Europäer als Kind von Europäern oder, weil man in Europa geboren ist? Es gibt zwar ein Wahlrecht, aber das Europäische Parlament ist nicht der höchste Souverän Europas.

Es ist daher nicht verwunderlich, dass die Verbundenheit mit der EU oder die subjektive Bürgerschaft (Selbstwahrnehmung als Bürger der EU, einer Nation oder

---

5 Günter Einert: Europa auf dem Weg zur politischen Union? in: Bodo Hombach u. a.: Die Kraft der Region Nordrhein Westfalen in Europa, S. 55.
6 Siehe auch Bernd Spiekermann, Malchus von Viktor, August Ortmeyer und Franz Schuster, Institut für Kommunalwissenschaften: Europäische Regionalpolitik – Empfehlungen zur Weiterentwicklung. Köln 1988.

Region) nicht befriedigend ausgeprägt ist und zwischen den Mitgliedsländern variiert. Im Zeitablauf wandelte sich – diversen Umfragen zufolge – die Zuneigung der Bürger zur EU. Ist es richtig, dass seit 1990 zeitweise eine gewisse Abkühlung zu beobachten ist?[7]

An eine gemeinsame kulturelle Identität der Europäer glauben im EU-Durchschnitt nur 38 %, während 49 % nicht zustimmen. Ein bescheidenerer und pragmatischerer Zugang bietet sich daher an, der nach Zielen und Mitteln, nach Interessen und den Möglichkeiten zu deren Durchsetzung fragt,[8] denn bisher fehlt es in der EU an einem klaren Konzept für die Gewaltenteilung und die föderalen Grundstrukturen,[9] die als Basis für ein politisches Zusammenwachsen Europas gesehen werden kann. Dies wurde auch nicht wesentlich dadurch beeinflusst, dass es in den letzten 25 Jahren bereits zahlreiche Initiativen und Erklärungen der Länder und des Bundesrats sowie auch europäischer Organe wie dem Parlament zur Notwendigkeit des Föderalismus und der Einbindung einer „regionalen Ebene" unterhalb des Nationalstaates gegeben hat.[10]

Für den „Euro-Bürger" erweckt dies den Eindruck, politische Reformen lassen sich nur sehr langsam umsetzen und der Weg zum föderalen Europa ist ein langer. Einer der Gründe ist, dass die Mitgliedstaaten unterschiedliche europapolitische Orientierungen aufweisen, die mehrfach zu einer zeitlich und räumlich differenzierten Integration geführt haben.[11]

Genau aus diesem Grund ist doch die zentrale, für die weitere Integration Europas und die Identifikation der Bürger entscheidende Frage, wie sich das politische Entscheidungssystem, der Einfluss des Europaparlamentes, die Integration nationaler und regionaler Spezifika und die Mitwirkung der Bürger in Organisationen wie Parteien und Verbänden gestalten wird.

Ein interessanter Zusammenhang lässt sich bei der Frage der Einbindung der Bürgerinteressen in die europäische Politik zwischen den regionalen Identitäten und den weiteren politischen Netzen in den Entscheidungsstrukturen außerhalb der politischen Institutionen herstellen, denn häufig werden Entscheidungen von politischen Netzen und Gemeinschaften getroffen, an denen auch nicht gewählte Teilnehmer mitwirken, die in einem „Führungs"-System zusammenarbeiten, das weiter reicht als die institutionellen „Regierungsstrukturen". Außerhalb der poli-

---

7 Vgl. Michael Dauderstädt: Der Kirchturm und sein Horizont – Identität und Grenzen Europas. Rheinbreitbach 1999.

8 Vgl. Michael Dauderstädt a.a.O. Vgl. Schmierer, Joscha: Mein Name sei Europa. Einigung ohne Mythos und Utopie, Frankfurt a. M. 1996.

9 Vgl. Herrmann Lübbe: Abschied vom Superstaat, Berlin 1994, S. 57. Cameron, David. 1984. „Social Democracy, Corporatism, Labour Quiescence, and the Representation of Economic Interest in Advanced Capitalist Society." Order and Conflict in Contemporary Capitalism, John Goldthorpe, ed. Oxford: Oxford University Press, pp. 157–74. Delors, Jacques: Our Europe. The Community and National Development. London 1992.

10 Haas, Ernst B.: The Uniting of Europe. Stanford 1958. Vgl. Joachim Bauer: Europa der Regionen – Aktuelle Dokumente zur Rolle und Zukunft der deutschen Länder im europäischen Integrationsprozess. Berlin 1991. Vgl. Janning, Josef: Deutsche Europapolitik: Vorschläge zur Effektivierung. Gütersloh 1998.

11 Vgl. Michael Dauderstädt a.a.O.

tischen Netze und Gemeinschaften nehmen auch die Interessengruppen der verschiedensten Art Einfluss auf die demokratische Praxis.[12]

Viel zu wenig befassen sich Untersuchungen mit der Frage, welchen Einfluss die politischen Netze und die Akteure im vorpolitischen Raum auf die Europäische Integration und die Identifikation des Euro-Bürgers haben. In Bezug auf die Parteien und die Rolle des Europaparlaments wird dies getan, nicht aber in Bezug auf die Verbände, die mittlerweile parallel zu den Entscheidungsebenen von der Europäischen Ebene bis zu nationalen und – vor allem in Deutschland – Länderebene organisiert sind und nicht nur organisationsintern Willensbildungsprozessen unterworfen sind, sondern die Bedeutung der regionalen Entscheidungsebene ebenso mitleben und ein Spiegelbild dafür sind.[13]

Verbände haben sich in demokratischen Staaten und auch wesentlich bei dem europäischen Integrationsprozess zu wichtigen Partnern entwickelt, die als Organisationen im „Vorpolitischen Raum" nicht nur „Gatekeeper-Funktion[14] haben. Sie sind gesteuerter „Blitzableiter" für Berufs-, Wirtschafts- und Sozialinteressen mit Katalysatorfunktion, die dem Mitglied aber auch Mitwirkung an politischen Entscheidungsprozessen ermöglicht und suggeriert. Das ist doch gerade in Bezug auf die Identifikation mit dem Einigungsprozess eine enorm wichtige Aufgabe der Verbände, denen noch weitere Funktionen auf europäischer, wie auf nationaler Ebene zukommen:

– Die Sachkenntnis-Vermittlung für die EU-Organe
– Die Sachkenntnis- und Informations-Vermittlung für die angeschlossenen Mitglieder[15]
– Bindegliedfunktion zur Öffentlichkeit[16]
– Interessenbündelung und „Katalysatorfunktion".[17]

---

12 John Loughlin: Representing Regions in Europe: the Committee of the Regions. Regions and Federal Studies 6/2. Vgl. Jachtenfuchs, Markus und Beate Kohler-Koch, Regieren im dynamischen Mehrebenensystem. Mannheim 1995. Jachtenfuchs, Markus, und Beate Kohler-Koch (Hrsg.): Europäische Integration, Opladen 1996.

13 Ferdinand Kinsky: Föderalismus als Ordnungsmodell für Europa. in: Stefan Huber und Peter Pernthaler: Tagungsbericht ‚Föderalismus und Regionalismus in europäischer Perspektive'. Wien 1988, S. 29: „Die Teilföderalisierung Europas im übernationalen Bereich wie im innerstaatlichen Bereich wird durch präföderale Strukturen in Wirtschaft und Gesellschaft ergänzt, ohne dass global von einem föderalistischen Europa gesprochen werden kann."

14 „Gate-keeper" heißt übersetzt ‚Türwächter' und soll zum einen die Filterfunktion der Verbände bei Detail- oder Extrem-Interessen und deren Verantwortung für die staatliche Entscheidungsfähigkeit zum Ausdruck bringen. Siehe hierzu: David Easton: A System Analysis of Political Life, New York 1965, S. 87 und 96.

15 Siehe auch K. Schwaiger a.a.O., S. 82. Vgl. Greenwood, Justin, Jürgen Grote, Karsten Ronit eds. Organized Interests and the European Community, London 1992.

16 Vgl. V. Hoffmann a.a.O., S. 262. K. Neunreither a.a.O., S. 380. Hierzu auch E. Kirchner in Integration 4/86, S. 158.

17 Vgl. James Caporaso: The structure and function of European Integration, S. 33. Hierzu auch Werner J. Feld: National Economic Interest Groups and Policy Formation in the EEC. 1966, der dies „gatekeeping-Funktion" nennt. Hierzu Dietz/Glatthaar: a.a.O., S. 167. Siehe auch K. Schwaiger a.a.O., S. 43. Carl J. Friedrich a.a.O., S. 86–88. Siehe auch

In diesem Beitrag soll deshalb die Frage erörtert werden, ob Verbände als wichtige Organisationen im vorpolitischen Raum ein Indikator dafür sind, wie sich die politischen Ebenen vor allem im Verhältnis Region-Nationalstaat-EU (Land-Bund-EU) entwickeln werden und wie Verbände dies beeinflussen bzw. dabei mitwirken können. Haben die Verbände eine wesentliche integrative und gestalterische Funktion?

Deutschland ist hierfür sicher ein interessantes Beispiel, weil der Föderalismus und die Ausdifferenzierung der genannten Organisationen auf allen politischen und z. T. Verwaltungsebenen die stärkste Ausprägung in Europa findet.[18] Ob die Bundesländer als Definition des Begriffs „Region" hierbei geeignet sind, wird im folgenden vorab untersucht.

Bei der weiteren Erörterung der hier beschriebenen Fragestellung handelt es sich weniger um eine rein wissenschaftstheoretische Abhandlung als vielmehr um eine Art Feldarbeit, bei der die Wirklichkeit beleuchtet werden soll. Hierzu habe ich u. a. meine eigene tägliche Praxis aus der Arbeit im vorpolitischen Raum und den Kontakt zu allen politischen Entscheidungsebenen einbezogen und zudem eine Befragung bei den o. g. Organisationen vorgenommen.

II. Begriff und Bedeutung der „Region" in Europa

a) Eine Begriffsbestimmung

Wenn von dem „Europa der Regionen" die Rede ist, dann meint nicht jeder das gleiche. Dies liegt an den ganz unterschiedlich gewachsenen Nationalstaaten und Kulturen in den EU-Mitgliedsstaaten. Bei der Frage der Definition „Region" ist bisher kein echter gemeinsamer Nenner in den EU-Mitgliedsländern – nicht einmal innerhalb Deutschlands – zu finden; zu unterschiedlich haben sich die EU-Länder im Laufe der Geschichte entwickelt.[19] Auch wenn zahlreiche, verschiedene Versuche existieren, „eine Region zu definieren, so gibt es aber keine (...) von allen europäischen Staaten akzeptierte und von der Wissenschaft anerkannte Definition".[20]

Weit verbreitet ist die Definition von Hans-Georg Wehling: „Als Region definieren wir ein umgrenztes Gebiet mit festen Traditionen, die bis zum heutigen Tage verhaltensprägend sind. Subjektiv schlägt sich die Region als Bewußtsein von der Zugehörigkeit (Wir-Bewußtsein) bei ihren Bewohnern nieder. Grenzen und Spezifika der Region sind hist. bestimmt durch die früheren pol. Herrschaftsver-

---

Volker Hoffmann: Interessenvertretung und Euro-Lobbying. in: Röttinger/Weyringer: a.a.O., S. 263.

18 Vgl. Rüdiger Voigt: Föderalismus in der Bundesrepublik. Modell für Europa? In: Ulrich von Alemann, Rolf G. Heinze, Bodo Hombach: Die Kraft der Region. Nordrhein-Westfalen in Europa. Bonn 1990, S. 92–104.

19 Vgl. Herve Guollorel: The Social Bases of Regionalism in France: The Breton Case. In: Coakley 1992, S. 147–164. John Coakley: The social Origins of National Movements and Explanations of Nationalism: A Review. In: Coakley 1992.

20 Olaf Tauras, Ausschuss der Regionen: institutionalisierte Mitwirkung der Regionen in der EU, Agenda-Verlag 1997, S. 19.

hältnisse, die die Bewohner einem gemeinsamen Schicksal unterwarfen, die ihnen gemeinsame kollektive Schlüsselerlebnisse vermittelten und die die Grenzen religiöser, kultureller, wirtschaftlicher Betätigung bildeten wie überhaupt den ganzen Lebenszusammenhang prägten."[21] Beispiel: Franken, Baden, Schwaben usw. Auf dem Gebiet Baden-Württembergs kann man – als Folge der Kleinstaaterei – ursprünglich mehrere Regionen finden. Diese Merkmale treffen nicht zu für andere Gebilde, die die Bezeichnung ‚Region' tragen wie beispielsweise die „Region Stuttgart".

Auch Verwaltungsebenen wie die Regierungsbezirke sind in diese Begriffsbestimmung einzubeziehen wie die Regionalverbände, in denen sich Gremien auf dem Gebiet mehrerer Landkreise mit übergeordnet kommunalen Entscheidungsfunktionen wie z. B. die Raumordnung herausgebildet haben.

Im folgenden gehen wir davon aus, dass wir die deutschen Bundesländer – am Beispiel Baden-Württembergs – als ‚Regionen' verstehen, weil bei ihnen wesentliche Merkmale wie eine gewisse Regionalautonomie mit eigenen Entscheidungskompetenzen und den entsprechenden Verwaltungsfunktionen zutreffen,[22] auch wenn eine genaue „Abgrenzung" der Regionen in Deutschland nicht möglich ist. „Sowohl in der Realität als auch im Bewusstsein der Bewohner verfließen die Grenzen und überlagern sich."[23]

Immerhin hat Baden-Württemberg 1995 als erstes Parlament den Begriff des „Europas der Regionen" in Verfassungsform gebracht und die Präambel der baden-württembergischen Landesverfassung um das Ziel ergänzt.[24]

Im sozialwissenschaftlichen Kontext sind die Regionen irgendwo zwischen der lokalen Gemeinschaft und der Nation zu suchen.[25] „Fast alle Regionen haben heute ein eigenes politisches System, das Verwaltungsfunktionen, häufig aber auch regionale Gesetzgebungszuständigkeiten, in ‚Selbstregierung', d. h. in demokratischer Eigenverantwortung, erfüllt. Allerdings bleibt bei der Regionalautonomie immer eine gewisse Abhängigkeit von der nationalen Gesetzgebung und von der

---

21 Vgl. Hans-Georg Wehling: Art. Regionen, in: Martin Greiffenhagen, Sylvia Greiffenhagen, Rainer Prästotius (Hg): Handwörterbuch zur politischen Kultur der Bundesrepublik Deutschland. Opladen 1981, S. 419–422, hier S. 420. Siehe auch die Neuauflage des Jahres 2002. Vgl. auch Peter Pernthaler: Föderalismus und Regionalismus: Ein Ansatz zur Überwindung ihrer Gegensätze. in: Stefan Huber, Peter Pernthaler: Tagungsbericht „Föderalismus und Regionalismus in europäischer Perspektive. Wien 1988, S. 13: „Als Teil des nationalen Herrschaftsbereichs ist eine Region ausreichend geeignet, um ein Bewusstsein ihrer Gebräuche und Ideale zu haben; sie besitzt damit ein Identitätsbewusstsein, das sie vom Rest des Landes unterscheidet."

22 Peter Pernthaler a.a.O.

23 Wehling (wie Anm. 21) S. 421.

24 Gesetzblatt für Baden-Württemberg 1995, S. 269.

25 Vgl. Rupert B. Vance: Region. in: David L. Sills: International Encyclopaedia of the Social Sciences. Band 13 New York 1968, S. 377 ff.

staatlichen Finanzierung. Regelmäßig bestehen auch mehr oder weniger weitgehende Aufsichtsrechte."[26]

Vier wesentliche unabdingbare Grundelemente der Bundesstaatlichkeit verbinden sich mit diesem System:

1. eine Zuständigkeitsverteilung zwischen Zentral- und Gliedstaaten, die nicht
   einseitig durch den Zentralstaat abänderbar ist;
2. Mitwirkung der Gliedstaaten an der Zentralgewalt (insbesondere der Bundes-
   gesetzgebung);
3. Verfassungsautonomie der Gliedstaaten, d. h. die Fähigkeit, innerhalb der Bundesverfassung ihr eigenes politisches System selbst gestalten zu können;
4. eigene Finanzhoheit beider Ebenen und ein kooperativ gestaltetes System des
   föderalistischen Finanzausgleichs.[27]

Die Bundesrepublik Deutschland gehört neben der Schweiz und Österreich zu den
einzigen Bundesstaaten nach dem beschriebenen System in Europa. „Alle übrigen
europäischen Staaten waren zentralistische Einheitsstaaten nach dem französischen
Vorbild der jakobinistisch-bonapartischen ‚Republique une et indivisible'."[28]

b) Die Begriffsfindung auf europäischer Ebene

Insofern war es auf europäischer Ebene noch schwieriger, ja fast unmöglich, eine
eindeutige Definition für die ‚Region' zu finden. So wurde in der EU ein ganz
pragmatischer Weg eingeschlagen, der soziale und wirtschaftliche Aspekte zugrunde legte. Der Grundstein dafür lag darin, dass die EU als Wirtschaftsgemeinschaft begann[29] und sich bis heute aus dem ökonomischen Druck der Globalisierung und Europäisierung erklärt.[30]

Dazu kommen die wesentlichen Faktoren aus der Sozial- und Wohlstands-
struktur, aus denen sich für die Europäische Union zunächst die Gesichtspunkte der
Regionen definieren, um das „Wohlstandsgefälle", d. h. Einkommen, Beschäftigung und wirtschaftliche Entwicklung in den schwachen „Regionen" auszugleichen. Hierfür wurden zahlreiche Fonds aufgelegt wie z. B. 1960 der Europäische
Sozialfond (ESF) und 1962 der Europäische Ausrichtungs- und Garantiefonds für
die Landwirtschaft (EAGFL). Später kam der Fonds für die regionale Entwicklung
u. a. hinzu.[31]

Dabei entstanden die Ziel-Gebiete wie z. B. das Ziel1-Gebiet, für Gebiete mit
weniger als 75 % des durchschnittlichen Bruttosozialprodukts seiner Einwohner.
Auch die Arbeitslosigkeit ist für eine weitere Zielförderung in bestimmten „Regionen" ausschlaggebend, wobei eine weiterführende, eindeutige Definition des

---

26 Peter Pernthaler a.a.O., S. 13.
27 Vgl. P. Pernthaler a.a.O., S. 14.
28 Ferdinand Kinsky: Föderalismus als Ordnungsmodell für Europa. in: Huber, Perthaler
   a.a.O., S. 29.
29 Vgl. Michael Dauderstädt a.a.O.
30 Vgl. Vivien A. Schmidt: Europeanization and the Mechanics of Economic Policy Adjust-
   ment, Boston 2001.
31 Vgl. Dietmar Herz (Hg.) Die Europäische Union, Politik, Recht, Wirtschaft, Frankfurt
   1999, S. 172 ff.

Begriffs „Region" nicht erarbeitet wurde. Im Zentrum der regionalen Förderung stand die Möglichkeit der Zusammenarbeit mit politischen Entscheidungsebenen wie Provinzen oder aber den Bundesländern bis hin zu Landkreisen, die bei der Strukturpolitik eingebunden sind.[32]

Versucht wird durch die EU eine Standortbestimmung durch die vorhandenen Verwaltungsebenen: So verwendet die EU die sogenannte NUTS-Systematik (Nomenclature of Territorial Units for Statistics = Systematik der Gebietseinheiten für die Statistik, Verzeichnis der statistischen territorialen Einheiten). Zu denen der Kategorie ‚NUTS 1' gehören z. B. die Bundesländer, zu NUTS 2 die Regierungsbezirke und zu NUTS 3 die Landkreise.

Parallel konnte man Initiativen und Bemühungen im Sinne eines Europas der Regionen beobachten,[33] die auf verschiedenen Wegen versuchten, die Ebene unterhalb der Nationalstaaten zu stärken und einzubinden: So wurde 1951 die Gründung des „Rates der Gemeinden und Regionen Europas" (RGRE) und 1985 die Gründung der „Versammlung der Regionen Europas" (VRE) durch rund 40 Regionen und mehrere Vereinigungen in Straßburg vollzogen. Sie vertritt heute u. a. rund 300 europäische „Regionen" und 12 interregionale Vereinigungen. Daneben bildete sich „Der Beirat der regionalen und lokalen Gebietskörperschaften", der 1988 von der Kommission eingesetzt wurde, sowie 1989 die vom Bayerischen Ministerpräsidenten gegründete „Konferenz Europa der Regionen", die allerdings nach Maastricht an Bedeutung verlor.

Im März 1991 gab die deutsche Delegation auf der Regierungskonferenz zur Politischen Union einen wesentlichen Vorschlag zur Schaffung eines Regionalorgans, dem „Ausschuss der Regionen" (AdR), der sich dann 1993 konstituierte. Der AdR ist *kein Hauptorgan* in der EU wie der Wirtschafts- und Sozialausschuss, sondern ein beratendes Unterorgan.[34] Der AdR ist ein sehr heterogen zusammengesetztes Gremium, in dem auch die kommunale Ebene, vertreten durch deren Spitzenverbände, mitwirkt.[35]

Viele europäische Mitgliedsstaaten begrüßten die Initiative und wirkten an der Bildung des AdR mit. Länder mit wenig föderaler Struktur wie z. B. Großbritannien lehnten diese Initiative ab.[36] Dies lag nicht nur an der Angst vor dem Kompe-

---

32 Vgl. H. Laufer und U. Münch: Das föderale System der Bundesrepublik Deutschland, Bonn 1997.

33 John Loughlin: Representing Regions in Europe: the Committee of the Regions. Regions and Federal Studies 6/2, pp. 147–65, „Der Regionalismus ist eine politische Idee aus der politischen Bewegung im Ursprung des 19. Jahrhunderts. Die ‚neue' Form des Regionalismus erhielt Auftrieb durch die Europäische Union."

34 Vgl. Wolfgang W. Mickel (Hg.): Handlexikon der Europäischen Union (2. Aufl.), Köln 1998: Der Ausschuss der Regionen kann Stellungnahmen auf Antrag anderer Organe sowie in eigener Initiative zu allen möglichen Themen wie ländlicher Raum, Umwelt, Energie Sozial- und Gesundheitspolitik usw. abgeben und somit die regionalen und lokalen Interessen bündeln. Dem AdR gehören 222 Mitglieder, darunter 92 regionale und 130 lokale Repräsentanten an. Den 24 deutschen Repräsentanten in dem Gremium gehören 21 Vertreter der Bundesländer inkl. weiterer Ländervertreter sowie Vertreter des Deutschen Städtetages, des Landkreistages und des Deutschen Städte- und Gemeindebund an.

35 John Loughlin: Representing Regions in Europe: the Committee of the Regions. Regions and Federal Studies 6/2, pp. 147–65.

tenzverlust einiger Mitgliedsländer gegenüber EU und nun auch gegenüber Ebenen unterhalb der Nationalstaaten, sondern auch an der Befürchtung, alte regionale Konflikte innerhalb der Staaten könnten wieder aufflammen,[37] denn viele Gebiete Europas (wie z. B. die Alpenländer) weisen geographische, ökologische, kulturelle und wirtschaftliche Gemeinsamkeiten auf, die durch die sich im 18. Jahrhundert herausbildenden Nationalstaaten durchschnitten wurden.[38]

Im ‚Ausschuss der Regionen' zeigte sich auch die Heterogenität der unterschiedlichen regionalen Interessen und Strukturen zwischen Grafschaften, Provinzen, autonomen Regionen (Bsp. Italien) und Bundesländern.[39] Trotzdem hat sich durch die Initiativen um den Regionalaspekt die „Regionalisierung" auch in Ländern wie Großbritannien verstärkt und neben der Schaffung administrativer Übertragung von Kompetenzen auf Schottland[40] und Wales wurden dort Regionale Entwicklungsagenturen (RDAs) 1999 aufgebaut, in denen auch die Kommunen mitwirken.

Das Beispiel Großbritannien zeigt, dass durch die Regionalisierung und die Anhebung der Bedeutung dieser Ebene der europäische Integrationsprozess nur positiv gefördert werden kann.[41] So kann sich die Haltung einzelner Regionen deutlich vom nationalen Durchschnitt unterscheiden. Schottland war z. B. proeuropäischer eingestellt als England, weil es sich davon eine Stärkung der eigenen Identität gegen die großbritische erhoffte.[42]

---

36 Vgl. Franz H.U. Borkenhagen, Thomas Fischer, Fritz Franzmeyer, Siegfried Magiera, Peter-Christian Müller-Graf: Arbeitsteilung in der Europäischen Union – die Rolle der Regionen, Gütersloh 1999: Die Verfassungsstruktur der Mitgliedstaaten bietet ein Spektrum von zentralistisch, über regional bis hin zu föderal organisierten Staaten.

37 Vgl. David Held: Political Theory Today. Cambridge 1991: Es herrscht bei den Gegnern der Stärkung von regionalen Organen die unterschwellige Angst vor, man falle zurück in Kleinstaaterei und in die „Unregierbarkeit" eines solchen europäischen Gebildes.

38 Elisabeth Dette-Koch: Integration und Kompetenzverteilung. in Siedentopf a.a.O., S. 109 ff.

39 Vgl. Franz H.U. Borkenhagen, Thomas Fischer, Fritz Franzmeyer, Siegfried Magiera, Peter-Christian Müller-Graf: Arbeitsteilung in der Europäischen Union – die Rolle der Regionen, Gütersloh 1999: „Als Problem stellt sich die Heterogenität der dritten Ebene innerhalb der Mitgliedstaaten der Europäischen Union dar. Die Verfassungsstruktur der Mitgliedstaaten bietet ein Spektrum von zentralistisch, über regional bis hin zu föderal organisierten Staaten. Diese Heterogenität setzt rechtliche und faktische Grenzen der Einbeziehung der dritten Ebene in den Entscheidungs- und Willensbildungsprozess innerhalb der Union."

40 Vgl. J. Loughlin a.a.O. Vgl. hierzu auch: Dokument des AdR vom 15. 4. 1998 R/CdR 77/98. Nach fast 300 Jahren erhielt 1999 Schottland ein regionales Parlament mit umfangreichen Befugnissen.

41 Vgl. Franz H.U. Borkenhagen, Thomas Fischer, Fritz Franzmeyer, Siegfried Magiera, Peter-Christian Müller-Graf: Arbeitsteilung in der Europäischen Union – die Rolle der Regionen, Gütersloh 1999.

42 Vgl. Michael Dauderstädt a.a.O.

Kooperationen verschiedener (Grenz)Regionen wie die interregionalen Vereinigungen[43] (z. B. die ArgeAlp, Arbeitsgemeinschaft der Alpenländer[44]) unterstützen diesen Prozess zu mehr Bedeutung der regionalen Ebene.[45] Derzeit sieht es allerdings nicht so aus, als ob diese überregionalen „Gebilde" jemals wieder historische, kulturelle und wirtschaftliche Regionen in Form politischer „Einheiten" im Rahmen der Europäischen Integration erreichen werden.[46]

c) Die Positionierung der Region „Baden-Württemberg" im europäischen
Integrationsprozess wird stark national entschieden

Deutschland hat bei der Frage um die Bedeutung der dritten Ebene sicher eine entscheidende Funktion,[47] weil die föderale Struktur in Form der Bundesländer als „regionale Entscheidungsebene" trotz zum Teil ursprünglich anderer historischer und kultureller regionalen Grenzen funktioniert.[48]

Der Föderalismus in Deutschland findet seinen Ursprung bereits Anfang des 19. Jahrhunderts im Deutschen Bund und wird bis heute durch die Verfassung bzw. das Grundgesetz getragen.[49] Der verfassungsmäßig verankerte Regionalgedanke wurde auf Initiative Deutschlands und vor allem der Deutschen Bundesländer sowohl auf Europäischer Ebene als auch im Grundgesetz ausgebaut.

Im Beschluss der Ministerkonferenz vom 7. 6. 1990 bzw. im Bundesratsbeschluss vom 24. 8. 1990 wurde die Verankerung des Subsidiaritätsprinzips auf

43 Rolf H. Hasse: Nationalstaat im Spagat: Zwischen Suprastaatlichkeit und Subsidiarität, Stuttgart 1997, S. 215.
44 Rainer Kessler: Neuer Regionalismus in Europa am Beispiel der Arbeitsgemeinschaft Alpenländer, in: Jürgen Weber: Die Zukunft der Europäischen Integration, S. 123. Die an der Arbeitsgemeinschaft der Alpenländer beteiligten Regionen (deutsche und österreichische Bundesländer, Schweizer Kantone, italienische und andere Provinzen bzw. Regionen) verbindet vorwiegend typische alpenländische Probleme, „mit denen die Zentralregierungen wegen ihrer umfassenden Aufgabenstellung nicht in dem selben Maße vertraut und befasst sein können, wie die unmittelbar betroffenen Länder, Regionen und Provinzen".
45 Vgl. auch R. Kessler a.a.O., S. 125–126.
46 Elisabeth Dette-Koch: Integration und Kompetenzverteilung, in: Siedentopf: a.a.O., S. 109 ff.: „Hierzu haben die beteiligten Regionen zur Lösung der spezifischen Fragestellungen Kommissionen eingerichtet, um gemeinsam die grenzüberschreitenden Probleme insbesondere in ökologischer, kultureller, sozialer und wirtschaftlicher Hinsicht im Rahmen ihrer Befugnisse zu behandeln und auf die jeweilige nationale Regierung einzuwirken. Durch den Beitritt zur Arbeitsgemeinschaft Europäischer Grenzregionen und dem Rat der Regionen Europas hat diese Arbeitsgemeinschaft eine europäische Dimension erreicht."
47 Vgl. Franz H.U. Borkenhagen (Hg.): Die deutschen Länder in Europa, Baden-Baden 1992. Vgl. auch Joachim Bauer (Hg): Europa der Regionen. Aktuelle Dokumente zur Rolle und Zukunft der deutschen Länder im europäischen Integrationsprozess, Berlin 1991.
48 Vgl. Rüdiger Voigt: Föderalismus in der Bundesrepublik. Modell für Europa?, in: Ulrich von Alemann, Rolf G. Heinze, Bodo Hombach: Die Kraft der Region. Nordrhein-Westfalen in Europa, Bonn 1990, S. 92–104.
49 John Loughlin: Die regionale und lokale Demokratie in der Europäischen Union, Brüssel 1999 (AdR-Studien E-1/99), S. 73.

Gemeinschaftsebene sowie die Schaffung eines Regionalgremiums verabschiedet und – nach der Ratifizierung des Vertrags von Maastricht – 1993 im Artikel 23 GG – gestützt von der Bund-Länder-Vereinbarung – verankert. Ziel war, den Ländern in Angelegenheiten der Europäischen Union mehr Mitwirkungsrechte zu verschaffen. So ist beispielsweise den Ländern bei deren Gesetzgebungsbefugnis die Wahrnehmung der Mitgliedsrechte Deutschlands in den Beratungsgremien der Kommission und des Rates sowie bei den Ministerratstagungen der EU auf die Vertreter der Länder übertragen worden. Damit steht das „Deutsche Modell" in Europa nahezu alleine.

Trotzdem: Nicht nur durch die europäische Integration stellt sich die Frage nach der „Europakompatibilität" des Föderalismus innerhalb der EU.[50] Die weitere Zukunft der Rolle der Bundesländer als Regionen wird – wenn auch unter Europäischem Einfluss – innerhalb Deutschlands entschieden. Die deutschen Bundesländer haben im europäischen Vergleich eine gute Ausgangssituation,[51] da sie im Vergleich mit den meisten anderen europäischen Regionen von institutionalisierten und politisch klar umrissenen Aufgaben ausgehen können. Hier ist der politische und verwaltungstechnische Unterbau bereits vorhanden.[52]

Allerdings bleibt die fehlende föderale Struktur in der überwiegenden Mehrheit der Mitgliedsstaaten auch in Deutschland nicht ohne „Gegenwirkung": „Die Existenz der EG beeinträchtigt die Bedeutung der Ebene der Bundesländer, indem verfassungsrechtlich festgelegte Gewichte der verschiedenen Ebenen im innerstaatlichen Bereich zu Ungunsten der Länder verschoben werden."[53]

Diese Entwicklung befürchteten in einer frühen Phase z. B. auch die deutschen kommunalen Spitzenverbände: „Die Länder leiden unter Funktionsverlust. Im Hinblick auf die europäische Integration verspüren sie dies inzwischen sehr deutlich, weil der Bundesrat bei den wichtigsten Entscheidungen häufig nur peripher beteiligt ist."[54] Zwar ergeben sich die Zuständigkeiten von Bund und deutschen Ländern aus dem Grundgesetz, doch kommt aufgrund des Gemeinschaftsrechts dem Bund trotz der Zuständigkeiten der Bundesländer im Bereich des Verwaltungsvollzuges eine zunehmende Bedeutung zu.[55]

---

50 Erwin Teufel: Der deutsche Föderalismus in einer erweiterten Europäischen Union, in: Horst Förster, Christopher Harvie, Rudolf Hrbek, Günter Püttner, Josef Schmid, Wolfgang Graf Vitzthum, Uwe Walz, Hans-Georg Wehling: Jahrbuch des Föderalismus 2000, Baden-Baden 2000, S. 18.

51 Hierzu: Otto Bardong MdEP: Die Einheitliche Europäische Akte und die Länder der Bundesrepublik Deutschland – ein föderalistisches Problem. in: Huber/Pernthaler a.a.O., S. 33. Sowie A. Bleckmann a.a.O., S. 367.

52 Hierzu F. Scharpf a.a.O., S. 42–43.

53 H. Schneider und R. Hrbek: Die Europäische Union im Werden. in: H. v. d. Groeben: Möglichkeit und Grenzen einer Europäischen Union, S. 363. Hermann-Josef Blanke: Föderative Staatsstrukturen und Europäisches Gemeinschaftsrecht, in: Heinrich Siedentopf a.a.O., S. 72–75.

54 Wolf H. Goldschmitt: Interview mit Dr. Heinrich Hoffschulte, Steinfurter Oberkreisdirektor, in: Kommunalpolitische Blätter 1/92, S. 32.

55 A. Bleckmann a.a.O., S. 367. Vgl. O. Bardong a.a.O., S. 34. Elisabeth Dette-Koch: Integration und Kompetenzverteilung, in: Siedentopf a.a.O., S. 109 ff.

Das Grundgesetz geht grundsätzlich von einem Vorrang der Gesetzgebungs-kompetenz der Länder aus und sieht eine alleinige Zuständigkeit des Bundes nur in wenigen enumerativ aufgezählten Feldern (z. B. auswärtige Angelegenheiten und Verteidigung), doch gelang es der zentralen Ebene, in der politischen Praxis die Verhältnisse umzukehren. Die Begründung zur Kompetenzverschiebung fand sich in dem verfassungsrechtlichen Gebot zur Herstellung einheitlicher bzw. gleich-wertiger Lebensverhältnisse, dem auch vom Bundesverfassungsgericht hohe Pri-orität eingeräumt wurde.[56]

Eine Begründung wird aber auch in der praktischen Arbeit zwischen Bund und Ländern dadurch gesehen, dass ein grundsätzliches Problem durch den hohen Koordinierungsaufwand der europäischen Aktivitäten der Länder und deren Ab-stimmung in 16 Bundesländern nach Fachressorts bestünde.[57]

Darin liegt ein Kernproblem: Die Mitwirkung an europäischen Entschei-dungsprozessen und die Einbindung in die EU-Politik geht über die Länder-beteiligung auf Bundesebene; der regionale Gesichtspunkt in vielen Fragen wird dadurch in gewisser Weise „neutralisiert". Zudem dauern die Prozesse zu lange.

Wer die politischen Entscheidungswege kennt, weiß, dass oftmals kurzfristig Initiativen ergriffen werden müssen, um darauf zu reagieren und Einfluss zu neh-men. Das ist bei Interessenverbänden nicht anders als bei den Interessen in den Regionen bzw. der Länder. Daher wird befürchtet, dass dieser Prozess der euro-päischen Integration zu weiterer Unitarisierung und Zentralisierung führt, die auf innerstaatlicher Ebene ausgebildeten „checks und balances" überspringt und neben der Gewichtsverlagerung auf die europäische Ebene auch zu einer Stärkung der Rolle des Bundes führt, obwohl dies der Identifikation mit dem Europäischen Integrationsprozess nicht förderlich erscheint.

Die Stellung der deutschen Bundesländer ist daher nicht gesichert.[58] Hier können auch die Verwaltungsstrukturen keine Bestandsgarantien geben. Das Ge-meinschaftsrecht sichert auf jeden Fall den Bundesländern die Kompetenzen und Aufgabengebiete nicht.[59]

Aber nicht nur das Gemeinschaftsrecht, sondern die politischen Grundwerte für eine föderale Struktur unter Einbeziehung der Regionen und die auf regionaler Ebene angesiedelten Entscheidungsträger scheinen nicht ausgeprägt genug zu

56 John Loughlin: Die regionale und lokale Demokratie in der Europäischen Union, Brüssel 1999 (AdR-Studien E-1/99), S. 75. Vgl. auch H. Laufer und U. Münch: Das föderale System der Bundesrepublik Deutschland, Bonn 1997. Vgl. auch Gemeinsames Positions-papier der Ministerpräsidenten der Länder Baden-Württemberg, Bayern und Hessen zur Notwendigkeit einer leistungs- und wettbewerbsorientierten Reform des Föderalismus: „Modernisierung des Förderalismus – Stärkung der Eigenverantwortung der Länder".

57 Erwin Teufel a.a.O.

58 Hermann-Josef Blanke: Föderative Staatsstrukturen und Europäisches Gemeinschaftsrecht. in: Heinrich Siedentopf a.a.O., S. 72–75.

59 Jörg Ukrow: Umsetzung und Ausführung von Rechtsakten der europäischen Gemeinschaft durch die Länder nach Art. 10 Abs. 3 des Eigentumsvertrages, in: H. Siedentopf a.a.O., S. 246–247.

sein:[60] Dies liegt zu einem wesentlichen Teil an der Verteilung der politischen Entscheidungsbefugnisse zwischen Rat, Kommission und Parlament.

Auch im Weißbuch der EU zu möglichen neuen politischen Entscheidungsstrukturen verweist diese vor allem auf die nationalen Regierungen und deren Pflicht zur Einbindung von Regionen und Kommunen. Ein weiterer konzeptioneller Ansatz der EU zur formalen Einbindung der Regionen oder auf dieser Ebene angesiedelten Entscheidungsorgane ist nicht erkennbar.[61] Zumindest erkennt man bei der EU keine engagierten Bemühungen, den Regionalisierungsprozess voranzutreiben; sie versucht, dies auf die nationale Ebene „abzuwälzen".[62] Ohne klare Änderungen der Verfassungsstrukturen auf EU-Ebene ist dies nicht zu bewerkstelligen.[63]

Es gab – wie eingangs des Kapitels bereits dargelegt – in den letzten 25 Jahren zahlreiche Initiativen und Erklärungen der Länder und des Bundesrats sowie auch europäischer Organe wie dem Parlament zur Notwendigkeit des Föderalismus und der Einbindung einer „regionalen Ebene" unterhalb des Nationalstaates.[64] Aber in der politischen Praxis ist diese Stellung so nicht verwirklicht. Die Länder werden nicht müde in ihrem Einsatz um diese Position: So wurde auch 1998 auf der Grundlage der Jahreskonferenz der Länder in Potsdam eine Modernisierung der bundesstaatlichen Ordnung gefordert.[65]

Die Bundesländer, insbesondere Baden-Württemberg, Bayern und Hessen, fordern im Sinne des „kooperativen Föderalismus" mehr Kompetenzen der Länder im Sinne von mehr Gesetzgebungskompetenzen, durch eigene Steuerautonomie und der dadurch geschaffenen Möglichkeit zur Nutzung der eigenen Wirtschafts- und Strukturpolitik;[66] sie fordern in diesem Zusammenhang eine stärkere demokratische Legitimation der EU und die stärkere Berücksichtigung der Regionen und deren Spezifika.[67]

---

60 Vgl. Dokument der EU 273/01: Die Zukunft der Europäischen Union. Erklärung von Laeken am 15. 12. 2001: „Die derzeitige Arbeitsweise der Union erlaubt keine angemessene Interaktion im Rahmen einer Partnerschaft, bei der die nationalen Regierungen ihre Regionen und Kommunen in die Gestaltung der europäischen Politik voll einbeziehen".

61 Vgl. Weißbuch der Europäischen Kommission: Europäisches Regieren, Brüssel 2001.

62 Hierzu Fritz Franzmeyer, Siegfried Schultz, Dieter Schumacher, Bernhard Seidel: Einflüsse der Europäischen Gemeinschaft auf die Regionalpolitik in der Bundesrepublik Deutschland, Göttingen1975, S. 217. Vgl. Werner Reh: Möglichkeiten und Grenzen der Beteiligung der Bundesländer an der Gestaltung der europäischen Politik. in: Siedentopf a.a.O., S. 87 ff.

63 Thomas Fischer, Nicole Schley: Europa föderal organisieren – Essentialia einer Strukturreform der Europäischen Union zur Jahrtausendwende, Gütersloh 1998.

64 Joachim Bauer: Europa der Regionen – Aktuelle Dokumente zur Rolle und Zukunft der deutschen Länder im europäischen Integrationsprozess, Berlin 1991.

65 Gemeinsames Positionspapier der Ministerpräsidenten der Länder Baden-Württemberg, Bayern und Hessen zur Notwendigkeit einer leistungs- und wettbewerbsorientierten Reform des Föderalismus: „Modernisierung des Föderalismus – Stärkung der Eigenverantwortung der Länder".

66 Ebd.

67 Vgl. Bundesratsdrucksache 1981/01 vom 20. 12. 2001: Entschliessung des Bundesrates zur Kompetenzabgrenzung im Rahmen der Reformdiskussion zur Zukunft der Europäischen Union.

Die Länder sehen im Sinne der Bedeutung für die Regionen in Europa dafür im Amsterdamer Vertrag und des in Artikel 23 GG neu verankerten Subsidiaritätssystems eine wesentliche Grundlage.[68] Dies muss einhergehen mit der Schaffung klarer Kompetenzreformen und eines Kompetenzkatalogs für die politischen Ebenen.[69] Das kann aber nur in Abstimmung EU-Bund-Land geschehen.

Trotz der Initiativen und den Erklärungen auf EU-Ebene fehlt es aber an einem klaren Konzept für die Gewaltenteilung und die föderalen Grundstrukturen.[70] Mit vergleichbaren Strukturen in den Mitgliedsstaaten wird auf absehbare Zeit nicht gerechnet: „In der Praxis des Binnenmarktes Europa wird man davon ausgehen müssen, dass es zu einem sehr vielfältigen und regional sehr unterschiedlichen Europa kommen wird, in dem trotz offener Grenzen viele Bereiche und Märkte nicht gleich geregelt sind, sondern außerordentlich unterschiedlich strukturiert bleiben.“[71] Es ist zu erwarten, dass sich die Frage nach den Regionen in der Praxis nach folgenden Kriterien beantworten wird:

1. nach den Märkten,
2. nach den Arbeitskräftebewegungen und
3. nach den sozialpolitischen Regelungen.[72]

III. Die Rolle der Organisationen im vorpolitischen Raum für die Zukunft der Integration und Regionalisierung

a) Verbände als Spiegelbild politischer Strukturen und Begleiter des Europäischen Integrationsprozesses

Wenn tatsächlich die politischen Reformen nicht von der europäischen Union ausgehen werden, womit bei dem bisherigen Modell der Entscheidungsstrukturen in der EU zu rechnen ist, sondern die Märkte und die wirtschaftliche Verflechtung die globalen, aber auch die regionalen Fragen aufwerfen, dann haben nicht nur aus diesem Grund die Organisationen im Vorpolitischen Raum eine wichtige Funktion hierbei.[73] Gerade mit Blick auf die Europäische Union ist festzustellen, dass sich

---

68 Ebd.

69 Drucksache 13/580 des Landtages von Baden-Württemberg (Mitteilung der Landesregierung: Position zur Zukunft der Europäischen Union) vom 11. 12. 2001. Vgl. hierzu auch: Vortrag Hans Georg Fischer 2/1999 in Berlin: Hier wird auf die gewollte Stärkung der Länder eingegangen (Vertrag von Maastricht, Europaartikel), was in der Praxis der Bund-Länder-Beziehung die Abstimmung kompliziert und schwerfällig macht. Vgl. auch Erwin Teufel a.a.O., S. 17.

70 Vgl. Herrmann Lübbe: Abschied vom Superstaat. Berlin 1994, S. 57. Vgl. Horst Risse, Staatssekretär beim Bundesrat, in einem Vortrag 1999 in Berlin.

71 Ingo Friedrich a.a.O., S. 4.

72 B. Heinzemann vom BDA im Gespräch am 13. 4. 1992 in Köln, vgl. Hans-W. Paul Schloz: Die Auswirkungen der Europ. Integration auf das Deutsche Verbändesystem, Stuttgart 1999.

73 Siehe hierzu Rupert Breitling: Pressure Groups, in: HdSW, Bd. 8, S. 528. Léon Dion: Société et politique: la vie des groupes, tome premier, Québec 1971. William James Millar Mackenzie: Pressure Groups – The conceptual framework, in: Political Studies. NY 1955,

vor allem die Wirtschaftsorganisationen als solche Organisationen besonders stark entwickelt haben.[74] Die Rolle der Organisationen im Vorpolitischen Raum ist insofern nicht unerheblich, weil sie ein Indikator, aber auch ein Einflussfaktor für die politischen Entscheidungsebenen in der EU sein können[75] bzw. auch sind; zumindest gilt dies bislang in den einzelnen Mitgliedstaaten.

Im föderalen System Deutschlands kommen seit jeher neben den Parteien vor allem den Verbänden eine wichtige Rolle zu.[76] Parteien und Verbände sind dabei z. T. miteinander verflochten.[77] Allerdings haben die Verbände einen wesentlichen Vorsprung gegenüber den Parteien: Sie sind heute auf europäischer Ebene bzw. bis auf diese Ebene „hoch" organisiert, die Parteien, wenn überhaupt, dann doch eher heterogen.

Auf europäischer Ebene findet sich oft das Spiegelbild nationaler Verbändeorganisationen. Mittlerweile haben sich Tausende Verbände auf der Ebene der EG organisiert,[78] die zu einem großen Teil die Dachorganisationen der nationalen Verbände darstellen.

Die Bildung der Verbände auf EU-Ebene erfolgte in gewissen Schüben parallel zu den Integrationsschritten. So hatte beispielsweise die Gründung der Europäischen Gemeinschaft eine starke europäische Konzentration der Verbände zur Folge,[79] obwohl es den Vertretern nationaler Organisationen gerade in der „Grün-

---

S. 247–255 bzw. Valdimer Orlando Key: Politics, Parties und Pressure Groups, in: Public Opinion and American Democracy, S. 500–531. Ein weiteres Eingehen auf die amerikanischen Spezifika des Lobbying sowie die Unterschiede des Verhältnisses Staat-Verbände in der amerikanischen Wirklichkeit und in der Bundesrepublik Deutschland soll hier nicht betrieben werden.

74 Karlheinz Neunreither: Wirtschaftsverbände im Prozess der europ. Integration, in: Carl-F. Friedrich: Politische Dimension der europ. Gemeinschaft, Opladen 1968, S. 365.

75 Werner Weidenfeld (Hg.): Europa-Handbuch, Gütersloh 2002.

76 Vgl. Ulrich von Alemann/Rolf Heinze: Kooperativer Staat und Korporatismus: Dimension der Neo-Korporatismusdiskussion, in: Ulrich von Alemann: Neokorporatismus, Frankfurt 1981, S. 44.

77 So kann man beispielsweise beim Studium der Biographien der Bundes- und Landtagsabgeordneten sowie der Minister der Bundes- und Landesregierungen feststellen, dass rund 80% einem Verband oder einer sonstigen Interessenorganisation angehören bzw. als Hauptamtliche angehörten. Vgl. hierzu Jürgen Becker (Gewaltenteilung im Gruppenstaat – ein Beitrag zum Verfassungsrecht des Parteien- und Verbändestaates. Baden-Baden 1986, S. 213), der darstellt, dass im 10. Deutschen Bundestag von 520 Abgeordneten allein 312 gewerkschaftlich organisiert waren. Siehe auch Heinrich Oberreuter/Jürgen Weber: Plurale Demokratie und Verbände, Stuttgart 1978, S. 73–75. Vgl. auch Rudolf Steinenberg a.a.O., S. 18.

78 Bereits in den 80er Jahren hatten sich Hunderte Verbände in Brüssel organisiert. Heute rechnet man mit nahezu 10 000 in Brüssel organisierten EU-Verbänden. Hierzu: T. Würtemberger: Die Verbändepolitik aus europarechtlicher und integrationstheoretischer Sicht, in: K.M.Meesen: Verbände und europäische Integration, Baden-Baden 1980, S. 30/31. Siehe auch EG-Kommission: Répertoire des organisations professionnels de la communauté européenne. 5e édition, Bruxelles 1998.

79 Vgl. T. Würtemberger: a.a.O., S. 30. Vgl. Hans Wolfgang Platzer: Unternehmensverbände in der EG. Ihre nationale und transnationale Organisation und Politik, Kehl 1984. S. 272/273.

derphase" des europäischen Verbandswesens schwer gefallen ist, „über ihren nationalen Schatten zu springen".[80] „Behindert" wurde die europäische Verbandsintegration aber auch durch die Kontaktsuche der EG-Organe mit den nationalen Organisationen,[81] was dazu beigetragen hat, dass sich die Integration der europäischen Verbände verzögert hat.[82] Die Kommission glaubt in vielen Fällen erkannt zu haben, dass der offizielle direkte Kontakt zu den nationalen Verbänden – vorwiegend den Fachverbänden – die Weiterentwicklung der europäischen Organisationen bremst.[83]

Auf der anderen Seite gab es zunächst kaum eine echte Alternative für die EG-Organe, denn eindeutige Positionen konnten anfangs in den EG-Verbänden selten erzielt werden.[84] Zudem waren die nationalen Organisationen gut funktionierende Ratgeber mit Erfahrung und Fachwissen, was insbesondere die Kommission und der jeweilige Kommissar nutzen musste. Es gelang der EG-Kommission aber erst später, „in den europäischen Verbänden ‚Verbündete' für die europäische Integration zu finden und ihren Sachverstand einzubinden in das Rechtsetzungsverfahren."[85]

In dem o. g. Zeitraum wurde deutlich, dass die Verbände auch in der EU bzw. EG ein Spiegelbild waren für die Ausrichtung auf eine Gemeinschaft der Nationalstaaten und auch die Verbände diesen Prozess von einer Vereinigung nationaler Interessen zu Organisationen für die Brancheninteressen staatenübergreifend durchlebten.

Die europäischen Verbände erfüllen heute wesentliche, den Integrationsprozess fördernde und begleitende Funktionen:
– Lieferant von Informationen und Sachverstand,[86]
– Bindeglied zur Öffentlichkeit,[87]

80 Vgl. Neunreither a.a.O., S. 361. Vgl. auch Hans-W. Paul Schloz: Die Auswirkungen der Europäischen Integration auf das Deutsche Verbändesystem, Diss. Stuttgart 1994.

81 Ein Grund war auch die Stellung des Rates, über den viele Verbände versucht haben, Interessen einzubringen, was heute aufgrund der vielen Detailregelungen aus Brüssel nicht mehr denkbar ist (hierzu E. Kirchner a.a.O., in: Integration 4/86, S. 157).

82 William Averyt: Clientela and the European Community, in: International Organisation. Band 29. Nr. 4 Aug. 1975, S. 949–972.

83 E. Kirchner: Interessenverbände im EG-System und der Integrationsprozeß, in: ‚Integration' 4/86, S. 160/161. Hierzu auch T. Bayer a.a.O.

84 Siehe auch William Averyt: Agropolitics in the European Community, New York 1977, S. 86.

85 Vgl. Roy Pryce: The politics of the European Community, London 1973. K. Schwaiger a.a.O., S. 77.

86 Siehe auch K. Schwaiger a.a.O., S. 82.

87 Vgl. V. Hoffmann a.a.O., S. 262; K. Neunreither: a.a.O., S. 380. Hierzu auch E. Kirchner a.a.O., S. 158.

– Katalysator verschiedener Einzelinteressen[88] und
– zusätzliches Bindeglied zu den nationalen Regierungen.[89]

Wollte man die politikwissenschaftliche Analyse weiterführen, stellte man fest, dass die Organisationen im Vorpolitischen Raum im europäischen Einigungsprozess weitere, eher untypische Aufgaben erfüllen, wie beispielsweise die Bindegliedfunktion zwischen dem für die EG-Bürger abstrakten Gebilde EG und den EG-Bürgern;[90] sie nehmen in dieser Funktion zum Teil ureigenste Aufgaben von Parteien wahr.[91]

b) Die neue Rolle der deutschen Verbände im vereinten Europa
Die Aufgaben und die „Landschaft" der Verbände auf europäischer, aber auch auf nationaler Ebene haben sich in den letzten 15 Jahren deutlich verändert und neue Rahmenbedingungen für die Organisationen bis herunter zu den regionalen Verbänden geschaffen. So haben auch die nationalen Organisationen im Vorpolitischen Raum eine neue, europäische Rolle übernommen und bewegen sich nicht nur als Interessenvertreter gegenüber deutschen Gesetzgebungsorganen.

Trotz der Integration der europäischen Verbände in Entscheidungsprozesse auf EU-Ebene ist es üblich, dass sich die EU-Beamten und Politiker des Kontaktes ihrer nationalen Verbandsvertreter bedienen und sich dort oft den fachkundigen Rat bei Vorlagen holen.[92] Dies kann dazu führen, dass die europäischen Verbände erst zu einem späteren Zeitpunkt offiziell in einer Art Anhörung in den Entscheidungsprozess einbezogen werden.[93] Dieses Phänomen tritt vor allem dann zutage, wenn

---

88 Vgl. James Caporaso: The structure and function of European Integration, S. 33. Hierzu auch Werner J. Feld: National Economic Interest Groups and Policy Formation in the EEC. 1966, der dies „gatekeeping-Funktion" nennt. Hierzu Dietz/Glatthaar a.a.O., S. 167. Siehe auch K. Schwaiger a.a.O., S. 43. Carl J. Friedrich a.a.O., S. 86–88. Volker Hoffmann: Interessenvertretung und Euro-Lobbying, in: Röttinger/Weyringer a.a.O., S. 263: Dort ist von der wichtigen Filterfunktion der Verbände die Rede. Vgl. W. Großkopf: Aufgaben von Fachverbänden im europäischen Binnenmarkt – Referat im Rahmen der Mitgliederversammlung des Bundesverbandes der privaten Milchwirtschaft e. V. in Würzburg am 17. 5. 1991, S. 2.
89 Siehe auch: H.-W. Platzer a.a.O., S. 146.
90 Hierzu: James Caporaso: The structure and funktion of European Integration – Passific Palisades, California 1974, S. 33. Volker Hoffmann: Interessenvertretung und Euro-Lobbying, in: Röttinger und Weyringer a.a.O., S. 262.
91 Vgl. Emil Kirchner: Interessenverbände im EG-System und der Integrationsprozeß, in: ‚Integration' 4/86 Oktober 1986, S. 159. Vgl. auch Hans-Dieter Heumann a.a.O., S. 64. Verbände dienen zudem als Bindeglied zwischen staatlichen Instanzen. „. . . die transnationale Kooperation von Interessengruppen ist nicht nur als Möglichkeit der Partizipation der Bevölkerung in der Europäischen Gemeinschaft zu sehen, sondern auch als Potential für die Auflösung rein intergouvernementaler, zwischenstaatlicher Integrationsformen".
92 Ministerialrat Dr. Jochen G. Merkel aus dem Bundeswirtschaftsministerium, Abt. Europapolitik, im Gespräch am 30. 7. 1992 in Bonn. Hierzu auch Elgar Straub vom VDMA im Gespräch am 13. 8. 1992 in Frankfurt.
93 Dr. Merkel a.a.O.

ein nationaler Verband durch die dominierende Marktstellung seiner Mitglieder ein gewichtiges Wort im Europäischen Verband mitzureden hat.

So wie auf nationaler Ebene nicht selten der Kontakt zum starken Mitgliedsunternehmen oder zum Unternehmen der Präsidenten gesucht wird, ist dies auch z. T. bei der Einbeziehung nationaler Verbände in den europäischen Willensbildungsprozess zu sehen. Ein wichtiger Faktor für die nationalen sowie die regionalen Landesverbände ist der Kontakt zum Europäischen Parlament (EP), das seinerseits den Kontakt zu seinen nationalen Organisationen sucht.[94] Je mehr das Parlament an Bedeutung gewinnen wird, um so stärker wird hier auch die Vernetzung zwischen MdEPs und den regionalen Verbänden stattfinden. Dies wird sich abbilden auf das Verhältnis Bundesländer/Regionen zur EU.

Ein Bedeutungsgewinn des EP wird auch das Verhältnis der Verbände zum Bund verändern, das sich aufgrund des Gewichts des Rates und der Mitgliedsstaaten in der EU in den letzten 10 bis 20 Jahren nicht selten bei bestimmten Fragen zu einer Partnerschaft entwickelt hat. Betrachtet man beispielsweise die derzeitige Diskussion um die Gruppenfreistellung für den Automobilvertrieb oder auch die Altauto-Gesetzgebung, dann stellt man fest, dass deutsche Automobillobbyisten und die deutsche Regierung sich nicht nur gegenüberstehen, sondern partnerschaftlich den Interessendruck gegenüber der EU ausüben. Sie sind also auch Partner des Staates, der sich der Sachkompetenz und des Sachverstandes der Verbände bedient.[95]

Diese seit vielen Jahren sich herausbildende z. T. neue Position verändert teilweise die traditionelle Funktion und Struktur vieler Verbände in Deutschland. Die Verbände bewegen sich zwischen klassischem Lobbying und Bildung von Zweckpartnerschaften gegenüber anderen politischen Ebenen. Dabei wird sich die Landschaft der rund 30000 bundesdeutschen Verbände in der heutigen Ausdifferenzierung verändern, weil nicht immer das passende Gegenstück oder die politische Grundlage dafür in den anderen EU Ländern in der uns bekannten Vielfalt der Verbände vorhanden ist:

---

94 Vgl. H.-J. Wilke a.a.O., S. 230.

95 Herbert Buchner: Probleme des Verbandsrechts aus der Sicht des deutschen Zivil- und Arbeitsrechts, in: Karl Matthias Meesen: Verbände und europäische Integration, Baden-Baden 1980, S. 9. Siehe auch H. Leßmann a.a.O., S. 56. Ganz zentral hierzu Herbert Helmrich MdB auf einer BDI Veranstaltung am 8. 5. 1989 in Köln aus Anlass des 40jährigen Bestehens zum Thema „Wirtschaftsverbände, Partner der Politik oder Pressure Groups?": „Ich brauche die Verbände einerseits als Informanten. Wenn wir ein Altölbeseitigungsgesetz machen, wissen wir in Bonn überhaupt nicht, wo Altöl anfällt. Wir wissen nicht, ob es überhaupt technisch und finanziell möglich ist, es flächendeckend zu beseitigen oder ob es sinnvoller ist, es an entlegenen Ecken zu verbrennen. Dafür gibt es in Bonn keinen ausreichenden Sachverstand. Hier sind, so wie Sie es vorhin schon sagten, die Verbände als Mittler tätig. Ich brauche die Verbände außerdem – und das jetzt nicht als Parlamentarier – zur Kontrolle der Bürokratie. Kein Minister weiß heute mehr so genau, was in einem Ministerium mit 2000 Bediensteten eigentlich vor sich geht. Und keiner weiß in Bonn so genau, was die Beamtenschaft in Brüssel täglich aushandelt."

1. Vereinigungen innerhalb des Wirtschafts- und Arbeitssystems:
   - Wirtschaftsverbände/Unternehmerverbände[96]
   - Arbeitgeberverbände
   - Kammern
   - Arbeitnehmervereinigungen/Gewerkschaften
   - Berufsverbände
   - Verbraucherverbände
2. Vereinigungen im sozialen Bereich:
   - Wohlfahrtsverbände
   - Kriegsopfer- und Zivilgeschädigtenverbände
   - Vertriebenenverbände
   - Familien-, Frauen- und Jugendverbände
3. Vereinigungen im Freizeitbereich
   - Sportverbände
   - Freizeitverbände/-vereine
4. Vereinigungen im Bereich Kultur, Religion, Politik und Wissenschaft
5. Vereinigungen von Gebietskörperschaften und andere Körperschaften des öffentlichen Rechts.[97]

Betrachtet man die Funktionen und Aufgabenfelder der Verbände im Ganzen, dann wird deutlich, dass die Adressaten der Interessenpolitik nicht nur die Politik im engeren Sinne, die Abgeordneten und Regierungsvertreter sowie die Behörden sind, bei denen sie ganz formale, legale und institutionalisierte Mitsprachemöglichkeiten[98] innehaben, sondern auch die Gerichtsbarkeit, wobei hier weniger von Interessenartikulation gesprochen werden kann. Verbände wirken mit an der Tarifpolitik, an der Arbeits- und Sozialgerichtsbarkeit, in den Organen der Bundesanstalt für Arbeit u. a.m.[99]

Zu beobachten ist, dass die europäische Integration bei den deutschen Verbänden eine neue Ausrichtung bewirkt hat, was mit der Angst verbunden ist, man könne durch mehr Kompetenzen der EU und durch den Bedeutungsgewinn der europäischen Verbände an Einfluss verlieren, auch wenn die europäischen Organisationen den nationalen eine wichtige Mitwirkungsfunktion auch auf europäischer Ebene beimessen.[100] Dies ist in anderen EU Mitgliedstaaten oft wesentlich ausge-

---

96 Hierzu Mancur Olson: Die Logik kollektiven Handelns, Tübingen 1968, S. 139 ff. Ernst-Bernd Blümle a.a.O., in: Erwin Grochla: Enzyklopädie der Betriebswirtschaftslehre, Stuttgart 1986, S. 2294.

97 Vgl. Jürgen Weber: Die Interessengruppen im pol. System der Bundesrepublik Deutschland, Stuttgart 1977.

98 Vgl. Rolf Heinze: Verbändepolitik und Neokorporatismus – Zur Soziologie organisierter Interessen, Opladen 1981, S. 103. Hierzu auch David B. Truman (The Governmental process, New York 1971), der in bezug auf die pressure groups die Einflussmöglichkeiten der Verbände darstellt.

99 Vgl. Oberreuter/Weber a.a.O., S. 58–63.

100 So z. B. der Präsident der CECRA (Europäische Vereinigung des Kraftfahrzeuggewerbes) Patrick Lepoutre auf einem Branchentreffen der Autoteilehersteller und -händler am 22. 1. 1994 in Düsseldorf in Bezug auf die EG-Gruppenfreistellungsverordnung. Der

prägter als in Deutschland. So tun sich beispielsweise die britischen Verbände mit dem Lobbying in Brüssel und der europäischen Verbandsarbeit oftmals sehr schwer und suchen den engen Schulterschluss mit der eigenen Regierung in London.[101] Dies trifft bei uns vor allem auf die Mittelstandsorganisationen und auf Verbände aus nicht wirtschaftlichen Politikbereichen zu.[102] Hier spielt die Marktorientierung eine nicht unerhebliche Rolle; ausbleibende Fortschritte auf Gemeinschaftsebene führen in der Regel zur Fortschreibung nationaler Konzeptionen und ersticken die europäische Ausrichtung der Mitgliederorganisationen.[103]

Es haben sich aber auch im Wirtschaftsbereich in der Bundesrepublik Deutschland wie in anderen Mitgliedsstaaten Verbände herausgebildet, die auf europäischer Ebene keinen Partner finden, da sie Unternehmen aus ganz speziellen Wirtschaftszweigen vertreten, die in anderen europäischen Ländern nicht eigenständig vertreten werden.[104] Für diese Verbände bleibt nur der Weg über die Aufwertung zu einem eigenen europäischen Verband, der Weg über einen Spitzenverband sowie die vorerst noch wirksame Bindung an die nationale Regierung mit deren Einflussmöglichkeiten.

Dazu kommt die Frage, wie europäisch und international die Märkte für die Mitgliedsunternehmen, z. B. der in mittelständischen Wirtschaftszweigen,[105] ausgerichtet sind und ob bei starker Ausrichtung auf regionale Märkte eine stärkere Partnerschaft zwischen nationaler Regierung und nationalen Verbänden verursacht wird.[106]

Die Nähe oder Entfernung deutscher Verbände zur Bundesregierung bzw. zum europäischen Verband hängt nicht unwesentlich von den Auflagen und Vorgaben ab, die entweder aus Brüssel oder Bonn kommen. So spüren zahlreiche Branchen in der Bundesrepublik – wie z. B. die deutsche Chemie- oder Kunststoffindustrie – einen starken Druck durch die Bonner Umweltgesetzgebung oder in anderen Sparten durch die Gesundheitspolitik. Gerade die Wirtschaftsverbände dieser Branchen hegen große Hoffnungen in Bezug auf eine Liberalisierung durch die EG-Politik.[107] Nicht immer bewirken daher starke Abhängigkeiten von nationalen politischen bzw. rechtlichen Vorgaben auch eine starke Konzentration auf die nationale Interessenpolitik, sondern oftmals auch das Gegenteil.[108] Die Indu-

---

europäische Verband wird sich demnach gegenüber den EG-Organen für die Beibehaltung selektiver Vertriebssysteme einsetzen und hat seine Mitgliedsverbände gebeten, dies parallel dazu gegenüber ihren nationalen ebenso zu vertreten.

101 Vgl. G. Wilson a.a.O., S. 78/80.

102 T. Würtemberger: Die Verbände aus europarechtlicher und integrationstheoretischer Sicht, in: K.M. Meesen: Verbände und europäische Integration, S. 30.

103 Dokumentation des Generalsekretariats des WSA der EG, S. 254.

104 Ergebnisprotokoll des BDI-Arbeitskreises „Europäische Verbandsentwicklung" vom 27. 2. 1992, S. 5.

105 Hierzu Hans-W. Paul Schloz a.a.O.

106 Siehe auch H.W. Platzer: Unternehmensverbände der EG: ihre nationale und transnationale Organisation und Politik. Kehl 1984, S. 274.

107 Hierzu Peter Lüthcke, Präsident des Verbandes der Deutschen Lederindustrie im Gespräch am 2. 11. 1992 in Backnang.

108 Hierzu Dr. J. Schrader vom Bundesverband Deutscher Holzhandel in einer Antwort vom April 2002.

strieorganisationen sehen sich in der Pflicht, die Politik den internationalen Märkten der Industrieunternehmen auf europäischer Ebene auf ein Niveau zu bringen und hier Regelungen zu erreichen oder zu verhindern. Diese Organisationen sind schon aufgrund ihrer Ausrichtung in der Vergangenheit schwerpunktmäßig nicht auf Länderebene organisiert wie dies bei den mittelständischen Branchen der Fall ist.

Die Ausgangssituation für die mittelständische Wirtschaft wie beispielsweise beim Handwerk, beim Handel, den Dienstleistern inkl. den freien Berufen oder gar bei den sozialpolitischen Organisationen wie Gewerkschaften ist eine andere. Diese Verbände bzw. ihre Mitglieder haben entweder lokale, regionale, nationale oder höchstens im bisherigen Nachbarschaftsgrenzgebiet Schwerpunkte wie beispielsweise die Unternehmen Baden-Württembergs im ehemaligen Grenzgebiet zu Frankreich grenzüberschreitende Märkte.

Diese mitgliederstarken Verbände sind i.d.R. auch auf Länderebene organisiert und haben oftmals ganz individuelle, regionale Interessenlagen. So wird den Handwerker im Rheinland in Nachbarschaft zu Belgien oder den Niederlanden weniger interessieren, welche Fragen den südwestdeutschen Handwerker im täglichen Wettbewerb und Miteinander mit dem französischen Kollegen und dessen Markt bewegen. Den badischen oder schwäbischen Handwerker wird wieder weniger berühren, was den Handwerker in der Nähe Tschechiens oder Österreichs beschäftigt. Es sind Fragen des Arbeitsmarktes wie Lohnstruktur, Steuern und Abgaben sowie die Rahmenbedingungen bei Haftung und Vorgaben für die Qualität der Leistung, die grenzüberschreitend konkurriert.

Daraus ergibt sich für die Landesverbände als deren Interessenvertreter eine andere politische Aufgabe, als für einen Verband der Chemisch oder Pharmaindustrie. Ein weiterer Aspekt besteht auch darin, dass sich bei diesen Großorganisationen weitere Arbeitsteilungen und zusätzliche Aufgaben herausgebildet haben. Verbände sind in diesen Branchen nicht nur Interessenvertreter, sondern auch wichtige Dienstleister für die Mitglieder.[109] Dort finden Verbände selbst „regionale" nationale Mitgliedermärkte.

c) Landesverbände als Partner des Föderalismus und Regionalismus
Ohne die Strukturen und die Historie der Verbände an dieser Stelle grundlegend beleuchten zu wollen, sei hier nochmals angemerkt, dass nicht alle Verbände folgenden ausdifferenzierten Aufbau aufweisen wie z. B. das Handwerk: Kreis (Kreishandwerkerschaft), Innung, Landesverband oder Landesinnung, Bundesverband. Seit Jahren oder Jahrzehnten existiert dann i.d.R. auch ein europäischer Verband. Es gibt auch Sozial- bzw. Wohlfahrtsorganisationen, die, bedingt durch ihre sozialen Dienstleistungsaufgaben, derart vertikal differenziert organisiert sind.

---

109 Vgl. Wilhelm Hill: Marketing in und von Verbänden, in: Die Unternehmung, 41.Jg., Nr. 1 (1987), S. 64–85, hier S. 70. Hierzu auch W. Großkopf: Europäisierung der Verbandsarbeit. Referat auf einem Work Shop der Forschungsstelle für Verbands- und Genossenschaftsmanagement der Universität Fribourg zum Thema „Ansätze für die strategische Verbandsarbeit in einem neuen Umfeld" am 30. 3. 1992 in Adelboden (CH).

Mitgliederstarke Verbände, insbesondere der Wirtschaft, aber auch aus Kultur, Freizeit, Sport o.ä., sind zumindest auf Landesebene organisiert. I.d.R. stellen die Landesverbände die Mitglieder des Bundesverbandes dar, d. h. die Mehrheit der Landesverbände bestimmen die Ausrichtung des Bundesverbandes, der keine Unternehmen direkt als Mitglied führt. Auffällig und bedeutsam hierbei ist die bisherige Aufteilung der Arbeitsschwerpunkte zwischen der Bundes- und Länderebene bzw. Regionalebene. So steht bei Bundesverbänden bisher die vorne beschriebene Interessenpolitik und -vertretung, also das übergeordnete Interesse des Verbandes bzw. der Branche im Mittelpunkt.[110] Allerdings leiden die Bundesverbände in ihrer Effizienz häufig darunter, dass sie keinen direkten Kontakt zu den Mitgliedsunternehmen haben, sondern nur über den Filter der Geschäftsführung des Landesverbandes.[111]

Die klassische Interessenvertretung der Landesverbände geht bzw. ging in der Regel in zwei Richtungen: Zum einen nehmen sie die Interessen Ihrer Mitglieder gegenüber den Landes- und Bundesbehörden, der jeweiligen Landesregierung und einzelnen Landtags- und Bundestagsabgeordneten wahr, zum anderen vertreten sie die Interessen Ihrer Mitglieder im jeweiligen Bundes-, Dach- oder Spitzenverband; die eigene Verbandsorganisation auf der nächst höheren Ebene ist demnach Adressat regionaler Brancheninteressen.[112]

So erfüllten die Landesverbände wichtige Funktionen mit ihrem Kontakt zur Landesregierung, um die Interessenvertretung des Bundesverbandes begleitend zu unterstützen;[113] wobei die Initiativen der Interessengruppen auf Landesebene oder auch auf Bundesebene über den Bundesrat in der Vergangenheit vergleichsweise selten waren. So gibt es Untersuchungen, die zeigen, dass gerade mal rund 2 % der

---

110 Hierzu Michael Braune-Krickau: Die Organisation von Entscheidungsprozessen in Wirtschaftsverbänden, in: Blümle/Schwarz: Wirtschaftsverbände und ihre Funktion, S. 320: „Größere Verbände sind meist mehrstufig aufgebaut. Lokale oder regionale Organisationen tragen dann eine nationale Spitze. Die Aufgabenteilung ist meist so, dass der Spitzenverband alle nationalen und internationalen Aufgaben übernimmt, die regionalen Organisationen dagegen die regionalen Aufgaben und den direkten Mitgliederkontakt pflegen."

111 M. Braune-Krickau a.a.O., S. 320.

112 Jan A. Eggert, seiner Zeit Leiter der Zentralabteilung des BDI: Verbandsstrategien in den industriellen Spitzenverbände auf Landes- und Bundesebene. Referat auf einem Verbandsmanagementkongress am 19. 3. 1992 in Bad Homburg: „Wirtschaftspolitische Interessenvertretungen gegenüber den Landesregierungen sind nicht nur deshalb von Bedeutung, weil viele wirtschaftspolitisch relevanten Entscheidungen auf Landesebene gefällt werden, sie ist auch unter dem Gesichtspunkt einer wirkungsvollen Interessenvertretung auf Bundesebene bedeutsam."

113 So gibt es sehr interessante Erfahrungen, die zeigen, wohin mangelnde Interessenvertretungsaktivitäten der Landesverbände führen: Der Bundesverband der Freien Berufe spürt immer wieder, wenn Vorhaben, die in der Bundesregierung und im Bundestag mit Erfolg vorangebracht worden sind, im Bundesrat zum großen Teil aus dem Grunde scheitern, weil Landesverbände der Freien Berufe bei ihren Landesregierungen und Landtagen nicht über den notwendigen Einfluss verfügen.

verabschiedeten Gesetze über den Bundesrat eingebracht wurden.[114] Trotzdem sind die Aufgaben der Landesverbände bei der Unterstützung des Bundesverbandes im Rahmen der Bund-Länder-Gremien im Kontakt mit dem Bundesland nicht zu vernachlässigen. Mittlerweile hat sich aber auch bei den Verbänden auf Landesebene das Gefühl verstärkt, der Einfluss der eigenen Organisation und der Bundesländer innerhalb des europäischen Gefüges habe nachgelassen.[115]

Diese Verbände sehen inzwischen die Notwendigkeit, sich stärker um die Regelungen aus Brüssel zu kümmern und die regionalen Interessen zu vertreten; sie sehen eine neue Bedeutung im Netzwerk EU-Bund-Land.[116] Dabei entfaltet sich – nicht erst seit wenigen Jahren – ein engeres und stärker partnerschaftlich geprägtes Verhältnis zum Land bzw. zur Landesregierung.[117] Erwachsen ist dieses Miteinander aus dem gemeinsamen Interesse, jeweils die Netzwerke des anderen und Synergien zu nutzen. So hat beispielsweise auch das Land Baden-Württemberg wie die anderen Bundesländer mit einem eigenen Büro in Brüssel eine Infrastruktur geschaffen, die den Verbänden ebenso zugute kommt.[118] „Damit eröffnen sich Kommunikationskanäle, die für die gezielte Informationsgewinnung ebenso wichtig sind wie für die Artikulierung eigener Interessenpositionen."[119] Die Zusammenarbeit der Landesorganisationen der Wirtschaftsverbände mit der jeweiligen Landesregierung vollzieht sich in der Regel in der Weise, dass die Verbände die Kommunikationskanäle und -infrastruktur der Länderbüros nutzen und umgekehrt. So wurde beispielsweise aus dem baden-württembergischen Wirtschaftsministerium schon vor Jahren bestätigt, dass sich das Verhältnis der Landesregierung zu den Interessenverbänden und umgekehrt in den letzten Jahren hin zu einer stärkeren Partnerschaft in Sachfragen entwickelt hat.[120] Mit dem Ausbau der Landesvertretung in Brüssel nimmt dieser Aspekt noch zu. Das Land ist daran interessiert, die Wirtschaftsverbände in diesen Willensbildungsprozess einzubinden und als Kommunikationsmittel zu „gebrauchen". Dies geht einher mit der von den Verbänden in Baden-Württemberg einhellig vertretenen Meinung, man müsse sich stärker auf

---

114 Vgl. Heinrich Josef Schröder: Gesetzgebung und Verbände – Ein Beitrag zur Institutionalisierung der Verbandsbeteiligungen an der Gesetzgebung, Berlin 1997, S. 65.

115 Stellvertretend Günther Volz, Vorstand Ingenieurkammer Baden-Württemberg, in einem Schreiben vom Oktober 2001 oder der Landesverband des Bayerischen Zimmererhandwerks in einem Schreiben vom Dezember 2001.

116 Vgl. z. B. Ernst Geprägs, Präsident des Landesbauernverbandes in Baden-Württemberg: Die agrarpolitische Orientierung für die Verbandsarbeit in unserem Landesbauernverband: in Grüne Reihe Nr. 15 Stuttgart 1990. Nach der Fusion zum neuen Landesbauernverband – Perspektiven und Rückschau.

117 Diese Ansicht vertritt auch der stellvertretende Leiter der Vertretung der EG-Kommission A. Bunz in Deutschland. Hierzu auch Dr. Hartmut Richter, Hauptgeschäftsführer des Baden-Württembergischen Handwerkstages in einem Gespräch im Okt. 2001. Vgl. auch J. Eggert in der Deutschen Handwerkszeitung 3/1989. Hierzu auch E. Straub vom VDMA im Gespräch am 13. 8. 1992 in Frankfurt.

118 Hierzu: H. Weiand: Überreden bei Tisch, in: Focus 11/1993.

119 Beate Kohler-Koch a.a.O., S. 224–225.

120 Schreiben aus dem Ministerium für Wirtschaft, Mittelstand und Technologie Baden-Württemberg im März 1992 zu diesem Thema. Unterlagen aus dem Staatsministerium belegen diese Entwicklung zusätzlich.

europäischer Ebene engagieren und regionale Interessen vertreten; und wo dies geht in Partnerschaft auch mit dem Land.[121]

Gestärkt wird diese Entwicklung bzgl. der interessenpolitischen Aktivitäten der regionalen Verbände durch grenzüberschreitende, Nachbarregionen verbindende Aktivitäten, um eine Abstimmung der regionalen „Nachbar-Märkte" – wie in Baden-Württemberg (Grenzbezirk Baden) und dem Elsass – für die Mitgliedsunternehmen zu erreichen.[122] Nicht selten ist dies auch eine Möglichkeit, verwandte regionale Interessen in die jeweiligen nationalen Verbände beider Länder zu tragen.

Ohne die internen Veränderungen in den Strukturen der Interessenorganisationen weiter darzulegen, ist diese Frage nicht unerheblich, weil diese Organisationen ein Indikator und evtl. auch ein Faktor für die weitere Bedeutung regionaler Aspekte und regionaler Politik sind.[123] So kann man aus diesen Tendenzen herauslesen, dass auch die Wirtschaftsorganisationen des Mittelstandes die Befürchtung hegen, die politische Bedeutung für die Region Baden-Württemberg werde abnehmen, und es gelte, dem entgegenzuwirken. Diese Tendenz ist bei den Industrieorganisationen weniger zu erkennen, weil diese ein Interesse an einheitlichen, homogenen Märkten und Marktbedingungen haben.

Sieht man die Verbände als „Antenne" für die Zukunft der Regionen innerhalb der EU, dann scheint ein gewisser Einflussverlust durchaus erkennbar. Dafür spricht auch eine andere Entwicklung innerhalb der Verbände auf Regional- bzw. Landesebene: Der „Rückzug" bzw. das Ausweichen auf Dienstleistungsaufgaben. Es zieht sich innerhalb der Gesamtheit aller Verbände seit geraumer Zeit eine Art „Trennlinie" bezüglich der Aufgabenteilung: Die Bundesebene hatte ihren Schwerpunkt in der Interessenpolitik, die Landesebene, bedingt durch ihre Nähe zu den einzelnen Mitgliedern, ist besonders im Dienstleistungsangebot engagiert, und beide erfüllten bisher die oben beschriebenen Lobbyfunktionen begleitend der Politik der Bundesebene gegenüber Land und vor allem den Bund-Länder-Gremien. Der Grossteil der Landesverbände sieht – trotz zunehmendem Interesse der Bundesverbände an dieser Aufgabe und Einkommensquelle[124] – hier eine zunehmende Bedeutung für die regionalen Organisationen.[125]

---

121 So z. B. der Verband der Ba-Wü. Spirituosen-Hersteller oder der Verband der Ba-Wü. Omnibusunternehmer jeweils in Stellungnahmen im Januar 2002. Diese Meinung vertritt auch der Ba-Wü. Einzelhandelverband, vertreten durch den ehem. HGF E. Jäckle in einer Stellungnahme.

122 Vgl. Baden-Württembergischer Landesbauernverband in Grüner Reihe Nr. 15 Stuttgart 1990 sowie Aussage des Baden-Württembergischen Glaserhandwerks über interessenpolitische Ausrichtung. Hierzu auch der Deutscher Hotel- und Gaststättenverband (DEHOGA) Landesverband Ba-Wü. in einem Antwortschreiben vom 29. 1. 1992.

123 Vgl. Detlef Müller-Boeling, Hans-Peter Kummetz-Zeissner, Christiane Heinrich vom Betriebswirtschaftlichen Institut für empirische Gründungs- und Organisationsforschung. Dortmund 1992.

124 Jürgen Schäfer a.a.O.

125 Beispielhaft hierzu: Prof. Friedrich Golter, Hauptgeschäftsführer des Ba-Wü. Bauernverbandes in einer Einschätzung zur Entwicklung der Aufgaben der Landesverbände als regionale Interessenorganisationen.

Der Dienstleistungssektor der Verbände als Berater in Rechts-, betriebswirtschaftlichen und technischen Fragen, als Rechtsvertreter oder in Funktion von Werbegemeinschaften sowie als Tarifpartner und Koordinator von Gewerbeförderung u. ä. gewinnt seit vielen Jahren an Bedeutung, weil die Verbände, insbesondere die kleinen, im Gros aller Interessenvereinigungen einen gewissen Verlust in der Bedeutung der Interessenvertretung auszugleichen versuchen.[126] Auf diese Weise ist es möglich, die Mitglieder stärker an den Verband zu binden, als dieses durch Kollektivleistungen wie der Interessenvertretung möglich ist.[127] So wird zudem das „Trittbrettfahren" durch Nichtmitglieder eingedämmt.[128] Dies versuchen immer mehr Verbände in Form von Arbeitsteilung und Kooperationen verschiedener Branchenorganisationen, um die Leistungsfähigkeit zu erhöhen.[129]

Selbstverständlich ist es nicht nur reiner Selbstzweck, sondern es existiert eine echte Nachfrage nach Beratungsleistungen oder gar nach Aktivitäten wie Marktuntersuchungen und gemeinsamem Einkauf, die externe Consultants aufgrund mangelnden Gesamtüberblicks nicht leisten können.[130] Auch der finanzielle Vorteil für Mitglieder und Verband gleichermaßen ist nicht zu vernachlässigen.[131] Allerdings bedingt dies heute schon bei zahlreichen Organisationen die Einrichtung von Wirtschaftsunternehmen, bei denen darauf zu achten ist, dass der ideelle Aspekt nicht zu weit in den Hintergrund tritt.

Insofern birgt der Trend zum Beratungs-, Einkaufs- oder sonstigem Dienstleistungszentrum die Gefahr, vom eigentlichen Zweck abzudriften. Dies wäre ein Indiz für einen Bedeutungsverlust der Verbände und damit der Region, weil nur dort Organisationen im Vorpolitischen Raum ihre ureigenste Lobby-Aufgabe finden, wo sie sich einer politischen Entscheidungsebene gegenübersehen.

Beobachtet man die Verbände auf Landesebene in ihrem nationalen und europäischen Umfeld, so stellen alle Organisationen fest, dass die Interessenpolitik als ihre ursprüngliche Aufgabe deswegen abgenommen hat, weil die Länderkompetenzen ebenso abgenommen haben.[132] Dies liegt aber nicht nur an den nachlassenden Kompetenzen des Landes, sondern auch an der Vielfalt der organisierten

---

126 Hierzu H. Leßmann a.a.O., S. 54.

127 Vgl. Georg Vobruba a.a.O., in: Renate Mayntz u. a. a.a.O., S. 92.

128 Thomas Märtz: Interessengruppen und Gruppeninteressen in der Demokratie: Zur Theorie des Rent-Seeking, Frankfurt 1990, S. 88. Vgl. Olson Mancur a.a.O.

129 Vgl. Hans-W. Paul Schloz aa.O.

130 Hierzu Peter Schwend, Vorsitzender des Verbandes der Druckindustrie Ba-Wü.: Die Rolle der Verbände in der Zukunft. in BWHT-RS 06/91, S. 54: „Waren die 50er und 60er Jahre bis zur Mitte der 70er Jahre geprägt vom technischen Umbruch der Druckindustrie, begannen Mitte der 70er Jahre betriebswirtschaftliche Gesichtspunkte immer mehr in den Vordergrund zu treten. Ich glaube, daß es notwendig sein wird, daß moderne Verbände . . . die Serviceleistungen immer wieder ausbauen. Unsere Mitglieder erwarten von ihrem Verband, daß er in allen Betreuungsgebieten mit umfangreichem Fachwissen und genauen Detailkenntnissen ihnen zur Seite steht."

131 Siehe auch H. Scherzinger a.a.O., S. 70.

132 Zu dieser Erkenntnis kommt beispielsweise eine ganz aktuelle Studie der Kassenärztlichen Vereinigung bzgl. des ungerechtfertigten Kompetenzverlustes des Landes durch Bundesregelungen. In Oliver Erens: Koordinierungsausschuss verfassungswidrig?, in: Ärzteblatt Baden-Württemberg 3/2002.

Detailinteressen, die in der Gesamtheit der Interessen nicht alle wirkungsvoll eingebracht werden können.

IV. Schlussbemerkung

Aus dieser kurzen Betrachtung der Veränderungen in der Verbandslandschaft ergibt sich die Erkenntnis, dass die Interessenvereinigungen im Vorpolitischen Raum auf allen Ebenen ein gewisser Indikator sind für die Verschiebungen der Regelungskompetenzen zwischen europäischer, Bundes- und Länderebene. Es zeigt sich, dass die Landesverbände durchaus den in den letzten Jahren beklagten Kompetenzverlust auf regionaler, in diesem Falle auf Länderebene, beobachten und in der eigenen Arbeit miterleben.

Interessant ist dabei aber nicht nur die Erkenntnis der Indikatorfunktion, sondern vielmehr die neue Rolle der Verbände als Partner und aktiver Begleiter der Landespolitik und vor allem der europäischen Ausrichtung der regionalen Politikebene. Gerade weil die Wirtschaftsverbände viel stärker grenzüberschreitend die regionalen oder gar die internationalen Märkte ihrer Mitgliedsunternehmen begleiten und ihrerseits regionale Aspekte in die europäische Verbandslandschaft ihres Umfeldes tragen können und auch tragen, sind sie ein wichtiger Faktor für die weitere Entwicklung der Regionen.

Betrachtet man die Position des Landes Baden-Württemberg, dann stellt man fest, dass sich die Rolle der Wirtschaftsverbände dafür bestens nutzen lässt; auf jeden Fall besser als die Rolle der Parteien, die in diesem Prozess bisher zurückbleiben und nicht als Motor mit europäischen Netzwerken betrachtet werden können. Auch bei den Tarifpartnern, bei denen genauso internationale Industriebranchen gemeinsam mit den Gewerkschaften die regionalen Arbeitsmärkte im Auge haben, stellt man – wie anschaulich bei den letzten „Tarifauseinandersetzungen" sichtbar wurde – ein Interesse an gemeinsamer Zielrichtung innerhalb der in Europa ansonsten bestehenden Arbeitsbeziehungen fest.

Es bilden sich ganz neue Partnerschaften und „Fronten". Der Wunsch nach einer europäischen Politik mit Berücksichtigung gewisser nationaler, aber auch regionaler Besonderheiten sowie dem Einfluss dieser Ebene ist bei Organisationen der Wirtschaft, der Tarifpolitik, des sozialen Bereiches aber auch in kulturellen Bereichen ebenso zu erkennen wie in der Beziehung dieser Gesellschaftsgruppen zu den Positionen der Landesregierung. Die Identität des EU-Bürgers über die Region mit dem Gebilde ‚Europa' zu stärken und mittelständische Strukturen zu erhalten ist eine Partnerschaftsaufgabe von Landesregierung und Verbänden.

Zentral wird sein, wie sich diese Kräfte bündeln lassen, um innerhalb der Europäischen Union dem Aspekt der Regionen – und in Deutschland der Länder – wieder mehr Gewicht zu verleihen.

Die Beziehung Interessenverbände, Landesregierung und Europaabgeordnete aus Baden-Württemberg wird dabei eine entscheidende Rolle spielen, denn das Europäische Parlament wird bei dem vorne beschriebenen Prozess um ein „Europa der Regionen" einen anderen Einfluss nehmen und eine stärker vernetzende Struktur bekommen als die bisherige Konstruktion auf europäischer Ebene.

Praktische Initiativen sind beispielsweise Gesprächskreise und Zusammenkünfte, wie sie die Landesgruppe der Europaabgeordneten aus Baden-Württemberg in Brüssel und in Straßburg mit Vertretern der Wirtschaft und anderer Gesellschaftsgruppen organisiert. Der Vorwurf, unsere Politik leide unter dem Einfluss der Verbände, ist ungerechtfertigt. Die Entwicklung der Europäischen Union mit einer regionalen Identität ist ohne die Mitwirkung und Verankerung dieses Prozesses in gesellschaftlichen und wirtschaftlichen Organisationen nicht in dem wünschenswerten Grad der Intensität und Realitätsnähe zu erreichen. Verbände sind nicht nur Gradmesser und Indikatoren, sondern aktiver Begleiter des Prozesses.

Michael Zerr

Gerüchte und Tratsch als Element
lokaler politischer Kultur

Gerüchte

Ein Oberbürgermeister, der angeblich regelmäßig eine Domina aufsucht, ein bestimmter Gemeinderat, der mit Bauerwartungsland viel Geld verdient haben soll, ein angeblich geplantes Asylbewerberheim in einem in Konkurs gegangenen Hotel – diese und eine Vielzahl ähnlicher Gerüchte haben in den letzten Jahren in Baden-Württemberg Politik beeinflusst und manchmal sogar Wahlen (mit-)entschieden.

Politische Kultur, dies ist an anderer Stelle ausführlich definiert worden, ist die Summe aller politisch relevanten Einstellungen, Werte und Verhaltensweisen der Mitglieder einer konkret abgrenzbaren sozialen und politischen Einheit. Umso erstaunlicher ist es, dass meines Wissens wenig wissenschaftliche Arbeiten zu dem Thema „Gerüchte und Tratsch als Element lokaler politischer Kultur" existieren. Der folgende Beitrag wird daran nichts ändern; er mag vielmehr verstanden werden als der Versuch eines interessierten Laien, ein Thema aufzumachen, dem andere sich widmen könnten, und Fragen aufzuwerfen, die noch einer Beantwortung harren.

Das Gerücht ist das älteste Massenmedium der Welt. Lange bevor es Internet und mobile Kommunikation gab, lange auch vor Rundfunk und Fernsehen, vor Zeitungen und Flugblättern, ja selbst vor Erfindung der Schrift verfügten alle sozialen Gemeinschaften über das Medium des Gerüchts als schnellen, effizienten und allgemeinen Kommunikationskanal. Und auch das Aufkommen all dieser zivilisatorischen Errungenschaften hat an der Verbreitung von Gerüchten und an ihrer Bedeutung für den politischen und gesellschaftlichen Alltag nichts ändern können.

Vielmehr lassen sich Gerüchte mit gutem Recht als der Schwarzmarkt der Information bezeichnen. Etwas, das offiziell bestätigt oder sogar verlautbart ist, wird niemand als Gerücht bezeichnen. Offensichtlich gibt es ein soziales Bedürfnis, relevante Informationen (und das sind solche, die überraschend sind, die zunächst einmal für kognitive Dissonanz sorgen: „nein, so was", „ehrlich?", „das hätte ich nicht gedacht") jenseits der autorisierten Öffentlichkeit zu übermitteln, auf ihren Wahrheitsgehalt (bzw. ihre Glaubwürdigkeit) zu überprüfen und ihre Bedeutung für das eigene Leben, Verhalten, Entscheiden abzuschätzen. In diesem Sinne haben Gerüchte immer etwas mit Gegenöffentlichkeit zu tun, sind in gewissem Sinne immer anarchisch und manchmal sogar ein bisschen revolutionär.

Ob es wohl daran liegt, dass zwar jeder weiß, was ein Gerücht ist und wohl auch schon einmal Teil einer Gerüchtekette war, aber kaum jemand bereit ist, zuzugeben, dass er dies nicht nur als Empfänger, sondern auch als (weitergebender) Sender war? Ob es wohl damit zu tun hat, dass Gerüchte insgesamt einerseits mit einem strengen gesellschaftlichen Unwerturteil belegt sind (amoralisch) und andererseits doch ganz normaler Bestandteil unseres gesellschaftlichen Lebens? Ob es vielleicht am Ende sogar damit zusammenhängt, dass die Beschäftigung mit Gerüchten fast ein Tabu ist?

Was sind nun die spezifischen Charakteristika von Gerüchten?

Nachrichtenwert einer Information

Zunächst einmal eignet sich beileibe nicht jede Information als Basis für ein Gerücht. Ein Gerücht hat immer einen speziellen Nachrichtenwert. Mit anderen Worten: Nur etwas Überraschendes, Unerwartetes, Unverhofftes, Ungewöhnliches hat die Chance, zu einem Gerücht zu werden. Nur solche Ereignisse, die in unserem Denken eine kognitive Dissonanz auslösen und in unserem Verhalten eine Verhaltens- oder zumindest eine Einstellungsänderung bewirken, werden als relevant wahrgenommen.

Mit anderen Worten: Nur wenn der Empfänger einer Nachricht (und im Falle von Gerüchten letztlich die Gruppe als kollektiver Empfänger einer Nachricht) ein unmittelbares und pragmatisches Interesse an einer Information hat, eignet sie sich zur schnellen Weitergabe an andere.

Je höher das pragmatische Interesse des Empfängers einer Nachricht an ebendieser Nachricht ist, je unmittelbarer und einschneidender die möglichen Konsequenzen einer Nachricht für den Empfänger sind, desto höher ist der Tauschwert einer Information aus Sicht des Empfängers: Wem es gelingt, jemand anderen auf vorhandene Gefahren oder notwendige Maßnahmen rechtzeitig vorzubereiten, verdient sich dessen Dank und die Anerkennung der ganzen Gruppe für sein Expertenwissen.

Gerücht als gesellschaftlicher Diskurs

Andererseits wäre es zu kurz gegriffen, das Phänomen „Gerücht" lediglich auf die – höchst einseitige – Weitergabe einer Information zu reduzieren. Vielmehr handelt es sich bei dieser Erscheinung um einen höchst komplexen Prozess eines gesellschaftlichen Diskurses mit dem Ziel der Bedeutungszuschreibung und Interpretation von tatsächlichen oder vermuteten Ereignissen.

So ist der Empfänger einer mündlich überlieferten Nachricht (insbesondere in dem hier beschriebenen Fall einer inoffiziellen Information) in der Regel nicht unmittelbar in der Lage, deren Wahrheitsgehalt selbst zu überprüfen.

Und selbst wenn er Zugang zu privilegierter Information, zu den Betroffenen des Gerüchts hätte, könnte er sich im Regelfall nicht sicher sein, ob deren „offizielle Sprachregelung" nicht gerade der Versuch ist, das zu verschleiern, was das Gerücht

(Gegenöffentlichkeit!) zu Recht an den Tag gebracht hat. Mehr noch: Ist nicht gerade der Versuch der offiziellen Autoritäten, das Gerücht (trotz mancher Anhaltspunkte für seine Richtigkeit, s. u.) zu dementieren, der beste Beweis für dessen Richtigkeit?

Was also tut der höchst bedauernswerte Empfänger einer für ihn durchaus relevanten Information, wenn er nun auf der Nachricht sitzt und nicht weiß, ob er sie glauben oder verwerfen soll?

Er muss sich Gewissheit verschaffen. Er muss herausfinden, was er von der Information halten soll. Dies wird kaum jemals gelingen, indem der Adressat eines Gerüchtes das Gerücht bis zu seinem Ausgangspunkt zurückverfolgt. In aller Regel hat der Sender in der Gerüchtekette das Gerücht ja nicht unmittelbar von der Quelle, sondern seinerseits ebenfalls nur vom Hörensagen.

Andererseits ist es eine Bedingung für die Verbreitung von Gerüchten, dass dem Empfänger in der Gerüchtekette der dem Gerücht zugrunde liegende Sachverhalt durchaus möglich, wenn nicht sogar wahrscheinlich erscheint.

Um also herauszufinden, ob der Empfänger einer Information diese für wahr oder falsch halten soll, versucht er, die Einschätzungen anderer zu dieser Frage zu bekommen, um seine eigene Unsicherheit im Diskurs über das Ereignis in Sicherheit zu verwandeln, d. h. die Annahme, dass der geschilderte Sachverhalt wahr sei, entweder bestätigt zu finden oder zu verwerfen.

Dabei ist die Auswahl derjenigen, denen er das Gerücht erzählt (um es auf seine Wahrscheinlichkeit hin zu überprüfen) allerdings nicht willkürlich. Vielmehr wird er das Gerücht insbesondere solchen Personen erzählen, die ihm nahe stehen und denen er vertraut.

Umgekehrt ist es ihm auch wichtig, von den Empfängern der Information nicht als unglaubwürdig oder unzuverlässig angesehen zu werden. Das bedeutet: Zum Adressaten eines Gerüchts wird in aller Regel, wer – aus Sicht des Empfängers – die größte Gewähr dafür bietet, sich auf die Plausibilität des Gerüchts einzulassen.

Selbstverständlich besteht in diesem Fall auch die Möglichkeit, dass der Empfänger die gehörte Nachricht verwirft und den Sender einen Narren schilt. Viel wahrscheinlicher ist jedoch, dass der Empfänger, eben weil er vom Sender unter dem Gesichtspunkt der Nähe und Glaubwürdigkeit ausgewählt worden ist, das Gerücht als möglich bzw. glaubhaft bestätigt und damit „beweist, was zu beweisen war".

Da nun der neue Empfänger seinerseits mit anderen wird sprechen wollen, um sich der Glaubhaftigkeit der Information zu versichern, wird der ursprüngliche Empfänger, der ja nur seinerseits überprüfen wollte, ob an dem Gerücht „etwas dran ist", zum Sender und zum Glied in einer sich immer weiter verbreitenden Gerüchtekette.

Aber selbst im ersten Fall, dass nämlich der Empfänger die gehörte Nachricht als unglaubwürdig verwirft, werden zwei Mechanismen einsetzen: Der Empfänger der Nachricht, der diese eben noch als unwahr abqualifiziert hat, wird von Zweifeln geplagt, ob nicht unter Umständen doch etwas an der ihm von seinem Bekannten geschilderten Begebenheit „dran ist", und um das zu erkunden, wird auch er mit anderen sprechen wollen.

Auch wenn er seinerseits das Gerücht als wenig glaubhaft darstellen wird, so trägt doch auch er zu seiner Verbreitung bei und zu dem, was man als gesellschaftlichen Diskurs mit dem Ziel einer Konsensbildung über relevante gesellschaftliche Ereignisse bezeichnen könnte.

Der Sender hingegen, verunsichert durch die kognitive Dissonanz, die er erlebt (oder erlitten) hat (denn er war ja geneigt, dem Gerücht Glauben zu schenken, und steht jetzt als der „Depp" da), und vielleicht auch ein wenig gekränkt ob der geringen Glaubwürdigkeit, die er wider Erwarten genießt (denn er beginnt sich mittlerweile mit „seinem" Gerücht zu identifizieren), wendet sich einem Dritten zu, dem er das Gerücht schildert und von dem er sich Bestätigung (und damit Genugtuung für die soeben erlittene Schmach) erhofft.

In diesem Sinne wird das Gerücht zwar nicht durch einen Vergleich der Nachricht mit den Tatsachen überprüft, denn das ist – wie oben gezeigt – schon seiner Natur als Element der nicht-offiziellen Wahrheit nach nicht möglich (Gegenöffentlichkeit), aber das bedeutet nicht, dass es überhaupt nicht überprüft würde.

Die Überprüfung wird vielmehr an die Gruppe delegiert: Wenn viele Menschen ein Gerücht für wahr halten, dann ist das der beste Beleg für seinen Wahrheitsgehalt. Je weiter sich ein Gerücht verbreitet, desto wahrscheinlicher ist es, denn es widerspricht jeder Lebenserfahrung, dass so viele Menschen sich irren.

Dabei hat die Überprüfung einen zukunftsbezogenen und einen vergangenheitsbezogenen Aspekt. Zukunftsbezogen dient die Gruppe, die das Gerücht von uns (und nach uns) hört, als Instanz der Konsensbildung. Weil der Einzelne die Fakten nicht nachprüfen kann, beugt er sich dem Urteil der Gruppe. Vergangenheitsbezogen gehen wir davon aus, dass eine Information gar nicht erst zu einem Gerücht hätte werden können, wenn nicht eine große Zahl von Menschen bereits vor uns die Information für glaubwürdig gehalten und deshalb weiterverbreitet hätte („irgendetwas ist immer dran"). In diesem Sinne trägt auch derjenige zur Verbreitung eines Gerüchts und zu seiner Glaubwürdigkeit bei, der, wie oben beschrieben, sich nur vergewissern (bzw. bestätigt sehen will), dass die Information falsch ist („hab ich auch schon mal gehört").

Besondere Bedeutung von Gerüchten auf lokaler und regionaler Ebene

Ist also das Gerücht ein gesellschaftliches Phänomen, ein Diskurs mit dem Ziel einer Konsensbildung über die Frage des Wahrheitsgehalts einer Information, so ist es nicht verwunderlich, dass Gerüchte insbesondere dort einen festen Stellenwert haben und einen Nährboden finden, wo Netzwerke bereits existieren, wo Kontakte häufig und die Nähe zueinander hinreichend groß ist.

Dies trifft insbesondere für gewachsene dörfliche und (klein-)städtische Gemeinschaften zu. In Großstädten treten an ihre Stelle häufig die Stadtviertel (in Köln, wo ich derzeit lebe, ist dies an den sogenannten Veedeln sehr schön zu beobachten).

Insbesondere in solchen Gemeinschaften besteht auch die Möglichkeit zur notwendigen Kommunikation, sei es am Stammtisch, sei es vor und nach dem sonntäglichen Kirchgang oder Fußballspiel, bei Dorffesten, an Spielplätzen oder sei es im Rahmen von Vereinen und Elterninitiativen.

Auf der anderen Seite sind lokale Gemeinschaften regelmäßig noch stärker auf eine schnelle mündliche Verbreitung von relevanten Informationen angewiesen, da die Massenmedien, die auf überregionaler Ebene Sachverhalte berichten, überprüfen und kommentieren, auf dieser Ebene weniger präsent sind.

Selbst dann, wenn die Medien sich mit einer Nachricht befassen, ist dies jedenfalls auf lokaler Ebene häufig erst die Folge eines bereits zuvor vorhandenen Gerüchts, und gute Lokalreporter machen sich das Vorhandensein von Gerüchten selbstverständlich zunutze.

In diesem Fall erlangt gemeinhin das Gerücht nicht nur besondere Aufmerksamkeit, sondern auch besondere Glaubwürdigkeit: Dabei ist es fast gleich, ob das Gerücht in den Medien als wahr oder falsch beschrieben oder kommentarlos mitgeteilt wird; allein die Tatsache, dass die Medien darüber berichten (und es ein Gerücht nennen), löst den oben beschriebenen Mechanismus aus: Was so viele Menschen bereits kolportiert haben, kann nicht ganz falsch sein. Die eingangs erwähnten (wahlentscheidenden) Gerüchte folgten alle diesem Muster.

Und schließlich gibt es neben den genannten Aspekten der starken Vernetzung lokaler Gemeinschaften, der besonderen Möglichkeit zur schnellen mündlichen Kommunikation und der relativen Bedeutung der Massenmedien auf der lokalen Ebene noch einen weiteren Aspekt, der die besondere Bedeutung von Gerüchten für die lokale politische Kultur berührt: Wie oben gezeigt wurde, ist das Gerücht ein komplexes gesellschaftliches Phänomen mit dem Ziel der Konsensbildung über den Wahrheitsgehalt einer Information. Dabei dient gerade der gesellschaftliche Konsens als Kriterium für die Wahrheit: Wahr ist, was Konsens ist.

Das Gerücht ist also immer auch der Versuch, in einem sozialen Diskussions- und Verarbeitungsprozess zu einer gemeinsamen Beurteilung der Realität und zu einer einheitlichen Haltung zu kommen.

Damit ist das Gerücht ein ganz wesentlicher Baustein des gesellschaftlichen Zusammenhalts: über die Teilnahme am Gerücht konstituiert sich die Gruppe; wer teilnimmt, gehört dazu; wer nicht teilnimmt, wird zum Außenseiter, und der Außenseiter ist ohnehin von der Gerüchtekette (und damit unter Umständen auch von wichtigen Informationen) ausgeschlossen: ihm sagt man nichts, und ihn fragt man auch nicht um seine Meinung.

Indem wir an dem Gerücht teilnehmen, indem wir Vermutungen, Hypothesen und Wertungen beitragen, indem wir ausschmücken und zusätzliche Belege suchen, gestalten wir den sich langsam entwickelnden Konsens mit und unterwerfen uns zugleich diesem Konsens. Wer dazu nicht bereit ist, stellt sich abseits und isoliert sich von der Gruppe.

Aber mehr noch: Durch das Gerücht teilt uns die Gruppe mit, was wir zu denken, glauben und meinen haben, wenn wir dazugehören wollen, welche Meinung als akzeptabel und konsensfähig gilt und indirekt auch, welche Ängste, Befürchtungen und Hoffnungen legitim, welches Verhalten tolerierbar (Domina) und welche Werte und Normen unverzichtbar sind.

Und schließlich trägt das Gerücht auch zur sozialen Rollenbildung, zur Strukturierung der Gruppe bei. Wem es gelingt, die Gruppe frühzeitig über für sie relevante Ereignisse zu unterrichten, der sichert sich durch dieses Expertenwissen automatisch zugleich ein höheres Sozialprestige.

Indem er sich entweder auf den Konsens der Gruppe oder auf andere, sozial Höherrangige beruft (der X hat das auch gesagt), wertet er sich selbst in seiner Stellung innerhalb der Gruppe auf: Und das relativ gefahrlos, denn er gibt ja zunächst nur weiter, was er vom Hörensagen kennt, sozusagen die Meinung anderer, die man sich eventuell (wenn nämlich der Gesprächspartner und die weiteren Beteiligten der Gerüchtekette ebenfalls dieser Meinung sind) zueigen machen könnte: Welcher gesellschaftliche Mechanismus könnte dieses vorsichtige Abtasten besser herbeiführen als das Gerücht?

Und dabei handelt der Absender des Gerüchts (scheinbar) noch völlig uneigennützig, geht es ihm doch alleine darum, im Interesse der Gruppe einen relevanten Sachverhalt zur Diskussion zu stellen.

Dieser letztgenannte Aspekt der innergesellschaftlichen Rollendefinition erklärt auch zwei weitere Phänomene: Das der oben erwähnten Identifikation des Absenders mit „seinem" Gerücht und das der hohen Verbreitungsgeschwindigkeit von Gerüchten.

Selbst wenn der Absender eines Gerüchts dieses nach außen hin als unsicher, als Meinung Dritter, als Hörensagen qualifiziert, so muss ihm im Interesse seines gesellschaftlichen Status' doch daran gelegen sein, dass ihm geglaubt wird und dass die von ihm gelieferten Informationen als bedeutend für die Gruppe angesehen werden. Wenn alle nur müde abwinken („ach der wieder"), findet sich der Betreffende schnell ganz am Ende der sozialen Leiter wieder. Wer hingegen mehrfach „wahre" Informationen geliefert hat (und wahr ist, wie wir gesehen haben, was von der Gruppe geglaubt wird), dem wird man auch in Zukunft Glauben schenken – sein Sozialprestige, seine Stellung in der Gruppe und seine gesellschaftliche Macht wachsen.

Dabei muss er allerdings beachten, dass die Relevanz der Information für die Gruppe mit der Zeit abnimmt. Das Gerücht bezieht seine Bedeutung ja gerade aus der Tatsache, dass die berichtete Tatsache in irgendeiner Weise dringend ist: Je größer die Gefahr, die Sensation, die Überraschung, je kürzer die Reaktionszeit, desto wichtiger ist es, dass die Gruppe schnell informiert wird und desto größer das Sozialprestige dessen, der diese Information liefern kann.

Wenn hingegen alle schon Bescheid wissen, informiert sind, ist solches Prestige nicht mehr zu gewinnen; das heißt: Auch auf dem Schwarzmarkt der Information hat die Ware einen Tausch-Wert, der mit zunehmender Verbreitung der Information rapide abnimmt. Die geringe Halbwertszeit erzwingt nachgerade eine unmittelbare Weitergabe der Information.

Tratsch

Ähnlich wie Gerüchte ein wesentliches Element des gesellschaftlichen Zusammenhalts sind, ähnlich wie mit Hilfe der Mechanismen, die im Rahmen von Gerüchten wirksam sind, die Gruppe sich erst konstituiert und festlegt, welches Verhalten legitim ist und welche Werte, Normen und Einstellungen Gültigkeit beanspruchen, so hat auch der Tratsch eine wesentliche gesellschaftliche Funktion.

Und ähnlich wie bei Gerüchten ist es auch beim Tratsch: Einerseits mit einem strengen moralischen Unwerturteil versehen („so was tut man nicht"), ist Tratsch andererseits ein aus dem gesellschaftlichen Leben nicht wegzudenkendes Alltagsphänomen.

Vergleichbar auch den Gerüchten, weiß jeder, was er unter Tratsch zu verstehen hat, würde es jedoch weit von sich weisen, selbst Beteiligter eines „Tratsches" jemals gewesen, geschweige denn eine „Tratschtante" zu sein.

Und schließlich ist, ähnlich wie bei dem Phänomen der Gerüchte, auch beim Tratsch allein die Beschäftigung mit diesem Phänomen schon gewissermaßen ein Tabu, zumindest aber degoutant. Dabei sei Tratsch hier definiert als (negatives) Gerede über andere. Welche gesellschaftliche Funktion soll nun solche „üble Nachrede" erfüllen?

Zunächst einmal erfüllt der Tratsch eine (potentielle, antizipatorische) Wirkung gegenüber dem Dritten, dem Opfer des Geredes. Indem jeder weiß, dass er Opfer eines solchen Geredes werden kann und dass die Wahrscheinlichkeit dafür steigt, je weiter er sich von der gesellschaftlichen Norm entfernt, wird er im allgemeinen versuchen, sich nicht zu weit von dieser Norm zu entfernen, um sich nicht zur Zielscheibe von Tratsch zu machen.

Dabei spielt es – je nach gesellschaftlichem Umfeld – keine Rolle, ob die gesellschaftlichen Normen eher traditioneller Natur sind, oder ob es sich um Normen handelt, die sich erst in den letzten Jahrzehnten als mehr oder weniger verbindlich herausgebildet haben und die beispielsweise unter dem Begriff der political correctness Eingang in die gesellschaftliche Debatte und Wirklichkeit gefunden haben.

Noch wichtiger als die Wirkung auf den vom Tratsch betroffenen Dritten ist freilich die Wirkung auf die (beiden) am Tratsch beteiligten Personen. Indem sie sich über einen Dritten „das Maul zerreißen", können sie sich gefahrlos über gesellschaftliche Moral, über die für sie gültigen ethischen Standards austauschen. Ein direktes Gespräch über moralische Fragen ist nämlich mit der Gefahr verbunden, allzu leicht für einen Pharisäer oder Moralapostel gehalten zu werden. Es kann überdies unbequem für den Gesprächspartner sein, da dieser sich gezwungen fühlt, den Wertvorstellungen des Kommunikationspartners entweder (jedenfalls verbal) zu entsprechen oder sich gegebenenfalls außerhalb des gesellschaftlichen Konsenses zu stellen. Und es birgt schließlich allzu offensichtlich die Gefahr, dass das eigene Verhalten an den geäußerten Wertvorstellungen gemessen wird. Um wie viel leichter ist es da, sich über Dritte auszutauschen, dabei indirekt zu definieren, welches Verhalten als akzeptabel und welche Werte und Normen als unverzichtbar gelten, ohne eine (direkte) Aussage über seine eigenen Wertvorstellungen oder gar sein eigenes Verhalten zu machen.

Tratsch erfüllt also eine ganz wesentliche Funktion aller sozialen Gemeinschaften, nämlich einen gesellschaftlichen Konsens über die als gültig erachteten Werte und Normen herbeizuführen und immer wieder zu aktualisieren.

Auch wenn Tratsch in der Mediengesellschaft heute eine nationale, wenn nicht sogar internationale Dimension hat (vermittelt durch Persönlichkeiten des öffentlichen Lebens, die gleichsam stellvertretend in und über bestimmte Medien zum Gegenstand der Auseinandersetzung über Werte und Normen werden), so ist gleichwohl Tratsch in Zusammenhängen, in denen zwischen den Beteiligten ein dichtes Netzwerk an Beziehungen besteht und in denen die Gemeinschaft auf die spezifische Herausbildung von ethischen Standards angewiesen ist, von besonderer Bedeutung.

So ist Tratsch ein wesentliches Element zur Herausbildung von gemeinsam getragenen (verbindlichen) Werten und Normen lokaler Gemeinschaften und mithin ein tragendes Element lokaler politischer Kultur.

Und wenn überdies die Beteiligten am Tratsch sich ihrerseits schwer tun, die von ihnen zuvor disqualifizierten Verhaltensweisen Dritter nun selbst zu verfolgen, weil sie sich dadurch in Widerspruch zu sich selbst setzen und berechtigter Adressat neuen Tratsches würden, dann hat Tratsch nicht nur eine Standards setzende, sondern sogar eine Standards durchsetzende Funktion.

Fazit:

Ich wollte mit diesem kurzen Beitrag aufzeigen, dass Gerüchte und Tratsch ein wesentliches Element lokaler politischer Kultur sind. Gleichwohl scheint mir, dass die wissenschaftliche Beschäftigung mit diesem Thema noch intensiviert werden könnte. Dies gilt umso mehr, als von einer völlig anderen Seite, nämlich der Seite der Wirtschaftsunternehmen, zunehmendes Interesse an diesem Themenkreis erkennbar wird und durchaus auch ein Bedarf an Grundlagenforschung und eine Bereitschaft zur Unterstützung gegeben ist.

So sind unter dem Stichwort „virales Marketing" bzw. „Virusmarketing" zunächst im Internet und mittlerweile auch weit darüber hinaus eben jene Phänomene in den Blickpunkt gerückt, die wie Mund-zu-Mund-Propaganda und epidemische Verbreitung von Informationen, Meinungen und Werturteilen den gleichen Mechanismen unterliegen wie Gerüchte und Tratsch.

Literatur:

Gladwell, Malcolm, The Tipping Point. How little things can make a big difference, Boston-New York-London 2000.
Kapferer, Jean-Noel, Rumeurs. Le plus vieux média du monde, Paris 1987/95.

Claus Eppe

Interkulturelle Konzeptionsmöglichkeit am Beispiel der Landespolitik Nordrhein-Westfalens Die interkulturelle Jugendmedienarbeit

Der Dialog der Kulturen

Das Jahr 2001 war – nach einem Aufruf der UNESCO auf Initiative des Iran – das „Internationale Jahr des Dialogs der Kulturen". Über die Implikationen wurde in der Fachwelt debattiert, von einer breiten Offensive kann aber keine Rede sein. In Nordrhein-Westfalen hat die bis dahin entwickelte interkulturelle Jugendmedienarbeit Unterstützung erfahren.

Auf der 31. Generalversammlung der UNESCO am 2. 11. 2001 wurde in Paris die „Allgemeine Erklärung zur kulturellen Vielfalt" verabschiedet. Sie bekräftigt, „dass Kultur als Gesamtheit der unverwechselbaren geistigen, materiellen, intellektuellen und emotionalen Eigenschaften angesehen werden soll, die eine Gesellschaft oder eine soziale Gruppe kennzeichnen, und dass sie über Kunst und Literatur hinaus auch Lebensformen, Formen des Zusammenlebens, Wertesysteme, Traditionen und Überzeugungen umfasst."[1]

Einen Schritt weiter von der Proklamation kultureller Vielfalt hin zu „kulturellem Pluralismus" geht Artikel 2: „In unseren zunehmend vielgestaltigen Gesellschaften ist es wichtig, eine harmonische Interaktion und die Bereitschaft zum Zusammenleben von Völkern und Gruppen mit sehr unterschiedlichen, pluralen und dynamischen kulturellen Identitäten sicher zu stellen. Nur eine Politik der Einbeziehung und Mitwirkung aller Bürger kann den sozialen Zusammenhalt, die Vitalität der Zivilgesellschaft und den Frieden sichern. Ein so definierter kultureller Pluralismus ist die politische Antwort auf die Realität kultureller Vielfalt. Untrennbar vom demokratischen Rahmen führt kultureller Pluralismus zum kulturellen Austausch und zur Entfaltung kreativer Kapazitäten, die das öffentliche Leben nachhaltig beeinflussen."

Kulturelle Vielfalt ist also keine Feststellung eines (statischen) Zustandes, sondern zentrale Gestaltungsaufgabe einer lebendigen Demokratie. Inwieweit diese Norm einer „harmonischen Interaktion" in einem „kulturellen Pluralismus" und einem „kulturellen Austausch und zur Entfaltung kreativer Kapazitäten" in der Realität umgesetzt wird, sieht Bundestagspräsident Wolfgang Thierse allerdings

---

1 Zitiert nach Fuchs, Max: Dialog zwischen den Kulturen – kulturtheoretische und -politische Anmerkungen – Überlegungen und Statements zur internationalen Abschlusskonferenz „Kulturpolitik als globale Aufgabe" des UNO-Jahres „Dialog zwischen den Kulturen" vom 16.–18. 11. 2001 im Haus der Kulturen der Welt in Berlin.

eher kritisch, wenn er Anfang 2002 formuliert: „Wir haben einen Punkt noch nicht erreicht, an dem ein kritischer und selbstkritischer Dialog über konkurrierende Wahrheitsansprüche stattfindet."[2]

Nimmt man den Anspruch der UNESCO als grundlegende Leitidee des lokalen und globalen Dialogs der Kulturen, muss man nach den Auswirkungen der ökonomischen und kulturellen Globalisierung und nach den kulturellen Prozessen im Zuge der Globalisierung fragen. Aus der Tatsache, dass „Globalisierung als Ausdehnung, Entgrenzung und wechselseitige Vermischung von Dienstleistungs- und Warenverkehr, von Finanztransaktionen, politischen Interventionen zahlreicher Akteure, von Mobilität und kulturellem Austausch auf der Basis einer weltweit vorhandenen und agierenden Informationstechnologie und -industrie schon längst die nationale Ebene imprägniert hat," folgt für Fuchs – in Abgrenzung zu Beck[3] –, dass im Zuge der Globalisierung „Gesellschaften" und „Kultur" nicht homogen und klar abgrenzbar und entsprechend politisch steuerbar sind, sondern dass „der Modus des Kulturellen – auch auf nationaler Ebene – schon längst das Interkulturelle" ist.[4]

In dem Maße, wie die internationale ökonomische und (industrie)kulturelle Verflechtung wächst und die mediale Vernetzung zunimmt, werden reale und virtuelle interkulturelle Begegnungen für einen Teil der Gesellschaften zunehmen. Die Frage ist nur, ob die große Mehrheit der Weltbevölkerung daran teilhaben und ob sie den Überblick in der selbstgeschaffenen Unübersichtlichkeit im Zeichen der Globalisierung bekommen kann. Dabei geht es nicht nur um ferne Zusammenhänge: Mit zunehmender Verflechtung und medialer Vernetzung durch das Internet werden für Migrationsbevölkerungen vielfältige, oftmals neue Identitäten stiftende Bezüge zu den Heimatländern hergestellt mit der Gefahr der Abgrenzung und der Ausgrenzung aus den realen, aktuellen Lebensbezügen.

Doch findet dieser Prozess seinerseits im dynamischen Austausch mit anderen kulturellen Umgebungen statt. Das hat Folgen, denn in dem Maße, wie sich (identitätsstiftende kulturellgeprägte) Kollektive pluralisieren, wird die Identitätsbildung zu einem Problem. Die ursprüngliche Selbstverständlichkeit der „Kultur" wird also in dem Moment in Frage gestellt, in dem Kulturkontakte stattfinden. Globalisierung als weltweite Vernetzung und Verdichtung von Kulturkontakten bedeutet daher das Ende jeglicher Begrenzung und damit zunächst auch jeglicher Sicherheit: Territoriale Grenzen, Sprachgrenzen, Grenzen des Einflussbereichs von Staaten, Meinungen und Ideen werden aufgehoben. Entgrenzung ist das zentrale Kennzeichen der Globalisierung. Für Identitätsentwicklungen stehen unübersehbar viele – und auch einander widersprechende – Orientierungsmöglichkeiten zur Verfügung.

Der Präsident des Deutschen Bundestages, Wolfgang Thierse, sieht – in Abgrenzung von Huntingtons dichotomem „Kampf der Kulturen" – in der zusammenwachsenden Welt im kulturellen Austausch eine besondere Chance des 21.

---

2 Das Parlament, 52. Jg. Nr. 3–4, 2002.
3 Beck, Ulrich: Was ist Globalisierung?, Frankfurt/M. 1998.
4 Fuchs, Max, Culture unlimited – Grenzenlos Kultur! – Überlegungen zum Zusammenhang von nationaler und internationaler Kulturpolitik (unveröffentlichtes Mskr.).

Jahrhunderts, „denn die Begegnung der Kulturen ist keineswegs die große Gefahr des 21. Jahrhunderts. Vielfalt der Kulturen, der immense zivilisatorische Reichtum der Welt, der gegenseitige Austausch, die Horizonterweiterung bringen bedeutend mehr Wissen, eröffnen neue Möglichkeiten. Im Zeitalter der Globalisierung bietet die Kommunikation der Kulturen geradezu die Jahrhundertchance für friedliche Kooperation, für verständnisorientierten Dialog sowie vor allem für gemeinsame Lösungen globaler Probleme. Das ist die zentrale politische Gestaltungsaufgabe des 21. Jahrhunderts – gerade im Verhältnis der westlichen Staaten, insbesondere Europas, zur islamischen Welt."[5]

Versteht man den kulturellen Austausch als Chance für die individuelle Selbstverwirklichung, muss festgestellt werden, dass es im globalen Kontext keine Chancengleichheit gibt. Das gilt für Länder und für Regionen, das gilt erst recht für Kinder und Jugendliche, die in den Ländern zu denjenigen zählen, deren Chancen an einer Teilhabe an (post)modernen Entwicklungen durch relative Armut eher gering sind. Bundespräsident Johannes Rau hat in seiner „Berliner Rede" diesen Tatbestand festgehalten, wenn er feststellt: „Es gibt mehr Wohlstand und mehr kulturellen Austausch – und es gibt Länder und Regionen, die werden abgehängt. Wir können und wir müssen fragen: Wer sind – bisher – die Gewinner, wer sind – bisher – die Verlierer der Globalisierung? Wo erschließt uns die Globalisierung Zugang zu fremden Kulturen? Und wo führt sie zu einem undefinierbaren Einerlei der Lebensstile, dazu, dass alle das gleiche essen und dieselben Filme sehen? Kommen wir uns nicht etwa zu nah? Gehört nicht auch Abstand zu den Fortschritten der Zivilisation, die Möglichkeit, Distanz zu halten?"[6] Und er betont in dieser Rede die Schwierigkeit „zu verhindern, dass Globalisierung auch zum Verlust kultureller Vielfalt und kultureller Identität führt."

Kinder und Jugendliche in Globalisierungsprozessen

Kinder und Jugendliche reagieren mit ihren kulturellen Ausdrucksformen auf die Globalisierungsprozesse und interkulturelle Verflechtungen sehr unterschiedlich. Einerseits beeinflusst die Globalisierung bestehende Jugendkulturen, andererseits versuchen Jugendkulturen, selbst Einfluss auf Globalisierungsprozesse zu nehmen. Roth sieht drei gegensätzliche Reaktionsbildungen auf die globalen Transformationen:[7]

– Jugendkulturen als Vorreiter von Globalisierungsprozessen – Jugendliche treiben als Produzenten und Konsumenten die weltweite, kulturelle Homogenisierung voran, in dem global vorhandene Lebensstile von transnationalen Konzernen transportiert werden. „Produzenten einer kosmopolitischen Weltkultur werden

---

5 Thierse, Wolfgang: „Perspektiven des interkulturellen Dialogs im 21. Jahrhundert" im Zentrum für den Dialog zwischen den Kulturen in Teheran am 20. Februar 2001.

6 „Chance, nicht Schicksal – die Globalisierung politisch gestalten". „Berliner Rede" von Bundespräsident Johannes Rau am 13. Mai 2002 im Museum für Kommunikation Berlin.

7 Roth, Roland: Globalisierungsprozess und Jugendkulturen; in Aus Politik und Zeitgeschichte; Beilage zur Wochenzeitung Das Parlament; B 56/2002, S. 20–27.

Jugendkulturen, indem sie in der multi- bzw. transkulturellen Szene der Weltstädte immer neue Lebensstile und Moden hervorbringen ... Jugendkulturen sind Anregungsmilieu, Trendsetter und Rohstoff für die Produkte der globalen Medienkonzerne."[8] Die Verbreitung und der Konsum dieser produzierten Jugendkultur geschehen über das „Leitbild der freien Wahl der Lebensstile".

– Identitätsorientierter Widerstand und Rückzugsbewegungen machen die zweite Grundströmung aus, die durch „vielfältige lokale Gegenkulturen, die sich demonstrativ gegen die kulturelle Vereinheitlichung durch die beschriebenen Globalisierungsprozesse wenden"[9], gekennzeichnet sind. „Religiöse, regionalistische, nationalistische und rechtsextreme Strömungen können ebenso dazu gehören wie ökologisch begründete Gemeinschaften."[10] Ihre Gemeinsamkeit besteht in dem Bestreben, Identität zu entwickeln und ggfs. zu erfinden, um sich von der nivellierenden Globalisierung von Jugendkulturen abzugrenzen. Auch wenn es richtig ist, dass weltweit „rechtsextreme, fremdenfeindliche und rassistische Strömungen ... – vor allem in den reichen Ländern des Nordens – in den letzten zwei Jahrzehnten, d. h. den Dekaden der Globalisierung, deutlich zugelegt"[11] haben, so ist dieser Trend nicht allein bestimmend für die Identitätsstiftung. Zahlreiche Jugendszenen suchen Abgrenzung und eigene Identität, ohne sich politisch zu orientieren oder gegen kulturelle Überfremdung, Zuwanderung und offene Grenzen zu wenden. Gerade in der Musikszene gibt es hierfür zahlreiche Beispiele, in denen Jugendliche aus unterschiedlichen kulturellen Hintergründen zusammenwirken.[12]

– Vielfältige globalisierungskritische Milieus und Bewegungen, die – vor allem in den reichen Ländern – einen globalisierungskritischen Gegenpol aufbauen, gekennzeichnet durch normative Orientierungen wie „kosmopolitische Orientierungen, globale Verantwortung, Unbehagen im Wohlstand, moralische Sensibilität für Globalisierungsfolgen und Solidarität mit den Globalisierungsopfern in der Peripherie" und die transnational in verschiedenen Netzwerken kooperieren und eine sozial gerechte, demokratische Gestaltung der Globalisierungsprozesse durch die Rückgewinnung politischer Gestaltungsspielräume anstreben.[13]

Diese jugendkulturellen Strömungen sind häufig vernetzt und nutzen das Internet.

8 Ebenda, S. 25.
9 Ebenda, S. 26.
10 Ebenda, S. 26.
11 Ebenda, S. 26.
12 Vgl.: Ministerium für Frauen, Jugend, Familie und Gesundheit Nordrhein-Westfalen (Hrsg.): Kinder und Jugendliche an der Schwelle zum 21. Jahrhundert. Jugendszene in Nordrhein-Westfalen. Strukturen und Veränderungen, Düsseldorf 2000.
13 Roth, a.a.O., S. 26.

Ein wichtiger Baustein der Globalisierung ist die durch die Informations- und Kommunikationstechnologie global zu beobachtende Entwicklung zu einer Wissensgesellschaft. Aber auch beim Zugang zu Wissen gibt es globale und lokale Ungleichheiten. Jugendpolitik, die das Ziel verfolgt, die Chancen von Kindern und Jugendlichen für deren Zukunft zu verbessern, muss daher auch an der Verbesserung der Chancengerechtigkeit beim Zugang zur Informations- und Kommunikationstechnologie ansetzen.

Der Begriff der Wissensgesellschaft ist vielschichtig und die Antwort auf die Frage, welches Wissen künftig relevant ist, keineswegs eindeutig. So hat die von der Prognos-AG Mitte der 90er Jahre durchgeführte Delphi-Befragung aus 600 Wissensgebieten unter anderem folgende für die nächsten 20 Jahre relevanten Wissensbereiche ermittelt:[14]

– Erhöhung der Benutzerfreundlichkeit an der „Schnittstelle" von Mensch und Maschine;
– im Bereich Multimedia die Interaktion in der Audio- und Videokommunikation, virtuelle Realität, und „3D-Interfaces";
– Medienkompetenz einerseits und die sozialen Folgen und Benachteiligungen eines „informationstechnischen Analphabetismus" andererseits
– die Veränderung des Qualifikationsbedarfs und die Konsequenzen für Bildung und Ausbildung.

Zu diesen Wissensfeldern gehören aber auch beispielsweise: Lesen als Kulturtechnik; Journalismus: Sprache, Ausdrucks- und Gestaltungsformen; das Zusammenspiel bzw. die Abgrenzung der Kulturen und das interkulturelle Lernen; aktuelle ethische Fragen, z. B. mit Bezug zur Gentechnik oder bei der Gestaltung des Gesundheitswesens; umweltgerechtes und nachhaltiges Wirtschaften, Ressourcenökonomie; Mensch und soziale Umwelt.

Diese Aufzählung macht deutlich: Im Leitbild der künftigen Wissensgesellschaft geht es nicht nur um technologisches Wissen. Ebenso bedeutsam ist das Wissen um sozial-interaktive Handlungs- und Wissenszusammenhänge. Das Individuum braucht in der Wissensgesellschaft ein breites Allgemeinwissen, das methodische, personale und soziale Kompetenzen umfasst. Erforderlich ist ein inhaltliches Basiswissen, auf dessen Grundlage aktuell notwendiges Spezialwissen angeeignet werden kann.

Es gehört daher zu den zentralen gesellschafts- und jugendpolitischen Aufgaben, bei der Diskussion über die Zukunft der Wissensgesellschaft neben dem ökonomischen und technologischen Wandel auch über die Bedingungen und Notwendigkeiten des sozialen und (inter-)kulturellen Wandels und Zusammenlebens, über Anforderungen an Bildung und die Verfügbarkeit von Bildung und Wissen und über Schlüsselqualifikationen nachzudenken.

---

14 Delphi-Befragung 1996/1998: „Potentiale und Dimensionen der Wissensgesellschaft – Auswirkungen auf Bildungsprozesse und Bildungsstrukturen"; Prognos AG, Basel, April 1998, S. 27, zitiert nach Petran, Wolfgang: „Wissen im Wandel – Die Entwicklung zur Wissensgesellschaft"; *www.konnetti.de/das_thema/wissensgesellschaft/wissensgesellschaft.htm*

Gerade in der Jugendpolitik müssen solche Diskussionsprozesse gefördert werden – auch mit dem Ziel einer Teilhabe möglichst vieler Kinder und Jugendlicher. Das Jugendministerium Nordrhein-Westfalen unterstützt daher im Jahr 2002 ein Projekt des Städtenetzwerkes Nordrhein-Westfalen „Zukunft gestalten – Jugendhilfe und Lokale Agenda", bei dem anhand von verschiedenen Politikfeldern (soziale Gerechtigkeit, Gender Mainstreaming, Interkulturalität, Ressourcenschonung und Partizipation) eine Zukunftsdebatte – 10 Jahre nach der Umweltkonferenz von Rio de Janeiro – in der Jugendhilfe initiiert werden soll. [15]

Den Medien kommt in der Debatte über die Globalisierung und die Vorbereitung auf die Wissensgesellschaft eine entscheidende Bedeutung zu. Sie bieten Orientierung für alle Lebensbereiche, vermitteln Lebensstile aus allen Teilen der Welt und sie stellen (oft nur synthetische) Zusammenhänge her, die durch die Individualisierung und die Ausdifferenzierung unserer Gesellschaft verloren gegangen sind: Das, was die meisten Menschen – in fast allen Gesellschaften – über die eigene, über fremde Gesellschaften und über die Welt, in der sie leben, wissen, wird durch Massenmedien vermittelt. Mit dem Ausbau der globalen Informationsgesellschaft entsteht zunehmend ein Markt, auf dem nicht nur Waren, sondern – immer mehr auch – Lebensentwürfe, Wissen, Werte und die Zukunft der Gesellschaften gehandelt werden. Medienkompetenz ist daher eine Schlüsselqualifikation in der global zusammenwachsenden Wissensgesellschaft.

Bildungs- und Jugendpolitik müssen sich auf diesen „mediatisierten Markt der Lebensentwürfe" einstellen. Die Jugendministerkonferenz hat zu den Aufgaben der „Jugendhilfe in der Wissensgesellschaft" im Jahr 2001 beschlossen, dass die Jugendpolitik in Deutschland Kinder und Jugendliche in ihrer Entwicklung in der Wissensgesellschaft aktiv unterstützen will. Zum Aufgabenkatalog gehören besonders:

– Die Eingliederung und Verbesserung der Chancen auf dem Arbeitsmarkt; [16]
– Kinder und Jugendliche als Subjekte des Bildungsprozesses zu sehen; [17]
– benachteiligten Jugendlichen Lebensbewältigungsstrategien in den Hilfen zur Erziehung anzubieten;
– die Förderung interkultureller Kompetenz und Toleranz; [18]
– die Vermittlung politischer und sozialer Bildung, internationaler Kompetenzen, kultureller und kommunikativer Ausdrucksmöglichkeiten in der außerschulischen Bildung;
– die Vermittlung von Medienkompetenz;

---

15 *www.winniweb.de*

16 Im Einzelnen: Förderung von Sprachkompetenz im Kindergarten und gerade für Kinder, in deren Familien wenig oder schlecht deutsch gesprochen wird; die Förderung von Lernmotivation, die Erschließung neuer Wissens- und Erfahrungsbereiche durch die Jugendarbeit; berufsvorbereitende Maßnahmen in der Jugendsozialarbeit.

17 Unterstützt werden sollen Selbstbildung und selbstbestimmtes Lernen durch aktives Aneignen z. B. in Spielgruppen.

18 Auseinandersetzung mit Vorurteilen, Fremdbildern, ethnisch bedingten Konflikten und die interkulturelle Öffnung von Einrichtungen der Jugendhilfe.

- die Stärkung der Erziehungskompetenz der Eltern;
- die Qualifizierung und Fortbildung der Fachkräfte der Jugendarbeit.

Dabei geht es um selbstbewusste Kinder und Jugendliche – und auch darum, in einem zunehmend globalen Wettbewerb jungen Menschen optimale Chancen zu vermitteln. Die pädagogische Aufgabe ist es, Hilfen an die Hand zu geben, damit Jugendliche:
- für ihr jeweiliges Interesse Informationen von Wert ermitteln;
- Informationen problemgerecht aufbereiten;
- schöpferisch neue Informationen auf der Grundlage von solidem Fach-, Kontext- und Strukturwissen entwickeln.

Das landesweite Instrument zur Förderung der Jugendarbeit ist der Landesjugendplan Nordrhein-Westfalen, in dem für Maßnahmen der Jugendarbeit, der Jugendsozialarbeit und für den erzieherischen Kinder- und Jugendschutz in den letzten Jahren jeweils insgesamt rund 200 Millionen DM zur Verfügung standen. Seine Leitziele sind die Emanzipation, die Partizipation, die Prävention und die Integration.

Ab 2003 können aus allen Arbeitsbereichen des Landesjugendplans interkulturelle Projekte gefördert werden, weil interkulturelles Lernen – neben der Nachhaltigkeit – neu als Leitziel und als Querschnittsaufgabe eingeführt wird. Bestärkt wurde dies im Zusammenhang mit der Ende der 90er Jahre erneut anwachsenden Zahl rechtsextremer Gewalttaten.[19] Interkulturelle und damit auch antirassistische Jugendarbeit hat auch die Funktion der Vorbeugung. Sie muss frühzeitig in der Erziehung und Bildung ansetzen, um Vorurteile abzubauen. Bedeutsam sind geschlechtsspezifische Maßnahmen.

Zu den Zielen der Jugendmedienpolitik gehört es auch, Projekte zu präsentieren sowie ihnen Foren zur Diskussion bzw. als Lernplattform anzubieten. Die Landesregierung unterstützt daher seit 2000 den Aufbau einer Internetpräsenz aller antirassistischen und interkulturellen Projekte in Schule und Jugendarbeit, die deutlich macht, dass, entsprechend der Vielfalt der Lebensformen, die interkulturellen Projekte an sehr unterschiedlichen Lebensbedingungen von Kindern und Jugendlichen ansetzen.[20]

---

19 Schwerpunkt der Förderung präventiver Maßnahmen zur Verhütung oder Eindämmung des Rechtsextremismus ist die Förderung der klassischen Jugendarbeit, wie sie z. B. von Jugendorganisationen, Häusern der offenen Tür, der kulturellen Jugendarbeit bzw. Initiativgruppen praktiziert wird. Hierfür standen im Jahr 2001 im Landesjugendplan Mittel in Höhe von insgesamt rd. 125 Mio. DM zur Verfügung. Darüber hinaus werden gezielte Projekte der Gewaltprävention gefördert. Diese Projekte sind angesiedelt bei Trägern der Jugendhilfe, insbesondere in offenen Einrichtungen der Jugendarbeit, und werden mit rd. 4 Mio. DM pro Jahr gefördert. Für Fußball-Fan-Projekte stehen jährlich insgesamt 570.000 DM zur Verfügung. Diese Arbeit ist auf Kontinuität angelegt.

20 Informations- und Dokumentationsstelle gegen Gewalt, Rechtsextremismus und Ausländerfeindlichkeit in Nordrhein-Westfalen (Hrsg.): Antirassistische und interkulturelle Projekte in Schule und Jugendarbeit in Nordrhein-Westfalen, Düsseldorf 2000. *www.projekte-interkulturell-nrw.de*

Die Projekte der interkulturellen Jugendmedienarbeit werden aus dem Landesjugendplan aus dem für die medienbezogenen Angebote zur Verfügung stehenden Titel gefördert, in dem seit 1998 jährlich 1,75 Millionen DM zur Verfügung stehen. Die Richtlinien des Landesjugendplans nennen als Ziele für die mit Landesmitteln geförderten medienbezogenen Projekte in der Kinder- und Jugendarbeit:

– junge Menschen für den Umgang mit Medien zu befähigen,
– die kritische Auseinandersetzung und die positive Nutzung von Medien zu fördern und
– die Teilhabe junger Menschen an öffentlicher Meinungsbildung durch Unterstützung von Produktion und Distribution eigener Medien zu fördern.

Durch geeignete Angebote kann Kindern und Jugendlichen die Möglichkeit gegeben werden, sich in der komplexen Medienlandschaft zurechtzufinden, soziale und demokratische Kompetenzen zu erhalten und sie zu befähigen, die Chancen und Risiken der Mediennutzung zu erkennen. Durch Angebote der Information, der Aufklärung und gezielte Projekte soll besonders die Medienkompetenz junger Menschen ausgeprägt und gestärkt werden. Gefördert werden können u. a. medienbezogene Angebote für spezifische Zielgruppen, Formen der Vernetzung der Medienangebote und Wettbewerbe bzw. Angebote der Fort- und Weiterbildung von ehrenamtlich, neben- und hauptamtlich tätigen Mitarbeiterinnen und Mitarbeitern.

Wie überall in der Jugendarbeit sind Anreize – wie zum Beispiel durch Wettbewerbe – und Anerkennungsprozesse für innovative Projekte notwendig. Daher ist die Förderung von Wettbewerben ausdrücklich im Förderkatalog aufgeführt. Gerade in der interkulturellen Jugendmedienarbeit kann so dem Anderssein von Einzelnen und von sozialen Gruppen eine Öffentlichkeit gegeben werden, die sonst nicht vorhanden ist, und im Austausch und im Dialog Anerkennung und Unterstützung zum Ausdruck kommen.

Interkulturelle Jugendmedienarbeit in Nordrhein-Westfalen – Ziele und Strategien

Das Zusammenleben von Kindern und Jugendlichen aus unterschiedlichen Kulturen ist im Alltag in den Städten und Gemeinden Nordrhein-Westfalens davon geprägt, dass in Nordrhein-Westfalen von den 18 Mio. Menschen etwa zwei Millionen Menschen mit einem ausländischen Pass leben. Über 700.000 Menschen mit türkischem Pass wohnen und arbeiten im Land, zum Teil schon in der dritten Generation, und Hunderttausende deutscher Spätaussiedler und Asylbewerber kommen hinzu. In Ballungsräumen hat inzwischen jeder fünfte Bewohner – in manchen sogar jeder dritte – einen ausländischen Pass, in einzelnen Stadtteilen fast jeder zweite.

Wie wir gesehen haben, gehört das interkulturelle Lernen zu den zentralen Themen in der auf die Informations- und Kommunikationstechnologie beruhenden Wissensgesellschaft und ist für Kinder und Jugendliche eine Notwendigkeit zur Vorbereitung auf die Zukunft. Diese Erkenntnis ist nicht neu. In den vergangenen

Jahren – besonders in den 90er Jahren – gab es eine intensive Diskussion und eine Vielzahl von Begrifflichkeiten hinsichtlich des Grundverständnisses und der Ziele interkultureller Prozesse und des interkulturellen Lernens und Lehrens.[21]

In Anlehnung an Sieben geht es hier bei der interkulturellen Jugendmedienarbeit um die Entwicklung von Bedingungen und Verfahren, mit denen in der Kinder- und Jugendarbeit mit Hilfe von Projekten und Programmen zur Vermittlung von Medienkompetenz über alle Kulturgrenzen hinweg Verstehens- und Einigungsprozesse initiiert werden.[22] Im engen Sinn geht es bei interkulturellen Projekten zunächst darum, solche Prozesse der Verständigung zwischen einheimischen Jugendlichen und Jugendlichen mit Migrationshintergrund zu organisieren. Weil dabei implizit immer auch Jugendszenen und Jugendkulturen involviert sind, müssen auch sie reflektiert werden. Medienkompetenz als pädagogisches Konzept meint im Sinne Baackes Medienkritik, Medienkunde, Mediennutzung und Mediengestaltung.[23]

Vor diesem Hintergrund gehört zu den Zielen der interkulturellen Jugendmedienarbeit:

– Voraussetzungen zu schaffen für einen möglichst breiten Zugang aller Jugendlichen zu den neuen Informations- und Kommunikationsmöglichkeiten, um eine chancengerechte Teilhabe an der Gestaltung der Zukunft zu ermöglichen.
– Auf der individuelle Ebene geht es darum, einen Teil derjenigen Schlüsselkompetenzen zu vermitteln, die für die Wissensgesellschaft notwendig sind, nämlich Medienkompetenz und Interkulturalität und damit das Lernen voneinander für die eigene Weiterentwicklung in der globalen, interkulturellen Gesellschaft.
– Auf der gesellschaftlichen Ebene geht es darum, Diskussions- und Präsentationsformen zu finden, die den interkulturellen Dialog anregen und unterstützen. Deutlich werden muss dabei die Pluralität kultureller Ausdrucksformen.

Ausgegangen wird dabei davon, dass im europäischen Einigungsprozess und im Globalisierungsprozess Jugendliche und Jugendpolitik in den verschiedenen Ländern, die grenzüberschreitenden Mediennetze und die entlang dieser Netze entstehenden globalen Jugendkulturen eine wichtige Rolle spielen. Die besonderen Chancen, die sich hieraus für die außerschulische Kinder- und Jugendmedienarbeit ergeben, sind längst noch nicht ausgeschöpft, auch wenn Erfahrungen bereits vorhanden sind. Daher ist es aktuell notwendig und sinnvoll, die Ziele, Konzepte, Formen und vor allem Rahmenbedingungen für eine medienpädagogische Arbeit, die die Verständigung von Kindern und Jugendlichen aus verschiedenen Kulturkreisen im Blick hat, zu überprüfen und weiter zu entwickeln.

---

21 Zur Interkulturellen Pädagogik vgl.: Johann, Ellen u. a.: Interkulturelle Pädagogik. Methodenhandbuch für sozialpädagogische Berufe. Berlin 1998.
22 Sieben, Gerda: Interkultur als kultivierte Konkurrenz, in: Institut für Bildung und Kultur Remscheid (Hrsg): Gemeinsam erleben – Handreichungen zur interkulturellen Bildungsarbeit, Remscheid 1996, S. 49–58.
23 Gesellschaft für Medienpädagogik und Kommunikationskultur (Hrsg.): Medienkompetenz in Theorie und Praxis, Bielefeld 2001, S. 6–8.

Interkulturelle Medienarbeit schafft mediale Interaktion und Kommunikation zwischen Kindern und Jugendlichen aus differenten Lebenswelten. Individualisierung und Migration haben schon in kleinsten lokalen Einheiten eine Vielfalt oft medial geprägter Alltagswelten entstehen lassen. Diese Vielfalt bietet Anknüpfungspunkte für den interkulturellen Dialog direkt vor Ort. Internationale Jugendbegegnungen wecken Neugier, fördern Verständigung und ermöglichen interkulturelles Lernen. Durch virtuelle Begegnungen lassen sich im Zeitalter des Internets größere räumliche Distanzen mühelos überbrücken.

Exemplarische Projekte der interkulturellen und europäischen Jugendmedienarbeit in Nordrhein-Westfalen seit 1998 und Schwerpunkte im Jahr 2002

Diese Erfahrungen beruhen auf einer Projektförderung der Landesregierung seit 1998. Es ist erkennbar, dass im Zeitalter des Internet ‚reale' Begegnungen zunehmend durch virtuelle ergänzt werden. Das Netz mit seinen Informations- und Kommunikationsdiensten kann die Vor- und Nachbereitung von Besuchen erleichtern, Öffentlichkeit für interkulturelle Projekte schaffen und selbst als Begegnungsebene dienen. Voraussetzung dafür ist Medienkompetenz bei Jugendlichen und Pädagoginnen und Pädagogen. Aktive Medienarbeit vermittelt Medienkompetenz als Fähigkeit zur mündigen, kreativen und expressiven Mediennutzung. Sie befähigt zur medialen Artikulation eigener Interessen, aber auch zu Diskursbereitschaft – und somit zur Partizipation in einem demokratischen Europa und der Welt. Aktive Medienarbeit mit internationalen Partnern bzw. im interkulturellen Arbeitskontext mit Jugendlichen aus unterschiedlichen Herkunftsländern schult den kritischen Blick auf (auch medial vermittelte) Stereotypen und Vorurteile. Interkulturelle Jugendmedienarbeit ist damit auch politische Bildung.

In den vergangenen Jahren hat die Reflexion und Praxis interkultureller und europäisch orientierter Jugendmedienarbeit in Nordrhein-Westfalen zunehmend Gewicht erhalten. Das Jugendministerium hat diesen Prozess gefördert, indem Ansätze der freien Träger gebündelt und neue Projekte gefördert wurden. Mitte der 90er Jahre erschienen erste Übersichten über die interkulturelle Jugendarbeit.[24] Dagegen gibt es keine systematische wissenschaftliche Beschäftigung mit der interkulturellen Jugendmedienarbeit, außer anhand der Evaluation und Begleitung einzelner konkreter Projekte aus der Jugendarbeit.[25] Dabei gibt es zumindest in Nordrhein-Westfalen seit 1998 eine vielfältige Medien-Szene in der Jugendarbeit, die eine wissenschaftliche Untersuchung durchaus lohnend erscheinen lässt.

Angesichts der kaum vorhandenen wissenschaftlichen Auseinandersetzung mit den Chancen und Bedingungen erfolgreicher Jugendmedienarbeit hat das Jugendministerium Nordrhein-Westfalen 1998 zunächst das Kinder- und Jugendfilmzentrum in Deutschland mit der Erstellung einer Expertise zur interkulturellen Jugendmedienarbeit beauftragt, um die kulturellen und die pluralen pädagogischen

---

24 Vgl. Institut für Bildung und Kultur (Hrsg): Gemeinsam erleben – Handreichungen zur interkulturellen Bildungsarbeit, Remscheid 1996.

25 So auch die Einschätzung der GMK.

Ansätze deutlich zu machen und eine ausführliche Bestandsaufnahme und theoretische Einordnung der im Land vorhandenen Ansätze vorzunehmen.[26] Zu den im Anschluss dieser Expertise geförderten Projekten mit landesweiten Auswirkungen gehören:

- Bereits 1998 erschien eine Ausgabe der JFC-Publikation „Medien Concret" zum Thema „Medienarbeit für Europa", in der u. a. medienpädagogische Ansätze in verschiedenen europäischen Nationen, aber auch transnationale Internetprojekte vorgestellt wurden.
- Die in Nordrhein-Westfalen entwickelte Jugendmedienarbeit war Anlass für die Bundesregierung im Rahmen ihrer EU-Präsidentschaft im Jahr 1999 in Düsseldorf die erste europäische Jugendmedienmesse YouthMedia (European Conference on Youth and Multimedia) zu veranstalten, auf der die Präsentation der interkulturellen Medienarbeit in Nordrhein-Westfalen einen besonderen Schwerpunkt einnahm.[27]
- Anfang 2001 wurde auf Initiative des Jugendministeriums Nordrhein-Westfalen und des JFC Medienzentrums Köln (vgl. unten) mit „CrossCulture" das nordrhein-westfälische Netzwerk für interkulturelle und europäische Jugendmedienarbeit gegründet, ein aus fachspezifischen Trägern bestehender Expertenarbeitskreis mit einem Internetportal,[28] einer Projektdatenbank, einem Diskussionsforum, einer kommentierten Linkliste, einem regelmäßig erscheinenden Newsletter und einem Online-Terminkalender.
- Ein bundesweiter Wettbewerb für interkulturelle Medienprojekte im Jahr 2001, Mixed-Linx, der im Rahmen des Programms „Jugend gegen Rechts" des nordrhein-westfälischen Jugendministeriums gefördert wurde.[29]

Vor diesem Hintergrund haben sich drei landesweite, vom Jugendministerium geförderte Organisationen der Jugendmedienarbeit, nämlich der Jugendfilmclub Medienzentrum Köln (JFC),[30] die Landesarbeitsgemeinschaft Lokale Medienarbeit[31] und die Gesellschaft für Medienpädagogik und Kommunikationskultur in Deutschland e. V.[32] im Jahr 2002 auf Anregung des Jugendministeriums zusammengeschlossen, um gemeinsam Synergieeffekte für den Jahresschwerpunkt „Interkulturelle und europäische Jugendmedienarbeit in Nordrhein-Westfalen" zu erreichen, entsprechende Projekte abzustimmen und die Erfahrungen in die Jugendarbeit des Landes zu transferieren.

Die Ziele der Kooperation sind, die inhaltliche Diskussion mit pädagogischen Fachkräften über Konzepte und Ziele interkultureller Medienarbeit weiter zu entwickeln, dabei die aktuelle Bildungsdiskussion einzubeziehen, best-practice

---

26 MFJFG (Hrsg.) : Expertise „Interkulturelle Jugendmedienarbeit in Nordrhein-Westfalen", Düsseldorf 2000.
27 Internationaler Jugendaustausch- und Besucherdienst der Bundesrepublik Deutschland (Hrsg.): Youthmedia '99. European Conference on Youth and multimedia '99, o.O. o.J.
28 *www.crossculture.de*
29 *www.mixed-linx.de*
30 *www.jfcmedienzentrum.de*
31 *www.medienarbeit-nrw.de*
32 *www.gmk.medienpaed.de*

Projekte zu entwickeln, Qualitätskriterien und ggf. neue Konzepte für die interkulturelle Jugendmedienarbeit in Nordrhein-Westfalen zu entwickeln. Die Leitfragen sind: Wie können junge Menschen neugierig auf andere Kulturen und Lebensformen gemacht werden? Bietet das Medienangebot multikulturelle Vielfalt, und wenn ja: welche? Welche Bedeutung hat die Mediennutzung für die kulturelle Identität von Jugendlichen? Wie lassen sich die vielfältigen kulturellen Alltagswelten mit Hilfe der Medien verlinken, welche Formen aktiver Medienarbeit bieten überzeugende neue Chancen für die interkulturelle Begegnung – sei es mit Blick auf Europa oder auch in globalen Kontexten?

Umgesetzt werden diese Ziele auf Fachtagungen, in Qualifizierungsseminaren, bei öffentlichen Auftritten (vgl. z. B. die Messe „Medienforum NRW" in Köln) und in Diskussionen von pädagogischen und jugendpolitischen Postulaten in Onlineforen des crossculture-Netzwerkes der interkulturellen Jugendmedienarbeit, die alle die thematischen Schwerpunkte haben:
– Mediale Bilder vom ‚Fremden' in Produktion und Rezeption,
– Neue Medien als Facilator europäischer Begegnungsprozesse,
– Medien(arbeit) als Bereicherung interkultureller Kommunikation.

Neu entwickelt wird seit dem Jahr 2002 in der Jugendmedienarbeit des Landes ein internetgestütztes Jugendradio durch die Landesarbeitsgemeinschaft Lokale Medienarbeit, das sich mit zahlreichen lokalen Radioproduktionen im Rahmen des Bürgerfunks und von Jugendradiogruppen thematisch dem interkulturellen Zusammenleben von Kindern und Jugendlichen widmet. Ende des Jahres werden die Ergebnisse des Wettbewerbs „Jugend macht Radio" mit seinem Thema „Sounds for Europe" abgeschlossen.

Interkulturelle Jugend(medien)arbeit in Nordrhein-Westfalen berücksichtigt mit diesem Katalog von Medienprojekten – durchaus im Sinne der UNESCO – die Pluralität der Lebensformen und den permanenten Prozess kulturellen Wandels durch den Kontakt mit anderen kulturellen Lebensformen. Sie
– setzt sich für Chancengerechtigkeit beim Zugang zu Wissen und zu den kulturellen Werten ein,
– knüpft an der selbstorganisierenden Vernetzung der Jugendkulturen an,
– reflektiert medienkritisch die globalen kulturellen Angebote,
– und sie unterstützt damit die Entwicklung einer eigenen reflektierten kulturellen Identität.

Literatur

Bund-Länder-Kommission für Bildungsplanung und Forschungsförderung: Kulturelle Bildung im Medienzeitalter, Heft 77, 1999.
Bundespräsident Johannes Rau: Chance, nicht Schicksal – die Globalisierung politisch gestalten. „Berliner Rede" gehalten am 13. Mai 2002 im Museum für Kommunikation Berlin.
Gesellschaft für Medienpädagogik und Kommunikationskultur in Deutschland (Hrsg.): Mensch und Medien – Pädagogische Konzepte für eine humane Mediengesellschaft, Bielefeld 2001.

Gesellschaft für Medienpädagogik und Kommunikationskultur (Hrsg.): Medienkompetenz in Theorie und Praxis, Bielefeld 2001.

Huntington, Samuel P.: Kampf der Kulturen. Die Neugestaltung der Weltpolitik im 21. Jahrhundert, München-Wien 1997 (2).

Informations- und Dokumentationsstelle gegen Gewalt, Rechtsextremismus und Ausländerfeindlichkeit in Nordrhein-Westfalen (Hrsg.): Antirassistische und interkulturelle Projekte in Schule und Jugendarbeit in Nordrhein-Westfalen, Düsseldorf 2000.

Institut für Bildung und Kultur Remscheid (Hrsg): Gemeinsam erleben – Handreichungen zur interkulturellen Bildungsarbeit, Remscheid 1996.

Internationaler Jugendaustausch- und Besucherdienst der Bundesrepublik Deutschland (Hrsg.): Youthmedia '99. European Conference on Youth and multimedia '99, o.O.o.J.

Johann, Ellen u. a.: Interkulturelle Pädagogik. Methodenhandbuch für sozialpädagogische Berufe. Berlin 1998.

Landesvereinigung kultureller Jugendbildung Nordrhein-Westfalen (Hrsg.): Jugendkulturarbeit auf dem Prüfstand – Sind wir gut?, Unna 2000.

Ministerium für Frauen, Jugend, Familie und Gesundheit (Hrsg.): Expertise „Interkulturelle Jugendmedienarbeit in Nordrhein-Westfalen", Düsseldorf 2000.

Ministerium für Frauen, Jugend, Familie und Gesundheit Nordrhein-Westfalen (Hrsg.): Kinder und Jugendliche an der Schwelle zum 21. Jahrhundert. Jugendszenen in Nordrhein-Westfalen. Strukturen und Veränderungen, Düsseldorf 2000.

Roth, Roland: Globalisierungsprozess und Jugendkulturen; in „Aus Politik und Zeitgeschichte"; Beilage zur Wochenzeitung Das Parlament; B 56/2002, S. 20–27.

Stiftung Entwicklung und Frieden (Hrsg.): Brücken in die Zukunft. Eine Initiative von Kofi Annan, Bonn 2002.

Thierse, Wolfgang: „Perspektiven des interkulturellen Dialogs im 21. Jahrhundert" im Zentrum für den Dialog zwischen den Kulturen in Teheran am 20. Februar 2001.

Politisches und kommunales Handeln

Edgar Grande

Stabilität, Flexibilität, Strukturbruch oder Krise? Zustand und Entwicklungsperspektiven des deutschen Parteiensystems

1. Einleitung[1]

Stabilität, Flexibilität, Strukturbruch, Krise – dies sind die Schlüsselbegriffe, mit denen die Parteien- und Parteiensystemforschung in den vergangenen beiden Jahrzehnten versucht hat, den Zustand und die Entwicklung des deutschen Parteiensystems zu erfassen. Die verschiedenen Begriffe lassen unschwer erkennen, dass die Befunde der einschlägigen Forschung alles andere als eindeutig sind. Etwas vereinfacht lassen sich die vorliegenden Analysen und Bestandsaufnahmen zu zwei konkurrierenden Thesen zuspitzen: einer Krisenthese und einer Stabilitätsthese. Die *Krisenthese* behauptet, dass das deutsche Parteiensystem einem tiefgreifenden strukturellen Wandel unterliegt (vgl. Dittberner/Ebbighausen 1973; Döring 1982; von Krockow/Lösche 1986; Wildenmann 1989; Immerfall 1998; Wiesendahl 1998). Festgemacht wird dies unter anderem am Entstehen von außerparlamentarischen Protestbewegungen und Bürgerinitiativen, an anhaltenden Stimmenverlusten der beiden Großparteien, den Wahlerfolgen neuer Parteien (Grüne, Republikaner u. a.), der immer größeren Zahl von Wechselwählern und der zurückgehenden Wahlbeteiligung. Diese Krisenthese findet sich – in unterschiedlichen Varianten – bereits seit den frühen 70er Jahren in der politikwissenschaftlichen Literatur und in der politischen Publizistik. Nicht von ungefähr war bereits vor zehn Jahren eine Monografie mit dem Titel „Krise ohne Ende?" zu finden (vgl. Starke 1993). Demgegenüber behauptet die *Stabilitätsthese*, dass das deutsche Parteiensystem im Großen und Ganzen stabil geblieben ist – und dies trotz enormer Herausforderungen wie den Wirtschaftskrisen Mitte der 1970er und zu Beginn der 1980er Jahre und der Vereinigung der beiden Teile Deutschlands in den 1990er Jahren. Hierfür wird insbesondere die organisatorische Stärke der beiden Großparteien und ihre beträchtliche ideologische Flexibilität verantwortlich gemacht. Die Wahlerfolge neuer Parteien, der Rückgang der Wahlbeteiligung und anderes mehr werden in diesem Zusammenhang eher als Normalisierungsprozesse denn als Krisenphänomene interpretiert (vgl. Mintzel/Oberreuter 1992: 487; Luthardt 1993; Helms 1999; Klingemann 1999; Niedermayer 1999, 2002).

Die Vertreter beider Thesen können durchaus beachtliche empirische Evidenz ins Feld führen – und dennoch vermag keine so recht überzeugen. Skepsis ist aus

---

1 Der vorliegende Beitrag wurde im Juli 2002 abgeschlossen. Die Ergebnisse der Bundestagswahl am 22. September 2002 konnten nicht mehr berücksichtigt werden.

mehreren Gründen angezeigt. Zum einen neigt die einschlägige Fachliteratur zu einer unzulässigen Vermischung von Untersuchungsobjekten und Analyseebenen. Es fällt auf, dass „Parteien" und „Parteiensysteme" häufig in einem Atemzug genannt werden, und dass unter einem Parteiensystem dann lediglich die Gesamtheit der in einem Land existierenden Parteien verstanden wird (so Niclauß 1995; von Alemann 2000; Woyke 2002b).[2] Diese Analysen des deutschen „Parteiensystems" haben nicht mehr zu bieten als eine deskriptive Bestandsaufnahme der wichtigsten Parteien und sie sind der ständigen Gefahr ausgesetzt, unzulässig und vorschnell von Entwicklungen auf der Ebene der Parteien auf Veränderungen im Parteien*system* zu schließen. Selbstverständlich kann beides zusammenhängen, aber dies ist keinesfalls zwingend. So konnte die vergleichende Parteienforschung zwar im Zusammenhang mit dem von ihr behaupteten Wandel von „Volksparteien" zu „professionalisierten Wählerparteien" eine zunehmende Fragmentierung der Parteiensysteme feststellen; dies trifft jedoch nicht für alle Länder zu, und dadurch hat sich auch nicht in jedem Fall der Typus des Parteiensystems geändert (vgl. von Beyme 2000: Kap. 5).

Hinzu kommt eine auffällige Theorieabstinenz der deutschen Parteiensystemforschung. Die Parteiensystemforschung macht augenscheinlich nur wenig Gebrauch von den Typologien und Klassifikationsangeboten, die insbesondere in der angloamerikanischen Politikwissenschaft in den vergangenen Jahrzehnten entwickelt wurden. Die gängigen quantitativen Indikatoren werden zwar mit großem Eifer genutzt, und gelegentlich wird auch auf Sartoris Typologie von Parteiensystemen verwiesen (vgl. Klingemann 1999; Niedermayer 2002); dennoch wird man den Eindruck nicht los, dass die deutsche Parteiensystemforschung ihre Themen und Thesen häufiger aus dem politischen Feuilleton bezieht als aus der einschlägigen Fachliteratur und dass die von ihr verwendeten Bewertungsmaßstäbe eine recht große Beliebigkeit besitzen.[3]

Die Theorieabstinenz der deutschen Parteiensystemforschung könnte freilich gute Gründe haben. Sie könnte damit zusammenhängen, dass die Theorieentwicklung in diesem Bereich seit geraumer Zeit stagniert. Wie von Beyme feststellte, hat „der Eifer in der Klassifikation von Parteiensystemen seit Sartori abgenommen" (von Beyme 2000: 166) – und dies, ohne dass die Klassifikationsprobleme der Parteiensystemforschung überzeugend gelöst worden wären. Der Parteiensystemforschung scheint dabei entgegen zu kommen, dass die Typenvielfalt der Parteiensysteme in den westlichen Demokratien in den vergangenen zwanzig Jahren offensichtlich abgenommen hat. Inzwischen dominiert in den meisten

---

2 Als Beispiel für viele Woyke (2002a: 5), wo es heißt: „Die Stabilität der Bundesrepublik Deutschland wie auch des vereinigten Deutschland basiert weitgehend auf der Stabilität des Parteiensystems. Es wird von der Gesamtheit der in Deutschland agierenden Parteien gebildet".

3 Es ist durchaus bezeichnend, dass die beiden neuesten Monographien, die sich laut Titel mit dem „Parteiensystem der Bundesrepublik Deutschland" (Niclauß 1995; von Alemann 2000) beschäftigen, auf den Gebrauch der Typologien und Konzepte, die in der angloamerikanischen Forschung entwickelt wurden, gänzlich verzichten. Der Klassiker der modernen Parteiensystemforschung, Giovanni Sartoris „Parties and party systems" (1976), findet sich dort nicht einmal im Literaturverzeichnis.

Ländern jener Typus, dessen Klassifikation relativ unproblematisch ist, der Typus des „gemäßigten Pluralismus". Dadurch scheint der Bedarf an differenzierteren Typologien insgesamt geringer geworden zu sein.

Der folgende Beitrag wird zeigen, dass dieser Eindruck trügt. Der jüngste Wandel der Parteien in Europa, so meine *These*, macht nicht nur neue Typologien der Parteien erforderlich (vgl. Katz/Mair 1995; von Beyme 2000), sondern auch neue Typologien der Parteiensysteme. Erst auf diese Weise lassen sich die Veränderungen in der Funktionsweise der Parteiensysteme erkennen und begreifen. Am Beispiel des deutschen Parteiensystems soll dies im weiteren demonstriert werden. Zu diesem Zweck werden zunächst die Unzulänglichkeiten von Sartoris Theorie von Parteiensystemen herausgearbeitet und im Anschluss daran eine alternative Typologie von Parteiensystemen vorgestellt. Mit Hilfe dieser Typologie werden dann die neueren Entwicklungen im deutschen Parteiensystem analysiert. Der Beitrag kommt zu dem Ergebnis, dass weder die Stabilitätsthese, noch die Krisenthese den derzeitigen Zustand des deutschen Parteiensystems angemessen beschreiben. Seine Funktionsweise ist neuerdings vielmehr geprägt durch das Spannungsverhältnis zwischen unterschiedlichen Wettbewerbslogiken. Dadurch haben die Parteien nicht nur zusätzliche strategische Optionen erhalten, gleichzeitig sind sie auch mit einer neuen Form der strategischen Ungewissheit konfrontiert. Diese strategische Ungewissheit hat die Art und die Intensität des Parteienwettbewerbs in Deutschland in den vergangenen Jahren entscheidend geprägt.

2. Das deutsche Parteiensystem: Noch immer ein moderater Pluralismus? Eine Kritik an Sartoris Theorie von Parteiensystemen

Wie lassen sich die wichtigsten Merkmale eines Parteiensystems, sein Zustand und seine Veränderung am besten erfassen? Zur Beantwortung dieser Frage hat die Parteiensystemforschung in den vergangenen Jahrzehnten zahlreiche Definitionen, Klassifikationen und Typologien entwickelt. Am gebräuchlichsten waren lange Zeit einfache numerische Unterscheidungen, die an der Zahl der Parteien in einem Parteiensystem ansetzten. Hierzu gehört unter anderem Maurice Duvergers Unterscheidung zwischen Zweiparteiensystemen und Vielparteiensystemen (Duverger 1959), oder die Ansätze von Jean Blondel (1968) und Douglas Rae (1971), die mit einfachen quantitativen Indikatoren versuchten, den Zustand eines Parteiensystems zu analysieren. Gegen die einfachen numerischen Unterscheidungen von Duverger, Blondel, Rae und anderen wurde zu recht eingewandt, dass ihre simplen Kategorien der komplexen Wirklichkeit von Parteiensystemen in keiner Weise gerecht werden. Die Parteiensystemforschung hat sich daraufhin bemüht, dieses Problem auf zwei unterschiedliche Weisen zu lösen. Zum einen wurden die vorhandenen quantitativen Indikatoren verfeinert (u. a. Laakso/Taagepera 1979) und das Repertoire an quantitativen Indikatoren insgesamt erweitert (Lane/Ersson 1999). Zum anderen gab es immer wieder Bemühungen, die unzulänglichen quantitativen Klassifikationen durch qualitative Typologien zu ersetzen (u. a. Smith 1979) oder zumindest zu ergänzen.

Die in der Parteiensystemforschung noch immer gebräuchlichste Typologie von Giovanni Sartori (1976) zeichnet sich dadurch aus, dass sie beide Vorgehensweisen, die quantitative und die qualitative, kombiniert. Nach Sartori ist ein Parteiensystem nicht einfach die Summe der in einem politischen System vorhandenen Parteien, es wird vielmehr durch die *Interaktionen zwischen den Parteien* konstituiert, insbesondere durch den *Parteienwettbewerb*. Ein Parteiensystem ist nach Sartori (1976: 44) „the system of interactions resulting from inter-party competition. That is the system in question bears on the relatedness of parties to each other, on how each party is a function [. . .] of the other parties and reacts, competitively or otherwise, to the other parties". Folglich reicht eine quantitative Bestimmung der Zahl der Parteien oder ihres relativen Gewichtes nicht aus, um Aufschluss über die Funktionsweise eines Parteiensystems und über die Machtbeziehungen zwischen den Parteien zu erhalten.

Aus diesem Grund benutzt Sartori bei seiner Analyse von Parteiensystemen bekanntlich zwei Variablen: den Grad ihrer *Fragmentierung* als quantitatives Kriterium und die *ideologische Distanz* zwischen den Parteien als qualitatives Kriterium. Die Fragmentierung eines Parteiensystems bestimmt Sartori anhand der Zahl der „relevanten" Parteien. Sie ist seiner Meinung nach ausschlaggebend für das (quantitative) „Format" eines Parteiensystems. Die ideologische Distanz zwischen den Parteien ist entscheidend für die (qualitative) „Mechanik" eines Parteiensystems. Sie wird von ihm ermittelt durch die Existenz von (rechten oder linken) „Anti-Systemparteien". Mit Hilfe dieser beiden Variablen entwickelt Sartori eine zweidimensionale Typologie von Parteiensystemen, bei der er insgesamt sieben Typen unterscheidet: (a) das Einparteiensystem, (b) das Hegemonialsystem, (c) das Prädominanzsystem, (d) das Zweiparteiensystem, (e) den moderaten Pluralismus, (f) den polarisierten Pluralismus und (g) das atomisierte Parteiensystem.

Ich möchte an dieser Stelle nicht auf die Details der von Sartori entwickelten Typologie eingehen. Hier mag der Hinweis genügen, dass Sartori insbesondere das Verdienst gebührt, die diffuse Kategorie der Viel- oder Mehrparteiensysteme durch eine differenzierte Unterscheidung von verschiedenen Arten pluralistischer Parteiensysteme abgelöst zu haben. Dies bedeutete gegenüber Duverger, der noch behauptet hatte: „Bei mehr als vier Parteien versagt jede Klassifikation" (Duverger 1959: 250), einen entscheidenden Fortschritt. Seither war die Parteiensystemforschung in erster Linie damit beschäftigt, die von Sartori ausgearbeitete Typologie zu verfeinern (so von Beyme 1982, 1992) und für die empirische Forschung zu nutzen (u. a. Daalder/Mair 1983; Daalder 1987; Mair/Smith 1990; von Beyme 2000; Niedermayer 1999, 2002).

Welche Aussagen lassen sich mit Hilfe von Sartoris Typologie über das bundesdeutsche Parteiensystem machen? Die Bundesrepublik wird aufgrund der Existenz relevanter kleinerer Parteien durchgängig dem Typus des „gemäßigten Pluralismus" zugeordnet (vgl. Sartori 1976: 176; von Beyme 1982: 312, 1992: 328, 2000: 162; Niedermayer 1999, 2002). Ein „gemäßigter Pluralismus" liegt dann vor, wenn zum einen die Zahl der relevanten Parteien – zu denen Sartori alle in einem Parlament vertretenen Parteien mit Koalitions- oder Erpressungspotential rechnet – zwischen drei und fünf liegt; und wenn außerdem die ideologische Distanz zwischen den Parteien gering ist, was von Sartori insbesondere am Fehlen oder der geringen Bedeutung von systemoppositionellen Parteien festgemacht wird. Beides ist in der Bundesrepublik seit den 1950er Jahren der Fall. Die Grundstruktur des deutschen Parteiensystems wird seither durch mindestens drei Merkmale charakterisiert (vgl. Niedermayer 2002: 107 f.): eine geringe Fragmentierung, eine geringe Polarisierung und die fehlende Segmentierung.[4] An dieser Grundstruktur hat sich in den vergangenen Jahren auch nichts Wesentliches geändert. Die Wahlerfolge neuer Parteien, soweit diese überhaupt als relevant eingestuft werden, haben am Format des deutschen Parteiensystems nichts geändert. Die Zahl der im Bundestag vertretenen Parteien hat sich seither zwar von drei auf fünf erhöht, aber sie liegt immer noch im Bereich des „moderaten Pluralismus". Selbst wenn man die Grünen und die PDS als Anti-Systemparteien einstufen würde, ließe sich auf Bundesebene bislang nichts beobachten, was der Mechanik eines „polarisierten" Pluralismus nahe käme, wie ihn Sartori im Unterschied zum moderaten Pluralismus definiert hat.

Analysiert man das deutsche Parteiensystem also mit Hilfe von Sartoris Typologie, dann scheint der Befund eindeutig: Es scheint dem Typus des „moderaten Pluralismus" zu entsprechen – und an dieser Klassifikation hat sich, ungeachtet aller Veränderungen in den vergangenen zwanzig Jahren, im Kern nichts geändert. Auf den ersten Blick erbringt Sartoris Typologie damit eine klare Bestätigung der Stabilitätsthese.

Bei genauerem Hinsehen zeigt sich allerdings, dass die Typologie Sartoris keineswegs so eindeutige Ergebnisse liefert, wie es zunächst scheint. Die Tatsache, dass mit ihrer Hilfe die vorherrschende Meinung in der deutschen Parteiensystemforschung bestätigt wird, darf nicht darüber hinwegtäuschen, dass auch Sartoris Typologie erhebliche Schwächen aufweist. Drei Defizite sind meines Erachtens besonders gravierend. *Erstens* ergeben sich trotz der elaborierten „Zählregeln" Sartoris wiederholt Probleme bei der Bestimmung der Zahl der „relevanten" Parteien. Sartoris Vorschlag, nur solche Parteien zu berücksichtigen, die im nationalen Parlament vertreten sind, ist zwar einleuchtend, führt aber in einem Land wie der Bundesrepublik mit seiner hohen Sperrklausel zu unbefriedigenden Ergebnissen. Er hat zur Folge, dass Parteien wie die NPD oder die Republikaner, die in den 1960er und 1990er Jahren beträchtliche Stimmanteile erzielten, den Einzug in den Bundestag jedoch verfehlten, als „irrelevant" angesehen werden müssen und unberücksichtigt bleiben. Von Beyme (1982: 309) hat versucht, dieses Problem dadurch zu lösen, dass er Sartoris Zählregel durch ein einfaches quantitatives Kriterium ersetzte: Als relevant gelten bei ihm alle Parteien, die bei nationalen Wahlen mehr als 2 % der Stimmen erhalten haben. Das Beispiel der Wahlergebnisse der Republikaner bei den drei Bundestagswahlen in den 1990er Jahren zeigt jedoch, dass mit diesem Kriterium das Problem lediglich verschoben wird. Die Republikaner erhielten bei der Bundestagswahl 1990 2,1 % der Stimmen und müssten damit als relevant gezählt werden, bei den Wahlen 1994 und 1998 mit 1,9 % bzw. 1,8 % der Stimmen jedoch als irrelevant. Sowohl über das eine wie das andere kann – und

---

4 Segmentierung bezieht sich auf die Koalitionsfähigkeit der Parteien in einem Parteiensystem. In einem segmentierten Parteiensystem ist diese – aus welchen Gründen auch immer – eingeschränkt.

muss – gestritten werden, denn davon hängt die Klassifikation des bundesdeutschen Parteiensystems entscheidend ab. Wenn man die Republikaner als „relevant" (im Sinne Sartoris) erachtet, dann erhöht sich die Zahl der relevanten Parteien im deutschen Parteiensystem in den 1990er Jahren von fünf auf sechs – und dies würde einen Systemwandel vom „moderaten" zum „extremen" oder zum „polarisierten Pluralismus" bedeuten!

Der *zweite* Schwachpunkt betrifft Sartoris Vorschlag, von den in einem Parlament vertretenen Parteien nur jene als relevant zu berücksichtigen, die ein gewisses Koalitions- oder Erpressungspotential besitzen. Dies scheint unmittelbar einleuchtend, da auf diese Weise bedeutungslose Kleinstparteien, denen in Ländern mit Verhältniswahlrecht ohne bzw. mit einer niedrigen Sperrklausel der Einzug ins Parlament gelungen ist, unberücksichtigt bleiben können. Konsequent angewandt würde dies jedoch auch dazu führen, dass in Deutschland sowohl die Grünen als auch die PDS bis zum Ende der 1990er Jahre als irrelevant angesehen werden müssten, da keine dieser Parteien bei der Regierungsbildung eine Rolle spielte, und zwar völlig unabhängig davon, ob sie gegebenenfalls bereit gewesen wären, sich an einer Regierung zu beteiligen. Diese Zählweise hätte zur Folge, dass dem deutschen Parteiensystem in den vergangenen vierzig Jahren eine außergewöhnliche Stabilität bescheinigt werden müsste. Es hätte während all dieser Zeit nicht nur die Grundmerkmale eines „moderaten Pluralismus" beibehalten, es wäre bis zur Bundestagswahl 1998 auch durch die gleichen drei Parteien (CDU/CSU, SPD und FDP) konstituiert worden – und dies unabhängig davon, wie viele Parteien im Bundestag jeweils vertreten waren.

Schließlich hat sich, *drittens*, inzwischen auch Sartoris Versuch, die ideologische Distanz zwischen den Parteien als qualitatives Kriterium zur Identifikation der Mechanik eines Parteiensystems zu nutzen, als unzulänglich erwiesen. Dieses Kriterium war ganz offensichtlich inspiriert von der Existenz starker kommunistischer Parteien in Italien und Frankreich nach dem II. Weltkrieg. Seit den 1980er Jahren hat dieses Kriterium jedoch seine Brauchbarkeit zur Klassifikation der europäischen Parteiensysteme weitgehend verloren. Die Bedeutung von systemoppositionellen Parteien hat in den meisten westlichen Demokratien abgenommen, „fast alle Parteiensysteme der westlichen Welt gehören in der Ära der professionalisierten Wählerparteien zu den gemäßigten pluralistischen Systemen" (von Beyme 2000: 166). Die Bundesrepublik zählte dabei von Beginn an zu den Ländern mit einer besonders geringen Polarisierung (vgl. Lane/Ersson 1999: 145). Auch bei diesem Befund ist jedoch Vorsicht geboten. Diese Einschätzung hängt nicht nur davon ab, mit welchen Indikatoren die Polarisierung in einem Parteiensystem gemessen wird, sondern teilweise auch davon, wie einzelne Parteien beurteilt werden. Dies betrifft insbesondere die Grünen und die PDS. Werden diese als systemoppositionelle Parteien klassifiziert – was aus guten Gründen umstritten ist –, dann ist deren Stimmenanteil in den vergangenen zwanzig Jahren in Deutschland beträchtlich angestiegen; anderenfalls betrug der Stimmenanteil systemoppositioneller Parteien lediglich zwischen zwei und drei Prozent (vgl. Niedermayer 2002: 110).

Insgesamt zeigt sich, dass die Typologie von Sartori alles andere als eindeutige Befunde zum Zustand und zur Entwicklung des deutschen Parteiensystems liefert. Bei geschickter und flexibler Handhabung der Zählkriterien und Messindikatoren lässt sich mit Hilfe dieser Typologie für die Bundesrepublik Deutschland nahezu jedes Ergebnis ermitteln:

- einen hochgradig stabilen „moderaten Pluralismus" mit drei, vier oder gar fünf Parteien;
- den Übergang von einem „moderaten Pluralismus" zu einem „extremen Pluralismus" mit mindestens sechs Parteien;
- und schließlich Anzeichen eines „polarisierten Pluralismus", aufgrund des Entstehens mehrerer systemoppositioneller Parteien auf der linken und der rechten Seite des ideologischen Spektrums.[5]

Als Zwischenbilanz kann festgehalten werden, dass sich die Kontroverse über den Zustand und die Entwicklung des deutschen Parteiensystems, die in der Parteien- und Parteiensystemforschung seit geraumer Zeit geführt wird, mit Hilfe der gängigen Theorieangebote offensichtlich nicht auflösen lässt. Auch die anspruchsvollste Typologie, Giovanni Sartoris Theorie der Parteiensysteme, erlaubt es nicht, die Konkurrenz zwischen den verschiedenen empirischen Thesen eindeutig zu entscheiden. Dies kann aber, wie im Folgenden gezeigt wird, kein Grund zur Theorieabstinenz in der Parteiensystemforschung sein.

3. Sartori revisited: Die vier Logiken des Parteienwettbewerbs

Giovanni Sartoris Ansatz zur Analyse von Parteiensystemen weist zwar einige Defizite auf, er eignet sich aber durchaus als Ausgangspunkt für eine Weiterentwicklung. Dabei werde ich jedoch nicht den in der Parteiensystemforschung üblichen Weg der Verfeinerung quantitativer Indikatoren beschreiten (vgl. beispielhaft Lane/Ersson 1999). Durch eine solche „methodologische Hochrüstung" (Beyme 2000: 9) konnten die konzeptionellen Defizite der Parteiensystemforschung bislang nicht beseitigt werden. Ich möchte statt dessen eine Re-Konstruktion von Sartoris Typologie vorschlagen, die die Grundidee seiner Definition von Parteiensystemen aufnimmt – die also ein Parteiensystem als „system of interaction resulting from inter-party competition" begreift –, die aber nicht mit einer quantitativen Bestimmung des „Formats" eines Parteiensystems beginnt, wie Sartori dies macht, sondern bei einer qualitativen Bestimmung seiner „Mechanik". Und bei der Analyse der „Mechanik" eines Parteiensystems werde ich mich im Unterschied zu Sartori nicht auf die ideologische Distanz zwischen den Parteien stützen, sondern auf einen Aspekt, auf dessen Bedeutung Sartori an anderer Stelle hinweist: die „particular distribution of power" (Sartori 1976: 199) zwischen den Parteien.

---

5 Dehnt man Sartoris Kriterium für „Prädominanz-Systeme", das verlangt, dass eine Regierungspartei in drei aufeinander folgenden Wahlen mehr als 50 Prozent der Stimmen erhält und die Regierung stellt (Sartori 1976: 196–200), auf feste Regierungskoalitionen aus, dann können wir in Deutschland sogar einen Übergang von einem „moderaten Pluralismus" zu einem von der CDU dominierten „Prädominanz-System" feststellen, das mit dem Regierungswechsel 1998 unterbrochen wurde.

Für die Machtverteilung zwischen den Parteien ist, darauf hat Sartori (1976: 199) ebenfalls hingewiesen, die Zahl der Parteien nicht ausschlaggebend. In demokratischen politischen Systemen, für die der Wettbewerb zwischen den Parteien um politische Ämter charakteristisch ist, ist das wichtigste Kriterium die je spezifische *Logik des Parteienwettbewerbs* in einem Parteiensystem, d. h. die strukturelle Konfiguration der Machtbeziehungen zwischen den Parteien in ihrem Wettbewerb um politische Ämter. Die verschiedenen Logiken des Parteienwettbewerbs lassen sich mit Hilfe von zwei Indikatoren operationalisieren:

- erstens der *Struktur* des Parteienwettbewerbs, die sich aus der Zahl der relevanten Konfliktdimensionen in einem Parteiensystem sowie der Verteilung von Wählerpräferenzen auf diesen Konfliktdimensionen ergibt. In dieser Hinsicht können Parteiensysteme unipolar, bipolar oder multipolar strukturiert sein (vgl. Sartori 1976: 285–286);
- zweitens der *Intensität* des Parteienwettbewerbs, die sich über den Grad der Ungewissheit über den Ausgang von Wahlen ermitteln lässt.[6] Diese wird unter anderem von den Koalitionsmöglichkeiten der Parteien und dem Grad der Wählervolatilität beeinflusst. Die Wettbewerbsintensität ist beispielsweise in einem Zweiparteiensystem mit starken Wählerbindungen sehr gering, während sie in einem Mehrparteiensystem mit unbeschränkten Koalitionsmöglichkeiten und großer Volatilität sehr groß ist.

Mit Hilfe dieser Variablen lassen sich vier unterschiedliche Logiken des Parteienwettbewerbs unterscheiden: (a) eine hegemoniale Logik, (b) eine dualistische Logik, (c) eine pluralistische Logik und (d) eine polarisierende Logik. Im einzelnen können diese Wettbewerbslogiken wie folgt beschrieben werden:

(a) Parteienwettbewerb mit einer *hegemonialen* Logik liegt vor, wenn das Parteiensystem unipolar strukturiert ist und eine geringe Wettbewerbsintensität aufweist.[7] Charakteristisch für ein solches Parteiensystem ist eine dominante Partei, für die das Risiko des Ämterverlustes bei Wahlen gering ist. Das entscheidende Kriterium ist in diesem Fall nicht wie bei Sartori die Zahl der von einer Partei bereits gewonnenen Wahlen, d. h. eine ex post-Kalkulation, sondern die geringe Ungewissheit über den Ausgang künftiger Wahlen, d. h. eine ex ante-Kalkulation. Ein Beispiel für ein Parteiensystem mit einer hegemonialen Wettbewerbslogik findet sich in Bayern in den 1970er und 1980er Jahren. Seinerzeit standen Wahlsiege der regierenden CSU selbst für die Oppositionsparteien außer Zweifel. Die geringe

---

6 Der Vorschlag, die Ungewissheit über den Ausgang von Wahlen – und nicht die ideologische Distanz zwischen den Parteien – in den Mittelpunkt der Analyse von Mehrparteiensystemen zu stellen, wurde von Elkins bereits 1974 gemacht (vgl. Elkins 1974); er blieb in der Folgezeit aber unberücksichtigt.

7 Mit dem Begriff „Hegemonie" wird hier eine besondere Form des Parteienwettbewerbs in Mehrparteiensystemen bezeichnet. Dies entspricht dem Fall des „prädominanten" Parteiensystems bei Sartori, der unter einem „hegemonialen" Parteiensystem eine besondere Form des (nicht-kompetitiven) Einparteiensystems versteht (vgl. Sartori 1976: 230–238). Auch in diesem Fall, genauso wie später beim Zweiparteiensystem, verwechselt Sartori die polare Machtstruktur eines Parteiensystems und die daraus resultierende Wettbewerbslogik mit der Zahl der Parteien in einem Parteiensystem.

Ungewissheit über den Wahlausgang kam unter anderem in der von der CSU zur Bestimmung ihres Wahlziels gebrauchten Formel „50 Prozent plus x" zum Ausdruck.

(b) Parteiensysteme mit einer *dualistischen* Wettbewerbslogik sind bipolar strukturiert und durch die Konkurrenz zweier Parteien bzw. Parteienlager um politische Ämter charakterisiert. Wichtig ist, dass es sich dabei nicht um ein Zweiparteiensystem handeln muss. Denn für die „systemic logic of twopartism" (Sartori 1976: 189) in einem Parteiensystem ist nicht die Zahl der Parteien entscheidend, maßgeblich ist, ob die Parteien sich um zwei Pole gruppieren, d. h. zu zwei (mehr oder weniger geschlossenen) politischen Lagern formieren. Diese Parteienlager bilden sich im Unterschied zu Regierungskoalitionen in pluralistischen Parteiensystemen bereits *vor* den Wahlen – sei es in Form von Wahlbündnissen, sei es durch verbindliche Koalitionsaussagen – und nicht erst als Folge des Wahlausgangs.

(c) Parteiensysteme mit einer *pluralistischen* Logik sind multipolar strukturiert und ihre Wettbewerbsintensität ist im Idealfall sehr groß. Multipolare Parteiensysteme entstehen vor allem dadurch, dass es „verschiedene Arten dualistischer Gegensätze gibt, die nicht miteinander zusammenfallen" (Duverger 1959: 244), seien dies nun ethnische, konfessionelle, soziale oder ideologische Gegensätze. Entsprechend groß kann die Zahl der Parteien und ihre Vielfalt sein. In pluralistischen Parteiensystemen gruppieren sich die Parteien allerdings nicht zu stabilen Parteienlagern, im Idealfall sind Koalitionen zwischen allen Parteien möglich. Diese Koalitionen bilden sich, wenn überhaupt, erst *nach* einer Wahl, der Parteienwettbewerb wird also nicht bereits durch die Bildung von Parteienlagern bzw. Wahlbündnissen strukturiert.

(d) Einen Sonderfall stellen Parteiensysteme mit einer *polarisierenden* Wettbewerbslogik dar. Dabei handelt es sich um multipolar strukturierte Mehrparteiensysteme mit mindestens einem, mitunter sogar mehreren extremen Polen. Die extremen Pole sind vor allem dadurch charakterisiert, dass die Parteien, die sie besetzen, aus ideologischen Gründen entweder nicht als „koalitionswürdig" gelten oder nicht „koalitionsbereit" sind, also für eine Regierungsbildung nicht zur Verfügung stehen.[8] Entscheidend ist, dass dadurch die Koalitionsmöglichkeiten zwischen den Parteien in einem Parteiensystem erheblich eingeschränkt werden und die Parteien der Mitte mitunter zur Regierung „gezwungen" werden. Dies kann dazu führen, dass die Wettbewerbsintensität zwischen den Parteien der Mitte gering ist, da für eine Regierungsbildung die Alternativen fehlen, wie auch immer die Wahlen ausgehen.[9]

---

8 Beispiele hierfür waren in der Vergangenheit die kommunistischen und faschistischen bzw. postfaschistischen Parteien in Europa. In den letzten Jahren galten dann grün-alternative, rechtspopulistische und postkommunistische Parteien als nicht „koalitionswürdig" – sofern sie denn überhaupt bereit waren, in eine Regierung einzutreten.

9 Man könnte dies deshalb auch als „zentrierende" Wettbewerbslogik bezeichnen. Da Sartori für diesen Typus von Parteiensystem, für den das italienische Parteiensystem bis zum Jahr 1993 wohl das bekannteste Beispiel war, jedoch den Begriff des „polarisierten Pluralismus" (polarized pluralism) geprägt hat (vgl. Sartori 1976: 145), werde ich im weiteren von einer „polarisierenden" Logik sprechen.

Die hier skizzierten vier Logiken des Parteienwettbewerbs ermöglichen es, Aussagen über den Zustand und die Entwicklung von Parteiensystemen zu machen, ohne dass sich dabei die üblichen numerischen Klassifikationsprobleme ergeben. Die Frage, ob wir es in der Bundesrepublik mit einem Drei-, Vier- oder Fünfparteiensystem zu tun haben, ist zweitrangig, solange die – in diesem Fall dualistische – Logik des Parteienwettbewerbs stets die gleiche ist. Das soll nicht heißen, dass die Zahl der relevanten Parteien in einem Parteiensystem gänzlich ohne Bedeutung ist, aber ihr Stellenwert wird erheblich relativiert. Sie ist vor allem dann von Belang, wenn es darum geht, die „Feinabstimmung" *innerhalb* der verschiedenen Wettbewerbslogiken genauer heraus zu arbeiten. Was ergibt sich daraus nun für das Parteiensystem in der Bundesrepublik?

4. Dualismus, Pluralismus oder Polarisierung? Entwicklung und Entwicklungsperspektiven des bundesdeutschen Parteiensystems

Das deutsche Parteiensystem funktionierte lange Zeit eindeutig nach einer *dualistischen Wettbewerbslogik*. Der Parteienwettbewerb war von Beginn an geprägt durch die „politische Zentralität" (Mintzel/Oberreuter 1992: 486) der beiden großen „Volksparteien". Bereits für Duverger (1959: 226–269) war der „Dualismus von CDU – SPD" das markanteste Kennzeichen des deutschen Parteiensystems nach dem Zweiten Weltkrieg gewesen. Er stellte fest: „Unter der Hülle eines Vielparteiensystems konzentriert sich doch der politische Kampf auf zwei große, im Verhältnis zu anderen überlegenen Formationen" (Duverger 1959: 226). Eschenburg (1961: 23) unterschied in diesem Zusammenhang zwischen den beiden „Hauptparteien" einerseits, den kleineren „Nebenparteien" andererseits. Aufgrund der Existenz dieser kleineren „Nebenparteien" besaß das deutsche Parteiensystem zwar nie das Format eines „klassischen Zweiparteiensystems", es wies aber stets eine ausgeprägte „Zwei-Parteien-Mechanik" (Abromeit 1993: 74) auf. Diese „Zwei-Parteien-Mechanik" war für seine Funktionsweise weit wichtiger als die Zahl und das ideologische Profil der kleineren Parteien; ja mehr noch, die Rolle und das Selbstverständnis der kleineren Parteien wurde ganz wesentlich von der dualistischen Logik des Parteienwettbewerbs geprägt.

Die dualistische Logik des Parteienwettbewerbs war in der Bundesrepublik das Produkt zweier Faktoren. Zunächst war wichtig, dass die großen Parteien in der Regel zwar nicht in der Lage waren, alleine die Regierung zu stellen, dass aber mit der FDP eine kleinere Partei der bürgerlichen Mitte zur Verfügung stand, die für beide Großparteien in gleichem Maße koalitionswürdig war. Deshalb bestand in der Bundesrepublik auf Bundesebene kein arithmetischer Zwang zu Großen Koalitionen, wie dies in Österreich lange Zeit der Fall war. Daraus resultierte aber auch keine pluralistische Wettbewerbslogik. Denn für die Funktionsweise des Parteienwettbewerbs war außerdem von Bedeutung, dass die FDP seit ihrem Eintritt in die sozialliberale Koalition eine feste Koalitionsbindung mit einer der beiden großen Parteien einging, die über mehrere Wahlperioden reichte. Für die Intensität des Parteienwettbewerbs war dabei entscheidend, dass die FDP ihre Koalitionszusage nicht erst nach der jeweiligen Wahl traf, sondern bereits mit einer festen Koalitionsaussage zur Wahl antrat. Der Parteienwettbewerb fand deshalb zwischen zwei eindeutig identifizierbaren „Parteienlagern" statt, denen der Wähler die Regierungs- und Oppositionsfunktion selbst zuweisen konnte. Gerade hierdurch unterschied sich das deutsche Parteiensystem in den vergangenen dreißig Jahren von einem pluralistischen Parteiensystem mit seinen variablen Koalitionsmöglichkeiten.[10]

Auch in den Bundesländern war der Parteienwettbewerb geprägt durch den Dualismus von CDU und SPD. Der Dualismus der beiden Großparteien führte dazu, dass auf Bundes- und Länderebene wenn möglich „kongruente" Koalitionen gebildet wurden. Bemühungen der Bundesparteien, „ein Parallelogramm der Kräfte" auf den verschiedenen Ebenen herzustellen, hatte es bereits in den 1950er Jahren gegeben (vgl. Heidenheimer 1958), mit der Konzentration des Parteiensystems setzten sich solche Bestrebungen in den 1960er Jahren schließlich auch durch. So hat es während der SPD/FDP-Koalition in Bonn nur zwei Abweichungen von diesem Koalitionsmodell auf Länderebene gegeben: eine CDU/FDP-Koalition im Saarland (1977–85) und eine kurze Zeit der CDU/FDP-Koalition (1977–78) in Niedersachsen.[11] Während der konservativ-liberalen Koalition gab es in den 1980er Jahren nur eine einzige Abweichung von der Bonner Koalition: die SPD/FDP-Koalition in Hamburg (1987–1991). Die Alternativen hierzu wären freilich nur eine Große Koalition oder eine „rot-grüne" Koalition gewesen.

Auf den ersten Blick scheint diese Re-Konstruktion der Typologie Sartoris lediglich eine weitere Bestätigung für die Stabilitätsthese zu liefern. Aber dies wäre ein Trugschluss. Bei genauerem Hinsehen zeigt sich nämlich, dass der Dualismus zwischen den beiden Großparteien seit den 1990er Jahren erheblichen Spannungen ausgesetzt ist und deutliche Brüche aufweist; und es gibt Anhaltspunkte dafür, dass dies keine vorübergehende Erscheinung ist, sondern strukturelle Ursachen hat. Empirische Analysen von Pappi (1994) und anderen haben gezeigt, dass sich die Präferenzstrukturen der deutschen Wähler nicht mehr eindimensional mit dem gängigen Rechts-Links-Schema abbilden lassen und zumindest eine weitere Dimension aufweisen. Diese zweidimensionalen Präferenzstrukturen können durch einen dualistischen Parteienwettbewerb offensichtlich nicht ausreichend verarbeitet werden. Dies begünstigte auf Bundes- wie auf Länderebene die Wahlerfolge mehrerer neuer Parteien (Grüne, Republikaner, PDS u. a.).

Für die Entwicklung und die Funktionsweise des deutschen Parteiensystems war wichtig, dass die neuen Parteien nicht in seiner Mitte entstanden, sondern an den linken und rechten Rändern. Dies erschwerte ihre Einbeziehung in die bis dahin vorherrschende dualistische Logik des Parteienwettbewerbs erheblich. Die vergeblichen Versuche, die entstehenden „rot-grünen" Koalitionen zu einem neuen politischen „Lager" zu stilisieren, können in diesem Zusammenhang auch als unzulängliche Versuche interpretiert werden, eine sich verändernde Parteienkon-

---

10 Im Bundestagswahlkampf 1957 beispielsweise hatten die kleineren bürgerlichen Parteien noch bewusst die Frage offen gelassen, ob sie zur Koalition mit der CDU/CSU bereit wären. Über diese Frage könne erst entschieden werden, wenn das Wahlergebnis vorliege (vgl. Eschenburg 1961: 23).

11 Zuvor hatte die FDP in Niedersachsen eine CDU-Minderheitsregierung toleriert.

stellation mit der alten Wettbewerbslogik zu verarbeiten und die lange Zeit dominierende Strukturierung des Parteiensystems in zwei konkurrierende „Lager" aufrechtzuerhalten.

Die Entwicklung der Parteiensysteme und der Regierungskonstellationen in den Bundesländern in den 1990er Jahren liefert jedoch deutliche Hinweise darauf, dass der Dualismus der beiden Großparteien einen Teil seiner strukturierenden Wirkung eingebüßt hat. Wenn wir die Zusammensetzung der 16 Landesregierungen in den vergangenen zehn Jahren betrachten, dann fallen drei Sachverhalte auf:

– *Erstens* ist offensichtlich, dass es immer schwieriger wird, in den Bundesländern Regierungskoalitionen nach Bonner bzw. Berliner Muster zu bilden. Eine CDU/FDP-Koalition auf Länderebene gab es zuletzt nur noch (ab 1996) in Baden-Württemberg; eine „rot-grüne" Koalition gab es zunächst in drei, nach dem Regierungswechsel in Hamburg noch in zwei Bundesländern (Nordrhein-Westfalen, Schleswig-Holstein).[12] Dies liegt auch an der zunehmenden Regionalisierung des deutschen Parteiensystems, die insbesondere die kleineren Parteien betrifft. Während die FDP und die Grünen in den neuen Bundesländern nur schwach vertreten sind, ist es der PDS bislang nicht gelungen, sich in den alten Bundesländern zu etablieren. Das hat zur Folge, dass den beiden Großparteien insbesondere in den neuen Bundesländern immer wieder die kleineren Partner fehlen, um „lagerkonforme" Koalitionen zu bilden.

– *Zweitens* haben aufgrund der größeren Zahl kleiner Parteien die Regierungs- und Koalitionskonstellationen erheblich zugenommen. In den vergangenen zehn Jahren finden wir insgesamt elf unterschiedliche Regierungskonstellationen und acht unterschiedliche Koalitionskonstellationen auf Länderebene. Im einzelnen sind dies: (a) CDU- (bzw. CSU-) Alleinregierungen, (b) SPD-Alleinregierungen, (c) eine SPD-Minderheitsregierung, (d) SPD-FDP-Koalitionen, (e) SPD-Grüne-Koalitionen, (f) SPD-FDP-Grüne-Koalitionen („Ampelkoalitionen"), (g) SPD-CDU- (bzw. CDU-SPD-) Koalitionen, (h) SPD-PDS-Koalitionen, (i) eine Koalition der SPD mit der STATT-Partei, (j) CDU-FDP-Koalitionen, (k) eine Koalition der CDU mit der FDP und einer neugegründeten „Partei Rechtsstaatliche Offensive" („Schill-Partei"). Kurz gesagt: Die Pluralisierung des Parteiensystems hat zu einer beträchtlichen Vielfalt der Regierungs- und Koalitionskonstellationen geführt. Insbesondere die Tatsache, dass sich hierunter auch „lagerübergreifende" (SPD-FDP, SPD-CDU) Koalitionen befinden, könnte man als Indiz dafür werten, dass die dualistische Logik des Parteienwettbewerbs zunehmend durch eine pluralistische Wettbewerbslogik verdrängt wird. Allerdings ist zu beachten, dass derzeit die Koalitionsoptionen noch sehr ungleich verteilt sind. Während die SPD (PDS, Grüne, FDP und CDU) und die FDP (Grüne, SPD, CDU, „Schill-Partei") jeweils über vier potentielle Koalitionspartner verfügen, besitzt die CDU nur drei (einschließlich der „Schill-Partei"), die Grünen über zwei (SPD, FDP) und die PDS

---

12 Dies hatte auch zur Folge, dass sich die beiden Großparteien inzwischen schwer damit tun, im Bundesrat eine Mehrheit zu gewinnen, da die Gruppe der lagerübergreifenden „C-Länder" beträchtlich angewachsen ist.

nur über einen (mit der SPD). Man könnte diese Konstellation deshalb als *asymmetrischen Pluralismus* bezeichnen.

– Aufschlussreich ist *drittens* aber auch der Blick auf die Großen Koalitionen in den Bundesländern. Diese Koalitionen waren überwiegend das erzwungene Produkt einer ganz bestimmten Kräftekonstellation zwischen den Parteien. In diesen Fällen hatten die Wahlerfolge extremer Flügelparteien – der Republikaner und der DVU auf der einen, der PDS auf der anderen Seite – die Bildung kleiner Koalitionen verhindert (sofern überhaupt noch ein Koalitionspartner zur Verfügung stand). Beispielhaft hierfür war die Große Koalition in Baden-Württemberg von 1992 bis 1996, die durch den überraschenden Wahlerfolg der Republikaner erzwungen wurde. Koalitionen wie diese sind, mit anderen Worten, die Folge einer *polarisierenden* Wettbewerbslogik, durch die die Koalitionsmöglichkeiten zwischen den Parteien entscheidend eingeschränkt werden.

Meine *These* lautet nun, dass in diesen unterschiedlichen Regierungs- und Koalitionskonstellationen nicht (nur) die Eigentümlichkeiten der regionalen Parteiensysteme zum Ausdruck kommen, die es zweifellos auch gibt; darin zeigen sich vielmehr die Probleme und Entwicklungsperspektiven des deutschen Parteiensystems wie in einem Brennglas. Wenn wir das so gewonnene Bild in der Zusammenschau betrachten, dann wird deutlich, dass sich das bundesdeutsche Parteiensystem in einer eigentümlichen *Schwebelage* befindet, eingespannt zwischen drei unterschiedlichen Wettbewerbslogiken. Der Dualismus der beiden Großparteien ist nach wie vor wirkungsmächtig, aber er reicht nicht mehr aus, um den Parteienwettbewerb völlig zu strukturieren. Aber die beiden anderen Wettbewerbslogiken, die pluralistische und die polarisierende, sind ihrerseits (noch) nicht durchschlagskräftig genug, um die Beziehungen zwischen den Parteien durchgehend zu prägen.

Weder die Transformation, noch die Stabilität, sondern dieses Spannungsverhältnis zwischen den verschiedenen Wettbewerbslogiken ist meines Erachtens das wichtigste Merkmal der neueren Entwicklung des deutschen Parteiensystems. Dies hat zur Folge, dass die politischen Parteien in Deutschland gezwungen sind, mit einer *neuen Form von Ungewissheit* umzugehen, einer Ungewissheit, die Zygmunt Baumann (2000: 45) als „Meta-Ungewissheit" bezeichnet hat. Ungewiss für die Parteien ist nicht nur der Wahlausgang und die künftige Koalitionskonstellation, ungewiss ist darüber hinaus auch, nach welcher Logik der Parteienwettbewerb stattfindet. Die Parteien sind dabei nicht das Opfer historischer Umstände oder der Unberechenbarkeit der Wähler, die neue Form von Ungewissheit ist auch das Produkt ihrer eigenen strategischen Kalküle und Entscheidungen. So hängt die Frage, ob eine Partei koalitionswürdig ist, nicht nur von ihrem ideologischen Profil ab, sondern auch von den strategischen Entscheidungen der anderen Parteien. Der letzte Regierungswechsel in Österreich zeigt dies beispielhaft. Die neue ÖVP-FPÖ-Koalition verdankte ihr Entstehen nicht einer programmatischen Neuorientierung der FPÖ, sondern einer Änderung des machtstrategischen Kalküls der ÖVP.

In der Bundesrepublik eröffnet der derzeitige Schwebezustand den Parteien mehrere strategische Optionen (vgl. Kropp 2002). Die beiden großen Parteien

CDU und SPD stehen insbesondere vor der Wahl zwischen einer dualistischen und einer pluralistischen Wettbewerbsstrategie. Die *SPD* zeigte sich hierbei lange Zeit unentschlossen (vgl. Scarrow 1999: 98). Während der CDU/FDP-Koalition hielt sie an der dualistischen Wettbewerbsstrategie fest, ohne jedoch über einen festen Koalitionspartner im linken „Lager" zu verfügen. Dadurch geriet sie in einen strukturellen Wettbewerbsnachteil zur CDU mit ihrer festen Koalitionsbindung an die FDP. In den vergangenen Jahren schwenkte die SPD dann auf eine pluralistische Wettbewerbsstrategie um und bemühte sich, ihre strategische Position im Parteiensystem durch die Ausweitung ihrer Koalitionsmöglichkeiten zu verbessern. Dies ist ihr mit den Koalitionen mit den Grünen auf Bundesebene und mit der PDS auf Landesebene auch gelungen. Der SPD kam es dabei aber offensichtlich nicht auf die Bildung eines „rot-grünen Lagers" an. Im Gegenteil, sie hat sich wiederholt gesträubt, eine feste Koalitionsbindung einzugehen und hielt sich auch während der rot-grünen Koalition in Berlin ihre Koalitionsoptionen mit den anderen Parteien offen. Da die SPD in den vergangenen Jahren die einzige Partei im deutschen Parteiensystem war, die mit allen anderen Parteien (mit Ausnahme der rechten Anti-Systemparteien) Koalitionen bilden konnte, schien die SPD von einer solchen Pluralisierung des Parteienwettbewerbs erheblich zu profitieren. Am Beispiel der SPD zeigen sich allerdings auch die Nachteile einer pluralistischen Wettbewerbsstrategie. Die Folge war „ein zunehmend verschwommenes Profil der Partei" (Scarrow 1999: 84), worauf die SPD in jüngster Zeit mit einer stärkeren Personalisierung ihrer Außendarstellung reagierte.

Im Unterschied zur SPD hat die *CDU* auf die größere strategische Ungewissheit im deutschen Parteiensystem bislang nicht mit einer Änderung ihrer Wettbewerbs- und Koalitionsstrategie reagiert. Trotz der nachlassenden Wählerbindungen und der größeren Zahl von Parteien hat sie an der dualistischen Logik des Parteienwettbewerbs festgehalten und versucht, die neuen Parteienkonstellationen in das alte Schema einzufügen. Dies erforderte auf der einen Seite die fortdauernde Bindung an die FDP, und auf der anderen Seite die politische Konstruktion eines „linken Lagers" aus SPD, PDS und den Grünen. Abgestützt wurde dies durch eine polarisierende Wettbewerbsstrategie. Im strategischen Kalkül der CDU gelten die kleineren extremistischen und populistischen Parteien am rechten Rand des Parteienspektrums nicht als koalitionswürdig;[13] und auf Landes- und Bundesebene gilt dies auch für die PDS und die Grünen. Durch ihre dualistisch-polarisierende Wettbewerbsstrategie hat sich die CDU zwar in den vergangenen Jahren den ideologischen Spagat einer „Multioptionsstrategie" erspart, sie musste dafür allerdings beträchtliche Risiken in Kauf nehmen. Sie wurde abhängig von der Verfügbarkeit der FDP als Koalitionspartner und von deren Stärke. Insbesondere in den Dreiparteiensystemen der neuen Bundesländer entwickelte sich hieraus ein gravierender Wettbewerbsnachteil.

---

13 Die einzige Ausnahme bildete bislang die Koalition mit der rechtspopulistischen „Schill-Partei" in Hamburg. Diese scheint aber eher das Produkt lokaler Umstände zu sein und nicht die Folge einer strategischen Neuorientierung der CDU gegenüber den kleineren Parteien am rechten Rand des Parteienspektrums.

Die Rollen der kleineren Parteien in diesem strategischen Spiel verhalten sich eigentümlich spiegelverkehrt zu den Wettbewerbsstrategien der beiden Großparteien. Die *FDP* hat auf den Regierungswechsel von 1998 mit einer vorsichtigen Distanzierung von der CDU reagiert. Sie ist inzwischen nicht nur auf Landesebene, sondern auch im Bund zu einer Koalition mit der SPD bereit und ging im Wahlkampf 2002 zum ersten Mal seit dreißig Jahren ohne eine feste Koalitionsaussage in eine Bundestagswahl. Damit scheint sie gerade jene Strategie – nämlich die dualistische Wettbewerbsstrategie der CDU – zu konterkarieren, die auf die feste Bindung an die FDP setzt. Gleichzeitig erleichterte dies allerdings der CDU/CSU, den rechts-gerichteten Kurs, den sie in den ersten Jahren nach der deutschen Vereinigung verfolgte (vgl. Scarrow 1999: 86), abzuschwächen und im Bundestagswahlkampf 2002 mit der SPD in den Wettbewerb um die „neue Mitte" einzutreten.[14] Während die FDP um eine Pluralisierung des deutschen Parteiensystems bemüht war, um sich so aus dem „koalitionspolitischen Turm der CDU" (Kropp 2002: 139) zu befreien, haben die *Grünen* vor allem auf eine dualistische Wettbewerbsstrategie gesetzt. Sie haben bislang – allerdings vergeblich – versucht, ein „rot-grünes Reformprojekt" zu konstruieren und die SPD in eine dauerhaftere politische Koalition einzubinden. Dies hätte freilich von der SPD verlangt, ihre pluralistische Wettbewerbsstrategie aufzugeben, die gerade auf flexible Koalitionsmöglichkeiten setzt.

5. Schlussfolgerungen

Stabilität, Flexibilität, Strukturbruch oder Krise? – die Analyse der Wettbewerbslogiken des deutschen Parteiensystems und der Wettbewerbsstrategien der wichtigsten Parteien hat gezeigt, dass keine der gängigen Thesen zum deutschen Parteiensystem geeignet ist, dessen jüngste Entwicklung und gegenwärtige Funktionsweise angemessen zu begreifen. Die Stabilitätsthese unterschätzt offensichtlich die Veränderungen in den Wettbewerbsbedingungen zwischen den Parteien, die mit der Etablierung der Grünen und der PDS im deutschen Parteiensystem stattgefunden haben und die mit den gängigen quantitativen Indikatoren nur unzureichend erfasst werden können. Die Krisenthese dagegen überschätzt die Folgen, die diese Veränderungen bislang für die Funktionsweise des deutschen Parteiensystems hatten. Weder das eine noch das andere trifft das eigentliche Problem, mit dem die deutschen Parteien derzeit konfrontiert sind, nämlich die größere strategische Unsicherheit, die aus der Koexistenz und Konkurrenz unterschiedlicher und weitgehend inkompatibler Wettbewerbslogiken resultiert.

Ob es sich hierbei um einen Übergangszustand handelt und das deutsche Parteiensystem künftig von einer pluralistischen (oder einer polarisierenden) Wettbewerbslogik dominiert wird, oder ob es gelingen wird, zum alten Dualismus der

---

14 Der sogenannte „Antisemitismus-Streit", den der nordrhein-westfälische Landesvorsitzende Möllemann im Frühsommer des Jahres 2002 auslöste, besaß in diesem Zusammenhang durchaus eine gewisse strategische Rationalität. Er eröffnete der FDP die Möglichkeit, einen Teil jener Wähler am rechten Rand des Parteienspektrums anzusprechen, die die CDU/CSU auf ihrem Weg in die „neue Mitte" zu verlieren drohte.

beiden Großparteien zurückzukehren, erscheint derzeit offen. Dies dürfte nicht zuletzt von der Überlebensfähigkeit und der Stärke der kleineren Parteien abhängen. Wie dem auch sei, solche Entwicklungen im deutschen Parteiensystem lassen sich erst dann erkennen und begreifen, wenn von den überkommenen Kategorien und Typologien der Parteiensystemforschung Abschied genommen wird. Die hier vorgelegte Typologie von Wettbewerbslogiken dürfte gezeigt haben, dass es konzeptionelle Alternativen hierzu gibt, die weit mehr zu leisten im Stande sind als nur zu konstatieren, dass sich am „moderaten Pluralismus" des deutschen Parteiensystems in den vergangenen vierzig Jahren nichts Wesentliches geändert hat.

Literatur:

Abromeit, Heidrun, 1993: Interessenvermittlung zwischen Konkurrenz und Konkordanz. Opladen: Leske + Budrich.

Alemann, Ulrich von, 2000: Das Parteiensystem der Bundesrepublik Deutschland. Opladen: Leske + Budrich.

Baumann, Zygmunt, 2000: Die Krise der Politik. Fluch und Chance einer neuen Öffentlichkeit. Hamburg: Hamburger Edition.

Beyme, Klaus von, 1982: Parteien in westlichen Demokratien. München: Piper.

Beyme, Kaus von, 1992: Parteiensystem. In: Dieter Nohlen (Hrsg.), Lexikon der Politik. Band 3: Die westlichen Länder. München: C.H. Beck, S. 326–332.

Beyme, Klaus von, 2000: Parteien im Wandel. Von den Volksparteien zu den professionalisierten Wählerparteien. Wiesbaden: Westdeutscher Verlag.

Blondel, Jean, 1968: Party Systems and Patterns of Government in Western Democracies. In: Canadian Journal of Political Science 1, S. S. 180–203.

Daalder, Hans (Hrsg.), 1987: Party Systems in Denmark, Austria, Switzerland, The Netherlands, and Belgium. New York: St. Martin's Press.

Daalder, Hans/Peter Mair (Hrsg.), 1983: Western European Party Systems. London: Sage.

Dittberner, Jürgen/Rolf Ebbighausen (Hrsg.), 1973: Parteiensystem in der Legitimationskrise. Studien und Materialien zur Soziologie der Parteien in der Bundesrepublik Deutschland. Opladen: Westdeutscher Verlag.

Döring, Herbert, 1982: A Crisis of the Party System? – An Assessment. In: Herbert Döring/ Gordon Smith (Hrsg.), Party Government and Political Culture in Western Germany. London: Macmillan, S. 197–219.

Duverger, Maurice, 1959: Die politischen Parteien. Tübingen: J.C.B. Mohr.

Elkins, David J., 1974: The Measurement of Party Competition. In: American Political Science Review 68, S. 682–700.

Eschenburg, Theodor, 1961: Einparteienherschaft im Zweiparteiensystem. In: ders., Institutionelle Sorgen in der Bundesrepublik. Stuttgart: Curt E. Schwab, S. 23–26.

Heidenheimer, Arnold J., 1958: Federalism and the Party System: The Case of West Germany. In: American Political Science Review 52, S. 809–828.

Helms, Ludger, 1999: Gibt es eine Krise des Parteienstaates in Deutschland? In: Wolfgang Merkel/Andreas Busch (Hrsg.), Demokratie in Ost und West. Frankfurt a.M.: Suhrkamp, S. 435–454.

Immerfall, Stefan, 1998: Strukturwandel und Strukturschwächen der deutschen Mitgliederparteien. In: Aus Politik und Zeitgeschichte, B 1–2/98, S. 3–12.

Katz, Richard S. /Peter Mair, 1995: Changing Models of Party Organization and Party Democracy: The Emergence of the Cartel Party. In: Party Politics 1, S. 5–28.

Klingemann, Hans-Dieter, 1999: Kontinuität und Veränderung des deutschen Parteiensystems, 1949–1998. In: Max Kaase/Günther Schmid (Hrsg.), Eine lernende Demokratie: 50 Jahre Bundesrepublik Deutschland. Berlin: Edition Sigma, S. 115–128.

Krockow, Christian Graf von/Peter Lösche (Hrsg.), 1986: Parteien in der Krise. Das Parteiensystem der Bundesrepublik und der Aufstand des Bürgerwillens. München: C.H. Beck.

Kropp, Sabine, 2002: Regierungsbildung im Bund – unwägbarer denn je? Koalitionspolitische Optionen vor den Bundestagswahlen 2002. In: Gesellschaft – Wirtschaft – Politik, H. 2/2002, S. 139–143.

Laakso, Markku/Rein Taagepera, 1979: ‚Effective' Number of Parties. A Measure with Application to West Europe. In: Comparative Political Studies 12, S. 3–27.

Lane, Jan-Erik/Svante Ersson, 1999: Politics and Society in Western Europe. Fourth Edition. London: Sage.

Luthardt, Wolfgang, 1993: Strukturbruch im bundesdeutschen Parteiensystem? In: Ralf Kleinfeld/Wolfgang Luthardt (Hrsg.), Westliche Demokratien und Interessenvermittlung. Marburg: Schüren, S. 91–101.

Mair, Peter/Gordon Smith (Hrsg.), 1990: Understanding Party System Change in Western Europe. London: Frank Cass.

Mintzel, Alf/Heinrich Oberreuter, 1992: Zukunftsperspektiven des Parteiensystems. In: dies. (Hrsg.), Parteien in der Bundesrepublik Deutschland. 2. Auflage. Bonn: Bundeszentrale für politische Bildung, S. 485–508.

Niclauß, Karlheinz, 1995: Das Parteiensystem der Bundesrepublik Deutschland. Paderborn: Schönigh.

Niedermayer, Oskar, 1999: Die Bundestagswahl 1998: Ausnahmewahl oder Ausdruck langfristiger Entwicklungen der Parteien und des Parteiensystems? In: ders. (Hrsg.), Die Parteien nach der Bundestagswahl 1998. Opladen: Leske + Budrich, S. 9–35.

Niedermayer, Oskar, 2002: Nach der Vereinigung: Der Trend zum fluiden Fünfparteiensystem. In: Oscar W. Gabriel/Oskar Niedermayer/Richard Stöss (Hrsg.), Parteiendemokratie in Deutschland. 2. Auflage. Wiesbaden: Westdeutscher Verlag, S. 107–127.

Pappi, Franz Urban, 1994: Parteienwettbewerb im vereinten Deutschland. In: Wilhelm Bürklin/Dieter Roth (Hrsg.), Das Superwahljahr. Deutschland vor unkalkulierbaren Regierungsmehrheiten? Köln: Bund-Verlag, S. 219–248.

Rae, Douglas, 1971: The Political Consequences of Electoral Laws. 2nd Edition. New Haven: Yale University Press.

Sartori, Giovanni, 1976: Parties and party systems. A framework for analysis. Volume I. Cambridge: Cambridge University Press.

Scarrow, Susan E., 1999: Der Rückgang von Parteibindungen aus Sicht der deutschen Parteien: Chance oder Gefahr? In: Peter Mair/Wolfgang C. Müller/Fritz Plasser (Hrsg.), Parteien auf komplexen Wählermärkten. Reaktionsstrategien politischer Parteien in Westeuropa. Wien: Signum Verlag, S. 71–102.

Smith, Gordon, 1979: Western European Party Systems: On the Trail of a Typology. In: West European Politics 2, S. 128–143.

Starke, Frank Christian, 1993: Krise ohne Ende? Parteiendemokratie vor neuen Herausforderungen. Köln: Bund-Verlag.

Wiesendahl, Elmar, 1998: The Present State and Future Prospects of the German Volksparteien. In: German Politics 7, S. 151–175.

Wildenmann, Rudolf, 1989: Volksparteien: Ratlose Riesen? Baden-Baden: Nomos.

Woyke, Wichard, 2002a: Einführung: Parteien und Parteiensystem in Deutschland. In: ders. (Hrsg.), Parteien und Parteiensystem in Deutschland. Schwalbach/Ts.: Wochenschau Verlag, S. 5–7.

Woyke, Wichard (Hrsg.), 2002b: Parteien und Parteiensystem in Deutschland. Schwalbach/Ts.: Wochenschau Verlag.

Max Gögler

Kernfunktionen der Regierungspräsidien
aus der Sicht der Praxis

Vorbemerkung

Hans-Georg Wehling hat mit seinem Beitrag zum Thema, „Geschichte, Aufgaben und Bedeutung der Regierungspräsidien" die staatliche Mittelinstanz kenntnisreich und umfassend ausgeleuchtet. Ihm ist es dabei in herausragender Weise gelungen, die Rolle der Regierungspräsidien im Gesamtgefüge der staatlichen und kommunalen Instanzen deutlich herauszuarbeiten. Mit überzeugenden Argumenten hat Hans-Georg Wehling, ohne dabei kritische Stimmen zu unterdrücken, ein brillantes Plädoyer für die staatliche Mittelinstanz formuliert. Wer sich ernsthaft mit dem Thema Regierungspräsidien auseinandersetzt, insbesondere, wenn er mit der sog. Regionalkreislösung liebäugelt, kommt an Hans-Georg Wehlings Arbeit nicht vorbei. Selbst, wenn sich ein Kritiker gut wappnete, könnte dieser argumentativ kaum obsiegen. Hans-Georg Wehling kennt sich aus. Ihm ist sowohl das Innenleben der staatlichen Verwaltung wie das Netzwerk ihrer äußeren Verflechtung zum kommunalen Bereich wohl vertraut.

Hilfreich ist ihm dabei seine umfassende Kenntnis von Land und Leuten. Er hat, wie kaum ein anderer bisher, die größere und kleinere Welt der Menschen zwischen Schönbuch und Bodensee in ihren historischen, kulturellen und politischen Dimensionen beobachtet und zutreffend beschrieben. Er ist insoweit im wahrsten Sinne des Wortes ein „Aufklärer". Manches aus der Geschichte und der Welt der Menschen, vor allem Oberschwabens, erscheint, dank seiner gründlichen Recherche und der von ihm gern bekannten Zuneigung zu diesem schönen Teil unseres Landes, in klarerem Licht.

Mit meinen nachstehenden Ausführungen möchte ich den o. g. Beitrag des Jubilars um die praktische Seite des Vollzugs bei einigen Kernfunktionen ergänzen. Daraus mag zusätzlich erhellen, dass im modernen Staat, der auch zum Verwaltungsstaat geworden ist, eine angemessene und effektive Bewältigung der Aufgaben im föderalen Flächenstaat, ohne einige regional ausgerichtete Zentralbehörden, kaum mehr möglich wäre. Die Regierungspräsidien sind im übertragenen Sinne auch zu „global players" geworden.

Die Kernfunktionen der Regierungspräsidien

Was heute zu den Kernfunktionen der Regierungspräsidien zählt, war in der ersten Zeit noch nicht so deutlich ausgeprägt. Das ist auch nicht verwunderlich. Es sind nämlich nur noch wenige Jahre bis zum 2oo. Geburtstag der staatlichen Mittelinstanz, die im Rahmen der Stein-Hardenbergschen Staats- und Verwaltungsreform in Preußen aus der Taufe gehoben wurde. Mit der „Königlich preußischen Verordnung wegen verbesserter Einrichtung der Provincial-, Polizey- und Finanzbehörden" v. 16. 12. 1808 traten sie in das Licht der Geschichte. Seitdem gibt es die Regierungspräsidien in den meisten deutschen Flächenländern.

Bekanntlich gibt es keinen Einheitstypus Regierungspräsidium. Die sachlichen Zuständigkeiten in den einzelnen Ländern variieren teilweise erheblich. Dennoch hat sich längst ein unbestrittener gemeinsamer Kanon der sechs elementaren Kernfunktionen der Regierungspräsidien herausgebildet. Dazu zählen im einzelnen:
1. Bündelungs- und Koordinierungsfunktion,
2. Vermittlungsfunktion,
3. Aufsichtsfunktion,
4. Verteilungsfunktion (Fördermittel),
5. Durchsetzungsfunktion,
6. Repräsentationsfunktion.

Diese werden allenthalben als die wichtigsten Aufgaben der Mittelinstanz im dreigliedrigen Staatsaufbau angesehen. Sie sichern auch, richtig gehandhabt, eine flexible Anpassung im Wandel der öffentlichen Aufgabenstellung.

Bündelungs- und Koordinierungsfunktion

Zur Zeit der Stein-Hardenbergschen Reformen gab es nur wenig kodifiziertes Recht. O quae mutatio rerum! Man betrachte heute lediglich die beiden C.H. Beckschen Sammlungen des öffentlichen Rechts, „Sartorius I für das Verfassungs- und Bundesrecht" sowie Günter Dürig, „Gesetze des Landes Baden-Württemberg". Allein der Blick auf diese beiden voluminösen Ordner zeigt, dass es im Staat wenigstens eine Ebene geben muss, auf der, wegen der Gesetzesflut und der fast unübersehbaren Fülle von Aufgaben, zumindest ein beachtlicher Teil davon zusammengeführt und zum inneren Ausgleich gebracht wird.

Auf der Regierungsebene ist dies wegen des Ressortprinzips weder möglich noch zweckmäßig. Es gilt hier nach wie vor, dass die Ministerien Führungsorgane der Minister sind. Ihre Aufgabe ist es, Gesetzes- und Verordnungsentwürfe auszuarbeiten sowie für ihre Aufgabengebiete grundsätzliche Planungen zu erstellen. Dem Verwaltungsvollzug sollen die Ministerien zwar die Richtung geben, sich aber tunlichst nicht in die Einzelentscheidungen einmischen.

Aus den genannten und vielen anderen Gründen ist im Rahmen der Stein-Hardenbergschen Reformen unterhalb der Ministerien die Mittelbehörde eingerichtet worden, bei der inzwischen ein breites Spektrum staatlicher Aufgaben angesiedelt ist. Die unablässige Gesetzesproduktion hat, trotz zwischendurch vorgenommener Gesetzesbereinigung und Aufgabenverlagerung nach unten, kaum zu einer zahlenmäßigen Verringerung geführt. Bei den Regierungspräsidien in Baden-Württemberg sind trotz der Strukturreform vom 1. Juli 1998 immer noch zu viele Aufgaben angesiedelt.

Die einzelnen Aufgabenfelder sind durch gesetzliche Bestimmungen mit mehr oder weniger scharfen Konturen weitgehend normiert. Sie stehen unvermittelt und beim ersten Blick scheinbar unversöhnlich nebeneinander. Es bedarf daher der inneren Harmonisierung im Einzelfall. Das bedeutet Abwägen der vielen im konkreten Vorgang berührten Belange und Ausgleich der angesprochenen Interessen. So sieht die Verwaltungswirklichkeit aus. Bündelung und Koordinierung erweisen sich, zumindest nach den praktischen Bedürfnissen, als die sachgerechtesten Instrumente, staatliche Aufgaben zügig und effektiv zu bewältigen.

Koordinierung im praktischen Vollzug

Was Bündelung und Koordinierung für die Praxis bedeuten und wie sie zu handhaben sind, lässt sich sehr eindrucksvoll und überzeugend am Fall einer größeren Straßenplanung aufzeigen. Ein solches Vorhaben berührt meist das Gebiet mehrerer Gemeinden und gelegentlich auch mehrerer Landkreise. Zwangsläufig stehen in diesem Verfahren die Straßenplaner im Zentrum des Geschehens. Wie komplex eine Straßenplanung und wie weit das rechtliche und tatsächliche Netz gespannt ist, wird sehr schnell deutlich, wenn die dabei normalerweise beteiligten Sachbereiche benannt werden. Daran ist auch abzulesen, wie groß der Koordinierungsbedarf im Einzelfall ist.

Im Normalfall sind an einer solchen Straßenplanung neben den Straßenplanern die Landes-, Regional- und Bauleitplanung, die Raumordnung sowie der Städtebau beteiligt. Dazu kommen der Boden-, Natur- und Landschaftsschutz sowie die Land-, Forst- und Wasserwirtschaft, der Gesundheits- und Immissionsschutz, das Verkehrswesen und der öffentliche Personennahverkehr sowie die Wirtschaft und die Infrastruktur in Gemeinden und Landkreisen. Das ist gewiss ein umfangreiches Bündel, dessen einzelne Elemente in diffiziler Kleinarbeit miteinander zu koordinieren sind.

Die Suche nach der Lösung

Wie umfangreich dieses Unternehmen ist, wird eindrucksvoll sichtbar, wenn die Vertreter der einzelnen Sachbereiche an einem großen Tisch beieinander sitzen, mit dem Auftrag, die gestellte Aufgabe gemeinsam zu lösen. Damit dies am Ende auch gelingt, müssen Spielregeln eingehalten werden. Dafür hat der Regierungspräsident zu sorgen. Als Behördenleiter steht er quasi über den einzelnen Sachbereichen. Er ist daher der geborene Koordinator. Eine besonders wichtige Regel fordert, dass alle, auch der Regierungspräsident ergebnisoffen in die Runde gehen sowie, dass jeder zu Wort kommt und dabei das Thema aus seiner Sicht gründlich beleuchtet. Vor der Entscheidung müssen alle Gesichtspunkte auf den Tisch des Hauses gelegt werden. Nur wenn so verfahren wird, treten die Ecken und Kanten des Falles deutlich hervor. Es ist dabei nicht ungewöhnlich, dass die einzelnen Belange sich scheinbar unversöhnlich gegenüber stehen. Die Aufgabe scheint, in manchen Fällen, zunächst unlösbar zu sein.

Das gemeinsame Erleben einer solchen Blockade ist heilsam. Es offenbart eindringlich, dass eine Lockerung und Überwindung der ausweglos scheinenden Lage nur möglich ist, wenn die Vertreter der einzelnen Sachbereiche nicht auf Maximalpositionen beharren. Hier befinden sich die Klippen, an denen es gefährlich wird. Diese schwierige Phase lässt sich nur bewältigen, wenn der Regierungspräsident mit viel Geschick und Einfühlungsvermögen, gepaart mit dem Bemühen um einen fairen Ausgleich, die Diskussion steuert. Dabei muss an den sperrigen Ecken und Kanten zuweilen kräftig gehobelt und gefeilt werden, damit die Sache einer Lösung näher kommt. Sorgfältiges Drehen und Wenden allein genügt allerdings nicht immer. Und vor einem Kraftakt gar ist nachdrücklich zu warnen. Vielmehr ist oft die alte, klassische Tugend der Geduld gefragt, die im Einzelfall dazu rät, eine Pause einzulegen, um weiter nachdenken und untersuchen zu können. Ein solcher Schritt drängt sich zwingend auf, wenn ein für die Entscheidung wichtiger Punkt noch nicht völlig geklärt ist oder wenn in der Verhandlung überraschend eine noch offene Frage auftaucht. Hier darf nichts übers Knie gebrochen werden. Das würde nicht nur der Sache, sondern auch dem Klima unter den Teilnehmern erheblich schaden.

Koordinierung schafft Solidarität

Gewiss sind alle an der Koordinierung beteiligten öffentlichen Sachwalter schon kraft ihres Auftrags zu konstruktivem Zusammenwirken im Allgemeinwohlinteresse verpflichtet. Gleichwohl schafft nach meiner Erfahrung, gerade in besonders schwierigen Fällen, die Entscheidungsnot, in der sich alle miteinander befinden, so etwas wie Solidarität. Alle spüren die gemeinsame Verantwortung, weil jeder, zusammen mit den anderen, am Ringen um eine passable Lösung beteiligt ist. Eine solche Atmosphäre, die den Druck zur Entscheidung erhöht, fördert auch die Bereitschaft zum Kompromiss, ohne den eine Entscheidung nur ausnahmsweise zu erreichen ist. Es darf allerdings nicht der „faule Kompromiss" sein. Das meist unvermeidliche mehrseitige Nachgeben muss auf das Ziel gerichtet sein, nicht eine maximale, sondern eine optimale Lösung zu erreichen, bei der die einzelnen Belange im möglichen Maß Berücksichtigung finden. Sicher bedarf es, das sei nicht verschwiegen, manchmal an der einen oder anderen Stelle der Ermunterung zum Kompromiss. Das darf aber nicht „par ordre de mufti" geschehen. Vielmehr muss dabei die sachgerechte Argumentation gewahrt bleiben.

Die Lösung ist gefunden

Wenn die Lösung schließlich gefunden ist, empfiehlt es sich, die Beteiligten um ein abschließendes Votum zu bitten. Wenn dann reihum, nacheinander Zustimmung erklärt wird, ist die Erleichterung bei allen Beteiligten deutlich sichtbar. Sie ist geprägt von dem Gefühl: Wir haben es gemeinsam geschafft. Wir haben nach einem mühsamen Weg das Ziel erreicht. Diese, alle Beteiligten erleichternde, Empfindung muss der Regierungspräsident artikulieren und der erbrachten Gemeinschaftsleistung Respekt zollen. Das schafft auch Solidarität nach außen. Bei dieser Art der anerkannten Teilhabe stehen die Beteiligten zu der getroffenen Entscheidung. Sie brauchen nicht eigens dazu vergattert werden. Diese Geschlossenheit ist dringend nötig, wenn es, im Anschluss an die, meist über die Medien erfolgende Information, zur streitigen Auseinandersetzung in der Öffentlichkeit und vor den Verwaltungsgerichten kommt.

Verteilungs- und Infrastrukturfunktion

Diese, ebenfalls zu den Kernfunktionen zählende Aufgabe der Regierungspräsidien kann in ihrer landespolitischen Bedeutung kaum überschätzt werden. Auf dem Feld der staatlichen Förderprogramme und Zuschüsse von der EU über den Bund bis hin zum Land geht es nicht nur um die Aufstellung und organisatorische Abwicklung der vielen Förderprogramme.

Diese haben die Förderung des allgemeinen Wohls mittels neuer und verbesserter öffentlicher Einrichtungen in den Gemeinden und Landkreisen zum eigentlichen Ziel. Das bedeutet, dass eines der im föderalen Binnenverhältnis zentralen Verfassungsgebote, nämlich die Schaffung gleichwertiger Lebensverhältnisse in den Ländern, im Mittelpunkt der Verteilungsfunktion steht. Das ist aber nichts anderes als die finanzielle Förderung bei der Schaffung und Verbesserung der Infrastruktur. Es steht außer Zweifel, dass darin eine besonders wichtige Aufgabe des Regierungspräsidiums liegt. Da dies so ist, gehört m. E. diese „andere Seite" der Medaille bei den Kernfunktionen auch benannt. Dies geschieht am besten durch die Ergänzung des Begriffs Verteilungsfunktion, um das Element „Infrastruktur" zur Kernfunktion „Verteilungs- und Infrastrukturfunktion".

Aspekte bei der Mittelverteilung

Koordinierung mehrerer Programme

Für den Erfolg bei der Umsetzung der Mittelverteilung sind stets mehrere Gesichtspunkte maßgeblich. Auch die Bündelungs- und Koordinierungsfunktion kommt dabei erheblich ins Spiel. Die zahlreichen Förderprogramme stehen nämlich weitgehend unvermittelt nebeneinander. Das erfordert in der Regel eine interne Abstimmung der Programme. Dies gilt vor allem, wenn es darum geht, eine aus mehreren Töpfen zu fördernde komplexe Maßnahme durchzuführen. Hier müssen die einzelnen Elemente der Gesamtmaßnahme so aufeinander abgestimmt werden, dass der zeitliche Ablauf möglichst wirksam und wirtschaftlich gesichert ist.

Dieser Prozess lässt sich beispielsweise am Ausbau einer Gemeindestraße augenfällig darstellen. Hier geht es meist neben dem Straßenbau selbst auch noch um die Wasserversorgung, die Abwasserkanäle und gelegentlich zudem um die Dorfentwicklung. Es liegt auf der Hand, dass in einem solchen Fall die einzelnen Elemente nicht nur planerisch und technisch, sondern auch im zeitlichen Ablauf, in der Finanzierung und damit in der Förderung eng miteinander verzahnt sind. Hier sind im Interesse einer geordneten Durchführung des Gesamtprojekts in der Regel koordinierende Absprachen mit der Gemeinde erforderlich. Dabei ist mit dieser ein Bündel der möglichen staatlichen Förderung zu schnüren, das, gerade im strukturschwachen ländlichen Raum, oftmals auch noch Leistungen aus dem kommunalen Ausgleichstock umfasst. Gelegentlich muss auch die Rechtsaufsichtsbehörde hinsichtlich der finanziellen Leistungsfähigkeit sowie der etatmäßigen Absicherung im Gemeindehaushalt eingeschaltet werden. Ähnlich ist zu verfahren, wenn eine größere Maßnahme in mehrere Abschnitte aufgeteilt werden muss.

Effektive Mittelverteilung
Öffentliche Mittel sollen möglichst wirkungsvoll eingesetzt werden. Das erfordert im Rahmen der Verteilungs- und Infrastrukturfunktion des Regierungspräsidiums, dass die Mittel schwerpunktmäßig dorthin gelenkt werden, wo sie vermutlich die höchste infrastrukturelle Wirkung entfalten. Weil die Fördermittel in der Regel knapp sind, bleibt fast keine andere Wahl. Es gilt daher, die richtigen Prioritäten zu setzen. Darin liegt ein zentraler Punkt bei der Vergabe staatlicher Fördergelder.

Der infrastrukturelle Effekt kann jedoch im Einzelfall weit über die Lösung eines örtlichen Problems hinausreichen. Dann haben nicht nur die Einwohner einer einzelnen Gemeinde, sondern eine noch größere Allgemeinheit Vorteile von einer an sich nur lokalen Maßnahme. Das gilt etwa, wenn im Zuge einer Ortsdurchfahrt eine Engstelle, an der für den örtlichen und überörtlichen Verkehr sich ständig Staus bilden, durch eine Fördermaßnahme beseitigt wird. Dann liegt es nahe, dieses Vorhaben in der Förderung vorzuziehen. Das tröstet allerdings einen anderen Antragsteller kaum, wenn er deshalb mit seinem Projekt erst später zum Zug kommen kann.

Dennoch muss das Regierungspräsidium im übergeordneten öffentlichen Interesse, so schwierig es im Einzelfall sein mag, den Gesichtspunkt der Effektivität im Auge behalten. Durch eine plausible und transparente zeitliche Reihung der Förderung, die auch für die erst später zum Zuge kommenden Antragsteller eine Perspektive hinsichtlich ihrer Chancen enthält, lässt sich bei diesen in der Regel auch Verständnis wecken. Dies ist umso eher zu erreichen, wenn die Mittelverteilung auch regional einigermaßen ausbalanciert ist.

Verteilungsgerechtigkeit

Das eben genannte Problem hat u. a. damit zu tun, dass auch öffentliche Institutionen von Menschen repräsentiert werden. Und denen ist bekanntlich das Hemd näher als der Rock. Ein Bürgermeister findet daher nicht nur Verständnis, wenn er für gemeindliche Vorhaben um möglichst viele und hohe Zuschüsse bemüht ist. Ja, er ist nach dem Wirtschaftlichkeitsgrundsatz sogar dazu verpflichtet.

Gesetze und Richtlinien
Das Aufstellen der Prioritätenliste für die zum Zuge kommenden Antragsteller setzt eine sehr gründliche Prüfung der vorliegenden Anträge voraus. Dabei sind im Rechtsstaat in erster Linie Gesetze und Richtlinien maßgebend. Sie sind die unerlässlichen Instrumente, um eine gleichmäßige Praxis zu sichern, die transparent und nachprüfbar ist und Willkür vermeidet. Darin findet eine hohe, streng zu beherzigende Tugend ihren Niederschlag: „die Verteilungsgerechtigkeit". Im demokra-

310

tisch, freiheitlichen und sozialen Rechtsstaat gehört die „Gerechtigkeit" in unserem Verfassungsverständnis zu den Grundelementen staatlichen Handelns. Sie ist die maßgebliche Messlatte nicht nur für die Eingriffsverwaltung, sondern auch für die im Wohlfahrtsstaat moderner Prägung umfangreiche Leistungsverwaltung.

Zusätzliche Instrumente

Jeder, der im Rechtsstaat Entscheidungen zu treffen hat, die von Gesetzen und Richtlinien bestimmt sind, weiß, dass es gelegentlich sehr schwierig ist, nicht nur die „richtige", sondern auch eine „gerechte" Entscheidung zu treffen. In der vollziehenden Verwaltung, zu der auch die Leistungsverwaltung zählt, hilft dabei meist ein weiteres Instrument. Es ist das „pflichtgemäße Ermessen". Hinter ihm verbirgt sich allerdings in der Förderpraxis mehr, als was normalerweise bei der Entscheidungsfindung nach der Lehre und Rechtsprechung traditionell an Erwägungen angestellt werden darf.

Hier sind gelegentlich sehr subtile Überlegungen angebracht, die aus den Richtlinien nicht ablesbar sind. Sie stammen sowohl aus der praktischen Erfahrung wie aus dem allgemein politischen Bereich. Dazu zählt beispielsweise die regionale Komponente bei der Mittelvergabe, d. h., es muss auch eine geographische Streuung erkennbar sein. Die eigene Leistungskraft der Antragsteller im Vergleich mit den Konkurrenten ist ebenfalls mit ins Kalkül zu ziehen. Niemals darf die „Lautstärke" des Antragstellers, die Zahl der Bittschriften, Telefonanrufe und Interventionen Maßstab für die Bewilligung der Förderung sein. Es gibt nämlich auch auf diesem Feld die sog. „Stillen im Lande", die sich kaum trauen, einen Antrag zu stellen. Manchmal bedarf es in solchen Fällen ausdrücklich der Ermunterung. Das ist gelegentlich im ländlichen Raum wegen der dort oft knappen Mittel der Fall, wenn es darum geht, die für die örtliche Gemeinschaft dringende Grundausstattung zu schaffen.

Verteilungsgerechtigkeit ist mit normalen Messinstrumenten allein nicht immer zu erreichen. Wichtige Hilfen sind dabei umfassende Personenkenntnis der Akteure vor Ort und ein gründlicher Überblick über die Verhältnisse in den Gemeinden und Landkreisen. Der Erwerb dieser Kenntnisse kostet fraglos Zeit und Neugier dazu. Sie sind allerdings, will man die Aufgabe des Regierungspräsidenten im Sinne eines „Landpflegers" verantwortungsbewusst erfüllen, unverzichtbar. Hat man sie jedoch erworben, so folgt daraus ein großer Nutzen nicht nur im Verwaltungsalltag, sondern auch und gerade beim Verteilen staatlicher Fördermittel.

Mit den genannten Kenntnissen und Erfahrungen gewinnt man vor allem die Gabe der „Unterscheidung". Dadurch wird man spürbar sicherer beim Entscheiden. Und was beim Verteilen von Mitteln unter dem Leitwort „Verteilungsgerechtigkeit" besonders wichtig ist: Es hilft beim Bemühen, nicht nur „richtig", sondern auch, „gerecht" zu entscheiden.

Im Ergebnis wächst dadurch bei der sog. „Kundschaft" Verständnis für die getroffenen Entscheidungen, und zwar auch bei denen, die beim Verteilen der Mittel nicht berücksichtigt werden konnten. Ja, es entsteht nach meiner Erfahrung sogar Vertrauen in das redliche Bemühen um eine gerechte Verteilung der Mittel. Für das politische Klima ist es sehr bedeutsam, wenn die Betroffenen davon überzeugt sind, dass es beim Zuweisen staatlicher Gelder gerecht zugeht.

Durchsetzungsfunktion

Der freiheitliche, demokratische Rechtsstaat sichert seinen Bestand nur, wenn Recht und Gesetz beachtet werden. Diesem Ziel zum Durchbruch zu verhelfen, ist Aufgabe aller staatlichen Gewalt. Die Regierungspräsidien haben hier eine herausragende Aufgabe zu erfüllen. Das hängt zum einen mit den zahlreichen überregionalen Aufgaben zusammen. Zum anderen ist es die Dienst- und Fachaufsicht über den nachgeordneten staatlichen und kommunalen Bereich.

Der Einfluss von Interessen

Der Staat und die kommunalen Gemeinwesen werden von Menschen verwaltet. Daraus folgt aus allgemein menschlichen Gründen, dass bei schwierigen Entscheidungen, insbesondere, wenn sie für einzelne Bürger Belastungen und Eingriffe bringen, die Entscheidungsträger von mehreren Seiten unter Druck geraten können. Wie die Erfahrung zeigt, ist dies gar nicht so selten. Diesen wird dabei oft mit öffentlich organisiertem Druck zugemutet, auf eine an sich fällige Entscheidung zu verzichten, sie unsachgemäß zu verändern oder einfach partiellen Interessen nachzugeben.

Es ist eine bunte Mischung von Sachverhalten, denen man im Laufe vieler Dienstjahre begegnet. Würde man die dabei gemachten Erfahrungen niederschreiben, ergäbe sich ein spannendes Panoptikum menschlicher Schwächen und Stärken.

Der Regierungspräsident in der Brandung

In der Quintessenz folgt daraus, dass im demokratischen Rechtsstaat bei der Umsetzung von vor allem in die Rechte der Bürger eingreifenden Maßnahmen, die im allgemeinen Wohl liegen, Behörden vorhanden sein müssen, die diese auch umsetzen. Diese Rolle ist in weiten Bereichen den Regierungspräsidien übertragen. Es liegt in der Natur der Sache, dass in solchen Fällen der Regierungspräsident selbst gefordert ist. Hier sind wir auch schon am entscheidenden Punkt. Der Regierungspräsident kann seine Rolle bei der Durchsetzung von Maßnahmen nur deshalb erfolgreich bewältigen, weil er kein „Wahlamt" sondern ein „Staatsamt" hat, das ihn in den Stand setzt, unabhängig, dem Gesetz und Recht verpflichtet, kraftvoll und mit politischer Überzeugungskraft umstrittene Maßnahmen durchzusetzen. Er ist zwar Politischer Beamter und kann daher jederzeit in den Einstweiligen Ruhestand versetzt werden. Dennoch hat er als Vertreter der Landesregierung gerade in solchen Fällen eine starke Stellung, weil dieser als Hüterin des Rechtsstaats im öffentlichen Interesse an der Durchsetzung von Recht und Gesetz sowie am Vollzug von im Allgemeinwohl liegenden Maßnahmen selbst sehr gelegen sein muss. Das hat mit Willkür und Beliebigkeit beileibe nichts zu tun. Denn alles staatliche Handeln steht unter der Kontrolle der Gerichte, über die Petitionen auch des Parlaments und der öffentlichen Kritik der Bürger sowie der Medien.

Breiter Rücken und starkes Rückgrat

Für diese Aufgabensparte braucht man allerdings einen breiten Rücken und ein starkes Rückgrat. Manchmal ist man in solchen Fällen sehr einsam, weil sich alles gegen einen verbündet zu haben scheint. Kraft wächst einem dabei aus dem Umstand, dass die Sache rundum geprüft und soweit als möglich auch optimiert ist sowie dass deren Durchführung im öffentlichen Interesse unverzichtbar ist. Oft erlebt man im Nachhinein Genugtuung, wenn eine zunächst heftig bekämpfte Maßnahme ihre positive Wirkung entfaltet und ihre Richtigkeit allgemein erkennbar wird. Da bestätigt sich dann die allgemein menschliche Erfahrung, dass der Erfolg viele Väter hat. Gleichwohl erfährt man dann wenigstens nachträglich eine Bestätigung für die Richtigkeit des eigenen Handelns.

Umgang mit der kommunalen Ebene

Im Verhältnis zur kommunalen Ebene erfordert die Durchsetzungsfunktion zusätzliche Qualitäten. Generell ist in diesem Rahmen anzustreben, dass eine möglichst geräuschlose Regelung des Problems gefunden wird. Ein gegenseitiges Vertrauensverhältnis mit den kommunalen Partnern ist gerade hier besonders hilfreich.

Kluge kommunale Amtsträger holen, wenn möglich schon im Vorfeld einer erkennbar nur schwer umsetzbaren Angelegenheit, Rat. Sie verweisen dabei offen auf die Schwierigkeiten, die ihnen ein örtliches Problem bereitet. Zuweilen erfährt das Regierungspräsidium über die Presse oder auf andere Weise von einem solchen Vorgang. Jedenfalls lassen sich bei frühzeitigen gemeinsamen Überlegungen schwierige und verzwickte Sachlagen leichter meistern. So können bei der anstehenden Partie die Rollen rechtzeitig verteilt und Möglichkeiten der Schadensbegrenzung im Vorhinein erörtert werden.

Es versteht sich von selbst, dass die möglichen Formen des Eingriffs den Erfordernissen des konkreten Falles angepasst werden. Das kann im einen Fall der bloße Hinweis des kommunalen Amtsträgers gegenüber seinem Gemeinderat und der lokalen Öffentlichkeit sein, er habe sich intensiv um die örtlich gewünschte Lösung bemüht, sei aber leider nicht durchgedrungen. Der Einsatz von Aufsichtsmaßnahmen kann schließlich bis zur Weisung oder einer rechtsaufsichtlichen Anordnung gesteigert werden. Jedenfalls verläuft das Spiel für alle Beteiligten am besten, wenn derjenige die heiße Kartoffel in die Hand nimmt, der am wenigsten in Gefahr steht, sich dabei die Finger zu verbrennen. Und wenn gelegentlich auch noch kritische Begleitmusik ertönt, so lehrt die Erfahrung, dass sie verhältnismäßig schnell verstummt. Freilich geht es nicht immer so bilderbuchmäßig und friedlich ab. Es gibt nämlich auch Fälle, die von den Betroffenen und den Medien lautstark begleitet werden. Insoweit ist meist ein erheblicher Kraftaufwand erforderlich.

Schwimmen gegen den Strom der Zeit

In diesen Rahmen gehört schließlich, dass einzelnen Fällen mit einem klaren Nein zu begegnen ist. Hier wird es meist spannend. Es wird oft sehr schnell mit aller Macht versucht, eine örtlich getroffene Mehrheitsentscheidung gegen das Gesetz oder übergeordnete Interessen auszuspielen. Dies gilt zumal dann, wenn die angestrebten Lösungen im Trend der Zeit liegen und daher vermeintlich den Schein der Richtigkeit auf ihrer Seite haben. Dazu rechnet beispielsweise die in den 70er und

80er Jahren des letzten Jahrhunderts grassierende Abbruchwelle. Ihr fiel, landauf, landab, in den Städten und Dörfern, alte und z. T. wertvolle Bausubstanz zum Opfer. Ähnliches gilt beim zuweilen sehr großzügigen Umgang mit der Natur und der freien Landschaft aus oft nicht zwingenden ökonomischen Gründen.

Daran wird deutlich, dass man als Regierungspräsident gelegentlich gegen den Strom der Zeit schwimmen muss, in der sicheren Überzeugung, dass, wer mit dem Strom schwimmt, manches falsch macht. In solchen Fällen ist sehr viel Umsicht, Überzeugungsarbeit und eine feste Hand gefragt, die mutig und sicher für die gebotene Lösung sorgt.

Das Finden eines Auswegs

Zum Glück sind nicht nur harte, kompromisslose Nein-Entscheidungen vonnöten. Zuweilen gelingt es, nicht nur Steine statt Brot zu geben, sondern vielmehr einen konstruktiven Ausweg aufzuzeigen. Gerade in solchen Fällen erweist sich der große Nutzen einer breiten Kompetenz des Regierungspräsidiums, einschließlich der Förderpalette, um annehmbare Lösungen zu finden. Mit leichter Hand allein erreicht man allerdings selten eine gangbare Lösung. Hier ist nämlich ein enormer Einsatz, der meist auch die örtliche oder überörtliche Suche nach einem zufriedenstellenden Ergebnis miteinschließt, erforderlich. Erfolgreich ist man dabei jedoch nur, wenn sich der Regierungspräsident selbst mit seinem Stab vor Ort daran beteiligt. Bei Maßnahmen, die sich überörtlich auswirken, sind oft auch partnerschaftliche Lösungen zwischen mehreren Gemeinden anzustreben und diese bei der interkommunalen vertraglichen Regelung, in der die Interessen der Beteiligten fair ausgeglichen werden, zu unterstützen.

Es ist evident, dass im Rahmen der Durchsetzungsfunktion sich die Unabhängigkeit des Regierungspräsidenten, gepaart mit der umfassenden Zuständigkeit seiner Behörde in besonderem Maße bewährt. Erfreulicherweise findet, wie die Erfahrung zeigt, das standhafte Eintreten für eine wichtige Sache meist auch Anerkennung. Selbst bei den Betroffenen wächst, wie man oft erlebt, wenn die Entscheidung getroffen ist, schließlich das Verständnis, zumal dann, wenn es gelungen ist, einen akzeptablen Kompromiss zu finden.

Nach meiner in langen Jahren gewonnenen Überzeugung hat gerade auf diesem Gebiet der Regierungspräsident eine sehr wichtige Aufgabe zu erfüllen. Hier kann und muss er staatstragend wirken. Dazu legitimiert ihn nicht nur sein Amt. Er ist vielmehr im Gesamtinteresse der staatlichen Gemeinschaft dazu verpflichtet.

Schlussbemerkung

Der Verfasser hat versucht, wenigstens einige der in der Verwaltungswissenschaft längst abstrakt entwickelten Kernfunktionen der Regierungspräsidien aus der Sicht des Verwaltungspraktikers zu beleuchten. Im Rahmen dieses Beitrags musste dies aber schon aus räumlichen Gründen Stückwerk bleiben. Daher wurden auch nur einige der klassischen Kernfunktionen in diesem Zusammenhang dargestellt.

Ebenso ist auch das Instrumentarium bei der Ausübung dieser Funktionen noch vielfältiger, als es hier beschrieben werden konnte. Schließlich ist diese in praxi auch oft sehr individuell geprägt. Gelegentlich spielt ebenso die der jeweiligen Situation entspringende Intuition eine Rolle, die überraschend neue Mittel und Wege aufzeigt. Dass meist alle Kernfunktionen, wie beim Jonglieren mit mehreren Bällen, am Spiel beteiligt sind, sei wenigstens abschließend noch erwähnt.

In der Summe ergibt sich daher m. E. auch aus der Sicht der Praxis, wie klug und weitschauend es war, die Regierungspräsidien bereits vor 200 Jahren zu schaffen. Sie haben zwar inzwischen ein ehrwürdiges Alter. Deshalb sind sie aber noch längst nicht veraltet. Im Gegenteil. Mit ihnen kann man immer noch Staat machen. Darauf kann die Politik im demokratischen Rechtsstaat auch in der Zukunft, in einer ständig komplexer werdenden Welt, nicht verzichten.

Margot Körber-Weik

Hochschulreform in Baden-Württemberg
Steuerung zwischen Struktur und Kultur

Hochschulsysteme im Wandel

Das Wissen der Menschen gilt als einer der wichtigsten Faktoren im internationalen Wettbewerb der Systeme, der sich während der letzten Jahrzehnte im Zug der Globalisierung der Wirtschaft ständig intensiviert hat. In der Folge fordern Wirtschaft, Gesellschaft und Politik vom Bildungssystem höhere Leistungen – und versuchen nahezu weltweit, die angestrebten Leistungssteigerungen durch grundlegende Umstrukturierungen der Bildungssysteme zu erreichen. Die bemerkenswerteste Neuerung gegenüber früheren Reformen liegt in der Implementation von Steuerungsformen, die sich im Wirtschaftssystem bewährt haben und im deutschen Bildungssystem traditionell kaum genutzt wurden.

Der Wandel der Steuerungsformen ist im deutschen Hochschulsystem bereits relativ weit fortgeschritten. Die rechtlichen Voraussetzungen für die laufende Hochschulreform wurden bundesweit durch die Novellierung des Hochschulrahmengesetzes 1998 geschaffen. Bei der Umsetzung in den Bundesländern gehört Baden-Württemberg zu den Vorreitern: Hier wurden sowohl die Landeshochschulgesetze als auch die Hochschulfinanzierung zum Jahresbeginn 2000 umgestellt. Dennoch sind die Umstrukturierungen sowohl auf der Landesebene als auch – erst recht – an den einzelnen Hochschulen noch lange nicht abgeschlossen. Noch länger dauern die Veränderungen im Verhalten und in den Einstellungen der Menschen, die Umstrukturierungen erst wirksam machen. Deshalb ist auch noch nicht abzusehen, ob die Hochschulreform tatsächlich zu den angestrebten Verbesserungen führen wird.

Die folgenden Ausführungen stellen den Versuch einer Zwischenbilanz dar – mit dem Ziel, Problemfelder zu identifizieren und Lösungsmöglichkeiten aufzuzeigen. Die Ausführungen haben teilweise erst den Charakter von Hypothesen und basieren auf einem theoretischen Ansatz zur Steuerung sozialer Systeme,[1] den ich als Volkswirtin mit transdisziplinären Interessen im Lauf der letzten Jahre entwickelt habe, um meine politischen und praktischen Aktivitäten[2] bei der Hochschulreform in Baden-Württemberg wissenschaftlich fundieren zu können.

---

1 Anregungen zur Entwicklung dieses Ansatzes habe ich u. a. Hans-Georg Wehling zu verdanken. Der Ansatz ist in Körber-Weik (2002) ausführlich dargestellt.

2 Namentlich als Landessprecherin der Frauenbeauftragten an Fachhochschulen, aber auch als Leiterin eines Studiengangs und Professorin einer Hochschule.

Zu Beginn arbeite ich die Bedeutung von Struktur und Kultur für die Steuerung sozialer Systeme theoretisch heraus und verdeutliche die Aussagen mit Beispielen aus dem Hochschulsystem. Danach vertiefe ich die Steuerung durch Struktur und Kultur zunächst generell für das Hochschulsystem im Ganzen, dann speziell für die Hochschulfinanzierung. Den Abschluss bilden Schlussfolgerungen zur Fortentwicklung der Hochschulreform. Die Ausführungen stellen, soweit sinnvoll und möglich, auf die Situation in Baden-Württemberg ab.[3]

Steuerung durch Struktur und Kultur

Das Hochschulsystem ist ein spezielles soziales System. Einerseits besteht es aus zahlreichen Kollektiven und Menschen, die untereinander agieren (z. B. Hochschulen, Ministerien, Lehrende, Studierende). Andererseits ist es in andere soziale Systeme eingebunden, die bis in die globale Dimension reichen (z. B. Politik, Wirtschaft).

Aus den vielfältigen Interaktionen resultiert ein Steuerungsbedarf: Positive Wechselwirkungen lassen sich besser nutzen und negative Wechselwirkungen mindern, wenn die Handlungen der Akteure und die davon ausgehenden Wirkungen zielgerecht kanalisiert werden. Steuerung setzt damit voraus, dass die erwünschten Handlungen und Wirkungen der Akteure von den unerwünschten abgegrenzt werden können und dass die Grenzziehungen durchzusetzen sind. Beide Voraussetzungen sind indes kritisch.

Das Grundproblem bei der Grenzziehung liegt in den komplexen dynamischen Interdependenzen zwischen Akteuren, Technik und Umwelt. In der Folge ist das Wissen um Zusammenhänge zwischen Ursache und Wirkung oft so unvollständig, dass nicht einmal eindeutig zu beurteilen ist, ob und inwieweit bestimmte Handlungen zur Erreichung bestimmter Systemziele beitragen. Überdies gibt es in der Regel Konflikte zwischen unterschiedlichen Systemzielen sowie zwischen den Eigeninteressen der Akteure. Das alles erschwert zunächst das Festlegen allgemein verbindlicher Systemziele und zulässiger Handlungsspielräume, dann das Durchsetzen kollektiv gesetzter Grenzen. Bei Zielkonflikten zwischen Kollektiv- und Eigeninteressen besteht für jeden Akteur ein Anreiz, die zulässigen Handlungsspielräume zu überschreiten. Das lässt sich kaum verhindern, weil jedes Kollektiv und jedes System nur über seine einzelnen Repräsentanten und Mitglieder konkret handeln kann und jede Einzelperson bzw. jedes Individuum bei jeder Entscheidung und Handlung autonome Handlungsspielräume hat.

Die autonomen Handlungsspielräume kommen dadurch zustande, dass individuelles Handeln von außen nur in Grenzen beeinflusst werden kann – und darf, wenn das System liberal ist. Zur Steuerung von außen eignen sich nur die Handlungsspielräume im Umfeld, die über die Selbststeuerung mit den Handlungsspielräumen in der Person verknüpft sind:

---

3 Eine rechtlich orientierte Dokumentation aller aktuellen Regelungen enthält Haug (Hrsg., 2001), eine Analyse der aktuellen Hochschulfinanzierung aus ökonomisch-statistischer Perspektive Körber-Weik/Schmidt (2000).

- *Informationen* erleichtern den Erwerb und das Anwenden von *Wissen* (z. B. Forschung über neue Lehrmethoden die Lehre) .
- *Ressourcen* erleichtern den Erwerb und das Ausüben von *Können* (z. B. EDV-Programme die Organisation der Lehre)
- *Struktur/Kultur* ordnen die Interaktion und damit das Ausleben von *Wollen* (z. B. Freiräume und Anerkennung die Freude am Lehren).

Die erstgenannten Kategorien und Zusammenhänge sind unmittelbar verständlich. Wollen ist die eigentliche Triebkraft des individuellen Handelns, das intrinsisch oder extrinsisch motiviert sein kann und sich auf eigennützige oder altruistische Ziele richtet. Struktur/Kultur umfasst alle sinnstiftenden oder handlungsleitenden Institutionen bzw. Regeln, die für alle Mitglieder eines Kollektivs hinlänglich verbindlich sind. Formell festgeschriebene Regeln werden hier als Struktur bezeichnet, informell verankerte als Kultur. Struktur wird gezielt geschaffen und verändert (z. B. Hochschulgesetze), Kultur entwickelt sich evolutorisch und findet ihren Niederschlag in Traditionen (z. B. Normen der scientific community).

Zu den wichtigsten Regeln gehören die Verfügungsrechte – die Rechte und Pflichten im Umgang mit Sachen und Leistungen von Menschen, wie sie uns allen aus Spiel, Sport und Recht vertraut sind (z. B. Schach, Fußball, Haftungsrecht). Sie grenzen die Handlungsspielräume der Akteure gegeneinander ab, legen im Besonderen fest, wer welche Informationen und Ressourcen wie nutzen darf und wer die Wirkungen von Handlungen tragen soll.

Bei *statischer Betrachtung* sind damit der Zugang zu Informationen und die Ausstattung mit Ressourcen von entscheidender Bedeutung für die Situation eines Akteurs, weil sie als Restriktion wirken (z. B. Personal- und Mittelausstattung). Bei *dynamischer Betrachtung* dagegen sind Struktur/Kultur wichtiger, weil die ursprünglichen Bestände an Informationen und Ressourcen über Interaktionen zwischen den Akteuren verändert werden können (z. B. Einwerben von Drittmitteln). Die eigentlichen Akteure sind dabei stets Individuen. Sie werden durch kollektive Handlungsspielräume im Umfeld beschränkt und können sie – zusammen mit weiteren Mitgliedern von Kollektiven – verändern; das Gesagte ist folglich auf Kollektive bzw. Systeme übertragbar.

Wie Akteure ihre Handlungsspielräume im Zeitablauf verändern können, hängt entscheidend von der Ausgestaltung von Struktur/Kultur ab. Hierfür lassen sich mit Hilfe der Verfügungsrechte vier idealtypische Steuerungsmodelle ableiten, die den traditionellen Dualismus – Markt bzw. Konkurrenz versus Staat bzw. Hierarchie – überwinden:

- *Autonomie*: Jeder Akteur entscheidet und handelt für sich. Zielkonflikte sind ausgeschlossen oder werden freiwillig kompensiert. Prototypen sind idealistische Forscher/innen oder Künstler/innen, bilateraler Tausch.
- *Konkurrenz*: Auch hier entscheidet und handelt jeder Akteur für sich. Zielkonflikte werden von Dritten über allgemein akzeptierte Verfahren durch regelgebundene Auswahl entschieden. Prototypen sind Marktwirtschaften, Wettbewerbe in Spiel und Sport.
- *Kooperation*: Die Akteure entscheiden gemeinsam über das kollektive Ziel, handeln getrennt in koordinierter Form. Kollektivinterne Zielkonflikte sind ausge-

schlossen oder werden zwischen den Beteiligten im Rahmen vorab vereinbarter Verfahren fallweise entschieden. Prototypen sind informelle Gruppen, Netzwerke, demokratische Wahlen.

– *Hierarchie*: Ein Akteur entscheidet allein über das kollektive Ziel, andere Akteure setzen weisungsgemäß um – allein oder neben dem Hierarchen. Kollektivinterne Zielkonflikte werden vom Hierarchen im Rahmen legitimierter Verfahren fallweise entschieden. Prototypen sind Bürokratien in Wirtschaft und Verwaltung, Rechtsprechung.

Der jeweils erste Satz erläutert die Zuordnung der Verfügungsrechte, der jeweils zweite Satz die zugehörigen Anwendungsbedingungen, die a priori vorliegen müssen oder durch geeignete Übertragungen von Verfügungsrechten und Durchsetzungsinstrumenten zu schaffen sind. Die damit angedeuteten Einschränkungen und Spannungen legen eine Kombination der vier Steuerungsmodelle zu einem Gesamtmodell nahe, das im Folgenden als Systemsteuerung bezeichnet wird. Durch unterschiedliche Gewichtungen der vier Steuerungsmodelle innerhalb der Systemsteuerung lassen sich Konflikte zwischen Akteuren oder zwischen Systemzielen variabel ausbalancieren. Bei hoher Präferenz für Freiheit und wirtschaftliche Entwicklung liegt eine Kombination nahe, die als abstrakte Formulierung des bekannten Subsidiaritätsprinzips und ordoliberaler Empfehlungen zur Ausgestaltung von Marktwirtschaften interpretiert werden kann:

– Aktivierung durch Autonomie und Konkurrenz so weit wie möglich,
– Kanalisierung durch Kooperation und Hierarchie so weit wie nötig.

Konkretere Angaben zur Gewichtung sind kaum möglich, weil es zwischen den idealtypischen Steuerungsmodellen prinzipielle Spannungen gibt, die erst unzureichend erforscht sind. Außerdem sind die Funktionsvoraussetzungen unterschiedlich. So eignet sich die genannte Gewichtung vor allem für größere Systeme (wie das Hochschulsystem), in denen viele Subsysteme heterogene Ziele verfolgen und Risiken intern ausgleichen können. In kleineren Systemen mit relativ homogenen Zielen (wie einzelnen Hochschulen) kann Konkurrenz dagegen die notwendige Kooperation untergraben.

Durch unterschiedliche Gewichtungen lässt sich die Struktur zudem auf die kulturell geprägten Präferenzen der Akteure abstimmen. Eine solche Abstimmung wurde bislang implizit unterstellt, weil nicht zwischen formellen und informellen Verfügungsrechten unterschieden wurde. Diese Annahme wird jetzt aufgegeben, um die Beziehungen zwischen Struktur und Kultur diskutieren zu können.

Einerseits lässt sich nur über die formellen Regeln der Struktur direkt steuern, weil nur sie gezielt gestaltbar sind. Allerdings sind mit dem Schaffen und Nutzen von Struktur Kosten verbunden – und die Kosten sind besonders hoch, wenn die Struktur nicht zur Kultur passt. Dann kann die Struktur nämlich unterlaufen werden, weil die individuellen Handlungsspielräume nie vollständig zu beschränken sind. Das mindert die Freiheiten bei der Gestaltung der Struktur oder erfordert hohen Kontroll- und Garantieaufwand. Wird Letzteres in Kauf genommen, kann es aber zu Funktionsstörungen in der Kultur kommen. Am Beispiel: Überzogene Berichtspflichten der Hochschulen gegenüber Politik und Öffentlichkeit binden

Ressourcen und können darüber Betriebsklima und Leistungsbereitschaft verschlechtern.

Andererseits bleiben bei jeder Steuerung über Struktur Lücken, die nur über Kultur zu mindern sind. Denn eine konsequente Durchsetzung formeller Verfügungsrechte ist nicht immer möglich oder wünschenswert:

– Nicht jedem Akteur kann oder soll die Verantwortung für alle seine Handlungen voll zugerechnet werden, weil Verursacher nicht immer eindeutig zu identifizieren sind und manche Risiken einzelne Akteure überfordern (z. B. manche Rückgänge von Studierendenzahlen). Das beschränkt vor allem die Nutzbarkeit von Autonomie und Konkurrenz.

– Nicht jedes Überschreiten zulässiger Handlungsspielräume kann und soll unterbunden werden, weil Informationsdefizite unüberwindbar sind und Autonomie zu Innovationen führen kann (z. B. ungewöhnliche Lehr- und Prüfungsformen). Das beschränkt vor allem die Nutzbarkeit von Kooperation und Hierarchie.

Die Grenzen der Zurechenbarkeit und der Anpassung beschränken überdies die Nutzbarkeit der zwei gängigsten Durchsetzungsinstrumente. Denn Anreize belohnen oder bestrafen wohldefinierte Handlungen oder Wirkungen, und Regulierungen sind detaillierte Verhaltensvorschriften, deren Einhaltung überwacht werden muss. Deshalb werden Anreize und Regulierungen in der Regel kombiniert eingesetzt und durch Informationen und Bindungen flankiert. Letztere sind zwar unverbindlich, können aber trotzdem bewirken, dass unerwünschtes Verhalten durch freiwilligen Verzicht der Akteure unterbleibt. Das geschieht, wenn sie die Wirkungen ihrer Handlungen auf andere Akteure und das System kennen und die Eigeninteressen anderer Akteure sowie das Systeminteresse aus Einsicht berücksichtigen. Derartige Steuerung über Kultur wird durch gezielte Personalauswahl und –entwicklung erleichtert (z. B. Lehrerfahrung als Auswahlkriterium bei Berufungen, Fortbildung in Lehrmethoden).

Steuerung ist also lediglich in Form einer stochastischen Grobsteuerung möglich. Mehr ist in freiheitlichen Gesellschaften auch nicht nötig und angezeigt. Gezielt steuern lässt sich nur über Struktur, allerdings nur in Grenzen. Dabei ist Autonomie ein Wert an sich und eine zentrale Quelle des Fortschritts, kann in vielen Fällen bereits durch Konkurrenz zwischen den Akteuren oder durch freiwillige Kooperation kanalisiert werden. Der dafür erforderliche Rahmen ist allerdings durch Hierarchie zu garantieren.

Die unvermeidbaren Steuerungsdefizite werden über Kultur gemindert, wenn Struktur und Kultur miteinander kompatibel sind. Andernfalls steigen die Steuerungsdefizite. Diese Gefahr besteht vor allem bei grundlegendem Strukturwandel, weil es dann zu Spannungen zwischen der neuen Struktur, der alten Struktur und der historisch gewachsenen Kultur kommt. Zu Spannungen kann es auch kommen, wenn innerhalb eines Systems oder an den Schnittstellen zwischen Systemen unausgewogene Systemsteuerungen eingesetzt werden.

Infolge der Hochschulreform ist das Hochschulsystem derzeit von zahlreichen Spannungen zwischen unterschiedlichen Systemsteuerungen sowie zwischen Struktur und Kultur durchzogen. Ausgewählte Problemfelder und Lösungsmöglichkeiten werden im Folgenden diskutiert.

In Deutschland wird Hochschulpolitik überwiegend in den Bundesländern betrieben. In den Ländern tritt auch das grundlegendste Steuerungsproblem im Hochschulsystem deutlich hervor: vielfältige Wechselwirkungen zwischen unterschiedlichen gesellschaftlichen Subsystemen mit jeweils spezifischen Strukturen und Kulturen.

In Abb. 1 sind die wichtigsten Akteure als Blöcke visualisiert, die wichtigsten Beziehungen als Pfeile (die bei formellen Abhängigkeiten durchgezogen sind). Einwirkungen aus Wirtschaft und Gesellschaft auf die Hochschulen erfolgen vor allem über die Politik. Dabei bestehen sowohl die Politik als auch die Hochschulen aus mehreren Ebenen, und auf jeder Ebene gibt es interne Wechselwirkungen und Wechselwirkungen mit anderen Ebenen sowie mit Wirtschaft und Gesellschaft, direkt und über die Systeme von Medien und Wissenschaft. Darüber hinaus ist jedes Subsystem in überregionale Zusammenhänge eingebunden.

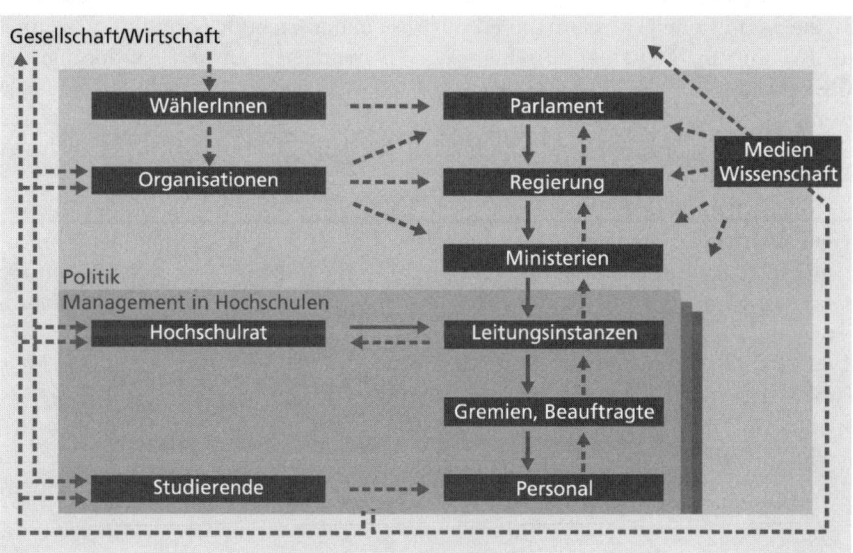

Abb. 1: Steuerung im Hochschulsystem eines Bundeslandes

Die Wechselwirkungen reichen von faktischen Interdependenzen (z. B. Vorkenntnisse und Wanderungen von Studierenden, Reputation von Forschungsansätzen) über informelle Zusammenarbeit (z. B. zwischen einzelnen Wissenschaftler/innen oder Hochschulen) bis zu formellen Verträgen und Organisationen (z. B. wissenschaftliche Verbände und Vereinigungen, Kooperationen zwischen Hochschulen, Landeskonferenzen der Rektoren und der Frauenbeauftragten, Hochschulgesetze in Land und Bund, Socrates-Programm der Europäischen Union, General Agreement on Trade in Services im Rahmen der Welthandelsorganisation).

Alle Wechselwirkungen entstehen letztlich durch das Handeln von Individuen, die in unterschiedliche Subsysteme eingebunden sind. Daraus folgen intrapersonelle Zielkonflikte, die im Rahmen der jeweiligen Handlungsspielräume entschieden werden – darunter Informationen, Ressourcen, Strukturen und Kulturen.

Die skizzierte Vielfalt der Einflüsse erschwert nicht nur eine gezielte Steuerung, sondern auch zielgerechte Änderungen der Systemsteuerung. So gibt es in jedem Subsystem neben Struktur auch Kultur, neben Hierarchie (z. B. Gesetze) auch Konkurrenz und Kooperation (z. B. zwischen Ministerien, Abteilungen; Mitgliedern des Rektorats, Fachbereichen) sowie Handlungsspielräume bzw. Autonomie (z. B. Freiheit von Forschung und Lehre). In der Folge können Strukturen aus Eigeninteressen unterlaufen und Strukturänderungen von potenziellen Verlierern blockiert werden.

Die daraus resultierenden Spannungen sind an den Schnittstellen zwischen Systemen mit unterschiedlichen Rationalitäten besonders ausgeprägt – im Hochschulsystem namentlich zwischen Politik und Wissenschaft. In der repräsentativen Demokratie geht es vor allem um Mehrheiten bei Wahlen, gestützt auf Konkurrenz zwischen Parteien und Hierarchien in Ministerien. In den Hochschulen geht es dagegen traditionell vor allem um Reputation in der scientific community, gestützt auf Konkurrenz zwischen einzelnen Wissenschaftler/innen und Autonomie der Wissenschaft. Hieraus entstehen bei öffentlich finanzierten Hochschulen geradezu zwangsläufig Konflikte, wenn die Leistungen der Hochschulen für Wirtschaft und Gesellschaft als unzureichend empfunden werden. Denn das wird letztlich der Politik angelastet.

Solche Konflikte verschärften sich im letzten Jahrzehnt durch den internationalen Wettbewerb der Systeme. Zugleich verhinderte die Knappheit der öffentlichen Finanzen die einfachste Problemlösung – eine höhere Ressourcenausstattung der Hochschulen. Außerdem hatten sich Regulierungsspiralen als wirkungslos erwiesen. Das zwang zur Suche nach neuen Lösungen und führte in vielen Ländern dazu, dass die Strukturen der Systemsteuerung gemäß den Paradigmen des New Public Management (NPM) verändert wurden. Die Kernpunkte:
– Stärkung der Hochschulautonomie sowie der Konkurrenz zwischen den Hochschulen
– Stärkung der Leitungsstrukturen und der Konkurrenz innerhalb von Hochschulen.

Auch in Deutschland und in Baden-Württemberg sollen die Leistungen der Hochschulen nach den Vorstellungen des NPM gesteigert werden, nicht zuletzt durch Übernahme einschlägiger Praktiken aus dem Ausland. Die wichtigsten Weichen wurden im Land mit der Novellierung der Hochschulgesetze 1999 gestellt und seitdem ausgebaut:
– Delegation von Kompetenzen vom Ministerium an die Hochschulen, nicht zuletzt an die neu geschaffenen Hochschulräte, bei umfangreichen Erweiterungen des Berichtswesens (u. a. Evaluation, Controlling)

- Verlagerungen von Kompetenzen innerhalb der Hochschulen – von Gremien zu Hochschulrat, Rektorat oder Dekanat
- Einführung der leistungsorientierten Hochschulfinanzierung und Planungen für eine leistungsorientierte Vergütung der Professorinnen und Professoren.

Die Grenzen dieses Ansatzes werden bislang erstaunlich wenig systematisch diskutiert, obwohl er bereits aus Sicht neuerer, systemisch-ganzheitlicher Ansätze in der Betriebswirtschaftslehre als verkürzt und ausbaubedürftig erscheint.[4] Dieser Eindruck wird verstärkt, wenn die Gesamtschau von einer einzelnen Organisation auf das Gesamtsystem erweitert wird. Das geschieht bei neueren Ansätzen in der Volkswirtschaftslehre, in denen der oben skizzierte transdisziplinäre Ansatz zur Steuerung sozialer Systeme verankert ist.[5] Alle genannten Alternativen verzahnen Struktur mit Kultur und haben praktische Bedeutung, namentlich bei der Entwicklung von Unternehmen und Verwaltungen zu Lernenden Organisationen sowie bei der Transformation der Wirtschaftsordnungen in Osteuropa.

Als Hauptprobleme des NPM und der Hochschulreform erscheinen vor dem Hintergrund der systemischen Alternativ-Konzeptionen:
- Das NPM ist eine spezielle Betriebswirtschaftslehre, die auf die Schnittstelle zwischen Politik und Hochschulen und auf das Hochschulmanagement fokussiert sowie auf Steuerung durch Konkurrenz und Hierarchie vertraut.
- Die Strukturempfehlungen des NPM stehen im Widerspruch zu gewachsenen Strukturen und Kulturen im deutschen Hochschulsystem. Dadurch entstehen neue Spannungen, die zu Anpassungen von Traditionen führen können – oder zum Unterlaufen neuer Strukturen.
- Hochschulsysteme im Ausland sind in ganz andere Strukturen und Kulturen eingebunden. Werden Steuerungselemente, die sich im Ausland bewährt haben, isoliert auf Deutschland übertragen, ist der Erfolg unsicher. Zudem kann eine weltweite Angleichung durch Imitationen das Entstehen von Innovationen behindern.

Die wichtigsten Problemfelder liegen an den Schnittstellen zwischen Hochschulpolitik und Hochschulen sowie in der Politik selbst. Sie behindern vor allem das Entstehen eines funktionsfähigen Wettbewerbs zwischen den Hochschulen. Dazu tragen zunächst die noch immer bestehenden Überregulierungen bei – in Baden-Württemberg etwa die noch fortbestehenden Stellenpläne im Land und überaus detaillierte Vorgaben zu Organisationsstruktur, Lehrverpflichtungen sowie Studien- und Prüfungsordnungen. Einige Neuerungen können sogar zu bislang undenkbaren Feinsteuerungen missbraucht werden – etwa die gesetzlich vorgeschriebenen Struktur- und Entwicklungspläne, die neuen Steuerungsinstrumente und die geplanten Zielvereinbarungen. Diese Gefahr ist real, weil sie in den Legitimationsbedürfnissen von Politik und Bürokratie verwurzelt ist und zielgerechte Reformen in beiden Bereichen noch nicht abzusehen sind (etwa Abbau der un-

---

4 Vgl. z. B. Hanft (Hrsg., 2001), Haug (Hrsg., 2001) und Titscher u. a. (Hrsg., 2000) gegenüber Dierkes u. a., (Hrsg., 2001), Picot/Dietl/Franck (1999) und Steinmann/Schreyögg (2000).
5 Vgl. z. B. Kirsch (1997), Körber-Weik (2002), Richter/Furubotn (1999), Ziegele (1997).

zähligen Mitzeichnungspflichten in Ministerien). Nicht absehbar ist auch, dass der reformbedingte Mehrbedarf der Hochschulen an Informationen und Ressourcen kompensiert wird und dass tradierte Ausstattungsunterschiede zwischen den Hochschulen nachhaltig ausgeglichen werden. In der Folge können die Leistungen in Lehre und Forschung im Ganzen sogar sinken und besonders leistungsfähige Hochschulen im Wettbewerb zurückfallen. Die Unterschätzung eines funktionsfähigen Wettbewerbs zeigt sich auch bei der überaus positiven Bewertung von Kooperationen zwischen Hochschulen sowie zwischen Hochschulen und Politik – obwohl dadurch Konkurrenz und Autonomie beschränkt werden können.

Die Problemfelder im Hochschulmanagement erscheinen insgesamt als weniger gravierend, obwohl hier die Widersprüche zwischen der NPM-gestützten Konzeption der Hochschulreform und systemischen Alternativ-Konzeptionen besonders groß sind. Denn das Hochschulmanagement muss bei funktionierendem Wettbewerb von den Hochschulen aus Eigeninteresse optimiert werden. Das kann auch gelingen, weil die Handlungsspielräume der Hochschulleitungen und der einzelnen Akteure in der Praxis erheblich größer sind als in der Theorie. So haben einige Hochschulen bereits damit begonnen, sich zu Lernenden Organisationen fortzuentwickeln. Dabei können etwa die Struktur- und Entwicklungspläne, die den Hochschulen nach einer hierarchisch-planwirtschaftlichen Konzeption verordnet wurden, als Koordinationsinstrumente für kooperative Selbstorganisation mittels Projektmanagement genutzt werden. Allerdings ist es selbst an reformfreudigen Hochschulen noch offen, ob die angestrebten Umstrukturierungen gelingen. Denn die tradierte Kultur und viele Strukturen stehen im Gegensatz zu echter Kooperation im Hinblick auf überindividuelle Ziele. Insbesondere Professorinnen und Professoren haben ein ausgeprägtes Autonomiebedürfnis und große Handlungsspielräume, und in vielen Gremien dominieren Autonomie auf Gegenseitigkeit und demokratische Rituale. Zudem können neue politische Vorgaben kontraproduktiv wirken. So kann ein Machtstreben des Hochschulrates die Eigeninitiative untergraben oder eine leistungsorientierte Vergütung die ohnehin schwache Kooperation. Dass solche Gefahren real sind, zeigt ein Vergleich mit modernen Unternehmen: Dort werden nicht zuletzt Hierarchien abgebaut, individuelle Anreize auf Gruppenprämien umgestellt und Bindungen gestärkt.

Steuerung durch Hochschulfinanzierung

Die Grundidee der leistungsorientierten Hochschulfinanzierung ist einfach: Hochschulen, die eine hohe/niedrige Leistung erbringen, bekommen hohe/ niedrige Mittelzuweisungen vom Land. Das simuliert den Marktmechanismus und aktiviert das Eigeninteresse der Hochschule an Leistungssteigerungen – stellt damit eine besonders effektive und effiziente Form der Steuerung dar.

Mit der Einführung der leistungsorientierten Hochschulfinanzierung wurde im baden-württembergischen Hochschulsystem ein neuartiges Strukturelement geschaffen, das die Gewichte in der Systemsteuerung in Richtung Konkurrenz verschiebt. Parallel dazu wurden weitere neue Strukturen eingeführt und bestehende

Strukturen verändert oder belassen (vgl. voriger Abschnitt). Die Flankierung durch weitere Strukturen, Informationen und Ressourcen ist auch unentbehrlich, weil die leistungsorientierte Hochschulfinanzierung kein Patentrezept darstellt. So müssen die damit verfolgten Ziele gesetzlich fixiert sein, die Akteure die Ausgestaltung der Hochschulfinanzierung kennen und Ressourcen umverteilt werden. Von Bedeutung sind auch Traditionen in Kultur und Struktur; sie zeigten sich u. a. in den Entscheidungsstrukturen bei der Aushandlung des Landesmodells und schlugen sich in dessen Ausgestaltung nieder.

Das Landesmodell der leistungsorientierten Hochschulfinanzierung wurde im Frühjahr 1999 zwischen dem Ministerium für Wissenschaft, Forschung und Kunst und den Rektorenkonferenzen der Hochschulen vereinbart. Es wird seit dem Jahr 2000 eingesetzt und derzeit evaluiert. Die künftige Ausgestaltung der leistungsorientierten Hochschulfinanzierung im Land ist noch offen.

Das derzeit noch gültige Landesmodell wurde zunächst für die Universitäten zwischen Vertretern der unmittelbar Beteiligten ausgehandelt, erst dann folgten die Modelle für andere Hochschularten bei analogen Besetzungen. An keiner der Verhandlungsrunden waren die Frauenbeauftragten der Hochschulen beteiligt, obwohl sie Vorschläge zur Einbeziehung der Frauenförderung vorgelegt hatten und die Einbeziehung durch das Hochschulrahmengesetz vorgeschrieben war. Externer wissenschaftlicher Sachverstand wurde kaum genutzt, und bislang gab es noch keine Kontrolle durch das Parlament.

Das Landesmodell ist nach Hochschularten differenziert. Die Ausgestaltungen unterscheiden sich aber nur in Details, die den Besonderheiten der Hochschularten Rechnung tragen. Daher wird hier nur der gemeinsame Kern betrachtet.

Das Modell stellt eine Indikatorsteuerung dar: Die Leistung wird mit Hilfe statistischer Indikatoren gemessen und auf Grund der Ist-Werte quasi-automatisch zugewiesen. Darüber erhalten die Hochschulen im Endstadium knapp 30 % ihrer Mittel für den laufenden Betrieb (ab 2003 bzw. 2004, je nach Hochschulart). Die weiteren Mittel werden bislang über Sockelbeträge und historisch fortgeschriebene Teilbudgets zugewiesen, künftig auch über Zielvereinbarungen (die im Hinblick auf Steuerungswirkung, Kosten und parlamentarische Kontrolle kritischer zu beurteilen sind als Indikatorsteuerungen; vgl. Körber-Weik 2002).

Das Modell besteht aus zwei gleichgewichtigen Teilmodellen: Der Volumenteil honoriert Basisleistungen in Lehre und Forschung, der Anreizteil spezifische politische Ziele. Hierzu werden ausgewählte Leistungen mit Hilfe spezieller Indikatoren gemessen und gewichtet (vgl. Tab. 1). Im Volumenteil wird der hierfür vorgesehene Gesamtbetrag nach den Gewichten auf die Einzel-Indikatoren aufgespalten, und jede Hochschule enthält den jeweiligen prozentualen Anteil zugewiesen. Der Anreizteil honoriert dagegen jeden Leistungspunkt mit einem bestimmten Betrag. Jede Hochschule erhält die Summe ihrer Teilbeträge, soweit sie die Kappungsgrenzen nicht überschreiten.

Viele der bislang dargestellten Besonderheiten können als traditionell geprägt interpretiert werden. Sie gehen allerdings fließend in Konflikte zwischen den Beteiligten und zwischen den Systemzielen sowie in Wissensdefizite über. Alles zusammen hat zu einer Ausgestaltung der Modellstruktur geführt, von der unerwünschte Steuerungswirkungen ausgehen können.

Tab. 1: Indikatoren und Gewichte (g) im Universitätsmodell

| | **Volumenteil** | | **Anreizteil** | |
	Zahl, Höhe, Relation	g	*Veränderung von Zahl, Relation, Anteil*	g
Lehre	Studierende in Sem. 1 bis 10	0,3	Absolvierende/(Studierende vor 2 Jahren)	0,15
	Absolvierende (Mittel über 2 Jahre)	0,3	Langzeitstudierende	0,15
			Ausländische Studierende	0,08
Forschung	Drittmittel/Gesamtzuschuss	0,12	Drittmittel/Gesamtzuschuss	0,38
	Drittmittel	0,18		
Nachwuchs[1]	Promotionen (Mittel über 2 Jahre)	0,1	–	
Chancen-gleichheit	–		Absolvierende weiblich/gesamt	0,06
			Promotionen+Habilitationen weibl./gesamt	0,06
			Wiss. Beschäftigte weiblich/gesamt	0,06
			Professuren C3+C4 weiblich/gesamt	0,06

[1] Im Modell der Forschung zugeordnet.

Die wichtigsten Zielkonflikte zwischen den Beteiligten resultieren aus den historisch gewachsenen Ausstattungsunterschieden zwischen den Hochschulen. In den Verhandlungen zum Landesmodell konnten sich, wie häufig im politischen Prozess, die potenziellen Verlierer durchsetzen: Die Umverteilungswirkungen sind zwischen den Hochschularten ganz ausgeschlossen und innerhalb jeder Hochschulart massiv beschränkt. Das Modell ist sogar so spezifiziert, dass Umverteilungen meist deutlich unter den ohnehin engen Kappungsgrenzen bleiben. Nicht einmal auf lange Frist sind allmähliche Umverteilungen nach der relativen Leistung vorgesehen: Die Basiswerte für die Gesamtbudgets der einzelnen Hochschulen werden unabhängig von den Ergebnissen der Indikatorsteuerung historisch fortgeschrieben, obwohl das die Chancengleichheit im Wettbewerb verletzt.

Der wichtigste Konflikt zwischen Systemzielen kann auch als kurzfristige Variante der Besitzstandswahrung verstanden werden: Einerseits braucht eine Hochschule hinreichende Planungssicherheit über die künftigen Einnahmen. Andererseits beruhen Anreizwirkungen auf spürbaren Verteilungswirkungen, die bei konstantem oder langsam wachsendem Gesamtbudget im Land ausschließlich oder primär Umverteilungswirkungen sind. In der Folge ist bei der leistungsorientierten Hochschulfinanzierung zwischen Stabilität und Reagibilität abzuwägen. Hierfür gibt es indes kaum wissenschaftlich fundierbare Kriterien, weil noch keine empirischen Erfahrungswerte über die Reaktionen der Hochschulen auf leistungsbedingte Einnahmeänderungen vorliegen.

Grenzen der Erkenntnis bestehen auch bei spezielleren ökonomisch-statistischen Fragen der Ausgestaltung. Hier liegt das Hauptproblem darin, dass die Leistung der Hochschulen ein idealtypisches Konstrukt ist, das direkt nicht zu messen ist. Nur in sehr abstrakter Form ist die Leistung noch hinreichend umfassend zu definieren: Outputs in Lehre, Forschung, Nachwuchsförderung, Gleichstellung – jeweils differenziert nach Quantität, Qualität und Effizienz. Empirisch-statistisch lassen sich dagegen nur Teilaspekte erfassen, von denen bei ungeeigneter Auswahl, Bereinigung und Verknüpfung unerwünschte Anreizwirkungen ausgehen können. Derartige Probleme sind allerdings *kein* Spezifikum von Indikatorsteuerungen, sondern gründen in den Grenzen der Messbarkeit im Allgemeinen – wie sie auch bei Zielvereinbarungen, Evaluation, Controlling oder Rankings gegeben sind. Bei Indikatorsteuerungen werden diese Grenzen lediglich deutlicher sichtbar als bei anderen Formen der Steuerung.

Wegen solcher Grenzen der Erkenntnis und wegen Konflikten zwischen Systemzielen lassen sich nur einige Details der Ausgestaltung aus ökonomisch-statistischer Perspektive eindeutig beurteilen. Dazu gehören vor allem:

– Die Leistungen in der Lehre werden, wie derzeit üblich, letztlich nur über die Zahl der Studierenden und der Abschlüsse (in verschiedenen Ausprägungen; vgl. Tab. 1) erfasst. Davon gehen Anreize zu Qualitätsminderungen aus. Hinreichend tragfähige Qualitätsindikatoren, etwa zum Berufserfolg der ehemaligen Studierenden, gibt es aber noch nicht – obwohl aussagekräftige Kenngrößen vielleicht sogar aus amtlichen Statistiken zu ermitteln wären.

– Bei einigen Indikatoren ist mit Verzerrungen durch Größe und Fächerstruktur sowie durch zufällige Schwankungen zur rechnen – obwohl viele solcher Probleme durch statistische Standardmethoden zu vermeiden sind (wie Normierung, Standardisierung, Glättung, Verzögerung). Besonders kritisch sind alle Stromgrößen mit relativ kleinen Fallzahlen (z. B. Zahl der Promotionen) sowie alle prozentualen Veränderungen gegenüber dem Vorjahr, auf denen der gesamte Anreizteil basiert. Sie lassen nämlich schon die Indikatoren für gesamte Hochschulen instabil werden und verbieten eine exakte Nachbildung des Landesmodells in der hochschulinternen Finanzierung – was die Steuerungswirkung entscheidend mindert, weil sie nur eintreten kann, wenn die Landesanreize innerhalb der Hochschulen weitergegeben werden.

Schlussfolgerungen

Einen Masterplan für die Hochschulreform kann es schon wegen kollektiver Wissensdefizite infolge komplexer Interdependenzen, Konflikten zwischen Systemzielen und Eigeninteressen der Beteiligten sowie Traditionen in Struktur und Kultur nicht geben. Dennoch lassen sich aus systemischer Perspektive einige Spannungsfelder bei Konzeption und Umsetzung aufzeigen, die auf Nachbesserungsbedarf deuten.

Als besonders inkonsistent erscheinen die Gewichtungen innerhalb der Systemsteuerung. In der Politik sind vor allem die Voraussetzungen für einen funktionsfähigen Wettbewerb und für Chancengleichheit im Wettbewerb zu schaffen, im Management die Voraussetzungen für eine Entwicklung zu Lernenden Organisationen. Das gelingt vermutlich nur, wenn die traditionellen Entscheidungsstrukturen sowohl in der Politik als auch in den Hochschulen durch neue Entscheidungsstrukturen ergänzt werden, die eingespielte Koalitionen und demokratische Rituale in offene und zielorientierte Kommunikation und Kooperation überführen.

Von hoher Bedeutung ist außerdem das Bereitstellen der Informationen und Ressourcen, die für eine zielgerechte Aufgabenerfüllung erforderlich sind. Zumindest während der – längeren – Umstrukturierungsphase bringt die Umsetzung der Hochschulreform an allen Hochschulen erhebliche Kosten mit sich, die ohne zusätzliche Ressourcen zu Lasten von Lehre, Forschung oder Personal gehen. Die Kosten sind besonders hoch, wenn jede Hochschule das dafür erforderliche Know-how selbst schaffen muss und Informationen über politische Vorgaben nur mit hohem Aufwand zu beschaffen sind. Zur Abhilfe eignen sich vor allem Forschungsprogramme zur Hochschulreform sowie EDV-gestützte Wissensmanagementsysteme in Internet und Intranet.

Die Reibungen bei der Umsetzung der Hochschulreform sind insgesamt eine Chance zur Fortentwicklung der aktuell dominanten Konzeptionen und Praktiken. Wenn Baden-Württemberg dabei mehr auf Innovationen als auf Imitationen setzt und bewährte Traditionen fortschreibt, entstehen nicht nur Vorsprünge im internationalen Wettbewerb, sondern auch Impulse für globale Fortschritte.

Verzeichnis ausgewählter Literatur

Böhme, Hartmut, Kulturwissenschaft, in: Reallexikon der deutschen Literaturwissenschaft, Bd. II, Berlin – New York 2000, S. 356–359.
Hanft, Anke (Hrsg.), Grundbegriffe des Hochschulmanagements, Neuwied/Kriftel 2001.
Haug, Volker (Hrsg.), Das Hochschulrecht in Baden-Württemberg. Systematische Darstellung, Heidelberg 2001.
Dierkes, Meinolf u. a. (Hrsg.), Handbook of Organisational Learning and Knowledge, Oxford 2001.
Kirsch, Guy, Neue Politische Ökonomie, 4. Aufl., Düsseldorf 1997.
Körber-Weik, Margot, Von der Ungleichheit trotz Regulierung zur Gleichheit durch Finanzierung: Frauenförderung über das Budget, in: Schnedl, Gerhard/Ulrich, Silvia (Hrsg.), Hochschulrecht – Hochschulmanagement – Hochschulpolitik, Wien 2002, im Druck.
Körber-Weik, Margot/Schmidt, Diana, Leistungsorientierte Hochschulfinanzierung in Baden-Württemberg. Reflektionen zur statistischen Adäquation im politischen Prozess, in: Jahrbücher für Nationalökonomie und Statistik, Bd. 220 (2000), Heft 6, S. 715–730 (als Volltext in www.gleichstellung-fh-bw.de unter News/Veröffentlichungen, zusammen mit unseren weiteren Veröffentlichungen zum Thema und Links auf relevante Websites).
Picot, Arnold/Dietl, Helmut/Franck, Egon, Organisation. Eine ökonomische Perspektive, 2. Aufl., Stuttgart 1999.
Richter, Rudolf/Furubotn, Eirik, Neue Institutionenökonomik. Eine Einführung und kritische Würdigung, 2. Aufl., Tübingen 1999.
Steinmann, Horst/Schreyögg, Georg, Management. Grundlagen der Unternehmensführung. Konzepte – Funktionen- Fallstudien, 4. Aufl., Wiesbaden 2000.
Titscher, Stefan u. a. (Hrsg.), Universitäten im Wettbewerb. Zur Neustrukturierung österreichischer Universitäten, München/Meiring 2000.
Ziegele, Frank, Hochschule und Finanzautonomie. Grundlagen und Anwendung einer politisch-ökonomischen Theorie der Hochschule, Frankfurt a. M. u. a. 1997.

Gebhard Fürst

Ehrenamt und bürgerliches Engagement

Als die Vereinten Nationen das Jahr 2001 zum Internationalen Jahr der Ehrenamtlichen erklärten, wurde in der Öffentlichkeit vielfach erst richtig wahrgenommen, auf welch unterschiedlichen Gebieten die vielen, vielen Ehrenamtlichen in unseren Städten und Gemeinden, in den Vereinen, den Kirchen und sozialen Organisationen, den kulturellen und karitativen Einrichtungen im Einsatz sind. UN-Generalsekretär Kofi Annan hob in seiner Rede zum Internationalen Jahr der Ehrenamtlichen eigens hervor: Ehrenamtliche sind Menschen, die an das Ideal des Dienens glauben, Menschen, die an Solidarität glauben, und vor allem Menschen, „die den Mut haben zu glauben, dass ihr Tun wirklich einen Unterschied macht", etwas ausmacht und unsere Welt verändert.[1]

Es ist hier nicht der Ort, um über Begriff und Definition des ‚Ehrenamtes' zu diskutieren. Wir bewegen uns hier in einem weiten Feld der Entwürfe und Versuche, die dadurch erschwert werden, dass der Begriff zwar ein anerkanntes und schützenswertes, aber keineswegs ein geschütztes Markenzeichen ist. Eine genauere Definition wird verschiedene Bereiche abdecken müssen, zu denken wäre hier an die Fragen der Qualifikation, der Bezahlung oder zumindest der materiellen oder symbolischen Gratifikation, der Einbindung des Engagements in traditionelle und neue Milieus, an etablierte und sich neu etablierende Organisationen. Sicher werden auch die Fragen nach dem zeitlichen Umfang und der Kontinuität des Ehrenamtes behandelt werden müssen. Schließlich kann es in Abgrenzung zu Beruf, Selbsthilfe, häuslicher Arbeit, aber auch zu ‚Schwarzarbeit' und ‚Pflichtdiensten' profiliert werden als ‚jede freiwillig erbrachte, nicht auf Entgelt ausgerichtete Tätigkeit, die am Gemeinwohl orientiert ist, auch wenn sie für den einzelnen erbracht wird'.

Für dieses ehrenamtliche Engagement, wo immer es sein möge, wie groß oder klein, wie spektakulär oder verborgen, kann man immer wieder nur zutiefst und mit großem Respekt danken. Dies gilt sowohl für die traditionellen Bereiche wie die Sportvereine, die kulturellen Vereine, Parteien, Feuerwehr, DRK und THW, für Gewerkschaften und Wirtschaftsverbände, als auch in besonderer Weise für den Bereich des kirchlichen Lebens, der Fördervereine, in Bezug auf strukturentwickelnde Initiativen wie die Lokale Agenda 21, die Arbeitskreise für Stadtmarketing,

---

1 UN-Generalsekretär Kofi Annan, Rede zur Eröffnung des Internationalen Jahres der Freiwilligen (New York 28. 11. 2000), UN Press Release SG/SM/7642.

Kriminalprävention, Verkehrsplanung sowie für die Initiativen im Blick auf bestimmte Zielgruppen, so etwa den Jugendring, die Jugendhausvereine, Jugendgemeinderat, Frauenrat, Ausländerbeirat.

Ohne diese Menschen würde in der Kirche und allgemein in unserer Gesellschaft ganz schnell das Licht ausgehen. Den Ehrenamtlichen verdanken wir nicht nur einen unbezahlten, sondern auch einen ganz unbezahlbaren Beitrag zu einer Kultur des Lebens und der Menschlichkeit. Die Ehrenamtlichen sind es, die in der Kirche, aber auch in unserer Gesellschaft Menschlichkeit und Solidarität ganz konkret und handgreiflich praktizieren. Sie sorgen dafür, dass in unserem Land die „soziale Temperatur" nicht unter den Gefrierpunkt sinkt.

Denn die traditionellen sozialen Netze von Solidarität und gegenseitiger Hilfe sind in unserer individualisierten und mobilen Gesellschaft brüchig geworden. Auch der Glaube daran, Hilfe und Unterstützung könnten dann vom Wohlfahrtsstaat übernommen und organisiert werden, beispielsweise karitative Dienste ganz und gar professionalisiert werden, ist inzwischen vor allem – aber gewiss nicht nur – aus wirtschaftlichen Gründen erledigt.[2] Das Pflegeversicherungsgesetz von 1994 plädiert deshalb für eine „neue Kultur des Helfens", und das „Gemeinsame Wort" der christlichen Kirchen zur wirtschaftlichen und sozialen Lage in Deutschland weist ausdrücklich auf die Notwendigkeit einer „erneuerten Sozialkultur" hin, in der das ehrenamtliche Engagement eine wichtige Rolle spielt.[3]

Es ist freilich auch klar, dass das Ehrenamt, besonders auch das staatlich derzeit sehr geförderte „Bürgerschaftliche Engagement", nicht zum sozialpolitischen Lückenbüßer oder zum Alibi für weitere Sozialkürzungen missbraucht werden darf. Denn es ist ein schmaler Grat für das Ehrenamt, nicht zum Notnagel in Anbetracht finanzschwacher öffentlicher Haushalte und erodierender Familienwelten zu werden.

Ehrenamt: Die Renaissance eines Engagements

Dennoch ist es ermutigend und erfreulich, dass – vielen Unglückspropheten zum Trotz – die Zahl der ehrenamtlich Tätigen in Westdeutschland in den letzten 30 Jahren auf 35 % der Bevölkerung gestiegen ist.[4] Das Ehrenamt erlebt eine Renaissance: Vom „neuen Ehrenamt", „bürgerschaftlichem Engagement", „freiwilligem Bürgerengagement" und „social volunteering" ist die Rede. Allein im Internet finden sich inzwischen über 220.000 Eintragungen zum Thema ‚Ehrenamt' sowie weltweit 5,6 Mio. Eintragungen zum Thema ‚volunteer'. Eine Fülle von Untersuchungen und Überlegungen sind zum Thema Ehrenamt in den letzten Jahren

---

2 Für eine Zukunft in Solidarität und Gerechtigkeit. Wort des Rates der Evangelischen Kirche in Deutschland und der Deutschen Bischofskonferenz zur wirtschaftlichen und sozialen Lage in Deutschland (Gemeinsame Texte, 9), Bonn 1997, Kap. 2.2, Nr. 67 ff.

3 Ebd., Kap. 4.5, v. a. Nr. 159; Kap. 5.2.2.6, v. a. Nr. 222.

4 Vgl. KNA-Meldung vom 09. Januar 2001. Die Umfrage des Bundesministeriums für Familien, Senioren, Frauen und Jugend 1996, zit. in: T. Bock, „Handlanger, Lückenbüßer, Freiheitskünstler?" Entwicklungen und Motive ehrenamtlicher Tätigkeit, in: caritas 99 (1998), 64, spricht lediglich von 17 %.

angestellt worden.[5] Der Caritasverband der Diözese Rottenburg-Stuttgart hat sich intensiv mit dem Thema beschäftigt,[6] und der Diözesanrat hat im Jahr 1996 einen sehr hilfreichen Leitfaden „Ehrenamtliche Tätigkeit in Kirche und Gemeinde" erarbeitet und damit Perspektiven für eine zeitgemäße Praxis des Ehrenamtes in unserer Diözese gewiesen.[7] Das baden-württembergische Sozialministerium hat ein „Landesnetzwerk Bürgerschaftliches Engagement" initiiert, überall entstehen „National Volunteer-Centers", seit 1997 gibt es ein „Europäisches Freiwilligen-zentrum" (CEV) in Brüssel. In vielen Städten und Kommunen entstehen Bürger-büros, Senioreninitiativen, Kontakt- und Freiwilligenbörsen, Selbsthilfezentren usw.[8] Die Bereitschaft zu freiwilligem Engagement und ehrenamtlicher Mitarbeit ist beachtlich: Nach der Landesstudie des baden-württembergischen Sozialmini-steriums von 1997 haben 69 % der Befragten grundsätzliches Interesse an einem ehrenamtlichen bzw. bürgerschaftlichen Engagement, 34 % sind bereit zu einem solchen Engagement.[9] Kurz gesagt: Ein Drittel unserer Gesellschaft engagiert sich in irgendeinem Bereich freiwillig und ehrenamtlich, und ein weiteres Drittel ist daran interessiert.

Ehrenamt: Die Notwendigkeit für entsprechende Rahmenbedingungen

Freilich ist es notwendig, die Bedingungen dafür zu schaffen, dass ehrenamtliches Engagement auch gelingt. Folgende Punkte erscheinen dabei unabdingbar:[10]

a) *Das Ehrenamt verdient Dank, Anerkennung und Unterstützung* von Seiten der gesellschaftlichen Institutionen, besonders auch der Kirchen, von Seiten der Poli-

---

5 Vgl. etwa für Baden-Württemberg: J. Ueltzhöffer u. C. Ascheberg, Engagement in der Bürgergesellschaft – Die Geislingen-Studie. Ein Bericht des Sozialwissenschaftlichen Insti-tutes für Gegenwartsfragen Mannheim (SIGMA), hg. v. Ministerium für Arbeit, Gesund-heit und Sozialordnung Baden-Württemberg, Stuttgart 1995; dies., Bürgerschaftliches Engagement. Landesstudie 1997. Ein Bericht des Sozialwissenschaftlichen Institutes für Gegenwartsfragen Mannheim (SIGMA), hg. v. Ministerium für Arbeit, Gesundheit und Sozialordnung Baden-Württemberg, Stuttgart 1997.

6 Vgl. Zentralrat des Deutschen Caritasverbandes, Ehrenamtliche Tätigkeit in der Caritas – Bestandsaufnahme, Perspektiven, Positionen (10. Mai 1995), in: caritas 96 (1995), Nr. 5; vgl. auch caritas 97 (1996), Nr. 5; 99 (1998), Nr. 2; Nr. 3, sowie die Zeitschrift „Sozialcou-rage", hg. v. Deutschen Caritasverband.

7 Ehrenamtliche Tätigkeit in Kirche und Gemeinde. Leitfaden für die Diözese Rottenburg-Stuttgart (27./28. September 1996), hg. v. Seelsorgereferat der Diözese Rottenburg-Stutt-gart (konzepte, Nr. 2, Dez. 1997), Rottenburg a. N. 1997.

8 Vgl. Die Projektlandschaft Bürgerschaftlichen Engagements in Baden-Württemberg. Pra-xisberichte/Adressen (Bürgerschaftliches Engagement, 14), hg. v. Ministerium für Arbeit, Gesundheit und Sozialordnung Baden-Württemberg, Stuttgart 1998.

9 Bürgerschaftliches Engagement, Landesstudie 1997, a.a.O., 48 ff. In einer Allensbach-Umfrage sahen 38 % der Befragten den Sinn ihres Lebens darin, am Aufbau einer besseren Gesellschaft mitzuwirken. Vgl. Institut für Demoskopie Allensbach, in: Sozialcourage, hg. v. Deutschen Caritasverband, 1998 Nr. 3, 29.

10 Vgl. zum folgenden: Ehrenamtliche Tätigkeit in Kirche und Gemeinde, a.a.O. (Anm. 7), 10 ff.

tik, der Arbeitgeber und nicht zuletzt auch der Medien. Die Politik muss die rechtlichen und organisatorischen Rahmenbedingungen schaffen, dass eine „neue Kultur des Helfens" sich auch wirklich entfalten kann. Zur gesellschaftlichen Verpflichtung von Arbeitgebern andererseits gehört es, ehrenamtlich Tätigen durch Flexibilisierung ihrer Arbeitszeiten, die Möglichkeit der Vor- und Nacharbeit, evt. Sonderurlaube und Freistellungen entgegenzukommen. Ehrenamtliches Engagement sollte bei Bewerbungen um einen Ausbildungs- oder Arbeitsplatz berücksichtigt werden.[11] Die Medien können durch eine positive Berichterstattung über Projekte ehrenamtlichen Engagements eine wichtige Multiplikatorenfunktion ausüben.

b) *Das Ehrenamt verdient besonderen Schutz*: Wer ehrenamtlich tätig ist, muss rechtlich abgesichert sein und darf nicht etwa noch zusätzlich belastet werden. Dazu gehört ein geregelter Versicherungsschutz bei Unfall oder im Haftungsfall, dazu gehören entsprechende steuerrechtliche Rahmenbedingungen. Dazu gehört aber auch, dass z. B. Arbeitslose, die sich ehrenamtlich engagieren, nicht Gefahr laufen, andere Rechtsansprüche beispielsweise nach dem Arbeitsförderungsgesetz (v. a. § 103) zu gefährden. Wenn auch Aufwendungen erstattet werden sollten (z. B. Porto-, Telefon-, Fahrtkosten), so darf ehrenamtliches Engagement deshalb auch nicht zu einem getarnten Erwerbsarbeitsverhältnis werden.[12]

c) *Das Ehrenamt braucht Befähigung*: Guter Wille allein ersetzt nicht die Qualifikation. Ehrenamtliche brauchen deshalb Begleitung und Anleitung. Sie müssen Zugang zu Fortbildungsmöglichkeiten und Gelegenheit zum Austausch und zur Information erhalten. Deshalb muss auf gezielte Ausweitung und Pluralisierung der Kompetenzstärkung Wert gelegt werden. Zu klären ist, was in den jeweiligen Handlungsbereichen Ehrenamtliche wirkungsvoll tun und beitragen können. Was können oder sollen vielleicht sogar vornehmlich Ehrenamtliche tun – was sollen oder müssen andererseits Hauptamtliche tun? Dabei muss in redlicher Weise die Bereitschaft zu ehrenamtlichem Engagement auch immer im Licht tatsächlichen Vermögens überprüft werden. Nur so kann nicht nur die Qualität der Arbeit gewährleistet, sondern auch eine Überforderung der Ehrenamtlichen vermieden werden. Das Verhältnis von fachlichem Wissen und formaler Kompetenz auf der einen und einfachen, unspezialisierten Diensten auf der anderen Seite wird aufmerksam überprüft und immer wieder angemessen angepasst werden müssen.

d) *Das Ehrenamt braucht Eigenverantwortung, Transparenz und Flexibilität*: Ehrenamtliche dürfen nicht zu Lückenbüßern in professionellen Organisationen oder Handlangern von Hauptamtlichen verkommen. Die ehrliche Rückfrage muss lauten, ob ein Verband auch dann am Prinzip der Ehrenamtlichkeit festhielte, wenn genügend finanzielle Ressourcen oder Zuschüsse für hauptamtliche, hauptberufliche Fachkräfte vorhanden wären? Nur wenn diese Rückfrage positiv beantwortet wird, kann sich eine Kultur der Wertschätzung gegenüber Ehrenamtlichen entwickeln. Ehrenamtliche wollen heute Eigenverantwortung übernehmen – sie wollen aber auch nicht überfordert werden und sind nicht bereit, sich für alles mögliche aufzuopfern. Sie wollen und brauchen klare Kompetenzen, Organisations- und

---

11 Vgl. auch schon das „Gemeinsame Wort", a.a.O., Nr. 222.
12 Vgl. Ehrenamtliche Tätigkeit in Kirche und Gemeinde, 12.

Leitungsstrukturen. Zu ihrem Selbstverständnis gehört die wirkliche Freiwilligkeit ihres Engagements (bzw. auch von dessen Beendigung) und seine inhaltlich wie zeitlich klare Umschreibung.[13] Diese veränderten Bedingungen für ehrenamtliches Engagement müssen wir wahrnehmen und – in den Verbänden wie in den Pfarreien und Kommunen – entsprechend reagieren durch eine transparente und flexible Gestaltung der Möglichkeiten ehrenamtlicher Mitarbeit. Für Identität und Wertschätzung der Ehrenamtlichen sind Klärung und Verständigung darüber wichtig, inwieweit das Ehrenamt für das Selbstverständnis, die Glaubwürdigkeit und nicht zuletzt das Funktionieren des Organismus' unentbehrlich ist. Ein deutliches Bekenntnis der Verbände und Organisationen zu ihrer Hauptberuflichkeit und die transparente Verdeutlichung, warum Fachlichkeit ein unverzichtbares Merkmal ihrer Arbeit ist, nimmt dem ehrenamtlichen Engagement nichts von seinem Wert.

e) *Das Ehrenamt braucht Kooperation und Offenheit:* Verbände, Institutionen und Organisationen müssen ein besonderes Augenmerk auf ein gutes Klima der Zusammenarbeit und auf eine gute Kooperation zwischen Ehrenamtlichen und Hauptamtlichen legen. Ehrenamtliche verstehen sich mehr als früher als gleichberechtigte Partner. Geklärt werden müssen deshalb auch ihre Kompetenzen zur Mitsprache und Mitentscheidung. Profile und Rollen im Horizont und Bewusstsein der jeweils anderen Gruppe müssen neu bestimmt werden. Die in Gemeinden und Verbänden oft noch vorhandene Skepsis gegenüber neuen Formen ehrenamtlicher Mitarbeit muss unbedingt abgebaut werden.[14]

f) Die oben angesprochen *Kultur der Wertschätzung* wird auch zu einem Klima beitragen, in dem aktiv für das Ehrenamt geworben werden kann. Nachdem viele traditionelle Milieus, aus denen sich ein Pool ehrenamtlichen Engagements in der Vergangenheit vielfach speiste, auseinanderbrechen und schwinden, müssen auf neuen Wegen Menschen angesprochen, begeistert und bleibend gewonnen werden. Denn neben der Bereitschaft zum Mitmachen müsste gleichzeitig der Wille zum Bleiben und zur bindenden Zusage gefördert werden. Hierbei muss auch über die Ausweitung und Differenzierung der Gratifikationsformen nachgedacht werden.

Ehrenamt: Seine Tiefendimension

Neben diesen Bedingungen für das Gelingen ehrenamtlicher Mitarbeit dürfen wir jedoch die geistliche Dimension dieses Engagements nicht vergessen. Der UN-Generalsekretär Kofi Annan hat, wie eingangs zitiert, darauf hingewiesen, dass ehrenamtliche Arbeit mit Mut, mit Glaube, mit Idealen zu tun hat. Es geht schließlich nicht nur um *effektive,* sondern auch um *sinnvolle* und *sinnvermittelnde*

---

13 Vgl. Landesstudie bürgerschaftliches Engagement 1997, a.a.O., 59 ff.
14 H. Puschmann, Caritas: Ehrenamt in einem profesisonellen Verband. Referat anläßlich der AG-PR-Frühjahrskonferenz am 25. März 1998 in Magdeburg (unveröffentl. Manuskript); vgl. auch: J. M. Gleich, Mitarbeiterstudie: Arbeitszufriedenheit und Zusammenarbeit mit Ehrenamtlichen. Umfrage des Instituts für Demoskopie Allensbach, in: caritas 97 (1996), 275–284.

ehrenamtliche Arbeit. Ich will deshalb einen solchen *geistlichen* Impuls zu geben versuchen, die Frage nach der Verbindung zwischen dem Glauben und Ehrenamt bedenken: Auf welcher Grundlage oder vor welchem Hintergrund verstehen wir *als Christen* ein ehrenamtliches Engagement? Wie verstehen wir und welchen Stellenwert hat ein nicht dem Lebensunterhalt dienendes, freiwilliges, soziales Engagement für andere im Lichte unseres christlichen Glaubens und der Botschaft des Evangeliums?

Der Dienst am Nächsten in Verkündigung und tätiger Hilfe, die Sorge und Zuwendung füreinander, der Dienst vor Gott in Gebet und Feier der Gemeinde – frei und nicht um des Geldes und des Lebensunterhaltes willen, sondern „um Gottes willen" – steht seit den Tagen der Urgemeinde[15] im Mittelpunkt christlicher Lebenspraxis. Der Mensch, der in Gemeinschaft lebt, ist auf die solidarische Hilfe anderer angewiesen und soll deshalb selbst für andere da sein und am gemeinsamen Wohl aller mitarbeiten – das ist eine der Grundnormen christlicher Sozialethik. Wir sehen uns dabei – vor allem im Blick auf das karitative Ehrenamt – von vielen Aussagen der Heiligen Schrift, vor allem von Weisung und Beispiel Jesu Christi in die Pflicht genommen. Neben dem – wie Christus unter Berufung auf das Alte Testament sagt – „wichtigsten Gebot" der Gottes- und Nächstenliebe[16] ist an die Werke der Barmherzigkeit[17] zu denken, an die Worte Jesu über das Dienen,[18] an die „Goldene Regel",[19] an Jesu Geste der Fußwaschung und seine Aufforderung, so zu handeln, wie er selbst gehandelt hat,[20] an Gleichnisse wie das vom barmherzigen Samariter,[21] aber auch an die Seligpreisungen[22] und an Jesu eigenen beständigen und selbstlosen Dienst an den Kranken und an den Menschen am Rand der Gesellschaft.

Jesus gibt jedoch nicht nur die Parole oder das Gebot aus, für den anderen da zu sein. Er ist auch nicht selbst nur ein sozialer Mensch, der für andere da ist. Jesus Christus *ist selbst* Zeichen und Wirklichkeit dessen, dass *Gott für uns da ist*. Das freiwillige und freigebige Dasein für die Menschen ist die zentrale Botschaft jenes Bundes, den Gott mit dem Volk Israel geschlossen hat und der sich in Jesu Leben und in der Hingabe seines Lebens „für uns Menschen und um unseres Heiles willen" vollendet hat. Dasein für andere – in welcher Form auch immer – ist deshalb im reinsten Sinne Nachfolge Christi und bleibende Vergegenwärtigung der „Güte und Menschenliebe Gottes".[23]

Das Dasein für andere in Freiheit und Liebe ist damit ein zentrales und unaufgebbares Grundelement des Glaubens an Jesus Christus und der praktischen Nachfolge. Von ihm her sind auch wir aufgefordert, unseren Reichtum – unseren

---

15 Vgl. Apg 2,44 ff.
16 Mt 22,34–40 par.; vgl. Lev 19,18; Dtn 15,7.
17 Mt 25, 34 ff.
18 Mk 9,35; Mk 2,23–28 par.; Lk 6,27–36; Mt 5,43–48; 6,1–4; 16,24–28.
19 Lk 6,31; Mt 7,12.
20 Joh 13,1–20; vgl. Mt 25,40.
21 Lk 10,25–37.
22 Mt 5,3–12.
23 Tit 3,4.

materiellen, aber auch unsere Talente und Fähigkeiten – nicht ängstlich und eifersüchtig zu vergraben und für uns zu behalten, sondern sie anderen zuzuwenden.

Besonders anschaulich wird diese Haltung im jesuanischen Gleichnis vom anvertrauten Geld (Mt 25,14-30) beschrieben. Dort geht es in der Sinnspitze eben darum, eigene Begabungen und Qualitäten nicht ängstlich für sich zu behalten, sie im Boden zu vergraben, damit sie nicht verloren gehen. Eine an diesem Gleichnis anschließende Charismenlehre bemüht sich, Talente als Geschenk zu verstehen, das als Gabe und Aufgabe zugleich anvertraut wurde, um sie im Dienst für andere einzusetzen und so fruchtbar zu machen. Noch ein zweiter Akzent fällt im Gleichnis auf: Am Ende heißt es, dass derjenige, der mit seinen Talenten gewuchert, der sie fruchtbar eingesetzt hat, noch einen zusätzlichen Zugewinn erhalten soll: ‚Denn wer hat, dem wird gegeben, und er wird im Überfluss haben.‘ (Mt 25,29a) Dem Einsatz eigener Talente und Gaben für den anderen, für die Gemeinschaft wohnt so noch eine weitere Dimension inne: Indem ich mich und meine Charismen nach Kräften einsetze, gewinne ich zugleich selbst vieles hinzu, geht mir Lebenssinn auf. Menschen, die bereit sind, sich selbst zu verschenken, finden sich verwandelt und bereichert neu. Der persönliche Einsatz ist so durchaus in beide Richtungen sinnvoll und sinnstiftend, für den Empfänger, aber auch für den Geber.

Ein Ehrenamt ist für Christen wesentlich nie nur das Erbringen einer Dienstleistung. Deshalb zählt dabei nach christlichem Verständnis nicht nur das Ergebnis oder die Leistung, die erbracht werden. Der Ehrenamtliche ist nicht nur einer, der seine Arbeitskraft und seine Fähigkeiten umsonst hergibt, der einen Job ohne Bezahlung macht. Ehrenamt als Engagement für andere bezieht den ganzen Menschen ein. Der ganze Mensch macht sich zum Geschenk, zu einem Geschenk an Zeit, an Mitteln, an Energie, an persönlicher Zuwendung.

Ehrenamt: Ein sinnvolles und sinnstiftendes Modell

Unsere Gesellschaft lebt davon, dass Menschen ihre Fähigkeiten, ihre Persönlichkeit, ihre Kreativität, ihren Glauben, ihre Hoffnung und ihre Zuwendung einbringen. Verantwortung für unseren Nächsten, für das Wohl und die Zukunft unserer Gesellschaft haben wir alle. Es gilt heute das freiwillige Engagement, das Dasein für andere, wie es dem Grundauftrag christlichen Glaubens entspricht, neu zur Geltung zu bringen.

Dann wäre die Revitalisierung des Ehrenamtes auch noch auf einer ganz anderen Ebene sinnvoll und sinnstiftend: Das wie auch immer motivierte, ob im christlichen oder dezidiert unchristlich-agnostischen Kontext angesiedelte Bürgerengagement – und in seinem Fahrwasser auch das Ehrenamt – wäre so etwas wie der Prototyp eines sich langsam abzeichnenden Gegenentwurfs einer humanen Gesellschaft im Angesicht einer auf Geld, Markt, Bürokratie, Expertentum, Arbeitsteilung und Konsum basierenden Moderne, die mehr und mehr unter das Diktat der marktorientierten Konkurrenzsituation geraten ist. So könnte ein erneut aufkeimendes, breites Bürgerengagement in einer kälter, egoistischer und individuell-erfolgsorientierter werdenden Gesellschaft ein tröstlicher und mutmachender Hinweis für die immer noch ausreichend vorhandenen Potentiale einer nicht zerstörbaren Solidarität sein.

Menschen, die sich freiwillig sozial engagieren wollen, müssen deshalb in unseren Gemeinden und Kommunen zur Mitarbeit ermuntert werden. Sie müssen offene Türen und Herzen finden. Sie verdienen hohe Achtung, Respekt und Dankbarkeit.

Richard Reschl und Walter Rogg

Innovative kommunale Wirtschaftspolitik

Einführung

Das Thema kommunale Wirtschaftsförderung, oder allgemeiner, kommunale Wirtschaftspolitik, hat Konjunktur. Ein Indikator sind die zahlreichen Veröffentlichungen zu diesem Politikfeld. Es sind in erster Linie die Wirtschaftswissenschaften, die zu diesem Boom beitragen. Nun könnte man argumentieren, dass auch diese Fachrichtung, sofern sie sich mit Problemen von Gemeinden auseinandersetzt, zum erweiterten Spektrum der Kommunalwissenschaften zu rechnen ist, und es damit bewenden lassen. So lapidar sollte man diesen Hinweis aber nicht abtun, und so weit sollte die interdisziplinäre Usurpation nicht gehen.

Gerade für die moderne Verwaltung ist auf allen Ebenen und für alle Bereiche, von der kommunalen Kernverwaltung – neues Steuerungsmodell und dezentrale Ressourcenverwaltung sind hier die Stichworte – bis hin zur Stadtentwicklung – Stadtmarketing und Citymanagement charakterisieren diese Diskussion –, eine starke (betriebs-)wirtschaftliche Ausrichtung festzustellen. Deren Fragestellung ist weniger demokratietheoretisch, vielmehr wird sehr pragmatisch das Problem der Effizienz in den Vordergrund gestellt.

Die ausgeprägte Zurückhaltung, fast könnte man von Abstinenz sprechen, der kommunalen Politikwissenschaft wirtschaftlichen Fragestellungen gegenüber ist aus zwei Gründen zu bedauern: Zum einen, weil dieses Politikfeld eine große Aktualität bei den Kommunen besitzt und die Politikwissenschaft damit in der Politikberatung nur unzureichend präsent ist und zum andern auch deshalb, weil wirtschaftliche Handlungsfelder bereits heute ein praktisches Tätigkeitsfeld für Absolventen der Politikwissenschaft sind und zukünftig als solches noch an Bedeutung gewinnen werden.

Die These der Abstinenz lässt sich beinahe ohne Abstriche auf das Themenfeld der Wirtschaftsförderung übertragen. Dabei gäbe es durchaus Fragestellungen, die auch für die kommunale Politikwissenschaft Forschungsrelevanz besitzen: Etwa, welche Ebenen am ehesten geeignet sind, die Aufgabe der Wirtschaftsförderung wahrzunehmen. Auch das Problem der Evaluierung der Aktivitäten kommunaler Wirtschaftsförderung ist bisher nicht wirklich systematisch angegangen und für die kommunale Praxis konkretisiert worden.[1] Diese Beispiele möglicher Forschungs-

---

1 Zur Problematik vgl. Seltsam, Christian: Kommunale Wirtschaftsförderung: Ziele, Instrumente, Erfolgskontrolle, Bayreuth 2001.

themen einer empirisch ausgerichteten kommunalen Politikwissenschaft ließen sich fortsetzen.

In diesem Beitrag werden wir die Rahmenbedingungen der Wirtschaftspolitik darstellen, Ziele beschreiben und vor allem Aufgabenfelder und Handlungsmöglichkeiten einer innovativen kommunalen Wirtschaftspolitik aufzeigen. Den Diskussionsstand darzustellen und die Relevanz für die kommunale Praxis aufzuzeigen, steht im Vordergrund.

Rahmenbedingungen kommunaler Wirtschaftspolitik

In der kommunalen Praxis und in der Politikberatung kann man den Eindruck gewinnen, dass Kommunalpolitikerinnen und Kommunalpolitiker vor allem an arbeitsplatzintensive und erfolgreiche Ansiedlungen denken, wenn sie sich mit dem Thema Wirtschaftsförderung beschäftigen – zum Beispiel die Entscheidung der BMW Group, ihr neues Werk mit einer Investitionssumme von einer Milliarde Euro und der Schaffung von 10.000 Arbeitsplätzen im Werk selbst und bei den Zulieferbetrieben im Südraum Leipzig anzusiedeln. Damit wird jedoch gegenüber der Wirtschaftsförderung ein völlig unrealistisches Szenario aufgebaut. Die Vermutung liegt nahe, dass die alleinige Konzentration auf die spektakuläre Neuakquisition von Betrieben eine innovative und nachhaltige Wirtschaftsförderung mehr behindert als befördert.

Betrachtet man die Etablierung der Wirtschaftsförderung in den Kommunen der Bundesrepublik in der zeitlichen Abfolge, lassen sich einzelne Phasen klar unterscheiden.

In den zwei Jahrzehnten zwischen 1950 und 1970 war die kommunale Wirtschaftsförderung zuvorderst an der Ansiedlung neuer Unternehmen ausgerichtet. Hohe Zahlen an Firmenneugründungen und Unternehmen, die Zweigniederlassungen etablierten und verlagerten, garantierten den Erfolg. Von den Kommunen mussten vor allem Gewerbeflächen bereitgestellt und die wirtschaftsnahe Infrastruktur ausgebaut werden.

Seit Mitte der 1970er Jahre hat sich jedoch das Potenzial mobiler Betriebe drastisch verringert. Hahne schätzt, dass dieses Potenzial, das noch Ende der 1960er Jahre 40.000 Arbeitsplätze umfasste, auf inzwischen lediglich 10.000 mobile Arbeitsplätze jährlich bundesweit geschrumpft ist. Umgerechnet bedeutet dies, dass es nur noch etwa 250 Unternehmen sind, die einigermaßen arbeitsplatzrelevant sind und einen neuen Standort suchen.

Dies bedeutet freilich nicht, dass lediglich diese vergleichsweise geringe Zahl an Arbeitsplätzen jährlich neu entstehen. Im Jahre 2001 sind in der Bundesrepublik saldiert vielmehr rund 300.000 Arbeitsplätze neu geschaffen worden; allerdings überwiegend in bestehenden kleineren und mittleren Unternehmen, durch Existenzgründer usw. Dies ist ein Beleg dafür, dass sich die Rahmenbedingungen für kommunale Wirtschaftsförderung deutlich verändert haben.

Diese Veränderungen betreffen den politischen, wirtschaftlichen und technologischen Bezugsrahmen. Die Stichworte, die diesen Wandel charakterisieren, sind neben der zunehmenden europäischen Integration auch die Globalisierung von

Produktion, Dienstleistungen und Märkten. Die Informationsverarbeitung und die Telekommunikation haben dabei einen hohen Stellenwert.

Kommunen und Unternehmen sehen sich konfrontiert mit dem Wandel zur Dienstleistungsgesellschaft, den Anforderungen know-how-intensiver Produktion und der Erhöhung des Qualifikationsniveaus der Beschäftigten. In vielen Regionen der Bundesrepublik, und keineswegs nur im Osten, gibt es nach wie vor eine hohe Arbeitslosigkeit, zugleich werden in manchen Branchen dringend Fachkräfte gesucht.

Unternehmen überdenken ihre Standortstrategien mit der Folge, dass nicht nur so genannte Global Player weltweit investieren, sondern auch bei mittelständischen Unternehmen „Standorttreue", die Bindung des Unternehmens an einen Ort, nicht mehr automatisch gegeben ist. Diese Aussage behält ihre Gültigkeit auch vor dem Hintergrund der Erfahrungen etlicher mittelständischer Unternehmen, die im Zusammenhang mit der Euphorie der Öffnung der osteuropäischen Länder mit ihrem deutlich niedrigeren Lohnniveau dort investiert haben und inzwischen wieder zurückgekehrt sind.

Nimmt man die geschilderten Veränderungen ernst, verbietet sich die Fortsetzung der Wirtschaftsförderung auf ausgetretenen Wegen. Deutlich wird vielmehr, dass sich die Anforderungen gewandelt haben und eine neue, strategische Ausrichtung dieses Politikfeldes notwendig ist.

Ziele und Aufgaben kommunaler Wirtschaftspolitik und -förderung

Kommunale Wirtschaftspolitik hat vor allem die Verbesserung der Lebensbedingungen der Bürgerinnen und Bürger auf kommunaler Ebene anzustreben und einen Beitrag zu Absicherung und Ausbau des Lebensstandards der Bevölkerung zu leisten. Konkretisiert man diese Leitsätze, ergeben sich daraus vor allem vier Zielsetzungen für kommunale Wirtschaftsförderung. Sie soll:

– die vorhandenen Arbeitsplätze sichern und – wenn möglich – neue schaffen
– die Finanzkraft der Kommunen stärken
– die ansässigen Unternehmen krisenfester machen
– den kommunalen bzw. regionalen Standort im Wettbewerb stärken.

Schon aus dieser Beschreibung ergibt sich, dass die einzelnen Kommunen diesen Aufgaben nur noch bedingt gewachsen sind, viel deutlicher als früher sind interkommunale Abstimmungen und regionale Kooperationen gefragt.

Die klassischen Aufgabenfelder kommunaler Wirtschaftsförderung sind zum einen die Akquisition mobiler Betriebe und zum anderen die Bestandspflege ansässiger Unternehmen. Die letztgenannte Aufgabe setzt sich wiederum aus den zwei Bereichen der Bestandssicherung und der Bestandserweiterung zusammen.

Die Neuakquisition von Unternehmen orientiert sich an den gängigen Aktivitäten, wie zum Beispiel der Bereitstellung von Gewerbeflächen, der Ansiedlungswerbung und dem Ausbau der wirtschaftsnahen Infrastruktur. Die Bestandspflege dagegen ist in der inzwischen geforderten Form ein neues Aufgabenfeld, in dem kommunikative Kompetenzen gefordert sind. Die Beratung, Betreuung und

Förderung von Existenzgründern ist dabei ein herausragendes Maßnahmenbündel.[2]

Neben diesen traditionellen Schwerpunkten werden von einer Vielzahl von Wirtschaftsfördereinrichtungen auf kommunaler Ebene vor allem Aufgaben im Zusammenhang mit Flächenmanagement, Stadtentwicklung/Stadtmarketing[3] und Tourismusförderung wahrgenommen. Arbeitsmarkt- und Beschäftigungsförderung sehen vor allem größere Städte als Betätigungsfeld an.[4]

Die Kommunen wachsen immer deutlicher in eine neue Rolle gegenüber den Wirtschaftsakteuren hinein und sie müssen auch neue Aufgaben wahrnehmen: Sie sollen ein innovatives Investitionsmilieu schaffen, lokale (Unternehmens-)Netzwerke fördern und bei der Gewerbeansiedlung Schwerpunkte durch sogenannte Branchen-Cluster setzen. Dahinter steht die einfache Erkenntnis, dass Unternehmen ein ihrer Branche adäquates Umfeld suchen.

Organisation kommunaler Wirtschaftsförderung

Betrachtet man die Organisation der kommunalen Wirtschaftsförderung, ist eine Differenzierung nach Größenklassen der Städte und Gemeinden sinnvoll. Eine Erhebung bei den 27 Mitgliedern der „Vereinigung der Wirtschaftsförderer süddeutscher Großstädte (VWSG)" aus dem Jahre 2001 hat erbracht, dass 30 Prozent (7) der kommunalen Wirtschaftsförderungseinrichtungen als Amt in der Verwaltung eingerichtet sind. Weitere 22 Prozent (6) sind als GmbH konzipiert. Je 15 Prozent (4) sind als Amt und GmbH, als Stab innerhalb eines Referats/Dezernats oder als Abteilung/Sachgebiet innerhalb eines Amtes organisiert. Als kommunaler Eigenbetrieb ist lediglich eine Einrichtung angelegt.

Interessant sind die Verbindungen von Amt und GmbH. Während in den Ämtern die Konzipierung der kommunalen Wirtschaftspolitik und die Serviceleistungen gebündelt werden, ist in den Gesellschaften überwiegend das Grundstücksgeschäft angesiedelt.

Wenden wir uns nun der Wirtschaftsförderung in kleineren Kommunen zu; auch hier ist eine Differenzierung nach Größenklassen angezeigt. Bei Gemeinden bis 10.000 Einwohnern – und zu dieser Gruppe gehören immerhin rund 80 Prozent der Gemeinden in Baden-Württemberg – ist die Wirtschaftsförderung überwiegend „Chefsache" und dem Bürgermeister unmittelbar zugeordnet. Diesen Befund bestätigt auch eine von der Wirtschaftsförderung Region Stuttgart GmbH durch-

---

2 Eine „Befragung der Wirtschaftsförderungen in den 30 größten Städten der Bundesrepublik", durchgeführt im Jahr 2001 von der TU Hamburg-Harburg (Dr. Jürgen Glaser, publiziert im Internet unter http://www.tu-harburg.de/stadtforschung/jg/WIFOE30.pdf), ergab, dass 87 Prozent der Befragten „Existenzgründungen" für ein Arbeitsfeld mit hohem Stellenwert halten.

3 Für 80 Prozent der Befragten der bundesweiten Großstadtstudie (Glaser 2001, vgl. FN 2) ist der Stellenwert dieses Arbeitsbereiches ebenfalls als hoch einzuschätzen.

4 Knapp 60 Prozent der Befragten in der Großstadt-Studie gaben diesen Arbeitsbereich als hochbewertet an.

geführte Umfrage bei den Kommunen der Region: auch dort liegt in fast 70 Prozent der Fälle die Wirtschaftsförderung in der Verantwortung der Bürgermeister.[5]

In den Kommunen zwischen 10.000 und 20.000 Einwohnern – diesem Segment gehören annähernd 14 Prozent der Gemeinden an – ist die Tendenz zu beobachten, Aufgaben der kommunalen Wirtschaftsförderung zu professionalisieren und nicht mehr allein durch den Bürgermeister quasi „mit erledigen" zu lassen. Diese Kommunen versuchen Stadtmarketing- und Citymanagement-Aktivitäten, Einzelhandels- und Tourismusinitiativen unter dem Logo der Wirtschaftsförderung zu etablieren. Diese Entwicklungen sind wichtig und richtig. Im Wettbewerb der Regionen wird es jedoch immer deutlicher darauf ankommen, dass eine konsequente und ganzheitliche Strategie der Wirtschaftsförderung alle Ebenen – von der Kommune bis zur Region und zur Landesebene – umfasst.

Kommunale Wirtschaftsförderung wird bisher in erster Linie als Aufgabe größerer Städte betrachtet. So ist zu erklären, dass der Gemeindetag Baden-Württemberg bisher kein Gremium eingerichtet hat, vergleichbar dem Arbeitskreis der Wirtschaftsförderer des Städtetages, in dem Probleme und Entwicklungen im Bereich der Wirtschaft anhand der Erfahrungen untereinander diskutiert werden könnten.

Über die Frage der Organisationsform – eigenes Amt oder GmbH – wird auch ideologisch diskutiert. Unserer Erfahrung nach sagt die Organisationsform alleine noch nichts über Nähe oder Ferne gegenüber kommunaler Politik aus. Für privatrechtliche Formen sprechen die höhere Flexibilität, zum Beispiel in der Vergütung der Beschäftigten. Für kommunale Ämterlösungen sprechen die Einbindung in die Verwaltung, zum Beispiel, wenn die Bereiche Wirtschaftsförderung und Liegenschaften getrennt sind. In jedem Fall ist anzustreben, dass überhaupt das Aufgabenfeld Wirtschaftsförderung systematisch bearbeitet wird und je die rechtliche Form gewählt wird, die maßgeschneidert das größtmögliche Maß an Flexibilität gewährleistet.

Professionalisierung der kommunalen Wirtschaftsförderung

Um den geschilderten Aufgaben gerecht zu werden, werden der kommunalen Wirtschaftsförderung neue Qualitäten abverlangt. Grabow und Henkel sehen die Kommunen in einer ganz neuen Rolle. Im Dialog mit Unternehmen und wirtschaftsorientierten Institutionen sollen sie Initiatoren für Aktivitäten, Unterstützer für Ideen und Projekte und Moderatoren bei auftretenden Problemen sein. Am griffigsten kann man diese neue Ausrichtung der Wirtschaftsförderung mit dem Begriffspaar Standortdialog und Standortentwicklung charakterisieren. Im Dialog mit den Wirtschaftspartnern ist der Standort zu sichern und hinsichtlich einer sinnvollen und stimmigen Unternehmensstruktur zu entwickeln. Der

---

5 70 Prozent entspricht hier 31 Kommunen. Die genannte Kurzumfrage zur kommunalen Wirtschaftsförderung wurde im Frühjahr 2002 durchgeführt; insgesamt betrug der Rücklauf mit 46 der 179 Gemeinden rund 25 Prozent, unter den Antwortenden waren die fünf Landkreise wie auch die verschiedenen Kommunengrößen ausgewogen vertreten.

Verwaltungsmodernisierung generell und der wirtschaftlichen Ausrichtung kommunaler Entscheidungen kommen bei dieser Ausrichtung ein hoher Stellenwert zu.

Diese neue Rolle der kommunalen Wirtschaftsförderung setzt auch spezifisches Wissen und Fähigkeiten voraus. Allerdings gibt es bisher keine Ausbildung zum „Kommunalen Wirtschaftsförderer". Die in diesem Bereich tätigen Wirtschaftsförderer kommen aus unterschiedlichen Professionen: aus den Wirtschaftswissenschaften, den Verwaltungsdisziplinen und den Sozialwissenschaften. Zu beobachten ist, dass den Wirtschaftswissenschaftlern häufig der Bezug zur kommunalen Praxis und auch das Verständnis gegenüber dem spezifischen Umfeld kommunaler Politik, den Verwaltern dagegen häufig die wirtschaftlichen Kompetenzen fehlen. Eingangs wurde schon darauf hingewiesen, dass natürlich dieses Aufgabenfeld auch für kommunal orientierte und interessierte Absolventen der Politikwissenschaft an Bedeutung gewinnen wird.

In Kenntnis dieser Ausgangslage entstand die Idee eines MBA-Studiengangs Kommunale Wirtschaftsförderung. Eine im September 2000 durchgeführte Umfrage bei den Mitgliedern des Städtetages Baden-Württemberg hat eine positive Resonanz erbracht. Alle 44 an der Umfrage beteiligten Kommunen unterstützten den Ansatz zur Professionalisierung und schätzten die Bedeutung eines solchen Studiengangs für die kommunale Wirtschaftsförderung hoch ein.

Neue Herausforderungen

Aufgabenfelder und Handlungsmöglichkeiten für die kommunale Wirtschaftsförderung ergeben sich vor allem in sechs Bereichen, auf die nun eingegangen wird. Beispiele aus der Praxis illustrieren die Aussagen.

EU- Orientierung

Städte und Gemeinden müssen sich der Herausforderung der zunehmenden europäischen Integration stellen. 40 Prozent der bundesdeutschen Gesetzgebung werden durch die Europäische Union bereits heute geprägt. Noch gravierender ist, dass 80 Prozent der europäischen Regelungen auch die Kommunen betreffen. Das europäische Wettbewerbsrecht hat Konsequenzen auch für die kommunale Wirtschaftsförderung. Zum Beispiel ist eine Unterstützung notleidender Unternehmen aus dem kommunalen Haushalt – in welchen Bereichen auch immer – nicht mehr ohne weiteres möglich. Für die Handlungsfelder des kommunalen Nahverkehrs bis hin zu städtischen Altenheimen und Kliniken sind Veränderungen bereits wirksam bzw. zu erwarten.

Die Europäische Union spielt auch bei der finanziellen Förderung eine gewichtige Rolle. Nur wenn Regionen und Kommunen auf der EU-Ebene präsent sind, erschließen sie sich Fördertöpfe. Es ist deshalb konsequent, dass der Verband Region Stuttgart ein eigenes Verbindungsbüro, parallel zum Kontaktbüro des Landes Baden-Württemberg, in Brüssel eröffnet hat. „Kommunale Außenpolitik" als kommunale Lobbyarbeit bei der Europäischen Union gewinnt an Bedeutung. Die 179 Städte und Gemeinden und die fünf Landkreise der Region Stuttgart, ganz gleich ob groß oder klein, wären je einzeln damit überfordert. Die regionale Ebene erhält hier wichtige neue Funktionen und Aufgaben.

Regionalisierung und interkommunale Kooperation
Die Ausrichtung an Europa hat eine Regionalisierung zur Folge. Durch die europäische Integration und die Öffnung der osteuropäischen Länder hat sich die Zahl der Standortalternativen für die Unternehmen vervielfacht. Um die begrenzte Zahl von Neuansiedlungen bewerben sich immer mehr Kommunen und Regionen. Vor allem der Standortplanung von großen Unternehmen, die europaweit suchen, steht häufig ein Denken kommunaler Politik gegenüber, das sich vor allem an der eigenen Markung orientiert. Die recht geringen Zahlen an interkommunalen Gewerbegebieten und regionalen Gewerbepools belegen dies. Gerade kleineren Kommunen fällt offensichtlich die interkommunale Kooperation besonders schwer. „Kommunale Urängste" – der Verlust an kommunaler Autonomie und der scheinbar schwierige Weg der interkommunalen Abstimmung – kommen dabei zum Ausdruck. Positive Erfahrungen der interkommunalen Zusammenarbeit werden bisher zu wenig beachtet.[6]

Gerade am Beispiel der Wirtschaftsförderung im Bereich des Verbandes Region Stuttgart kann belegt werden, dass durch regionale Aktivitäten die Wirtschaftsförderung der einzelnen Kommunen eine neue und zusätzliche Qualität erhält. Um ein Beispiel zu nennen: Das Standortkommunikationssystem SKS, in dem die Gewerbeflächenofferten der Mitgliedskommunen gespeichert sind, ermöglichen den direkten Zugriff ansiedlungswilliger Unternehmen auf den regionalen Pool. Die Erfahrung zeigt, dass sich Investoren zunächst am Makrostandort der Region bzw. des Großraums orientieren, bevor sie die einzelnen kommunalen Angebote auf der Mikroebene prüfen.[7]

Hervorzuheben ist, dass das Bewusstsein gegenüber interkommunalen Abstimmungen und regionalen Ausrichtungen der Wirtschaftsförderung steigt. Hoffnungsvolle Ansätze sind hier die Ausweisung von interkommunalen und regional bedeutsamen Gewerbegebieten im Rahmen der Regionalplanung durch den Verband Region Stuttgart. Weitere Beispiele sind die interkommunale Kooperation der Städte Ulm und Neu-Ulm und die erst jüngst verabredete Kooperation der oberschwäbischen Städte Ravensburg und Weingarten mit der Bodensee-Stadt Friedrichshafen. Auch die Zusammenarbeit der Region Stuttgart mit dem gemeinsamen Oberzentrum Reutlingen-Tübingen und der Region Neckar-Alb im Bereich Biotechnologie weist in diese Richtung. In der Summe sind dies positive Ansätze strategischer Allianzen, keineswegs nur von großen Städten, vielmehr von Mittel- und kleinen Großstädten.[8]

---

6 So haben in der in FN 5 eingeführten Studie über ein Drittel der Befragten eine weitere „Förderung regionalen Denkens" bei der regionalen Wirtschaftsförderungsgesellschaft eingefordert.

7 Rund 80 Prozent der Kommunen der Region Stuttgart sind derzeit (Stand Mai 2002) an das SKS angeschlossen.

8 Vgl. dazu: Katz, Alfred, Regionale und interkommunale Zusammenarbeit: das Beispiel Ulm/ Neu-Ulm, in: Deutsche Zeitschrift für Kommunalwissenschaften, 40. Jahrgang, Heft II/ 2002.

Nach wie vor ist aber für den kommunalen Bereich eine deutliche Diskrepanz auszumachen zwischen interkommunal argumentierender Rhetorik und dem tatsächlichen Stellenwert der Kooperation. Dabei ist der Gedanke der Kooperation vielschichtig. Er umfasst interne Abstimmungen zwischen den kommunalen Ämtern ebenso wie die Zusammenarbeit mit Wirtschaftsverbänden, Gewerkschaften und Unternehmen. Auch hier sind strategisches Denken und kommunikative Kompetenzen als neue Qualifikationen der Wirtschaftspolitik gefordert.

Standortwerbung
Unternehmen treffen ihre Standortentscheidungen nicht nur nach objektiven Kriterien, die mit quantitativ bewertbaren Gegebenheiten ihres Betriebs zusammenhängen, sondern auch in Bewertung „weicher Standortfaktoren" und in Abwägung eines „Images" eines Standortes, die ihre Firma und die Lebensbezüge der Beschäftigten betreffen. Bedeutsam ist auch bei dieser Frage der regionale Bezug. Die Bodensee-Region hat zum Beispiel mit dem Slogan „Arbeiten, wo andere Urlaub machen" durchaus erfolgreich um Investoren und Arbeitskräfte geworben.

Dies zeigt sehr deutlich, dass der Begriff „Standortgunst" sehr vielschichtig und nur bedingt im Sinne einer „Checkliste" abzuarbeiten ist. Vielmehr sind damit auch kulturelle Eigenarten und Ressourcen gemeint, die das subjektiv wahrgenommene Bild einer Region prägen. Originelle und praktikable Wirtschaftsförderungskonzepte nehmen gerade solche Gedanken auf und verarbeiten sie. Aber auch hier ist die Anbindung an die Region sinnvoll. Viele, gerade kleinere Kommunen sehen Standortentwicklung, -pflege und -marketing zwar als anzustrebenden Bestandteil der Wirtschaftsförderung an,[9] können in diesem Bereich aufgrund geringer Personalkapazitäten aber selbst nicht tätig werden bzw. sehen dieses Spezialgebiet wesentlich wirkungsvoller in einer regional übergreifenden Gesellschaft angesiedelt.[10] Dass der Wirtschaftsraum der Region Stuttgart einen hervorragenden Ruf – vor allem auch bei Unternehmen innerhalb und außerhalb der Region und potenziellen Investoren – genießt, hat erst jüngst eine Umfrage des Instituts für Demoskopie Allensbach bestätigt. Und von diesem Image profitieren alle Kommunen in der Region.

Nachhaltige Wirtschaftsentwicklung
Spätestens seit dem Bericht der UN-Kommission für Umwelt und Entwicklung (Brundtland-Bericht) von 1987 hat sich der Begriff der „nachhaltigen Entwicklung" als Leitbegriff auch für den Bereich der kommunalen Wirtschaftsentwicklung etabliert. Im Jahre 1992 fand in Rio de Janeiro die Konferenz der Vereinten Nationen für Umwelt und Entwicklung statt, bei der die sogenannte Agenda 21 als Aktionsprogramm für das 21. Jahrhundert verabschiedet wurde. Im Kapitel 28 der Agenda wird von den Kommunen weltweit gefordert, in einem Konsultationsprozess mit ihren Bürgerinnen und Bürgern, Unternehmen, Institutionen und

---

9 In der WRS-Befragung fast 40 Prozent.
10 Mehr als ein Drittel der gesamten Befragten wünscht sich diesen Arbeitskomplex als Aufgabe des regionalen Wirtschaftsförderers; mehr als die Hälfte der Kommunen, die Standortentwicklung und -marketing für wesentlich halten, suchen diese Unterstützung.

Verbänden eine „Kommunale Agenda 21" zu erarbeiten. Die Wirtschaft ist also ausdrücklich als Akteur benannt.

Nach mehreren Jahren Agenda-Praxis ist auf der einen Seite zu konzedieren, dass schon einiges erreicht wurde. Immerhin haben in Baden-Württemberg etwa ein Viertel aller Kommunen sich auf den Weg gemacht, eine Lokale Agenda 21 zu erstellen. Auf der anderen Seite ist aber auch festzuhalten, dass vor allem Vertretern der Wirtschaft der Zugang zu den örtlichen Initiativen weitgehend fehlt. Dafür gibt es vielfältige Ursachen. Ein Grund liegt sicherlich auch darin, dass man von Seiten der Wirtschaft die eigene Werteorientierung auf andere Weise durchzusetzen weiß. Das Austragen von Konflikten findet – zumindest auf dieser Ebene – nur bedingt statt.

Sowohl für Kommunen als auch für Unternehmen gibt es vielfältige Ansatzpunkte, ihr Handeln ökologisch(er) auszurichten. Für Städte und Gemeinden reicht dies von einem eher regional ausgerichteten Beschaffungswesen bis hin zur Stadtentwicklung, der Neuausrichtung der Flächenpolitik und ökologischen Gewerbeparks. Aber auch im Bereich der Unternehmen gibt es Potenziale, die noch keineswegs erschlossen sind. Das unternehmensbezogene Öko-Audit und die Vergabe von Labels sind Handlungsansätze, die es weiter zu verfolgen gilt.

Technologieorientierung

Es wurde bereits ausgeführt, dass sich Wirtschaftsförderung früher vor allem auf die Bereitstellung von Gewerbeflächen konzentriert hat. Natürlich bedarf es auch heute ausreichender Gewerbeflächen und nach wie vor hat eine vorausschauende Bodenvorratspolitik ihre Bedeutung. Die Verfügbarkeit von Flächen ist die Basisressource bei der Akquisition von Unternehmen.

An Bedeutung gewinnt darüber hinaus aber auch das lokale und regionale Standortumfeld. Die enge Verzahnung von Unternehmen ist ein wesentlicher Erfolgsfaktor für die Bildung von Kompetenz-Clustern. Kurze Wege, informell organisierte Wissens- und Kommunikationsstrukturen, Flexibilität, die Fähigkeit zu Know-how-Transfer sowie die Integration des vorhandenen Wissens gewinnen gerade auch in der mittelständischen Wirtschaft an Bedeutung. Dabei ist die externe Beschaffung solcher Fähigkeiten vor allem für kleinere und mittlere Unternehmen oftmals aufwendig und schwierig. Netzwerke können hier eine Lücke schließen und Innovationen fördern. Der Aufbau von Netzwerken bedeutet also einen realen Standortvorteil.

Zukünftig muss die kommunale Wirtschaftsförderung wohl auch enger mit potenziellen Investoren zusammenarbeiten und auf die Bedürfnisse der Unternehmen noch effektiver eingehen. Der Diversifizierung der Nachfrage muss ein differenziertes Angebot entsprechen. Themen- und Branchenparks, in denen Unternehmen „Fühlungsvorteile" erkennen, sind hierfür die Stichworte. Der Erfolg des STEP-Projektes in Stuttgart bestätigt diesen Weg. Konsequent versucht die Landeshauptstadt, auch bestehenden Gewerbegebieten, zum Beispiel dem Gewerbe- und Industriegebiet Vaihingen-Möhringen, ein neues Image zu geben und es zu einer herausragenden Adresse umzuwandeln. Solche Ansätze der Neuorientierung sind weder in kleineren Kommunen noch in größeren Städten einfach zu realisieren. Oftmals kollidieren sie mit Vorstellungen aus dem Gemeinderat, ein Gewerbegebiet rasch zu entwickeln und aufzusiedeln. Doch Technologieorientierung benötigt neben Zeit vor allem auch personelle und organisatorische Ressourcen. Man kann den Eindruck gewinnen, dass diesen Anforderungen bisher zu wenig Beachtung zukommt.

Dass der Weg der Technologieorientierung nicht nur auf große Städte beschränkt sein muss, belegt das Beispiel der Etablierung sogenannter Kompetenz- und Innovationszentren in der Region Stuttgart. Von den 18 Zentren sind drei – Denkendorf, Marbach und Welzheim – in kleineren Kommunen angesiedelt, elf weitere in Mittelstädten der Region. Unternehmen und Dienstleister werden in Zukunft noch sehr viel mehr auf betriebliche Kooperation und Zusammenarbeit mit Hochschulen und Forschungseinrichtungen angewiesen sein, um konkurrenzfähig zu bleiben. Durch eine Anschubfinanzierung wird der Aufbau der Zentren gefördert. Keine Region in Deutschland hat eine vergleichbare Technologieorientierung schaffen können. Dabei sind die Kompetenzzentren aus einem Wettbewerb hervorgegangen, der sich bewusst an die Kommunen gerichtet und deren neue Rolle im Bereich der Wirtschaftsförderung gestärkt hat.

Flexibilisierung der Wirtschaftsförderung

Obwohl seit Jahren über die Wirtschaftsförderung aus einer Hand diskutiert wird – „one-stop-agencies" als selbstverständlich akzeptiert werden – sind sie keineswegs auch überall realisiert. Hier haben kleine Gemeinden sogar einen Vorteil: Der Bürgermeister ist Ansprechperson und kann entsprechende Probleme zügig einer Entscheidung zuführen.

Generell klafft allerdings auch in diesem Bereich eine Lücke zwischen Rhetorik und Praxis. Dies ist umso misslicher, als von allen Beteiligten die Intensivierung der Beratung, die raschere Realisierung von Bebauungsplanverfahren und die Erweiterung des wirtschaftsbezogenen Dienstleistungsangebots eingefordert werden. Die Bestandspflege der Unternehmensstruktur, der sogenannten endogenen Potenziale, ist die eigentliche Ressource kommunaler Wirtschaftsförderung. Die Bestandserweiterung – und damit auch die Akquisition neuer Unternehmen – hat dabei durchaus auch einen hohen Stellenwert. Allerdings sollte deren Wirksamkeit auch nicht überschätzt werden. Eine Fokussierung darauf sollte zumindest vermieden werden. Für die weitere Entwicklung ist, alles in allem betrachtet, vor allem die Pflege der endogenen Potenziale und die Ergänzung der Unternehmensstruktur von entscheidender Bedeutung. Wenn dies in enger Arbeitsteilung und Kooperation zwischen Kommunen und regionaler Ebene erfolgt, bei der die regionale Ebene auch weitere Serviceleistungen für die Kommunen übernimmt, hat wirtschaftliche Prosperität eine solide Grundlage.

Ausblick

Was ist die Essenz aus den Ausführungen der vorangegangenen Kapitel? Eigentlich eine ganz einfache und nachvollziehbare: Die Kommunen sollten sich auch im

Bereich der kommunalen Wirtschaftspolitik auf ihre Ressourcen beziehen, ihre Stärken herausarbeiten und einen konzeptionellen Ansatz verfolgen.

Nicht der Weg, den alle Kommunen gehen, ist unbedingt richtig, sondern eine wirtschaftliche Perspektive zu erarbeiten, die wirklich passt, ist gefragt. Es genügt nicht, Gewerbeflächen zur Verfügung zu stellen; für die zukünftige Entwicklung der Kommunen ist es notwendig, sich rechtzeitig aufzustellen, um in dem stetig wachsenden Wettbewerb um Innovationen und Marktanteile erfolgreich bestehen zu können. Die Stärkung und Förderung von Forschung und Entwicklung ist wie für jedes Unternehmen auch für Kommunen und Wirtschaftsregionen von strategischer Bedeutung; ebenso die Initiierung und Förderung branchenorientierter Netzwerke.

Moderne kommunale Wirtschaftsförderung kann sich heute nicht darauf beschränken, den Status Quo zu verkaufen, sondern muss die vorhandenen Potenziale am Ort konsequent und systematisch entwickeln helfen. Es müssen die Stärken und Schwächen der einzelnen Kommune analysiert und organisatorische Voraussetzungen geschaffen werden, um im Feld kommunaler Wirtschaftspolitik zu reüssieren. Dass dazu die kommunale Politikwissenschaft einen sinnvollen Beitrag leisten kann, steht für uns außer Frage.

Literaturangaben

Dieckmann/König (Hrsg.), Kommunale Wirtschaftsförderung. Handbuch für Standortsicherung und -entwicklung in Stadt, Gemeinde und Kreis, Köln 1994.

Grabow/Henckel, Kommunale Wirtschaftspolitik, in: Roth/Wollmann (Hrsg.), Kommunalpolitik. Politisches Handeln in Gemeinden, Opladen 1994.

Hermann/Proschek/Reschl, Lokale Agenda 21. Anstöße zur Zukunftsfähigkeit, Stuttgart 2000.

Hesse (Hrsg.), Kommunalwissenschaften in der Bundesrepublik Deutschland, Baden-Baden 1989.

Hollbach-Grömig, Ökologisch orientierte Wirtschaftspolitik – ein neues kommunales Handlungsfeld, Berlin 1999.

Icks/Richter, Innovative kommunale Wirtschaftsförderung. Wege – Beispiele – Möglichkeiten, Wiesbaden 1999.

Kistenmacher/Geyer/Hartmann, Regionalisierung in der kommunalen Wirtschaftsförderung, Köln 1994.

Kleinfeld, Kommunalpolitik. Eine problemorientierte Einführung, Opladen 1996.

Mäding (Hrsg.), Zwischen Überforderung und Selbstbehauptung – Städte unter dem Primat der Ökonomie, Berlin 1999.

Seltsam, Kommunale Wirtschaftsförderung: Ziele, Instrumente, Erfolgskontrolle, Bayreuth 2001.

Wehling, Überlokale Zusammenarbeit, in: Landeszentrale für politische Bildung Baden-Württemberg (Hrsg.), Der Bürger im Staat, Heft 4/1998.

Stefan Holl

Stadtmarketing und Lokale Agenda als neue Formen der Bürgerbeteiligung bei der Stadtentwicklung? Konzepte, Fallbeispiele und Erfolgsfaktoren im Überblick

Bei einer Befragung der 200 größten Kommunen in Baden-Württemberg gaben bereits 1990 mehr als die Hälfte an, sich mit der Vorbereitung bzw. Erarbeitung von Stadtmarketingkonzepten zu beschäftigen,[1] mehr als 300 Kommunen in Baden-Württemberg hatten 2001 ein Lokale Agenda-Projekt in Bearbeitung.

Eine Anzeige in der Stuttgarter Zeitung vom 30. 3. 2002, mit der die Theodor-Heuss-Stadt Brackenheim „zum frühest möglichen Zeitpunkt eine/n Beauftragte/n für die Aufgabengebiete Lokale Agenda – Stadtmarketing – bürgerschaftliches Engagement" sucht, verdeutlicht, dass auf kommunaler Ebene die Übergänge zwischen Stadtmarketing und Lokaler Agenda als fließend angesehen werden und beide Instrumente offensichtlich mit Erfolg für die Bürgerbeteiligung eingesetzt werden können.

Gründe genug, im vorliegenden Beitrag nach den Ausgangsvoraussetzungen für diese beiden Formen der Zusammenarbeit zwischen Bürgern, Wirtschaftsakteuren und den Kommunen zu fragen, Begriffe und Ansätze näher einzugrenzen sowie anhand von Fallbeispielen das Vorgehen einzelner Kommunen bei der Bürgerbeteiligung zu verdeutlichen. Abschließend werden Erfolgsfaktoren für neue Formen der Bürgerbeteiligung bei der Stadtentwicklungsplanung formuliert, die unter bestimmten Voraussetzungen auch bei anderen Formen der Bürgerbeteiligung Gültigkeit haben.

1. *Ausgangsvoraussetzungen oder: Bürgerengagement tut Not*

Dem zunehmenden Interesse von Kommunen, Vereinen und Verbänden sowie der Stadtplaner an einer Intensivierung der Bürgerbeteiligung auf kommunaler Ebene steht ein Rückzug breiter Bevölkerungsschichten aus dem öffentlichen Leben sowie von politischen Entscheidungen auf Europa-, Bundes-, Länder- und kommunaler Ebene im weiteren Sinne gegenüber. Wesentliche Gründe hierfür sind schnell benannt:

– Die Einschätzung, angesichts zunehmender weltwirtschaftlicher Verflechtungen von globalen, unbeeinflussbaren Entwicklungen abhängig zu sein und bei poli-

---

1 Barbara Diederich, Stadtmarketing in Baden-Württemberg, Ergebnisse einer empirischen Untersuchung, Diplomarbeit an der FH Pforzheim 1990, nicht veröffentlicht.

tischen Entscheidungsprozessen auf europäischer, nationaler, regionaler und lokaler Ebene als Bürger weitgehend „machtlos zu sein".

- Mit der Einordnung von Politik als „schmutziges Geschäft" – durch die Spendenskandale der vergangenen Jahre noch zusätzlich belastet – geht ein Imagetransfer auf politische Handlungsträger einher. Waren früher Gemeinderäte auch kleinerer Gemeinden noch Honoratioren, so wird heute der Begriff Politiker zunehmend auch als Schimpfwort benutzt.
- Die „Machtlosigkeit" vieler Kommunalpolitiker angesichts eines deutlichen Informationsvorsprungs der Verwaltung hat dazu geführt, dass die Kommunalpolitik für lokale Eliten an Anziehungskraft verloren hat.
- Angesichts der Ebbe in vielen kommunalen Haushalten sind die Möglichkeiten, auf lokaler Ebene gestalten zu können, zunehmend begrenzt.
- Die Alimentation von Mandatsträgern in Deutschland ist nach wie vor wenig attraktiv, gleichwohl fordern breite Teile der Bevölkerung fähigere und engagiertere Politiker.
- Die zunehmende Atomisierung unserer Gesellschaft, der Rückzug ins Private und auf überschaubare private Lebenszusammenhänge, pointiert formuliert: Eigennutz kommt vor Gemeinwohl!
- Einzelinteressen werden heute vielfach durch Interessensgruppierungen, z. T. auch mit anwaltlicher Begleitung wahrgenommen; ein kontinuierliches politisches Engagement wird nicht mehr als Notwendigkeit gesehen, weil die notwendigen Entscheidungen auch auf anderem Wege von der Verwaltung eingefordert/eingeklagt werden können.

Dem steht ein breites Interesse von Kommunen an Bürgerbeteiligung gegenüber, das nicht allein aus einer veränderten Staatsauffassung – weg vom hoheitlich ordnenden hin zum aktivierenden Staat – begründet werden kann, sondern auch eine Reihe von anderen Ursachen hat:

- Nicht alle lokalen Interessengruppen sind über Abgeordnete in den Stadtparlamenten vertreten.
- Mit abnehmendem Interesse an lokalen Entscheidungen und an Kommunalwahlen suchen die Gemeinden Möglichkeiten, den Bürger abseits gesetzlich begründeter hoheitlicher Verfahren an der kommunalen Entwicklung zu beteiligen.
- Mit der zunehmenden Mittelknappheit in den Kommunalhaushalten wächst die Notwendigkeit, Private auch für die Finanzierung und Durchführung von Projekten zu gewinnen. Für derartige Vorhaben steht heute vielfach der Begriff der Private-Public-Partnership.
- Für eine Reihe von Gemeinschaftsprojekten sind Ziele und Aufgaben nur im Zusammenspiel von Kommune und Bürger-/Interessensgruppen zu benennen und umzusetzen.

Der zunehmende Wunsch nach Bürgerbeteiligung ist auch Folge einer veränderten Planungskultur: während in den Jahren des Wiederaufbaus nach dem Krieg eher generalistische Planungen verfolgt wurden, die Ende der 60er-, Anfang der 70er Jahre zunehmend verfeinert, ab den 80er Jahren weitgehend durch Fachplanungen abgelöst werden, stellen übergreifende Betrachtungsansätze der Stadt eine

Chance zur Wiederentdeckung der Stadt als Ganzes dar. Es ist sicher kein Zufall, dass ab Ende der 80er Jahre in Deutschland Bürgernähe/Bürgerbeteiligung an der Stadtentwicklungsplanung zunehmend mit dem Stichwort Stadtmarketing verbunden wird und Ende der 90er Jahre dann Lokale Agenda-Prozesse den Aspekt der Bürgerbeteiligung, wenn auch unter anderen Vorzeichen, nochmals aufnehmen.[2] Seit Anfang der 90er Jahre dient Bürgerbeteiligung nicht nur der Durchsetzung gestiegener Bürger- und Demokratieansprüche, sondern ist auch ein die Kommunalplanung erweiterndes Element, das die Potenziale der Stadtakteure zusammenführt zur Ausgestaltung der kommunalen Entwicklungsplanung.

Übersicht 1:   Gliederungsschema von Public-Private-Partnership-Formen

Art der Zusammenarbeit	Institutionalisierung		
Zunahme der Intensität der Zusammenarbeit	keine	ohne rechtliche Bindung	mit rechtlicher Bindung
Informationsaustausch	Gesprächs- runden	Arbeitskreis Stadtmarketing	–
Planung	–	Stadtmarketing- konzept, Anhö- rungen	Stadtmarketing GmbH, City- Management, öffentlich- rechtliche Verträge
Bauliche Maßnahmen	–	–	Investitionen

2. Formen der Bürgerbeteiligung

Bürgerbegehren nicht nur zur Kenntnis zu nehmen, sondern Bürger mit planen zu lassen, gehört zwischenzeitlich zum gängigen Repertoire vieler Planer. Angesichts der vielfältigen möglichen Formen der Bürgerbeteiligung erscheint es sinnvoll, diese nochmals zu gliedern in:

– Formelle Verfahren mit gesetzlicher Grundlage, wie z. B. gesetzliche Anhörungen, Hearings zur Meinungsbildung im Vorfeld legaler Verfahren, Offenlegung von Bauleitplänen (Bebauungspläne/Flächennutzungspläne), Bürgerbegehren, Bürgerantrag, Bürgerentscheid.
– Informelle Verfahren, so etwa Bürgerversammlungen, runde Tische in Verbindung mit öffentlichen Planungsträgern, Behörden, Antragstellern, Projektbörsen, Messen, Open-Space-Konferenzen zur Meinungsfindung bei Projekten und Planverfahren, Bürgerkonferenzen, Arbeitskreise/Kamingespräche, Stadtteilgespräche, Expertentreffen.

---

2 Aber auch im Rahmen der Diskussion um eine Reform der Verwaltungsstruktur und ihre Umsetzung, die ebenfalls Mitte der 80er Jahre begann, steht die effektivere Organisation des Behördenapparates zunächst im Vordergrund, bevor dann auch der „Bürger als Kunde der Verwaltung" entdeckt wurde.

– Planungsorientierte Verfahren wie Zukunftswerkstätten, Ideenwerkstätten, Planungswochenenden/Planungszellen, Stadtforen und Arbeitskreise im Stadtmarketing, Fachforen, Agenda 21, Bürgerversammlungen, Bürgergutachten.

Der Vollständigkeit halber sei darauf hingewiesen, dass die Bürgerbeteiligung auch nach der Form der Kommunikation unterschieden werden kann:
– Arbeitskreise, Meinungsaustausch an Runden Tischen u. a.m. (face to face)
– schriftliche Befragungen oder sonstige technikgestützte Foren (paper to pencil)
– Internetangebote (chats).

Der vorliegende Beitrag konzentriert sich auf die Einbindung von Privaten und Bürgern im Rahmen von Stadtmarketing- und Lokale-Agenda-Prozessen.

3. Stadtmarketing und Lokale Agenda: Gemeinsames und Trennendes

3.1 Stadtmarketing

3.1.1 Die Entwicklung des Stadtmarketing-Begriffs
Bereits Ende der 70er Jahre wird in Westdeutschland – wenn auch unter veränderten Vorzeichen – der aus dem Konsumgütersektor stammende Marketinggedanke, einerseits Produkte an den Anforderungen des Kunden auszurichten, andererseits mögliche Kunden auf das ausgeprägte Leistungsprofil der Produktpalette hinzuweisen,[3] zunehmend auch in der kommunalwissenschaftlichen Literatur verwandt: „Der Bürger als Kunde der Verwaltung" – zunächst stand kommunales Marketing vorrangig für einen kundenfreundlicheren optimierten Umgang mit dem Bürger.[4] Ende der 80er Jahre beginnen dann Städte wie Frankenthal (1987), Schweinfurt oder auch Wuppertal (1988) und die bayerischen Kleinstädte Schwandorf, Kronach und Mindelheim, i.d.R. aufbauend auf sog. Standortanalysen, mit der Durchführung und Umsetzung von Stadtmarketingprojekten. Auch im 1989 eröffneten Forschungsfeld „Konzepte zur Innenstadtentwicklung" werden zwei Projekte ausgeschrieben, in denen Citymarketing am Beispiel Velbert als neues Instrument der Stadtentwicklung und Citymanagement am Beispiel Solingen als neues umsetzungsorientiertes Projekt untersucht werden.[5]

Legt man den unternehmerischen Marketingbegriff zugrunde, so umfasst Stadtmarketing die Analyse, Planung und Kontrolle von Programmen, deren

---

3 Vgl. hierzu etwa: Roman Antonoff: Wie man eine Stadt verkauft, Düsseldorf 1971.
4 Inwieweit die Reduzierung des Bürgers und weitgehender Bürgerrechte auf einen Kunden nicht auch eine Gefahr birgt, weitgehende Partizipationsansprüche auf ein reines „Reklamieren" zu reduzieren, soll an dieser Stelle nicht weiter thematisiert werden.
5 Der Verfasser hatte bis Ende 1995 die wissenschaftliche Projektbegleitung für diesen Forschungsauftrag, zur Problemstellung und Einordnung des Themas siehe auch I. Helbrecht: Stadtmarketing – Konturen einer kommunikativen Stadtentwicklungspolitik, Basel–Boston–Berlin 1994.

Zweck es ist, erwünschte Austauschvorgänge mit ausgewählten Märkten bzw. Zielgruppen zu bewirken. I.d.R. wird unterschieden zwischen

1. Marketing als Denkhaltung oder Marketingphilosophie, d. h. Wünsche und Bedürfnisse der Zielmärkte stehen am Ausgangspunkt der Überlegungen.
2. Marketing als konkrete Aufgabe, d. h. den Einsatz des Marketinginstrumentariums sowie geeigneter Organisationsstrukturen.

Die Befürworter von Stadtmarketing führen als wesentliche Gründe für die Notwendigkeit von Stadtmarketing an:

- Die Intensivierung des Konkurrenzkampfes der Städte untereinander.
- Die daraus bedingten Anforderungen an eine Neuausrichtung der Wirtschaftsförderung, die mit den klassischen Instrumenten der öffentlichen Verwaltung allein kaum zu bewältigen ist.
- Massive wirtschaftliche Probleme des Einzelhandelsstandorts Innenstadt, die unter den Stichworten „Filialisierung", „Banalisierung der Angebote" und scharfer Wettbewerb zwischen Innenstadt und Grüner Wiese an Bedeutung gewinnen.
- Die prekäre Haushaltslage zwingt die Kommunen zur Haushaltsdisziplin, die durch Management, Marketing und klare Prioritätensetzung verbesserungsfähig erscheint.
- Der Bedeutungsverlust der industriellen Produktion und „harter Standortfaktoren" und der daraus resultierende Bedeutungsgewinn weicher Standortfaktoren und des Dienstleistungssektors.
- High-Potentials stellen hohe Anforderungen an das städtische Umfeld. Umweltbedingungen, Freizeit und Lebensqualität werden zu wichtigen Kriterien für die Auswahl des Arbeits- und Wohnstandortes und rücken die Multifunktionalität der Städte als Wohn-, Arbeits-, Erholungs- und Versorgungsstandort in den Blickpunkt. Anstelle von Detailbetrachtungen tritt zunehmend wieder ein komplexer Stadtentwicklungsansatz.
- Die Suche nach neuen Ansätzen der Beteiligung von innovativen Akteuren.
- Die Verbesserung der Akzeptanz politischer Entscheidungen durch frühzeitige Bürgerbeteiligung.

Während frühe Stadtmarketingprojekte z. T. noch sehr schematisch der kommunalen Planung und den traditionell öffentlichen Handlungsfeldern der Stadtentwicklungspolitik „effiziente privatwirtschaftliche Steuerungselemente" entgegensetzen und sich von einer auf die Belange der Wirtschaft orientierten Planung eine bessere Effizienz und bessere Ergebnisse erhoffen, betonen die Ansätze ab Anfang der 90er Jahre die Verbindung zwischen Stadtentwicklung und Wirtschaftsentwicklung; Stadtmarketing steht für eine verstärkte Öffnung der Stadtpolitik für Marktmechanismen.[6] Analog zum Wirtschaftsgeschehen, wo sich Marketing mit dem Wandel vom Verkäufer- zum Käufermarkt durchsetzt, wird eine

---

6 Die seinerzeitige Expertenmeinung war durch die Ansicht geprägt, die traditionelle Planung sei vergleichsweise erfolglos und die „Verbetriebswirtschaftlichung" der Stadtpolitik und die Führung der Stadt als Unternehmen könne bürokratische Handlungsengpässe überwinden.

strikte Ausrichtung kommunalen Handelns auf den Bürger gefordert: Anstelle einer bürokratischen Stadtverwaltung mit überkommenen Planungsinstrumenten soll das Bürgerrathaus treten, das flexibel, unternehmerisch sowie mit teilweise dezentralen Angeboten und Entscheidungsstrukturen Bürgerbedürfnisse optimal befriedigt und austariert. Rasch wurde auch der zunächst i.d.R. innenstadtorientierte Focus auf die Gesamtstadt erweitert und wurden ergänzend zum obligatorischen Standortgutachten der Stadtmarketing-Projekte über Bürgerbefragungen hinausgehende Formen der Bürgerbeteiligung wie Workshops und Arbeitskreise gesucht.

3.1.2 Stadtmarketing als Teil einer kommunikativen Stadtentwicklungspolitik

„Stadtmarketing – Konturen einer kommunikativen Stadtentwicklungspolitik" – 1994 stellt Ilse Helbrecht eine handhabbare Abgrenzung des Konzeptes vor. Zu den Grundzügen zählen:

- Stadtmarketing stellt den gesamten Stadtraum in den Vordergrund und beschränkt sich nicht auf die Innenstadt oder eine städtische Teilfunktion, wie z. B. den Einzelhandel.
- Die Entwicklung wird keinesfalls kurzfristig gesehen, sondern auch als mittel- bis langfristiges Planungselement, d. h. Stadtmarketing ist eine Langzeitaufgabe.
- Es sollen alle relevanten Gruppen einer Stadt eingebunden werden, Stadtmarketing verfolgt nicht allein wirtschaftliche Interessen. Dennoch steht eine vorrangige Ausrichtung auf wirtschaftliche Belange im Vordergrund.
- Mit dem gezielten Einsatz des Instrumentariums, geht i.d.R. ein dreistufiges Vorgehen einher: Der Bestandsaufnahme folgt die Marketingplanung (das Marketingkonzept), welches dann in die Umsetzung geht.
- Die Förderung der Kommunikation und die bürgerschaftliche Beteiligung stehen im Mittelpunkt des Stadtmarketingprozesses, in welchen auch die Politik einzubinden ist.

In Baden-Württemberg haben Anfang 2002 nach vorsichtiger Schätzung rund 60 % der Städte sich mit einem Stadtmarketingprojekt befasst, wobei v. a. Klein- und Mittelstädte auf eine erfolgreiche Durchführung der Projekte verweisen können.

3.1.3 Umfragen im Rahmen von Stadtmarketing-Projekten

Zum üblichen Umfang sog. Standortanalysen, die in vielen Stadtmarketing-Projekten die Ausgangsbasis bilden, zählt die Erfassung der Ist-Situation oder das Image einer Stadt durch Bürgerbefragungen.[7] I.d.R. kommen hier stark standardisierte Fragebögen zum Einsatz, die weitgehend den in der empirischen Sozialforschung üblichen Standards entsprechen, dem Anspruch einer Interaktion nur sehr begrenzt genügen und an dieser Stelle nicht weiter vertieft werden sollen.

---

7 I.d.R. werden diese Befragungen durch Projektbegleiter des Stadtmarketing-Prozesses durchgeführt, in Einzelfällen auch durch Hochschulen oder in städtischer Regie.

3.1.4 Arbeitskreise beim Stadtmarketing: Das Beispiel Lahr

Als häufigste Formen der Bürgerbeteiligung haben sich Arbeitsgruppen und offene Arbeitskreise etabliert, wo i.d.R. auf Einladung der Stadt eine nüchterne Bestandsaufnahme zu einzelnen Themen durch lokale Experten erfolgt. Auch die Große Kreisstadt Lahr/Schwarzwald startete 1999 in ein zweiphasig angelegtes Stadtmarketingprojekt, in dem Arbeitskreise eine zentrale Rolle spielen. Als wesentliche Gründe für den Start des Stadtmarketingprojektes können die Intensivierung der Wettbewerbsbeziehungen zu den umliegenden Mittel- und Oberzentren, Fragen der Innenstadtentwicklung und die Notwendigkeit einer Positionsbestimmung nach dem Abzug der Kanadier bestimmt werden. In *Phase I* wurde die Formulierung des Stadtleitbildes mit Teilleitsätzen vorgenommen (Mitte 1999 – Februar 2000). *Phase II* diente der Bestimmung von Stärken und Schwächen, konkreten Maßnahmen und Projektvorschlägen (ab Oktober 2000).

In Lahr wurde einem gemeinsamen Leitbild im Sinne einer realistischen Vision Vorrang eingeräumt und zunächst die Arbeitsgruppe Stadtleitbild ins Leben gerufen. Diese Arbeitsgruppe hatte die Aufgabe, Leitbilder für die Gesamtstadt und einzelne Themenbereiche zu formulieren. Die Leitbildansätze wurden für die zweite Phase des Stadtmarketingprozesses zugrundegelegt und stellten wesentliche Ansatzpunkte für die Formulierung konkreter Maßnahmen- und Projektvorschläge dar.

Aufgrund der Stadtgröße und der damit verbundenen Notwendigkeit, langfristig eine Vielzahl von Akteuren einzubinden, wurden im Rahmen der zweiten Phase des Stadtmarketingprozesses ab Oktober 2000 vier weitere Arbeitskreise mit unterschiedlichen Aufgaben bzw. Inhalten vorgeschlagen und eingesetzt:
- *drei Arbeitskreise*, deren Aufgaben in der Vorbereitung der Umsetzung von Maßnahmen zu folgenden Themen lagen:
  - *Einzelhandel*
  - *Verkehr*
  - *Kultur/Freizeit/Sport*.
- *ein Arbeitskreis Image,* in dem auf Einladung der Stadt Lahr wesentliche Handlungs- und Entscheidungsträger der Stadt Lahr sowie Teilnehmer der Arbeitskreise Einzelhandel, Verkehr, Kultur/Freizeit/Sport vertreten waren. Imagewirksame Maßnahmen für die Stadt Lahr, von den Arbeitsgruppen vorgeschlagen, wurden dort einer Prüfung und Bewertung unterzogen.

Von Oktober 2000 bis März 2001 haben die Arbeitskreise mit jeweils 15 bis 20 Experten in relativ konstanter personeller Zusammensetzung intensiv getagt. Ende 2001 konnte folgender Sachstand aus Lahr berichtet werden:
- Die Kerninhalte des Stadtmarketingkonzeptes wurden formuliert, wobei ein Arbeitsschwerpunkt räumlich in der Innenstadt gesetzt wurde.
- Die Zusammenstellung der gesammelten Maßnahmenvorschläge und Bestimmung von Prioritäten – auch unter Berücksichtigung des Realisierungszeitrahmens – und des Kostenrahmens ist abgeschlossen.
- Die Verabschiedung der beschriebenen Maßnahmenvorschläge als Ergebnis der Diskussionen wurde in einem ganztägigen Workshop vorgenommen.

– Ein Teil der von den Arbeitsgruppen vorgeschlagenen Maßnahmen befindet sich bereits in der Umsetzungsphase.

3.1.5 Stadtforen: Das Beispiel Mühlacker

Die Große Kreisstadt Mühlacker stieg vor dem Hintergrund einer anstehenden Neuausrichtung ihrer Stadtentwicklungspolitik durch Gründung eines Lenkungsausschusses als Steuerungsgremium für das Projekt im Mai 1998 in den Stadtmarketing-Prozess ein. Nach der Auswahl eines externen Projektbegleiters wurde im Lenkungsausschuss die Rolle und die Art der Bürgerbeteiligung ausführlich diskutiert. Anstelle der in Stadtmarketing-Prozessen üblichen Bürgerbeteiligung in Form mehrfach tagender Arbeitskreise entschied man sich in Mühlacker für die Einrichtung von im Monatszyklus durchzuführenden, offenen Stadtforen, in denen nach Impulsreferaten und unter Beteiligung externer Fachleute die Themenfelder:
– Einzelhandel, Innenstadtentwicklung, Parkierung
– Stadtentwicklung, Verkehr, Umwelt, Identität
– Kultur, Bildung, Freizeit, Sport
– Soziales, Jugend, Familie, Senioren
– Arbeit und Wirtschaftsförderung

ganztätig analysiert wurden. Die Stadtforen erwiesen sich sowohl hinsichtlich ihrer Beteiligung als auch bei der Qualität der von den Bürgern vorgetragenen Vorschläge als Erfolgsmodell: Mehr als 130 Einzelanregungen und Maßnahmenvorschläge konnten ins Stadtmarketing-Konzept aufgenommen werden; von diesen sind rund die Hälfte bereits umgesetzt.[8] Die Bürgervorschläge bildeten weiterhin die Grundlage für die im Jahr 2000 gestartete gesamtstädtische Entwicklungsplanung, die im Jahr 2001 mit den Vorlagen des Entwurfs des Flächennutzungsplans einen (vorläufigen) Abschluss fand.

3.1.6 Öffentlichkeitsveranstaltungen, Pressearbeit

Stadtmarketingprojekte wie auch Lokale Agenda-Prozesse werden i.d.R. durch eine Vielzahl möglicher Formen von Öffentlichkeitsveranstaltungen und Pressearbeit bis hin zu Medienpartnerschaften begleitet. Auch in den Start-Veranstaltungen, den sog. „Kick-offs" und in den Schlussveranstaltungen sowie in Pressegesprächen wird i.d.R. Bürgerbeteiligung hergestellt und Bürgerengagement angeregt.

3.2 Lokale Agenda

3.2.1 Entwicklung der Lokalen Agenda

Im Juni 1992 wurde im Rahmen der Konferenz für Umwelt und Entwicklung der Vereinten Nationen (UNCED) in Rio de Janeiro die Agenda 21 beschlossen. Damit gaben sich weltweit mehr als 170 Staaten ein Aktionsprogramm für das 21. Jahrhundert, das für alle wesentlichen Politikbereiche eine umweltverträgliche und nachhaltige Entwicklung fordert. So enthält die Agenda 21 u. a. Vorschläge zur Umweltpolitik, zur Energiepolitik, zur Bevölkerungspolitik und zur Armutsbe-

---

8 Vgl. hierzu Pforzheimer Zeitung vom 29. 1. 2000, Mühlacker Tagblatt vom 29. 1. 2002.

kämpfung. Durch die Verbindung von Themen wie z. B. einer nachhaltigen Förderung von Entwicklungsländern, einem schonenden Umgang mit natürlichen Ressourcen und einer verstärkten Einbeziehung bislang wenig beachteter Bevölkerungsgruppen in politische Entscheidungsprozesse werden *ökologische, soziale* und *wirtschaftliche* Fragestellungen miteinander verknüpft.

Agenda 21-Verfahren sind als Aktionen von „unten" gedacht, als Bühne für bürgerschaftliches Engagement, das sich der Lenkung „von oben" weitgehend entzieht. Dabei wird der Leitgedanke zugrundegelegt, dass viele der in der Agenda 21 angesprochenen Probleme nur auf der lokalen Ebene zu lösen sind.

3.2.2 Stand der Umsetzung

Bereits im Jahr 1994 unterzeichneten 80 europäische Kommunen eine Verpflichtung zur Erstellung einer kommunalen Agenda bis 1996 (Aalborg). Längst ist aus dem spontanen Engagement von Bürgerinitiativen ein ritualisierter Ablauf entstanden, der durch Agenda 21-Spezialisten, unterstützt durch Fachberater und Moderatoren, in institutionalisierte Bahnen gelenkt wird. Dabei konnte in vielen Kommunen bereits auf Stadtentwicklungskonzepten, Leitbildern und diversen Zielen zur Gemeindeentwicklung aufgebaut werden, teilweise wurde diese Ebene auch übersprungen.

In *Baden-Württemberg* haben Anfang 2002 bereits knapp 30 % der Kommunen beschlossen, gemeinsam mit der Bevölkerung die Zukunft der Gemeinde bzw. der Stadt in einer „lokalen Agenda 21" zu gestalten. Die Hälfte davon sind kleine Gemeinden mit unter 10.000 Einwohnern.

Als häufigste Form der *Mitarbeit der Bevölkerung* haben sich offene Arbeitsgruppen bzw. -kreise etabliert, in denen nach Schwerpunkten bestimmte Sachthemen inhaltlich erörtert und entsprechende Maßnahmen formuliert werden. Diese Gruppen arbeiten in der Regel selbstständig, werden jedoch bei komplexen Sachverhalten häufig von „außen" moderiert bzw. themenbezogen beraten.

3.2.3 Offene Arbeitsgruppen: Das Beispiel Burgstetten

In Burgstetten (Rems-Murr-Kreis, ca. 3.500 Einwohner mit zwei Ortsteilen Burgstall und Erbstetten) wurde im Mai 2000 der Startschuss zur Lokalen Agenda 21 mit dem Gemeinderatsbeschluss gegeben. Im Rahmen der Auftaktveranstaltung wurden vier Arbeitskreise gebildet:
− Natur und Landwirtschaft
− Verkehr/Bauen/Umwelt
− Soziales/Kultur/Freizeit
− Handel/Dienstleistung.

Im Arbeitskreis Handel/Dienstleistung wurde sehr schnell ein Projekt formuliert, das Lösungsansätze zur nachhaltigen Sicherung der Nahversorgungsstruktur in der Gemeinde Burgstetten zum Inhalt hatte. Nach diversen Arbeitskreissitzungen und einer umfangreichen und detailliert angelegten Bürgerbefragung zur Versorgungssituation in Burgstetten sowie zu den entsprechenden Wunschvorstellungen seitens der Bürger wurde von Experten eine Machbarkeitsanalyse zu den verschiedenen Projekten (Stichwort: Nahversorgungszentrum) erstellt, um die diversen

„Wunschvorstellungen" der Lokale Agenda 21-Akteure auf ihre ökonomische Machbarkeit hin zu durchleuchten, entsprechende Alternativvorschläge zu entwickeln. Dem „externen Fachberater" kam die Rolle eines „korrigierenden Impulses von außen" zu. Der Arbeitskreis „Dienstleistungen/Handel" nahm die Ergebnisse und Empfehlungen des externen Fachberaters entsprechend auf, verarbeitete sie und suchte nach neuen Lösungswegen zur nachhaltigen Sicherung der Nahversorgung. Bis heute konnte die Versorgungsstruktur in den beiden Ortsteilen Burgstall und Erbstetten in Zusammenwirken von Bürgerengagement und „zugekauftem Sachverstand" durch eher „unkonventionelle" Maßnahmen ein Stück weiter ausgebaut werden.

4. Verknüpfung von Lokaler Agenda und Stadtmarketing

Da beide Prozesse auf eine ganzheitliche Betrachtung der Kommune abzielen, kommt der Koordination beider Prozesse entscheidende Bedeutung zu.

4.1 Mühlacker

Der Gemeinderat von Mühlacker wurde am 13.4.1999 durch das Agenda-Büro der Landesanstalt für Umweltschutz (LFU), Karlsruhe, über Erfahrungen aus Agenda-Projekten anderer Kommunen informiert. Von dort wurde zunächst empfohlen, einen Ansprechpartner für die Agenda innerhalb der Verwaltung zu benennen und die Umsetzung konkreter Projekte anzugehen, anstatt eine umfassende und allgemeine Diskussion zu führen. Da der Stadtrat den laufenden Stadtmarketing-Prozess nicht in Frage stellen wollte, sich aber gleichermaßen dem Thema Lokale Agenda öffnen wollte, wurde nach einer Möglichkeit gesucht, beide Ansätze zu verknüpfen, um einerseits Doppelarbeiten in der Verwaltung zu vermeiden, andererseits die Bürgerbeteiligung nicht überzustrapazieren.

Im Lenkungsausschuss Stadtmarketing wurde das Thema am 7.6.1999 vorbesprochen. Am 18.1.2000 beschloss der Gemeinderat, Stadtmarketing und Agenda 21 zu verknüpfen und eine Agenda-Beauftragte zu benennen, die das Stadtmarketing-Projekt laufend mit den Grundsätzen in der Lokalen Agenda abgleicht. Der externe Projektbegleiter wies auf einen wichtigen Aspekt der Agenda hin: „Die Lokale Agenda verspricht nur dann Erfolg, wenn sie als Teil der allgemeinen Stadtentwicklung verstanden wird, sie auf breitester Basis angelegt ist (wie beim Stadtmarketing der Fall) und die Belange von Ökologie, Wirtschaft und Sozialem integriert."

Die Ziele der Lokalen Agenda wurden also nicht nur mit dem Stadtmarketing verknüpft, sondern sollten generell bei jedem Projekt sowie insbesondere bei der Stadtentwicklungsplanung und damit auch bei der Erarbeitung eines neuen Flächennutzungsplanes berücksichtigt werden.

4.2 Lokale Agenda und Stadtmarketing in Öhringen

Die Stadt Öhringen stieg mit dem Gemeinderatsbeschluss vom September 1998 in die Agenda 21 ein. Als Vorläufer der Agenda 21 war der im Jahr 1994 eingeleitete, zunächst erfolgreiche, dann aber stagnierende Stadtmarketingprozess zu sehen. Mit

dem Start in die Agenda 21 wurden die Teilnehmer des Stadtmarketing-Prozesses angesprochen, sich an der Öhringer Agenda 21 zu beteiligen. Die bisherigen Stadtmarketingaktivitäten wurden unter dem Arbeitskreistitel *Umwelt und Wirtschaft* in das Gesamtprojekt eingebracht. Dieser Arbeitskreis beschäftigt sich mit Themen zu einer umweltverträglichen wirtschaftlichen Entwicklung Öhringens. Dabei sind neben Handwerk und produzierendem Gewerbe insbesondere Dienstleister und Einzelhändler involviert. Folgende Arbeitsfelder wurden abgegrenzt:
- Leitsystem/Beschilderung
- Leerstandskataster
- Gestaltung der Innenstadt
- Tourismus.

Im Laufe des Agenda-Prozesses wurden an unterschiedlicher Stelle Fachberater hinzugezogen, so etwa um den Meinungsbildungsprozess in Sachen „Stadtbild" und „Citymanager" zu unterstützen. Ziel war, durch externes Fachwissen umsetzungsfähige Entscheidungen bzw. Tätigkeitsschwerpunkte zu diversen Fragestellungen bzw. Projekten zu begünstigen. Dabei kommt den Arbeitskreisen der Lokalen Agenda in Öhringen vorbereitende Funktion zu. Die Ergebnisse insbesondere des AK „Umwelt und Wirtschaft" wurden in den Gesamtprozess/die Verwaltung eingespeist und dort geprüft. Im Übrigen hat die Überleitung des Stadtmarketing-Projektes in einen Lokalen Agenda-Prozess die Bürgerbeteiligung acht Jahre nach Beginn des Stadtmarketing-Prozesses nachhaltig intensiviert.

Übersicht 2:   Grundmuster von Stadtmarketing- und Lokale-Agenda-Prozessen

	Stadtmarketing	**Lokale Agenda**
Leitgedanke	Stadt als Wirtschaftsstandort im Wettbewerb	Gleichklang von ökonomischer, ökologischer und sozialverträglicher Entwicklung
Grundmuster des Projektablaufs	– Steuerung des Projektes durch Lenkungsausschuss – Start-Veranstaltung – Thematische Arbeitskreise • Stärken-Schwächen-Analyse • Benennung von Handlungsansätzen – Stadtmarketing-Konzept • Umsetzungsphase	– Startveranstaltung – Projektbezogene Arbeitskreise – Selbststeuerung im Rahmen von Projekten – Ansprechpartner bei der Verwaltung durch Lokale Agenda-Beauftragte

5. Versuch einer Einschätzung von Erfolgsfaktoren

5.1 Generelle Erfolgsfaktoren

Zunächst ist einleitend nochmals auf einen Widerspruch hinzuweisen: Während auf kommunaler Ebene auch im Rahmen von Stadtmarketingprojekten am ehesten die Möglichkeit besteht, Bürger für das Gemeinwesen zu gewinnen und an Entscheidungen zu beteiligen, werden die Entscheidungsspielräume auf kommunaler Ebene durch die abhängige Stellung der Kommunen im politischen System als „Filialen des Staates" und ihrer kommunalen Finanzmisere immer enger. Dem „Global denken – lokal Handeln" stehen europäische und bundesstaatliche Mittelzuweisung und kommunale Finanznot gegenüber.

Die aufgezeigten Beispiele verdeutlichen, dass durch Arbeitsgruppen und andere Formen der Einbindung Stadtmarketing- und Lokale Agenda-Projekte die Bürgerbeteiligung verbessern und zu einer vorteilhaften Entwicklung der Kommunen beitragen. Innerhalb klar überschaubarer, zeitlich begrenzter Beteiligungsverfahren sind die Bürger gerade auf kommunaler Ebene für eine engagierte Mitarbeit zu gewinnen. Dennoch sind eine Reihe von Stolpersteinen zu nennen, die beiden Ansätzen im Wege stehen können:

– An erster Stelle ist das Spannungsverhältnis zwischen diesen beiden Formen des bürgerschaftlichen Engagements und der Stadtpolitik zu sehen. Während im Zuge des Stadtmarketings i.d.R. die „Entmachtung der Kommunalpolitik" oder die Einrichtung eines „Übergemeinderates" in den Vordergrund trat, wird bei Lokale Agenda-Projekten immer wieder auf die Gefahr hingewiesen, dass im Rahmen dieses Prozesses kommunalpolitisch nicht mehrheitsfähige Positionen „durch die Hintertür" durchgedrückt werden. Die Mitarbeit von Wirtschaftsakteuren in Stadtmarketing – Arbeitskreisen wie auch von BUND-Vertretern in Lokale Agenda-Gruppen wird nicht zuletzt durch die Hoffnung gespeist, über die Abgabe von Anregungen hinaus Einfluss auf politische Entscheidungen zu erlangen.

– Eine künstliche Trennung beider Beteiligungsformen von der Politik stellt sich schnell als Scheinlösung heraus. Fertige Konzepte dem Gemeinderat vorzulegen, birgt für beide Seiten ein erhebliches Risiko. Nicht zuletzt deshalb hat sich bei beiden Formen der Bürgerbeteiligung bewährt, bereits zu einem frühen Zeitpunkt die Politik zumindest am Entscheidungsprozess zu beteiligen.

– Eng mit der Befürchtung von Gemeinderäten, bevormundet bzw. überfahren zu werden, hängt die Angst vor der Herausbildung eines neuen Informationsnetzwerkes, ja gar einer neuen lokalen Elite zusammen.

Beide Beteiligungsverfahren haben im Übrigen den Eingangsvorwurf, „konzeptstark" und „umsetzungsschwach" zu sein, weitgehend abgelegt. Für erfolgreiche Stadtmarketingprojekte gilt, dass unterhalb der Leitbilder, Zielvorstellung und Handlungsfelder auch umsetzungsorientierte Einzelmaßnahmen stehen müssen, von denen ein Teil bereits kurzfristig umgesetzt werden kann. Bei der überwiegenden Zahl der Lokale Agenda-Projekte werden der übergeordnete Rahmen und die Ziele gar nicht erst diskutiert, sondern man sucht sich gleich umsetzungsorientierte Beispiele vorwiegend im häuslichen und betrieblichen Umfeld.

5.2 Erfolgsfaktoren für die Bürgerbeteiligung bei Stadtmarketing und Lokale-Agenda-Projekten

In der Praxis können eine Vielzahl erfolgreicher unterschiedlicher Formen der Bürgerbeteiligung im Rahmen von Stadtmarketing-Projekten und Lokale-Agenda-Prozessen festgehalten werden; ein Königsweg kann gegenwärtig nicht erkannt werden:

– Ein flexibles Eingehen auf die unterschiedlichen Ausgangsvoraussetzungen, die Kommunikations- und Entscheiderstrukturen, mündet im Idealfall in eine maßgeschneiderte Bürgerbeteiligung; schematisches Vorgehen und eine weitgehende Vereinheitlichung sollten vermieden werden. Für die Erarbeitung von Stadtmarketingprogrammen haben sich neue Arbeitsformen bewährt, stellvertretend seien hier Workshops, Arbeitsgruppen und Stadtforen genannt. Damit diese Arbeitsformen zum Erfolg führen, sollten sie professionell moderiert werden.

– Bürgerbeteiligung bei Stadtentwicklungsprozessen ist ein wichtiger Gegenpol zum Expertenwissen; beide Bestandteile müssen jedoch austariert werden. Zwar haben bei der Situationsanalyse Experten neben ihrem Fachwissen den Vorteil, dass sie als Außenstehende keine Partikularinteressen vertreten müssen, diesem Fachwissen muss jedoch der ausgeprägte lokale Bezug der Bürger und Bürgerinnen zur Seite stehen. Dabei sollte man sich auf die Kernfragen konzentrieren, um Ermüdungserscheinungen seitens der Bürger vorzubeugen.

– Der Erarbeitung eines Stadtmarketingprogrammes oder von Lokale-Agenda-Projekten muss die Umsetzung folgen: d. h. die kommunalen Entscheidungsträger müssen auch die möglichen Folgen einer Bürgerbeteiligung klar vor Augen haben. Wo Bürgerbeteiligung nur pro Forma erfolgt, ist zumindest kurzfristig dieses Instrument nicht nochmals einsetzbar. Aber auch die notwendigen finanziellen und organisatorischen Mittel sind frühzeitig zu diskutieren, etwa die Frage nach dem Träger der Innenstadt-Marketing-Konzeption.

– Bisherige Projekte zeigen, dass nicht alle angesprochenen Akteure hinsichtlich der Zielrichtung des Stadtmarketing, der Zeitdauer eines diesbezüglichen Engagements sowie des finanziellen Aufwands deckungsgleiche Vorstellungen haben. Als Hauptengpassfaktoren für erfolgreiche Stadtmarketing-Projekte sind die unterschiedliche finanzielle Ausstattung und starke Unterschiede in den Zielen der beteiligten Akteure zu beachten. Auch kann nicht von vorneherein unterstellt werden, dass sämtliche Akteure zeitgleich von den Erfolgschancen des Konzeptes überzeugt sind. Gerade die Projekte, bei denen frühzeitige Erfolge durch realisierbare Maßnahmen mit eingeplant wurden, haben sich positiv entwickelt.

– Lokale-Agenda-Projekte, die durch Projektarbeit und durch Programme zur Selbsthilfe gekennzeichnet sind, haben sich in der Vergangenheit durch geringere Erwartungshaltungen und realistischere Zielsetzung ausgezeichnet.

– Je mehr Akteure bei beiden Prozessen an der Ausformung und Durchführung beteiligt sind, desto besser sind dessen Erfolgsaussichten, desto unterschiedlicher sind jedoch vielfach auch die Ansichten der Beteiligten und desto höher ist auch der Bedarf an Koordination und Moderation. Projekte, die darauf abzielten, möglichst alle Akteure von Anfang an einzubinden, haben deshalb oft eine sehr lange Anlaufzeit zu verzeichnen, i.d.R. aber auch bessere Erfolge vorzuweisen.

– Bürgerbeteiligung muss honoriert werden im Sinne einer nachhaltigen Motivation und Anerkennung geleisteter Arbeit.

Sylvia Greiffenhagen

Lebensqualität im Stadtteil
Zur Bedeutung des subjektiven Faktors im Bund–Länder-Programm ‚Soziale Stadt'

Der Titel ist Programm: Das 1998 ins Leben gerufene Bund-Länder-Programm ‚Stadtteile mit besonderem Entwicklungsbedarf – Die Soziale Stadt' räumt, verglichen mit klassischen Stadterneuerungsprogrammen, sozialen Entwicklungen großes Gewicht ein. Stadtteile oder Quartiere, die ins soziale Abseits zu geraten drohen (wie immer das jeweils definiert werden mag), sollen durch sogenannte Integrierte Handlungskonzepte aufgewertet und mit neuem Leben erfüllt werden. Nicht nur städtebauliche, sondern auch alle anderen kommunalen Fachressorts bringen spezifische Sichtweisen, Aufgabenstellungen und Ziele in den Diskurs ein. Besondere Bedeutung kommt neben den Stadtplanungsämtern in der Regel den Sozialressorts zu, die an einigen Orten bei der Entwicklung und Umsetzung der jeweiligen Aufgabenschwerpunkte sogar die Federführung haben. Nach anfangs zögerlichem Start haben sich mittlerweile Dutzende von Kommunen erfolgreich um Aufnahme ins neue Förderprogramm beworben; das ‚Erfolgsprogramm Soziale Stadt' schickt sich inzwischen sogar an, die klassischen Stadterneuerungsprogramme, für die zunehmend weniger Mittel als früher bereitgestellt werden, in Zahl und Bedeutung in den Hintergrund zu drängen (mit der ambivalenten Folge, dass auch Kommunen sich um Förderung durch das neue Bund-Länder-Programm bewerben, für die der sozialpolitische und sozialplanerische Anteil lediglich einen Störfaktor im ‚normalen' Stadterneuerungsablauf darstellt, den es möglichst schnell auszuschalten gilt).

Das Thema der ‚Lebensqualität im Stadtteil' erhält in der Folge des Bund-Länder-Programms eine neue und vielleicht größere Aktualität als jemals zuvor. Kritiker meinen zwar durchaus zurecht, dass gute Stadterneuerungsprozesse den sozialen Lebenszusammenhängen immer schon ebenso hohe Bedeutung eingeräumt hätten wie den rein städtebaulichen Maßnahmen und die ‚Soziale Stadt' somit wenig Neues gebracht habe. Gleichwohl ist festzustellen, dass das neue Programm mit seinen zum Teil recht entschiedenen Vorgaben (und auch Kontrollmechanismen) die Beachtung von sozialen Aspekten eher erzwingt als frühere Programme.

‚Lebensqualität' ist im folgenden Beitrag in jenem Sinn zu verstehen, in dem die empirische Sozialforschung, insbesondere die moderne Sozialberichterstattung ihn schon seit Jahren verwenden (vgl. vor allem die Schriften von Wolfgang Glatzer und Wolfgang Zapf aus den 70er Jahren) und wie er heute u. a. dem bekannten „Datenreport" zugrunde liegt, den das Statistische Bundesamt in Zusammenarbeit mit dem Wissenschaftszentrum Berlin und dem Zentrum für Umfragen, Methoden und Analysen in Mannheim herausgibt. Dieser Report legt in regelmäßigen Abständen Rechnung über die Lebens*verhältnisse* in Deutschland ebenso wie über die Lebens*gefühle* der Deutschen. Die Unterscheidung von Lebensverhältnissen und Lebensgefühlen zeigt an, dass das Konzept von Lebensqualität, das hier zu Grunde gelegt wird, sowohl objektive wie subjektive Faktoren betrachtet. Zur Analyse von Lebensqualität gehört immer beides: zum einen die ‚objektiven‘ Lebensbedingungen der Menschen im Stadtteil auf ganz verschiedenen Lebensfeldern (Wohnung/Wohnumfeld, Einkommen, Bildung und Arbeit, Freizeit, gesellschaftliche Teilhabe etc.), zum anderen die Spiegelung dieser Bedingungen im Bewusstsein der Menschen: Wie schätzen sie selbst ihre Lebenssituation ein? Wie beurteilen sie ihre Zukunftsaussichten? Verbinden sie mit einer Stadt(teil)entwicklung, wie sie im Programm ‚Soziale Stadt‘ angestrebt wird, Hoffnungen für sich selbst oder eher Befürchtungen?

Objektive Lebensbedingungen und deren subjektive Wahrnehmung durch Menschen müssen einander durchaus nicht entsprechen: Jemand kann z. B. mit einer ‚objektiv‘ zu kleinen und schlecht ausgestatteten Wohnung in einem ‚objektiv‘ hässlichen Wohnumfeld zufrieden sein: ein anderer Mensch ist dagegen unzufrieden mit einer ‚objektiv‘ besseren Wohnung. Sozialwissenschaftler sprechen von einem „Zufriedenheitsparadox" auf der einen, von einem „Unzufriedenheitsdilemma" auf der anderen Seite.

Der subjektive Faktor wird in seiner Bedeutung für das Gelingen von Stadterneuerungs-Prozessen und -Maßnahmen nach meiner Beobachtung oft unterschätzt. Die meisten Programme, die gegenwärtig auf europäischer, nationaler und regionaler Ebene in Gang gesetzt werden, ganz besonders aber die ‚Soziale Stadt‘, setzen darauf, dass durch einen Anschub von außen endogene Potentiale des Stadtteils freigesetzt werden können, also Selbsthilfekräfte, die aus dem Inneren des Quartiers und seiner Menschen herrühren. Gerade hier spielt dieser ‚subjektive Faktor‘ eine alles entscheidende Rolle. Stichwörter sind Zufriedenheit, Sicherheitsempfinden, Vertrautheit, Hoffnungen, Befürchtungen (oder „Besorgnisse", wie es im Datenreport heißt), Autonomiegefühl oder der Eindruck von Fremdbestimmtheit, Identität, Selbstbild und Fremdbild, Aufbruch-Stimmung.

Ich will nur wenige Stichwörter aus dieser Liste aufgreifen, die mir im Zusammenhang mit dem ‚Programm Soziale Stadt‘ als besonders wichtig erscheinen. ‚*Befürchtungen*‘ zum Beispiel: Stadtentwicklungsprozesse sind Wandlungsprozesse (sonst wäre der Name ja falsch). Wenn die angestrebte Veränderung keine Hoffnungen bei den Menschen auslöst, sondern im Gegenteil Ängste, so ist mit der Entwicklung von Selbsthilfekraft kaum zu rechnen, auch wenn eine Verbesserung der Lebensbedingungen ‚objektiv‘ feststünde. Angst lähmt und macht, wie nicht nur der Volksmund, sondern auch Angstforscher sagen, ‚dumm‘. Jede Veränderung muss deshalb auf einer Grundstimmung von Sicherheit aufbauen. Das Tempo des Wandels spielt hier eine Rolle, vor allem aber die Frage sozialstaatlicher Absicherung. Der (reale oder zumindest befürchtete) Abbau sozialstaatlicher Leistungen, die Privatisierungsdebatte und andere aktuelle politische Phänomene stellen für Wandlungsprozesse im Stadtteil aus diesem Grund sicherlich keinen günstigen Rahmen.

Ein anderes Stichwort: *„Autonomie‘:* Menschen müssen das Gefühl haben, Herr ihres Schicksals, ihrer Lebensverhältnisse zu sein, z. B. freiwillig, aus eigener Entscheidung im Stadtteil zu wohnen (und zu bleiben) – und nicht, weil es anderswo keinen Platz für sie gibt. Das Gefühl fehlender Autonomie setzt ebenso wenig Selbsthilfekraft frei wie die Angst vor dem Verlust sozialer Sicherheit und Vertrautheit. Gespräche mit Menschen in Stadtteilen, die derzeit große Reformprozesse durchlaufen, zeigen den Wunsch, alles durchschauen zu können, was abläuft. Dafür müssen Planungsprozesse transparent genug sein, eine Forderung, die nur selten erfüllt wird. Zu komplex sind in der Regel die Programme, Planungsverfahren und Einzelmaßnahmen, als dass sie ohne weiteres vermittelt werden könnten. Es hilft aber nichts: Der Versuch muss gemacht werden.

Nächstes Stichwort *„Aufbruchgefühl‘:* Wenn es nicht gelingt, eine Art Aufbruch*stimmung* bei den Menschen des Stadtteils zu erzeugen, so wird auch kein *realer* Aufbruch und damit kein nachhaltiger Wandel zum Besseren in Gang kommen können. Es muss darum gehen, Menschen die Angst vor der Zukunft zu nehmen und ihnen Vertrauen und Hoffnung zu vermitteln. Ein Beispiel aus dem Soziale-Stadt-Handlungsfeld ‚Bildung und Arbeit‘: Einige Kommunen betreiben im Rahmen der ‚Sozialen Stadt‘ eine intensive Gewerbeansiedlungspolitik, mit dem Ziel einer Erhöhung der Arbeitsplätze im Stadtteil. Das klingt auch plausibel, denn „Stadtteile mit besonderem Entwicklungsbedarf" kämpfen gewöhnlich mit einer überdurchschnittlichen Arbeitslosigkeit. Betrachtet man allerdings die im Stadtteil neu angesiedelten Unternehmen und Dienste, so zeigt sich mitunter, dass diese Arbeitsplätze für die Menschen im Stadtteil auf Grund ihrer fehlenden Qualifizierung nicht in Betracht kommen können. Die bloße Tatsache neugeschaffener Arbeitsplätze mag also die Lebensqualität der *Gesamt*stadt oder einer gesamten Region durchaus erhöhen, sich gleichzeitig aber auf die Lebensqualität im betroffenen Stadtteil negativ auswirken: Menschen würden in ihren Frustrationsgefühlen und Sorgen noch bestärkt; das unter Umständen entstehende Gefühl des Abgehängtseins und Nichtmehrmitzählens *trotz* neuer Arbeitsplätze im Stadtteil kann lähmende Auswirkung haben und die erwünschte Aufwärtsentwicklung schließlich sogar konterkarieren. Fragen wir also in solchen Prozessen immer auch nach den Ängsten der Menschen im Stadtteil, vor allem danach, wo und wodurch eine Aufbruchstimmung zum Besseren erreicht werden kann. Dafür genügen eventuell schon kleine, aber doch richtig gesetzte Signale.

Ein letztes, besonders bedeutsames Stichwort: Wer immer im Kontext der ‚Sozialen Stadt‘ heute von Lebensqualität im Stadtteil spricht, geht davon aus, dass, neben den genannten Faktoren, ein Mindestmaß an *Identität* und Integration in Stadtteil, Quartier oder Siedlung gewährleistet sein muss. Dieser Gedanke zieht sich, zumeist ohne nähere theoretische Begründung, durch die Selbstdarstellungen der im Programm beteiligten Kommunen ebenso wie durch die Publikationen auf diesem Feld. Ohne ausreichende Identität eines ‚Wir-hier-im-Stadtteil‘-Gefühls, ohne ein Mindestmaß an sozialer Integration aller verschiedenen Gruppen und Kräfte des Stadtteils, eines solidarischen, nachbarschaftlichen Miteinanders, heißt es, sei die Stabilisierung eines vom sozialen Abseits bedrohten Stadtteils nicht zu erreichen. Eine befriedigende theoretische Grundlegung fehlt, wie gesagt, häufig, schon die Begrifflichkeiten sind vielfach unscharf. Auch der vorliegende Text erhebt keinen Anspruch darauf, eine solche theoretische Grundlegung zu leisten. Er gesteht seine theoretische Naivität vielmehr ausdrücklich ein. Er bringt – eher in Form von vorsichtigen Fragen als schon von fertigen Thesen – einige Punkte zur Sprache, die mir in der Praxis Sozialer Stadt als problematisch auffallen.

Identität hat eine personale, d. h. individuelle Seite und eine kollektive[1]. Man spricht von der Identität eines Individuums (personale Identität), aber auch von der Identität einer Gruppe oder sogar einer ganzen Gesellschaft (kollektive Identität). Ich will im folgenden nur auf das Thema der *kollektiven* Identität eingehen. Dass beides, individuelle und kollektive Identität, eng miteinander verknüpft sind, setze ich selbstverständlich voraus (vgl. die Einleitung und den Beitrag von Martin Greiffenhagen in diesem Band), werde den Aspekt aber nicht weiter ansprechen.

Kollektive Identität beruht sowohl auf Selbst- als auch auf Fremdzuschreibungen. Selbstbild und Fremdbild spielen bei der Entstehung und Erhaltung kollektiver Identität also gleichbedeutende Rollen. Für unser Thema einer Stadtteil-Identität heißt das unter anderem, dass die kollektive Identität der Bewohner durch ein ungünstiges *Fremd*bild des Stadtteils in der Gesamtstadt auch dann beeinträchtigt werden kann, wenn das *Selbst*bild des Stadtteils positiv und die Zufriedenheit der Bewohner mit den Lebensbedingungen vor Ort ‚eigentlich‘ hoch ist.

Kollektive Identität stellt sich immer neu her in einem steten Prozess sozialer Interaktion und Kommunikation, in einem Wechselspiel aus Integration, d. h. Homogenisierung nach innen, und Distinktion, d. h. Grenzziehung nach außen. Kollektive Identität ist immer ‚symbolisch kodiert‘, d. h. sie findet und braucht Symbole, Inszenierungen, Rituale zur Darstellung von Gemeinsamkeit, oder, im Falle der Stadtteil-Identität, zur Darstellung und Bekräftigung eines „Wir-hier-im-Stadtteil".

Kollektive Identität bezieht sich auf Vergangenheit und Gegenwart, aber auch auf die Zukunft. Auf die *Vergangenheit* bezieht sie sich in Form eines kollektiven Gedächtnisses, das die Erinnerung an gemeinsam erlebte, auch gemeinsam erlittene Ereignisse speichert. Im Blick auf die *Gegenwart* liefert kollektive Identität einen Orientierungsrahmen für die aktuelle Wahrnehmung und Ordnung von Informationen, zur Konkretion von gemeinsamem Sinn. Im Blick auf die *Zukunft* liefert sie einen wichtigen Orientierungsrahmen, indem sie Vergangenes und Gegenwärtiges in eine fernere Zukunft projiziert, gewissermaßen das Bisherige ‚hochrechnet‘ und damit der Zukunft u. U. ihre Offenheit nimmt – im Guten wie im Schlechten. Eine gebrochene Stadtteil-Identität verändert sich also u. U. auch dann nicht zum Besseren (oder nur langsam), wenn sich die objektive Lebenssituation im Zuge von Stadterneuerungsmaßnahmen tatsächlich zu bessern beginnt: Gegenwart und Zukunft des Stadtteils werden im Lichte früherer Erfahrungen anders wahrgenommen, als ein objektiver Beobachter sie beobachten mag. Im schlimmsten Fall kann

---

1 Bei den theoretischen Ausführungen zum Thema Identität beziehe mich ausschließlich, und zum Teil wörtlich, auf die Ausführungen von Wolfgang Bergem in: Martin und Sylvia Greiffenhagen (Hrsg./Redaktion Katja Neller): Handwörterbuch zur politischen Kultur der Bundesrepublik Deutschland. 2., Völlig überarbeitete und aktualisierte Ausgabe Wiesbaden 2002, S. 192 ff.

eine prekäre Stadtteil-Identität sogar verhindern, dass Verbesserungsmaßnahmen überhaupt greifen.

Je homogener die Bevölkerung ist, desto einfacher gestaltet sich die Entstehung und der Erhalt kollektiver Identität. Je unterschiedlicher, desto schwieriger wird Interaktion und Kommunikation, desto schwieriger das Suchen und Finden kollektiver Symbole, Inszenierungen, Rituale; desto schwieriger auch die Formulierung eines „Wir-hier-im-Stadtteil"; desto größer die Wahrscheinlichkeit der Herausbildung von kollektiven Identitäten einzelner Gruppen im Stadtteil statt einer gemeinsamen Identität, mit der Neigung zur Integration nur der eigenen Gruppe (z. B. der Türken oder Deutschen im Stadtteil) und der Grenzziehung hin zu den anderen Gruppen („Wir Türken – Ihr Deutschen" und umgekehrt).

Viele der Stadtteile, Quartiere und Wohnsiedlungen, die im Rahmen des Programms ‚Soziale Stadt' gegenwärtig besondere Förderung erfahren, sind ehemalige ‚Arbeiterstadtteile'. Die meisten sind heute von Desintegrationstendenzen und einem Verlust an Identität massiv bedroht. Gerade diese Stadtteile kennzeichnete *früher* eine außergewöhnlich hohe Homogenität und in der Folge eine stark ausgeprägte Identität eines „Wir-hier-im-Stadtteil". Umso schwerer ist dort zu verkraften, dass frühere Traditionen und Identitäten, und damit letztlich auch Sicherheiten, wegbrechen. Schon diese Diskrepanz zwischen früher sehr starker Identität und heutigem völligen Identitätsverlust belastet die Situation ganz erheblich. Dazu kommt, dass die Stadtteile auf Grund der Mentalität ihrer Bewohner auf große Umbrüche, neue Heterogenitäten und in der Folge enorme neue Integrationsanforderungen besonders schlecht vorbereitet sind: weitaus schlechter vermutlich, als ‚bessere', bürgerliche Stadtteile dies wären (die allerdings die Probe aufs Exempel in der Regel nicht zu machen brauchen, weil ihre Bewohner im Blick auf Schichten und Ethnien weniger Heterogenitäten aufweisen[2]). Mein Eindruck aus der Beobachtung zahlreicher Entwicklungsprozesse vertieft sich, dass solche Arbeiterstadtteile mit den Anforderungen, welche die Ziele und Handlungskonzepte ‚Sozialer Stadt' – oft genug mehr als ‚naiv' – stellen, schlicht überfordert sein können.

Dies als These vorweg. Zunächst aber zurück zur früheren Identität von Arbeiterstadtteilen. Die Homogenität und in der Folge Identität der Bewohner war in den klassischen Arbeiterstadtteilen oder -wohngebieten ursprünglich hoch, im Blick auf Beruf, Bildungsgrad, Lebensverhältnisse, oft Konfession. Man ging in dieselben Fabriken, war fest verwurzelt im Arbeitermilieu, fand Orientierung in den Zielen der Arbeiterbewegung, besuchte dieselben Arbeiterwirtschaften, war Mitglied in denselben Vereinen (Arbeitersportverein, Gesangverein, Naturfreunde, Kleingärtner), feierte dieselben Feste, sprach dieselbe Sprache: Mit ‚Sprache' meine ich nicht nur Deutsch oder Schwäbisch, sondern den buchstäblich örtlichen Dialekt eines Stadtteils (der sich vom Dialekt eines Nachbarstadtteils erheblich unterscheiden konnte), dazu die Ausdrucksweise der Schicht oder Klasse. Die Jugend

---

2 Vgl. hierzu insbesondere Jens Dangschat: Warum ziehen sich Gegensätze nicht an? Zu einer Mehrebenen-Theorie ethnischer und rassistischer Konflikte um den städtischen Raum. In: Wilhelm Heitmeyer u. a. (Hrsg.): Die Krise der Städte. Analysen zu den Folgen desintegrativer Stadtentwicklung für das ethnisch-kulturelle Zusammenleben. Frankfurt/Main 1998, S. 21 ff.

wurde über Vereine oder Verbände, z. B. die Falken, von klein auf stramm in die Lebenswelt und kollektive Identität ihres Stadtteils hineinsozialisiert. Viele Familien blieben über Generationen ihrem Wohngebiet treu.

Die traditionalen Elemente von kollektiver Identität sind heute fast überall weitgehend verschwunden, aufgrund gesellschaftlicher Wachstumsprozesse. Diese Tendenz lässt sich in allen Siedlungstypen und Stadtteilen zeigen; stärker, sichtbarer und mit allen Sinnen spürbarer als bürgerliche Quartiere und Stadtteile sind aber die ehemaligen Arbeiterstadtteile von diesem Wandel betroffen. Nichts ist in diesen Quartieren mehr so, wie es war: Die Fabriken, die für die Bewohner des Stadtteils Arbeit bereithielten, werden geschlossen, die Arbeitslosigkeit steigt unaufhörlich, Gebäudefassaden und Freiflächen kommen herunter; kleine Läden und Kneipen verschwinden, informelle und formelle Treffpunkte gehen verloren. Die Arbeiterbewegung liefert kaum mehr kulturelle und politische Orientierung, traditionale Symbole und Rituale eines Wir- oder Zusammengehörigkeitsgefühls derer im Stadtteil entfallen. Das Image des Stadtteils wird schlecht, die Fluktuation der Bewohner nimmt zu, wer irgend kann, zieht in bessere Viertel; in die Quartiere wandern neue Bevölkerungsgruppen ein, die meistens ganz anders sind als die alten: Ausländer aus vielen verschiedenen Nationen, Angehörige von gesellschaftlichen Randgruppen, Menschen mit ungewöhnlichen Lebensläufen und -zuschnitten, junge Leute mit – im Urteil der alten Bewohner – zum Teil sehr ‚schrägem Outfit‘, Gescheiterte aller Couleur, die nicht aus eigenem Antrieb, sondern wohl oder übel hier einziehen, auf der Suche nach billigem Wohnraum oder über die Notfallkartei des örtlichen Wohnungsamtes. Ausgerechnet diese früheren Arbeiter-Stadtteile sind aber nun, wie schon gesagt, auf den rapiden sozialen Wandel, der über sie einbricht, ökonomisch, politisch und mental besonders schlecht vorbereitet.

Ein hoher Verlust an Identität und Verunsicherung bis hin zur völligen Orientierungslosigkeit kennzeichnet gegenwärtig diese Gebiete. Nur *einer* von vielen Indikatoren für Identitäts- und Orientierungsverluste ist das politische Verhalten der Menschen. Seit einem guten Jahrzehnt zeigt die Wahlforschung klar, dass Bewohner ehemaliger Arbeiterstadtteile, wenn keine enge Bindung an Organe und Institutionen der Arbeiterbewegung besteht und damit kein Orientierungsrahmen mehr zur Verfügung steht, entweder rechts-konservativ, auch rechtsextrem wählen, – oder ihr Wahlrecht auch gar nicht ausüben. Politische Partizipation ist weder als Ideologie noch als Praxis verbreitet. Die Freisetzung von endogenen Selbsthilfekräften für die Entwicklung des Stadtteils, auf die das Bund-Länder-Programm ‚Soziale Stadt‘ durchgängig setzt, scheint unter diesen Umständen problematisch. In vielen Stadtteilen, die bundesweit derzeit ins Programm ‚Soziale Stadt‘ Aufnahme finden, zeigt sich genau diese Tatsache.

Halten wir fest: Die frühere Homogenität ist verloren, Identität und daraus abzuleitende Orientierung desgleichen. Auch die Moderne Gesellschaft braucht aber, das melden in seltener Übereinstimmung Sozialwissenschaftler aus ganz verschiedenen Disziplinen, ein Reservoir an Gemeinschaftlichkeit und Zusammengehörigkeitsgefühl. Offenkundig wird dieser Bedarf spätestens dann, wenn beides nicht mehr selbstverständlich ist. Es gibt Anzeichen dafür, dass zu Zeiten von Globalisierung und Individualisierung das Bedürfnis nach gemeinsamen Deutungsmustern und nach sozialer Verortung gerade auf der *Stadtteil*ebene mit ihren überschaubaren Dimensionen sogar zunimmt. Dies gilt allgemein, in besonderem Maße allerdings noch für ehemalige Arbeiterstadtteile. Formale Bildung (also die Länge der Ausbildungszeit) und räumliche Identifikation stehen nämlich in einem engen Zusammenhang: Je niedriger die formale Bildung, desto enger begrenzt ist der Raum, den ein Mensch als seinen Bezugsraum ansieht. Die heute beschworene Mobilität modernen Lebens und ein Freundeskreis weit über die Grenzen des Stadtteils, der Stadt und Region, sogar Deutschlands hinaus, kennzeichnet nur die gebildeten Schichten. Kinder und Jugendliche aus Umfeldern wie den beschriebenen kommen aus ihrem Stadtteil in der Regel nicht weit hinaus. (So kennen z. B. Kinder des Nürnberger Stadtteils Gostenhof außer dem eigenen Stadtteil zu einem großen Teil keine weiteren Quartiere: eine Tatsache, der die Jugendarbeit durch Ausflüge in Nachbarstadtteile und die Region Rechnung trägt). Umso wichtiger ist gerade für Kinder und Jugendliche die Chance zur Orientierung an diesem ‚Bezugsrahmen Stadtteil'.

Bedürfnisse und Notwendigkeit eines Gemeinschaftsgefühls im Quartier scheinen uns also auch heute nicht strittig. Frühere Identitätsquellen, die sich vorwiegend aus der Erfahrung von Gleichartigkeit speisten, sind, wie wir sahen, inzwischen verloren. Zwangsläufig stellt sich deshalb die Frage nach neuen Quellen eines Gemeinschaftsgefühls trotz enorm heterogener Gruppen und Lebensverhältnisse im Stadtteil.

Im Blick auf das Thema Integration im Stadtteil kommen mindestens zwei verschiedene Dimensionen ins Spiel: die Integration des Stadtteils in die Gesamtstadt und die Integration verschiedener Bevölkerungsgruppen im Stadtteil. Ich will an dieser Stelle nur den zweiten Aspekt weiter verfolgen: Darüber, was Integration verschiedener Bewohnergruppen des Stadtteils zu einer gemeinsamen Ganzheit, konkret gesehen, wirklich bedeutet, gehen die Meinungen in der Sozialwissenschaft wie im politischen Raum weit auseinander. Man kann die große Zahl unterschiedlicher Positionen hierzu in einige große Leitbilder einordnen (vgl. z. B. die Arbeiten von Hartmut Esser).

Problematisch scheint mir, dass solche Leitbilder (welches auch immer: Assimilation, Multikulti, Identität durch Segregation …) im Kontext ‚Soziale Stadt' zwar häufig als Zielbestimmung fungieren, allerdings ohne dass sie in der Regel ausreichend reflektiert würden im Blick auf die jeweils abzuleitenden konkreten Maßnahmen, vor allem aber auf die Frage, inwieweit die Menschen des Stadtteils den dafür jeweils nötigen mentalen ‚Erwartungen und Anforderungen' entsprechen. Ein Beispiel: „Alle sollen sich irgendwie besser verstehen und tolerant sein und sich daran freuen, dass die Menschen so unterschiedlich sind." Was dieses Multikulti-Leitbild (das sich im Stadtteil, außer bei den sozialen Diensten, meist keiner großen Beliebtheit erfreut) im einzelnen bedeutet, wer was wann ‚tolerieren' muss und was nicht, das lässt sich nur an der konkreten einzelnen Frage und in mühsamen Ringen abklären. Ohne ein gewisses Maß an Gemeinschaftsgefühl und Identität, an Konflikt- und Kompromisskultur gelingt dies aber kaum. Je unterschiedlicher die Menschen, Kulturen, Interessen sind, die hier aufeinanderprallen, desto schwieriger wird dieser Aushandlungsprozess. So kommt es schließlich zum Paradox: Die sozialen Werte, Ressourcen und Bürgertugenden, die durch Stadtentwicklungsprogramme erst aufgebaut werden sollen (soziales Miteinander,

Integration, Solidarität ...), sind schon von Anbeginn nötig. Das Ziel wird zur Voraussetzung für die Verfolgung des Ziels.

Die ungeheuren Integrationsleistungen, die in den beschriebenen Stadtteilen notwendig wären, können auf Dauer nur unter Verzicht auf Identität durch ‚Herkunftsgemeinschaft' gelingen: in der Veständigung auf gemeinsame Ziele, die von den Bürgern neu artikuliert werden müssen, in einem Diskurs, an dem alle teilhaben können. Das Gegenteil von Homogenität ist dabei nicht Heterogenität, sondern Reziprozität, d. h. Wechselseitigkeit, bei der das jeweils Andere als Ergänzung, komplementär und als Quelle des Austauschs gesehen wird. Man ist interessiert an gemeinsamen Aufgaben für die gemeinsame Zukunftsgestaltung, setzt auf Kooperation, auf Geben und Nehmen (Martin Greiffenhagen[3]). Das setzt Potential an Toleranz, demokratischer Offenheit und Zugewandtheit für andere Menschen sowie Konfliktfähigkeit und Konfliktlösungskompetenz voraus: eine Vielzahl also an ‚subjektiven Faktoren'.

In ehemaligen Arbeiterstadtteilen, so wie sie vorher beschrieben wurden, kann mit den entsprechenden Ressourcen und Potentialen statistisch aber gerade nicht gerechnet werden. Die enormen Probleme dieser Stadtteile erfordern ‚eigentlich' Bürger, die auf den Demokratieskalen der politischen Kulturforschung hervorragend abschneiden: Notwendig sind u. a. hohes politisches Interesse und eine gute Informiertheit, Selbstvertrauen und soziales Vertrauen, Toleranz und Ambiguitätstoleranz, soziales und politisches Engagement, politische Partizipation, Konflikt- und Kompromissfähigkeit: genau jene Werte also, die formal hoch gebildete Bevölkerungsgruppen aufweisen, nicht aber unsere Soziale-Stadt-Stadtteile.

Mit all dem soll nicht gesagt sein, dass die Hoffnung auf endogene Potentiale in Stadtteilen wie den beschriebenen unter allen Umständen und von vornherein unsinnig wäre. Wohl aber erscheint es mir notwendig, Ziele und Maßnahmen stärker als bisher danach zu befragen, wie realistisch sie angesichts des genannten ‚subjektiven Faktors' tatsächlich sind: im Interesse eines humanen, geduldigen und ‚ambivalenztoleranten' Umgangs mit den betroffenen Menschen. Es gilt deshalb meines Erachtens, die gelegentlich (zu) hoch gesetzten Erwartungen auf Seiten der Planer auf ein vernünftiges Maß zurückzuschrauben. Bei „Stadtteilen mit besonderem Entwicklungsbedarf" braucht es mehr als lediglich einen ‚Anschub' von außen. Und schlimmer: Wer in zu kurzer Zeit zu viel verlangt, frustriert und verängstigt die Menschen und erreicht unter Umständen genau das Gegenteil dessen, was ursprünglich Ziel war, nämlich weitere Segregation und sozialen Unfrieden.

---

3 Martin Greiffenhagen: Kulturen des Kompromisses. Opladen 1999.

Anja Scholz

Oberbürgermeisterinnen im Kommen?!

Oberbürgermeisterinnen gelten immer noch als Exotinnen in deutschen Rathäusern. Das Bild des männlichen Repräsentanten einer Stadt prägt die Vorstellung der Bürgerinnen und Bürger. Lediglich in 23 von 635 deutschen Städten ab 20.000 Einwohnern[1] ist eine Frau zur Oberbürgermeisterin gewählt worden. Vergleicht man diese Zahl mit der Beteiligung von Frauen in politischen Ämtern auf Landes- oder Bundesebene, wird die besondere Unterrepräsentanz gerade bei Oberbürgermeisterposten deutlich. In deutschen Landtagen liegt der Frauenanteil bei durchschnittlich 31,1 Prozent, im Bundestag bei 30,9 Prozent. Ein Mangel an qualifizierten und gut ausgebildeten Frauen ist nicht auszumachen und fällt als Erklärungsmuster aus.

Die Situation der Frau im Beruf hat sich im 20. Jahrhundert stark verändert. Früher fast ausschließlich auf die Mutterrolle fixiert, streben immer mehr Frauen in eine eigene berufliche Karriere. Heute ist es weitgehend Konsens, dass Frauen, genauso wie Männer, gute Führungskräfte sind. Warum nur so wenige Frauen bisher den Beruf einer Oberbürgermeisterin gewählt haben, bleibt bislang weitgehend unbeantwortet. Eine Aufarbeitung dieser Frage wird im folgenden, auf wesentliche Aspekte beschränkt, unternommen.

1. Ein besonderer Beruf

Oberbürgermeister zu sein, bedeutet, mit den Menschen in einer Stadt Zukunft zu gestalten. Es ist ein besonderer Beruf, der von den Amtsinhabern besondere Qualifikationen verlangt. Oberbürgermeister müssen Menschen mögen, kommunikativ sein, strategisch denken können, entscheidungsfreudig sein, viel Zeit investieren, eine Leidenschaft für die Kommunalpolitik entwickeln, machtbewusst sein, Überzeugungskraft besitzen, Personal führen können, ideenreich, teamfähig, fleißig, physisch und psychisch belastbar sein, müssen zuhören können und am besten auch noch mediengewandt sein. Mit der Aufzählung der Eigenschaften wird das

---

1 Stichtag: 31. 12. 1999. Für die heutige genaue Anzahl kann keine Gewähr übernommen werden. Die Zahl ist ein durch verschiedene statistische Angaben erhobener Wert, der sich durch die vielen Wahlen in deutschen Städten ständig verändert. Die Zahl kann als Richtwert betrachtet werden.

Bild eines „Super-Oberbürgermeisters" gezeichnet, der in all diesen Facetten in der Wirklichkeit kaum anzutreffen ist. Die Sammlung der wichtigen Eigenschaften, fasst man die bisherigen Untersuchungen über Oberbürgermeister[2] zusammen und ergänzt sie durch eigene Untersuchungen über Oberbürgermeisterinnen in Deutschland, lässt ein „Superamt" vermuten.

Oberbürgermeister ist nicht irgendein politisches Amt, es ist das Amt mit dem größten politischen Einfluss vor Ort, mit großer Bürgernähe, verbunden mit dem Management einer Stadt.

Eine verantwortungsvolle und reizvolle Aufgabe zugleich, könnte man vermuten. Aber es können Tendenzen beobachtet werden, die an der Attraktivität der Aufgabe Zweifel aufkommen lassen. Die baden-württembergischen Kaderschmieden für den Nachwuchs der Bürgermeister, die Verwaltungsfachhochschulen in Kehl und Ludwigsburg, vermelden ein deutlich zurückgehendes Interesse ihrer Studenten an der Aufgabe, Bürgermeister zu werden. „. . . nur zehn bis 20 Prozent der jetzigen Absolventen haben die Motivation für Führungspositionen", sagt Helmut Hopp, Dekan für den Fachbereich Wirtschaft, Sozial- und Kommunalwissenschaften an der Ludwigsburger Fachhochschule" (Stuttgarter Zeitung, 31. 5. 2002).

Auch die Amtsinhaber scheinen es nicht mehr so lange auf dem Rathaussessel auszuhalten. Mit Dr. Joachim Rücker (Sindelfingen, 8 Jahre), Dr. Wolfgang Bruder (Offenburg, 13 Jahre) oder Prof. Dr. Manfred Matusza (Villingen-Schwenningen, 8 Jahre) haben drei renommierte Oberbürgermeister in jüngerer Zeit vorzeitig ihren Ausstieg aus dem Amt beschlossen. Alle Drei haben sich für andere berufliche Herausforderungen entschieden, und das freiwillig. Alle führten persönliche Gründe für ihre Entscheidung an. Trotzdem kommen Fragen nach den Bedingungen im Amt auf, wenn sich gewählte Oberbürgermeister vorzeitig der Aufgabe entledigen. Ist der zeitliche und persönliche Einsatz, den das Amt abverlangt, doch zu hoch? Haben sich die Rahmenbedingungen verschlechtert? Ist der Verdienst zu gering? Sind Familie und Privatleben wichtiger geworden? Mangelt es an politischem Nachwuchs und an Menschen, die Verantwortung übernehmen wollen? Sind die Wählerinnen und Wähler zu unberechenbar geworden, wird ein Wahlamt als zu großes Risiko empfunden? Lassen die Vorgaben von Bund und Land zu wenig eigenen Spielraum? Wahrscheinlich ist es von allem ein bisschen.

Sollen in den Kommunen auch zukünftig „Superoberbürgermeister" arbeiten, muss darauf geachtet werden, dass das Amt nicht an Attraktivität verliert. Sollen die vielfältigen Aufgaben, die eine Kommune für Land und Bund übernimmt, verantwortungsbewusst erfüllt werden, soll die Politik vor Ort eine inhaltliche Qualität aufweisen, muss darauf geachtet werden, dass das Amt für gut ausgebildete Personen reizvoll bleibt. Eine 50–80-Stunden-Woche leistet keiner gerne, wenn die Anerkennung fehlt, der Handlungsspielraum eingeschränkt und die Bezahlung dürftig ist.

---

2 Siehe u. a.: Wehling/Siewert: Der Bürgermeister in Baden-Württemberg, Stuttgart 1984. Roth (Hrsg.): Position und Situation der Bürgermeister in Baden-Württemberg, Stuttgart 1998. Schulenburg: Direktwahl und kommunalpolitische Führung. Der Übergang zur neuen Gemeindeordnung in Nordrhein-Westfalen, Basel 1999.

Es scheint, als mangle es zunehmend an männlichen Kandidaten für das Amt. Dies könnte die Stunde der Frauen sein.

2. Die besondere Situation für Frauen

Dass es genügend gut ausgebildete Frauen gibt, daran besteht kein Zweifel. Dass es wünschenswert ist, wenn mehr Frauen in Führungspositionen vertreten sind, wird, zumindest verbal, auch von Männern unterstützt. Frauenförderprogramme und Quoten werden von männlichen Entscheidungsträgern unterschrieben.

Liegt es also am Amt Oberbürgermeister, oder sind die Rahmenbedingungen für Frauen in Führungspositionen nach wie vor ungünstig?

Es fehlen weibliche Netzwerke

Netzwerke sind für den Aufbau einer Karriere von großer Bedeutung. Noch fehlen genügend Oberbürgermeisterinnen, die dem Nachwuchs als Vorbild und Ermunterung dienen könnten und vor allem in schwierigen Situationen oder bei anstehenden Entscheidungen helfen. Nachwuchskommunalpolitikerinnen müssen sich durch eigene Erfahrungen den Weg nach oben bahnen. Dies ist möglich, aber es ist mühsamer und erfordert mehr Einsatz und persönlichen Willen als mit weiblichen Netzwerken. Aus den Gegebenheiten ergibt sich ein wichtiger autokatalytischer Zusammenhang: Wären mehr Frauen als Oberbürgermeisterinnen tätig, könnten diese interessierte Anwärterinnen unterstützen und ihnen den Weg ins Amt erleichtern.

Vorurteil: Frauen sind zu schwache Führungspersönlichkeiten

Noch immer wird von Frauen weniger ein dominierendes als ein dienendes Verhalten erwartet, so wie es dem Frauenbild entspricht, das durch Mutter, Ehefrau, Geliebte oder Sekretärin, aber viel seltener durch eine weibliche Vorgesetzte geprägt ist. Souveränes Auftreten einer Karrierefrau wird häufig als unnatürlich, hart und zickig interpretiert, während es bei Männern in Führungspositionen zum normalen Repertoire gerechnet wird. Da Frauen in Führungspositionen noch nicht „normal" sind, sondern immer noch eine Ausnahme darstellen, müssen Frauen sich ihre Akzeptanz und ihren Status härter erarbeiten. Auch bei weiblichen Oberbürgermeistern schaut man genauer hin, Fehler werden innerhalb und außerhalb der Verwaltung weniger verziehen.

Das ist keine rein männliche Perspektive. Auch Frauen haben mit dem Umstand, dass Frauen an der Spitze stehen, mitunter Schwierigkeiten. Eine Umfrage unter 100 Frauen anlässlich der Oberbürgermeisterwahl in Lörrach, bei der eine Frau kandidierte, und später gewann, macht dies deutlich: „Ein Mann macht einfach einen besseren Eindruck und hat alles besser im Griff. Das, was ein Mann fordert, wird eher ausgeführt, als wenn es eine Frau sagen würde. Bei Frauen wird immer komisch geschaut, wenn sie es bis nach oben geschafft haben" (Oberbadisches Volksblatt, 25.2.1995). Die Vermutung liegt nahe, dass gerade Frauen, sehen sie ihre Geschlechtsgenossinnen in einer Führungsposition, sich mit der Frage ihrer eigenen Lebensplanung konfrontiert sehen. Hätten sie es auch schaffen können, Beruf und Familie zu vereinbaren? Eine mögliche Unzufriedenheit mit der eigenen Entscheidung könnte dazu führen, dass Frauen es anderen Frauen auch nicht gönnen wollen, eine berufliche Karriere zu machen. Frauen können nicht automatisch mit einer Unterstützung von Frauen rechnen. Unterstützen können vor allem weibliche Vorbilder. Frauen, die es „nach oben" geschafft haben, und nicht vermeintlichen Karrierechancen nachtrauern.

Die Vereinbarkeit von Familie und Beruf als Hürde
Die Rollenverteilung in Deutschland ist traditionell. Die Kindererziehung ist weitgehend Sache der Frauen. Wollen Frauen eine herausgehobene Führungs-position wie die einer Oberbürgermeisterin erreichen, trifft sie die Entscheidung, Kinder ja oder nein, besonders hart. Gerade in dem Alter, in dem sich die berufli-chen Weichen stellen, stellt sich auch die Frage nach dem Kinderwunsch. Auffällig ist, dass Oberbürgermeisterinnen entweder Kinder haben, die keiner ständigen Betreuung mehr bedürfen, also ihre berufliche Karriere nach der Mutterphase begonnen haben. Oder Oberbürgermeisterinnen haben auf Kinder verzichtet. Die Entscheidung entweder Beruf oder Familie beschert jungen und gut ausgebildeten Frauen große Konflikte. Eine Oberbürgermeisterin berichtete von einer Podi-umsdiskussion im Wahlkampf, bei der sie gefragt wurde, wie sie gedenke, den anstrengenden Beruf mit vier Kindern bewältigen zu können. Sie sagte daraufhin: „Haben Sie das auch den Vorgänger im Amt gefragt, der hatte nämlich auch vier Kinder?" Kandidieren Männer für dieses Amt, werden Kinder als Pluspunkt ge-wertet. Sie attestieren dem Mann, dass er Verantwortung übernehmen kann. Eine intakte Familie mit Kindern bedeutet Zuverlässigkeit und Seriosität. Frauen dage-gen wird vorgeworfen, sie würden ihre Familie vernachlässigen und die Familie aufs Spiel setzen, streben sie ein solches Amt mit Kindern an. Haben sie keine Kinder, müssen sie mit dem Vorwurf der Karrierefrau, die nur an sich selbst denkt, leben. Nur durch familienunterstützende Maßnahmen könnte es zu einem Umdenken in der Gesellschaft und zu mehr Kandidatinnen kommen.

3. An der Spitze akzeptiert?

Das Bild ist immer noch deutlich: Je höher die Stufen der Karriereleiter, um so seltener sind Frauen anzutreffen. Das lässt sich in Vorstandsetagen deutscher Wirt-schaftsunternehmen genauso beobachten wie an deutschen Universitäten und auch in deutschen Rathäusern.

Das Ende der Benachteiligung von Frauen in Führungspositionen wurde von der Wirtschaft aufgegriffen. Eine Studie der Basler Prognos AG bescheinigte Deutschland einen akuten Führungskräftemangel. Die weibliche Reserve wurde beschworen, und die Fachpresse wandte sich gegen jegliche Benachteiligung von Frauen im Management. Ganz im Gegenteil wurden die eher dem weiblichen Geschlecht zugeschriebenen Tugenden wie Teamgeist, Kommunikationsfähigkeit sowie soziale Kompetenz als wichtige Eigenschaften einer Führungskraft transpor-tiert und nicht mehr allein die typisch männlichen Attribute wie Durchsetzungs-kraft und Härte. Frauen müssen sich nicht mehr an den Männern messen, sie können so agieren, wie es zu ihnen passt. Auch Oberbürgermeisterinnen wollen keine Vergleiche zu ihren männlichen Kollegen ziehen oder gar darüber urteilen, welches Geschlecht Vor- oder Nachteile im Amt hat. Nicht das Geschlecht entscheidet, sondern die Qualifikationen, die ich anfangs dem „Superoberbürgermeister" zugerechnet habe. Auffällig ist, dass Gespräche und Teamgeist für die meisten Oberbürgermeisterinnen eine besondere Rolle spielen. Das Miteinander steht, nach eigener Einschätzung, im Vordergrund. Dennoch lassen sie keinen Zweifel daran, wer die Chefin im Rathaus ist.

Frauen kommen dann zum Zug, wenn keine Männer zur Verfügung stehen

Bemerkenswert ist, betrachtet man amtierende Oberbürgermeisterinnen, dass es einige Beispiele gibt, bei denen gerade Frauen den Mut hatten, in vermeintlich aussichtslosen Situationen zu kandidieren. Jüngstes Beispiel in Baden-Württemberg ist Christel Augenstein, die in Pforzheim 2001 gegen den amtierenden Oberbürgermeister Joachim Becker gleich im ersten Wahlgang gewann. Augenstein war FDP-Stadträtin und entschloss sich, trotz pessimistischer Prognosen, zur Kandidatur. Die CDU verzichtete auf einen eigenen Kandidaten, da sie die Wahlchancen gegen den seit 16 Jahren amtierenden SPD-Mann Becker als marginal einschätzte. Es wurde kein hochkarätiger Kandidat gefunden, der sich ein blaues Auge einfangen wollte. Hätten die Parteistrategen die Siegchancen optimistischer eingeschätzt, wäre sicher mit einem CDU-Kandidaten zu rechnen gewesen. Augenstein ließ sich durch schlechte Prognosen nicht abhalten und erhielt von Teilen der CDU Unterstützung für ihre Kandidatur. Der Mut hat sich gelohnt: 53,2 Prozent der Stimmen im ersten Wahlgang sprechen für sich.

Dr. Sigrun Lang kandidierte 1998 in Baden-Baden in ähnlicher Konstellation. Auch sie ist gegen den Amtsinhaber Ulrich Wendt angetreten, und auch ihre Wahlchancen wurden pessimistisch eingeschätzt. „Die ehemalige Leiterin des Bauamtes der Stadt Kehl und spätere langjährige Vorstandsvorsitzende der Bäder- und Kurverwaltung Baden-Baden hatte sich von Gegnern des amtierenden Oberbürgermeisters zur Kandidatur überreden lassen und einen, nur von wenigen für möglich gehaltenen, Sieg im zweiten Wahlgang erreicht" (Stuttgarter Zeitung, 20. 05. 1998).

Nicht alle amtierenden Oberbürgermeisterinnen kandidierten nur dann, wenn sich kein männlicher Bewerber finden ließ. Brigitte Russ-Scherer in Tübingen ist ein Gegenbeispiel. Die Strategen der SPD haben sich bei der Nominierung bewusst für eine gut ausgebildete Frau entschieden, weil sie glaubten, in einer links geprägten Universitätsstadt gegen einen männlichen Bewerber der Grünen bessere Chancen zu haben. Die Rechnung ging auf, Russ-Scherer gewann im zweiten Wahlgang.

Erfolgsgeschichten

Die amtierenden Oberbürgermeisterinnen beweisen: Es gibt sie wirklich, die Frauen, die die Kandidatur zur Oberbürgermeisterin erfolgreich gemeistert haben und auch im Amt Führungsqualitäten beweisen. Gerade wegen aller aufgeführten

Schwierigkeiten wollten ich positive Beispiele darstellen, um deutlich zu machen, dass Frauen diesen Beruf überaus erfolgreich meistern können. Nicht das Beklagen der Defizite führt zu einer Veränderung, sondern das Aufzeigen der Chancen und Möglichkeiten. Nur wenn es gelingt, junge Frauen zu ermutigen, diesen Weg zu gehen, kann es auch gelingen, mehr Frauen auf deutschen Rathaussesseln zu sehen. Und die Chancen für Frauen, Oberbürgermeisterin zu werden, stehen gut!

Die erfolgreichen Oberbürgermeisterinnen sind der Schlüssel, um jungen Frauen Mut machen zu können. Diese Beispiele gilt es wissenschaftlich zu untersuchen und die Ergebnisse zu kommunizieren.

4. Fünf Ideen zur Erhöhung der Zahl von Oberbürgermeisterinnen

In kurzen Schlaglichtern möchte ich zum Schluss fünf Ideen anreißen, die eine „Vermehrung" von Oberbürgermeisterinnen bewirken könnten.

1. Die Entscheidung für das Amt sollte nicht die Entscheidung gegen Familie und Kinder einschließen müssen.
   Durch die Etablierung von Kindertagesstätten und Ganztagsschulen, in denen die Kinder gut betreut und versorgt werden, wird den Frauen, die sich auch für einen Beruf entscheiden wollen, Planungssicherheit gegeben. Eine Entscheidung für Beruf oder Familie muss nicht mehr sein, die Verbindung beider Lebensziele sollte möglich werden.

2. Netzwerke von Frauen sollten sich gegenseitig beim Weg in das Amt unterstützen.
   Netzwerke von Frauen in Führungspositionen gibt es mittlerweile in Deutschland und auch auf europäischer Ebene. Noch effektivere Netzwerke zwischen Oberbürgermeisterinnen können Nachwuchs fördern und unterstützen helfen.

3. Die Partner der Frauen, die Oberbürgermeisterin werden wollen, sollten diesen Weg akzeptieren.
   Das Oberbürgermeisteramt fordert einen hohen zeitlichen Einsatz, der zu Lasten des Privatlebens geht. Dazu sind Partner nötig, die den Weg akzeptieren und ihre Partnerinnen unterstützen. Für Männer scheint es noch immer schwieriger zu sein, eine erfolgreiche Frau an ihrer Seite zu akzeptieren, als dies umgekehrt der Fall ist. Ein Umdenken wäre eine große Entlastung für beruflich motivierte Frauen.

4. Anerkennen der Kompetenz
   Dass Frauen das Amt einer Oberbürgermeisterin hervorragend ausüben können, dafür gibt es gute Beispiele. Diese Erkenntnis sollte in die Köpfe der Entscheider und der Wählerinnen und Wähler gelangen. Durchsetzungskraft und ein erfolgreicher Führungsstil sind geschlechterunabhängig anzutreffen.

5. Durch positive Vorbilder und deren Dokumentation soll Frauen Mut gemacht werden, sich für ein Oberbürgermeisteramt zu bewerben.
   Vorbilder sollen Frauen Lust zur Macht verleihen und dazu führen, dass Frauen Leitungsfunktionen übernehmen wollen.

Werden einige der „Ideen" umgesetzt, dann sind Oberbürgermeisterinnen im Kommen. Langsam aber sicher!

Julian Aicher

„Eine Handvoll Männeken"
Wie sich eine kleine Gruppe von süddeutschen Mittelständlern für das Stromeinspeisegesetz stark machte – und damit Milliarden-Investitionen auslöste

Das könnte von fast jedem deutschen Stammtisch stammen: Die Welt ist schlecht – ausgenommen die eigene. Und dieser Missstand lässt sich nicht ändern. Denn die Politik – die bestimmen ohnehin nur ‚Großkopfete'. Da gewinnt die einzelne Bürgerin, der einzelne Bürger keinen Einfluss darauf. Wirklich?

Machtkonzentration? Machen mannigfach verflochtene Verbände und finanzkräftige Firmenfamilien alleine die Regelwerke der Republik? Oder schaffen es einzelne – oder wenigstens kleine Gruppen und Interessenverbände – doch gelegentlich, Gesetze anzuregen oder gar nach eigenen Vorstellungen durchzusetzen? Die Antwort lautet: Ja.

Wie – das beschreibt die Geschichte eines Gesetzes, das auf einen kleinen Kreis Überzeugter zurückgeht. Ein Gesetz, das sich verhältnismäßig einfach liest. Und ein Gesetz, das 2002 – gut zehn Jahre nach seinem Inkrafttreten – grundsätzlich immer noch gilt. Ein Gesetz, das mehr und mehr Ländern außerhalb Deutschlands als Vorbild für eigene ähnliche Regelungen dient. Und ein Gesetz, das kaum parlamentarisch-staatliches Geld kostete, aber Milliarden an Investitionen auslöste: das Stromeinspeisegesetz vom 1. Januar 1991.

Was regelt(e) das Stromeinspeisegesetz? Eine Frage, die sich mancher Leserin und sicherlich mehr als einem Leser dieses Beitrags stellt. Der Hinweis, Tausende neuer Windräder zwischen Waterkant und Watzmann würden sich ohne besagte gesetzliche Bestimmung kaum drehen, weckt vielleicht mehr Verständnis. Denn das Stromeinspeisegesetz regelte, wieviel Geld für Elektrizität aus kleineren klimafreundlichen Kraftwerken zu bezahlen sei. Und zwar zu vergüten von denen, die die Stromnetze besitzen und die diese Energie an Haushalte und Betriebe als Endkunden weiterverkaufen. Zu bezahlen also in der Regel von großen Stromkonzernen oder deren Tochterunternehmen.

Knapp 4 Euro pro Kopf im Jahr für Elektrizität aus erneuerbaren Energien

Damit unterstützte das genannte Gesetz die Sonnenenergie und ihre vielen Töchter aus Pflanzen, Wasserkraft, Windkraft. Durchgesetzt zur Amtszeit Helmut Kohls, finden sich diese Bestimmungen wieder im „Erneuerbaren Energien Gesetz" (EEG) der rot-grünen Berliner Republik vom 1. April 2000. Diese Regelung sichert etwa Strom aus Kleinwasserkraftwerken mit einer Leistung von bis zu 500 Kilowatt den Betrag von 0,0767 Euro pro Kilowattstunde als Verkaufsvergütung ins Stromnetz zu. Für die Endkundin oder den Endkunden folgte daraus im Jahr 2002 ein Mehrpreis in Höhe von knapp 4 Euro. Ein paar Euro für heimisch-klimaverträgliche Energie im Schnitt.

Mehrere tausend Windräder, Tausende von Biogasanlagen – besonders an Bauernhöfen – massenweise Solarzellen auf Dächern, unzählige sanierte alte Wasserturbinen. Und damit weit über 100 000 neue Arbeitsplätze in Fabriken und Handwerksbetrieben zwischen Alpen und Nordsee. Ein Gesetz, das sich derart massiv auswirkt – das kann doch eigentlich nur von großen Konzernen oder Verbänden vorbereitet worden sein? Bestenfalls vielleicht von den beiden einflussreichen Kirchen? Oder doch wenigsten von öffentlich beachteten Umweltorganisationen? Nein.

Beachtliches persönliches Risiko

Eine kleine Gruppe von Mittelständlern sieht sich als Keimzelle des Stromeinspeisegesetzes. Deren Triebfeder: Ihre Liebe zur Wasserkraft. Schließlich besitzen die meisten von ihnen Wassertriebwerke. Deshalb machten sich diese Mittelständler dafür stark, den großen, monopolen Energiekonzernen eine gesetzlich geregelte Verkaufsvergütung abzutrotzen. Und damit ein Tarifgesetz, das es zuließ, betriebswirtschaftlich sinnvoll Elektrizität in kleineren Wasserkraftwerken zu gewinnen. Wirtschaftspolitischer Wille, der weit über private Interessen hinauswies – und der sich ohne gerichtliche Auseinandersetzungen nicht durchsetzen ließ – bei beachtlich hohem persönlichem Risiko.

Was für Leute sind das? Wie den Weg zu ihnen finden? Wie wirken sie im ersten Augenblick? Warum handeln sie so? Diese Abhandlung, geschrieben in der ‚Freizeit' eines ‚Selbständigen', kann nur ein erster Schritt sein. Er bestand aus ein paar Besuchen bei einigen von denen, die in Baden-Württemberg den Weg für privatmittelständische Wasserkraftnutzung neu betraten. Und damit eine Strecke, die kaum ohne langen Atem zu meistern ist.

„Atomkraft – nein Danke". Ein solcher Aufkleber sticht bei den wasserkräftigen Vätern des Stromeinspeisegesetzes von 1991 im Süden der Republik ebenso wenig ins Auge wie handgestrickte Wollpullis oder ähnliche Symbole grün-alternativen Lebensgefühls. Wenn sie sich treffen, prägen eher passgenaue Anzüge das Bild. CDU-Parteibücher bringen etliche ihrer politischen Positionen auf den Punkt. Doch während draußen am Parkplatz mancher poliert-prächtige PKW Wohlstand vermuten lässt, poltert drinnen der Präsident dieser Männer aus dem Mittelstand über die mächtig herrschende Politik. Kann – oder muss – er ihr doch allzu viele Verbindungen zu den Konzernen der Atom- und Kohleindustrie nachweisen. Und zwar denen aus sozialdemokratischen Seilschaften der Kohleindustrie, aber den eigenen, ‚schwarzen' nicht minder. Selten habe ich so vernichtende Kritik über Unionspolitiker gehört, kaum anderswo so konkret gehaltene Vorwürfe gegen eigene Parteihäupter wie aus dem Mund von diesen CDU-Mitgliedern. Ein Widerspruch? Auf jeden Fall lebendig wirkende Demokratie.

Tüchtige Tradition mit Wasserturbinen

Stets bei den wasserkräftigen Stromproduzenten zu spüren: Der Stolz auf Erreichtes – doch immer auch Ärger darüber, warum viele der gewünschten Ziele bisher nicht verwirklicht sind. Oder: Die Angst, hart Erkämpftes wieder verlieren zu können.

Eine weitere Triebfeder dieser Herren (Frauen bilden hier eindeutig die Minderheit), von denen kaum einer unter 40 wirkt, scheint die Tradition zu sein. Tätige, tüchtige Tradition. Anders als viele Vertreter anderer sonniger Energien, stehen die Wasserkraftler für Segnungen von Techniken, die sich über Jahrtausende entwickelt haben. Sie gelten bei der Bevölkerung als längst bewährt. Ein Bewusstsein für Bewahrendes, das bei Besuchen von Vorstandsmitgliedern der „Arbeitsgemeinschaft Wasserkraftwerke Baden-Württemberg" fast zum Greifen spürbar wirkt.

Zum Beispiel beim Vorsitzenden Elmar Reitter. Den Weg zum Treffen mit diesem 51jährigen Diplomingenieur weisen schon Marksteine, die wenig mit großstädtisch hektischem Wandel zu tun haben. Weit mehr mit Altgewohntem. Gut eine halbe Autostunde südwestlich von Ulm, an der Bundesstraße 311, öffnet sich hier hinter Munderkingen der Blick auf Oberschwäbisch-Katholisches. Die barocken Kirchtürme des einstigen Klosters Obermarchtal grüßen, bevor eine kleine Seitenroute nach Rechtenstein zeigt. Noch ein paar Minuten, dann tut sich eine Tallandschaft auf, die so romantisch aussieht, als habe der Herrgott bei Erschaffung der Welt hier ein Stückchen Paradies zur Erde fallen lassen. Am gegenüberliegenden Talabhang thront der Bergfried der Burg Rechtenstein, darunter der barocke Zwiebel-Kirchturm des Dorfs direkt am Ufer der Oberen Donau.

Nahe der Brücke dorthin: Gebäude aus früheren Zeiten der Industriegeschichte. Unter ihnen drängt das quirlige Nass des Flusses heraus. Hinter ihren Mauern surren Brummtöne, die fachlich erfahrenen Gästen sofort verraten, dass dort Wasserkraft Maschinen treibt.

In Rechtenstein hat die regenerative Zukunft schon begonnen

Turbinen mit Generatoren. Sie liefern am Kleinwasserkraftwerk Rechtenstein mit 1,8 Millionen Kilowattstunden übers Jahr weit mehr Elektrizität, als der ganze 310köpfige Flecken verbraucht. Demnach könnte Rechtenstein als Vorzeige-Gemeinde für eine regenerative Zukunft gelten.

Also für künftige Zeiten, in denen der Strom zwar aus der Steckdose stammt, aber in denen jedes Kind weiß, dass sich die Quelle dieser Energie wiederfindet in den photovoltaischen Solarzellen direkt auf dem eigenen Dach, in den Biogasanlagen benachbarter bäuerlicher Ställe, in pflanzenöl- oder holzbetriebenen Blockheizkraftwerken naher Gewerbetriebe ebenso wie in der Bodenwärme oder der Hitze tief drunten im Erdreich. Oder eben auch weit drüber in Windkraftrotoren oder eher bodenverbunden in Wassertriebwerken. Das alles auf Gemarkung der eigenen Gemeinde. Oder doch wenigstens in einem kleinen Umkreis von weniger als 150 Kilometern. Stichwort: Regionale Wertschöpfung.

Rechtenstein – schon heute ein Vorzeigeort der Vorahnung auf eine denkbare Zukunft, die dank Energiesparlampen, (mit Tageslicht betriebenen) photo-voltaischen Rasierapparaten, Weckern und anderen energie-effizienten Geräten weniger Strom benötigt als heutige Haushalte? Kommenden Zeiten, während denen der Mensch zur Hausheizung höchstens noch ein Zehntel derjenigen Ener-gie von außen antransportieren muss, die er in den 1970er Jahren herschaffte, weil Fenster, Türen und vor allem Wände bereits heute so gedämmt sein können, dass kaum Wärme verloren geht. Zudem unterstützt dann die Sonne durch Fenster in südlicher Richtung die Heizung. Kurzum: Künftige Zeiten, zu denen sich indus-triell verwöhnte Gesellschaften auf eigene Vorräte und Kräfte besonnen haben werden müssen. Mit ihnen verlieren Preissteigerungen am Ölmarkt ähnlich viel von ihrem Schrecken, wie höhere Erdgaspreise oder fehlende Elektrizität aus dann stillgelegten Atom-, Erdgas- und Kohlekraftwerken. 15.000 mal mehr Energie als sie liefern, strahlt die Sonne schon heute zur Erde, sagt Dr. Hermann Scheer, Träger des „Alternativen Nobelpreises".

Eine mögliche Zukunft, die das Klima kaum noch zusätzlich belastet. Ganz anders, als der deutsche Alltag im Jahr 2002. Eine denkbare Zukunft, die extremen Wetterlagen – wie sie im Sommer 2002 in Europa wüteten – weniger menschliche Ursachen zuspricht.

Künftige Zeiten, die vielleicht auch manchem knappen Konto wieder nach oben auf zahlungskräftigere Kurven verhelfen könnten. Denn für Energie gab die oder der durchschnittliche Deutsche gegen Ende der 1990er Jahre von Januar bis Dezember bis zu 4 000 Mark aus. Und damit Geld, das für Erdöl, Uran und Erdgas großenteils ins ferne Ausland floss – also in heimischen Kassen fehlte. Dagegen könnten mit Energie von hier viele Finanzmittel im eigenen Land bleiben. Stichwort: regionaler Kreislauf. Würden 4 000 Mark oder 2 000 Euro pro Kopf auf diese Wegen die Kurve in Richtung Region kriegen, bedeutete dies womöglich ein heimisches Konjunk-turprogramm, das selbst Ludwig Erhard hätte vor Neid erblassen lassen.

Regenerative Realitäten

Energie von hier. Heimisch, klimafreundlich, krisensicherer. Einer so naheliegend-denkbaren Zukunft gehört mancherorts längst die Gegenwart. Etwa im ober-bayerischen Erding, wo Erdwärme Tausenden die Wohnung heizt oder auf der Schwäbischen Alb, wo das Holz-Heizkraftwerk des Fertighaus-Bauunternehmens Schwörer Elektrizität für eine Stadt mit mehr als 50 000 Personen liefert. Ähnlich sonnengestärkt in Siedlungen Freiburgs und Ulms. Aber eben auch in Rechtenstein an der Donau. Dort, wo das Rauschen am Auslauf des regenerativen Wasserkraft-werks der Romantik allenfalls zusätzliche Reize verschafft.

Ein kleiner Ort mit großer Wirkung? Wurde ausgerechnet von hier aus die Revolution der schwerfällig-teuren Energiewirtschaft aus Kohle, Erdgas, Atom und Erdöl hin zu mittelständisch-wirtschaftlich arbeitenden Gewerben mit Kontobewegungen dank Konjunktur mit Klimaschutz losgetreten? Sicherlich nicht nur. Aber eben auch.

Denn die regenerative Energiegewinnung Rechtensteins beleuchtet viele Gesichtspunkte aus der Energiepolitik. Und manche von ihnen zeigen: Das Rad der Geschichte braucht nicht unbedingt neu erfunden zu werden.

Konjunkturfaktor Klimaschutz

Das machen schon allein diejenigen deutlich, die diese Geschichte erzählen. Zum Beispiel die Geschichten Elmar Reitters. Drinnen im Büro seines romantisch wirkenden Donaukraftwerks Rechtenstein sitzt der Ingenieur am Schreibtisch und wendet sich bei Besuchen vom Bildschirm ab. Also von seinem Computer, der Reitter verrät, welcher Wasserstand die Donau wo prägt, aber auch, welches seiner anderen Wasserkraftwerke gerade wieviel Kilowatt elektrischer Leistung liefert.

Kein Weg aus weichen Schritten. Was in Elmar Reitters Rechtensteiner Büro nahe dem rauschenden Donauwehr fast beruhigend gemütlich scheint, errang der Techniker nicht ohne Risiko. Erinnert doch manche leere Produktionshalle daneben an Zeiten, in denen die Reitters hier mit Maschinen Dank Wasserkraftantrieb Holz zur Papierherstellung schliffen. Doch während der frühen 1990er Jahre drückten Währungs-Turbulenzen die Preise der skandinavischen Konkurrenz derart nach unten, dass sich in Rechtenstein nicht mehr rentabel wirtschaften ließ. Also suchte Elmar Reitters Vater Anton (1921–1997) andere Einnahmequellen. Er fand sie in derjenigen Ressource, die die Reitters 1964 an die Donau gelockt hatte: in der Wasserkraft.

Energie am Wasser, am Bach – Energie im Fluss. Aufgrund der treibenden Donaukraft war schon um 1900 die alte Mühle der Herren von Stein durch eine Holzschleiferei ersetzt worden. Reitters heutiges Refugium. Diese Schleiffabrik diente wiederum der Papierproduktion im nahen Scheer – heute Kreis Sigmaringen. Energiequelle dort: Ebenfalls die Wasserkraft der Donau. Doch während die geschilderte Papierindustrie vor rund 10 Jahren „die Maschinen nach Bangladesch verkauft" hatte, treiben die Turbinen in der Donau weiter die Räder. Zur Stromgewinnung.

Verkauf von Elektrizität – eine neue Einkommensquelle für Eigentümerinnen oder Eigentümer von einstigen Gewerbegebäuden. Solche Einnahmen helfen, derart alten Fabrikbereichen einen anderen Wert beizumessen. Als Sicherheit gegenüber Banken ebenso wie als Baudenkmal. Da lohnt sich dessen Erhalt nicht nur fürs Auge. Schließlich erweisen sich leere Gewerbehallen in dünnbesiedelten Landstrichen – wie etwa dem Kreis Sigmaringen – als alles andere denn als leicht vermietbar an eine zahlungsfähige Kundschaft.

Damit nicht genug. Denn als die alten Papierfabrikationen schlossen, gingen Arbeitsplätze verloren – doch nicht alle. Denn Elmar Reitter behielt zwar nicht sämtliche 17 Kräfte der vormaligen Holzschleiferei Rechtenstein, beschäftigt heute aber fünf Personen – eine Sekretärin und vier Schlosser. Fähige Leute, mit denen der Ingenieur seine Wasserkraftanlagen an der Donau, an der Lauter, am Neckar, an der Schussen, der Iller und anderen Gewässern bis in die italienischen Alpen wartet. Einkommen dank klimaverträglicher Energie.

Mittlerweile könnte Reitter mit solch regenerativ erzeugtem Strom locker die Bevölkerung einer 10 000köpfigen Kleinstadt versorgen. Unternehmerisch tritt er dabei mit mehreren auf, für die er Verwaltung und Wartung wahrnimmt. Seinen Partnern gehören wiederum andere Wassertriebwerke. Schließlich gilt der Ingenieur nicht als einziger Mittelständler, der mit dieser rauschenden Regenerativenergie sein Einkommen weitet. So hatte etwa der Memminger Bauunternehmer Einsiedler schon in den 1950er und 60er Jahren solche Triebwerke in die Gewässer bauen lassen. (Die Standorte dafür erhielt er von den jeweiligen Gemeinden oder Gewässerbehörden, die Einsiedler die Uferpflege auferlegten.) Noch heute stützen die Einnahmen aus Stromverkauf die Firma und helfen, Konjunkturschwächen der Baubranche abzufedern. Das sorgt für Standfestigkeit auf mehreren Stützen.

Aktiver Denkmalschutz, Strukturförderung, Schaffung oder Erhaltung von Arbeitsplätzen und Bereitstellung bewährter heimisch-klimafreundlicher Energie zu vergleichsweise günstigen Preisen – eine ganze Summe lobenswerter Eigenschaften lassen sich mit Wasserkraft in mittelständischen Betrieben vereinigen.

Das alles funktioniert freilich nur dann, wenn es sich mit Erträgen aus Stromverkauf betriebswirtschaftlich rechnet. Klingt selbstverständlich, ist es aber nicht. Denn was für Elektrizität aus vergleichsweise kleinen Wassertriebwerken zu zahlen sei, war heftig umstritten. Die Mittelständler mussten mutig darum kämpfen. Und zwar mit denen, die die Stromnetze besitzen. Also mit großen Energiekonzernen.

Anfangen bei Adam und Eva oder bei Atomstrom?

„Da möchte ich mich nicht vordrängen." Elmar Reitter, einer dieser Männer aus dem Mittelstand, wirkt gleichzeitig gelassen und bescheiden, wenn er auf einer Fahrt über die Schwäbische Alb vom Neckar- zum Donaukraftwerk in ruhigem Ton von den Auseinandersetzungen mit den Strommonopolen in den 1980er und 90er Jahren berichtet. Keine kurze Geschichte – auch keine, die schon zu Ende geschrieben scheint. Sicherlich mehr als genug Stoff für weitere Aufsätze und Material für wissenschaftliche Arbeiten.

Denn: Wo anfangen mit dem Erzählen? Bei Adam und Eva – oder erst bei Jesus Christus?

Schließlich nutzte der Mensch die treibende Kraft des fließenden Nass' schon vor über 2 000 Jahren, um sich das Leben zu erleichtern. Im Mittelalter stand das Wort „Mühle" für den heutigen Begriff von „Maschine". Auch Mönche und Nonnen nutzten die Segnungen der Tropfen vom Himmel. So ließen die Klöster ausgeklügelte Systeme von Triebwerken, Kanälen und Weihern anlegen, um natürliche Fließkräfte für sich einzusetzen. Zum Beispiel am „Stillen Bach" in und um Weingarten, Landkreis Ravensburg. Seine Antriebskraft liefert noch heute Schwung für etliche Betriebe. Schier eine kleine Seenlandschaft wurde damals unter höherem Segen angelegt, mit Weihern als rückstaubare Energiespeicher, die wie „Himmelsaugen" sonniges Licht wiederspiegeln. Regnet es besonders heftig, können diese Speicher einen Teil des Hochwassers aufnehmen. Dezentrale Vorsorge – über Generationen eingeübt.

Doch auch die Industrialisierung des 19. und 20. Jahrhunderts – in unzähligen Schulstunden auf die Dampfmaschine zurückgeführt – wäre in Süddeutschland ohne Wasserkraft kaum möglich gewesen. Wo tosendes Nass in die Tiefe stürzte, sahen selbst Schweizer Industrielle Chancen für Fabrikbauten im energiearmen Württemberg. So zählten „disponible Gefälle (…) zum entscheidenden Standortfaktor, was eine dezentrale Industrialisierung des deutschen Südwestens bewirkte". Der Reutlinger Oberbürgermeister Dr. Stefan Schultes hat deshalb wohl kaum übertrieben, als er die fließende Energie des örtlichen Gewässers Echaz nicht nur als „wichtigen Wirtschaftsfaktor" bezeichnete, sondern als „Kraftquelle für die Entwicklung von Industrie und Gewerbe und damit für unseren heutigen Wohlstand und die soziale Sicherheit".

Auch der elektrische Strom stammte zunächst vor allem aus der Energie von Bächen und Strömen. Warum war in den Straßen des Westallgäuer Städtchens Wangen 1893 weit mehr als ein elektrisches Licht aufgegangen – und damit früher als in der Landeshauptstadt Stuttgart? Weil gründungswillige Gemüter die Wasserkraft der örtlichen Argen zur Stromproduktion angezapft hatten. Bezeichnungen wie Illerkanal oder Rheinfelden stehen für Elektrizität aus Wasserkraft nicht minder wie flussbezogene Firmennamen: Neckarwerke, Vorarlberger Illwerke, Lechwerke, Isar-Amper-Werke.

Wie gespickt von Mühlen

Fast vergessen wirken dagegen Wegmarken zu wasserkraft-verbundenen Orten, die mit der gewöhnlich genutzten Landschaft ähnlich eng verwoben schienen, wie Brücken oder Bäche: „Es klappert die Mühle am rauschenden Bach." Derart verbreitete Lieder lassen beinahe zwischen den Zeilen durchklingen, dass solche Haustypen schier unzählbar häufig an Gewässern standen, vor allem in mittleren und kleinen Wasserläufen. „Wie gespickt von Mühlen" sah deshalb manche Gewässerkarte noch um 1900 aus. Dass es dabei nicht nur ‚klapperte', sondern dank neuerer Turbinentechnik ab der zweiten Hälfte des 19. Jahrhunderts auch mit viel schnelleren Drehzahlen zunehmend tüchtiger brummelte und surrte, lässt sich noch heute in langen Listen und amtlichen Akten nachlesen – oder selbst erfahren. Manche dieser markanten Maschinen feierten in den letzten Jahren nämlich ihren hundertsten Geburtstag. Meist allein, aber immer noch als energisch tüchtige Turbinenteile.

Andererseits: Von der weitaus größeren Zahl solcher Kraftpakete bestehen heute nur noch Bruchstücke. Trockene Triebwerkskanäle, Staufallen mit modernden Brettern und rostigem Räderwerk erinnern da allenfalls noch als Rudimente für eine energetische Archäologie in der Landschaft an regenerative Zeiten. Als technische Erkundungs-Denkmale für den geübten Blick.

Denn während sich zwischen Watzmann und Waterkant um 1900 rund 70 000 bis 100 000 Wassertriebwerke drehten, surrten und brummmelten im Jahr 2000 nur noch etwa 10 000 davon. Also ein ganzes Zehntel. Fast alle amtlich akribisch vermerkt. Also kein Zahlenmaterial für Spekulationen.

Warum dieser ungeheure Niedergang? Ernst Ulrich von Weizsäcker, Gründungspräsident des „Wuppertal Instituts für Klima, Umwelt und Energie" äußerte sich 1998 dazu auffallend klar: „Und in Süddeutschland ist auch die Wasserkraft eine relevante Größe, die wieder verstärkt genutzt werden kann. Sie ist ja stark zurückgegangen, weil die großen Energieversorger geradezu ein Interesse hatten, die dezentrale Energieversorgung kaputtzumachen."

Starker Tobak, den der sozialdemokratische Bundestagskandidat (und danach zweimal gewählte Abgeordnete) damals der Stuttgarter Zeitung „Sonntag aktuell" in die Tasten diktierte.

Relevante Größe? Wieder verstärkt zu nutzen? Das klingt nachvollziehbar – schon allein der Zahl der Triebwerke um 1900 und 2000 wegen.

Schwäbisch-sizilianisch?

Und die „großen Energieversorger"? Diese lange Zeit staatlich geschützten Monopole beriefen sich gerne aufs Wohl der Allgemeinheit. Solchen Firmenriesen vorzuhalten, eine bewährte, heimische und klimafreundliche Energiestruktur in kleinen Mühlen, Sägereien, Stampfen, Fabriken zerstört zu haben, verlangt durchaus nach Beweisen. Diese gibt es.

Zum Beispiel in Erzählungen von Opfern derart zentralistisch erzwungener Energiepolitik. Was etwa Säger Josef Hundegger aus dem Unterallgäu berichtet (und dort nicht nur er), erinnert fast an sizilianische Wirtschaftsformen. So hätten die „Lech Elektrizitäts Werke" (LEW) – heute eine Tochter der „Rheinisch Westfälischen Elektrizitätswerke" (RWE) – Ende der 1960er/Anfang der 70er Jahre von dem Sägereibetreiber verlangt, seine kleine Wasserturbine regelrecht zu beerdigen. Falls er das eigene Kleinkraftwerk nicht komplett zuschütte, lieferten ihm die LEW zusätzlich benötigten Strom nicht zu günstigeren Gewerbetarifen, weiß Säger Hundegger noch. Die Wut ist ihm förmlich anzuhören, wenn er sich darüber ärgert, dass er das Bachufer des Wasserkanals am Betrieb trotzdem weiter pflegen müsse – auf Anordnung des Landratsamts Mindelheim. Säger Hundegger schimpft: „Das ist, wie wenn ich den Führerschein loskriege und dann trotzdem das Auto verhalten soll."

Monopolgesetz aus der Nazizeit

Welche Gründe? Zum einen verhielten sich die Energie-Monopole kaum anderes als andere Wirtschaftsgiganten, bei denen es beinahe unvermeidlich scheint, das man „natürlich jede Konkurrenz hasst." Denn, so Mittelständler Manfred Lüttke,

Präsident der „Arbeitsgemeinschaft Wasserkraftwerke Baden-Württemberg: „Und wenn die Konkurrenz noch so klein ist – sie könnte ja größer werden." Das erklärt vieles, aber längst nicht alles.

Schließlich ergab sich die Monopolisierung in der deutschen Stromversorgung nicht aus den Naturgesetzen. Sie stammt schlicht aus Bestimmungen des Hitler-Staates. Der hatte nämlich am 13. Dezember 1935 das „Gesetz zur Förderung der Energiewirtschaft" erlassen. Demnach durften nur noch eigens zugelassene Elektrizitäts-Firmen Strom an die Endkundschaft verkaufen. Damit verhalfen die Nationalsozialisten nicht nur „dem Modell der zentralisierten Elektrizitätswirtschaft zum Durchbruch", sondern brachen in Württemberg auch „die erfolgreiche Kontinuität abnehmerorientierter, preisgünstiger und demokratisch kontrollierter Stromversorgung". Was an Tausenden von Mühlen, gewerblichen Turbinen und gemeindeeigenen Kraftwerken im Schwabenland über Jahrzehnte entstanden war, kam so unter die Kontrolle einzelner Monopole. So Historiker Bernhold Stier.

Sozusagen am Vorabend des II. Weltkriegs, am 4. April 1939, entstand damit im Südwesten die „Energie-Versorgung Schwaben AG" (EVS). Dass die Geburtsstunde der EVS „keineswegs einen freiwilligen Zusammenschluss der beteiligten Unternehmen und Verbände" darstellte, sondern aufgrund einer „von Technokraten geplante(n) und von den braunen Machthabern verordnete(n)" Zwangsmaßnahme zustande kam, erscheint im Selbstverständnis des Unternehmens noch heute als eher dunkler Fleck – unabhängig von der Frage nach seiner politisch braunen oder später eher schwarzen Einfärbung.

Andererseits: Während der Zeit europäischer Diktaturen des letzten Jahrhunderts galten Töchter der Sonnenenenergie durchaus als gewünschte Kraftquellen. Hatte sich doch die Wasserkraft erst als Triebfeder mancher Energieriesen erwiesen – etwa in Württemberg der Illerkanal schon während der 1920er Jahre. SS-Oberhaupt Heinrich Himmler konnte sich kleine Windräder zur Versorgung neuer Höfe durchaus vorstellen; Josef Stalin hätte die luftigen Rotoren freilich lieber viel größer gesehen. „Growian" lässt grüßen . . .

Der Atomindustrie angepasst

Das Monopolgesetz der Nazis allein (weitgehend gültig immerhin bis 1998) kann daher nicht als einzige Ursache für den Niedergang kleinerer Wasserkraftwerke in Deutschland gesehen werden. Die konkurrenzlosen Strukturen bildeten allerdings eine Grundlage für einen Energieträger, der sich rein marktwirtschaftlich wahrscheinlich so nie hätte durchsetzen können: Die Atomkraft. Was heute von halbwahr rechnenden Kleingeistern als „billiger" Strom aus Kernreaktoren gefeiert wird, entwickelte sich erst über Jahrzehnte. Und was Ende der 1990er Jahre als günstige Elektrizität aus betriebswirtschaftlich längst abgeschriebenen Atommeilern angepriesen wurde, konnte sich über die Jahrzehnte in Deutschland nur deshalb so massiv ausbreiten, weil Gesetze einer Diktatur die Endkundschaft dazu zwangen, auch diesen Strom abzukaufen. Denn zunächst stand Elektrizität aus Kernkraft für ein sündhaft teures Angebot – mitfinanziert von anderen, günstigeren Energieträgern wie Wasserkraft. Auf bis zu 1 000 Mark pro Kilowattstunde rechnen

Fachleute nämlich die tatsächlichen Kosten für den ersten Atomstrom in Deutschland. Bezahlbar nur dank milliardenschwerer staatlicher Förderung und dank der monopol organisierten Stromversorgung.

Ein Rechenfehler. Die Technokraten großmannssüchtiger Atompläne hatten bei all ihren Kalkulationen wegen der zwanghaften Monopolstruktur freilich einen Faktor ziemlich vergessen: Den Menschen. Den Menschen als Kundin und Kunden, mit Ängsten, Bedürfnissen, Wünschen. Als gezwungen zahlende Abnehmerin gegenüber den Energiegiganten scheinbar machtlos, suchte sich die Bevölkerung andere Wege, die immer weniger beliebte Atomstromherstellung wieder los zu werden. Den Weg über Wahlen. Sie pochte bei der Politik auf ihre staatsbürgerlichen Rechte.

„Soweit es unsere Flüsse erlauben"

Atomkraft – beim Wahlvolk immer unbeliebter. Dass heute nur noch 12 % der Deutschen Atomstrom als „Wunschenergie" bezeichnen – im Gegensatz zu 92 % für die Sonnenergie (gefolgt von der Wasserkraft mit 86 % und der Windkraft mit 83 %) – zeichnete sich schon in den 1970er Jahren ab. Noch hieß es, Atom mindere die Abhängigkeiten von erdölliefernden Staaten, da suchte die amtierende Politik durch immer höhere Auflagen für die Atomkraftwerke die Ängste der Bevölkerung zu besänftigen. Das wurde teuer. So kostenträchtig, dass dem RWE-Konzern die Freude am süddeutschen Atommülllager Wackersdorf vergangen sein soll. Derweil hatte Baden-Württembergs Ministerpräsident Lothar Späth – gewarnt von den Unruhen am badischen Whyl – schon leise zurückgerudert.

Aber der Druck auf die doch allzu monströs wirkende Atomenergie ließ nicht nach. Spätestens seit Tschernobyl nicht mehr. Als im April 1986 dieser Kernreaktor in der Sowjetunion komplett außer Kontrolle geraten schien, mochten auch die Energiemonopole den Eindruck verbreiten, sie hätten sich längst um andere – atomkraftfreie – Stromquellen bemüht. In einer Zeitungsanzeige Anfang Mai '86 erklärten sie: „Die umweltfreundliche und kostengünstige Wasserkraft nutzen wir schon seit langem – soweit es unsere Flüsse erlauben."

Falsch. Doch wer ahnte damals, dass die Behauptung aus dem Zeitungsinserat der „deutschen Stromversorger" mit den Fakten von Bächen und Flüssen nur sehr teilweise zu tun hatte? Ein fast vergessenes Wissen währte noch. Das Wissen derjenigen, die schon damals mit Wasserkraft bewandert waren. Zu ihnen zählten vor allem diejenigen, die noch selber Mühlen, Sägewerke, Gewerbebetriebe mit der treibenden Energie des strömenden Nass' unterhielten.

Sie waren wenige. Doch sie waren noch da. Und sie waren nicht allein.

Freilich: Sie zählten nicht mehr viele in ihren Reihen. Schließlich hatte ein beachtlicher Teil der Betriebe, in denen von Tausenden von Turbinen tüchtig Antrieb besorgt worden war, ungeheure Umstellungen zu meistern. Das beschränkte sich nicht auf die Papierfabriken, sondern erfasste Textilunternehmen ebenso wie Holz-Sägereien und vor allem die vielen kleinen Mahlmühlen. Und so wirkten die „Arbeitsgemeinschaft(en) Wasserkraftwerke" (AWK) Baden-Württemberg und Rheinland-Pfalz zunächst eher wie Notgemeinschaften. Die letzten ihrer Zunft? Wohl keine 200 Mitglieder gehörten in den 60er Jahren noch zur AWK im Südweststaat – heute sind es wieder an die 800.

Ein wesentliches Ziel der mittelständisch geprägten „Arbeitsgemeinschaft Wasserkraftwerke": bessere wirtschaftliche Verhältnisse, um die Betriebe überleben zu lassen. Wie wäre dies leichter zu bewerkstelligen als über gerechte Preise für den heimisch-klimafreundlichen Strom?

Doch die damals monopolen Elektrizitäts-Giganten, die über die Leitungsnetze zwischen Herstellern und Endkundschaft verfügten, wollten nicht. Wenn überhaupt, dann zahlten sie 2 oder 3 Pfennige pro Kilowattstunde; beim „Badenwerk" sollen es um die 4 Pfennige gewesen sein.

Der entscheidende Pfennig

Kaufmann Richard Kail erinnert sich noch an frühe Verhandlungen zwischen Kleinwasserkraftbetreibern und den Stromriesen Mitte der 80er Jahre. Deren Angebot sei, so Kail, für die kleinen Produzenten mit 8,5 Pfennigen unvertretbar schwach gewesen. Dagegen habe der fordernde Ton der Konzernvertreter weit lauter gewirkt: „Ihr müsst unterschreiben!". Genau dies verweigerten die Sprecher der Kleinwasserkraftwerke aber.

„Ich gehöre nicht zu denen, die gleich klein beigeben", sagt der 1953 geborene Richard Kail. Eine Grundhaltung, die einerseits den Kaufmann Kail bezeichnet, andererseits den Sprössling einer Müllersfamilie in Rittersdorf bei Bitburg/ Rheinland-Pfalz. Von seinem Großvater war dort bereits um 1910 das örtliche Stromnetz mit aufgebaut worden. Enkel Richard lernte die Wasserturbine von Kindes Beinen an kennen. Der Hausstand, zu dem sie gehört, betreibt die Mühle schon seit 400 Jahren. Eine starke Tradition, die Stolz auf Bewährtes begründen kann.

Vielleicht sogar Mut auf mehr. Denn 1989 kaufte Richard Kail die Turbine Bronnbach im fernen württembergisch-fränkischen Taubertal. Was sich dort aufgrund benediktinische Klosterkultur an Kraftnutzung entwickelt hatte, wollte der katholische Müllersohn von der Eifel weiter ausbauen.

Dazu mussten aber die Kreditbedingungen stimmen. Ohne nennenswerten Einnahmeplan konnte Kail da kaum bei Banken ankommen. Und ohne klare Regelungen zur Vergütung seines Wasserkraftstroms ins Netz des monopolen Badenwerks schienen künftige Einnahmen für Kail unsicher. Mit solchen Sorgen sah sich Kail aber nicht allein, sondern unter Kollegen. Mit ihnen reiste Keil nach Frankfurt. Also allesamt Vorstände des „Bundesverbands Deutscher Wasserkraftwerke", wie mit dem damaligen CSU-Bundestagsabgeordneten Matthias Engelsberger, dessen Schwiegersohn und Architekten Anton Zeller (beide Ruhpolding), mit Dr. Veit Welsch, der von München aus die Holzwirtschaft betreute, aber auch mit Ingenieur Elmar Reitter aus dem regenerativen Rechtenstein von der Oberen Donau. Ihre Richtung: Die Entscheidungsgewaltigen in Bonn und Frankfurt. Ihr Ziel: das Bundeswirtschaftsministerium und die „Vereinigung deutscher Elektrizitätswerke" (VdEW) als Vertreterin damals monopoler Stromriesen.

„Die Stromwirtschaft hat geglaubt, das Wirtschaftsministerium gehört ihr", weiß Manfred Lüttke noch. Der Baustoffhändler aus Forchheim nahe Rheinstetten bei Karlsruhe war Wortführer in Sachen Kleinwasserkraft. Mehrmals verhängten Ministerien gegen das lautstarke badische CDU–Mitglied, das etliche Prozesse gegen die Strom-Monopole gewonnen hatte, Hausverbot.

Seine wasserkräftigen Vorstandskollegen erinnern sich an manche Türe, die in Ministerien leise zugezogen wurde, wenn Lüttkes Stimme draußen im Hausflur bebte. Gilt der Mittelständler doch als einer, der Fakten nicht nur gründlich kennt, sondern sie auch benennt – selbst dann, wenn es dem Gegenüber weniger gefällt. Dazu ein bisweilen bissiger Humor, der sich zum Beispiel bei einer Podiumsdiskussion mit der Frage äußerte „Solle mir sammle?", nachdem sich der Kontrahent von Seiten der atomfreudigen „Energieversorgung Schwaben" (EVS) über die geringen Verdienste seines Unternehmens aus Stromverkauf auf dem Land beschwert hatte. Klar, dass die Lacher im Saal Lüttkes Schlagfertigkeit galten.

Woher rührt solches Auftreten? Liegt es daran, dass Lüttke als Badener „mit einem Schuss Hugenottenblut" geboren wurde oder eher daran, dass sein Großvater bei der preußischen Kavallerie Attacke reiten geübt hatte? Oder sind es eher männliche Vorbilder, die der 1935 Geborene schon früh erlebt hatte – der Vater bei der SA, der Schwiegervater bei der SS? Oder aber andere Lebensumstände, die es Manfred Lüttke nach vierjähriger Elektrotechnik-Lehre 1954 und nach dem frühen Tod seines Vaters deutlich nahelegten, im gleichen Jahr – also mit 19 – den elterlichen Betrieb zu übernehmen? Manfred Lüttke, ein Mensch der früh gefordert gewesen scheint („Mit 13 habe ich angefangen, Auto zu fahren") und deshalb wie ein König im Formulieren klarer Forderungen auftritt?

Lüttkes Formel bei den Verhandlungen mit den Verbandsoberen der damals monopolen Stromwirtschaft: „Ich will den Preis, den die deutsche Steinkohle kriegt". Also Vergütungssätze für Elektrizität aus heimischer Wasserkraft in etwa gleich hoch wie die Tarife für Strom aus heimischer Kohle. Mitte der 80er Jahre betrug er etwa 15 Pfennige pro Kilowattstunde. Das klang in den Augen des badischen Mittelständlers begründet, aber nicht für die Herren der Stromnetze. Deren Angebot bei den Gesprächen im Frankfurter VdEW-Gebäude lag weit unter dem, was sich die Kleinwasserkraftler wünschten. Ihr Angebot: Je nach Netzbetreiber etwa 6,5 bis 8,8 Pfennige pro Kilowattstunden.

„Es ging noch um einen Pfennig", erinnert sich Wasser-Triebwerksinhaber Richard Kail. Denn: „Bei 10 Pfennig wären wir in die Versuchung gekommen, zu unterschreiben." Ein Pfennig pro Kilowattstunde, der die Grenze markierte.

Offenbar seiner Position als Monopolist sicher, versuchte sich einer der VdEW-Vertreter dann großzügig aus der Angelegenheit herauszuwinden. Seine Begründung für ein Nein zu dem einen Pfennig mehr: Dies müsse ein Gesetz regeln. Klar doch – wie sollten die Kleinwasserkraftler denn auch eine solche gesetzliche Regelung durchsetzen? „Die Idee, das als Gesetz zu bringen, kam eigentlich aus der Stromwirtschaft selbst", weiß Richard Kail noch heute und hört die Häme der Herren aus den Chefetagen der Netzbetreiber: „Das schafft Ihr niemals!".

Extra Paragraphen zum Thema Kleinwasserkraft als Bundesgesetz? Da habe zunächst nicht einmal Matthias Engelsberger, der Präsident des „Bundes Deutscher Wasserkraftwerke" irgendeine Hoffnung gehegt, berichten mehrere seiner Vorstandskollegen. Und wenn schon der CSU-Abgeordnete selbst von Zweifeln zermartert schien – wie sollten es die anderen sonst richten? Sie mussten – so der Marschbefehl aus dem Mund von Manfred Lüttke. Sein Mut scheint die anderen mitgerissen zu haben. Und gerichtliche Erfolge, wie die seinen. Man schritt zur Tat.

Ein Viertel von Hundert. 25 Bundestagsabgeordnete seien mindestens notwendig gewesen, weiß Richard Kail noch. Deren Antrag samt Gesetzestext konnte die Abstimmung über die erhoffte Regelung bewirken. Kail: „60 Abgeordnete waren relativ schnell zusammen." Ein gutes Jahr bemühten sich die Wasserkräftigen um enge Verbindung zu den Bonner Volksvertretern und Volksvertreterinnen. Das bedeutete nicht nur „viel Schriftverkehr" sondern verlangte außerdem direkte Gespräche in der „Deutschen Parlamentarischen Gesellschaft". Was politikwissenschaftlich Bewanderten als Hort parlamentarischer Meinungsbildung gelten mag, stellt sich in Kails Erinnerung als Örtlichkeit „mit dem teuren Schnaps" dar. Immerhin: 30 Mark – „das Glas, nicht die Flasche".

Schnaps ist Schnaps. Und Politik ist Politik. So blieb für die Befürworter des beantragten Stromeinspeisegesetzes noch viel mit den Abstimmungsberechtigten zu besprechen. Schließlich, so Richard Kail, hörten die Abgeordneten von großen Stromkonzernen immer wieder, Elektrizität aus Kleinwasserkraftwerken „sei nicht da, wenn sie gebraucht wird". Diesen Zweifeln zu begegnen, hatte sich nicht zuletzt der CSU-Bundestagsabgeordnete Matthias Engelberger vorgenommen. Als Präsident des „Bundesverbands Deutscher Wasserkraftwerke" fühlte sich Ruhpoldinger den regenerativen Kräften besonders verpflichtet. Manfred Lüttke über Engelsberger: „Ein sehr guter, väterlicher Freund." Kail über den bayerischen Abgeordneten: „Der redete und redete und redete."

Schließlich sei es auch darum gegangen, sich Mut zu machen, weiß Manfred Lüttke noch. Ein niedersächsischer Volksvertreter habe die Wasserkraftler wissen lassen: „Das kriegen wir nie durch." Andere Politiker wie Alois Graf Waldburg-Zeil hätten die Sache dagegen kräftig unterstützt. Lüttke: „Der Schwörer ist auch dazu gestanden." Besonders wichtig findet es Wasserkraftler Manfred Lüttke, den Waldshuter Werner Dörflinger zu erwähnen – aus eigener Anschauung ein Kenner vieler Wehre im Schwarzwald. Ähnliches Lob spendet Lüttke für Ernst Pfister. Es fällt auf: Personen, kaum Fraktionsfarben werden da genannt.

Als schließlich am Freitag, 5. Oktober 1990, die Abstimmung im Bundestag anstand, wirkte das auf manch außenstehende Wasserkräftige fast „wie eine Nacht- und Nebelaktion". Denn die Herren und Damen Volksvertretenden hatten es offenbar eilig, ins Wochenende zu kommen. (Das Plenarprotokoll notierte den Zwischenruf: „Es ist ja erst 16.30 Uhr".) Andererseits schien die ganze Sache gefährdet, weil Bemühungen um die deutsche Einheit für solche Gesetzesvorhaben kaum mehr Raum zuließen. Eine Jetzt-oder-nie-Stimmung breitete sich also aus. Matthias Engelsberger schien sich von ihr getrieben zu fühlen. Es kam zur Abstimmung – und zur Mehrheit der anwesenden Abgeordneten. Für die sonnigen Energien eine wahre Sternstunde!

Verkündet im Bundesgesetzblatt am 18. Dezember 1990, galt demnach ab 1. Januar 1991: Wasserkraftwerke mit einer Leistung von nicht mehr als 500 Kilowatt hatten aus Händen der damals monopolen Stromnetzbetreiber 75 % desjenigen Preises zu bekommen, die die Elektrizitäts-Endkundschaft an die Netzinhaber zahlte. Kurzum: Dreiviertel vom Endpreis waren weiterzureichen an den Produzenten heimisch und klimafreundlich gewonnener Energie. Ein einfach wirkender Tarif.

Ein gültiges Gesetz. Alles klar? Bei manchen Netzstrombetreibern offenbar nicht. Sie zahlten zunächst nach alten Tarifen weiter. So etwa die Kraftübertragungswerke Rheinfelden. Auffälligerweise brachen solche Versorgungsunternehmen das neue Stromeinspeisegesetz bei denjenigen Produzenten, die sich für das Gesetz stark gemacht hatten. Zum Beispiel bei Manfred Lüttke und Richard Kail.

Doch die beiden Mittelständler ließen sich dadurch nicht entmutigen. Sie verklagten die monopolen Netzbetreiber – und gewannen. Diese juristische Ohrfeige „stellte das Recht wieder her" (Richard Kail) und die Gesetzesbrecher in die energiepolitische Schmollecke.

Diese beiden Streitfälle lösten allerdings auch ein landespolitisches Nachspiel aus. Das Stuttgarter Wirtschaftsministerium wies die beiden Tarif-Verweigerer Badenwerk und Kraftübertragungswerke Rheinfelden an, von nun an nach gültigem Gesetz zu zahlen. So schildert es Richard Kail und berichtet von der Debatte dazu im Parlament von Stuttgart: „Da ging es hoch her. Da hat der Landtag gestanden!"

Die rechtlichen Nachgefechte zum Stromeinspeisegesetz blitzen übrigens immer wieder auf. Auch noch über 10 Jahre nach seinem Inkrafttreten. Und dies, obwohl selbst der Europäische Gerichtshof die gesetzliche Bestimmung bestätigte. Die Angelegenheit juristisch am Kochen zu halten, kann immerhin bewirken, dass schlecht informierte Kreise verunsichert werden. Wer dann zum Beispiel Kredite zum Ausbau einer Wasserkraftanlage beantragt, muss in Einzelfällen Zweifel der Banken am Ertrag der Triebwerke aus Stromverkauf entkräften.

Mehr noch: Vorstände in den Landesorganisationen des „Bundesverbands Deutscher Wasserkraftwerke" müssen immer mal wieder Mitgliedern ‚draußen' helfen, denen einst monopole Netzstrombetreiber die Vergütung nach Stromeinspeisegesetz oder seinem Nachfolger „Erneuerbares Energien Gesetz" (EEG) verweigern. Gelegentlich genügt es da schon, wenn die Netzunternehmen über bereits ergangene Gerichtsurteile in ähnlichen Fällen informiert werden.

Kurz: Vorführung der Folterwerkzeuge via Postweg. Wenn dann doch gezahlt wird, kann das dem einzelnen kleinbetrieblichen Sägewerk oder einer kleinen Mühle Zehntausende an Euro Nachzahlung bringen. Oft überlebensrettend für Betriebe dieser Größenordnung.

Doch manche Multis der atomar-fossilen Elektrizitätswirtschaft lassen nach wie vor nicht locker. Sie wirken so wie monströs fauchende Drachen in schaurigen Kindermärchen. So haben einige Stromkonzerne und ihre Töchter den Kampf auf andere Felder ausgeweitet. Schließlich betraf das „Stromeinspeisegesetz" auch Elektrizität aus Windkraft. Gegen diese brachte sich in der zweiten Hälfte der 90er Jahre ein „Bundesverband Landschaftsschutz" (BLS) in Stellung. Dessen damals einzig erklärtes Ziel: Verhinderung von Windkraft-Türmen. Die wohl ehrlichere Bezeichnung ,Bundesverband gegen Windkraft' fehlte offenbar nicht zufällig. So erwiesen sich Poststempel, die BLS-Mitglieder für Rundbriefe verwendet hatten, als Firmenstempel von Tochterunternehmen des Energieriesen „Rheinisch Westfälische Elektrizitätswerke" (RWE). Ähnlich versucht der Energiemulti „E.ON", Freizeitfischer gegen Kleinwasserkraftwerke in Stellung zu bringen. Und schließlich darf der Einfluss der Stromriesen auf die Ministerialbürokratie nicht unterschätzt werden. Selbst Gerhard Schröders erster Wirtschaftsminister stand auf Bezugslisten eines solchen Großunternehmens.

Dennoch: Die fest kalkulierbaren Tarife des Stromeinspeisegesetzes und seines Nachfolgers EEG lösten Tausende von Sanierungs- und Optimierungsmaßnahmen in Wasserkraftwerken aus. An alten Wehren entstanden wieder Wasserturbinen. Im Bereich Windenergie entwickelten sich seit Verkündung der Gesetze rund 30 000 Arbeitsplätze. Für alle sonnigen Kräfte in Deutschland sollen heute weit über 100 000 Leute tätig sein. Kurzum: Ein erstaunliches Konjunkturprogramm. In dieser Ausprägung wirksam ohne direkte Gelder aus der Staatskasse. Gesetzestexte, die zeigen, wie vieles auch ohne Subventionen läuft.

Bunte Herbstblätter zieht er aus dem Triebwerkskanal an der Tauber: der „Rechenreiniger", der das Gitter vor der sanierten Turbinenanlage vor Laub und von Ästen bewahrt. Über eine Million Mark musste Richard Kail für all diese Investitionen im alten Kloster Bronnbach aufbringen. Dass sich das alles irgendwann wirtschaftlich rentiert, dafür sorgen die Einspeisegesetze für den Strom, den Kails Kraftanlagen aus der Wasserenergie gewinnen. Seit der Sanierung immerhin doppelt so viel wie davor. Und mit 1.250.000 Kilowattstunden pro Jahr genug für den privaten Elektrizitätsbedarf von 830 Personen. Ganz ohne Klimagas Kohlendioxyd. Da weist der wasserkräftige Kail zwar nicht ganz so prächtige Ergebnisse auf, wie seine Vorstandskollegen Lüttke und Reitter, die mit ihren Kraftpaketen jeweils Tausende von Privatpersonen mit klimafreundlich gewonnener Elektrizität aus der Energie des treibenden Nass' versorgen könnten. Aber Kail freut sich trotzdem über seine regenerative Maschinerie. Und dann sagt er noch über das Stromeinspeisegesetz: „Das Recht hat gesiegt."

Das Stromeinspeisungsgesetz – Ergebnis des Kampfes weniger mittelständisch privat arbeitender Leute für gerechteres, klimaverträgliches und damit zukunftsfähiges Wirtschaften. Diejenigen, die sich jahrelang mühevoll dafür stark gemacht haben, gehören zwar nicht zu den Ärmsten der Republik, aber einen Großteil der Einkünfte, die ihre politischen Anstrengungen mit verursachten, kassieren andere. Oftmals solche, die selbst kleinere und kleinste Betriebe unterhalten. Mittelständische Politik, weit über eigene Grenzen hinaus betrieben. Mittelständische Politik, die die Kraft des Einzelnen wachsen lässt. Mittelständische Politik, die greifbare Ergebnisse bringt. Solche Politik gibt es in Deutschland leider viel zu selten. Und leider viel zu leise. Vielleicht redet Manfred Lüttke bei Versammlungen manchmal deshalb etwas lauter als andere.

Die Herausgeber

PD Dr. **Andreas Dornheim**, Zivildienst, Studium der Politikwissenschaft und Empirischen Kulturwissenschaft in Tübingen, Zusatzmagister in Neuerer Geschichte und Promotion in Politikwissenschaft, 1991 bis 1992 Wiss. Mitarbeiter von Prof. Dr. Martin Greiffenhagen an der PH Erfurt, 1993–1994 Forschungsprojekt „Politischer Umbruch in Thüringen 1989/90", 1994–2000 Wiss. Assistent (Geschichtswissenschaft) an der PH Erfurt, 2001 Habilitation an der Universität Erfurt (Neuere Geschichte und Landesgeschichte), seit 2001 Privatdozent und Durchführung des Forschungsprojektes „Die Jugend für die Demokratie gewinnen – Geschichte des Kreisjugendrings München Stadt 1945–2000". Forschungs- und Arbeitsschwerpunkte: Sozialgeschichte des Adels, Agrargeschichte, Aufstieg des Nationalsozialismus, Transformationsgeschichte der DDR, Jugendbewegung, Eliten- und politische Kulturforschung.

Prof. Dr. **Sylvia Greiffenhagen**, geb. 1949, Studium der Politikwissenschaft, Geschichte und Psychologie in Stuttgart und Heidelberg (M.A.), Promotion an der Universität Tübingen zu einem Thema der lokalen politischen Kultur bei Hans-Georg Wehling. Lehrt heute Politikwissenschaft an der Evang. Fachhochschule Nürnberg, Fachbereich Sozialwesen. Arbeitsschwerpunkte: politische Kultur und politische Sozialisation, Sozial- und Kommunalpolitik, Stadt- und Sozialplanung. Zahlreiche Praxisobjekte und wissenschaftliche Begleitungen, u.a. im Kontext der Stadtentwicklung (‚Soziale Stadt'/BMBau sowie ‚Stadt 2030'/BMForschung).

Die Autorinnen und Autoren

Julian Aicher lebt in der ehemaligen Rotismühle bei Leutkirch im Allgäu mit Strom aus hauseigener Wasserkraft, dient im Vorstand der „Arbeitsgemeinschaft Wasserkraftwerke Baden-Württemberg e. V." seit 2000 als Pressesprecher (in dessen Funktion er an diesem Buch nicht mitgearbeitet hat; hier schrieb er als freier Fachjournalist) und baut derzeit einen eigenen „regenerativ informations- und organisations-service" (rio's) auf. Arbeitsschwerpunkt Ende 2002: Ausstellungen und Informationstafeln zu sonnigen Energien, vor allem zur Wasserkraft an den Triebwerken selbst.

Dr. rer. soc. **Ulrich M. Bausch**, geb. 1959, 2 Jahre als Sozialarbeiter in Los Angeles/USA, Studium der Empirischen Kulturwissenschaft, Politikwissenschaft, Rechtswissenschaft in Tübingen. 3 Jahre als Fernsehjournalist beim Süddeutschen Rundfunk. Mehrere Forschungsaufenthalte in den USA. Promotion über amerikanische Kulturpolitik nach 45 in Württemberg-Baden. 7 Jahre Geschäftsführer des Evang. Kreisbildungswerkes Ludwigsburg e. V. Heute Geschäftsführer der vhs-Reutlingen.

Prof. Dr. **Hermann Bausinger**, geb. 1926 in Aalen, Studium der Germanistik, Volkskunde, Geschichte und Anglistik. Promotion 1952, Habilitation 1959. Seit 1960 o.Prof. der Universität Tübingen und bis zu seiner Emeritierung 1992 Leiter des Ludwig-Uhland-Instituts für Empirische Kulturwissenschaft. Publikationen zur Sprach- und Dialektforschung, zur Volksliteratur, zur Kulturgeschichte und zur Landeskunde.

Dr. jur. **Guntram Blaser**, Studium der Rechtswissenschaft in Tübingen und München, Landrat des Landkreises Ravensburg von 1978 bis 1999.

Prof. Dr. **Anselm Doering-Manteuffel**, Studium der Geschichte und Germanistik, Politikwissenschaft und Kunstgeschichte an der Universität Marburg/Lahn und an der FU Berlin. Promotion 1980 in Berlin, Habilitation 1986 in Erlangen. 1988 Professor für Neuere Geschichte in Würzburg, seit 1991 Direktor des Seminars für Zeitgeschichte an der Universität Tübingen.

Dr. **Volker Dreier**, geb. 1958, Studium der Politikwissenschaft, Soziologie und Empirischen Kulturwissenschaft in Tübingen, Wissenschaftlicher Angestellter am Institut für Soziologie der Universität Jena, Forschungsschwerpunkte: Methoden der empirischen Sozialforschung, Wissenschaftstheorie, Politische Theorie.

Dr. **Michael Eilfort**, geb. 1963 in Kiel, aufgewachsen in Stuttgart. Im Anschluss an den zweijährigen Dienst in der Bundeswehr Studium der Politikwissenschaft und der Romanistik in Tübingen und in Paris. Seine Dissertation über „Die Nichtwähler" erschien 1994. Nach beruflichen Stationen im Bonner Bundestag, im Landtag und im Staatsministerium von Baden-Württemberg ist er erneut im Deutschen Bundestag tätig. Seit 1994 zudem Lehrbeauftragter für Empirische Sozialforschung und Vergleichende Regierungslehre an den Universitäten Tübingen und Freiburg.

Dr. **Claus Eppe**, Studium der Mathematik und Politikwissenschaft in Tübingen, Referatsleiter Medienkompetenz im Ministerium für Frauen, Jugend, Familie und Gesundheit Nordrhein-Westfalen.

Dr. **Gebhard Fürst**, Bischof, geb. am 2. 12. 1948 in Bietigheim, zum Priester geweiht am 27. 3. 1977 in Ellwangen. Zum 11. Bischof von Rottenburg-Stuttgart ernannt am 7. 7. 2000, im Dom zu Rottenburg geweiht und die Leitung der Diözese übernommen am 17. 9. 2000.

Dr. **Horst Glück**, Parlamentsrat im Landtag von Baden-Württemberg, Autor des Buches „Parteien, Wahlen und politische Kultur in einer württembergischen Industrieregion" (Esslingen 1991).

Dr. jur. **Max Gögler**, Studium der Rechtswissenschaft in München und Tübingen, Landrat in Sigmaringen 1967–1975, Regierungspräsident in Tübingen von 1975–1997, seitdem Ruhestand.

Prof. Dr. rer. soc. **Edgar Grande**, geb. 1956, Studium der Politikwissenschaft, Empirischen Kulturwissenschaft, Soziologie und Volkswirtschaftslehre an der Universität Tübingen. Promotion 1989 an der Universität Konstanz. 1989–1996 wissenschaftlicher Mitarbeiter am Max-Planck-Institut für Gesellschaftsforschung in Köln. 1994 Habilitation an der Universität Konstanz. Seit 1996 Ordinarius für Politische Wissenschaft an der Technischen Universität München.

Prof. em. Dr. **Martin Greiffenhagen**, geb. 1928 in Bremervörde, aufgewachsen in Bremen, Buchhandelslehre, Studium der Philosophie, Wirtschafts- und Sozialwissenschaften in Heidelberg, Göttingen, Birmingham und Oxford. 1962–1965 Professor für Politikwissenschaft an der PH Lüneburg. 1965–1990 Direktor des Politikwissenschaftlichen Instituts der Universität Stuttgart. 1991–1992 Gründungsbeauftragter für Politikwissenschaft an der PH Erfurt.

Dr. **Stefan Holl**, geb. 1957, 1978–1979 Studium der Verwaltungswissenschaften in Konstanz, 1979–1987 Studium der Fächer Politikwissenschaft, Wirtschaftswissenschaft und Geographie an der Universität Tübingen (Magister), Promotion über regionale Eliten 1989. Arbeits- und Forschungsschwerpunkte: Empirische Sozialforschung, Stadtforschung, Stadtmarketing. Mitglied der Geschäftsleitung der Gesellschaft für Markt- und Absatzforschung in Ludwigsburg.

Prof. Dr. phil. **Christel Köhle-Hezinger**, Promotion 1975 am Ludwig-Uhland-Institut. 1994–1998 Professorin für Europäische Ethnologie in Marburg. Seit 1998 Lehrstuhl für Volkskunde (Empirische Kulturwissenschaft) und Aufbau des Instituts an der Friedrich-Schiller-Universität Jena.

Prof. Dr. **Margot Körber-Weik**, [su]koerber-weik@fh-nuertingen.de, geb. 1950, Professorin für Volkswirtschaftslehre (seit 1989) sowie Leiterin des Studiengangs Volkswirtschaft an der Fachhochschule Nürtingen (seit 1996). Zugleich Gleichstellungsbeauftragte der Hochschule (seit 1991) und Landessprecherin der Frauenbeauftragten an Fachhochschulen in Baden-Württemberg (seit 1993). Vor der FH-Professur 15 Jahre am Institut für Angewandte Wirtschaftsforschung Tübingen (zuletzt als Geschäftsführerin).

Prof. Dr. sc. agr. habil. **Werner Konold**, Studium der Allgemeinen Agrarwissenschaften an der Universität Hohenheim, seit 1997 Direktor des Instituts für Landespflege an der Albert-Ludwigs-Universität Freiburg, Forschungsschwerpunkte: Geschichte und Ökologie der Kulturlandschaft, Landschafts- und Gewässerentwicklung, Naturschutz, Rekultivierung.

Dr. sc.pol., Dipl. Soz. **Andreas Kost**, Wiss. Referent im Referat Printmedien der Landeszentrale für politische Bildung Nordrhein-Westfalen, Düsseldorf, und

Lehrbeauftragter für Politikwissenschaft an der Gerhard-Mercator-Universität Duisburg. Forschungsschwerpunkte: Kommunalpolitik, Politische Partizipation, Bürokratie und Organisation. Herausgeber zusammen mit Hans-Georg Wehling: „Kommunalpolitik in den deutschen Ländern" (Wiesbaden 2003).

Dr. **Klaus Koziol**, Studium der Soziologie und Politikwissenschaft in Tübingen. Promotion zum Thema Badener und Württemberger bei Prof. Dr. Hans-Georg Wehling. Ordinariatsrat und Hauptabteilungsleiter für Medien und Öffentlichkeitsarbeit bei der Diözese Rottenburg-Stuttgart. Vertreter im Landesrundfunk- und Verwaltungsrat des Südwestrundfunks.

Dr. phil. **Hubert Krins**, geb. 1937, Studium der Kunstgeschichte, Denkmalpfleger am Landesdenkmalamt Baden-Württemberg, Honorarprofessor an der Universität Tübingen.

Dr. **Jörg Leist**, geb. 1935 in Rottweil am Neckar. Nach Jura-Studium und Referendarzeit 1962–1968 in der Innenverwaltung Baden-Württemberg tätig. 1968–2001 Bürgermeister bzw. Oberbürgermeister der Stadt Wangen im Allgäu.

Prof. Dr. **Berthold Löffler**, geb. 1957, Verwaltungsassessor, lehrt seit 1995 Politikwissenschaft sowie Staats- und Verwaltungsrecht an der Fachhochschule Ravensburg-Weingarten.

Dr. phil. **Peter März**, geb. 1952, Stellvertretender Leiter der Bayerischen Landeszentrale für politische Bildungsarbeit, zahlreiche Veröffentlichungen zu zeitgeschichtlichen Fragen.

Prof. Dr. **Richard Reschl**, Soziologe (M.A.) und Stadtplaner, Promotion bei Prof. Dr. Hans-Georg Wehling 1987 („Kommunaler Handlungsspielraum und sozialer Wohnungsbau – ein Städtevergleich"); lehrt an der Fachhochschule Ludwigsburg/ Hochschule für öffentliche Verwaltung und Finanzen und der Fachhochschule Stuttgart/Hochschule für Technik; ist daneben bei der Kommunalentwicklung LEG Baden-Württemberg GmbH, Stuttgart in den Aufgabenfeldern Stadt- und Regionalentwicklung und Wirtschaftsförderung tätig.

Dr. **Walter Rogg**, Politologe (M.A.), Promotion bei Prof. Dr. Hans-Georg Wehling gemeinsam mit Berthold Löffler 1985 („Determinanten kommunalen Wahlverhaltens in Baden-Württemberg, dargestellt am Beispiel der Stadt Ravensburg."), ist Geschäftsführer der Wirtschaftsförderung Region Stuttgart GmbH.

Prof. Dr. **Karl Rohe**, geb. 1934, Professor für Politikwissenschaft an der Universität-GSH Essen. Arbeitsschwerpunkte: Politische Kultur, Großbritannien, (historische) Wahl- und Parteienforschung, regionale politische Gesellschaften.

Dr. h. c. **Siegfried Schiele**, geb. 1939 in Fridingen/Donau, Studium der Politikwissenschaft, Geschichte und Latein in Tübingen und in Bonn. 1967–1970 Lehrer am Hermann-Hesse-Gymnasium in Calw, 1970–1974 Fachleiter und Professor am Seminar für Studienreferendare in Tübingen, 1974–1976 Parlamentsrat im Landtag von Baden-Württemberg. Seit 1976 Direktor der Landeszentrale für politische Bildung Baden-Württemberg.

Dr. **Hans-W. Paul Schloz**, geb. 1962 in Stuttgart, 1984 Abitur, danach Wehrdienst als Pressereferent bei der Heimatschutzbrigade 55 und beim Jägerbataillon 552 in Böblingen mit Auszeichnung „Ehrenmedaille der Bundeswehr". 1985–1991 Studium der Wirtschafts- und Verwaltungswissenschaften (Diplomabschluss). 1994 Promotion bei Prof. Dr. Hans-Georg Wehling, seit 1991 Referent und Geschäftsführer verschiedener Verbände, seit 1999 Geschäftsführer eines Verbandes der Zuliefererindustrie für Freizeitfahrzeuge.

Anja Scholz M.A., geb. 1969, Studium: Politikwissenschaften, Öffentliches Recht und Erwachsenenbildung in Tübingen. Berufl. Position: Persönliche Referentin des Oberbürgermeisters und Leiterin des Büro des Oberbürgermeisters von Esslingen am Neckar. Doktorandin bei Prof. Dr. Wehling mit dem Thema Oberbürgermeisterinnen in Deutschland.

Michael Zerr, Studium der Politik-, Rechts- und Verwaltungswissenschaften in Freiburg, Tübingen und Speyer, Vorsitzender der Geschäftsführung Yello Strom GmbH.

Europäische Geschichte
bei Kohlhammer

Walter Demel

Europäische Geschichte des 18. Jahrhunderts

Ständische Gesellschaft und europäisches Mächtesystem im beschleunigten Wandel (1689/1700 – 1789/1800)
2000. 300 Seiten. Kart.
€ 25,–
ISBN 3-17-014518-5

Bernd Wunder

Europäische Geschichte im Zeitalter der Französischen Revolution 1789 – 1815

2001. 236 Seiten. Kart.
€ 25,–
ISBN 3-17-014519-3

Hartwig Brandt

Europa 1815 – 1850

Reaktion – Konstitution – Revolution
2002. 230 Seiten. Kart.
€ 26,–
ISBN 3-17-014804-4

Mit souveräner Sachkenntnis und einer fesselnden Darstellung führt dieses Buch den Leser auf die zentralen Schauplätze des immer wieder aufflammenden Konflikts der entgegengesetzten Tendenzen in Politik, Wirtschaft und Kultur dieser Epoche.

Manfred Görtemaker

Geschichte Europas 1850 – 1918

2002. 298 Seiten. Kart.
€ 24,–
ISBN 3-17-014446-4

Dieses Buch unternimmt den Versuch, die wichtigsten Zeitströmungen Europas von 1850 bis 1918 vergleichend zu beschreiben und sie, wo immer möglich, zueinander in Beziehung zu setzen. Dabei geht es nicht um die Addition von Nationalgeschichten, sondern um einen Querschnitt jener Tendenzen, die auf die Entwicklung der Staaten maßgeblichen Einfluß ausübten, ihre innere und äußere Politik bestimmten und die ökonomische und soziale Struktur des Kontinents von Grund auf neu gestalteten.

Gunther Mai

Europa 1918 – 1939

Mentalitäten, Lebensweisen, Politik zwischen den Weltkriegen
2001. 276 Seiten. Kart.
€ 25,–
ISBN 3-17-013572-4

Das Buch beschreibt die Zwischenkriegszeit als den schwierigen Weg der europäischen Gesellschaften im Übergang von der agrarischen zur industriell-modernen Gesellschaft als die Suche nach einer Versöhnung mit der Moderne.

Kohlhammer

W. Kohlhammer GmbH · 70549 Stuttgart
Tel. 0711/7863 - 7280 · Fax 0711/7863 - 8430

Schriften zur politischen Landeskunde Baden-Württembergs

Lieferbare Titel:

Band 11

Theodor Pfizer
Hans-Georg Wehling (Hrsg.)

Kommunalpolitik in Baden-Württemberg

3., völlig überarb. und
erw. Auflage 1999
392 Seiten. Leinen
€ 34,–
ISBN 3-17-015737-X

Band 26

Wolfgang von Hippel

Revolutionen im deutschen Südwesten

*Das Großherzogtum Baden
1848/49*
1998. 408 Seiten. Leinen
€ 39,80
ISBN 3-17-014039-6

Band 27

Hans-Georg Wehling
Angelika Hauser-Hauswirth (Hrsg.)

Die großen Revolutionen im deutschen Südwesten

1998. 139 Seiten. Leinen
€ 20,35
ISBN 3-17-015397-8

Band 28

Thomas Fischer
Siegfried Frech (Hrsg.)

Baden-Württemberg und seine Partnerregionen

2001. 270 Seiten
Fester Einband/Fadenheftung
€ 29,50
ISBN 3-17-016559-3

Band 29

Hilde Cost
Margot Körber-Weik (Hrsg.)

Die Wirtschaft Baden-Württembergs im Umbruch

2002. 300 Seiten. Leinen
€ 25,–
ISBN 3-17-016579-8

Im Jahr 2003 wird die Reihe fortgeführt:

Band 31

Michael Eilfort (Hrsg.)

Parteien in Baden-Württemberg

ISBN 3-17-017849-0

W. Kohlhammer GmbH · 70549 Stuttgart
Tel. 0711/7863 - 7280 · Fax 0711/7863 - 8430